東아시아의 領土와 民族問題

한일관계사학회 편

景仁文化社

발간사

이번에 출간된『동아시아의 영토와 민족문제』는 지난해 11월에 개최된 국제학술회의 발표문을 정리한 것이다. 작년 11월은 한일관계사학회의 월례발표회가 100회를 맞이하는 시점이었다. 1992년 창립하여 15년간 한번도 쉬지 않고 도달한 성과였다. 초창기의 연구인력의 한계 등 많은 어려움이 있었으나 이를 극복하고 학술지『한일관계사연구』연 3회 발간, 학진 등재지로서 위상을 높였고, 국내 한일역사문제의 최고 연구수준의 학회로 성장, 발전하였다.

본서의 발간은 일본의 역사왜곡, 중국의 동북공정에 대한 학술적 대응의 일환으로서 추진되었다. 한일역사문제를 다루는 책임있는 학회로서 현재 현안이 되고 있는 한중문제까지 포괄하는 동아시아의 역사문제를 객관적으로 해결할 수 있는 기반을 마련하기 위해서였다.

한중일 삼국은 고대로부터 동아시아세계라는 공간 속에서 정치적, 문화적으로 끊임없이 교류하고 접촉해 왔다. 때론 외교와 타협으로 평화의 시기를 구축하였고, 한편으로는 침략과 지배 등 증오와 불신으로 전개되는 시기도 있었다. 오늘날 동아시아제국이 겪고 있는 역사문제를 둘러싼 대립과 갈등은 이러한 수많은 역사적 굴곡과 변화의 산물이라고 생각한다.

본서에 수록된 18편의 논문은 한일 간의 역사문제 등 동아시아가 직면하고 있는 영토와 민족문제에 관한 연구물이다. 한일 간의 독도 영유권 문제, 역사적으로 교류관계가 깊었던 대마도, 한민족의 숨결이 담겨있는 간도지방 및 요동지방의 역사와 영토·민족문제 등 4개의 주제로 구성되어 있다. 제1주제인 독도와 영토문제는 한일 간 최대의 외교현안이 되고 있다. 일본의 침략정책의 일환에서 발생한 역사적 문제이나, 이를 영토문제화하여 국제적 이슈로 이끌어가려는 것이 일본 측 의도이다. 게다가 자국 교과서에도 서술하여 차세대들에게 향후 해결해야 할 과제로 각인시키고 있다. 이 문제에 대한 엄정한 학술적 연구를 통하여 객관적이고 냉정한 대응이 필요하다. 제2주제 대마도는 이제까지 한일 양국에서 영토나 민족문제에 관해서는 거의 다루지 않은 주제이다. 일본이 독도문제를 제기하는 시점에서 대마도에 관한 영토문제에 대한 검토는 새로운 주의를 환기시킬 것이다. 제3주제 요동반도의 영토와 민족문제는 중국의 동북공정에 대한 대응으로, 역사적으로 요동지역에 대한 인식을 새롭게 할 수 있을 것이다. 특히 조선시대 사행로였던 동팔참지역에 대한 연구는 요동지역의 영토문제에 대한 중요한 문제제기이다. 제4주제 간도의 영토와 민족문제는 요동지역과 함께 중국의 동북공정에 대한 새로운 시각의 접근이다. 나아가 한반도의 통일문제와 관련하여 향후 중요한 문제의식과 방향을 제시해 줄 것으로 본다.

본서에는 한중·한일 간에 일어나고 있는 영토와 민족 그리고 역사주권의 범위 및 해석을 둘러싼 다양한 의견이 제시되어 있다. 엄정한 사료 비판과 분석을 통해 영토와 민족문제에 대한 주변국의 편견이나 잘못된 역사인식을 시정하는 데 많은 시사점을 던져줄 것으로 본다. 나아가 한일·한중관계사 연구의 지평을 넓히고, 국가 상호간의 관계 개선에도 올바른 방향을 제시해 줄 수 있기를 기대하고 있다.

끝으로 귀중한 원고를 집필해 주신 선생님들과 본서의 출판을 허락해 주신 경인문화사 관계자 여러분께 심심한 사의를 표하는 바이다.

2007.12.30.

한일관계사학회 회장 **연민수** 배상

목 차

제1부 독 도

제2부 대마도

제3부 요 동

제4부 간 도

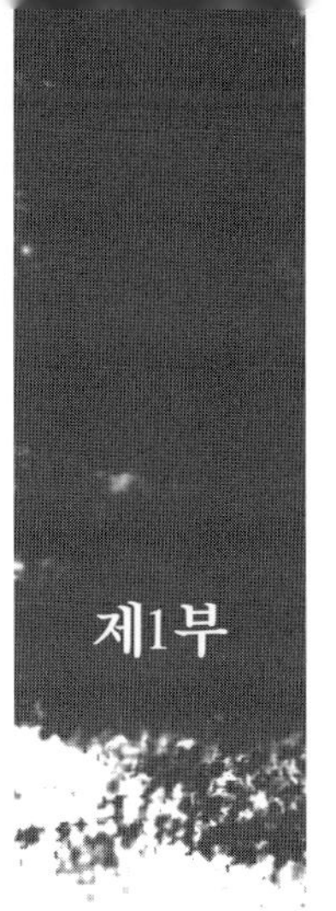

독 도

『元祿九丙子年朝鮮舟着岸一巻之覺書』의 사료적 가치

손승철
(강원대학교)

1. 문제의 제기

『독도』의 영유권분쟁 이후, 안용복 도일사건에 대한 연구는 상당히 진전되었다. 그런데 안용복의 도일사건에 대한 연구의 경우, 한국에서는 주로 『朝鮮王朝實錄』, 『疆界考』, 『增補文獻備考』, 『萬機要覽』 등의 사료를 근거로 했고, 일본에서는 池田家文書를 비롯하여 『竹島考』, 『竹島紀事』, 『因府年表』, 『通航一覽』, 『朝鮮通交大紀』, 『對馬島宗家文書』 등이 기본사료로 인용되고 있다.

그러나 양측의 기록은 부분적으로 상당한 차이가 있으며, 특히 일본에서는 한국의 사료에 자의적인 부분이 많다는 것을 강조하여 사료의 신빙성을 부정하기도 했다. 예를 들면, 田川孝三은 『朝鮮王朝實錄』에 기록된 안용복의 공술에 대하여, " 허구와 과장으로 가득 찬 것", "그가 꾸며낸 허구에 지나지 않는다"고 했고,[1] 下條正男은 "모두 과대허구로 가득 찬 것"으로 "범죄자의 공술서에 나오는 것을 취하여, 무비판적으로 적당히 옮겨 적은 것에 지나지 않는다", "안용복의 진술은 위증"[2]이라고 했다. 이러한 상황 속에서 지난해 5월, 안용복의 제2차도일 공술자료인 『元祿九丙子年朝鮮舟着岸一卷之覺書』이 공개되었는데, 이 사료는 종래 위 학자들의 위증 주장을 뒤엎는 아주 중요한 사료이다.[3]

이 글에서는 『元祿九丙子年朝鮮舟着岸一卷之覺書』와 『朝鮮王朝實錄』의 내용을 비교・분석하여, 기존의 한국 측 사료를 부정하는 下條正男 등의 주장을 반박하고, 이 사료의 신빙성과 사료적 가치를 재조명하고자 한다.

2. 『覺書』[4]의 내용

『元祿九丙子年朝鮮舟着岸一卷之覺書』는 안용복의 제2차 도일이 시행된 1696년 5월 15일부터 23일까지 8일간의 행적을 공술한 사료이다.

1) 田川孝三, 「竹島領有に關する歷史的考察」『東洋文庫書報』 제20호, 1989, 36쪽.
2) 下條正男, 『竹島はどちらのものか』『文藝春秋』 2004, 『竹島は日本領土に非ず, 日本海は「東海」だ』『諸君』 2006.4.
3) 이 사료의 존재는 안용복이 도일당시 오키도의 公文役이던 村上家의 40대 손인 村上助九郎씨가 소장하던 것으로, 山陰 中央新聞(5월 17일자)에 보도되었다. 이 사실은 곧바로 한국에 연합뉴스와 YTN에 의해 보도되었고, 2005년 8월 15일, 광복60주년 기념학술대회(울릉도)에서 영남대 김화경교수의 논문, 「일본의 독도분쟁화시도, 어떻게 극복할 것인가」와 8월 23일 부산 MBC 8·15특집 '대조선인 안용복' 제2부에서 그 내용의 일부가 소개되었다. 일본에서는 內藤正中, 「隱岐の安龍福」『北東アジア文化研究』 제22호, 2005.10에 인용되었지만, 전문이 소개되지 않던 것을 필자가 2006년 4월에 원문・탈초문・번역문을 「1696년, 안용복의 제2차 도일 공술자료」라는 제목으로 『韓日關係史硏究』 제24집에 수록했다.
4) 『元祿九丙子年朝鮮舟着岸一卷之覺書』를 편의상 『覺書』로 함.

이 사료는 안용복에 관한 여러 가지 활동상을 기록하고 있다. 31개의 문장과 부록형식으로 구성되어 있는데, 그 내용을 살펴보면, 배의 크기, 승선명단 및 인적사항, 심문과 소지품, 도항목적, 보고경위, 선적물품목록, 승선인원명단, 조선팔도지명 등이 기록 되어 있다. 이 내용을 성격에 따라 탈초문과 함께 정리해 보면 다음과 같다.

1) 배의 크기

> 長　上口三丈
　　下口貳丈
>
> 一. 朝鮮舟壹艘 幅中ニ而上口壹丈貳尺, 深サ四尺貳寸
但八拾石船積可申候. 檣 貳本, 帆 貳ツ, 梶 壹羽, 櫓 五挺, 蓬
木棉之者多(はだ)貳ツ艫ニ立申候, 　木碇, 貳挺, かうそ總四房, 敷物(に)ざ犬ノ皮

배의 길이는 갑판이 9m, 아랫바닥 6m, 폭은 3.6m, 깊이는 1.3m의 크기로 쌀 80석을 실을 수 있는 배이다. 돛대 2개, 돛 2개, 키 1개, 노 5정, 목면 깃발을 두개를 세웠다. 나무닻 2정, 닥나무 4묶음, 돗자리 깔개, 개의 가죽 등을 싣고 있었는데, 배의 선적물에 대해서는 뒷부분의 「朝鮮船在之道具之覺」에 상세히 기록했다.

이 기록 중 특히 주목되는 것은 목면 깃발을 두 개 세웠다고 했는데, 이것은 일본 사료인 『竹島考』에 나오는 「朝鬱兩島監稅將 臣安同知騎」의 깃발을 말하는 것이 아닐까. 『朝鮮王朝實錄』에 기록된 비변사의 추문에 안용복이 자신을 「鬱陵子山兩島監稅將」이라 가칭했다는 기록과 일치한다.

2) 승선명단 및 인적사항

一. 船中人數拾壹人 俗 安龍福, 俗 李裨元, 俗 金可果, 俗 三人名不書出年不書出 坊主 雷憲, 坊主雷憲第子 衍習 坊主 三人名不書出

배에 탄 사람은 승려 5인을 포함하여 모두 11인이었다. 이들 중 안용복만이 이름이 기재되어 있고, 이비원과 김가과(可果)[5]는 각기 비장[6]과 사과의 관직을 말한다. 나머지 3인은 뒷부분의 조선인속명에 김감관, 유상공, 유가이로 기재되어 있다. 승려는 모두 5인으로 뇌헌과 연습을 기록했고, 뒷부분에서 영률, 단책, 등담 등을 추가로 적었다.

그런데 『조선왕조실록』과 비교하면 이비원은 李仁成을 가리키고, 유상공은 뱃사공 劉日夫임을 알 수 있다. 실록에는 안용복・유일부・유봉석・이인성・김성길과 중 뇌헌・승담・연습・영률・단책과 김순립이 함께 배를 타고 울릉도에 가서 일본국 伯耆州에 들어가 왜인과 서로 송사한 뒤에 양양현 지경으로 돌아 와, 강원 감사 심평이 그 사람들을 잡아가두고 치계했다는 기록이 있다.[7]

이어 4인의 인적사항이 나오는데, 안용복의 나이를 43세로 기록했고, 검은 갓을 썼고, 허리에는 통정대부 안용복 갑오생이라는 요패를 찬

5) 원래 관직을 가리키는 司果가 잘못 서술된 것임. 司果는 조선시대 五衛에 속한 정5품의 무관직 다음의 벼슬로 待機文官에게 봉록만을 급여하기 위하여 임명하는 직무 없는 관직이다. 현직에 있지 않은 文武官・蔭官 중에서 임명하였다.

6) 조선 시대에 감사・유수・병사・수사・사신을 따라다니며 일을 돕던 무관 벼슬.

7) 『肅宗實錄』 숙종 22년 8월 임자, "東萊人安龍福, 興海人劉日夫, 寧海人劉奉石, 平山浦人李仁成, 樂安人金成吉, 順天僧雷憲・勝淡・連習・靈律・丹責・延安人金順立等, 乘船往鬱陵島, 轉入日本國 ^ 伯耆州, 與倭人相訟後, 還到襄陽縣界, 江原監司沈枰, 捉囚其人等馳啓, 下備邊司".

것으로 기록했다. 김사과도 검은 갓을 쓰고 있었으나 나이는 알 수 없다고 했다. 뇌헌은 55세이며, 흥왕사 주지로 기록했다. 뇌헌은 검은 삿갓을 쓰고 있었고, 금오산의 주인장을 가지고 있었으며, 작은 상자에 산목과 벼루, 필묵등을 소지하고 있었다. 그리고 연습은 33세로 뇌헌의 제자로 기록했다. 안용복과 김사과는 검은 갓을 썼고, 뇌헌은 검은 삿갓을 썼다고 기록했다.

3) 심문과 소지품

> 右安龍福 雷憲 金可果
> 三人江在番人立會之時、
> 朝鮮八道之圖ヲ八枚ニメ所持仕候ヲ
> 出シ申候、則八道ノ名ヲ書寫、朝鮮ノ
> 詞ヲ書付申候。三人之内安龍福通詞ニテ
> 事ヲ問申候得ハ答申候

안용복에 대한 심문은 뇌헌, 김가과 등 3인에 대해 이루어 졌으며, 통역은 안용복이 했음을 알 수 있다. 안용복은 당시 조선팔도지도를 소지했는데, 심문관은 팔도의 지명을 적고, 조선말 발음을 받아 적었다고 했다. 뒷부분에 첨부된 조선팔도지명에는 한글음이 적혀있다. 이어 배에 있는 짐에 대해 물었는데, 뒷부분에 물품목록을 정리해 첨부했다.

4) 도항목적

① 도항일정

> 一 當子三月十八日朝鮮國朝 飯後ニ出船、同日竹嶋へ着夕 夕飯給申候由申候。
> 一 安龍福申候ハ、私乘參候船ニハ 十壹人伯州江參取鳥 伯耆守様江御斷之
> 儀在之候

(越(を)) 申候。順風惣布候而当地へ寄申候。順次才ニ伯州江渡海可仕候。
五月十五日竹嶋出船、同日松嶋江 着(つき)、同十六日松嶋ヲ出(でて) 十八日之朝 隱岐嶋之內西村之磯へ着、同廿日ニ大久村江入津仕由申候。西村之磯ハあら磯ニ而御座候ニ付、同日中村江入津是□湊惡候故、翌十九日□所出候而同日晩ニ大久村之內かよい浦と申所ニ 舟懸り仕、廿日ニ大久村江參 懸り居り申候。

1696년 3월 18일, 배 13척으로 조선을 출발하여 당일 저녁에 죽도(울릉도)에 도착했는데, 이중 12척은 미역과 전복을 채취하기 위해 갔다. 안용복 일행도 이들과 함께 2개월간 울릉도에 체류하다가, 5월 15일, 鳥取伯耆守에게 담판을 지을 목적으로 도항했다. 5월 15일, 竹嶋를 출선하여, 동일 松嶋(독도)에 도착했다. 동 16일에 松嶋를 떠나 18일 아침에 隱岐嶋의 西村 해안에 도착, 동 20일 大久村의 가요이浦라는 곳에 배를 묶어두고, 大久村으로 갔다. 22일부터 육지에 올라와 심문을 받았다. 그리하여 그동안의 경위에 대해 적은 문서를 작성하여 23일에 보고했다.[8)]

② 죽도와 송도에 대한 내용

一 安龍福申ハ竹嶋ヲ竹嶋と申朝鮮國江(カン) 原(ヲン) 道(タウ) 東(トウ) 萊(ナイ)府ノ內ニ鬱(ウン) 陵(ロン) 嶌(タウ)と申嶋御座候。(是)ヲ竹ノ嶋と申(由)申候。則八道ノ圖ニ記之所持仕候。

一 竹嶋ハ江(カン) 原(ウン) 道(タウ) 東(ト) 萊(ナイ) 府(フ)之內ニ而御座候。朝鮮國王之御名クモシ(ヤン)天下ノ

8) 안용복의 2차도일은 1696년 3월 18일, 울산을 출발하여 3일만에 울릉도에 도착했고, 이후 울릉도에 체류하다가, 5월 15일 울릉도를 출발하여, 동일 독도에 도착, 5월 16일 독도를 떠나 18일에 은기도 서촌에 도착, 20일 대구촌 가요이포 도착, 심문을 받은 후, 6월 4일에 호키(伯耆)의 아카사키(赤崎) 도착했다. 이후 8월 6일까지 鳥取藩 城下에 머물렀다고 하나, 기록이 없으며, 8월 6일에 양양으로 귀국한 것으로 알려져 있다[內藤正中, 「隱岐の안용복」『北東アジア文化硏究』 제22호, 2005.10(『독도논문번역선』 1. 3장 오키의 안용복, 69쪽]. 『숙종실록』에는 8월 29일 양양에서 체포된 것으로 기록되어 있다. 이 부분에 대한 행적이 보다 면밀히 검토되어야 할 것이다.

名主 上東萊府殿ノ名一道方伯(イルトハンバイ) 同所支配人之名東萊府使(フシ)ト申候由申候。
一 竹嶋と朝鮮之間三十里、竹嶋と松嶋之間五十里在之由申候。
一 松嶋ハ右同道ノ内子山(ソウサン)と申嶋御座候。是ヲ松嶋と申由是も八道ノ圖ニ記申候。

안용복의 진술에 의하면, 竹嶋는 강원도 동래부에 속해 있고, 竹嶋를 지배하는 사람의 이름은 동래부사라고 했다. 竹嶋는 대나무섬인데, 조선국 강원도 동래부내의 울릉도라는 섬을 가리킨다고 했다.[9]

그리고 竹嶋와 조선 사이는 30리, 竹嶋와 松嶋 사이는 50리 라고 했다.[10] 松嶋는 같은 강원도 내의 子山이라는 섬인데, 이것도 팔도의 지도에 쓰여 있다고 했다. 팔도의 지도에 그렇게 쓰여 있는 것을 소지하고 있다고 했다.

③ 1차 도항사실 입증과 소송문서제출

一 安龍福と□べ貳□四年已前 酉夏竹嶋ニ而伯州之舟ニ被連 まいり候。其□べと此度召連 參竹嶋ニ殘置申候。
一 四年以前癸酉十一月 日本ニ而 被下候物共書付之帳壹册出シ申候。則寫之申候右廿二日安龍福、李裨元、雷憲、同弟子陸へ上り候事ハ西風强ク船 中不靜物書候義不成候間、陸へ (上)り書可申と申ニ付、海辺近キ 百姓家へ入レ候處ニ其時ニ至り前々書付斗書出し申候。廿一日舟 □□證懸り申候書簡今度之訴訟一巻と被爲長々と仕多る 下書ヲ致シ本書ヲも證懸り候ても、廿二日陸へ上り相談仕カへ申候様ニ相見へ申併前々書付 ニ而始終大體王け聞へ申候 様ニ奉存候。其通ニ而差置申候

9) 조선시대에 울릉도는 강원도삼척부사의 관할이었는데, 동래부 관할로 착각했던 모양이다.
10) 울릉도에서 가장 가까운 울진까지가 140㎞이므로 350리이고, 울릉도에서 독도는 87㎞이므로 210리이다. 따라서 30리, 50리는 잘못된 진술이다. 이러한 표현은 울릉도가 조선에서 가깝다는 과장된 표현으로 해석해야 한다(內藤正中, 앞의 논문, 85쪽).

안용복은 1693년 3월에 박어둔과 함께 1차로 도일한 사실이 있다. 이에 대해 4년 전 여름에 竹嶋에서 토리베와 함께 伯州의 배로 끌려 왔는데, 토리베는 이번에 데리고 오지 않고 竹嶋에 남겨 두었다고 했다. 그리고 4년 전 계유[11] 11월 일본에서 주신 물건과 함께 書付[12] 1책을 내 놓았다고 했고, 이 『覺書』를 작성한 자가 이것을 즉시 베꼈다고 했다.

그리고 도항이유에 대하여 22일에 서풍이 강하게 불어 배안에서는 글씨를 쓸 수 없어서 육지에 올라가 쓰게 된 것이고, 해변 근처의 백성의 집에서 문서를 써서 제출하였으며, 그 내용은 이번에 올린 소송 1권과 그 동안의 경위를 적은 것이라고 했다.

5) 승려의 종파와 도항목적

一 船中ニ坊主五人乗せ候儀尋候へハ、竹嶋見物ヲ望ニ付同道仕候由申候。
一 拾壹人之内名歳知レ不申外猶又宗門之義銘々ニ願ハ書記伯州へ訴訟之王け書付出シ候様ニと申候得者, 始ハ心得候由申候處, 廿二日之朝ニ至り其事共書出スニ不及候。伯州へ參委細可申上由重而ハ其問事無用ニ可仕由書付出申候。則指上ケ申候。
雷(ドイ)憲(ホン) 廿二日ニ陸へ揚り候時之 持衣束ハ、
一 ウワギハ白木棉ノ祢つミニ似タルヲ着シ申候。
一 帽子ハ本朝禪宗ノ用候様成ヲ着シ申候。地ハサイミ、ウラハ白キ麻。
一 珠數(チズ)も禪宗之用候様成ヲ持申候。玉之數十斗在之。笠ハ着不申候。弟子衍習モ揚り申候持衣束雷憲と同斷。但衍習カ珠數ノ玉太サ同ク、數ハ多相見へ申候。

승려 5인의 도항목적에 대해, 竹嶋에 구경을 가기 위해 동행했다고 했다. 또한 승려들의 종파를 물었으나 대답이 불분명했다고 한다. 이어 승려들의 복장을 묘사했는데, 목면과 마포, 삼베 등으로 짠 옷을 입었으

11) 癸酉 : 1693, 元祿 6년.
12) 書付 : かき-つけ[書(き)付(け)], 문서 또는 증서.

며, 일본 선종에서 쓰는 것과 비슷한 염주를 가지고 있었다고 했다.

6) 식량 및 대우에 관한 문제

> 一 朝鮮出船之節、米五斗三升入□十俵積參候得共、十三艘之者共給申候ニ付、只今者飯米貧(トボシ)ク成候由申候。
>
> 一 廿一日安龍福より書付出シ申飯米ニ切レ夕飯より食ニ絶(たえ) 候由申 越候ニ付、舟江庄屋与頭右衛門罷 越様子相尋候得ハ、飯米無之 致難義候。朝鮮ニ而他國之舟(へ) 參候得ハ、致地走候處ニ此元ニ而ハ 大凡成義之様ニ申候ニ付、庄屋申候ハ 爰許も異國舟被放風參候節ハ 飯米など其外所相應之儀ハ御 調被遣事ニ候。其方義取鳥伯耆守様へ訴訟在之參候之申方ニ而候間,飯米など致用意可被參事と申候得者 不審尤成義ニ候。竹嶋十五日ニ出候 得者、其儘日本之地へ着等申候。日本之地ニ而ハ御□在無之と存右之通ニ候与申候。然共無覺速(束) 候間、船中見分申と庄屋申候得者、成程見候様ニと(申)ニ付見分 仕候得者、飯米入叺之ニ白米三合程殘り申候。庄屋申候ハ 飯米切レ申候段見屆申候。爰元ハ (去)□□不熟 ニ而米拂底ニて候出て在之候而も惣米ニ而候不苦候ハヾ少ハ才覺可仕由候得者致才覺くれ候様ニと申ニ付、在番所より參候 迄ハ延引ニ付、大久村地下より取合 白米四升五合遣之申候。朝鮮升 壹斗壹升五合ニ斗立手配越申候 追付在番より米參候ヲ則白米ニ 仕壹斗貳升三合遣之候得者朝鮮 升三斗ニ斗立手配越申候。右兩度之米廿一日之夕と廿二日 三度之飯米在之由申候ニ付、其積りヲ以追々米才覺仕時々ニ飯米あて可い渡し申候。

식량은 조선에서 출선할 때, 쌀 5말 3되를 열 부대에 넣어, 13척에 나누어 주었기 때문에 지금은 飯米가 부족하다고 했다. 그래서 배에 庄屋 与頭右衛門을 보내어 조사해 보니, 飯米가 없어 난감했다고 한다. 안용복 일행은 조선에서는 타국의 배가 찾아오면, 음식을 대접하는데, 이곳에서는 그렇게 하지 않느냐고 물었고, 庄屋이 말하기를, 이곳에서도 다른 나라의 배가 바람을 피해 오면 飯米 등 필요한 것을 조사해서 주지만, 이번에 온 것은 그쪽에서 鳥取의 伯耆守님에게 소송을 하기 위해 온 것이므로, 飯米 등을 준비하지 않았다고 했다. 그러나 飯米로 모두

3말을 받았다.

한편 안용복 일행은 在番人의 대담이 끝나고, 배에 돌아간 후에 서한과 함께 마른전복 6포 중 1포는 大久村 庄屋에게, 5포는 在番人에게 정성스럽게 보내왔지만, 모두 돌려받았다고 했다. 그리고 상추, 과실, 생강 등을 받고, 서한의 답장도 보냈다.

7) 일본 측의 대응

> 一 石州へ爲右御注進、松岡弥二郎 渡海申付候ニ付、廿二日弥次右衛門 (呼)ニ戻シ高梨杢左衛門、河嶋理大夫　大久村江遣置申候飯米等近々見斗庄屋方より渡させ候ニ付、朝鮮人悦申由ニ而書付指 出申候。則差上申候。
> 右此度朝鮮人一巻之書付　並朝鮮人出候書付目錄ニ記之、弥次右衛門持參仕候口上ニ茂 可申上候以上。
>
> 中頼彈右衛門
>
> 五月廿三日
>
> 石州　山本清右衛門
>
> 御用所

안용복의 일을 石見州에 탄원하기 위해 松岡弥二郎을 도해시켰고, 22일에 弥次右衛門이 돌아와서, 高梨杢衛門, 河嶋理大夫를 大久村으로 보내어 심문했고, 飯米 등을 가까운 시일에 庄屋을 통해서 건네게 하니, 조선인이 기뻐하면서 문서를 보내와 즉시 올려 보냈다고 했다.

그리고 5월 23일 자로 中賴彈右衛門이 작성한 각서를 朝鮮人一巻의 문서와 문서목록을 만들어, 弥次右衛門이 지참하여 石州 御用所에 山本清右衛門 앞으로 보냈다.

8) 물품선적 목록

朝鮮舟在之道具之覺

一. 白米　叺ニ三合程殘り申候　　一. 和布　三表

一. 塩　壹表　　一. 干鮑　壹

一. 薪　壹メ 長六尺八寸　但一尺廻り

一. 竹六本　同三尺五寸 同三尺

一. 刀一腰　此刀壹具ニハ用難　麤相成ニてのミ

一. (脇)指壹腰　此脇指柄ハ脇指ニ候へ共 料理などい多し候ニ付包丁 同前

一. 鑓　四筋何も鮑取笠(キ)物(モン) 之由長物ハ 四尺斗

一. 長刀　壹　　一. 半弓　壹

一. 矢　壹箱　　一. 帆柱 貳本內壹本ハ八尋　壹本六尋 內壹本ハ竹之由

一. 帆　貳□內方五枚下り六枚　方四枚下り五枚

一. 梶　壹羽壹丈四尺五寸　　一. ミな王　綱王ら　かつら □な

一. とま　拾枚斗內貳枚長カ五尺横一丈二尺 殘ハ日本ノとまより少大キ

一. 犬皮　三枚　　一. 敷ニさ 二枚帆ニさノ類ニ而候

右之通見分仕候處紛無御座候

「朝鮮舟在之道具之覺書」라는 제목으로 선적물품과 수량을 상세히 기재했다. 그 내용을 보면, 흰쌀[白米] 3홉, 미역[和布] 3표, 소금[鹽] 1표, 전복[干鮑] 1자루, 장작[薪] 한 꾸러미, 대나무[竹] 6그루, 칼[刀] 1개(이 칼은 무기로 쓰지 못한다), 호신용칼[脇指] 1腰(호신용 칼이라 해도 요리에 사용하므로 식칼과 같다), 창[鑓] 4개(모두 전복을 잡는 데 쓰는 것), 긴칼[長刀] 1개, 작은 활[半弓] 1개, 화살[矢] 1상자, 돛대[帆柱] 2개, 돛[帆] 2개, 키[梶] 1개, 짚으로 만든 발[王綱], 개가죽[犬皮] 3매를 배에 싣고 있었다.

9) 승선인원 및 명단

朝鮮人俗名

イ ビ ジャン　キン サウ クハウ　ユ シャ コウ　キン グハン グハン
李禆元　金可果　柳上工　金甘官 ユウカイ　此字相尋候得共書

不申候下□□候歟每度　末度ニ居申候

アン ベン チウ
安龍福　共六人俗

僧名
フン コソウ　トイ ホン　ヨンユク　タン ソイ　スウ クハイ　エン スウ
興旺寺　雷憲　灵律　丹册　騰談　衍習　雷憲弟子 右五人坊主 合拾壹人

이비원(이비장), 김가과(김사과), 유상공(유사공), 김감관(김간관), 유가이, 안용복 등 속인 6인과 홍왕사 뇌헌, 영률, 단책, 등담, 연습(뇌헌제자) 등 승려 5인 등 총 11인의 명단이 기재되어 있다.

10) 조선팔도지도

朝鮮之八道

チョ クイ ダウ　カン ウン　チエン ナア　チン チヨン　ベ アン
京畿道　江原道 此道中ニ竹嶋松嶋有之　全羅道　忠清道　平安道

ハン ギョン　ハン ハヘ　ケム シャム
咸鏡道　黃海道　慶尙道

경기도를 비롯하여 8도의 도명이 기재되어 있고, 그 가운데 강원도 안에 竹嶋 松嶋가 있다는 기록을 남겼다. 여기에서 언급된 「조선지팔도」의 지도는 현재 발견되지 않고 있다. 그러나 이 내용을 보면 안용복은 죽도와 송도가 조선에 속해있다는 사실을 구두로 밝혔을 뿐만 아니라 지도에도 명시했음을 알 수가 있다.

3. 『조선왕조실록』과의 비교

안용복의 제2차 도일사건을 기록하고 있는 한국 사료 중 대표적인 것은 『朝鮮王朝實錄』, 『疆界考』, 『增補文獻備考』, 『萬機要覽』 등을 꼽을 수 있다. 이들 사료의 편찬시기를 보면, 『朝鮮王朝實錄』은 실록의 편찬방식을 통해서 볼 때, 숙종의 사후일 것이므로, 1720년 이후가 될 것이다. 『疆界考』는 1756년, 『增補文獻備考』는 1770년, 『萬機要覽』은 1808년이다. 따라서 『朝鮮王朝實錄』의 기록이 도일시기에 제일 근접되어 있다.

안용복의 제2차 도일행적에 관한 『조선왕조실록』의 기사는 총 9건 중 1건은 인적사항, 1건은 행적에 대한 비변사의 추문, 나머지 7건은 처벌에 관한 기사이다. 인적사항에 대한 기사는 다음과 같다.

> 東萊人 安龍福·興海人 劉日夫·寧海人 劉奉石·平山浦人 李仁成·樂安人 金成吉과 順天僧 雷憲·勝淡·連習·靈律·丹責과 延安人 金順立 등과 함께 배를 타고 울릉도에 가서 일본국 伯耆州로 들어가 왜인과 서로 송사한 뒤에 襄陽縣 지경으로 돌아왔으므로, 강원감사 沈枰이 그 사람들을 잡아가두고 치계하였는데, 비변사에 내렸다.[13)]

이중 인적사항의 기사를 『覺書』와 비교하여 도표화하면 다음 표와 같다.

다음의 표를 볼 때, 각서와 실록의 인원은 모두 11인으로 동일하지만, 인명에는 많은 차이가 있다. 속인의 경우는 『覺書』에서는 안용복 이외에는 모두 직함을 썼으며, 『實錄』에서는 출신지와 이름을 정확히 기재했다. 또한 승려의 경우는 뇌헌 이외는 한자표기가 모두 다르며, 騰談

13) 앞의 주 5) 참조.

〈인적사항 비교표〉

覺 書(俗 人)	實 錄	覺 書(僧)	實 錄
安龍福 43세	安龍福(東萊人)	雷憲 55세	雷憲(順天)
李裨元	李仁成(平山浦人)	衍習 33세	連習
金可果	金成吉(樂安人)	灵律	靈律
金甘官	金順立(延安人)	騰談	勝淡
柳上工	劉日夫(興海人)	丹册	丹責
유우카이	劉奉石(寧海人)		

의 경우는 전혀 다른 勝淡으로 표기했다. 또한 『覺書』의 경우 안용복과 뇌헌, 연습의 경우 나이를 기재했다.

행적에 관련된 기사는 9월 25일(무인)조에 비변사의 추문 내용을 수록했다. 그 내용은 다음과 같다.

「비변사에서 안용복 등을 추문했는데, 안용복이 말하기를, "저는 본래 동래에 사는데, 어미를 보러 울산에 갔다가 마침 중 雷憲 등을 만나서 근년에 울릉도에 왕래한 일을 자세히 말하고, 또 그 섬에 해물이 많다는 것을 말하였더니, 뇌헌 등이 이롭게 여겼습니다.

드디어 같이 배를 타고 寧海 사는 뱃사공 劉日夫 등과 함께 떠나 그 섬에 이르렀는데, 主山인 三峯은 三角山보다 높았고, 남에서 북까지는 이틀길이고 동에서 서까지도 그러하였습니다. 산에는 雜木·매·까마귀·고양이가 많았고, 倭船도 많이 와서 정박하여 있으므로 뱃사람들이 다 두려워하였습니다.

제가 앞장서서 말하기를, '울릉도는 본래 우리 지경인데, 왜인이 어찌하여 감히 지경을 넘어 침범하였는가? 너희들을 모두 포박하여야 하겠다' 하고, 이어서 뱃머리에 나아가 큰소리로 꾸짖었더니, 왜인이 말하기를, '우리들은 본래 松島에 사는데 우연히 고기잡이 하러 나왔다. 이제 本所로 돌아갈 것이다' 하므로, '송도는 子山島로서, 그것도 우리나라 땅인데 너희들이 감히 거기에 사는가?' 하였습니다.

드디어 이튿날 새벽에 배를 몰아 자산도에 갔는데, 왜인들이 막 가마솥을 벌여 놓고 고기 기름을 다리고 있었습니다. 제가 막대기로 쳐서 깨뜨리고 큰 소리로 꾸짖었더니, 왜인들이 거두어 배에 싣고서 돛을 올리고 돌아가므로, 제가 곧 배를 타고 뒤쫓았습니다.

그런데 갑자기 광풍을 만나 표류하여 玉岐島에 이르렀는데, 島主가 들어온 까닭을 물으므로, 제가 말하기를, '근년에 내가 이곳에 들어와서 울릉도·자산도 등을 朝鮮의 지경으로 정하고, 關白의 書契까지 있는데, 이 나라에서는 定式이 없어서 이제 또 우리 지경을 침범하였으니, 이것이 무슨 도리인가?' 하자, 마땅히 伯耆州에 轉報하겠다고 하였으나, 오랫동안 소식이 없었습니다.

제가 분완을 금하지 못하여 배를 타고 곧장 백기주로 가서 鬱陵子山兩島監稅將이라 가칭하고 장차 사람을 시켜 본도에 통고하려 하는데, 그 섬에서 사람과 말을 보내어 맞이하므로, 저는 푸른 철릭[帖裏]를 입고 검은 포립(布笠)을 쓰고 가죽신을 신고 轎子를 타고 다른 사람들도 모두 말을 타고서 그 고을로 갔습니다.

저는 도주와 廳 위에 마주 앉고 다른 사람들은 모두 中階에 앉았는데, 도주가 묻기를, '어찌하여 들어왔는가?' 하므로, 답하기를 '전일 두 섬의 일로 서계를 받아낸 것이 명백할 뿐만이 아닌데, 對馬島主가 서계를 빼앗고는 중간에서 위조하여 두세 번 差倭를 보내어 법을 어겨 함부로 침범하였으니, 내가 장차 관백에게 상소하여 죄상을 두루 말하려 한다' 하였더니, 도주가 허락하였습니다.

드디어 李仁成으로 하여금 疏를 지어 바치게 하자, 도주의 아비가 백기주에 간청하여 오기를, '이 소를 올리면 내 아들이 반드시 중한 죄를 얻어 죽게 될 것이니 바치지 말기 바란다' 하였으므로, 관백에게 품정하지는 못하였으나, 전일 지경을 침범한 왜인 15인을 적발하여 처벌하였습니다. 이어서 저에게 말하기를, '두 섬은 이미 너희 나라에 속하였으니, 뒤에 혹 다시 침범하여 넘어가는 자가 있거나 도주가 혹 함부로 침범하거든, 모두 國書를 만들어 역관을 정하여 들여보내면 엄중히 처벌할 것이다' 하고, 이어서 양식을 주고 차왜를 정하여 호송하려 하였으나, 제가 데려가는 것은 폐단이 있다고 사양하였습니다" 하였고, 뇌헌 등 여러 사람의 供辭도 대략 같았다」[14)]

라고 기록했다.

이상의 내용을 정리하면, 다음과 같다.

① 안용복은 동래출신이고, 울산에서 뇌헌등을 만나 울릉도로 갔으며, 그곳에서 왜선이 많이 정박한 것을 발견했음.
② 정박한 왜인들에게 울릉도와 송도(독도)가 조선 땅이고, 송도가 자산도임을 역설함
③ 자산도에 가서 왜인들을 추방하고, 계속하여 玉岐島(오키섬)까지 쫓아감.

14) 『肅宗實錄』 22년 9월 무인.

④ 오키도 도주를 만나. 울릉도와 자산도가 조선땅이라는 관백의 서계가 있으나, 이를 지키지 않으니, 백기주에 알리겠다고 함.
⑤ 울릉자산양도감세장의 자격으로 백기주에 가서, 백기주 도주를 만나 대마도주의 횡포를 폭로하겠다고 선언함.
⑥ 이인성이 疏를 지어 바치자, 대마도주의 아비가 백기주 도주에게 간청하여 관백에게 품정하는 것은 포기하고, 대신 지난번에 국경을 침범한 15인을 처벌받음.
⑦ 울릉도와 자산도 두 섬이 조선에 속해 있고, 이후 침범자가 있으면, 서계를 만들어 역관을 보내 알려주면, 엄중히 처벌하겠다고 약속을 받음.
⑧ 양식을 주고, 차왜를 정해 호송하려 했으나, 사양했음.

이 내용을 통해 『각서』와 『실록』의 기사를 비교해 보자.

항목	『覺書』	『實錄』	비고
배의 크기 및 선적물	구체적으로 언급함	전혀 언급이 없음	
승선명단 및 인적사항	안용복, 이비원, 김가과 등 속인 3인 불명 / 뇌헌, 연습, 3인불명	승선자 11인의 출신지와 인명이 정확함	각서에는 3인의 나이를 기재함
심문 및 소지품	안용복, 뇌헌, 김가과 등 3인 심문 / 조선팔도지도 소지	안용복만 주장함.	실록에는 지도이야기는 없음.
도항일정	일자와 장소를 구체적으로 진술	행선만 밝힘	
죽도와 송도	죽도와 송도가 강원도 동래부에 속함 / 송도는 자산도임.	죽도와 송도가 강원도이고, 송도는 자산도 임.	
1차도항 및 소송	1693년 3월 1차도한, 일본에서 문서를 받음 / 이인성이 소를 지음	1차도항은 별도기재. 이인성이 소를 지음.	『강계고』와 『증보문헌비고』에 상세히 기술됨.
승려의 도항목적	종파를 심문했으나 알 수 없음. 도항목적은 울릉도 구경	해물이 많았다고만 기술	
식량 및 대우	안용복일행이 마른전복을 선물했으나 돌려받음 / 표류민대우를 청했으나 소송을 이유로 거절당함.	양식을 주고 차왜로 호송하려 했으나 사양함.	
일본 측의 보고	오키섬에서 1차 심문 후, 이인성의 소와 함께 석주에 즉시 보고	안용복이 자진해서 오키섬에서 백기주로 갔음.	

이상의 내용을 통해서 볼 때, 『覺書』와 『實錄』의 내용은 부분적으로 차이가 있다.

예를 들면 『覺書』에 있는 내용 중, 배의 크기와 지도에 관한 서술, 1차 도항에서 문서를 받음, 승려들의 종파에 관한 문의 등은 『實錄』에는 없다. 그러나 『實錄』에는 승선자 11인의 명단이 자세하다. 또한 『覺書』에는 도항일정이 상세하다. 또한 두 사료 모두에 도항목적이 분명하고, 죽도와 송도가 강원도에 속해 있고, 송도는 자산도라는 기록이 일치한다. 따라서 안용복이 심문을 받는 상황을 고려한다면, 이 같은 차이는 별로 문제가 될 것이 없다. 오히려 이 두 사료가 공통으로 전하는 다음의 내용에 주목해야 할 것이다.

첫째, 안용복이 왜 울릉도 독도를 거쳐서 오키섬에 갔는가의 문제이다. 이 점에 관해서 두 사료는 모두 울릉도 독도에서 어업활동을 하고 있는 왜인들의 행위에 대해 항의하기 위해 도항한 것으로 기술하고 있다.

그런데 종래 일본학자들은 안용복의 2차도일은 1696년 3월인데, 이미 1월에 막부의 도해금지령이 내려지기 때문에, 이 시기에 일본인들이 울릉도 독도에서 어로활동을 했다는 것은 믿을 수 없다는 것이다. 그래서 안용복의 진술자체가 거짓에서 출발한다는 논리이다.[15] 그러나 이 말대로 이 시기에 오키섬 사람들이 울릉도와 독도에서 정말로 어로활동을 하지 않았을까.

물론 막부에서는 1696년 1월 28일자로 老中連書奉書로 "앞으로 죽도에 도해하는 것을 금지한다"는 죽도도해금지령을 결정했다. 그러나 이 금지령이 구체적으로 오키섬에 어떻게 통보되었고, 시행되었는지, 검토된 바 없다. 다만 날짜만을 비교하여 5월 15일의 시점에서 울릉도

15) 이러한 주장은 한국 측의 주장을 부정하는 대부분의 학자는 물론이고, 內藤正中 교수도 "이해에는 1월에 막부의 도해금지령 때문에 일본인 어느 누구도 도해하지 않았으므로 이런 언동은 전부 거짓말이 된다"고 했다(앞의 동북아재단 번역서 1. 2장 「다케시마 고유영토론의 문제점」, 51쪽).

와 독도에 오키섬 어민이 어로활동을 하지 않았다는 것은 믿을 수 없다. 더구나일본학자의 부정적인 주장대로 죽도도해금지령은 울릉도에 국한된 것이라 한다면, 송도(독도)에서 오키섬 어민이 어로활동을 했다는 것은 당연하지 않겠는가. 따라서 상식적으로 생각한다면, 안용복의 진술처럼 죽도도해금지령과는 상관없이 관행적으로 울릉도와 독도에서 어로활동을 했다고 보는 것이 자연스럽다.

둘째, 오키섬에 당도한 안용복은 오키도주에게 울릉도와 자산도를 朝鮮地界로 역설하고, 1차 도일 때에 막부에서 받은 문서와 울릉도와 독도가 강원도에 속한 것을 그린 팔도지도를 제시했고, 이어 이인성으로 하여금 疏를 작성하여 백기주에 제출했다.

이 진술을 통해 안용복의 도일목적이 극명하게 드러난다. 이 내용은 두 사료에 모두 같은 내용으로 기술되어 있다. 따라서 안용복 도일의 목적은 일본인이 울릉도와 독도에 출어하는 것을 금지시키는 것이 목적이었고, 출어금지의 이유는 울릉도와 독도가 朝鮮地界 즉 조선 땅이기 때문이었다.

셋째, 식량 및 대우에 관한 문제이다. 안용복 일행이 식량이 부족하여 표류민에 준하는 대우를 요청했을 때, 隱岐 庄屋는 '그쪽에서 鳥取의 伯耆守님에게 소송을 하기 온 것이므로 飯米등은 준비하지 않았다'고 했다. 또한 18일에 오키섬에 도착한 직후, 곧 바로 접촉을 하여, 23일자로 이 『覺書』와 함께 1차 때 휴대한 문서와 이인성의 상소문 등을 보고했다. 따라서 처음부터 안용복 일행은 단순 표류민으로 취급되지는 않았다는 사실에 주목해야 한다. 다시 말해, 隱岐 庄屋를 비롯한 伯耆州에서는 안용복의 도일목적에 대해 충분히 인지하고 있었다고 보아야 할 것이다.

4. 맺음말

이상에서 지난해 5월, 일본 오키섬에서 공개된 안용복의 2차 도일 공술자료인 『元祿九丙子年朝鮮舟着岸一卷之覺書』의 내용을 『朝鮮王朝實錄』의 비변사추문 기사 내용과 비교검토 해 보았다.

그 결과, 「독도를 일본영토」로 주장해 온 田川孝三이나 下條正男이 자신들의 논리를 합리화하기 위해 '안용복의 진술은 허구와 과장, 또는 위증'이라고 기술한 것이 얼마나 잘못된 것인가를 확인할 수 있다.

두 사료를 비교한 결과, 안용복의 2차 도일은 계획된 행동이었으며, 그 목적은 일본인이 울릉도와 독도에 출어하는 것을 금지시키는 것이 목적이었고, 출어금지의 이유는 울릉도와 독도가 朝鮮地界 즉 조선 땅이기 때문이었다. 그리고 안용복은 이 사실을 증명하기위해, 1차 도일 때 막부에서 받았다는 문서와 조선팔도지도를 휴대했고, 도항이유에 대해서도 소송이라는 형식으로 疏를 작성하여 제출했다.

물론 안용복의 진술이 자신의 행동을 정당화하기 위해 왜곡하거나 과장을 했을 수는 있다. 예를 들면, 울릉도와 독도에서 왜인들에게 자신이 앞장서서 소리를 치면서 꾸짖었다거나, 자신이 분을 참지 못하고 배를 타고 백기주로 갔다거나, 푸른 철릭을 입고, 가죽신을 신고, 가마를 탔으며, 다른 사람들은 말을 탔다거나, 하는 부분 등이다.

그러나 당시의 상황을 고려하면, 처벌을 벗어나기 위한 자기 방어의 수단방법이었을 것이다. 이러한 과장이 있다고 해서, 이들 사료의 의미가 결코 반감되지는 않는다. 따라서 『元祿九丙子年朝鮮舟着岸一卷之覺書』의 사료적 가치는 안용복의 2차 도일정황을 생생하게 전해줄 뿐만 아니라, 『조선왕조실록』 안용복 기사의 신빙성 논란에 종지부를 찍을 수 있다는 점에서 그 사료적 가치는 충분하다.

그럼에도 불구하고 이 사료는 몇 가지 밝혀져야 할 문제점을 안고 있다.

첫째, 子山島라는 명칭이다. 자산도가 송도이고 독도라는 것은 밝혀져 있지만, 자산도라는 명칭은 이 때 처음 등장한다. 그리고 그 명칭은 안용복이 처음 쓰고 있다. 학자에 따라서는 于山島(혹은 芋山島)를 잘못 기술한 것이라고 하지만, 혹시 안용복이 의도적으로 '독도는 울릉도의 아들 섬'이라는 의미에서 아들 子의 子山을 썼던 것은 아닐까.

둘째, 승려들을 5인이나 대동하고 있다는 점이다. 『覺書』에서는 일본 측에서 승려의 종파나 복장, 심지어는 염주에까지 관심을 보인다. 그러나 안용복 일행은 이 부분에 대해 충분한 진술이 없다. 신용하 교수는 순천 송광사의 商僧이라고 했지만,16) 『覺書』에는 홍왕사승이라 했고, 금오산주인이 찍힌 문서를 가지고 했다고 했으나, 그 내용은 알 수 없다. 혹시 대마도 以酊庵이나 초량 왜관의 외교승과의 연관성은 없는 것일까.

셋째, 두 사료가 모두 안용복의 진술을 토대로 작성된 것이다. 따라서 진술자체를 전부 사실로 인정할 수 없는 부분이 있을 것이다. 물론 『元祿九丙子年朝鮮舟着岸一卷之覺書』는 일본에서의 진술이며, 현재 일본에 남아있는 기록이다. 『실록』과는 관계없이 별도로 작성된 사료이다. 그래서 사료의 독립성과 객관성은 보장된다. 그러나 사료의 내용 및 의미에 관해서는 다른 일본 사료와의 면밀한 대조와 검토가 필요하다. 그래야만이 안용복 진술의 진위성이 보다 확실하게 검증될 것이다. 이러한 점들을 차후의 과제로 삼고자 한다.

16) 신용하, 『한국의 독도영유권연구』, 경인문화사, 2006, 63쪽.

〈토론문〉

손승철 "『元祿九丙子年朝鮮舟着岸一卷之覺書』의 사료적 가치"에 대해

오바타 미치히로
(평택대학교)

〈발표문의 의의〉

2005년 5월에 발견된 "元祿九丙子年朝鮮舟着岸一卷之覺書"를 다룬 논문은 일본에서도 있는데(발표문 주 3을 참조), 발표자는 일본에 앞서 이 사료의 원문소개와 그 해석을 발표함으로써 한국 연구자에 연구의 편의를 제공해 왔다. 오늘 발표문도 그 사료를 바탕으로 독도 영유권의 역사적 배경을 생각하는 실마리를 제공해 준다는 점에서 의의가 크다고 본다.

주지한 바와 같이 안용복에 대한 평가는 한국과 일본에서 큰 차이를 보이고 있다. 한국에서는 대체적으로 안용복의 일본 도해를 독도가 조선 땅이라는 것을 밝힌 하나의 예로 인식한다. 한편 일본에서는 『숙종실록』에 기록된 안용복의 공술에 대해 그 내용을 부정적으로 보는 경우가 많다. 발표문에서 언급이 된 田川孝三나 下條正男는 안용복에 관한 실록의 기록을 아주 부정적으로 보고 있다. 오늘 발표문의 목적은 발로 그러한 사람들의 주장에 대한 반박과 이 사료의 대한 가치를 생각하는 데 있다.

울릉도 및 독도가 조선 땅이라는 것을 밝히기 위한 일본 도해였다는 안용복의 목적이 일본에서 기록된 이 사료와 실록에 있는 공술 내용에서 일치한다는 점에서 실록의 기록을 무조건 허위로 간주하는 견해에 대한 반박이 될 만하다. 또한 竹島 도해금지령 발령 = 독도 주변의 어로활동 금지라고 생각할 수 없다는 지적도 긍정적으로 점토해 볼 만하다. 이와 같은 지적을 통해서 우리는 안용복의 일련의 행동의 진위를 생각하는 힌트를 얻을 수 있다고 생각된다.

〈발표자에 대한 질문〉

발표자는 발표문의 목적의 하나로 한국 측 자료를 부정적으로 다루는 田川孝三나 下條正男과 같은 학자에 대한 반박을 들고 있다. 그리고 맺음말에서도 안용복의 진술을 위증으로 보는 그들의 견해가 얼마나 잘못된 것인지 확인할 수 있다고 말한다.

그렇다면 발표자는 이번 발표가 그들의 논리구조 중 구체적으로 어떤 부분에 대한 반론이 되는 것인지 답변해 주면 고맙다. 물론 발표문을 통해서 우리는 안용복의 공술 내용, 특히 『숙종실록』에 대한 내용을 무조건 허위로 할 수 없다고 할 수 있는 好例를 얻었다. 그러나 그럼에도 불구하고 안용복의 진술에는 왜곡이 있는 것도 사실이고, 한일 양국의 자료비교를 통해서 일치하지 않는 부분도 있다. 발표자 역시 진술 자체를 전부 사실로 인정할 수 없다고 말한다.

예를 들어 下條正男는 『竹島は日韓どちらのものか』(文藝春秋, 2004)에서 『숙종실록』에 기록된 안용복의 공술 중 "鬱陵于山兩島監稅를 僭稱한 것"과 "안용복은 가마를 타고 나머지는 말을 타고 鳥取(伯耆)에 들어간 것" 외는 모두 거짓이라고 한다(75쪽). 이 책은 이번 사료가 발견되기 전에 씌어진 것이니, 이 사료에 대한 언급은 없다. 또한 이 사료에 대해 그가 발언을 했는지 잘 모른다.

발표자는 이번 사료의 가치를 “안용복의 2차 도일정황을 생생하게 전해 줄뿐만 아니라, 『조선왕조실록』 안용복 기사의 신빙성 논란에 종지부를 찍을 수 있다”고 한다. 오늘 발표가 田川孝三나 下條正男가 주장하는 논리에 대해 어떤 식으로 연관성을 가지게 되는지 그들의 견해에 구체적으로 언급하면서 설명해 주면 이 사료의 가치에 대한 이해에 도움이 될 것이다.

또한 이번 자료는 어디까지나 안용복이 울릉도 및 독도를 조선 땅이라고 주장한 것이지 일본이 그것을 인정한 것을 나타내는 사료는 아니다. 다시 말해 이 사료만 가지고 독도의 영유권이 한일 어느 쪽에 있었다고 단정하기는 어려울 것이다. 현재 상황으로는 발표자가 지적한 것과 같이 안용복의 공술 내용에 대한 신빙성을 평가할 수 있는 사료로만 사용할 수 있는 것이 아닌가 싶다. 물론 앞으로 이 사료가 일본의 다른 사료와의 관계 속에서 어떤 식으로 분석되느냐에 따라 평가도 달라질 것이다. 이 사료가 가지는 앞으로의 가능성에 대해 발표자의 생각을 듣고 싶다.

개항기의 독도문제

-19세기 일본의 대 독도인식 분석-

호사카 유지
(세종대학교)

1. 서　론

일본정부가 절대 공개하지 않는 독도관련 문서 중에 1877년에 태정관이 울릉도와 독도를 일본영토 외로 정한 지령문이 있다. 일본에서는 역사적으로 울릉도를 다케시마(竹島), 독도를 마츠시마(松島)라고 불러왔다. 그러나 19세기 중반을 지나면서 일본의 민간에서 도명(島名)의 혼란이 일어나기 시작했다. 독도가 아니라 울릉도를 마츠시마라고 부르는 사람이 나타나기 시작한 것이다. 이 글에서는 당시 일본의 민간에서의 도명 혼란과 외무성 내부에서의 도명 혼란 수습과정을 살펴보면서 외무성 내부에서 독도뿐만이 아니라 울릉도까지 장악하려는 움직임이 있었다는 점과 태정관 폐지를 계기로 일본정부가 태정관 지령문을 무시하게 된 경위를 살펴보면서 개항기의 일본정부의 독도인식을 분석하는데 목적을 둔다.

2. 메이지 초기 일본의 대 독도인식

일본의 에도 막부가 1696년에 '다케시마(울릉도) 도해금지령'을 내렸기 때문에 이후 150년 정도 울릉도·독도에 도해하는 일본인은 거의 없었다. 그러므로 두 섬에 대한 지식이 일본의 관이나 민간에서 점점 사라져 갔다.

1870년에 메이지 정부의 태정관이 '다케시마·마츠시마가 조선령이 된 전말'을 조사하게 했으나 그것은 메이지 정부자체가 두 섬에 대해 정확한 지식이 없었다는 것을 뜻한다. 그 이유로서 메이지 정부가 에도막부를 타도해 집권했다는 사실을 들지 않을 수 없다. 사실상 에도막부와 메이지 정부 사이에는 모든 분야에서 연속성보다 단절성이 있었다고 해도 과언이 아닌 것이다.

유교를 정통사상으로 하여 조선과 선린우호관계를 구축한 에도막부와 달리, 메이지 정부는 천왕양이사상에 입각해 조선을 한수 아래로 보는 세력이었다. 그런 사상적인 측면뿐만이 아니라 모든 분야에서 근대화를 시작한 메이지 정부는 에도막부와는 비교할 수 없는 신체제를 탄생시켰다.

에도막부와 메이지정부의 단절성에 더해 일본에 체류한 네덜란드인 시볼트가 작성한 일본지도는 다케시마와 마츠시마를 잘못한 위치에 표기했다. 그러므로 일본인들은 그 지도상 마츠시마의 위치에 있는 울릉도를 새로 발견한 섬이라고 착각하기도 했다. 이렇게 하여 전통적인 울릉도·독도에 대한 일본인들의 지식은, 오랫동안 도해하지 않았던 사실, 에도막부와 메이지정부의 단절성, 잘못 표기된 일본지도 등에 의해 더욱 왜곡되어 갔다.

3. 외무성의 대 독도인식

1877년 내무성은 다케시마와 마츠시마를 시마네 현의 지적에 포함시켜도 되는지를 태정관에게 물었고 태정관은 '일본해내 다케시마 외일도는 본방과 관계가 없다는 것을 명심할 것'이라는 지령을 내렸다. 이 문서 속에 나타나는 다케시마와 외일도(마츠시마)에 대한 내용은 정확히 울릉도와 독도를 가리키고 있으므로 당시 울릉도·독도를 잊어버린 일본 내에서도 태정관과 내무성, 그리고 시마네 현은 여러 가지 조사한 결과 다케시마와 마츠시마가 울릉도와 독도라는 전통적 지식을 다시 갖게 되었다고 할 수 있다. 1905년에 독도가 편입된 시마네 현이 독도가 조선령이었다는 사실을 1877년 시점에서는 스스로 확인한 사실이 있다는 점은 중요한 사실이다.

그런데 외무성의 입장은 달랐다. 1876년에 나가사키와 블리디보스토크를 잇는 동해를 항해하는 도중에 멀리서 울릉도를 본 사람들이 그 섬을 마츠시마(松島)라고 하여 개척 허가를 내달라는 신청서를 외무성에 제출했다.

1876년에 무토 헤이가쿠(武藤平學)라는 민간인이 외무성에 제출한 『마츠시마 개척 건(松島開拓之議)』이라는 건의서에 대해 외무성 기록국장 와타나베 히로키(渡辺浩基)가 다케시마·마츠시마의 관계를 조사하여 제출한 의견서의 요점은 다음과 같다.

① 고래 일본에서 '다케시마'라고 칭한 섬은 조선의 울릉도이다.
② (서양에서 명명한) 다쥬레 섬을 '마츠시마'라고 칭하나 그 섬은 원래 '다케시마'이고 울릉도이다.
③ 일본에서 고래 '마츠시마'라고 칭한 섬은 서양에서 명명한 '호넷 락(=리앙쿠르락, 독도)'이다.
④ 유럽인은 일본 고래의 '다케시마'에 '마츠시마'라는 명칭을 붙였고 실제로 없는 섬인 '알고노트 섬'에 '다케시마' 명칭을 붙여 혼란이 야기되었다.
⑤ '호넷 락'(고래의 '마츠시마', 독도)이 일본에 속한다는 것은 각국의 여러 지도의 표기가 일치한다.
⑥ 그러나 분명치 못하는 부분이 있으므로 시마네 현에 조회하고 함선을 현지에 파견하여 조사해야 한다.[1]

위의 요점과 관련한 원문(부분)은 다음과 같다.

<해석>

여러 문헌을 보고 생각하니 '다케시마'이자 서양이름으로 '알고노트 섬'이란 전혀 존재하지 않는 섬이고 또한 '마츠시마'이자 '데라세(=다쥬레; 필자 주) 섬'이란 원래는 '다케시마', 즉 '울릉도'이고 우리 '마츠시마'(=독도; 필자 주)는 서양이름이 '호넷 락'인 것 같다. 그런데 서양인들이 '다케시마'를 발견하여 '마츠시마'라고 했고 나아가 '다케시마'라는 섬을 (따로) 상기한 것 같다. 이 '호넷 락'이 우리나라(=일본)에 속함은 각국의 지도가 일치된다. … 따라서 먼저 시마네 현에 조회하여 종래의 관습을 조사하여 아울러 함선을 파견하여 그 지세를 보고 만약에 그(=조선; 필자 주)가 이미 손을 쓴 곳이라면 통치의 상황을 실사하여 그 다음에 방책을 정하는 것이 필요하다….

<원문>

諸書ニ就テ案スルニ竹嶋洋名アルゴナウト嶋ナル者ハ全ク烏有ノ者ニシテ其松島デラセ嶋ナル者ハ本來ノ竹嶋卽チ蔚陵島ニシテ我松嶋ナル者ハ洋名ホルネットロックスナルカ如シ然ルヲ洋客竹嶋ヲ認テ松嶋ト爲シ更ニ竹嶋ナル者ヲ想起セシ者ノ如シ而テ此ホルネットロックスノ我國ニ屬スルハ各國ノ地図皆然リ … 因テ先ツ嶋根縣ニ照會シ其從來ノ習例ヲ糺シ併セテ船艦ヲ派シテ其地勢ヲ見若シ彼既ニ着手セハ其宰政ノ模様ヲ實査シ然ル後ニ其方略ヲ定メント要ス …[2]

---

1) 川上健三, 『竹島の歷史地理學的硏究』, 1966, 39쪽.

그런데 와타나베 국장이 문서 마지막에서, "만약에 그(=조선; 필자 주)가 이미 손을 쓴 곳이라면 통치의 상황을 실사하여 그 다음에 방책을 정하는 것이 필요하다"라고 말한 부분을 보면 와타나베 국장은 조선인이 울릉도를 지배하고 있다고 해도 다음 방책을 생각하여 울릉도 개척을 할 수 있도록 하자는 생각을 갖고 있었음을 알 수 있다. 즉, 울릉도가 조선 땅이라도 개척을 위해 다른 방책을 생각하자는 말은 최종적으로 울릉도를 뺏을 생각을 보인 부분이라 할 수 있다.

그러나 이런 와타나베 국장의 '마츠시마(=울릉도)' 개척에 관한 적극적인 자세에 반대하는 목소리가 같은 외무성 내에 있었다.

다케시마 및 마츠시마 조사에 대해 반대한 외무성 공신국장 다나베 다이치(田辺太一)의 의견서 주요 부분은 다음과 같다.

<해석>

마츠시마는 우리 일본인이 명명한 이름이고 실은 조선의 울릉도에 속하는 우산도이다. 울릉도가 조선에 속한다는 것은, 구 정부(=에도 막부; 필자 주) 시대에 양국사이에 갈등이 생겨 문서왕래 끝에 일본의 소유가 아니라고 한 것이니, 그것은 양국의 역사에 있다. 그러므로 지금 이유 없이 사람을 보내 울릉도를 조사시킨다는 것은 타인의 보물을 넘보는 행위이다. … 마츠시마를 결코 개척할 수 없고 개척하면 안 된다. 그렇게 불가능함을 알면서 조사하다니 그 이익은 무엇이라 할 수 있겠는가. 그리고 후유증을 빚어내면 어떻게 할 것인가. … 우리 일본인이 외국선박(서양선박)을 타고 조선 땅에 간다고 해도 조선정부의 의심을 증폭시킨다는 생각은 과도한 우려라고 할 수도 있으나, 해당 섬(=울릉도)에 있는 조선인들이 서양인과 일본인을 구별하는 눈이 있을 것이니 교린관계에 장애가 생길 것이다.

<원문>

松島ハ我邦人ノ命セル名ニシテ其實ハ朝鮮蔚陵島ニ屬スル于山ナリ蔚陵島ノ朝鮮ニ屬スルハ旧政府ノ時一葛藤ヲ生シ文書往復ノ末永ク証テ我有トセサルヲ約シ載テ兩國ノ史ニ在リ今故ナク人ヲ遣テコレヲ巡視セシム此ヲ他人ノ宝ヲ數フトイフ … 松島斷シテ開ク能ワス又開クヘカラス其不能不可ヲ知テコ

2) 앞의 책, 38쪽.

> レヲ巡視スル豈無益ナラサランヤ況ヤ後害ヲ醸サントスルオヤ … 我邦人外國ノ船ニ搭シ韓地ニ至リシトテ韓政府ノ猜嫌ヲ増サントノ過慮ハナキニアラストイヘトモ該島ニ在ル韓民(仮令官吏アルモ)邦人ト外國人トヲ區別スルノ眼睛モアルマシケレハ斷然交隣ノ誼ニ於テハ妨碍ヲ生セサランコトヲ信ス[3)]

다나베 국장은 마츠시마를 독도(=우산도)라고 말하면서 그 섬은 조선의 울릉도에 속하는 섬이라고 단정하고 있다. 다나베 국장은 도명의 혼란이 있다고 생각하지 않고 예전대로의 지식으로 다케시마(울릉도)와 마츠시마(독도)가 조선의 땅이라고 말하고 있는 것이다. 당시 외무성 국장 중에도 울릉도・독도가 조선 소속이라고 알고 있는 사람들이 있었다는 것을 보여주는 중요한 예라고 할 수 있다.

위와 같이 마츠시마 조사에 순시선을 보낸다는 계획을 놓고 외무성 내에 갈등이 있었지만 결국 1880년 9월에 조사목적으로 군함 <아마기(天城)>를 울릉도에 보내 측량하기로 결정되었다. 1880년, 일본정부는 다케시마・마츠시마의 도명 혼란에 종지부를 찍기 위해 군함 아마기(天城)를 울릉도로 보냈다. 이 조사에 의해 당시 '마츠시마'라고 불린 섬은 고래로부터 '다케시마'라고 불린 '울릉도'라는 것이 판명되었다.

여기서 주목해야 하는 점은 외무성 내부에서도 전통적인 지식으로 마츠시마를 우산도=독도로 간주하여 마츠시마는 조선령이고 에도막부 때 이미 영토문제로선 결말이 난 것이라고 주장한 사람이 있었다는 사실이다. 이런 견해는 1877년의 태정관 지령문과 같다. 이에 대해 와타나베 국장은, <'호넷 락'(고래의 '마츠시마', 독도)이 일본에 속한다는 것은 각국의 여러 지도의 표기가 일치한다>고 하여 독도가 일본 땅이라는 의견을 주장하고 있다. 사실 1905년의 일본의 독도침탈의 단서는 이 외무성 관리의 주장으로부터 시작되었다고 봐야 한다. 와타나베가 주장하듯이 독도가 일본땅이라는 것을 분명히 한 지도는 존재하지 않는

3) 앞의 책, 44쪽.

다. 그러므로 이 와타나베의 주장은 독도를 시발점으로 울릉도까지 장악하겠다는 침탈의 의지의 발로로밖에 볼 수 없다. 그러므로 그는 울릉도에 대해서도 일본인이 다시 개척할 수 있는 정책을 강구한다는 입장이었다.

외무성 내에 독도를 조선령으로 주장하여 에도막부의 입장을 계승하려는 의견과 독도를 일본령으로 왜곡시켜 울릉도 개척을 기도하려는 의견이 있었다는 것이 중요한 부분이다. 일본정부는 후자의 의견을 채택하여 1905년 독도를 시마네 현에 편입시킨 것이다.

4. 내무성의 입장

내무성의 입장은 태정관의 지령문을 받아 울릉도・독도는 일본령이 아니라는 입장이었다. 그것은 나카이 요사부로(中井養三郎)가 '량꼬도 편입 및 대하원'을 내무성에 제출했을 때의 내무성 담당자의 입장으로 확인할 수 있다. 다음은 나카이 요사부로가 1910년경에 오키도청에 제출한「사업경영개요」속에 나오는 글이다.

> … 이 섬을 우리나라 영토로 편입하여, 그 후에 빌려주실 것을 내무・외무・농상무의 3성 대신에게 청원하고, 청원서를 내무성에 제출했더니, 내무성 당국자가 하는 말이, 시국이 시국인 만큼(=러일전쟁 중) 한국영토일지도 모르는 일개 황폐한 불모의 암초를 취하여 주위에서 지켜보고 있는 여러 나라들로부터 우리나라가 한국을 병합하려는 야심이 있다는 의심만 살 뿐이므로, 이익이 매우 적은 것에 반해 결코 쉬운 일이 아니라고 하며, 어떤 말을 해도 청원서를 각하시키는 것으로 했습니다(밑줄은 필자, 후략).

이와 같이 내무성은 1877년의 태정관의 지령문을 알고 있었으므로 독도를 '한국영토일지도 모르는' 암초라고 강조해 나카이의 '량꼬도 영토편입 및 대하원'을 받아들이지 않았다.

'한국영토일지도 모르는' 암초라는 말에는 어떤 의미가 포함되어 있었을까? 그것을 생각할 때 답은 자명하다. 즉 '한국영토일지도 모른다'는 말은 '한국 측에 조회해야 한다'라는 뜻을 포함하고 있는 것이다. 그러나 내무성에서 한국에 이 건을 조회하지 않았던 이유는 이 건을 각하했기 때문이다.

5. 태도를 바꾼 내무성

그런데 1905년 1월 28일, 일본의 가츠라 타로(桂太郞) 내각은 각료회의에서 나카이 요사부로의 '량꼬도 영토편입 및 대하원'을 승인하여 독도를 '다케시마'로 명명해 시마네 현에 편입시키는 결정을 내렸다. 1905년 1월 28일 각의에서 결정한 내용은 다음과 같다(<그림 1>).

> 별지의 내무대신이 올린 무인도 소속에 관한 건을 심사한바, … 무인도는, 타국에서 이 섬을 점령했다고 인정되는 흔적이 없고, 2년 전인 (明治)36년(=1903)에 우리나라(=일본) 사람인 나카이 요사부로란 자가 어부를 위한 숙소[漁舍]를 지어 사람을 이주시키고 어구를 준비하여 강치 잡이를 하기 시작했다. 이번에 영토편입 및 대하청원이 있어, 이러한 때 소속 및 島名을 확정할 필요가 있음으로 해당되는 섬을 다케시마라고 이름 짓고 지금부터 시마네현 소속 오키도사의 소관으로 한다는 것이며, 따라서 심사하였더니 明治 36년(=1903) 이래 나카이 요사부로(中井養三郞)라는 자가 해당되는 섬에 이주하여 어업에 종사했다는 것이 관계서류를 통해 명백한 사실임이 인정되므로, 국제법상 점령한 사실이 있다고 인정하여 이 섬을 우리나라에 속하는 섬으로 하며, 시마네현 소속 오키도사 소관으로 해도 아무 문제가 없다고 생각한다. 따라서 청원한 대로 각의 결정할 수 있다고 인정된다.

明治卅八年一月廿八日

内閣總理大臣

法制局長官

別紙内務大臣請議無人島所属ニ関スル件ヲ審査スルニ右ハ北緯三十七度九分三十秒東經百三十一度五十五分隠岐島ヲ距ル西北八十五浬ニ在ル無人島ハ

〈그림 1〉 독도편입 각의결정문(일부)

이 결정문에는 모든 성의 대신들이 서명을 했다. 그러므로 내무대신의 서명도 있고 무엇보다 이 청원을 내각에서 검토해 달라고 청을 올린 사람이 내무대신이라는 것을 이 각의결정문은 밝히고 있다. 그렇다면 전술한 바와 같이 처음은 나카이의 신청을 각하했지만 마지막은 내무성도 그것을 받아들였다는 얘기가 된다.

현재까지 여러 논문에서 밝혀진 대로 결국은 내무성도 외무성과 농상무성에게 설득당했다고 보아야 한다.

1877년의 태정관의 지령문을 알고 있을 내무성마저 량꼬도 편입에 찬성했다는 것은 태정관자체가 1885년에 폐지되었기 때문이다. 1890년부터의 국회개설을 약속한 일본정부는 3권을 사실상 장악하고 있는 태정관을 대신하여 내각 제도를 도입하게 되었다. 이런 과도기적인 과정에서 태정관의 결정을 무시할 수 있는 환경이 조성되었다.

6. 결 론

1905년에 일본이 독도를 시마네현에 편입시킨 배경에는 1877년의 태정관의 지령문, 즉 울릉도와 독도는 일본의 소유가 아니다, 라는 문서를 무시한 사실이 있었다. 그것을 주도한 사람들은 외무성이지만 외무성 내부에서도 독도를 조선령으로 인식하고 있는 사람들이 있었다. 1885년에 태정관이 폐지가 된 후 내각 제도를 출범시킨 일본정부는 태정관의 결정을 알고 있는 내무성의 반대를 찬성으로 바꿔 버리고 1905년에 독도편입을 각의로 결정하게 되었다. 그러나 1877년의 태정관 문서를 변경한다는 절차 없이 무시한 채 내린 결정은 왜곡된 것이고 일본의 국내법상으로도 문제가 있는 결정이었다고 하지 않을 수 없다. 1877년의 태정관문서를 모르는 척하여 이루어진 1905년의 독도편입은 그런 의미에서 무효이고 재검토가 요구되는 사건이라 하지 않을 수 없다.

〈토론문〉

호사카 유지(세종대 교수)의 개항기의 독도문제 －19세기 일본의 대 독도인식 분석－

강대덕
(독립기념관)

호사카 유지 교수님의 19세기 일본의 대 독도인식을 분석으로 한 「개항기의 독도문제」 발표 잘 들었습니다.

호사카 교수님은 한일관계 연구를 위해 고려대학교 정치외교학과에서 석·박사학위를 취득하고 지난 2003년 한국체류 15년 만에 한국인으로 귀화 후 현재 세종대학교 교수로 재직하면서 한일관계사학회·동아시아일본학회 등에서 활발하게 활동 중인 중진학자입니다.

특히 한국 역사·지리학계에서 밝히지 못하였던 독도관련 역사적 사실을 일본에서 새로운 자료를 발굴, 수집하여 분석을 통해 많은 연구를 축적하신 대표적 학자이기도 합니다.

그런 호사카 유지 교수님 발표에 토론을 하게 되어 매우 기쁘게 생각합니다.

호사카 교수님의 이번 발표 논문은 토론자가 이해하기로는 국제학술대회의 주제인 "東아시아의 領土와 民族問題"에 있어서 개항기 독도문제를 19세기 일본의 독도인식 분석을 통해 독도에 대하여 영토와 영유권 문제를 새롭게 이해하고 한·일 간 상호인식의 일환으로 국내 역사학계에서 독도영유권 문제를 둘러싼 양국의 대립을 완화시킬 수 있는 성격을 규명하였다고 보여 집니다.

국내에서 연구 자료의 부족으로 일본에서 1877년 태정관 지령문과 같은 공문서나 1876·1880년 외무성에 제출한 건의서와 의견서, 내무성 공문서를 완벽하게 은폐시켜 1905년 불법적으로 독도를 일본 자국의 영토로 편입시켜 강점해왔던 문제점 들을 지적하면서 새롭게 발굴한 일본자료들을 분석·연구하여 국내는 물론, 특히 한·일 역사·지리학계와 정치학계에 1905년 독도를 시마네현에 불법 편입시킨 배경을 신랄하게 비판하여 무효임을 밝혀 다각도에서 再檢討를 요구하는 성과였습니다.

호사카 교수님의 이러한 논의와 논지는 독도문제를 꾸준히 연구한 중진학자의 논문답게 무리함이나 비약이 보이지 않습니다. 따라서 토론자인 저로서는 커다란 異見이 있을 수 없으며 오히려 많은 것을 배웠습니다.

토론자의 소임을 다하기 위해 발표 논문이 보다 완성도를 높일 수 있도록 다른 각도에서 검토를 요하거나 의견을 교환하는 것이라고 할 때 호사카 교수님의 연구발표와 관련하여 보다 상세한 이해를 위해 몇 가지 질의와 논문의 보완을 요하는 몇 마디 드림으로써 책임을 일단 면할까 합니다.

첫째, 메이지 초기 일본의 독도인식에 대해 1696년 '다카시마(울릉도) 도해금지령'과 1870년 메이지 정부의 태정관이 '다케시마·마츠시마가 조선령이 된 전말'을 조사시킨 이유를 에도막부와 메이지 정부의 단절성을 지적하고 있는데, 독도는 조선 숙종 19년(1693) 일본의 오오다니(大谷甚吉) 가문에서 보낸 일본 어부들과 충돌하여 협상하고자 安龍福과 朴於屯이 나서자 이 두 사람을 납치하여 은기도 도주에게 갔다가 백기주 태수에게로 또 다시 에도막부로 이송해 갔다. 도쿠가와 막부의 관백이 안용복을 심문한 후 백기주 태수를 시켜 "울릉도는 일본의 영토가 아니다(鬱陵島非日本界)"라고 하면서 돌려보낸 후 일본인의 항해 금지와 어업을 엄중히 금지 해온 연유이지 않은가? 호사카 교수님의 의견을 듣고 싶습니다.

둘째, 1876년 일본인 武藤平學이 동해에서 죽도(울릉도)가 아닌 새 섬을 발견하였다고 하여 '송도개척건'을 청원하였다. 일본 해군성 군함 天城丸을 울릉도에 파견하여 1878년과 1880년 두 차례 걸쳐 松島의 실체를 조사하여 송도가 곧 울릉도임을 확인하고 독도를 '한국영토일지도 모르는' 암초라는 프랑스 포경선이 붙인 리앙꼬島라고 부른 이유는 무엇인지 정리해 주시기 바랍니다.

셋째, 1905년 1월 28일 일본의 가츠라 타로(桂太 郞) 내각은 각료회의에서 독도를 '다케시마(竹島)'로 명명하고 시마네현에 편입시키는 결정을 내렸다. 이는 1903년 이래 나카이요사부로(中井養三郞)가 이수하여 어업에 종사했다는 것을 인정하여 국제법상 점령한 사실이 있다고 인정하고 있으나, 일본이 더 중요하게 가치를 인식한 것은 1904년 러·일전쟁에서 러시아 함대의 동태를 감시하기 위하여 전략적으로 매우 귀중한 요충지로 독도를 확보할 목적으로 추진하였다고 보는데, 호사카 교수님께서는 어떻게 이해하고 있는지요?

넷째, 일본정부의 불법적으로 시마네현에 '독도영토 편입' 고시 제40호로 북위 37도 9분 30초, 동경 131도 55분, 은기도에서 서북으로 85해리에 있는 독도를 어떤 방법으로 하였는지요? 자세하게 호사카 교수님의 의견을 듣고 싶습니다.

다섯째, 1951년의 '대일본강화조약'에서 독도에 대한 영유권을 한국과 일본 어느 쪽에도 분명하게 하지 않고 누락시킨 이유를 어떻게 이해해야 하는지요? 호사카 교수님께서 아시는 대로 말씀 부탁드립니다.

끝으로 이번 호사카 교수님의 발표를 통해 국내는 물론 일본에서도 종합적인 독도영유권 문제와 실효적 지배에 관한 연구가 학자적 양심을 갖고 독도의 진실이 규명될 수 있도록 다양한 자료발굴을 통한 연구방법이 체계적으로 이루어진다면 한일관계사 발전에 크게 기여해 줄 것으로 믿습니다.

다시 한 번 감사합니다.

한 · 일 어업협정과 독도문제*

정갑용
(영산대학교)

1. 서 언

우리나라에 있어서 수산업은 빈곤을 극복하고 오늘날의 경제번영을 가능하게 한 국가경제의 초석이요 원동력이었는데, 우리나라와 일본 간에는 1965년 어업협정이 양국간 조업질서를 규율하다가 1999년에 새로운 한 · 일 어업협정(이하, 어업협정이라 함)으로 대체되었다.

이 새로운 어업협정은 그 채택과정에서 많은 우여곡절을 겪었는데, 1996년에는 양국이 해양법협약의 발효(1994.11), 한국(1996.9)과 일본(1996.7)의 배타적경제수역관련법의 선포 등으로 1965년 한 · 일 어업협정을 개정하기로 합의하였다.

* 본 논문은 2002년 해양수산부 연구보고서를 요약 · 정리한 것임.

1997년에 들어 7차례의 실무회의가 개최되어 양국의 어업관련 국내 법령 정비상황을 점검하고 문제점을 협의하고 제3차 실무회의에서부터 어업협정 개정안을 준비하였다.

1998년 1월 23일에 일본이 일방적으로 1965년 어업협정을 파기하고 우리나라도 이에 대응하여 그 동안 실시하여 온 자율규제수역을 해제하여 어업협상이 진행되지 못하였으나, 대통령의 일본 방문계획을 계기로 수산전문가회의 및 직선기선전문가회의를 개최하기로 합의하여 1999년 1월에 본격 발효하였다.

본 논문은, 최근 일부에서 새로운 한・일 어업협정에 의하여 독도의 영유권이 훼손되었으므로 한・일 어업협정을 종료하고 새로이 개정하여야 한다는 주장에 대하여, 그것을 쟁점별로 구분하여 살펴보고 그에 대한 소견을 제시하고자 한다.

2. 어업협정의 주요내용

어업협정은, 전문 및 17개 조문과 중간수역에서의 어업자원관리 및 중간수역 외측수역의 성격에 관한 2개의 부속서 및 동중국해 어업질서에 관한 양국협력에 관한 합의의사록과 어업질서확립 및 어획할당에 관한 2개의 서한으로 이루어져 있는 바,[1] 그 주요내용은 다음과 같다.

1) 협정수역 및 규율대상

어업협정이 적용되는 수역은 대한민국의 배타적경제수역과 일본국의 배타적경제수역(이하 "협정수역"이라 한다)에 적용하며,[2] 우리나라

1) 해양수산부, 「한・일 어업협정 설명자료」(1998.10.14).

는 1996년에 '배타적경제수역법'을 선포[3]하여 영해 및 접속수역법에서 공포한 직선기선으로부터 그 외측 200해리의 선까지에 이르는 수역중 영해를 제외한 수역을 배타적경제수역으로 하며,[4] 대향하거나 인접하고 있는 국가간의 배타적경제수역의 경계는 국제법을 기초로 관계국과의 합의에 따라 획정한다[5]고 규정하고 있다.

한편, 일본은 1996년 '배타적경제수역 및 대륙붕에 관한 법률'[6]을 선포하고 기선에서 200해리이내의 수역을 배타적경제수역으로 하며 대향하는 국가간의 경계는 중간선에 의한다는 취지의 규정을 두고 있다.[7]

여기서, 배타적경제수역을 정하는 경우에는 그 기준선이 되는 기선을 정하는 것이 필요한데, 어업협정에서는 협정수역을 정하는 기준으로 양국의 해안선 또는 기존의 통상기선을 기준으로 하고 있다.

한편, 어업협정에서는 유엔해양법협약에 기초하여 양국간 새로운 어업질서를 확립하고 어업분야에서의 협력관계를 더욱 발전시킬 것을 희망한다고 밝히고 있으며,[8] 각 체약국이 호혜의 원칙에 입각하여 이 협정 및 자국의 관계법령에 따라 자국의 배타적경제수역에서 타방체약국 국민 및 어선이 어획하는 것을 허가한다[9]고 규정하고 있다.

본래, 유엔해양법협약에 의하면 배타적경제수역에서 연안국은 해저, 하층토 및 상부수역의 생물 또는 비생물 자연자원을 탐사, 이용, 보존 및 관리하기 위한 주권적 권리와 해수, 해류 및 해풍을 이용한 에너지 생산과 같은 동 수역의 경제적 탐사 및 이용을 위한 기타 활동 관한 주

2) 동 협정 제1조.
3) 1996.8.8, 법률 제5151호.
4) 동법 제2조 제1항.
5) 동 제2항.
6) 1996년 법률 제74호.
7) 동법 제1조 제1항.
8) 동 협정 전문.
9) 동 제2조.

권적 권리를 가지며, 인공도서, 시설 및 구조물의 설치 및 사용, 해양과학조사, 해양환경의 보호 및 보존, 본 협약에 규정된 기타 권리 및 의무를 가진다.10)

따라서, 어업협정은 유엔해양법협약이 배타적경제수역 제도에서 정하고 있는 여러 가지의 권리의무 중에서 양국간 어업질서를 정하는 것을 그 목적으로 하고 있는 것이다.

2) 배타적어업수역

어업협정에서는 한・일 간에 동해 및 남해상에서 양국의 EEZ 주장해역이 중복되므로, 기선에서 약 35해리11) 정도의 폭을 가진 수역에서 등량조건의 상호입어를 허용하는 배타적어업수역12)을 설정하였다.13)

배타적어업수역에서의 상호입어허가에 관한 것은 연안국의 법령에 따라 행하고 어획할당량은 어업공동위원회의 협의결과에 따라 매년 결정하기로 하며, 어업허가신청은 해당국의 관계당국을 통하여 신청하기로 하였다.

배타적어업수역에서의 어획활동에 당해 관할국의 법령을 준수하여야 하며, 위반어선 및 승무원을 나포하거나 억류할 때에는 외교경로를 통하여 신속하게 통보하고 담보금 또는 이를 보증하는 서류를 제출할 시에는 신속히 석방하는 것으로 하였다.

배타적어업수역의 범위는 자국이 스스로 합리적이라고 생각하는 기선에서 약 35해리의 폭을 가지는 배타적어업수역을 제시하고, 일부수역에서는 상호주의로 서로 가감하는 방법을 사용하였다.

10) 동 협약 제65조 제1항.

11) 해양수산부, 앞의 자료, 15쪽.

12) 필자는, 협정상 명칭은 배타적경제수역이나, 제도의 취지로 보아 배타적어업수역이라고 하는 것이 합리적이라고 본다.

13) 해양수산부, 앞의 자료, 7쪽.

3) 중간수역

어업협정은 동해 및 남해에서 양국의 배타적어업수역 이원에서 한국과 일본 양국의 어선이 다 같이 조업할 수 있는 수역을 설정하고 있는데, 중간수역은 독도문제나 양국 간 주장이 중복되는 관계로 인하여 한 · 일 간에 중간선에 의한 배타적경제수역의 경계를 획정하기가 어려운 현실을 감안하여 양국의 주장이 중복되는 수역에서 공동으로 어업을 허용하는 한시적 성격의 수역으로, 동해상의 중간수역과 남해상의 중간수역으로 나뉘어져 있다.[14]

동해 중간수역에서는 어업자원의 남획을 막고 자원의 최대생산량을 유지하기 위하여 양국이 자국의 국내법을 통하여 보존조치를 취하도록 하고 있으며, 업종별, 어종별 조업실적이나 관련정보를 상호간에 제공하며, 위반어선을 발견 시에는 타방체약국에 통보하고, 그 통보를 받은 국가는 조치결과에 대하여 회신하도록 하고 있다. 한편, 수산자원의 자원관리는 어업공동위원회의 협의결과에 따른 권고를 존중하도록 하고 있다.[15]

한편, 남해 중간수역의 수산자원관리는 어업공동위원회의 결정에 따르기로 하여 동해의 중간수역과는 다소 다른 관리체제를 취하고 있다.

4) 독 도

일본은 "1905년 도근현 고시 제40호로서 독도편입조치를 완료하였기 때문에 현재 한국의 실효적 지배는 불법이므로 반환되어야 한다"고 주장하는 등,[16] 독도를 계속해서 분쟁지역화함으로써 영토문제의 핵심사항으로 유지시키려 하고 있다. 결국, 어업협정에서는 독도의 좌표나

---

14) 위의 자료, 7~8쪽.
15) 위의 자료, 8쪽.
16) 김찬규, 「배타적경제수역의 설정과 독도」『국제문제』, 1996.5, 16쪽.

지리적 표시를 하지 않는 것으로 합의하였다.[17]

다만, 협정의 어떠한 조항도 어업에 관한 사항 이외의 국제법상 문제에 관하여 양국의 입장을 해하지 않는다고 하여,[18] 독도문제에 대한 영향을 사전에 차단하고 있다.

5) 기 타

어업협정은 어업공동위원회[19]를 설치하여 조업조건, 조업질서유지, 자원실태, 어업협력, 중간수역의 자원보전관리 및 협정운영에 관한 사항에 대하여, 결정, 권고 및 조정하는 기능을 한다.

어업협정의 해석이나 적용에 관한 분쟁은 양국 간의 협의에 의하고 협의에 의하여 해결되지 않는 경우에는 양국의 동의에 의하여 중재위원회에서 결정하도록 하고 있다.[20]

새 한·일 어업협정의 유효기간은 3년으로 하고 최초 3년이 경과한 후에 일방당사국이 협정의 종료 통고 시 6개월 후에 종료한다.[21]

3. 주요쟁점

우리나라에 있어서 새 한·일 어업협정을 긍정적으로 평가하고 있는 견해와 부정적으로 평가하여 개정을 주장하는 견해로 크게 구분할 수 있는데, 이를 어업협정의 법적 성격, 중간수역, 독도문제로 나누어

17) 해양수산부, 앞의 자료, 12쪽.
18) 동협정 제15조.
19) 동 제12조.
20) 동 제13조.
21) 동 제16조.

고찰하고, 분쟁해결제도와 Critical Date에 관한 문제도 살펴보기로 한다.

1) 어업협정의 법적 성격

(1) 긍정론

새로운 한·일 어업협정이 적용되는 수역은 양 체약국의 배타적경제수역으로, 양 체약국의 배타적경제수역내에서 행해지는 해양생물자원의 합리적인 보존·관리 및 최적이용에 관하여 합의한 조약이므로 양 체약국의 영해와 내수에서는 적용이 없으며,[22] 어업협정의 대상수역이 아니라는 것이다.

어업협정을 긍정적으로 평가하고 있는 견해들은 대체로 어업협정이 독도의 영유권 문제를 근본적으로 해결하지는 못하였지만 기존의 독도의 지위에 대하여 아무런 부정적인 영향도 주지 않는다고 할 수 있으며, 독도 영유권에 관한 제반 문제는 한·일 양국 간에 쟁점화하지 않는 것이 법적으로나 정치적으로 한국에게 부담을 주지 않는 대책이라고 본다는 것이다.[23]

또한, 어업협정이 아니더라도 독도문제는 양국간의 현안이었으며, 어업협정으로 인하여 독도와 관련된 한국과 일본의 입장이 과거에 비해 나아진 것도 후퇴하는 것도 없다고 보는 것이 타당하다는 것이다.[24]

(2) 부정론

일부 논자는 배타적경제수역제도에 있어서의 어업권이란 공해에서

---

22) 최종화, 「새 한·일어업협정의 구성과 법적 성격」 「수산경영론집」 Vol.29 No.2, 1998.12, 10쪽.

23) 金燦奎, 「새 韓日漁業協定과 獨島」 『國際問題』, 1999.1, 39쪽.

24) 김찬규·노명준·이창위, 「한일어업협정 및 한중어업협정 체결 이후 동북아의 어업질서 운영방안」 『국제법학회논총』 제44권 제1호, 1999.6, 79쪽.

의 어업권과는 구별되며, 주권적 영역권에서 연유되는 것이기 때문에 어업문제와 영유권문제는 본질적으로 연결되어 분리될 수 없다고 주장한다. 특히, 배타적경제수역에서의 어업권이란 결국 주권적 영역에서 연유되는 것이기 때문에 어업문제와 영유권 문제는 본질적으로 연결되어 분리될 수 없다는 것이다.[25]

일부 논자는, 어업협정이 중간수역을 제외한 자국 측 협정수역(배타적 경제수역)에서는 양 당사국의 배타적경제수역법 및 배타적경제수역 관련법이 적용되고 있으므로, 실제적으로는 한・일 배타적경제수역경계협정이 체결될 때까지 잠정적으로 한・일 양국의 배타적경제수역법 및 관련법이 어느 수역범위까지 적용되는가 하는 적용수역범위의 한계를 나타내는 협정으로서의 성격도 갖고 있다고 해석할 수 있으며, 어업협정상 규정된 '배제조항'도 양당사국의 입장을 해하는 것으로 간주되지 않는 것으로 되어, 따라서 새 한일어업협정은 단순히 어업에 관한 사항만을 다루는 것이라 보긴 어렵다는 것이다.[26]

2) 중간수역

(1) 긍정론

긍정론자들은, 어업협정에서 독도와 주변 영해가 중간수역에 의하여 둘러싸여 있다고 하더라도 어업협정은 양국의 배타적경제수역에 적용되는 것이므로 독도 영해는 어업협정의 적용대상이 아니고 그 자체로서 중간수역으로 변질되는 것이 아니므로, 어업협정에 의하여 독도와 그

---

25) 김영구, 「한일・한중어업협정의 비교와 우리의 당면과제」, 국회해양포럼, 2001.6.20, 53~54쪽.

26) 이장희, 「동해 중간수역 문제와 신한일어업협정 개정의 방향」 『독도영유권과 한・일어업협정 개정의 방향』, 사단법인 독도연구보전협회, 2001.9.20, 23~25쪽.

영해는 아무런 영향도 받지 않는다는 것이다.

왜냐하면, 1965년의 어업협정에서 공동자원조사수역[27] 안에 독도가 위치하였고, 동 협정의 어업공동위원회는 공동자원조사수역의 운영에 관한 권고권을 가졌지만,[28] 그 협정이 운영되어 온 지난 33년간 독도의 지위에는 하등의 변경이 없었다는 것이다. 뿐만 아니라, 단순히 독도가 공동자원조사수역보다도 공동관리의 개념이 더 희석된 중간수역에 위치한다고 하여 그 법적 지위가 훼손되는 것은 아니라는 것이다.[29]

(2) 부정론

이에 비하여, 부정론자는 어업협정이 독도의 '영유권문제'를 '영유권분쟁'으로 묵시적으로 인정하여 한국의 독도영유권이 훼손되었다고 주장하고 있다. 이러한 주장의 근거로, 새로운 한·일 어업협정이 중간수역을 설정하고 동 수역 내에 독도를 위치하게 함으로써, 1969년의 조약법에 관한 비엔나협약에 비추어 '조약체결시의 사정'을 고려할 때 한국은 중간수역 내에 독도를 위치시키는 새 한·일 어업협정의 체결로 독도의 영유권문제가 한일 간의 영유권분쟁의 존재를 묵인한 것이라는 해석을 가능하게 했다고 주장하고 있다.[30]

일부 논자는 새로운 한·일 어업협정으로 인하여 지금 당장 독도가 일본의 영토가 된 것은 아니나, '중간수역'에서 자원의 보존과 관리에 관한 사항을 한국과 일본이 서로 협의하여 '권고'하고, 이를 '존중'해서 실시하는 과정에서 지금까지 어렵게 유지해온 독도에 관한 한국 영유권의 배타성이 필연적으로 훼손된다고 주장하고 있다.[31]

---

27) 동 협정 제5조.
28) 동 협정 제7조 제1항(a) 및 (b).
29) 최종화, 앞의 논문, 15~16쪽.
30) 김명기, 「독도영유권과 신한일어업협정 개정의 필요성」『독도영유권과 한·일어업협정 개정의 방향』, 사단법인 독도연구보존협회, 2001.9.20, 22쪽.

3) 독도문제

(1) 긍정론

어업협정은 그 전문에서 한일 간에 해양생물자원의 합리적인 보존 관리 및 최적 이용을 위한 새로운 어업질서를 확립하고 어업분야에서의 협력관계를 더욱 발전시키기 위해 협정을 체결한다는 점을 밝히고 있고, 본문에서는 협정이 양국의 배타적 경제수역에 적용되는 것이라는 점을 명시하고 있다.

이것은 협정이 영토문제와는 절연된 어업문제만을 다루고 있음을 천명한 것으로 보아야 한다는 것이며, 협정의 여하한 규정도 어업 이외의 국제법 문제에 대한 양국의 입장을 훼손하는 것이 아니라는 배제조항으로 보아 명백하다는 것이다.

(2) 부정론

반면에, 부정론자는 국제법상 영유권의 응고는 주권적 권한행사의 의사로서 점유할 때에만 시작되며 상대방의 명시적 또는 묵시적인 승인이 있는 계속적인 주권의 행사를 전제로 하므로, 분쟁당사국인 한국과 일본이 어자원의 공동관리와 같은 내용을 합의하는 것은 일종의 공동적 주권개념(condominium)을 인정하는 것으로 해석 될 수 있고, 따라서 명백히 그 주권적 배타성을 양보, 포기(抛棄)한 것으로 해석할 수밖에 없으며, 객관적 제3자가 그렇게 판단한다면 한국의 영유권은 그것만으로 이미 충분히 훼손당한다는 것이다.

일부 논자는, 일본이 중간수역의 법적 성격에 대해 '공동관리수역'이라고 주장하고, 우리 정부가 이러한 주장을 방치, 묵인할 경우에 우리의 독도영유권을 중대하게 훼손하는 결과를 가져올 수 있다고 주장하며,

---

31) 김영구, 앞의 자료, 2쪽.

그 근거로 이전에는 독도 주변수역이 한국의 단독관할수역이었다는 점을 내세우고 있다.[32]

4) 분쟁해결

본래, 국제분쟁이란 '당사국들 간에 법적 견해 또는 이해관계에 관한 충돌 또는 법적 견해나 사실관계에 관한 의견의 불일치'[33]를 말하는데, 그 성질을 기준으로 법적 분쟁과 정치적 분쟁으로 구별한다.

법적 분쟁은 법적 문제에 관한 다툼을 말하고[34] 정치적 분쟁은 법적 분쟁 외의 분쟁을 말하는데, 국제법상의 분쟁은 현행의 법률관계 또는 권리, 의무관계에 입각한 분쟁인데 비해, 국제정치상의 분쟁은 현행의 법률관계 또는 권리, 의무관계를 떠나서 그것의 변경을 요구하거나 또는 그것의 현실적 타당성을 부인하는 분쟁이다.

양자를 구별하는 실익은 전자는 국제재판의 대상이 되는 데에 비하여 후자는 국제재판의 대상이 될 수 없다는 점이다.

이러한 법적 분쟁과 정치적 분쟁의 구별은 "1899년 국제분쟁의 평화적 해결에 관한 협약"[35]에서 처음으로 실정 국제법에 도입되었는바, 두 범주의 분쟁을 구별한 취지는 가급적 의무적 중재의 수락가능성을 높이

---

32) 제성호, 「덴마크와 노르웨이의 동부 그린란드 분쟁과 한국의 무시 정책」『무시(무대응): 독도를 넘겨주는 가장 손쉬운 방법』, 독도본부, 2006.8, 51쪽.

33) "A dispute is a disagreement on a point of law or fact, a conflict of legal views or of interests between two persons". *The Mavrommatis Palestine Concessions* (August 30th, 1924), P.I.C.J, SeriesA-No.2, p.11.

34) Ian Brownlie, *Principles of Public International Law* (Oxford Uni. Press, 1998), p.720.

35) Robin Sharwood, "The Hague Peace Conference of 1899: A Historical Introduction", in The International Bureau of the Permanent Court of Arbitration, *International Alternative Dispute Resolution: Past, Present and Future—The Permanent Court of Arbitration Centennial Papers—* (Kluwer Law International, 2000), p.170, 참조.

려는데 있었다고 한다.[36)]

독도문제와 관련하여 우리나라의 입장은 법적 분쟁은 존재하지 않으며 따라서 사법적 해결을 반대한다. 반면, 일본은 1954년 9월 25일의 외교공한에서 독도문제를 국제사법재판소(ICJ)에 부탁할 것을 제의한 점에 비추어 독도문제를 법적 분쟁이라고 보고 ICJ에 의한 해결을 원하고 있는 것으로 보인다.

또한, 한국과 일본은 독도문제의 해결에 대하여 1965년 한일기본협약상의 '분쟁의 평화적 처리에 관한 교환공문(이하 교환공문이라고 약칭함)'[37)]이 적용될 수 있을 것인가의 여부에 관하여 의견의 대립을 보이고 있는데, 일본은 동 교환공문이 독도문제를 염두에 두고 체결된 것이며 독도문제가 동 교환공문의 적용대상이 되는 분쟁의 범위에 포함된다는 견해를 밝히고 있다.[38)]

5) Critical Date

'Critical Date'란, '이 기일 이후의 당사자의 행위는 계쟁된 법률관계에 하등의 영향도 주지 않는 일자',[39)] '영토분쟁에 있어서 권원요소의 증거로 채택될 수 있는 시간적 한계'[40)] 등과 같이 불리고 있다.

---

36) 국제분쟁의 평화적 해결을 위한 1899년 헤이그협약 제16조 및 1907년 헤이그 협약 제38조.

37) <교환공문 제2단 >
「… 양국 정부는 별도의 합의가 있는 경우를 제외하고 양국 간의 분쟁은 우선 외교상의 경로를 통하여 해결하는 것으로 하고 이에 의하여 해결할 수 없을 경우에는 양국 정부가 합의하는 절차에 따라 조정에 의하여 해결을 도모한다. …」

38) 谷田正躬/辰巳信夫/武智敏夫 編集,『日韓條約と國際法の解說』, 大藏省印刷局, 昭和 41年, 101쪽.

39) 이한기,『국제법강의』, 박영사, 1997, 306쪽.

40) 신각수,「결정적 시점의 이론」『국제법학회논총』 제32권 제2호, 1987.12,

Critical Date는 국제영역분쟁에 있어서 당사국 간에 분쟁이 발생한 시기 또는 영역주권의 귀속이 결정적으로 되었다고 인정되는 시기를 말하는 것으로, 이 시기를 기준으로 영역권원의 근거가 되는 사실의 증거력이 결정되며 이후의 당사국의 행위는 증거로서의 가치가 인정되지 않고 그 계쟁점에 영향을 줄 수 없다는 것이다.

Critical Date의 법개념은 팔마스도 사건에서 스페인이 미국에게 일정 영토를 할양한 파리조약이 체결되었던 1898년 12월 10일자를 'critical moment'라고 판결한 것에서 유래하여, 이를 피츠모리스가 망끼에 및 에끄레오 제도 사건에서 체계화하였다고 한다.[41] 그러나, 오늘날에 Critical Date를 법개념으로 인정하지 않는 태도를 보이고 있는 학자도 있다.[42]

우리나라의 학자들 대부분은 그 학술논문이나 저서에서 독도 영유권 문제가 한국과 일본 사이의 정치적 현안으로 등장한 것이 1952년 1월 18일 한국이 '인접해양의 주권에 대한 대통령선언'에 대한 일본의 항의한 때부터라고 함으로써,[43] 의식적이든 무의식적이든 독도문제에 대한 'Critical Date'의 기준을 1952년 '평화선'이 선포된 시점이라고 보는 것 같다.

95쪽.

41) R. Y. Jennings, *The Acquisition of Territory in International Law* (Manchester Univ. Press, 1961), p.31.

42) *Ibid.*, pp.31～35.

43) 최종화, 『현대국제해양법』, 도서출판 두남, 2004, 432쪽 ; 김명기, 「독도에 대한 일본정부의 주장과 국제사법재판소의 관할권에 관한 연구」 『사회과학논총』 제15권 제1호, 명지대학교 사회과학연구소, 1999.12, 1～2쪽 ; 김영구, 『한국과 바다의 국제법』, 21세기 북스, 2004, 306쪽 ; 이상면, 「독도 영유권을 둘러싼 한일간의 해양관할권 문제」 『국제법학회논총』 제41권 제2호, 대한국제법학회, 1996.12, 106쪽.

4. 소 견

이상에서 살펴본 바와 같이, 새 한·일 어업협정과 관련하여 어업협정의 법적 성격, 중간수역, 독도문제, 분쟁해결, Critical Date 등의 문제에 대한 견해 차이를 살펴보았는데, 이에 대한 필자의 소견을 정리하면 다음과 같다.

첫째, 어업권과 영역주권이 서로 직접적으로 연결되어 있는 것은 아니다.

일부 논자는 어업권이 주권적 영역권에서 연유되는 것이기 때문에 어업문제와 영유권문제는 본질적으로 연결되어 분리될 수 없다고 주장하고 있는데[44] 어업권이 반드시 영역주권에 기인하는 것도 아니고 어업권을 처분하였다고 해서 국가주권에 영향이 있는 것도 아니다.

오늘날 국제사회는 공해뿐만 아니라 연안국의 EEZ에까지 국제어업질서를 수립하여 국제적으로 수산자원을 관리하는 것이 보통이다. 예를 들면 고래는 국제적으로 포획이 금지되어 있는 보호어종이므로, 공해뿐만 아니라 자국의 내수, 영해, 배타적경제수역에서도 포획할 수 없는데, 이를 두고 영역주권의 훼손이나 포기라고 할 수 없을 것이다.

또한, 한·일 어업협정상 양국의 배타적경제수역에 적용되는 어업권은 양국이 주장하는 배타적경제수역의 범위가 중복되고 그 경계를 빠른 기간 내에 획정할 수 없기 때문에 성립되었으며, 어업협정상의 중간수역은 한·일 양국 간 배타적경제수역의 경계를 획정하는 것이 아니라 양국의 주장이 중복되는 수역의 '어업자원을 잠정적으로 공동적으로 관리하는' 것이기 때문에 어업문제와 영유권문제가 본질적으로 연결되어

44) 김영구, 「한일·한중어업협정의 비교와 우리의 당면과제」, 국회해양포럼, 2001.6.20, 54쪽.

있다고 볼 수 없을 것이다.

새 한 · 일 어업협정은 독도의 영유권문제로 인해 한 · 일간의 배타적 경제수역의 경계를 획정할 수 없으므로 만들어지게 된 잠정적 성격의 협정으로 한국과 일본 간에 어업질서를 규율하는 것으로 하고 있다.[45)]

둘째, 중간수역에 관한 문제이다.

일부 논자는 새로운 한 · 일 어업협정으로 인하여 지금 당장 독도가 일본의 영토가 된 것은 아니나, '중간수역'에서 자원의 보존과 관리에 관한 사항을 한국과 일본이 서로 협의하여 '권고'하고, 이를 '존중'해서 실시하는 과정에서 지금까지 어렵게 유지해온 독도에 관한 한국 영유권의 배타성이 필연적으로 훼손된다고 주장하고 있다.[46)]

그러나, 1965년 한 · 일 어업협정상에서도 독도문제는 한국과 일간본 간에 분쟁상태에 있었으며 독도주변의 영해를 제외한 공간은 공해에 해당하여 한국과 일본이 공동으로 자원을 이용하고 있었는데, 이러한 법적 상태는 새로운 한 · 일 어업협정에서도 독도주변의 영해를 제외한 공간은 한국과 일본이 자원을 공동으로 관리하는 수역으로 그 법적 상태가 그 어느 것도 달라진 것이 없기 때문에, 중간수역으로 인하여 독도문제에 영향이 있다는 주장은 근거가 없는 주장이라고 본다.

셋째, 독도문제와 어업협정의 문제이다.

일부 논자는 어업협정상 배제조항은 양 체약국의 영유권주장을 재확인하고 있는 것이어서 일본의 안목(眼目)으로 보면 다케시마(竹島)의 영해인 12해리가 되어, 동 어업협정에 의하여 우리의 독도영유권이 훼손되었다고 주장하고 있다.[47)]

또 다른 일부 논자는, 어업협정의 배제조항이 일본의 다케시마 영유

---

45) 동 협정의 전문.

46) 김영구, 「국제법에서 본 동해 중간수역과 독도」『독도영유권 대토론회』, 독도연구보존협회, 1999.10.22, 2쪽.

47) 위의 자료, 10쪽.

권 '주장'을 국제협정의 틀 내에서 공인하고 한국의 독도 영유권 주장과 등가(等價)의 가치로 승격시키는 중대한 잘못을 저질렀다고 한다.[48)]

그러나, 이와 같은 주장은 일본의 입장에서 보면 어업협정의 배제조항에 의하여 '한국의 입장을 해하지 않는' 것이어서 독도의 영유권에 대하여 한국의 대등한 지위를 인정하게 된 결과가 될 것이다.

또한, 구 어업협정에 의하면 독도가 동해의 공동어업자원조사수역에 위치하였고 새 어업협정에 의해서는 동해 중간수역에 있는데, 구 어업협정 시에도 일본은 독도가 자국 영토라고 주장하였다.

이 경우에 과연, 기존의 독도 영유권과 현재의 독도 영유권과의 사이이 가치변화가 있다는 것은 구체적으로 무엇을 지칭하는 것인지 참으로 이해하기 어렵다. 배제조항은 특정한 사안에 대한 기존의 입장을 현상유지적 차원에서 고착하려고 하는 것이 그 목적이며, 어업협정의 목적은 양국간 어업질서를 정하는 것이므로, 독도의 영유권문제와는 상관이 없는 것이다.

따라서, 어업협정의 배제조항이 독도에 대한 일본의 입장을 인정하였거나 독도영유권에 대한 한국과 일본의 입장을 대등하게 하였다는 주장은 국제법상 조약해석의 어떠한 방법에 의하여도 인정될 수 없으며, 동 어업협정이 명백하게 규정하고 있는 여러 조항들을 무시하고 이를 자의적으로 해석하는 태도라고 볼 수밖에 없는 것이다.

동 어업협정은 어업에 관한 협정으로서 어업문제만을 다루게 있으며, 다만 어업수역의 분할 등에 있어서 추후 EEZ 경계획정이나 독도문제에 대하여 간접적으로 영향을 미칠 가능성도 배제할 수 없으므로 이러한 영향을 사전에 차단하는 조항을 둔 것이라고 보아야 할 것이다.

넷째, 분쟁해결에 관한 것이다.

물론, 국제재판은 분쟁당사국이 소송제기에 합의를 하여야 재판이

48) 제성호, 「해양수산부의 "독도의 한일어업협정 Q&A"는 국제법 논리에 맞지 않는 거짓」『외교부, 해수부 어업협정 발표문 평석』, 독도본부, 2006.7, 57쪽.

성립되는 '임의관할'이 원칙이므로, 일본이 일방적으로 주장하여도 국제재판이 성립될 여지는 없다고 본다.

다만, 앞으로 일본이 유엔의 안보리 상임이사국으로 되는 등 국제정세의 변화에 따라 우리의 의사와는 상관없이 유엔헌장상의 분쟁해결제도가 적용될 수 있는 가능성을 지적할 수 있다.

유엔헌장 제36조 제3항은 "본조에 의한 권고를 함에 있어서는 안전보장이사회는 법률적 분쟁이 국제사법재판소 규정의 규정에 따라 당사자에 의하여 원칙으로서 동 재판소에 제소하여야 한다는 것도 고려에 넣어야한다"고 규정하고 있다.

헌장 제36조(3)에 따른 안전보장이사회의 권고가 있는 경우에는 안전보장이사회의 주의를 환기한 당사국이 국제사법재판소 규정에 따라 다시 국제사법재판소에 제소할 수 있을 것이다.[49]

그 밖에 유엔총회나 유엔사무총장이 독도문제를 국제재판에 의해 해결하도록 권고하는 경우를 생각할 수 있다. 즉, 총회도 분쟁의 해결을 위하여 일정한 절차를 권고하고 상호 대립되는 사실에 관한 조사를 실시하거나 임시로 설치한 보조기관을 참여시켜 실질적인 해결안을 제시하며, 사무총장은 국제평화와 안전의 유지를 위협한다고 그 자신이 인정하는 어떠한 사항에도 안보리의 주의를 환기할 수 있다.[50]

특히, 1992년의 로커비 사건과 1993년의 보스니아 사건을 계기로, 안전보장이사회의 행동에 대한 국제사법재판소의 적절한 통제 문제가 부각되고 있는 데,[51] 이러한 관점에서 독도문제의 재판 성립가능성에

49) *The Corfu Channel Case —Preliminary Objection—* (March 25th, 1948), I.C.J, General List No.2, p.3.

50) 동 제99조.

51) *Questions of Interpretation and Application of the 1971 Montreal Convention arising from the Aerial Incident at Lockerbie —Provisional Measures—* (Libyan Arab Jamahiriya v. United Kingdom) (Libyan Arab Jamahiriya v. United States of America), I.C.J, Order of 14 April 1992.

관한 문제도 살펴보아야 할 것이다.

다섯째, 'Critical Date'에 관한 것이다.

우리나라 대부분의 학자들이 한국과 일본 간에 독도문제가 본격적으로 양국 간의 현안문제로 등장한 것이 1952년 평화선 선포 이후라고 하는 것은, 독도문제의 '결정적 기일'을 무의식적으로 1952년이라고 주장하는 것과 같은 결과를 초래할 수 있다. 이와 같은 견해는 자칫 우리가 그 동안 독도에 대하여 실효적 지배를 행하여온 노력이 무시되어 결과적으로 우리에게 불리하게 작용할 수도 있을 것이다.

따라서, 앞으로 독도문제의 'Critical Date'에 관한 문제는, 이를 그 자체의 법논리 및 구조와 동 개념이 적용된 국제판례 및 사례를 정확하게 분석하여야 할 것이다. 뿐만 아니라, 1900년 고종황제 칙령 제40호, 1951년 샌프란시스코조약, 1952년 평화선 선포 등 시기별로 시나리오를 설정하여 독도문제에 대한 국가실익을 판단해야 할 것이다.

5. 결 어

이상에서 본 바와 같이, 새 한·일 어업협정은 유엔해양법이라고 하는 새로운 국제질서에 의거하여 새로운 생물자원의 이용 및 개발체제를 도입하기 위하여 잠정적으로 타결된 협정이지,[52] 영유권문제를 규율하는 협정이 아니라고 본다.

국제사회는 어업자원의 남획으로 인하여 1982년 유엔해양법협약이나 각종 FAO 수산규범에서 어업자원의 보존 및 관리를 국제사회가 협력하도록 규정함으로써, 어업자원의 이용은 '어업자유의 원칙'이 제한되는 조건하에 인정되고 있다.[53]

52) *Ibid.*, p.1.

고래, 돌고래, 물개와 같은 특수한 어종은 국제적으로 관리되므로 우리의 영해에서도 그 포획이 제한되거나 금지되는데, 이 경우에 우리의 영해를 우리 마음대로 이용할 수 없으므로 우리의 국가주권이 훼손되었거나 포기되었다고 말할 수 있는가?

참치와 같은 고도회유성어종은 국제적인 지역수산기구에 의하여 관리되므로 연안국이 자국의 EEZ에서 참치의 어획량, 포획방법, 이행 및 감시제도가 적용되는데, 이 경우에 그 연안국은 자국 EEZ내의 어업자원을 자유로이 이용, 처분할 수 없으므로 결과적으로 그 연안국의 주권이 훼손되었거나 포기하였다고 볼 수 있는가?

조약관계에 관한 국제규범을 보더라도, 조약상 최소한의 존속기간을 설정하고 있더라도 그 조약의 변경은 조약체결 당시의 사정이 당사국의 동의의 본질적 기초를 이루고 있고 그것이 이행할 조약의무의 범위에 급격한 변화가 발생한 경우 등 예외적으로 중대한 사정변경이 있는 경우에 할 수 있고, 원칙적으로 조약당사국은 신의성실의 원칙과 조약상 의무를 성실히 이행하여야 한다.

또한 1965년 한·일 국교정상화조약에 의하여도 양국간의 선린관계의 유지, 유엔헌장의 준수의무 등을 규정하고 있으며, 1945년 유엔헌장은 헌장상 의무의 성실이행, 국제협력 등을 규정하고 있다.

따라서, 비록 한일어업협정이 일방적 종료를 규정한다고 하여도 그러한 일방적 종료는 양국간의 성실한 협의가 있어야 할 것이며, 정당한 이유없이 오로지 자국의 국가이익만을 추구할 목적으로 어업협정을 일방적으로 파기하는 것은 조약의 법원칙, 한·일 기본조약 및 유엔의 근본목적인 국제사회의 평화와 안전의 유지 및 우호관계의 발전 등의 유

53) ICCAT, CCSBT, IOTC, IWC, CCAMLA 등을 비롯하여 1995년의 공해어족 보호에 관한 이행협정 및 1995년 책임있는 수산규범 등은 국제적 차원에서 어업자원의 보존 및 관리조치를 강화하고 있는 대표적인 사례라고 할 수 있다.

엔정신에 반하는 것이다.

현실적으로 보아도, 일부 부정론자가 인정하고 있는 바와 같이 한·일 어업협정이 종료되는 경우에 무협정상태가 되어 양국 간 충돌이 불가피하게 일어날 것이며,[54] 어업협정을 다시 개정한다는 것은 양국 간에 필요한 노력과 시간 및 비용을 낭비한다는 측면에서 바람직하지 않는 것이므로, 동 어업협정은 한국과 일본이 배타적경제수역의 경계에 관한 합의가 이루어지거나 어업자원의 보존 및 관리에 관한 여건변화가 생겨날 때까지 지속되어야 할 것이라고 본다.

어업협정을 개정하고자 하는 주장에서, 일부 논자는 조속한 시일 안에 중간수역제도를 아예 철폐하거나 독도와 오키도 간 또는 최소한 울릉도와 오키도 간의 잠정적 배적경제수역의 경계선을 설정하는 것을 대안으로 제시하고 있다.[55]

이러한 주장의 대부분은 "어업협정이 현재는 아무런 문제가 없으나, 장차 어업협정의 운용여하에 따라 독도영유권에 영향을 미칠 수 있다"는 취지로 본다면, 이는 법학적인 논리를 빌리지 않아도 일반상식에 비추어 너무나 당연한 주장이라고 보며, 적어도 국제법학자로서 한국과 일본간에 문제되고 있는 영토권문제를 접근하고자 할 때에 요구되는 법적 분석이나 법논리가 아쉽다고 하겠다.

앞으로, 일본의 주장이 국제사회에서 그 정당성을 확보할 수 없도록 하기 위해서는, 우리의 독도영토권 주장에 대한 객관적인 자료의 발굴 및 수집, 지속적인 과학조사의 수행, 독도관련 역사, 지리학, 해양학, 국제법 등에 대한 전문가의 양성, 국제사회에 대한 지속적인 홍보 등 장기적인 관점에서 차분하게 대응을 해야 할 것이다.

---

54) 이장희, 「동해 중간수역 문제와 신한일어업협정 개정의 방향」『독도영유권과 한·일어업협정 개정의 방향』, 독도연구보전학회, 2001.9.20, 33쪽.

55) 제성호, 「덴마크와 노르웨이의 동부 그린란드 분쟁과 한국의 무시 정책」『무시(무대응): 독도를 넘겨주는 가장 손쉬운 방법』, 독도본부, 2006.8, 51쪽.

〈토론문〉

"한·일 어업협정과 독도문제" 토론문

홍성근
(동북아역사재단)

1998년 한일어업협정이 체결된 지 만 7년이 지나고 있다. 하지만 협정을 둘러싼 법적, 정치적, 사회적 대립은 여전히 계속되고 있다. 지난 10월 16일 대한변호사협회 독도특위를 중심으로 한일어업협정에 관한 위헌조약 심판제청신청 및 손해배상 청구소송을 제기하였으며, 독도관련 시민단체인 독도본부 등에서는 2000년 이후 계속해서 한일어업협정의 개폐운동을 벌이고 있다.

1998년 한일어업협정의 체결로 인하여 학계는 학계대로, 정치권은 정치권대로, 시민단체는 시민단체대로 갈등과 분열이 야기되었다. 이러한 현상의 원인은 학문적, 정치적, 사회적 합의(Consensus) 없이 협정의 체결과 비준이 일방에 의해 서둘러 추진되었기 때문이라고 생각된다. 19세기말 이후 한일 간에 체결된 주요한 정치적 조약이 이러한 형태로 이루어졌다. 논의 기간이 길고 짧음이 문제가 아니다. 1951년부터 논의되어 1965년에 체결된 한일기본관계조약, 청구권협정 등도 오랜 기간에 걸쳐 논의 되었지만, 그 조약은 체결과정에서 뿐만 아니라 체결 이후 현재에 이르기까지 문제가 되고 있다.

우리 사회 내에서 일본에 대한 논의 및 대응방식에 문제가 있지 않나 생각된다. 일본문제와 관련하여 어떻게 국민적 총의를 이끌어낼 것인가를 진지하게 고민해야 할 것이다.

이러한 측면에서 발제문은 우리에게 새로운 숙제를 던져주고 있다. 그것은 독도의 분쟁상태 인정과 해결방안에 관한 논의이다. 발제문은 1998년 한일어업협정을 긍정적으로 평가하고 있다. 이것은 1965년 어업협정에서 이미 분쟁상태에 있었던 독도의 지위를 어떠한 가치변화도 없이 1998년 협정이 그대로 현상 유지한 것에 불과하다는 평가를 배경으로 하고 있다. 그래서 분쟁상태에 있는 독도는 향후 국제재판의 가능성을 배제할 수 없으며, 이에 대비하여 결정적 시점문제도 중요하게 고려해야 한다는 입장으로 정리할 수 있다.

우리 정부는 독도는 분쟁상태에 있지 않다는 입장에서 일본의 국제재판소 회부 제의를 거부해 왔다. 국제재판소는 분쟁의 개념을 일관되게 정의하고 있음에 반해, 국가들의 관행은 그렇지 않다. 국제재판소 회부를 거부하는 국가들은 일반적으로 영유권 분쟁의 존재를 부인한다. 만약 분쟁의 존재를 인정하면 재판을 거부할 명분이 상대적으로 약해지고 분쟁해결을 위해 성실히 임해야 할 국제적 책무를 부담하게 된다. 분쟁의 정의가 국가 관행상 상이하고 국제법상 확립되어 있지 않다고 할 때, 분쟁의 존재인정문제는 신중하게 접근해야 하지 않을까 생각된다.

한일 간의 독도문제가 법적 분쟁이든 역사문제이든 일본의 독도 영유권 주장은 우리의 영토적 독립을 해치고, 더불어 한일간 많은 법적, 정치적, 사회적 문제를 야기한다. 그렇다면 이러한 문제를 어떻게 해결 혹은 개선해 나갈 것인가 하는 것은 중요한 문제다. 타국에 의해 일방적으로 선택되어 지는 것이 아니라 우리가 적극적으로 선택할 방안은 없을까 하는 부분에 대한 깊은 논의가 있어야 할 것이다. 국제법 질서의 변화에 따른 상황의 개선 없이 현상유지가 가능할 것인가 하는 문제도 고민해 보아야 할 것이다.

이와 관련하여, 1998년 어업협정상 중간수역이 1965년 어업협정상

공동자원수역을 현상유지한 것인가 하는 문제가 있다. 1998년 어업협정은 1965년 어업협정과 달리 1982년 UN해양법협약의 배타적 경제수역 제도를 일정부분 수용하고 있으며, 그러한 해양법적 질서를 배경으로 하고 있다. 두 협정은 체결 당시의 해양법적 질서가 상이할 뿐만 아니라, 또한 규정에 있어서도 큰 차이가 있다. 1965년 협정은 제5조에서 공동자원조사 수역의 범위와 조사 내용을 "어업공동위원회의 권고에 의거하여 양 체약국간 협의에 따라 결정된다"고 규정하고 있음에 반해, 1998년 협정은 제9조, 부속서 1, 2에서 중간수역의 범위와 이용관리에 대해 법상 상세한 규정을 두고 있다. 그렇다면 1998년 협정의 중간수역은 1965년 협정을 현상유지한 것이라기보다 현상악화라고 설명할 수 있지 않을까 하는 생각이 든다.

일본 교과서에 나타난 "독도(다케시마)" 표기 실태와 대응

손용택
(한국학중앙연구원)

1. 서 론

일본은 역사왜곡뿐 아니라, 동해를 일본해로 표기하고, 국제사회에 물량적인 홍보공세를 취하는데 만족하지 않고 우리나라의 독도를 '죽도(다케시마)'로 표기하며 자국 영토화하려는 극우적, 제국주의적 행태를 자행하고 있다. 한국과 일본 사이에는 1952년 이래 '독도 영유권 논쟁'이 계속되고 있다.[1] 일본 정부는 독도 영유권을 주장하면서 1954년 국

1) '독도' 영유권 문제 발생 배경; 일찍이 일본 제국주의자들은 1904년 2월 러·일 전쟁을 일으킨 후, 러시아 군함들이 동해에서 활동하는 것을 감시하기 위해 군사적 목적에서 일본 해군 망루를 설치하려고 1905년 2월 한국인들과 당시의 대한제국 정부 몰래 독도 침탈을 기도한 적이 있다. 서기

제사법재판소에 이를 위탁 제소했으며, 기회가 있을 때마다 독도를 침탈하려 하고 있다. 학문은 진실과 진리를 밝히려는 작업이며, 따라서 실증자료들을 정밀하게 조사하고 객관적 자료를 제시할 때 설득력을 지니는 것이다. 이러한 기준으로 볼 때 독도는 한국 영토임이 분명함에도 불구하고 일본 제국주의자들이 이 진실을 알면서 1905년 독도를 우리 국민들 몰래 빼앗아 일본 영토로의 편입을 시도했다. 오늘날의 일본정부는 이를 기정사실화하여 독도 영유권을 주장하고 있는 것은 철저하게 비판되어야 한다.

과연 그들 교과서에서 독도 표기는 어떻게 나타나고 있는가에 대한 실상을 파악하여 심각성을 알리는 것이 본 글의 목적이다.

연구방법으로는 첫째, 본 연구는 교과서류를 통해 우리나라의 독도 표기가 일본 교과서상에 어떻게 표기되고 있는가를 살핀 문헌연구이다. 둘째, 독도 표기의 실상을 알기 위해 독도 표기가 나타날 만한 일본의 교과서류를 모두 검토대상으로 하였다. 즉, 소학교, 중고등학교의 사회과(역사, 지리) 교과서 및 지리부도 등을 포함하였다. 셋째, 교과서상의

512년부터 한국의 고유영토였던 독도를 주인없는 땅이라고 부당하게 주장하면서, 1905년 2월, 독도를 일본 시마네현(島根縣)에 이른바 '영토 편입'하였다는 것은 바로 이를 두고 이르는 말이다. 1945년 8월 15일 해방을 맞은 이후, 연합국 최고사령부는 지령(SCAPIN) 제677호*에 의거하여 1946년 1월 29일 독도를 한국 영토로 반환하였다. 대한민국이 수립된 후 1952년 1월 18일, 대한민국 정부가 '인접 해양의 주권에 관한 대통령 선언'(일명 '평화선 선포')을 발표하자, 일본 정부는 10일 뒤인 1월 28일 일본 외무성이 "… 대한민국의 선언은 다케시마(竹島)로 알려진 섬에 대해 영유권을 갖는 것처럼 보이지만, 일본 정부는 대한민국의 그러한 주장을 인정하지 않는다"고 항의하여 오면서 한국과 일본 사이에 '독도 영토논쟁'이 불붙게 되었다. 그 후 일본정부는 간헐적으로 독도를 일본 영토라고 주장하는 망언을 꾸준히 되풀이하였다. 그리고 해마다 한국의 독도 영유에 대한 항의 문서를 공식적으로 대한민국 외무부에 보내어 뒷날 독도 침탈을 위한 근거 자료로 축적해 오고 있다.

* 약간의 주변지역을 정치상, 행정상 일본으로부터 분리하는 데 관한 각서

표기 문제를 중심으로 연구를 진행하되, 필요에 따라서는 연구방향과 주제를 명백히 하기위해 관련문헌을 참고하거나 일본 측의 보고서를 참고하기도 하였다. 마지막으로 일본의 교과서류에 나타난 독도 표기문제를 놓고, 이에 대한 대응을 어떻게 할 것인가를 제언의 형식을 빌어 결론으로 담고자 하였다.

연구의 제한점으로는 좀 더 많은 교과서를 다룰수록 실상파악에 유리할 수 있지만, 자료구득의 한계가 있었다. 그리고 시기상으로도 매우 오래된 교과서에서부터 최근의 것에 이르기까지 총 망라되지 못한 한계가 있었음을 밝혀둔다.

2. 정확한 영토표기와 상호 국제이해

과학기술의 발달은 지구를 하나의 촌락이나 도시마을로 비유할 수 있을 만큼 국가 간의 거리를 단축시켰으며 이로써 지구상의 모든 국가가 서로 이해하고 평화추구를 위해 노력해야 할 필요성이 더욱 커진다. 유네스코에서는 국제이해, 국제협력 및 평화를 위한 교육에 세계 각국이 힘써 줄 것을 권고하는 결의안을 채택하기에 이르렀고 대부분의 나라가 학교 교육 속에 국제이해 교육을 포함하고 있다.

국제이해 교육을 실행하는데 있어서 가장 중요한 기본 요건 중의 하나는 사실을 바탕으로 한 상대 국가, 상대국민에 대한 올바른 인식이라고 말할 수 있다. 그러나 현재 이러한 기본 요건은 국제사회에 제대로 성숙되어 있지 않다. 그래서 일본이나 중국과의 관계에서 역사적으로 유리하지만은 않았던 우리나라의 경우는 우리에 관한 정확한 사실을 국제사회에 알릴 필요성이 더욱 절박하다고 할 수 있다.

국제이해 교육에서 중요한 매체가 되는 교과 과목은 사회과 분야라고 말할 수 있다. 이 분야가 가장 많이 외국을 다루고 있기 때문이다. 일반적으로 외국 및 외국인들에 대한 태도 형성은 6세에서 14세 사이에 이루어지는 것으로 알려져 있다. 초, 중등학교에 재학시기인 이 나이에 학교생활과 특히, 사회과 분야의 수업을 통해 외국에 대해 배우게 된다. 사회과 교과서가 외국에 대한 태도나 인식에 결정적 영향을 끼칠 것임은 쉽게 추론할 수 있다.

우리나라의 위치, 영역, 지명과 관련한 외국교과서의 서술량은 적고 지극히 개괄적인 수준에 그치고 있는 것과 함께 세계 여러 나라의 교과서에서 한국의 수도명, 주요 도시명, 국경선의 표시 등에서 오류가 자주 발견된다.[2] 오류의 정도가 심한 몇 가지 사례들을 살펴보면 다음의 유형으로 분류할 수 있다.

- 남북한 명칭을 혼동한 경우
- 남한의 수도를 평양으로 제시한 경우
- 휴전선을 38도 선으로 표시한 경우
- 주요 도시의 위치를 잘못 표기한 경우
- 주요 도시명을 일본식으로 병기한 경우
- 대한해협을 일본식 명칭으로 표기한 경우
- 독도를 일본 영토로 나타낸 경우
- 제주도의 명칭을 서양식으로 제시한 경우 등이다.

그런데 이러한 오류들이 특정국가의 특정교과서 속에 무더기로 나타나는 까닭은 이들 교과서 저자들이 일본 측 자료나 낡은 자료를 무비판적으로 인용한 데서 비롯된 것으로 보인다. 이러한 오류는 비록 단편적이긴 하지만 참으로 중대한 문제들이 아닐 수 없다.[3]

2) 필자는 1991년부터 2004년까지 외국의 교과서(주로 사회과 교과서 및 지도류)들을 수집하여 분석하고 그 속에 한국관련 내용들이 어떻게 나타나고 있는가를 살피는 정책사업에 전념한 바 있다.

3) 한국교육개발원, 『세계화시대의 한국바로알리기; 일본 역사교과서의 왜곡과 그 대응－회고와 전망』, 한국교육개발원 연구자료 2002-38, 2002,

영토는 주권이 미치는 장소이고, 장소는 움직일 수 없는 붙박이 지역으로서 우리들의 삶의 터전이다. 고장과 마을, 도시, 지역사회, 국가 등, 크기와 행정 소속은 각기 달라도 그곳에 살고 있는 사람들의 땀과 삶의 애환이 서린 생활터전이고, 문화와 정서가 녹아든 캔버스이다. 이러한 캔버스의 크고 작은 문화상에 붙여진 주소와도 같은 것이 곧 지명일진대, 이를 정확하고 분명하게 표기해야 하고 간직하는 것은 너무나 당연한 일이다.

3. 일본의 교과서 및 지도에 보이는 '독도' 표기 현황

1) 고등학교 지리교과서

일본의 고등학교 지리교과서에서는 모두 동해를 일본해로 표기하고 있다. 그러나 우리나라의 독도를 죽도 또는 다케시마로 표기해 놓은 교과서는 찾아볼 수 없다. 이는 독도가 한국의 영토인 것으로 당연히 생각하기 때문이 아니라, 교육과정(학습요령)상 다루는 주제가 아니거나 워낙 작은 섬이므로 축척 관계상 교과서에 게재되는 지도상에는 나타낼 수 없는 경우이기 때문으로 해석된다.[4]

2) 고등학교 지리부도

일본의 각 지리부도에는 모든 책들에 걸쳐서 울릉도와 독도 사이에

57~60쪽.

4) 그러나 이어서 다룰 정치경제 교과서에서는 국제분쟁과 민족문제를 다루는 장을 별도로 설치하도록 되어있는 교육과정상 한국과의 독도 분쟁문제, 북방영토문제, 중국과의 관계에서 문제가 되고 있는 尖閣諸島문제 등을 교과서별로 다루는 경우가 있다.

한일 국경선이 통과하는 것으로 그리고 있으며. 동해를 일본해로, 독도는 의당히 일본령 죽도(竹島)로 표기하고, 한반도 전체를 지칭할 때는 일률적으로 조선반도로, 북한에 대해서는 '조선민주주의 인민공화국', 우리나라에 대해서는 '대한민국' 등으로 표기하고 있다.[5)]

3) 고등학교 정치·경제 교과서

일본의 정치경제 교과서에서 국제문제를 다루는 내용에 지도와 함께 독도를 일본령 다케시마로 분명히 다룬 교과서들이 눈에 띤다.[6)] 동원서

5) 필자는 15권의 지리부도를 검토하였다. 이 밖에 일본의 각 출판사에서 간행한 지도류는 부지기수이지만 자료구득 및 연구 기간 등을 감안해 일본 내의 지리분야에서 시장점유율이 대단히 높은 두 곳 출판사 즉 이궁서점(8종)과 제국서원(5종), 그리고 동경서적(2종) 간행의 지리부도를 살폈다.
二宮書店－基本地圖帳(평성 15), 基本高等地圖(평성 13), 基本高等地圖(평성 14), 高等地圖帳(평성 15), 高等地圖帳(最新版, 평성 15), 現代地圖帳(평성 16), 詳解現代地圖(평성 13), 必携콤팩트地圖帳(평성 16)
帝國書院－地歷高等地圖; 現代世界와 그 歷史的 背景(最新版, 평성 13), 新編標準高等地圖(最新版, 평성 13), 標準高等地圖; 지도로 읽는 현대사회(新訂版, 평성 16), 新詳高等地圖(初訂版, 평성 13), 新詳高等地圖(最新版, 평성 15)
東京書籍－新高等地圖(평성 13), 新高等地圖(평성 15)

6) · 삼성당, 『정치 · 경제』 개정판, 2002, 永井憲一 외 6명, 지도에 일본령 죽도 표기
· 삼성당, 『정치 · 경제』, 2004, 中川淳司 외 6명, 55쪽에 일본령 죽도 표기
· 山川出版社, 『현대의 정치 · 경제』, 2003, 山崎廣明 외 6명, 67쪽에 일본령으로 죽도 표기
· 山川出版社, 『현대의 정치 · 경제』, 2002, 山崎廣明 외 6명, 89쪽에 일본령으로 죽도 표기
· 第一學習社, 『고등학교 정치 · 경제』, 평성 15, 阪上順夫 외 14명, 73쪽에 일본령으로 죽도 표기
· 第一學習社, 『고등학교 정치 · 경제』, 평성 14, 阪上順夫 외 14명, 87쪽 본문 가운데 한국과는 죽도 문제가 미해결의 영토문제로 남아있다고 기술
· 桐原書店, 『신정치경제』, 평성 15, 야중준언 외 5명, 71쪽 지도에 죽도 표

점(桐原書店, 평성 15, 野中俊彦 외, 71쪽)의 신 정치경제 교과서에서 국제분쟁과 민족문제를 다루는 내용 가운데 죽도를 지도상에 표시한 후, 일본과 한국정부에서 공히 영유권을 주장하는 지역으로 괄호 속에 적고 있다.[7)]

한편, 삼성당(三省堂, 정치・경제, 개정판, 2002, 93쪽, 永井憲一 외 6명)에서 간행한 정치경제 교과서에는 한국과 일본사이의 바다에 죽도와 대마도를 표기한 지도를 게재한 후, 그림에 대한 설명으로 다음과 같이 적고 있다.

> 죽도(한국과 계속 분쟁 중); ① 일본이 1905년에 도근현(島根懸)에 편입시켰고, 이후부터 실효적 지배를 하게 되었다. ② 1946년의 연합국 군총사령부각서에 의하면 일본의 행정구역으로부터 분리시키라고 했지만, 이것은 점령하의 협정조치인 것이고, 죽도를 일본의 영역으로부터 제외시켰다는 것은 아니다. 샌프란시스코 조약에서 일본은 조선에 대한 모든 영유권을 포기했지만, 죽도는 일본이 포기한 지역에는 포함되지 않았다. 1952년에 한국이 이승만 라인을 설정하고 그 경계범위 내에서의 일본어선의 어로활동을 금지시킨 수역에 죽도가 포함되었지만, 일본정부는 죽도가 일본영토임을 항의했다. 이후 양국 간의 분쟁지역으로 남게 되었다. 1965년의 일한기본조약에도 죽도의 귀속문제는 해결되지 않았고, 현안문제로 남아 있다.

위의 내용은 1905년 시마네현(島根縣) 고시, SCAPIN 제 677호와 대일강화조약, 그리고 이승만 라인 등에 관한 내용의 요점을 일본 측의 해석방식대로 요약하여 교과서에 기술해 놓은 것이다. 왜 일본 교과서에서 이와 같이 해석하고 있는지를 다음 내용을 상고함으로써 밝혀볼 필요가 있다.

---

7) 일방적으로 다케시마는 일본영토라고 적고 있는 일본의 다른 정치경제 교과서들과 유일하게 차별화되는 교과서이다.

기 후 괄호 안에 일본과 한국에서 각각 자국영토로 주장하고 있다고 적음

(1) 1905년 일본의 시마네현(島根縣) 고시

러시아와 일본은 1904년 2월 10일 선전포고와 함께 전쟁에 돌입했다. 일본은 대량의 군대를 한반도에 상륙시키고, 동해에서는 블라디보스토크 함대가 남하하는 것을 감시하기 위한 망루 설치의 후보지를 찾던 중에 독도를 마땅한 후보지로 정하고자 하고 있었다. 연해주와 한반도 각지에서 강치잡이를 하던 일본의 어부 나카이(中井養三郞)가 독도(리앙꾸르 섬)에서의 '어업독점권'을 한국정부에 교섭하여 줄 것을 일본정부에 청원한바 있다. 이때, 독도가 한국영토이지만 무인도인 이것을 이 기회에 침탈하여 일본영토로 편입시키려는 음모가 망루 설치를 준비하던 일본 해군성과 외무성 중심으로 시작된다. 이들 음모에 따라 니카이가 제출한 대하원(代下願)은 "독도를 일본 영토에 편입시키고 빌려줄 것을 청원하는 대하원"으로 바뀌어 일본의 내무·외무·농상무성에 다시 제출된다. 일본정부는 1905년 1월 28일 "독도(리앙꾸르 섬)를 일본영토로 편입한다"는 내각회의를 거쳐 시마네현으로 하여금 관내 고시하도록 훈령하였다. 1905년 2월 22일 시마네현은 "독도를 '죽도(竹島)'로 명명하여 시마네현 오끼(隱岐)섬 소관으로 정한다"고 고시하였다. 이것이 시마네현 고시 제40호이며 지금으로부터 약 100년 전의 일이다.[8)]

여기에서 첫 번째로 부당한 점은 시마네현 고시를 국제법상 합당한 고시로 볼 수 있는가?이다. 영토의 선점이나 편입은 국제법적인 정당성이 확보되어야 한다. 독도는 신라시대부터 한국이 선점한 땅으로서 울릉도와 함께 오랫동안 관리하여 왔음은 익히 알려진 사실이다. 중간에 400년간의 공도정책이 있었지만 이것도 곧 영토관리의 한 수단이며, 결코 영토 포기의 기간이 아니었다.

---

8) 형기주, 『독도의 지정학』, 대한지리학회·조선일보사 주최 독도문제 대책을 위한 토론회 자료집, 2005, 21쪽.

두 번째로 영토선점이나 편입 사실이 대외적으로 공포되었는가이다. 당시의 경쟁적 주권자인 조선정부에 언제, 어떤 방식으로 통고하였는가이다. 1905년 1월 28일 각의를 거쳐 동년 2월 22일에 시마네현 지사의 이름으로 고시되는 일련의 과정은 은밀하게 이루어졌다. 이에 대해서 일본은 1928년의 팔마스 섬, 1931년의 클리퍼튼섬의 판례를 들고 나와 "통고를 영토취득의 절대적 요건으로 하는 국제법상의 원칙은 존재하지 않는다"고 강변을 한다. 그러나 이들 섬에 통고여부를 고려할 필요가 없다는 판결을 내린 것은 동 섬에 많은 주민이 살고 있는 곳이기 때문에 일국의 은밀한 주권행사가 사실상 불가능하다는 사정을 고려하여 내려진 것이지 독도와 같이 격리된 무인도의 편입에도 해당되는 판례는 아니다. 일본은 이것을 일개 작은 지방의 현(縣)을 통해 고시했고(1905.2.22), 고시한지 1년이 지난 1906년 3월 29일에야 시마네현에 속한 오끼도(隱岐島)의 관리 일행이 독도를 순찰하고 돌아가면서 울릉군수 심흥택(沈興澤)에게 통고한 것이 전부이다.[9] 선점 관리되고 있는 남의 영토를 이런 식으로 탈취하여 나중에 서둘러 현지측량하고, 토지대장에 올리고, 강치어 포획의 면허를 시행하는 등 침략행위를 스스로 인정하고 있다. 시마네현 고시가 경쟁상대자인 조선정부에 1년 후에야 소극적으로 통고되었고, 일본정부의 관보에도 게재되지 않았으며 따라서 많은 일본사람들에게 조차 거의 알려지지 않았다.

셋째, 일본의 독도 침탈은 어떠한 환경하의 한일 관계 속에서 자행되었는가이다. 1910년 일본의 한반도 강점은 한낮 형식적인 통과절차에

9) 시마네현 고시 제40호가 1905년 2월 22일인데 1906년 3월 28일에야 일본의 오끼섬 도사(島司) 아즈마(東文輔)와 사무관 간자이(신서유태랑) 등이 울릉도 군수를 찾아와, 독도가 일본의 영토이고 일행이 시찰차 왔다는 것, 총 거주 인구가 얼마나 되고, 경비는 얼마나 드는가를 조사하고 돌아갔다. 이 사실은 당시 강원도 관찰사를 통해서 의정부 참정대신 박제순, 내무대신 이지용에게 보고되었다.

불과할 뿐 19세기 말부터 한국은 사실상 일본의 지배하에 놓여있었다. 러일전쟁이 일본 승리로 끝나자 한반도에는 강대한 일본의 군사력이 주둔하게 되었고, 1905년 11월 17일에 대한제국의 외부 통로를 완전히 폐쇄시킨 채 외교권을 빼앗고, 다음해 2월 1일부터 통감부가 우리의 외교와 내정 일반을 감독 지배하면서 모든 결정을 좌우하는 실정이었다. 당시 우리는 국권이 송두리째 침탈당하는 판국이었기에 독도영유를 문제삼을 힘도 없거니와 외교전을 전개할 통로도 없었다. 일본정부는 교활하게 대한민국의 외교권을 빼앗고, 통감부 통치를 완벽하게 마련한 다음, 독도영유에 대한 시마네현 고시를 한국 측에, 그것도 울릉군수에게 통고한 것이다.

(2) SCAPIN 제 677호와 대일강화조약

연합국이 독도를 한국의 영토라고 판정한 근거 기원은 일찍이 카이로선언(1943.11.20)으로까지 소급된다. 연합국은 카이로 선언에서 한국의 독립을 약속했고 패전 후 일본영토의 한계를 규정하고 있다. 이에 따르면 독도는 1894년 청일전쟁 이후 '일본이 탐욕과 폭력에 의하여 약취한 것'에 해당된다.[10] 카이로 선언은 1945년 7월 26일 미, 영, 소의 포츠담 선언을 일본이 수락함과 동시에 포츠담 선언 제 8항에 자동 흡수된다. 8항의 내용은 "카이로 선언의 모든 조항은 이행될 것이며, 일본국의 주권은 本州, 北海島, 九州, 四國과 우리들이 결정하는 여러 작은 섬들에 국한될 것이다"는 내용이다. 독도는 포츠담 선언 제8항에서 '우리들(3국)이 결정하는 여러 작은 섬들'에 포함되며, 이것이 1945년 9월 2일 일본이 조인한 항복문서이고 연합국 최고 사령부는 즉시 포츠담선

10) 카이로선언문, 포츠담선언문, 일본의 항복문서 등의 원문은 신용하, 『한국과 일본의 독도영유 논쟁』(한양대학교 출판부, 2003)에 부분적으로 실려 있다. 형기주, 독도의 지정학, 독도문제 대책을 위한 토론회 자료집에서도 본 내용을 확인할 수 있다.

언의 제 규정을 집행하기 시작한다.

연합군 최고사령부는 위와 같은 원칙 하에 1945년 9월부터 5개월간 연구, 검토 끝에 이른바 SCAPIN(연합군최고사령부지령) 제677호를 결정, 발표한다. 이것은 일본으로부터 분리하여 원 소속으로 반환해야 할 영토를 규정한 것인데, 제677호 제3항에는 일본으로 귀속될 섬과 제외될 섬을 명기하고 있다. 울릉도와 독도가 제 3항 A에 분류되어 일본에 귀속되지 않고 한국영토로 결정, 발표되어 일본 정부에도 통보되는바 연합군 최고사령부의 지령이 하달된 것은 1946년 1월 29일이다. 그리고 1946년 6월 22일 SCAPIN 제1033호 제3항에는 독도 12해리 이내에 일본의 선박이나 승무원이 접근하지 못하도록 하는 규정을 삽입했고, 1952년 연합군 최고사령부가 해체될 때까지 전혀 수정되거나 폐지된바 없이 샌프란시스코 강화조약으로 연결된다.

연합국은 제2차대전의 강화조약 체결준비를 1949년부터 본격적으로 준비하는데, 1950년에는 극비리에 '연합국의 구 일본 영토 처리에 관한 합의서'를 초안하였다. 여기에서, 한반도와 그 주변의 도서를 완전 한국에게 이양하기로 합의하고, 그 도서에는 제주도, 거문도, 울릉도, 독도가 포함된다고 하였다. 이 같은 강화조약 초안은 5차 초안이 만들어질 때까지 그 내용에 큰 변화가 없었다. 6차 초안이 만들어지면서 일본의 맹렬한 로비 때문에 우리에게 불리해지기 시작했는데, 미국의 일본정부 고문 시볼트(Scbald W.J.)가 독도를 일본으로 귀속시키고 미국의 기상관측 및 레이더기지로 사용하도록 권유하였기 때문이다. 한일 간의 독도 영유의 분쟁발단이 이로부터 시작된 것이라고 볼 수 있다. 미국 국무부에 시볼트가 건의한 내용은 독도는 한국 근해의 섬으로 간주할 수 없다는 것, 일본의 영유권 주장이 오래되었고 타당하다는 것, 지금까지 시마네현 오끼섬의 도사(島司)가 관리하고 있었던 섬이라는 것, 한국의 이름이 없고 한국영토라고 주장한 바가 없다는 것, 장차 미국의 기상관측소와 레이더기지 등 전략적 이용가치가 크다는 것 등등이다.[11] 제6차 초안은 이상과 같은 주석이 첨가되어 독도를 일본 영유로 할 것을 골자로 하는 종전의 초안과는 판이한 것으로 변하였는데, 이때는 마침 6·25 발발로 한국정부는 정신이 없을 상황이었다.

제6차 초안이 여기에 이르자 초안 작성의 주역이었던 미국에 대한 항의가 뉴질랜드, 오스트레일리아, 영국으로부터 거세게 일어났고 결국 영국과 미국 합작품으로 대일강화조약 제2조 제1항이 1951년 6월 14일에 완성된다. 내용은 "일본은 한국의 독립을 인정하고 제주도, 거문도, 울릉도를 포함한 한국에 대한 모든 권리, 권원, 청구권을 포기한다"로 되어있다. 여기에 일본영토의 내용 설명은 생략되어 있다. 대일강화조약 제2조 제1항에서 독도가 명시되지 않았기 때문에 계속하여 독도영유의 불씨로 남게 되었다. 카이로선언과 포츠담 선언, SCAPIN 제677호에 이르는 일련의 각국 논의 결과에서는 독도가 한국영토인 것을 아무도 부정함이 없었고, 대일강화조약 초안 작성 과정을 상세히 살펴본다면 일본의 독도 영유 주장이 터무니없음을 쉽게 알 수 있다. 대일강화조약이 체결된 것이 1951년 9월이고 일본이 재 독립한 것은 1952년 4월이므로 만약 독도가 일본의 영유라면, 국제연합이 대한민국의 독립국 승인을 일본의 영토위에 승인한 아이러니와 다름이 없다.

4) 고등학교 역사 교과서

고등학교의 일본사 또는 세계사 교과서에 사용된 지도라면 고대사 또는 중세사, 근세사 지도에 바다이름과 울릉도, 독도 등이 표시될 수

11) 신용하 교수의 같은 책에 대일강화조약 초안의 원문이 게재되어 있으며, 제 3조에는 일본의 영토규정에 대마도와 죽도가 포함되어 있고, 초안 주석에는 독도가 한국의 영토라는 근거가 없음을 상세히 설명하는 영문 원문이 실려 있다. 이것이 대일강화조약 제6차 초안이다.

있다(대축척지도일 경우). 그러한 개연성을 염두에 두고 역사 교과서 세 권을 택해 자세히 검토하였다.[12] 그러나 세 권의 역사 교과서에는 시대상황을 설명하기 위한 여러 주제의 지도들이 망라되고는 있지만, 울릉도나 독도를 표기한 지도는 보이지 않았다. 다만, 동해에 대해 '일본해'로 표기한 지도들은 세 권 모두에서 여러 컷 발견된다.[13]

5) 중학교 사회과 역사분야 교과서

소화시대의 중학교 사회과 역사분야 교과서에 나타난 한국지도와 지명을 살폈으나 대부분의 교과서에서 동해 또는 독도가 표기된 지도를 찾아보기 어렵다. 다만 소화 53년과 54년의 중학교사회 역사분야 교과서에서 동해를 '일본해'로 표기한 지도를 살필 수 있는 정도이다.[14] 일본서적(日本書籍)에서 발행한 교과서에는 일본 측에서 한반도 남부에 근거 없는 '임나일본부'설을 주장하는 것을 뒷받침이라도 하듯 남부지방의 신라와 백제 사이에 '임나제국(任那諸國)'을 표시한 지도가 등장하기도 한다.[15]

---

12) 다음의 세 권을 집중 검토하였다.
宮原武夫 외 15인, 高校日本史A, 實教出版, 평성 15
青木美智男 외 13인, 明解 日本史A (개정판), 三省堂, 1999
宮原武夫 외 15인, 검정제, 高校日本史B, 實教出版, 평성 15

13) 여기에서 주목할 부분은, 일본사나 일본 세계사 교과서상에서의 고대사, 중세사 등 과거사를 다루는 교과서상의 지도에 '일본해'라는 지명이 한결같이 등장하고 있다는 점이다. 당시의 국명은 '일본'이 아니었음에도 이렇게 표기하고 있음은 여러 각도에서 생각해 볼 소지를 주고 있다.

14) 다음의 교과서에서 한반도 지도가 등장하고, 일본해로 표기된 내용을 확인할 수 있는 정도이다.
竹內理三・鈴木成高 외 4명, 중학교사회과 역사(최신판), 帝國書院, 소화 54
兒玉幸多・井上光貞 외 20명, 중학사회 역사적분야, 日本書籍株式會社, 소화 53
北島正元・佐騰 竺・野村正七 외 23명, 신판중학사회 역사적분야, 教育出版株式會社, 소화 53

일본의 교과서에서 한반도를 '조선반도'로 표기하고, 북한을 '북조선'으로, 남한을 '대한민국'으로 표기하는 것이 상례이다. 간혹 남북한을 합해서 '한국(韓國)'으로 표기하는 경우가 있으나 극히 이례적인 표기이다.[16)]

집중적으로 검토한 교과서들에서 '독도(죽도)'가 나타나지 않는 것은 일본 측의 의도라기보다는 교과서 판형과 스케일상의 문제, 그리고 당시 교과서에서는 '쟁점화'되지 않은 사안이기 때문인 것으로 여겨진다.

위에서 일본의 고등학교 역사교과서와 중학교 역사분야 교과서의 '독도'관련 사항을 살펴보았다. 일본 역사교과서에서의 독도표기 상황은 이렇다 치고, 우리나라 중학교 국사교과서에 게재된 독도관련 내용에 대해 일본 측에서 해석한 내용을 주목해 볼 만하다. 왜냐하면 이를 통해 그들의 의도를 보다 분명하게 파악할 수 있기 때문이다.[17)]

> 독도는 울릉도에 부속하는 섬으로서 일찍이 우리나라(조선)의 영토였다. 조선 초기에 유민을 막기 위해 울릉도민들은 본토에 이주시켜, 일시 정부의 관리가 소홀할 때도 있었지만 우리 어민들이 어업을 하는 거점으로서 활용해 왔다(교육인적자원부, 중학교 국사, 1996, 240쪽).[18)]

---

15) 소위 '임나일본부'설이란 일본의 우익 사학계에 주장하는 바, 군사적 정복에 의한 지배기구로서 과거 한국의 남해안에 임나일본부가 있었으며 이를 기정사실화하여 한일관계사 서술에서 일본 측의 고토회복 차원에서 한반도 침략을 합리화하는 잘못된 인식의 예이다.
兒玉幸多・井上光貞 외 20명, 중학사회 역사적 분야, 日本書籍株式會社, 소화 53, 39쪽 우측상단의 지도.
北島正元・佐騰 竺・野村正七 외 23명, 신판중학사회 역사적 분야, 教育出版株式會社, 소화 53, 42쪽 좌측상단지도, 45쪽 상단우측지도.

16) 北島正元・佐騰 竺・野村正七 외 23명, 신판중학사회 역사적 분야, 教育出版株式會社, 소화 53, 249쪽 우측상단지도

17) 일본정책연구센타, 『이것이 이상한 중국・한국 역사교과서』, 2005.

18) 본 내용은 2005년 최신판 중학교 국사교과서에도 내용이 그대로 실려 있다.

이에 대한 일본 측의 해석이 매우 괴이하다. 우리나라의 중학교 국사교과서상에 나타난 위의 내용에서 "섬사람들을 본토로 이주시켜서 일시 정부의 관리가 소홀한 적도 있었다"라는 내용을 괴이하게 해석하여 물고 늘어진다. 즉, 관리가 소홀했던 적이 있는 섬을 독도로 해석하는 것이 아니라 어이없게도 울릉도에 관한 내용으로 보고 있다. 즉, 조선시대 초기 1417년에 한국 정부 즉, 당시 조선정부는 울릉도로의 도항을 금지하고 그 이후 울릉도에는 사람들을 살지 못하게 하는 '공도(空島)정책'을 취했던 것이 역사적 사실이라는 것이다. 아울러 "우리(조선) 어민들이 어업을 하는 거점으로서 활용해 왔다"라는 서술도 틀렸다는 것이다. 일찍이 1882년과 1900년의 두 번에 걸쳐서 한국(조선) 측이 울릉도에 조사를 행하였지만 그때에 한국(조선)에서는 죽도를 확인하지 않았던 것이며, 19세기 말에조차 확인할 수 없었던 독도(죽도)를 놓고 "어민들이 어업을 하는 거점으로서 활용해 왔다"고 기술하는 것은 이치에 닿지 않는다고 일본 측은 해석하고 있다.[19]

> 특히 조선 숙종 때에는 동래에 살고 있던 안용복이 여기에 왕래하는 일본의 어민을 추방하고 일본에 건너가 우리나라(조선)의 영토인 것을 확인시킨 적도 있다. 그 후에도 일본의 어민들이 가끔 울릉도 부근에 불법으로 어업을 하고 있기 때문에 정부는 울릉도에 관청을 두고 주민의 이주를 장려하고 독도까지 관할했다. 그러나 일본은 러일전쟁 중에 일방적으로 독도를 그들의 영토로 편입해 버렸다(교육인적자원부, 중학교 국사, 1996, 240쪽).[20]

위 문장에서 '여기'는 우리나라(조선)에서 '독도'를 의미하는 것이고, 따라서 안용복이 '독도'에 왕래하는 일본인을 쫓아내고 '독도'가 조선령이라는 것을 일본 측에 확인시켰던 것으로 서술한 것이다. 이에 대해

---

19) 일본정책연구센타, 『여기가 이상한 중국・한국 역사교과서』, 2005, 7절 '사실에 근거하지 않은 독도 교육'.

20) 인용문은 최근(2005)의 중학교 국사교과서에서도 내용이 같다.

일본 측의 해석은 이러한 진술은 허구라는 것이다. 이렇게 말하는 이유로서 일본 측에서는 다음과 같이 설명하고 있다. 즉 17세기 말 일본과 조선 사이에 울릉도의 영유권이 문제가 되었던 적이 있다는 것이고, 조선의 공도정책 때문에 일본인이 울릉도를 어업을 위해 사용하였으며 일본 측은 일본령으로서 인식하고 있었다는 것이다. 그러나 교섭의 결과 도쿠가와 막부는 일본인이 울릉도에의 도항을 금지하고 조선령으로 인정했으며, 이 울릉도 영유권 문제의 시기에도 독도 영유에 대해서는 아무 문제가 되지 않았다는 것이다. 즉 일본인의 독도(죽도) 도항은 금지되지 않았다는 것이다. 그리고 울릉도 영유 문제에 안용복이라는 인물이 관계하는 것은 사실이며, 안용복이 두 번 일본에 건너 왔는데 첫 번째(1613, 원록 6)는 울릉도의 침입자로서 일본인에게 체포되어 호송, 송환되었던 것이고, 두 번째(1696, 원록 9)에도 울릉도에 건너갔을 뿐 독도(죽도)에는 가지 않았다는 것이다. 두 번의 도항 후에 안용복은 울릉도로부터 일본인을 추방했다고 서술하고 있지만 일찍이 막부에 의한 울릉도 도항 금지령 후에 울릉도에 일본인이 있을 리가 없었다는 것이다. 이렇게 해석하는 일본 측은 안용복 증언 자체가 과장된 것이며, 그 증언에서도 안용복이 일본인을 쫓아냈다는 것은 울릉도로부터였지 독도(죽도)는 아니었다는 주장을 펴고 있다.[21] 즉, 일본 측의 억지 주장의 골자는 이렇다. 대한민국의 중학교 역사교과서에서 독도와 관련하여 '울릉도'라고 써야 할 부분을 '독도'로 바꿔 서술함으로써 사실을 호도하고 있다는 것이다.

6) 중학교 공민 교과서

고등학교의 정치경제 교과서에 국제간의 분쟁 주제로 독도를 다루고

21) 일본정책연구센타, 앞의 책, 2005, 7절 '사실에 근거하지 않은 독도 교육'.

있는 것을 확인하였기 때문에 중학교의 공민교과서에 비슷한 내용을 다룬 단원에 영토분쟁 문제를 다룰 수도 있다고 생각하여 중학교 공민 교과서 5종을 택해 살폈다.[22)]

제국서원 발행의 교과서에서는 국가와 영토문제를 다룬 내용에서 주권, 국기, 국가, 영토, 국가간의 존중 등을 주제로 서술하였다. 칼럼을 마련하여 '일본에도 있는 영토문제'제하에 북해도의 북방영토 묘지 참배단 사진과 함께 명치시대부터 일본의 영토였던 북방 4도에 관한 내용을 싣고 중국과 일본 양국 간 문제가 되고 있음을 적고 있다. 독도에 관한 내용은 없다.

동경서적 간행의 「신 사회 공민」 교과서 같은 절에는 지구시민으로 함께 중시하여야 할 주제들로서 환경, 인구와 식료, 평화를 위한 협력 등을 들고 자원과 에너지 문제, 지구환경 문제, 아시아의 삼림과 일본, 인구 및 식량문제를 집중 거론하였다. '2절 국제사회와 세계평화'에서는 지역주의 발생, 지역분쟁과 민족문제, 주권국가와 국제사회, 국제연합, 세계평화의 실현 등 여러 주제를 언급하고 있지만, 구체적으로 한일간의 '독도' 영토분쟁에 대한 언급은 없다.

일본서적 간행의 「우리들의 중학사회(공민분야)」에서는 관련단원이 '제4장 세계평화와 인류의 공생을 위해'이다. '제1절 세계평화의 실현'에서는 현대의 국제사회, 전쟁을 포기한 일본, 평화헌법과 자위대, 일본과 아메리카 및 근린제국과의 관계, 국제사회와 주권의 존중, 세계평화와 국제연합, 군축 및 평화에 관한 주제들을 다룬다. 금후의 근린제국과의 관계를 논하는 내용에서 '종군위안부문제' 등이 과제로 남아있다는 간단한 언급이 있을 뿐이다. 한편 '제2절 지구시대의 과제'에서는 지구환경, 빈곤 퇴치, 자원과 에너지의 미래, 세계 가운데 일본 등의 주제를

---

22) 二宮書店, 帝國書院 등 지리교과서 시장의 시장점유율이 높은 이름 있는 주요 5개 출판사 교과서를 택하였다.

다루고 있다. 독도와 관련된 영토분쟁에 대해 직접 언급은 없다.

일본문교출판 간행의 「중학생의 사회과 공민; 현대사회」 교과서에서 관련단원은 제7장이다. 1절의 '일본과 국제사회'에서 새로운 국제질서, 국제연합, 군축, 국경을 초월하여 활동하는 각종 NGO, 일본 헌법과 평화주의, 비핵 원칙, 일본의 외교, 안전보장을 위한 자위대, 사회개발 차원의 각종 원조 등에 관한 내용을 담았고, 2절의 '우리들과 지구사회'에서는 남북 및 남남 문제, 격차 해소를 위한 과제, 국경을 초월해 확산되는 환경문제, 지속가능한 개발, 자원 소비, 에너지 소비와 지구온난화, 자원과 에너지 재활용, 지구사회의 일원으로서의 자세 등을 다룬다. 한일 간의 독도 영토문제에 대한 직접적 언급은 없다.

청수서원 간행의 「신 중학교 공민; 일본의 사회와 세계」 교과서에서는 제3편에서 국제사회 관련 내용을 다룬다. 국제정치, 국제연합, 군축과 세계평화, 자원, 남북 격차 등의 주제를 다루었지만, 한일 간의 영토분쟁으로 '독도' 문제를 직접다룬 내용은 없다.

검토한 중학교 사회(공민분야) 교과서 5종 모두 한일 간의 '독도'를 사례로 한 영토분쟁 내용을 직접 다룬 교과서는 없다.

7) 소학교 사회과 교과서

일본의 소학교 사회과 교과서에는 울릉도, 독도(죽도)에 대한 표기는 전혀 찾아볼 수 없다. 이는 당연한 결과이기도 하다. 판형이 작은 교과서이기도 하지만, 자세한 스케일의 지도를 소학교 사회과교과서에서 다루지 않기 때문이며, 더더욱 민감한 쟁점사안을 취급할 리가 없기 때문이다. 다만 집중 검토된 교과서들 가운데 일부 교과서의 지도에서 '동해'를 '일본해'로 표기하고 있는 지도들이 등장하고 있다.[23)]

---

23) 소학교 사회과 교과서 가운데 동해를 '일본해'로 표기한 지도가 나타난 교과서들은 다음과 같다.

4. 결론－일본 교과서의 죽도 표기에 대한 대응

일본 역사교과서에 한국과 관련한 역사왜곡의 심각성 못지않게 동해의 일본해 표기 문제와 오늘의 주제인 '독도'의 '죽도'로의 표기문제는 매우 심각하다. 그들의 행동을 지켜보면 우리와의 역학관계를 보아가며, 한가지씩 들고나와 국제사회에 물의를 빚고 그들에게 유리한 판도로 끌고 가는 양상을 보인다.

역사왜곡 문제가 오랜 기간 동안 쟁점화 되어 피곤하게 하고 있으며, 동해의 일본해 표기 문제가 그다음 불거진 셈이고, 가장 나중에 불거진 문제가 독도 영유권에 대한 문제이다. 일본 측에서는 쟁점화로 들어내기까지 주도면밀하게 국제사회에 모든 수단과 방법을 동원하여 그들에게 유리한 판도로 이길 수 있는 시점까지 물밑작업을 철저히 해 놓는다. 승산이 있다고 판단되었을 때에, 그리고 적당한 때를 노리다가 충격적 카드로 한 문제씩 들이민다.

역사왜곡 문제와 동해에 대한 일본해 표기문제는 장기화의 조짐을 보이는 가운데 최근의 독도에 대한 '죽도' 표기와 함께 영유권 분쟁으로의 치닫는 양상은 또 다른 우선적이고도 훨씬 진지하게 다루어져야 할 사안으로 떠올랐다.

독도의 영유권 문제는 정, 관, 학계와 온 국민들이 경각심을 가져야

大野 連太郎 외 26명, 소학생의 사회과, 토지와 인간 4下, 中教出版, 소화 60, 26·31·38쪽.

大野 連太郎 외 26명, 소학생의 사회과, 국토와 인간 5下, 中教出版, 소화 60, 87쪽.

堀尾輝久 외 19명, 소학사회 4下, 日本書籍株式會社, 소화 60, 93쪽.

堀尾輝久 외 19명, 소학사회 5上, 日本書籍株式會社, 소화 60, 69쪽.

堀尾輝久 외 19명, 소학사회 5下, 日本書籍株式會社, 소화 60, 45·49·64~65쪽 사이의 색지 지도.

할 문제이다. 그야말로 그 장(場)이 현재이고 구체적이며, 동해의 일본해 표기와 나아가 역사왜곡의 쟁점에 대한 헤게모니와도 연결되는 문제이기 때문이다.

우리의 상식대로라면 일본은 일본의 교과서상에 독도를 '독도'로 표현하거나 아예 관심조차 기울여서는 안 된다. 왜냐하면 그것은 한국의 영토이기 때문이다. 그런데 일본 고등학교의 정치경제 교과서에서는 이를 부각시켜 쟁점화하고 있다. 그리고 지리부도 책들에서는 천편일률적으로 해상에서의 국경선의 확정과 죽도라는 표기를 하고 있다. 나아가 일본의 정책연구소에서는 우리나라 중학교 국사 교과서의 독도 관련 내용을 반박하는 자료를 제시하고 있다.

극히 소수의 일본 교과서(예; 동원서적)에서는 현재 한국과 일본 간에 독도영유문제가 쟁점화되고 있음을 밝히면서 한국 측에서는 한국령이라고 한다는 주석을 달거나 괄호 안에 표기하기도 한다. 이렇게 하는 교과서는 그래도 꽤 양심적인 면이 있는 편이다. 대부분의 교과서에서는 그러한 언급조차 없이 그대로 일본영토 내의 일본의 '죽도'로 되어 있다.

이러한 교과서상에서의 독도에 대한 '죽도' 표기에 대해 어떻게 대응하는 것이 바람직 할 것인가? 다음의 절차와 주장이 필요하다.

첫째, 그들의 주장이 억지가 되었던, 약간은 설득력을 지녔던 간에 일본의 교과서와 지리부도상에 현재 양측에서 쟁점화되고 있는 지역이라는 사실을 게재하도록 압력을 가해야 한다. 일본의 양심있는 학자들과 배우는 학생들로 하여금 생각하도록 해야 한다는 관점에서이다. 나아가 교사용지도서에나 참고자료에서는 더욱 더 자세하게 한국 측의 입장과 일본 측 입장을 소상히 밝혀 왜 이 부분이 쟁점화 되며, 갈등을 빚는 이유를 알도록 해야 한다. 즉, 교육의 장에서 공론화 시킬 필요가 있다는 말이다. 이러한 절차를 무시한 체, 마치 독도가 일본의 다케시마인 것으로 기정사실화 하여 기술하는 것은 소수일지언정 일본 내의 양심 있는 교사와 학자들의 언로를 막는 것이며, 미래의 양식 있는 시민으로 성장할 학생들의 비판적 사고의 성장을 막는 셈인 것이다.

둘째, 외교적으로 부단히 노력하여 독도가 한국영토임을 국제사회에 확인시키는 홍보작업과 일본의 양심 있는 학자들의 목소리가 나오도록 유도해야 한다. 필요한 자료를 만들고 이를 배포하는 일은 한시도 틈을 두어서는 안 된다. 일본 측에서는 이러한 일에 대해 물질적 공세를 퍼붓고 외교적 전략을 줄기차게 펼치기 때문인데, 우리 정부에서 잘못 판단하여 소극적인 자세를 취하거나 보고만 있을 경우 국제사회에서는 일본 측의 주장에 귀를 기울일 수밖에 없게 된다.

셋째, 국내의 학자들은 독도가 우리의 영토임을 학문적으로 연구하여 연구물을 축적하고, 논리적으로 무장할 수 있도록 꾸준히 노력하고, 발표하여야 한다. 그리고 현장의 교사들은 우리 영토에 대한 정확한 사실을 올바르게 가르쳐야 하며, 따라서 학생들이 배우기에 적합한 학습자료를 개발하고 배포하여 지속적으로 계도하는 일을 병행해야 한다.[24)]

이러한 과정을 소홀히 하는 순간부터, 외부세계에서는 일본 측의 주장에 대해 대응논리가 없는 것처럼 비쳐지거나 우리 측 논리가 없거나 약한 것처럼 비추어 질 수 있는 것이다. 반복되면서 물량공세를 취하는 일본 측의 억지 목소리는 기정사실화된 공인된 목소리인 것처럼 국제사회에 들릴 수 있게 되고 서서히 우리 측의 주장과 입장은 약화될 수밖에 없다. 만일 묵시적인 태도로 일관된다면 국내의 우리 국민과 학생들조차 의아하게 여기는 이상한 결과를 초래하게 될지도 모른다.

넷째, 정부 측에서도 취해야할 태도가 분명히 있다. 즉, 잘못된 신한일 어업협정에 대한 보완 협상을 재개해야 한다. 나아가 독도를 기점으

24) 한국교육과정평가원에서는 '독도 학습자료'를 책자와 CD로 개발, 배포하여 현장의 교사들이 활용토록 한 바 있는데, 이러한 일련의 일들은 매우 중요하며, 꾸준히 지속되어야 한다.

로 한 배타적 경제수역을 선포하고, 우리 국민이 우리영토에 자유롭게 드나들 수 있도록 입도 허가제를 폐지해야 하며, 어업전진기지로 개발하는 것은 당연하다.

전쟁을 치루며 국토를 수호해 내는 일 만큼이나, 외교적 역량을 쌓아 슬기롭게 대처하는 일과 학문적 노력을 기울이는 일, 나아가 그 결과를 국민들과 학생들에게 홍보하고 계몽시키는 일들이 역시 중요하다.

〈토론문〉

손용택 「일본 교과서에 나타난 "독도(다케시마)" 표기 실태와 대응」

김종식
(아주대학교)

본 발표는 독도를 다룬 일본의 교과서를 분석하여 오늘날 일본사회의 독도인식을 여지없이 보여준 연구이다. 이것은 독도문제를 이해하고, 풀어갈 수 있는 기초적인 연구라고 이해된다.

기존의 독도문제에 대한 교과서분석과는 달리 본 발표는 고등학교 지리교과서・지리부도・정치경제교과서・역사교과서, 중학교 사회과 역사분야・공민교과서, 소학교 사회과 교과서 등 일본에서 독도문제를 다룬 모든 교과서를 망라한 교재분석이라는 점에서 기존의 한정된 교과서 분석보다는 좀 더 포괄적인 분석이다. 발표자는 이러한 방법을 통하여 일본교과서의 독도문제를 다루는 현황을 구체적으로 파악하였다. 또한 발표는 연구에 끝나지 않고 독도문제에 대한 일본에 대한 요구와 한국사회에 대한 바람까지 언급하는 등, 현실적인 대안 모색까지 염두에 둔 연구라고도 말할 수 있을 것이다.

그러나 본인은 독자의 입장에서 토론자의 입장 및 몇 가지 생각해 볼 점들을 적어보기로 한다.

교과서분석은 독도문제에 대한 일본사회의 평면적인 이해에 그칠 우려가 있다. 교과서의 출판시기에 따른 구분과, 각 시기마다의 독도에 대한 이해와 접근법에 대한 정리가 있다면, 일본사회의 독도문제에 대한 역사적 이해가 될 것이며 독도문제의 입체적 이해와 이해의 폭을 넓히는데 도움이 될 것이라고 생각된다.

위와 관련되는 것으로 첨언하자면, 일본의 교과서 집필은 각 출판사에 의해 이루어지지만, 정부(문부성)에 의한 검정을 거친다. 이러한 검정에 정부의 입김과 각 시기의 정치적·사회적 분위기가 반영되는 것은 자명하다. 즉 검정의 과정은 일본사회의 정치적 역학관계의 반영물에 다름 아니다. 독도문제뿐만 아니라 여러 방면에서 일본교과서문제가 제기되고 있기 때문에 역사적으로 접근한 교과서문제 연구성과의 도움을 받는다면 본 발표의 독도관련 일본교과서분석은 좀 더 역사적이며 입체적으로 이해되어질 수 있을 것이라고 생각된다.

또한 현재 독도문제에 관한 일본의 상황과 본 발표의 관련성을 증진시키기 위해서 언급된 교과서를 포함하는 일본교과서의 채택률을 정리한다면 좀 더 현실감있게 연구를 이해할 수 있을 것이라고 사료된다.

발표원고의 구성은 발표자가 고민한 결과라고 생각되지만 문외한의 독자 입장에서 생각 되는대로 의견을 말하고자 한다. 3장의 3-①, ②는 독립된 장이거나 다른 방법으로 배치한다면 독자로서 좀 더 이해하기 쉬울 것이라고 생각된다.

본 발표는 결론에서 상당히 현실적인 대안과 방법들을 제시하고 있어 독도문제가 학술연구의 영역이면서 동시에 현실의 문제라는 것을 다시 한 번 인식시키고 있다. 그러나 최신의 역사연구자에 의한 연구를 적절히 활용한다면 교과서문제에 한정되지 않고 좀 더 폭넓은 관점에서 독도문제에 대한 구체적인 대안의 모색에 근접할 수 있지 않을까 생각된다.

제2부

대마도

고대 한반도 문화의 일본전파와 대마도

정효운
(동의대학교)

1. 서 론

대마도는 남북이 82㎞, 동서가 18㎞이며 면적이 700㎢인 섬으로 남북이 길고 동서가 좁은 지형을 가지고 있다. 오늘날 한국과 일본 양국의 국경의 섬이기도 한 대마도는 규슈(九州)의 후쿠오카(福岡)에서 대마의 이즈하라(嚴原)까지의 해로는 138㎞의 거리에 위치하고 있는데 반해, 부산의 해안에서 대마도의 북단까지의 최단 거리가 49.5㎞에 불과하기 때문에 맑은 날이면 부산을 비롯한 동남해안 지역에서 관측이 가능한 섬이기도 하다.[1] 대마도는 이러한 한반도와 일본열도 사이의 대한

1) 여기서 제시한 49.5㎞란 부산항에서 북쪽 포구인 히타카츠(比田勝)까지의 거리이고, 138㎞란 후쿠오카항에서 이즈하라항까지의 직선항로를 말한다.

해협에 위치한 지정학적 조건으로 인해 고대로부터 대륙과 한반도의 정치, 경제, 문화, 외교 분야에 있어서 교량적 역할을 수행하여 왔다. 특히, 교통과 근대적 기술이 발달하지 아니하였던 전근대 시대에 있어서의 대마도는 해상 교통로상의 중요한 기항지였을 뿐만 아니라 문화 교류의 중계지로서 존재하였다.

이러한 대마도에 대한 한국인의 인식은 긍정적인 측면과 부정적인 측면이 공존하고 있다고 할 수 있다. 전자의 경우, 최근 많은 학술적 연구의 진행과 더불어 양국의 관심을 끌고 있는 近世期의 '일본통신사'[2]의 주요 기항지였고, 조·일 양국의 통교 재개에 있어서 대마도가 중요한 역할을 하였던 점에서 찾을 수 있을 것이다. 후자의 경우는 왜구라든지 임진왜란과 같은 양국의 전시 국면에 있어서는 외교·군사적 전초기지로 이용되었다는 점에서 비롯된 인식이라 할 수 있다. 그러나 이와 같은 이중적, 중첩적인 인식은 대마도가 의도한 것이기보다는 당시 한국과 일본 양국의 정치세력의 정치적 의도와 주변 정세, 역사적 환경에 따른 불가피한 선택이었고 국경의 섬으로서의 한계성으로 인한 것이었다고 할 수 있을 것이다. 이러한 경계성과 한계성으로 인하여 대마도는 이후 근대 국민국가의 영토의식과 결합하여 양국의 영유권과 역사인식 문제로 발전하기도 하였다고 생각한다.

그러므로 본고에서는 이러한 대마도가 가지고 있는 지정학적 조건을 문화교류사적인 측면과 정치, 외교사적인 측면으로 나누어, 고대 한국과 일본 양국의 교류에 있어서 대마도가 어떤 역할을 하였던가, 그리고 고대 한·일 양국의 지배층은 대마도에 대해 어떻게 인식하고 있었는가 하는 점에 대해 살펴보고자 한다.

---

2) '일본통신사'란 일반적으로 '조선통신사'라고 일컬어지고 있으나 조선에서 일본으로 파견된 의미로 보아야 하기 때문에 이 용어가 타당하다고 생각한다.

2. 고대 한 · 일 해상로와 대마도

1) 선사시기 문화의 교류 양상

항공수단과 동력선이 미발달한 전근대시기에 있어서 한국과 대마도, 일본을 이어주는 유일한 교통수단은 선박이었다. 한반도의 서남해안이나 남동해안에서 일본열도로 가는 해상로는 다양하게 존재할 수 있었겠지만, 고대 선박의 경우 해류와 조류, 계절풍 등의 요인으로 인해 태풍이나 기상악화에 의한 표류등과 같은 예상치 못하는 해상 환경의 변화를 제외하고는 출발지와 도착지가 상당히 제약을 받았을 것이다. 특히 원양항해술과 동력이 발달하기 이전에는 더욱 더 제약을 받을 수밖에 없었다고 생각한다. 그러나 대마도는 한반도 남부에서 가시거리에 있고 일본과의 사이에는 이키(壹岐)섬이 있었기 때문에 비교적 항해가 쉬웠던 까닭에 양국의 교류는 선사 이전부터 있어 왔다고 할 수 있다. 먼저 역사시기 이전의 대마도 지역의 출토유물과 유적을 살펴보면서 대마도와 한반도 지역 사이의 문화교류 양상을 살펴보기로 하자.

지금까지 대마도에서는 구석기 시대의 유적이나 유물은 확인되지 않고 있는데, 확인 가능한 가장 오래된 자료로서는 가미아카타쵸(上縣町)의 구하라(久原)지역에서 발견된 죠몽(繩文) 조기(早期)로 편년되는 압형문토기이지만 조사가 되지는 않았다고 한다. 현재까지 알려져 있는 대마도의 죠몽유적은 28개 소가 있는데 조사된 유적 가운데 가장 오래된 것으로는 죠몽 조기 말(약 7천 년 전)에서 전기 사이로 추정되는 구하라의 건너편에 위치한 고시타카(越高)유적을 들 수 있다. 이 유적에서는 융기문토기를 비롯하여 석기, 규슈지역산으로 추측되는 흑요석 등이 출토됨으로써 일찍부터 한국 남해안지역과 규슈지역의 문화를 이어주는 징검다리 역할을 하였다는 사실을 알 수 있다.

죠몽 중기의 유적으로는 도요타마쵸(豊玉町)의 누카시유적, 가토(加藤)유적과 미네쵸(峰町)의 요시다(吉田)패총, 사가(佐賀)패총 등을 들 수 있다. 이들 유적에서는 아타카(阿高)식토기가 주류를 이루지만 즐목문토기도 출토[3]되고 있다. 이러한 경향은 후기 사가패총이나 가미아카타쵸의 시타루(志多留)패총에서도 보이는 현상이라고 한다. 이것은 결국 전기에 이어 후기에 이르러서도 대마도가 한국 남부와 규슈의 문화적 교량 역할을 계속하고 있었다는 점을 반영하는 것으로 이해할 수 있을 것이다.[4]

이러한 양상은 야요이(彌生)시기에 이르면 이전 시기보다 더 밀접한 문화적 교류 관계로 발전하게 되는 것이다. 주요한 야요이시대의 유적으로서는 죠몽 만기의 야큐(夜臼)식토기와 야요이 초기의 이타츠키(板付)Ⅰ식과 Ⅱ식의 토기가 출토된 도요타마쵸 소(曾)의 스미요시비라(住吉平)와 야구식토기가 출토된 미네쵸(峰町) 미네(三根)포의 요시다(吉田)유적, 이타츠키Ⅰ・Ⅱ식토기가 출토된 미네의 이데(井手)유적 등을 들 수가 있다. 또한 시타루패총의 상층에서도 이타츠키토기가 출토되고 있지만 이 시기의 유적부터는 두터운 합인마제석부와 결입석부, 반월형석도 등의 초기 도작농경과 동반된 한반도계의 석기들이 출토되고 있다.

야요이 전기의 유적으로서는 이즈하라쵸(嚴原町)의 호만야마(寶滿山)유적, 미츠시마쵸(美津島町)의 가야(賀谷)동굴, 가미아카타쵸의 시타루유적, 가미츠시마쵸(上對馬町)의 이즈미(泉)유적 등이 있으며, 전기 후반에서 중기 전반까지의 유적으로서는 이즈하라쵸의 즈츠(豆酘)유적, 미츠시마쵸의 게치(雞知)와 다마즈케(玉調)유적, 도요타마쵸의 니이(仁位)・사호(佐保)・미즈자키(水崎)유적, 미네쵸의 미네(三根)・요시다・시타카(志多賀)유적, 가미아카타쵸의 니타(仁田)・시타루유적[5] 등이 있다.

---

3) 永留久惠, 『對馬 歷史觀光』, 杉屋書店, 1994, 52쪽.

4) 정효운, 「대마도 조사와 연구 과제」『문물연구』 2호, 1998, 54쪽.

5) 永留久惠, 『古代日本と對馬』, 大和書房, 1985, 18쪽. 이 외에 대마도의 유적

야요이 중기의 유적으로서는 미츠시마쵸의 다마즈케・시마야마(島山)의 히라노(平野)포, 도요타마쵸의 니이노하마(仁位ノ浜), 사호의 아카자키(赤崎)와 가라자키(唐崎), 미네쵸 미네의 가야노키와 에베스산・고쇼지마(小姓島), 가미아카타쵸 사고(佐護)의 시라타케(白嶽), 가미츠시마쵸의 도노쿠비(搭ノ首)유적 등이 알려져 있다.

후기의 유적으로서는 미네쵸 미네의 다카마츠단(高松檀)과 사카토(坂堂)유적・기사카(木坂)유적, 미츠시마쵸의 요시가우라(芦ケ浦)동굴, 도요타마쵸 니이의 하로우(ハロウ)유적, 가미츠시마쵸의 게이노쿠마(經ノ隈)유적, 미츠시마쵸의 나카미치단(中道檀)유적, 가미아카타쵸의 구비루(クビル)유적 등을 들 수 있다.

이들 유적에서 출토된 유물을 살펴보면 전기의 경우에는 유병식마제석검과 마제석촉이, 중기의 유물로는 세형동검이 출토되었고 후기에는 舶載 청동기와 철기, 옥류 그리고 광형동모가 대량으로 출토되었다. 토기는 전기의 이타츠키Ⅰ・Ⅱ식토기에 이어 중기 이후에는 스구(須玖)식토기가 주류를 이루었다. 유물의 내용에 있어서도 한반도와의 관련성이 많이 보이고 있는데, 이러한 점은 대마도가 죠몽시대에 이어 야요이시대에 있어서도 한반도 지역의 선사 문물들을 일본 열도지역에 전파하는 중계지의 역할을 하였다는 사실을 보여 주는 것으로 이해할 수 있을 것이다.

2) 대마도와 고대 해상 항로

선사시대의 교류에 이어 역사시대에 들어서도 대마도가 한반도 지역과 일본열도 지역을 이어주는 역할을 하였다. 해로를 통한 양 지역 간의 교류 양상은 3세기 말 중국의 陳壽가 편찬한『三國志』「魏書倭人傳」

에 관한 인터넷 자료로서는 다음 사이트(http://inoues.net/club/wajinden_no_tabi3-7.html)를 참고할 수 있다.

에 관련 기록이 보이고 있다.

ⓐ 倭人은 帶方郡의 동남 大海 가운데에 있으며 산에 의거하여 國邑을 이루고 있다. 원래 백여 국이 있어 漢의 시대에는 조공하여 오는 자가 있었지만, 지금은 사신이나 통역을 데리고 오는 나라는 30여 국이다. 郡에서 왜에 이르기 위해서는 해안을 돌아 바다로 나아가 韓國을 통과하여 즉시 남쪽으로 급히 동쪽으로 가면 그 북안인 狗邪韓國에 이른다. 칠천여리이다. 처음으로 한 바다를 건너 천여 리를 가면 對馬國에 이른다. … 또 남으로 한 바다를 건너는데 천여 리이다. 이름하여 말하기를 瀚海라 하며 一大國에 이른다. … 또 한 바다를 건너 천여 리를 가면 末盧國에 이른다. … 동남쪽 육지로 오백 리를 가면 伊都國에 이른다. … 모두 女王國에 통속되고 郡使가 왕래하며 항상 머무르는 곳이다. 동남으로 奴國에 이르는데 백 리이다. … 동으로 가면 不彌國에 이르는데 백리이다. … 남으로는 投馬國에 이르는데 水行 20일이다. … 남으로는 邪馬臺國에 이르는데 여왕이 도읍하는 곳이다. 수행 10일 육행 1개월이다. … 여왕국으로부터 북쪽은 그 戶數와 道里를 가히 얻어 간략히 기록할 수 있으나 그 나머지 주변국은 멀리 떨어져 상세함을 얻기가 어렵다.[6]

사료 ⓐ에 따르면 황해도 지역에 있었다고 추정되는 帶方郡에서 당시의 왜의 중심지역인 야마타이국(邪馬臺國)[7]에 이르는 일정을 나타낸

6) 倭人在帶方東南大海之中, 依山島爲國邑. 舊百餘國, 漢時有朝見者, 今使譯所通三十國. 從郡至倭, 循海岸水行, 歷韓國, 乍南乍東, 到其北岸狗邪韓國, 七千餘里, 始度一海, 千餘里至對馬國. … 又南渡一海千餘里, 名曰瀚海, 至一大國 … 又渡一海, 千餘里至末盧國 … 東南陸行五百里, 到伊都國 … 皆統屬女王國, 郡使往來常所駐. 東南至奴國百里 … 東行至不彌國百里 … 南至投馬國, 水行二十日, 官曰彌彌, 副曰彌彌那利, 可五萬餘戶. 南至邪馬壹國, 女王之所都, 水行十日, 陸行一月 … 自女王國以北, 其戶數道里可得略載, 其餘旁國遠絶, 不可得詳.

7) 이 야마대국(邪馬臺國)의 위치에 대해서는 제설이 제기되고 있으나 규슈(九州)라고 보는 설과 지금의 긴키(近畿)지역인 야마토(大和)로 보는 설이 유력하다. 종래에는 규슈설을 지지하는 주장이 많았으나 지금은 야마토설을 지지하는 주장이 많은 듯하다. 문제는 이 야마대국을 어디로 보는가에 따라 일본고대국가의 전개가 완전히 달라질 수 있다는 점이다.

것으로, 대방지역에서 서해안의 연안항로를 따라 남하하다 서쪽으로 남해안의 연안항로를 이용하여 구야한국[8]에 이르고, 이 지역에서 대한해협을 횡단하면 대마도의 서쪽 해안에 이르게 되는 것이다. 이후 대마도의 연해를 따라 남하하다가 다시 횡단하여 일대국[9]에 이르고, 이곳에서 다시 횡단하여 규슈지역의 말로국[10]에 이르며 이후, 이도국,[11] 불미국, 투마국 등의 소국을 거쳐 야마대국에 도착한다고 한다.

이 사료에서 알 수 있듯이 漢郡縣으로부터 倭地域으로의 문물 교류에 있어서는 대마도 경유가 필수적[12]이라 할 수 있다. 이는 당시의 항해술과 조선 기술로 보아 관측이 가능하고 유사시에는 항구로 피할 수 있는 지형적 이점을 제공받을 수 있는 가장 안전한 항로였기 때문일 것이다. 倭地에서 한군현으로 가는 루트도 이 항로를 역순으로 밟아갔을 것으로 생각된다. 문헌에서 확인되는 이러한 대마도를 경유하는 3세기대의 해상로는 선사시대부터 이용하였던 것으로 역사시대에 들어서도 계속 이용하였을 것으로 추정할 수 있다. 이 점은 倭지역 정치세력의 중국과의 통교가 3세기 이전에도 확인되고 있기 때문이다. 『漢書』와 『後漢書』에 각각 관련 기사가 보이고 있다.

ⓑ 樂浪 바다 가운데에 倭人이 있어 백여 국으로 나누어져 있으며 歲時를 따라 와서 獻見하였다고 한다.[13]

ⓒ 建武 中元 2년에 倭의 奴國이 奉貢하여 朝賀하였다. 使人은 스스로 大夫라 칭하였다. 倭國의 南界 끝이다. 光武帝는 印綬를 賜하였다.[14]

---

8) 오늘날의 김해를 중심으로 하는 지역으로 추정하고 있음.
9) 오늘날의 이키섬(壹岐島)임.
10) 지금의 사가현(佐賀縣)의 북쪽 해안지역으로 추정하고 있음.
11) 지금의 후쿠오카현(福岡縣) 마에바라쵸(前原町)로 추정하고 있음.
12) 이로 볼 때, 위(魏)와 통교하는 사료 ①의 30국("지금은 사신이나 통역을 데리고 오는 나라는 30여 국이다") 가운데에 대마도가 포함되었을 가능성은 크다고 할 수 있다.
13) 樂浪海中有倭人, 分爲百餘國, 以歲時來獻見云(『漢書』 地理志).

ⓓ 安帝의 永初 元年에 倭國王 帥升 등이 生口 160人을 바치고 알현하기를 청하였다.[15)]

漢代에 중국과 통교한 백여 국(사료 ⓑ) 가운데는 대마도가 포함되었을 것으로 보이며, 후한대의 중원 2년(57)의 왜 노국[16)]과 후한의 통교(사료 ⓒ)와 영초 1년(107)의 왜국왕 수승의 통교(사료 ⓓ)에 있어서도 대마도를 경유지로 이용하였다는 사실을 알 수 있다. 이처럼 彌生시대의 고고학적 유물과 역사시대의 문헌을 참고할 때 대마도는 한군현과 韓國[17)] 그리고 왜국과의 통교 시에 중요한 중계지로서의 역할을 하였던 것이다.

그러나 이 전통적인 항로 외에도 대마도를 거쳐 한반도에서 일본열도로 가는 해상로는 존재하였다. 예를 들면, 전라도 지역의 영산강이나 섬진강 하구 등의 한반도 서쪽 해안에서 출발하여 대마도를 거쳐 五島列島에 이르거나, 남해안의 다도해를 빠져나와 먼 바다로 나가 남쪽으로 제주도를 바라보면서 동쪽으로 항해하여 대마도에 도착한 후에 이키섬을 거쳐 규슈의 북쪽 해안에 상륙하는 것도 가능하였을 것이다. 이 항로에 대해서는 『隋書』 「동이전」 왜국조의 사료가 참조가 된다.

ⓔ 大業 3년 그 王인 多利思比弧가 사신을 보내어 조공하였다. … 다음 해에 主上이 文林郎 裴淸을 倭國에 사신으로 보내었다. 百濟로 건너 나아가 竹島에 이른다. 남으로 聃羅國을 바라보면서 都斯麻國을 거쳐 멀리 大海 가운데 있게 된다. 또 동으로 一支國에 이른다. 또 竹斯國에 이르고, 또 동으

14) 建武中元二年, 倭奴國奉貢朝賀. 使人自稱大夫. 倭國之極南界也. 光武賜以印綬(『後漢書』 「東夷傳」).

15) 安帝永初元年, 倭國王帥升等, 獻生口百六十人, 願請見(『後漢書』 「東夷傳」).

16) 奴國의 위치에 대해서는 지금의 후쿠오카시 앞의 志賀島에서 '漢倭奴國王'이라 쓰인 金印이 발견되었기 때문에 현재의 후쿠오카시 부근으로 추측하고 있다.

17) 이때의 韓國이란 三韓을 일컫는다.

> 로 秦王國에 이르게 된다. … 또 10여 국을 거쳐 해안에 다다른다. 竹斯國으로부터 동쪽으로는 모두 倭에 附庸되어 있다.[18]

사료 ⓔ의 대업 3년(607) 수의 사신 배청이 왜국으로 파견되어 갈 때의 기록 즉, "남쪽으로 탐라국을 바라보면서 都斯麻國(대마도)을 거쳐 멀리 대해 가운데 있게 된다"라는 부분에서 알 수 있듯이 한반도 서남 해안지역에서 거제나 김해지역을 거치지 않고 대마도에 이르는 항로가 있었던 것이다. 그러나 이 항로는 선박과 항해술이 발달하고 삼국이 정립되고 백제와 신라가 각축하며 정치, 군사적으로 대치하던 시기에 주로 백제측이 이용한 항로라고 볼 수 있다. 즉, 한반도 남부에 백제, 가야, 신라의 고대국가가 정립되고 난 뒤부터는 군사 외교적 정세의 변화에 따라 백제가 이용하는 데에는 제약을 받게 되었을 것이다. 특히 신라가 가야를 군사적으로 점령함에 이르러서는 거제나 김해 부근의 항로를 이용하는 것은 불가능하였다고 보아진다. 따라서 백제 항해술의 발전과 더불어 신라의 해군력으로부터 영향력을 받지 않는 이 항로가 개척되고 주로 활용되었을 것으로 추정된다. 또한 대마도에서 壹岐島를 거치지 않고 上對馬에서 오키노시마(沖の島)를 거쳐 九州 北岸에 이르는 항로도 이용되었다고 본다.[19]

---

18) 大業三年 其王多利思比弧遣使朝貢. … 明年, 上遣文林郎裴清使於倭國. 度百濟, 行至竹島, 南望耼羅國, 經都斯麻國, 逈在大海中. 又東至一支國, 又至竹斯國, 又東至秦王國 … 又經十餘國, 達於海岸. 自竹斯國以東, 皆附庸於倭.

19) 이 항로에 대해 허일은 일본도 규슈지역의 정치, 문화, 경제의 중심이 다자이후(大宰府)로 옮겨지면서 대마도에서 壹岐島을 거치지 않고 遠瀛(지금의 沖之島), 中瀛(지금의 大島)에 이르고, 다음으로 北九州의 宗像郡을 지나 大宰府로 가는 항로도 개척되었다고 보았다(2002, 「統一新羅의 唐時代의 航路」『장보고 선박 복원연구 1차년도 문헌 및 자료검색 결과 보고서』, 31쪽). 그러나 沖之島에서 발견된 제사유적이 4세기에서 10세기의 600년에 걸쳐 사용되었던 점으로 보아 대제부 설치(7세기 후반) 이전부터 이 항로가 사용되었다고 보아야 할 것이다. 沖之島 유적의 설명에 대해서는 다음의 인터넷 사이트 가 참고가 될 것이다(http://inoues.net/yamahonpen13.html).

한편, 대마도를 거치지 않고 한반도에서 일본열도로 가는 항로도 다수 있었다고 추측된다. 우선, 백제 항로의 연장선상에서 탐라국의 백제 복속[20] 이후에는 남해안의 서단인 완도 부근에서 출발하여 남쪽으로 제주해협을 건너 제주도를 경유지로 삼고 동남쪽으로 항해하여 平戶나 五島열도에 도착하거나 규슈의 서쪽 해안에 상륙하는 항로도 추정할 수 있고, 울산이나 포항지방의 동해안에서 출발하여 일본 本州의 지금의 島根縣이나 福井縣 지역 등에 도착하는 해로도 생각할 수 있을 것이다.[21]

3. 고대 문화의 전파와 대마도

1) 대마도의 자연환경과 고대문화

일본열도에 전파된 고대한국의 선진 문화는 전술한 바와 같이 다양한 해상로를 통해 대마도를 중계지로 하여 전파되었다고 생각한다. 이러한 현상은 역사시대에 들어와 한반도 남부지역에 마한, 변한, 진한의 삼국이 형성되고 백제, 가야, 신라의 고대국가가 정립되는 시기에도 계속적으로 진행되었다. 그 결과 대마도에는 많은 고대 한국 문화가 전파됨과 동시에 한반도계 관련 지명이 많이 남게 되었다고 보아진다. 그러나 섬의 면적이 적을 뿐만 아니라 대부분이 산지로 경작이 가능한 평지가 너무 적었기 때문[22]에 그 문화를 재생산할 수 있는 여력은 없었을 것이다. 이와 같은 자연환경에 대해 『삼국지』「위서왜인전」에는 다음과

20) 탐라(제주도)와 백제의 교통로에 관한 기록은 『삼국사기』 문주왕 2년(476) 탐라가 사신을 보내오면서 시작되었다고 한다.

21) 정효운, 「백제와 왜의 문화 교류의 양상에 관한 일고찰」 『일어일문학』 31, 2006, 282쪽.

22) 개발이 많이 된 지금도 대마도는 전체의 89%가 삼림이고 경지가 2%, 택지가 1%정도밖에 되지 않는다.

같이 서술하고 있다.

> ⓕ 처음으로 한 바다를 건너 천 여리를 가면 對馬國에 이른다. 이 나라에서는 大官을 卑拘라 하며 副官을 卑奴母離라고 한다. 이 나라는 孤島로 면적은 사방 사백여 리이다. 험준한 산이나 삼림이 많고 도로는 날짐승이나 사슴이 발로 헤쳐나간 길과 같다. 천여 호가 있지만 良田은 없고 海產物을 먹으며 自活하면서 배를 타고 南北으로 쌀을 사러 간다(사료 ①과 일부 중복).[23]

사료 ⓕ에서 알 수 있듯이 대마도에는 3세기경에 이미 천여 호의 주민이 있었지만 벼농사를 할 수 있는 좋은 논이 없었던 관계로 주민은 어업을 주된 산업으로 삼아 영위할 수밖에 없었던 것이다. 그러므로 당시의 삼한과 왜국과의 교역에 의해 생계를 이어 갔다고 할 수 있다. 이는 고고학에서도 알 수 있는 바와 같이 대마도에는 섬의 크기에 비해 야요이시대의 유적이 많고 유적 가운데는 한반도계와 북규슈계의 유물이 동시에 출토되는 양상을 보이고 있는 점에서도 추정 가능하다고 할 수 있다. 이상과 같은 자연환경이 대마도가 고대국가로 발전하는 데 있어 장애 요인으로 작용하였지만, 해양을 통한 활발한 교역과 중계지적인 역할을 할 수 있게 되었다고 생각한다. 그러나 이처럼 고대국가로 발전하기 어려운 한계에도 불구하고 야마대국과 정치적, 외교적 연관성을 가지면서 대관으로 히나(卑拘)와 부관으로 히나모리(卑奴母離)란 관직을 두어 해상교역을 담당하는 관리를 두고 있었던 것을 알 수 있다. 이러한 정치 조직을 통해 한군현 및 삼한과의 교역과 교류에 있어서 대응하여 나갔다고 보아진다.

---

23) 從郡至倭, 循海岸水行, 歷韓國, 乍南乍東, 到其北岸狗邪韓國, 七千餘里, 始度一海, 千餘里至對馬國. 其大官曰卑狗, 副曰卑奴母離. 所居絶島, 方可四百餘里, 土地山險, 多深林, 道路如禽鹿徑. 有千餘戶, 無良田, 食海物自活, 乖船南北市糴.

2) 대마도에 전파된 문화의 내용

문화란 일반적으로 보다 우수한 문화를 형성한 지역에서 그 문화를 필요로 하는 다른 지역으로 전파되는 현상을 보인다고 할 수 있다. 이런 점에서 본다면 중국의 선진문물이 한반도에 전파되어 수용되고 在地化 등을 거쳐 일본열도로 전래되었을 것이다. 또한 한반도에서 고구려, 백제, 가야, 신라 등의 국가가 고대국가로 성장, 발전함에 따라 왜 지역으로 전래되는 문화도 각국의 국가적 성격을 반영하면서 전파되었다고 보아진다. 여기에는 교역적 차원의 문물교류도 있었을 것이고, 각 지역 정치세력의 이해관계와 필요성에 의한 것도 있었을 것이다. 倭地域으로 전해진 문화의 내용에 있어서도 철제 무기나 농기구 등의 완성 제품만의 전파가 아니라 제철이나 직조, 양잠 등의 선진 제조 기술과 국가 형성에 필요한 문자, 종교, 사상 등의 정신문화도 전해졌다고 생각한다.

이와 같은 다양한 문화의 왜지역에의 전파에는 가야인, 백제인, 신라인 등이 많이 관여 하였으며 대다수의 경우 대마도를 중계지로 하여 도래 내지 이주하였다고 보아진다. 『古事記』와 『日本書紀』에는 가야, 백제, 신라 등의 고대국가로부터 왜 지역에 문화를 전파한 기록들이 남아 있다. 이에 따르면 應神천황의 시대에 하타씨(秦氏)나 아야씨(漢氏)의 선조가 많은 사람들을 거느리고 歸化 혹은 參渡[24]하였다고 기록되어 있다. 따라서 여기서는 고대 한반도에서 일본열도로 전파된 문화와 문화를 전파한 사람들을 검토하면서 대마도에 전래된 문화의 내용들을 살펴보기로 하자.[25]

---

24) 이들을 종래에는 '歸化人', '渡來人'으로 명명하였으나 근래에는 '移住民' 혹은 '渡倭人'(김기섭, 「5세기 무렵 백제 渡倭人의 활동과 문화 전파」, 한일관계사연구논집 편찬위원회 편, 『왜 5왕문제와 한일관계』, 경인문화사, 2005, 222·223쪽)으로 명명하기도 한다.

25) 문화 교류는 일방성보다 쌍방성을 가진다. 즉, 한반도에서 전래된 문화가 있다면 일본열도에서 전래된 문화도 있을 것이다. 그러나 이 시기의 문화

ⓖ 또한 新羅人 등이 參渡하여 왔다. 이에 建內宿禰에게 명하여 인솔하여 둑과 연못의 공역에 종사하게 하여 百濟池를 만들게 하였다.[26)]

ⓗ 그리고 百濟의 國主인 昭古王이 수말 한 필과 암말 한 필을 阿知吉師에게 붙여서 바쳤다. [이 阿知吉師라는 자는 阿直史 등의 선조이다.][27)]

ⓘ 또 橫刀 및 大鏡을 바쳤다. 또 百濟國에 "만약 현명한 사람이 있으면 바쳐라" 명하였다. 그러므로 명을 받아 사람을 바쳤다. 이름이 和邇吉師였다. 즉 論語 10권, 千字文 1권을 합쳐 11권을 이 사람에게 붙여 바쳤다. [이 和邇吉師라는 자는 文首 등의 조상이다.] 또, 기술자인 韓鍛을 바쳤는데 이름은 卓素이고 또 吳服 기술자인 西素 두 사람이다.[28)]

ⓙ 또 秦造의 조상, 漢直의 조상 및 술을 빚을 줄 아는 사람으로 이름은 仁番이고, 또 수수허리라 이름하는 자가 건너왔다.[29)]

이들 사료에 따르면 應神천황의 시대에 신라인이 건너와 둑과 연못을 만들었다(사료 ⓖ)고 하는 점에서 본다면, 제방 기술이 전래되었음을 의미한다고 할 수 있다. 또한 사료 ⓗ와 ⓘ, ⓙ에 의하면 백제 소고왕[30)] 때에 백제로부터 阿知吉師와 和邇吉師가 와서 논어와 천자문을 전하고 또한 기술자들이 와서 製鐵과 製織, 釀造 등의 기술을 전파하였다고 한다. 그런데, 이들 문화 전파 전승과 관련이 있는 내용들이 『日本書紀』의 應神天皇條와 雄略天皇條에도 각각 기록되어 있다.

교류에 관한 기록은 『삼국사기』 등의 고대 한국의 사료에는 단편적인 몇 개의 사료밖에 남아있지 않기 때문에, 서술의 편의를 위해 고대 한국에서 왜 지역으로 전래된 문화 내용에 중점을 두고 검토하기로 한다.

26) "亦新羅人等參渡來. 是以, 建內宿祢命引率, 爲渡之堤池而, 作百濟池".

27) "亦百濟國主昭古王, 以牡馬一疋・牝馬一匹, 付阿知吉師以貢上. 「此阿知吉師者, 阿直史等之祖.」"

28) 亦貢上橫刀及大鏡. 又科賜百濟國, 若有賢人者貢上. 故, 受命以貢上人, 名和邇吉師, 卽論語十卷・千字文一卷, 并十一卷, 付是人卽貢進. 「此和邇吉師者, 文首等祖.」又, 貢上手人韓鍛, 名卓素, 亦吳服西素二人也.

29) 又, 秦造之祖, 漢直之祖, 及知釀人, 名仁番, 亦名須須許理等參渡來也.

30) 『三國史記』 百濟本紀에 의하면 13대 近肖古王으로 재위 기간은 346년에서 375년이다.

ⓚ 14년 춘 2월에 百濟王이 縫衣工女를 바쳤는데 이름은 眞毛津이다. 이것은 지금의 來目衣縫의 조 弓月君이 百濟로부터 왔다. 인하여 상소하여 가로대 "신이 자국의 인부 百二十縣을 이끌고 歸化하였습니다. 그러나 新羅人이 이를 거부하였기 때문에 모두 加羅國에 머물렀습니다"라고 하였다. 이에 葛城襲津彥를 보내어 加羅로부터 弓月의 인부를 부르게 하였다. 그러나 3년이 지나도 襲津彥이 돌아오지 아니하였다.[31]

ⓛ 15년 가을 8월 壬戌朔 丁卯에 百濟王이 阿直岐와 良馬 두 필을 보내었다. 즉시 輕坂 위의 마구간에서 기르게 하였다. 인하여 阿直岐에게 사육을 관장하도록 명하였다. 이런 이유로 말을 키우는 곳을 廐坂이라고 하였다. 阿直岐가 또한 경전을 읽음이 능하여 이에 天皇이 阿直岐에게 물어 가로대 "너를 이길 것 같은 博士가 또 있는가"라고 하였다. 대답하여 가로대 "王仁이란 자가 있는데 우수합니다". 때에 上毛野君의 조상인 荒田別과 巫別을 보내고 인하여 王仁을 불렀다. 그 阿直岐란 자는 阿直岐史의 시조이다.[32]

ⓜ 16년 춘 2월에 王仁이 왔다. 즉 太子 菟道稚郎子의 스승이다. 王仁에게 모든 典籍을 배워서 통달하지 못함이 없었다. 이런 이유로 王仁이란 자는 書首 등의 시조가 되었다.[33]

20년 9월에 倭漢直의 조상인 阿知使主와 그 아들 都加使主가 아울러 자기의 무리 17縣을 거느리고 왔다.[34]

ⓝ 天皇이 田狹臣의 아들 弟君과 吉備海部直 赤尾에게 조서를 내려 말하기를 "너희들이 가서 新羅를 벌하라"라고 하였다. 이에 西漢才伎 歡因知利가 옆에 있었다. 즉시 나아가 아뢰어 말하기를 "韓國에는 저보다 능란한 사람이 많이 있으니 불러서 사용해야 합니다"라고 하였다. … 이런 이유로 天皇이 大伴大連 室屋에게 조서를 내리고 東漢直 掬에게 명하여 新漢의 陶部 高

31) 是歲, 弓月君自百濟來歸. 因以奏之曰, 臣領己國之人夫百廿縣而歸化. 然因新羅人之拒, 皆留加羅國, 爰遣葛城襲津彥, 而召弓月之人夫於加羅, 然經三年而襲津彥不來焉. (應神天皇條)

32) 十五年秋八月壬戌朔丁卯, 百濟王遣阿直岐, 貢良馬二匹. 卽養於輕坂上廐. 因以阿直岐令掌飼. 故號其養馬之處曰廐坂也. 阿直岐亦能讀經典. 卽太子菟道稚郎子師焉. 於是天皇問阿直岐曰. 如勝汝博士亦有耶. 對曰. 有王仁者. 是秀也. 時遣上毛野君祖荒田別・巫別於百濟. 仍徵王仁也. 其阿直岐者. 阿直岐史之始祖也. (應神天皇條)

33) 十六年春二月. 王仁來之. 則太子菟道稚郎子師之. 習諸典籍於王仁. 莫不通達. 故所謂王仁者. 是書首等之始祖也.

34) 廿年秋九月, 倭漢直祖阿知使主. 其子都加使主, 並率己之黨類十七縣而來歸焉. (應神天皇條)

貴와 鞍部 堅貴, 畫部 因斯羅我, 錦部 定安那錦, 譯語 卯安那 등을 上桃原과 下桃原, 眞神原의 세 곳에 옮겨 거하도록 하였다. [或本에서 말하기를 吉備臣 弟君이 百濟로부터 돌아와서 漢의 手人部, 衣縫部, 宍人部를 바쳤다고 한다.][35]

이들 사료를 참고로 하자면 百濟로부터 絹絲 기술이 전래되었고, 弓月君 등이 이주(사료 ⓚ)하였다고 한다. 또한 阿直岐와 王仁의 파견(사료 ⓛ, ⓜ), 阿知使主와 都加使主의 이주(사료 ⓝ)에 관한 전승들이 전하여지고 있다. 120현의 이주 등의 내용에 있어서는 신뢰할 수 없는 점들이 보이지만 백제와 가야, 신라 등으로부터 많은 선진문화가 왜로 전파되었던 것은 사실로 보아도 좋을 것이다. 특히, 백제로부터의 논어와 천자문의 전래는 한자의 왜지역 전파 전승으로 일반적으로 이해되고 있다. 문헌에 기록되어 있는 이러한 한반도계 기술문화를 통해 왜는 물적 생산의 발달을 가져오고 인구의 증가를 촉진시켰으며 기술에 의한 광역의 유통이 발생함으로써 사회의 구조를 유동화[36]시킬 수 있었을 것이다. 이와 같은 백제, 가야, 신라 등의 한반도 고대국가로부터 문화가 倭地에 전래되었음에도 불구하고, 일본학계에서는 이들의 역사적 의미를 축소하여 고대 왜왕권을 지탱하는 생산을 담당하는 계층으로 역할을 하였다고 해석하고 있다. 현재 알려진 전파 선진 기술로서는 단단한 경질토기를 만드는 陶部(스에쓰꾸리베)와 고급 견직물을 만드는 錦部(니시고리)와 吳服(구레하또리), 금속 가공을 담당한 鞍部(구라쓰꾸리)와 作金人(가나쓰꾸리)·甲作(요로이쓰꾸리), 제철과 철기생산을 담당한 山部

35) 天皇詔田狹臣子弟君與吉備海部直, 赤尾曰, 汝宜往罰新羅. 於是, 西漢才伎歡因知利在側. 乃進而奏曰, 巧於奴者多在韓國, 可召而使. … 由是, 天皇詔大伴大連室屋, 命東漢直掬, 以新漢陶部高貴·鞍部堅貴·畫部因斯羅我, 錦部定安那錦, 譯語卯安那等遷居, 于上桃原·下桃原·眞神原三所.「或本云, 吉備臣弟君還自百濟, 獻漢手人部, 衣縫部, 宍人部.」(雄略天皇 7年[463] 是歲條)

36) 山尾幸久 저, 정효운 역,「'왜왕'의 대외적 권능에의 의존과 복종」『일본고대 왕권·국가·민족형성사 개설』, 제이엔씨, 2005, 192쪽.

(야마베)와 韓鍛冶(가라까누찌) 등이 알려져 있다. 또한 雄略천황조의 전승에서 알 수 있듯이 직조와 재봉 집단인 衣縫部, 요리 집단인 宍人部, 화공집단인 畵部와 통역집단인 譯語도 이주하였다는 전승을 남기고 있다. 그밖에도 매를 기르고 훈련시키는 기술의 전수[37]라든지, 신라가 醫藥에 밝은 자를 보내어 允恭천황의 병을 고쳤다는 설화[38]도 남아있다.

이처럼 토목, 건축, 牧馬, 제철, 양조, 직조 등의 다양한 선진 기술문화는 왜 사회를 기술적으로 변화, 발전시켰을 뿐만 아니라 정신적 측면에서도 커다란 영향을 미쳤던 것이다. 아직기와 왕인이 경전과 한자를 전하고 태자의 스승이 되어 정신문화를 전파하여 고대 일본사회에 있어서 文筆을 전문으로 담당하는 씨족이었던 書首[39]씨의 시조가 되었다는 전승에서도 그 영향을 엿볼 수 있다.

그러나, 이러한 한반도 각국으로부터의 도래, 이주 관련 전승은 『日本書紀』나 『古事記』 등에 의하면 應神천황 시기의 사실로 기록되어 있다. 이들 기록에 따르면 應神은 3세기 말(270)에서 4세기 초(310)에 재위한 인물로 되어 있지만, 주지하다시피 『日本書紀』와 『三國史記』 사이의 기록들은 2周甲(120년)의 차이[40]를 보이고 있는 것이 일반적이다. 따라서 문헌에 보이는 왜 왕권과 국가 형성에 많은 영향을 준 다양한 문화를 전파한 한반도계 사람들의 대규모 이주는 고대 한반도의 정세 변화라는 측면에서 본다면 4세기대의 일로 보기보다는 5세기대의 역사적 사실[41]로 해석하는 것이 타당할 것이다.

---

37) 『日本書紀』 仁德天皇 43년조.

38) 『日本書紀』 允恭天皇 3년 춘정월조.

39) 文首라도 하고 또한 東文(야마토노후미)씨에 대해서 西文(가후치노후미)씨라고도 한다.

40) 예를 들면, 『三國史記』에는 백제태자 典支의 왜 파견이 阿莘王 6년(397)의 일로 기록되어 있으나 『日本書紀』에는 應神천황 8년(277)의 사건으로 기술되어 있다. 또한 아신왕의 죽음에 대해 『삼국사기』에는 405년의 사실로 되어 있으나 『일본서기』에 따르면 應神천황 16년(285)의 일이라고 한다.

한편, 백제, 가야, 신라의 이들 선진문화 전파의 루트는 앞서 살핀 바와 같이 한반도 남부지역에서 대마도를 중계지로 하여 전래되었을 것으로 보아진다. 이런 문화 전파론적인 관점에서 본다면 한반도 남해안과 대마도, 규슈해안을 이어주는 해상네트워크를 상정할 수 있을 것이고, 그 중심에는 김해를 중심으로 하는 가야의 해상세력이 있었다고 추측할 수 있다. 이와 같은 시기에 있어 대마도는 지정학적으로 보아 大和왕권보다는 가야의 정치세력과 보다 더 밀접한 관계를 유지하고 있었을 것으로 생각된다.

4. 한 · 일고대국가의 영역 인식과 대마도

1) 고대 한국과 중국의 대마도 인식

(1) 「魏書倭人傳」과 대마도 영역 인식

앞서 살핀 바와 같이 고대 한국과 일본을 왕래하는 데 있어 대마도는 중요한 중계지적 역할을 하였다는 것을 알 수 있었다. 이럴 경우 고대 한국인과 일본인에게 있어서 대마도는 어떻게 인식되었는지에 대해 살펴볼 필요가 있을 것이다. 이 점은 근년 한 · 일 간에의 제기되고 있는 근대적 영토의식과도 무관하지 않다고 보아진다. 중국인의 문헌에 의하면 고대 일본지역에 거주하는 주민을 왜인이라 불렀다. 『삼국지』 「위서 왜인전」에 따르면 대방군에서 야마대국에 이르는 데에 있어 통과하는 각 소국에 관리가 있었다는 것을 알 수 있다. 이를 표로 요약해 보면 다음과 같다.

---

41) 또한 이들이 雄略천황조의 기사와 같이 왜 왕권에 예속되는 집단으로 편성된 것은 보다 후대의 일일 것이다.

〈표 1〉 3세기 대 왜국의 상황

小國	官吏		領域	戶數	비고
	(大)官	副			
對馬國	卑狗	卑奴母離	方四百余里	千余戶	
一大國	卑狗	卑奴母離	方三百里	三千家	
末盧國				四千余戶	
伊都國	爾支	泄謨觚・柄渠觚		千余戶	郡使 往來 常駐所
奴國	馬觚	卑奴母離		二萬余戶	
不彌國	多模	卑奴母離		千余家	
投馬國	彌彌	彌彌那利		五萬余戶	
邪馬壹(臺)國	伊支馬	彌馬升 彌馬獲支 奴佳鞮		七萬余戶	女王都所
狗奴國	狗古智卑狗				男子王

이 가운데 대마국의 경우에는 大官으로 히쿠(卑狗)가 있고 副官으로 히나모리(卑奴母離)가 있었다고 한다. 官吏로서의 비구는 일대국과 같고, 부관으로서의 비노모리는 일대국, 노국, 불미국에 공통된 명칭이다. 이들 소국은 야마대국에 의해 統屬되어 있는 것으로 기록되어 있다. 「위서왜인전」의 기사에 의하면 야마대국은 이도국에 중국의 자사와 같은 一大率이란 官吏를 두어 제국을 검찰하고 각 항구에서 대방군과 여왕국의 교역에 직접 관여하고 있었다고 한다.

⓪ 女王國으로부터 북쪽에는, 특히 一大率을 두어 諸國을 檢察하게 하였는데, 諸國이 이를 두려워하고 꺼려하였다. 항상 伊都國에서 다스렸고 國中에 있어서 刺史와 같았다. 王이 사신을 京都와 帶方郡, 諸韓國에 보낼 때나 郡使가 倭國에 사신 올 때는 모두 津에서 搜露하여 文書・賜遺의 물건을 전송하여 여왕에게 보내고 差錯함을 얻을 수 없었다.[42]

42) 自女王國以北, 特置一大率, 檢察諸國, 諸國畏憚之. 常治伊都國, 於國中有如刺史. 王遣使詣京都, 帶方郡, 諸韓國, 及郡使倭國, 皆臨津搜露, 傳送文書賜遺之物詣女王, 不得差錯

사료 ⓞ를 통해 볼 때, 여왕국의 북쪽에 포함되는 이 시기의 대마국은 왜의 여왕국의 영향권에 있었다고 볼 수 있다. 그러나 여왕국에 의해 직접 통속되었다기보다는 이도국에 의한 간접적 영향권에 속하였을 것이다. 이도국은 호수는 1천여 호[43]에 불과하지만, 다른 소국들과 달리 2명의 부관을 두고 대대로 왕이 있었으며, 여왕국에 통속되었으나 대방군의 사신이 항상 왕래하며 거주하는 곳이라고 하였다(사료 ⓟ).

> ⓟ 伊都國에 이른다. 官을 爾支라 하고, 副를 泄謨觚, 柄渠觚라 일컫는다. 대대로 王이 있으나 모두 女王國에 통속되고 郡使가 왕래하며 항상 머무르는 곳이다(사료 ⓐ와 일부 중복).[44]

이처럼 2명의 부관을 두는 것은 왜의 중심국인 야마대국이 官으로 伊支馬를 두고 그 이하에 彌馬升와 彌馬獲支, 奴佳鞮 등을 계층적으로 차등화 하여 설치한 것과는 차이가 나지만 다른 소국들과는 그 정치적 위상이 달랐다는 것을 알 수 있다. 이런 측면에서 본다면 대마도의 경우도 그 지역을 다스리는 우두머리를 '官'이라 표기하지 않고 '大官'으로 표기하고 있는 점으로 보아 소국 내에서의 정치적 위상이 달랐다고 볼 수 있을 것이다. 또한 이 점은 대방군의 입장에서 볼 경우 대마도가 왜와의 경제적 교류와 교역에 있어서 중요한 역할을 담당하였다는 것을 의미하는 것으로 이해할 수 있을 것이다.

왜국의 경우 그 지역의 우두머리인 大官을 卑狗, 爾支 등으로 표기한데 반해, 『삼국지』「한전」에 의하면 삼한의 경우에는 '渠帥'라 표기하였으며 그 하부 정치체제는 더욱 세분화되어 있었다는 것을 알 수 있다. 즉, 험측, 번예, 살해, 읍차 등의 정치적 계층이 존재(사료 ⓠ)하였음을 알 수 있다.

---

43) 『翰苑』 蕃夷部 倭國條에는 "戶萬餘"라고 한다.

44) 到伊都國, 官曰爾支, 副曰泄謨觚, 柄渠觚. 有千餘戶. 世有王, 皆統屬女王國. 郡使往來常所駐.

ⓠ 弁辰 또한 12國이고 또 諸小別邑이 있어 각각 渠帥가 있다. 큰 것은 臣智라 이름하고 그 다음에는 險側이 있으며, 다음으로 樊濊가 있고 다음으로 殺奚가 있으며 다음으로 邑借가 있다.[45)]

그런데, 伊都國은 다른 소국들과 달리 千여 호에 불과하지만 泄謨觚・柄渠觚와 같은 2명의 부관을 두고 있으며, 대방군의 사신이 상시 머무르는 곳으로 기록하고 있는 점으로 보아 당시의 왜가 삼한보다 대방군의 정치적 영향을 더 강하게 받고 있었다는 사실을 보여주는 것으로 이해할 수 있을 것이다. 한편, 3세기 대의 대마도가 왜국의 영향권역에 있었으며 삼한과 왜의 경계에 있었다고 이해하고 있는 중국인의 인식은 『三國志』 韓傳과 弁辰傳에도 반영되어 있다.

ⓡ 韓은 帶方의 남쪽에 있고 동서는 바다로 경계되어 있으며 남쪽은 倭와 접하고 있다. 사방이 4千 里 정도이다.[46)]

ⓢ 弁辰은 辰韓과 더불어 雜居하고 있다. … 그 瀆盧國은 倭와 더불어 境界를 접하고 있다.[47)]

우선 사료 ⓡ에 따르면 韓의 남쪽은 倭와 접하고 있다고 한다. 또한 사료 ⓢ에 의하면 독로국이 왜와 경계를 접하고 있다고 한다. 독로국[48)]은 거제로 생각되기 때문에 삼한과 왜의 경계에는 대마도가 위치하고 있었다고 볼 수 있을 것이다.

---

45) 弁辰亦十二國, 又有諸小別邑, 各有渠帥, 大者名臣智, 其次有險側, 次有樊濊, 次有殺奚, 次有邑借. 또한 「韓傳」에는 "各有長帥, 大者自名爲臣智, 其次爲邑借"가 있다고 기술하고 있다.

46) 韓在帶方之南, 東西以海爲限, 南與倭接, 方可四千里(「韓傳」).

47) 弁辰與辰韓雜居 … 其瀆盧國, 與倭接界(「弁辰傳」).

48) 이에 대해서는 거제설, 동래설, 대마도설 등이 있다.

(2)『隋書』 동이전 왜국조 및 『三國史記』의 대마도 인식

중국인의 인식에서 볼 때, 3세기 대의 대마도는 왜의 야마대국의 영향 하에 있었다고 보았다. 이후 「廣開土王碑文」과 『宋書』 등의 중국사서들을 통해 볼 때, 대마도에 대한 직접적인 언급은 없으나 왜국과 왜인의 중국과 고대 한국과의 교류 사실이 보이고 있기 때문에 대마도는 여전히 양국의 정치, 군사, 경제적 중계지 역할을 담당하였다고 추정할 수 있다. 그러나 이러한 시기에 있어서 대마도가 여전히 왜의 영향권 하에 있었는지에 대해서 살펴보기로 하자. 우선 대마도에 관한 기사가 보이고 있는 『隋書』 왜국조를 제시하면 다음과 같다.

> ⓣ 大業 3년 그 왕인 多利思比弧가 사신을 보내어 조공하였다. … 다음 해에 주상이 文林郞 裴淸을 왜국에 사신으로 보내었다. 백제로 건너 나아가 竹島에 이른다. 남으로 聃羅國을 바라보면서 都斯麻國을 거쳐 멀리 大海 가운데 있게 된다. 또 동으로 一支國에 이른다. 또 竹斯國에 이르고, 또 동으로 秦王國에 이르게 된다. … 또 10여 국을 거쳐 해안에 다다른다. 竹斯國으로부터 동쪽으로는 모두 倭에 附庸되어 있다(사료 ⓔ와 중복).

사료 ⓣ는 608년(대업 4)에 隋 煬帝가 裴淸[49]을 倭에 사신으로 파견하였을 때의 기사로 여기서는 대마도를 '都斯麻國'으로 표기하고 있다. 이는 '쯔시마'의 일본음을 한자로 借字한 것으로 보인다. 이 기사에 따르면 배세청의 왜국 도착 루트[50]는 백제－죽도－도사마국(대마도)－일

---

49) 이 배청의 渡日에 대해서는 『日本書紀』 推古 16년조(夏四月, 小野臣妹子至自大唐. 唐國號妹子臣曰蘇因高. 卽大唐使人裴世淸・下客十二人, 從妹子臣至於筑紫. 遣難波吉士雄成, 召大唐客裴世淸等. 爲唐客更造新舘於難波高麗舘之上)에 자세히 보이고 있다. 그런데, 『日本書紀』에는 배청을 '裴世淸'이라 표현하고 있는데 반해, 『隋書』와 『三國史記』에서는 '裴淸'이라 하여 '世'를 빼고 있는 점은 당태종 李世民의 諱를 피하기 위한 피휘법 때문이라 할 것이다.

50) 물론, 이러한 역사적 의미 지움은 근대적 영토의식이 반영된 고대 한국과 일본의 국가사적 시점에서의 접근으로 대마도의 인식이나 시점은 아닌 것이다. 대마도의 입장에서 본다면 자국의 이해관계에 의한 선택으로 이해할

지국(이키섬)－죽사국(츠쿠시: 후쿠오카?)－진왕국－10여 국 경유－왜국의 순이다. 배세청의 견문에 의하면 왜국에 부용된 국가는 죽사국으로부터 동쪽의 국가들이란 것이다. 이럴 경우 대마도와 이키(壹岐)섬은 왜의 직접적인 영향하에 포함되어 있지 않다는 의미가 된다. 이와 같은 인식은 3세기대의 중국인의 대마도 인식과 다소 거리가 있는 것이다. 이런 점에서 볼 때, 대마도는 3세기대의 대방군과 야마대국과의 정치, 경제 교류 시에 있어서는 왜국의 영향하에 있었지만, 이후 한반도와 일본열도의 정세의 변화에 따라 그 영토적 인식은 고대 한국과 일본의 어느 한 국가에 고착화 되었던 것이 아니라 유동적이었다는 것을 알 수 있다.

한편, 『三國史記』에도 왜와의 교류 관계를 보이는 기사들이 보이고 있다.[51] 먼저, 「百濟本紀」에는 阿莘王 6년(397)조[52]의 기사를 시작으로 왜와의 우호적인 기사가 보이고 있다. 이에 반해, 「新羅本紀」에서는 우호적 성격보다 적대적 성격의 기사가 많이 보이고 있는 특색이 있다.[53] 특징적인 사실은 백제와 왜의 관계가 우호적임에도 불구하고 「百濟本紀」 毗有王 2년(428)조[54]의 기사 이후 義慈王 13년(653)조[55]까지 양국이 교류를 가진 기사가 전혀 보이지 않고 있다는 점이다. 또한, 「新羅本紀」의 경우에도 炤知麻立干 22년(500)조 이후부터 663년의 백강전투 시기에 이르기까지 관련 기록이 없다는 것이다. 이는 관련 잔존 사료의 절

수 있을 것이다.

51) 그러나 「高句麗本紀」에는 왜 관련 기사가 전혀 보이지 않고 있는데, 이는 지리적으로 멀다는 조건 외에 양국 사이에는 백제, 가야, 신라가 존재하고 있었으므로 상호 직접적인 관계를 맺을 필요성이 적었기 때문으로 생각된다.

52) 六年, 夏五月, 王與倭國結好, 以太子腆支爲質.

53) 赫居世居西干 8년(倭人行兵, 欲犯邊, 聞始祖有神德, 乃還)조부터 炤知麻立干 22년(春三月, 倭人攻陷長峰鎭)조까지 나타나고 있다.

54) 二年, 春二月 … 倭國使至, 從者五十人.

55) 다만, 武王 9년(608)조에 隋와 왜의 통교 시에 간접 관련기사(春三月, 遣使入隋朝貢. 隋文林郎裴淸奉使倭國, 經我國南路)가 보이고 있다.

대적 부족이란 요인에서 기인되었을 가능성이 크다고 여겨지지만, 『三國史記』 편찬 시의 고려 지배층의 왜국 인식의 반영이란 측면도 일정 부분 작용하였을 것으로 추측된다. 이러한 경향과 관련지울 수 있을지는 의문이지만, 고대 한국인의 대마도에 관한 사료는 지극히 한정되어 있다고 할 수 있다. 『三國史記』에서 대마도 관련 사료는 「新羅本紀」 實聖尼師今조에 보이는 것이 유일한 사례이다.

> ⓤ 7년, 봄 2월에 王이 倭人이 對馬島에 軍營을 설치하고 兵器와 軍需品을 저축하여 우리를 掩襲하려 함을 듣고, 우리가 먼저 發하지 못하게 하고자 精兵을 뽑아 軍需를 깨뜨리려 하였다. 舒弗邯 未斯品이 말하기를 "臣이 듣건대 兵은 凶器요 싸움은 위험한 일이라 하였으며, 하물며 큰 물을 건너 남을 치다가 만일 利를 잃으면 후회한들 미칠 수 있겠습니까? 嶮한 곳에 關을 설치하고 오면 이를 막아 교활하게 침범함을 얻지 못하게 하고, 편하면 나아가 이를 사로잡아야 할 것이다. 이것이 이른바 타인을 끌어들이고 타인에게 끌어짐을 당하지 않는 것으로 上策입니다"고 하였다. 王이 이를 따랐다.[56]

사료 ⓤ에 의하면 408년(실성이사금 7)에 왜인이 대마도에 군영을 설치하여 침공하려 한다는 말을 듣고 먼저 공격하고자 하였으나 신하인 미사품의 건의를 받아들여 중단하였다고 한다. 여기서 알 수 있는 사실은 5세기 초, 신라인은 대마도를 왜국과 관련이 있는 지역으로 인식하고 있었다는 점이다. 또한 이 점은 395년(永樂 5)부터 404년(영락 14) 사이에 백제를 매개로 한 고구려와 왜의 전쟁[57]이 전개되었다고 하는 「廣開土王碑文」의 내용과도 연관이 있다고 보아진다. 즉, 이 시기의 왜군은 대마도를 군사적 중계지로 하여 군사 활동을 한 것으로 추정된다.[58]

---

56) 王聞倭人於對馬島置營, 貯以兵革資粮, 以謀襲我, 我欲先其未發, 揀精兵擊破兵儲. 舒弗邯未斯品曰: "臣聞: '兵凶器, 戰危事.' 況涉巨浸以伐人, 萬一失利, 則悔不可追, 不若依嶮設關, 來則禦之, 使不得侵猾, 便則出而禽之, 此所謂致人而不致於人, 策之上也" 王從之.

57) 이 점에 대해서는 정효운, 「高句麗·倭의 전쟁과 외교」 『고구려연구』 24, 2006 참조.

2) 고대 일본의 대마도 인식

고대 일본인의 대마도에 관한 인식은 『古事記』와 『日本書紀』 등에 관련 사료가 보이고 있다. 우선 『古事記』에서는 建國神話 가운데 최초로 태어난 섬들 중의 하나로 '津島'란 표기가 보이고 있고, 『日本書紀』의 神代 上에도 '對馬洲',[59] '對馬島'[60] 등의 표기로 일본 열도 생성 신화 속에 기록되어 있다. 하지만 이러한 인식은 양 사서가 편찬된 8세기 혹은 그 시기와 그리 멀지 않은 시기의 투영으로 볼 수 있다. 또한 이후 천황시대에 들어서도 대마도에 관한 기록은 곳곳에 산재하고 있는데, '對馬'라는 표기로서의 기록은 神功皇后攝政 3년(203)조, 允恭天皇 42년(453)조, 雄略天皇 9년(465)조, 顯宗天皇 3년(478)조, 継体天皇 24년(530)조, 敏達天皇 12년(583)조, 推古天皇 9년(601)조와 17년조, 舒明天皇 4년(632)조와 5년조 등에 각각 기록을 남기고 있다. 이들 사료는 시기의 문제라든지 역사적 사실에 있어서 검토가 필요한 부분도 있지만, 대마도가 고대 한국과 중국과의 교류에 있어서 '泊'하며 머무르는 중계지 역할을 하였다는 것을 보여주는 기록으로 이해할 수 있다.

그러나 이들 사료 상에서 대마도가 왜국에 영역적으로 편입되었다고 보기는 어렵다고 생각한다. 사료적으로 볼 때, 대마도가 왜국에 편입되는 시기는 고대 한국의 제국이 재정립되는 7세기 후반으로 생각된다. 즉, 660년 백제 멸망 후, 백제의 요청에 의해 663년 백제부흥과 신라정벌을 목적[61]으로 대규모 출병을 하였던 전후 시기부터였다고 보아야

58) 그러나 이 시기의 왜군의 실체에 대해서는 일본 지역 내의 규슈지역의 세력인지 야마토(大和) 정권의 세력인지 혹은 다른 지역의 세력인지 하는 점과 당시의 가야 세력과는 어떠한 관계에 있는지에 대해서 검토되어야 할 문제라고 본다. 따라서 이들 문제에 대해서는 다방면의 고증과 검토가 뒤따라야 하기 때문에 여기서는 문제 제기에 그치기로 한다.

59) 第四段 本文.

60) 第四段 一書 第七.

할 것이다. 『日本書紀』에서 관련 사료를 살펴보기로 하자.

ⓥ 이 해 對馬島·壹岐嶋·筑紫國 등에 防人과 烽火를 설치하였다(天智天皇 3년조).

ⓦ 等이란 右戎衛郎將上柱國·百濟將軍朝散大夫上柱國 郭務悰과 무릇 250인을 말한다. 7월 28일에 對馬에 이르렀다(天智天皇 4년 9월조의 注).

ⓧ 이 달에 倭國의 高安城과 讚吉國 山田郡의 屋嶋城, 對馬國 金田城을 쌓았다(天智天皇 6년 11월조).

ⓨ 11월 甲午朔 癸卯에 對馬國司가 사신을 筑紫大宰府에 보내어 말하기를 "초이틀에 沙門道文·筑紫君薩野馬·韓嶋勝娑婆·布師首磐 4人이 唐을 따라 와서 말하기를 唐國의 使人 郭務悰 등 600人과 送使 沙宅孫登 등 1,400人 總合 2,000人이 船 47척을 타고 함께 比智嶋에 머물렀다. …"(天智天皇 10년조).

ⓩ 3월 庚戌朔 丙辰에 對馬國司守 忍海造가 大國에 말하기를 銀이 當國에서 처음 나와 즉시 貢上합니다. 이런 까닭으로 大國이 小錦下位를 내렸다(天武天皇 3년조).

사료 ⓥ에 따르면 天智천황 3년(664)에 대마도와 壹岐嶋, 筑紫國에 防人과 烽火를 설치하였다고 한다. 이는 백제 구원을 명목으로 한 왜국의 대규모 신라정벌군의 출병[62]이 백강전투에서 신라와 당군에 의해 괴멸적 패배를 맞이한 이후, 국가적 위기 상태에서 신라와 당연합군의 군사적 행위를 예상하고 방어를 위한 목적으로 설치한 것이었다. 이어 6년(667)에는 대마도에 金田城을 쌓음으로써 대마도를 왜국의 영역에 둘 수 있었다(사료 ⓧ)고 보아진다. 이는 이 시기 이후의 『日本書紀』의 대마도 표기가 이전의 '對馬島(사료 ⓥ)', '對馬(사료 ⓦ)'[63]에서 '對馬國(사료 ⓧ)'으로 표기되고 있는 점에서 확인할 수 있을 것이다. 또한 대

61) 이 점에 대해서는 정효운(「'백강전투'와 신라의 한반도 통일」 『고대 한일 정치교섭사 연구』, 1995, 학연문화사)을 참조할 것.

62) 주 61)을 참조할 것.

63) 앞서 제시한 神功皇后攝政 3년조부터 舒明天皇 5년조까지의 10건의 관련 사료에도 모두 대마도를 '對馬國'이 아닌 '對馬'로 표기하고 있다.

마도 지역을 다스리는 관리를 '對馬國司(사료 ⓨ, ⓩ)'라 표기하고 있는 점과 대마도에서 생산된 '銀'을 왜국에 보낸 표현을 '貢上'으로 표기하고 있는 점에서도 알 수 있다. 이러한 점에서 볼 때, 대마도는 7세기 중반 이전의 단계에서는 한국의 고대국가들과 왜국의 정치, 외교, 문화 교류 중계지의 섬이었던 것이 백강 전투 이후의 동아시아의 군사적 긴장이란 정세를 이용하여 大和정권의 국경의 섬으로 그 역할이 바뀌어 갔다고 볼 수 있을 것이다. 대마도는 이와 같은 과정을 거쳐 일본 율령국가의 영역에 포함되어 갔고, 이후 『古事記』와 『日本書紀』의 편찬 시기에 있어서는 건국 신화 속에서 최초로 생성된 섬 가운데 하나의 섬으로 일본인에게 인식되어 갔다고 할 수 있을 것이다.[64]

한편, 이처럼 『日本書紀』에는 대마도가 왜국과 관련이 있는 것으로 서술된 반면, 고대 가야국이었던 任那와 연관시켜 기록한 사료도 보이고 있다. 이 사료 역시 시기라든지 내용의 문제에서 검토되어야 점이 많다고 생각되지만, 지정학적이나 역사적으로 볼 때 대마도가 주변 정세의 변화에 따라서는 왜뿐만 아니라 가야와도 문화적 교류뿐만 아니라 정치, 경제, 외교적인 면에서도 많은 관련성을 유지하고 있었다고 볼 수 있다.

> 秋七月, 任那國이 蘇那曷叱知를 보내어 朝貢하였다. 任那란 것은 筑紫國에서 二千餘里에 있다. 북쪽으로 바다를 사이에 두고 鷄林의 西南쪽에 있다.[65]

任那가 筑紫國에서 2천여 리에 있다는 점은 「魏書倭人傳」의 기록에서도 알 수 있듯이 筑紫國에서 壹岐섬까지가 1천 리, 壹岐섬에서 대마

---

64) 그러나, 이 시기 이후에도 대마도가 계속하여 일본의 영토로 남아있었다고 단정할 수 없을 것이다. 왜냐하면 그 뒤에도 시대적 정세의 변동에 따라 그 역할과 인식에는 변화는 있었다고 생각하기 때문이다.

65) 六十五年 秋七月, 任那國遣蘇那曷叱知令朝貢也. 任那者, 去筑紫國二千餘里. 北阻海以在鷄林之西南(崇神天皇 65년조).

도까지가 1천여 리라고 기술하고 있는 점과 상통한다. 또한 임나는 북쪽이 바다를 사이에 두고 떨어져 있으며 계림 즉, 신라의 서남쪽에 위치한다고 서술하고 있는 점으로 보아 고대 일본인들에게 있어서는 대마도가 어느 시기인가 임나에 속하였다는 인식이 존재하였다는 것을 알 수 있다.[66]

5. 결 론

이상에서 대마도와 고대 한반도 문화의 일본 전파에 대해 고찰해 보았다. 대마도는 지정학적으로 한국과 일본의 사이에 위치한 관계로 선사시대 이래 양국 문물 교류의 징검다리 역할을 하였다. 이는 대마도 곳곳에 남아 있는 신석기 시대의 죠몽토기 유적과 청동기, 철기시대의 야요이문화의 유적을 통해 알 수 있다. 문화의 내용에서 뿐만 아니라 유적의 위치가 상대마의 서부연안지역에서 보다 많이 발견되고 있는 점으로 보아 고대 한반도에서 문화가 주로 전파되었음을 확인할 수 있다. 이러한 경로를 통해 도작문화와 철기문화 등 고대국가 형성에 필요한 선진 문물이 일본열도로 전파되어 갔던 것이다.

또한 역사시대에 들어서는 삼한과 삼국의 정치세력뿐만이 아니라 중국대륙의 정치세력들과의 정치, 문화의 교류에 있어서도 대마도가 해상항로의 주요 기항지로 이용되었다고 생각된다. 『三國志』「魏書東夷傳」에 대방군에서 대마도를 기항지로 하여 야마대국에 이르는 항로가 기록되어 있다. 이들 항로를 통해 직접 중국대륙의 문화가 전파되기도 하고

66) 적어도 이 사료에서 기술하고 있는 任那의 위치는 대마도를 지칭하는 것임을 알 수 있다. 하지만 이 문제는 가야의 역사뿐만 아니라 고대한일관계사의 전개과정과 밀접한 관련이 있고 다방면의 측면에서의 검토가 필요한 문제이기 때문에 구체적인 고찰은 차후의 과제로 남기고자 한다.

백제, 가야, 신라의 재지화를 거친 선진문화들이 '移住民'이나 '渡倭人' 들에 의해 왜국에 전파되었던 것이다. 전파된 문화 내용을 살펴보면, 토목, 건축, 목마, 제철, 양조, 직조 등의 생산과 밀접한 기술 문화뿐만 아니라 국가 형성과 유지에 필요한 문자와 사상, 종교 등의 정신문화도 전래되었다. 이러한 전파가 가능하였던 것은 고대 한국의 남해안 연안과 대마도, 이키섬, 규슈 북부 연안을 연결하는 해상네트워크가 있었기 때문이었을 것으로 추정된다. 아울러 대마도의 항로도 서쪽 연안은 중국대륙과 백제 지역의 이주민이나 도왜인들이, 동쪽 연안은 가야인이나 신라인들이 주로 이용하였을 것으로 추측된다.

한편, 대마도에 대한 동아시아 각국의 인식은 시기와 당시 정세에 따라 변화되었을 것으로 생각된다. 전반적으로 볼 때, 한반도 남부에 가야가 성립하고 난 이후부터 대마도는 가야 및 왜국과 밀접한 관계를 가지며 역사를 영위하였다고 볼 수 있다. 그러나 7세기 중반의 백강전투 이전의 단계에서는 왜국의 정치, 문화 교류의 중계 역할을 담당하던 섬에서, 백강 전투 이후의 동아시아적 위기 정세를 계기로 하여 점차 大和정권의 국경의 섬으로 정착되어 갔다고 볼 수 있을 것이다.

대마도는 문화교류사적 측면에서 볼 때 고대 한국과 대륙 문화의 기항지이기도 하였지만 다른 한편으로는 문화의 수용지임과 동시에 발신지의 역할을 하였다고 보아진다. 또한 정치교류사적 측면에서 볼 때 대마도는 고대 한국과 일본의 국경의 섬이었으며, 한반도 지역을 둘러싼 동아시아적 군사 긴장 내지 전쟁에의 개입이나 침략의 시기에 있어서는 그 전초기지의 역할을 하였다고 보아진다. 이러한 대마도의 지정학적 위치는 근세와 근대기에 있어서도 한・일 양국의 선린우호를 매개하기도 하고 일본열도 정치세력의 대륙 진출의 출선기관지 역할을 담당하기도 하였던 것이다. 결국, 대마도는 한국 측에서 본다면 문화를 전달하는 출구였지만, 일본 측의 입장에서 본다면 문화를 받아들이는 입구임과 동시에 한반도와 대륙 진출의 창구였던 것이다. 이러한 양국의 문화적, 정치적 필요성의 인식의 차이가 대마도의 귀속 욕구의 차이로 나타날 수밖에 없었다고 생각한다.

〈그림〉 대마도를 중심으로 한 한·일 해양세계[67]

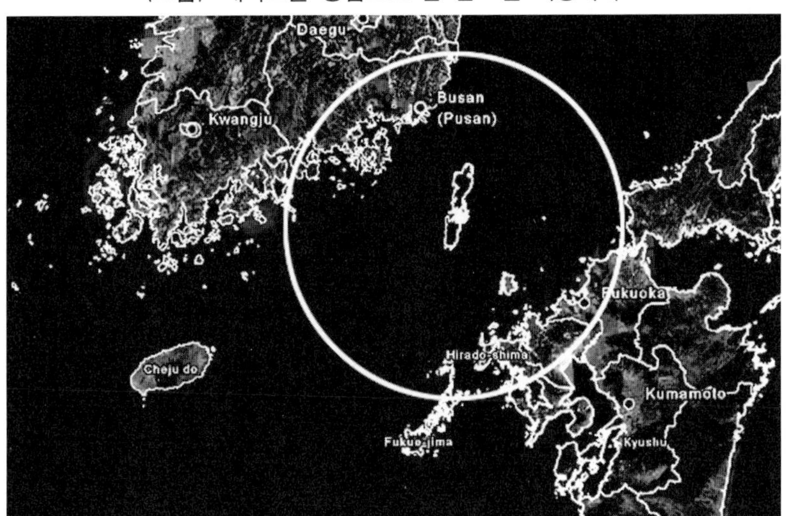

67) 구글어스(http://earth.google.com)의 지도를 캡처하여 편집.

〈토론문〉

정효운 「고대 한반도 문화의 일본전파와 대마도」

송완범
(고려대학교 일본학연구센터)

1. 소 개

먼저 동북아역사재단의 출범을 진심으로 축하드리며 한일관계사학회의 새로운 발전을 도모하며 열리는 뜻깊은 이 자리에 토론자의 한 사람으로 나서게 된 것을 크나큰 영광으로 생각합니다. 발표자 정효운 선생님은 '고대 한일정치교섭' 분야의 전공자로서, 근래는 '대마도에 관한 조사와 연구'도 병행하고 계십니다. 이번 발표논문도 그 성과의 연속선상에서 나온 것이라 하겠습니다. 아무쪼록 여러 가지로 부족한 토론자의 의견이 발표자와 논문에 누가 되지 않았으면 하는 마음 간절합니다.

2. 전체적 감상

이 논문의 의의는, 한일 간의 첨예하게 대립하는 영토문제에 촉발되면서도 고대한일 간의 교류와 그 교류를 위한 해상루트의 파악이라는 학문적 긴장의 끈을 놓지 않고 있다는 점일 것입니다. 말을 바꾸자면, 먼저 고대 한일 간의 바닷길의 존재를 확인하고, 그 위에 펼쳐진 고대문화의 전파를 동아시아적 관점에서 각국은 어떻게 대마도를 이해했는가의 문제로 귀착시키고 있습니다. 그러나 조금 아쉬운 점이 있다면, 물론 사료의 부족이라는 한계가 있었겠지만 군데군데 논지의 전개가 지나치게 비약하는 부분이 있지 않았나 생각하고 있습니다.

3. 구체적 질문과 확인

① 기초적 사실의 확인: 607년의 수의 사신은 '배세청'인가 '배청'인가.
② 사료를 제시하는 주의 처리가 일관성이 결여되어 있는 것은 아닌가.
③ '한반도지역', '열도지역', '왜지역', '왜정치세력', '왜지', '고대한국', '천황시대' 등 용어사용의 혼란이 느껴진다.
④ '대마도에 전파된 문화의 내용'에서 든 사료(ⓖ~ⓝ)를 보는 한 백제로부터 왜에 전파되는 문화적 사례가 압도적으로 많은데, 이에 대한 결론에서는 "대마도는 지정학적으로 보아 가야와 보다 밀접한 관계를 유지하고 있었다"고 하고 있습니다. 보충설명을 부탁드립니다.
⑤ 사료 ⓟ에서 보이는 이도국의 官은 '爾支'입니다. 그런데 "왜의 소국의 우두머리를 '官'으로 표현한 것은 당시의 왜가 삼한보다 대방군의 정치적 영향을 더 강하게 받고있었다는 점을 보여준다"고 하셨습니다. 그런 결론이 도출될 수 있는 근거가 무엇인지 알고 싶습니다.
⑥ 崇神기 65년 7월조 기사의 '任那'의 위치에 대해 '대마도'설을 말씀하셨는데, 과연 이 사료를 가지고 대마도설을 주장하실 수 있는 것인지 묻고 싶습니다.
⑦ 결론에서 "대마도의 항로도 서쪽연안은 중국대륙과 백제 이주민이나 도래인들이, 동쪽연안은 가야인들이나 신라인들이 주로 이용하였을 것이다"고 하셨는데, 구체적으로 무엇을 말씀하시고 있는지 보충설명을 부탁합니다.

조선 전기 대마도의 양속문제

한문종
(전북대학교)

1. 머리말

대마도는 한반도와 일본본토의 중간에 위치한 섬으로 거리상으로 일본보다는 한국 쪽에 훨씬 가까이 위치해 있다. 또한 대마도는 그 면적이 거제도의 1.8배에 정도밖에 되지 않는 아주 작은 섬이며, 섬의 95% 이상이 농사를 지을 수 없는 산지여서 부족한 식량이나 생활필수품을 섬 밖에서 조달하여야만 했다. 이러한 지리적인 위치와 자연환경으로 인하여 대마도는 고대 이래로부터 한반도에 존재하였던 여러 나라와 밀접한 관련을 맺으며 한반도 문화의 일본전파뿐만이 아니라 한일간의 외교관계에서 중요한 역할을 담당하였다. 특히 조선 전기의 대마도는 조선의 기미관계의 외교체제 속에 편입되어 다른 어느 시기보다도 양국관계의 형성과 유지에 중요한 역할을 담당하였다.[1] 그 결과 대마도는 영토상으로는 일본에 속해 있었지만 정치・경제・외교적으로는 조선에 종속되어 있었다. 이러한 대마도의 양속관계는 조선시대 한일관계를 이해할 수 있는 중요한 주제의 하나라고 생각한다.

따라서 본 발표에서는 대마도정벌과 경상도의 속현 문제, 문인제도, 수직제도, 세견선과 세사미두의 지급, 경차관 등 대지방관의 파견 등에 대한 검토를 통해서 조선에서 어떻게 대마도를 기미관계의 외교체제 속에 편입시키려 하였는가를 규명하고자 한다. 이를 통해서 조선 전기의 대일외교의 실상과 대마도의 영토 문제를 재조명해보고자 한다.

2. 대마도정벌과 경상도의 屬州 문제

1419년(세종 1) 왜구의 근거지인 대마도를 정벌[2]한 직후에 태종은 兵曹判書 趙末生에게 명하여 "대마도는 원래 경상도의 鷄林에 속한 조선의 영토지만 해상의 왕래가 불편하여 백성들이 거주하지 않아서 倭奴의 소굴이 되었다고 전제하고 卷土來降하면 도주에게는 관직과 녹봉을 주고 島人에게는 의복과 식량을 지급하여 비옥한 땅에서 농사를 지으며 살도록 할 것"이라는 내용의 서계를 對馬島主 宗貞盛(都都熊瓦)에게 보냈다.[3] 이러한 요구에 대해 도주 宗貞盛은 都伊端都老를 보내 조선에

1) 조선 전기 한일 간의 외교체제에 대한 연구 성과는 한문종, 「조선전기 한일관계의 회고와 전망」『한일관계사연구의 회고와 전망』, 국학자료원, 2002 참조.
2) 대마도정벌에 대해서는 한문종, 「朝鮮初期의 倭寇對策과 對馬島征伐」『전북사학』 19·20, 전북대학교사학회, 1997 참조.
3) 『세종실록』 권4, 원년 7월 경신.

降伏할 것과 印信의 하사를 요청하였다.[4] 그러나 태종은 '卷土來降'의 요구를 포기하지 않고 12월을 기한으로 회답을 강요하였다. 이에 도주는 時應界都를 보내 "대마도인을 加羅山 등지의 섬에 보내 조선을 밖에서 호위케 할 것(外護)과 도주자신은 族人에게 守護職을 빼앗길까 두려워서 대마도를 떠날 수 없으니 조선의 州郡의 예에 의하여 州名을 정하고 印信을 하사해 준다면 신하의 도리를 지키고 명령에 따를 것이다"라고 하였다.[5] 이에 대해 태종은 禮曹判書 許稠의 명의로 다음과 같은 내용의 답서를 宗貞盛에게 보냈다.

> 그 서계에 이르기를 "… 또한 對馬島는 慶尙道에 속하였으니 모든 보고나 문의할 일이 있으면 반드시 본도(경상도)의 觀察使에게 보고하고 (이를 관찰사가 예조에) 傳報하여 시행하도록 하며, (대마도주가) 직접 본조(예조)에 올리지 말도록 할 것이요, 겸하여 청한 인장의 篆字와 하사하는 물품은 돌아가는 사절에게 붙여 보냅니다. 근래에 足下가 관할하고 있는 代官과 萬戶가 각기 제 마음대로 사람을 보내어 글을 바치고 성의를 표하니 그 정성은 지극하나 심히 체통에 어그러지는 일이니 지금부터는 반드시 족하가 친히 署名한 서계를 가지고 와야만 비로소 禮로서 접대를 허락할 것입니다" 하다. 그 인장의 글자는 '宗氏都都熊瓦'라 하였다.[6]

이로써 대마도는 경상도의 屬州로 되었으며, 도주는 도서를 사급받은 수도서왜인이 되었다.[7] 그리고 도주관하의 代官·萬戶등의 통교자

---

4) 『세종실록』 권5, 원년 9월 임술.
5) 『세종실록』 권7, 2년 정월 기묘.
6) 『세종실록』 권7, 2년 윤정월 임진.
7) 대마도주 종정성에게 도서를 사급한 것이 전례가 되어 다른 도주들에게도 도서를 사급하였다. 특히 도주 宗成職은 '成職' 도서뿐만이 아니라 아명인 '千代熊'의 도서를 같이 사급받았다. 이러한 전례는 조선 후기까지 계속되었다. 그리하여 임진왜란 후 국교를 재개하면서 1609년(광해군 원년)의 己酉約條에 도주에게 전례에 따라 도서를 만들어주고 그것을 종이에 찍어서 禮曹, 校書館, 釜山浦에 비치하고 서계가 올 때마다 검찰하도록 하였다. 한문종, 앞의 논문, 1996, 123쪽 참조.

들에게 도주가 친히 서명한 서계를 지참하도록 함으로써 이를 통해 대마도의 통교자를 제한하려 하였다.

이같이 대마도정벌 직후에 대마도는 경상도의 속주로 편입되었다. 그러나 세종 2년(1420)에 일본국왕사에 대한 회례를 위해 파견된 回禮使 宋希璟은 小貳殿과 대마 早田萬戶(三味多羅)로부터 대마도를 경상도의 屬州로 편입시킨 것에 대해 항의를 받았다.[8] 또한 그 이듬해 4월에는 대마도주가 사자를 보내 대마도를 경상도의 속주로 편입시킨 것은 근거가 없으며, 대마도는 일본의 邊境이다[9]는 주장을 함으로써 결국 경상도의 속주로부터 벗어나게 되었다.

1년 3개월 동안의 짧은 기간이지만 대마도가 경상도에 편입됨에 따라 조선에서는 대마도를 조선의 영토 또는 속주로 인식하는 대마속주의식과 대마번병의식이 형성되었다. 이러한 인식은 이후 조선이 대마도와의 외교관계를 전개하는 정신적 기반이 되었다. 그리하여 조선에서는 대마도주에게 문인의 발행권을 사급하고 관직을 제수하려고 하였으며, 敬差官・體察使・宣慰使 등의 대지방관을 파견함으로써 대마도를 조선중심의 외교질서 속에 편입시키려 하였다.

對馬島征伐의 의의는 ① 왜구에게 커다란 타격을 주어 왜구의 침략을 근절시키는 계기가 되었으며, ② 조선정부가 왜구에 대한 자신감을 갖고 왜인통제책을 실시하는 등 대일외교 체제를 주도적으로 정비하고 운영하는 계기가 되었다. ③ 대마도가 경상도의 屬州로 편입됨에 따라 조선에서는 대마도를 동쪽의 울타리로 인식하는 對馬藩屛意識 내지는 對馬屬州意識이 일반화되었으며, 이는 조선이 대마도를 조선중심의 외교질서 즉 羈縻關係의 외교체제 속에 편입시키는 정신적인 기반이 되었다. 한편, 대마도정벌을 계기로 對馬島主는 조일외교의 중간세력으로 급부상할 수 있었다.[10]

---

8)『老松堂日本行錄』2월 28일 卽事, 8월 7일 卽事.

9)『세종실록』권11, 3년 4월 무술, 기해.

3. 문인발행권의 사급

문인은 본래 상인들에 대한 통제와 세금의 징수 그리고 군사적인 목적으로 사용하던 일종의 통행증명서로 行狀 또는 路引이라고도 하였다. 이것이 입국증명서로 전용이 되어 왜인에 대한 통제 수단으로 사용되기 제도화 된 시기는 세종 8년(1426)경이다. 그 후 몇 차례의 제도적 정비과정을 거쳐 세종 20년(1438)에 경차관 李藝가 대마도주 宗貞盛과 문인제도를 정약하면서 조선의 강력한 왜인통제책이 되었다.[11] 당시 정약된 文引制度의 내용은 다음과 같다.

> 議政府에서 아뢰기를 "금번에 李藝를 파견하여 對馬島에 가서 宗貞盛과 더불어 이미 (문인제도를)정약하고 왔사오니 바라옵건데 지금부터 대마주의 宗彥七·宗彥次郞·宗茂直과 萬戶 早田 六郞次郞, 그리고 일기의 志佐·佐志殿과 구주의 田平殿·大內殿·薩摩州·石見州 등 각처의 사자로 보내온 사람으로 만약 종정성의 문인이 없으면 접대를 허락하지 마소서" 하니 그대로 따르다.[12]

즉 조선에서는 대마도의 宗氏와 早田氏는 물론이고 一岐의 志佐·佐志殿, 九州의 田平殿, 大內殿·薩摩州·石見州 등 諸處의 使送人도 대마도주의 문인을 가지고 와야만 접대를 허락한다는 것이다. 이는 1435년 대마도내의 受圖書倭人에게까지 적용하였던 문인제도를 志佐·

10) 한문종, 앞의 논문, 1997 참조.

11) 문인의 연원 및 제도화 과정에 대해서는 한문종, 「조선전기 대일 외교정책 연구－대마도와의 관계를 중심으로－」, 전북대 박사학위논몬, 1996, 66~73쪽 참조.

12) 議政府啓 今遣李藝至對馬州 與宗貞盛已定約束而來 乞自今 對馬州宗彥七 宗彥次郞 宗茂直 萬戶早田六郞次郞 及一岐志佐殿 佐志殿 九州田平殿 大內殿 薩摩州 石見州等諸處使送人 如無貞盛文引 不許接待(『세종실록』 권82, 20년 9월 기해).

佐志・田平殿 등 壹岐・松浦 등 구주지방의 호족에게까지 확대 적용함으로써 일본의 모든 통교자를 도주의 통제하에 두려고 하였음을 의미하는 것이다. 그 이후 일본으로부터 도항하는 통교자는 문인제도에 의해 대마도주의 문인을 받아와야만 접대를 받고 무역을 할 수 있었다.

특히 조선에서는 문인제도를 통해 도주로 하여금 일본각지로부터 오는 왜사를 효과적으로 통제함으로써 왜구의 재발을 방지하고 대일관계의 안정을 도모하려 하였던 것이다. 반면에 대마도주는 문인발행권을 이용하여 각처의 사신들을 통제하고 수수료인 吹噓(吹擧)錢[13]을 받음으로써 대마도 내에서의 정치・경제적 지배권을 장악할 수 있었다. 이와 같이 조선정부와 대마도주의 이해가 상응하였기 때문에 문인제도는 다른 통제책보다도 강력하게 시행될 수 있었으며, 계해약조와 더불어 조선의 주요한 왜인통제책이 되었다.

한편 문인은 조선인에게도 통행증명서로 사용되었다. 조선 국내의 경우 문인의 발행권이 戶曹와 兵曹・禮曹 등의 중앙관서, 서울의 漢城府와 留後司, 외방의 都觀察使・都巡問使・守令・萬戶 등의 지방관에게 주어졌다. 이러한 문인발행권을 대마도주에게 부여한 것은 조선정부가 대마도를 조선의 속주 또는 번병으로 인식하였기 때문이며, 이는 대마도가 조선의 정치질서 속에 편입되었음을 나타내는 대표적인 사례 중의 하나다고 생각한다.

13) 대마도주는 小船越의 梅林寺住持 鐵歡으로 하여금 문인에 관한 제반업무를 관장하도록 하였는데(『朝鮮通交大紀』, 『宗氏世系私記』), 대마도경차관 元孝然의 복명에 의하면 도주가 路引을 발급해주고 거두어들이는 세금인 路引稅는 적게는 50·60필부터 많게는 4·5백 필이나 되었다고 한다(『단종실록』 권14, 3년 4월 임오).

4. 세견선과 세사미두의 사급

세견선은 일본의 통교자가 1년 동안에 파견할 수 있는 사송선의 수를 제한한 것으로, 이는 중국이 外夷에 대해서 조공의 회수를 제한하고 무역선의 내조시기 및 선수 등을 제한한 것과 유사한 것이다.[14)]

고려시대에 대마도에서는 조선시대의 세견선과 유사한 進奉船을 매년 한 차례에 2척을 파견하고 있었다.[15)] 조선시대에는 세종 6년(1424)에 九州節度使 源義俊과 처음으로 세견선을 정약하였으며, 이후 일본의 여러 지방 호족들과도 세견선을 정약하였다.[16)] 그 중 대마도주와 세견선을 정약한 것은 1443년의 계해약조이다. 이 계해약조에 대하여 대부분의 학자들은 『海行摠載』의 기록에 의거하여 신숙주의 일행이 체결한 것으로 파악하였다.[17)] 그러나 신숙주의 卒記와 『宗氏世系私記』 등의 사료를 종합해보면 癸亥約條는 세종 25년(1443) 8~10월경에 대마도에 파견되었던 체찰사 李藝가 주도하여 체결하였으며, 그 과정에서 신숙주는 대마도주를 설득하여 조약을 체결하도록 하는데 일조하였음을 알 수 있다.[18)]

계해약조의 내용은 자세히 알 수 없으나, 현재 전하여지는 것은 ① 대마도주에게 매년 2백 석의 歲賜米豆를 하사한다는 것과 ② 도주의 歲遣

---

14) 中村榮孝, 「歲遣船定約の成立」 『日鮮關係史の硏究』 下, 吉川弘文館, 10쪽 참조.

15) 『고려사』 세가25, 원종 4년 4월 갑인.
自兩國交通以來 歲常進奉 一度船 不過二艘 設有他船 枉憑他事 濫擾我沿海村里 嚴加懲禁 以爲定約.

16) 『세종실록』 권26, 6년 12월 무오.

17) 『海行摠載』 前後使行考.
'당시(1443)에 일본국왕이 죽고 신왕이 嗣位하였다. (이에) 卞仲文을 통신사로, 申叔舟를 서장관으로 삼았는데, 그들은 돌아오는 길에 대마도에 들러 도주 宗貞國과 세견선의 수효를 정약하였다' 여기에서 卞仲文과 宗貞國은 각각 卞孝文과 宗貞盛을 잘못 기록한 것이다.

18) 계해약조의 정약과정에 대해서는 한문종, 앞의 논문, 1996, 74~77쪽 참조.

船을 50척으로 정하고 부득이하게 보고할 일이 있을 경우 數外 特送船을 파견할 수 있다는 것 등 2항목뿐이다.[19] 이 계해약조의 내용은 삼포왜란 이후 외교관계의 단절과 회복을 거듭하면서도 세견선과 세사마두의 수량만 약간 변동이 있을 뿐 그대로 유지되어 대일통교체제의 기본이 되었다. 이 같이 계해약조는 대일외교체제를 형성하고 유지시키는데 커다란 역할을 하였으며, 이는 임진왜란 후에 국교재개과정에서 맺어진 己酉約條에도 계해약조의 내용이 계속 유지되어 조선후기 대일외교의 근간이 되었다

한편 세견선의 정약으로 대표되는 계해약조는 이후 일본의 모든 통교자들에게 적용되었다. 그리하여 1444년과 1445년에는 宗貞盛의 제인 宗彥七盛國(7선)을 비롯하여 宗盛家 · 宗盛弘 등 도주의 일족, 비전주의 源吉, 석견주의 藤原和兼 등 일본의 여러 지방 호족들과 세견선을 정약하였다.[20] 그 결과 세견선의 정약은 1471년 『해동제국기』의 편찬단계에 이르러서 체계화되었다. 그 후 1477년(성종 8)에는 수도서왜인도 세견선을 정약하여야만 조선에 내조하여 접대를 허락받을 수 있도록 함으로써 세견선의 정약은 사송선의 통제원칙이 되었다.[21] 이같이 조선정부는 계해약조를 근간으로 대마와의 외교관계를 정례화함으로써 대마도를 羈縻關係의 외교체제 속에 편입시킬 수 있었다. 또한 대마도는 자연환경과 지리적인 조건 때문에 경제적으로 절대적으로 의지할 수밖에 없었는데, 계해약조는 바로 대마도의 대조선무역을 유지해주는 중요한 수단이었다. 이런 점에서 볼 때 대마도는 경제적으로도 조선에 종속되었다고 할 수 있다.

조선에서는 대마도주를 비롯한 도내의 중소세력가에게 매년 쌀과 콩

19) 『通文館志』 권5, 交隣 正統癸亥約 ; 『增正交隣志』 권4, 約條 世宗 25年.
20) 『세종실록』 권105, 26년 윤7월 기해 ; 권106, 동 11월 병자 ; 권107, 27년 2월 임자.
21) 『성종실록』 권84, 8년 9월 무진.

을 하사하기도 하였는데, 이를 세사마두(歲賜米豆)라고 한다. 『해동제국기』에 의하면 대마도주를 비롯하여 14명(일기도인－1명, 대마도인－13명)에게 많게는 200석에서부터 적게는 10석에 이르기까지 세사마두를 사급하였으며, 그 수만도 한해에 350석이나 되었다고 한다. 이 같이 조선에서 대마도주를 비롯한 중소세력가에게 세사미두를 사급한 것은 대마도를 조선의 번병으로 속주로 인식한 때문이라고 생각한다. 이는 명종대 예조판서를 지낸 이황이 "귀도가 충성을 다하고 바다를 든든하게 지키는 수고로운 공적을 가상히 여겨 세사미두를 하사한다"고 하면서 대마도를 조선의 번국으로 규정한 사실[22]을 통해서도 확인할 수 있다.

또한 조선에서는 가뭄이나 기근, 화재 등으로 식량이 부족할 때에는 수시로 대마도에 쌀과 콩을 주어 구휼하기도 하였다.

5. 수직왜인과 대마도주의 수직문제[23]

대마도가 조선에 양속되었다는 사실을 나타내주는 사례의 하나가 授職制度이다. 수직제도는 조선 초기 왜구에 대한 회유책의 일환으로 실시한 것으로 고려시대의 여진인 회유책에서 유래하였다. 기록상 조선시대에 처음으로 관직을 제수받은 왜인은 1395년(태조 5) 12월에 왜선 60척과 수백 명의 왜인을 이끌고 투항한 항왜 藤陸(또는 疚六)으로 宣略將軍을 제수받았다. 그 후 항왜나 항화왜인 중에서 왜구의 우두머리나 특별한 기술을 가지고 있는 자에게 관직을 제수하고 토지와 집을 하사하였다. 그러나 대마도정벌을 계기로 왜구문제가 일단락되면서 세종 26

22) 하우봉, 「한국인의 대마도인식」, 한일관계사학회 편, 『독도와 대마도』, 지성의 샘, 1996, 137쪽 참조.

23) 수직왜인에 대해서는 한문종, 「朝鮮前期の受職倭人」 『年報朝鮮學』 5호, 九州大學 朝鮮文化研究室, 1995 참조.

년(1444)부터는 수직의 범위가 일본에 거주하고 있는 왜인에게 까지 확대되었다. 그 결과 임진왜란 전까지 일본거주 수직왜인은 총 90명에 달하였는데, 이들의 지역별 분포는 대마도가 52명으로 가장 많았으며, 그 다음이 구주지방 19명, 일기지방 9명, 본주 및 사국지방 9명, 미상 8명이었다.

이들 일본거주 수직왜인은 왜구의 두목과 그의 일족, 피로 또는 표류인을 송환한 자, 적왜를 참수하거나 붙잡아 오는데 협력한 자, 통교상의 공로자, 대마도주의 관하인 등으로 구성되어 있었다. 그중 왜구의 두목과 그의 일족으로 수직왜인이 된 자는 대부분 왜구의 근거지였던 대마도와 일기도, 송포지방의 왜인이었다.

수직왜인은 주로 서반의 무반직을 제수받았다. 이들은 告身과 그에 상응하는 관복을 하사받았으며, 년 1회 하사받은 조선의 관복을 입고 입조하여 조선국왕을 알현하고 숙배하여야 했다. 특히 이들은 년1회의 親朝의 기회를 이용하여 토산물을 바치고 회사물을 사급받는 조공무역을 행하였으며, 사무역도 행할 수 있었다. 조선에서는 사송선을 파견할 수 있는 수도서왜인보다는 본인이 직접 내조하여야 하는 수직왜인제를 왜인에 대한 통제 수단으로 적극 활용하였다.

이 같이 조선에서는 일본에 거주하는 통교자들에게 관직을 제수하고 親朝하도록 한 사실은 그들이 조선의 정치질서에 편입되었음을 의미하는 것이라 할 수 있다. 그리고 조선에서는 수직에 대한 대가로 수직왜인에게 대조선 통교의 특권을 부여하였던 것이다.

수직왜인은 왜구의 토벌에 종군하였거나 왜구 및 일본의 정세를 제공하여 조선이 미리 왜구의 침입에 대한 대책을 세우도록 하였으며, 또한 사절의 왕래 및 호송, 삼포왜인의 총괄 및 쇄환, 피로와 표류인의 송환, 조선술 등의 기술을 전수하는 등 양국관계를 유지하는데 다양한 역할을 수행하였다.

이상에서 살펴 본 것처럼 조선에서는 건국 초에 왜구를 懷柔하기 위해서 降倭들에게 관직을 제수하였으나 세종 26년에는 항왜뿐만이 아니라 일본 거주 왜인에게도 관직을 제수하였다. 그런데 세조대에는 대마도주에게도 관직을 제수하려 하였다.[24] 대마도주에게 관직을 제수하게 된 과정을 살펴보면, 세조 7년(1461) 6월 대마도주 宗成職의 사자 頭奴銳가 와서 도주에게 관직을 제수해주도록 요청하였다. 이에 세조는 대마도주에 제수할 관직의 품계를 종1품과 정2품중 어느 것으로 할 것인가와 관직 제수 시 對馬州太守의 직함도 겸할 것인지의 여부에 대해서 영의정 鄭昌孫과 좌의정 申叔舟 등 3정승과 좌·우찬성 등에게 의논하도록 하였다. 그 결과 정창손 등은 대마도주에게 높은 관직을 가벼이 줄 수 없다는 이유로 종2품인 '知中樞院事 兼對馬島都按撫使'를 제수하자고 하였다.[25] 그러나 세조는 대마도주 종성직에게 종1품관인 '判中樞院事 兼對馬州都節制使'의 제수를 결정하였다.[26] 그 후 세조 7년 7월에 行上護軍 金致元을 對馬島敬差官으로, 都官佐郎 金瓘을 從事官으로 삼아 島主의 使臣 豆奴銳 등이 귀환할 때 같이 동행하여 도주에게 관직을 제수하도록 하였다.[27]

한편으로 좌의정 申叔舟과 이조판서 崔恒이 對馬島主 宗成職에 줄 교서의 내용을 보면 당시 조선에서 어떻게 대마도를 인식하고 관직을 제수하려 하였는가를 엿 볼 수 있다.

> "경의 父祖가 대대로 남쪽의 변방을 지켜서 나라(조선)의 藩屛이 되었는데, 지금 경이 능히 선조의 뜻을 이어서 더욱 공경하여 게으르지 아니하며

24) 대마도주에게 관직을 제수하려는 과정에 대해서는 한문종, 「조선전기의 대마도경차관」『전북사학』 15, 1992 참조.
25) 『세조실록』 권25, 7년 6월 임오.
26) 『세조실록』 권25, 7년 6월 계미.
27) 그러나 대마도주에의 관직 제수는 사자인 豆奴銳가 자기 스스로 요청한 것으로 판명되어 실현되지 못하였던 것 같다(『세조실록』 권26, 7년 12월 계사).

거듭 또 사람을 보내어 爵名을 받기를 청하니, 내가 그 정성을 아름답게 여겨 특별히 崇政大夫 判中樞院事 對馬州兵馬都節制使를 제수하고 경에게 旗둑 金鼓 弓矢 鞍馬 官服 등의 물건을 내려주니 경은 이 寵命에 복종하여 공경하라"28)

이 교서를 통해서 보면 조선 초기에 대마도주는 왜구의 통제에 많은 노력을 하였으며, 조선에서는 대마도를 조선의 藩屛으로 인식하고 대마도주에게 관직을 제수하였음을 알 수 있다. 이는 대마도를 조선의 동쪽의 울타리로 인식하였던 對馬藩屛意識의 구체적인 표현이라 할 수 있다. 이 대마번병의식은 대마도정벌을 계기로 구체화되었으며, 조선에서는 이러한 인식을 기인하여 대마도를 조선의 외교질서 속에 편입시키려 하였던 것이다.

6. 敬差官·體察使·宣慰使의 파견

조선 전기에 일본에 65회의 사행을 파견하였다. 그 중 대마도에 파견한 사행은 33회이며, 그 명칭도 通信官·回禮使·報聘使·敬差官·體察使·宣慰使·致奠官·致賻官·垂問使·賜物管押使 등으로 매우 다양하였다. 특히 敬差官·體察使·宣慰使·致奠官·致賻官·垂問使는 대마도지역에만 파견한 사행이었으며, 敬差官·體察使·宣慰使는 조선의 지방에 파견하는 임시사절과 같은 명칭이었다.29)

원래 敬差官은 조선왕조가 개창된 이후 파견하였던 對地方官으로 그들은 왕명에 따라 특별한 업무를 수행하며 지방관의 업무까지 관여하였고, 또한 直斷權을 가지고 守令의 能否를 檢劾하고 申聞·治罪하는 일

28) 『세조실록』 권25, 7년 8월 을미.
29) 조선 전기 대마도에 보낸 사행에 대하여는 한문종, 앞의 논문, 1996, 138~169쪽 참조.

을 담당하였다.[30] 그런데 조선 이외의 지역에 경차관을 처음 파견한 때는 태종 5년(1405)으로, 敬差官 曺恰을 東北面에 파견하여 여진 추장인 童猛哥帖木兒를 회유하여 조선의 조정에 入朝토록 하였다.[31]

한편으로 경차관이 처음으로 대마도에 파견된 것은 태종 18년 4월로, 왜구의 금지에 공이 많았던 對馬島主 宗貞茂의 죽음에 대해 致祭와 賜賻를 하기 위해서였다.[32] 그 후 세종대에 이르러서 경차관의 파견이 빈번해지면서 세종 21년에는 경차관이 대마도에 가서 행할 事目이 마련됨으로써 對馬島敬差官의 파견이 외교 의례화되었다. 이와 더불어서 그들의 수행임무도 약간 변화하여 대마도주의 죽음에 대한 致祭와 賻儀에서 점차 대마도와의 외교문제를 처리하기 위한 것으로 확대되어 갔다.

조선에서는 대마도에 경차관을 태종 18년(1418)부터 중종 5년(1510)까지 9회(태종 1회, 세종 3회, 단종 1회, 세조 2회, 성종 1회, 중종 1회) 파견하였다. 이와 같이 조선에서 대 지방관인 경차관을 대마도에 파견한 이유는 무엇이었을까? 이는 일본으로부터 도항하는 왜사를 통제하고 그동안 여러 지방호족을 대상으로 하였던 외교창구를 대마도로 일원화함으로써 대마도를 조선의 외교질서 속에 편입시키기 위한 것이었다고 생각한다. 결국 대마도경차관의 파견은 태종・세종대를 거치면서 형성된 足利幕府 弱體觀[33]과 결합하여 다원적이었던 외교체제를 막부장군

30) 鄭鉉在,「朝鮮初期의 敬差官에 대하여」『慶北史學』1, 1979, 135~170쪽 참조.

31)『태종실록』권10, 5년 9월 병오.

32)『태종실록』권35, 18년 4월 갑진.

33) 세종 11년(1429)에 통신사 朴瑞生이 사행을 마치고 귀환하여 올린 啓에는 對馬에서 兵庫에 이르기까지 倭賊의 분포와 支配系統을 분석하고, 室町幕府 將軍과의 修好는 왜구를 금지시키는데 그다지 도움이 되지 못하기 때문에 왜구를 통제할 능력이 있는 서일본지방의 제후들과 직접 교섭하여 왜구를 통제하는 것이 효과적이라 지적하고 있다(『세종실록』권46,11년 12월 을해). 이러한 인식은 결국 足利幕府를 조선과 대등한 국가로 인식하지 않고 단순히 여러 지방호족 중의 하나로 파악하려 하였던 足利幕府의 弱體觀으로 연결되었다. 족리막부의 악체관에 대하여는 다음의 논문이 참고된다.

과 대마도주를 축으로 이원화하여 대마도를 조선적 외교질서 속에 포함시키는데 크게 기여하였다.

體察使는 원래 임시사절의 하나로, 지방에 군란이 있을 때 그 지방에 파견되어 군대를 지휘하거나 또는 군사업무를 관장하였다. 고려시대에는 왜구나 紅巾賊의 침입을 막고, 원의 사신을 위로하기 위해서 東・西北面이나 여러 지방에 都體察使와 體察使를 파견하였다. 조선시대에는 태종 2년(1402)에 이미 삼포에 체찰사를 파견하였으며, 특히 이 시기에는 고려 말과는 달리 정1품은 都體察使, 종1품은 體察使, 정2품은 都巡察使, 종2품은 巡察使로 각각 품계에 따라 그 명칭이 구분되어 있었다.[34]

이와 같이 군사적인 목적을 띤 體察使를 대마도에 파견한 것은 세종 25년(1443)이다. 당시 체찰사를 파견한 경위를 살펴보면, 같은 해 6월에 명의 海寧衛地方을 약탈하고 대마도로 돌아가던 왜적이 西餘鼠島에 정박하고 있던 제주 공선 1척을 공격하여 재물을 약탈하여 간 사건이 발생하였다. 이에 세종은 먼저 尹仁紹를 대마도에 파견하여 도내의 사정을 탐지[35]하게 하는 한편 李藝를 體察使로, 牟恂을 副使로 삼아 서여서도에 침입하였던 적왜를 붙잡아오도록 하였다. 體察使 이예의 일행은 4개월 후인 11월에 도주가 쇄환해 준 적왜 13명과 피로인 7명을 데리고 귀환하였다.[36]

이로써 보면 대마도에 파견한 체찰사는 그 성격이 국내의 그것과 같이 군사적인 목적을 띠고 있었음을 알 수 있다. 그러나 체찰사는 세종 25년에 한차례 파견되었을 뿐 그 이후에는 나타나지 않는다. 한편, 조선에서는 같은 사건(西餘鼠島 事件)을 해결하기 위해 일기도에는 체찰사가 아닌 招撫官을 파견하였다.[37]

高橋公明, 「外交儀禮よりみた室町時代の日朝關係」 『史學雜誌』 91-8, 1982.

34) 한문종, 앞의 논문, 1996, 150쪽 참조.

35) 『세종실록』 권100, 25년 6월 계사, 정유.

36) 『세종실록』 권102, 25년 11월 병오 ; 권103, 26년 2월 임오.

宣慰使는 외국사신의 노고와 난리 또는 큰 재해를 당한 백성들의 위로, 그리고 왜구를 참살, 포획하였거나 군공을 세운 자를 위로하기 위해서 임시로 파견한 대지방관의 하나이다.38) 먼저 조선시대에 선위사를 처음으로 파견한 것은 태종 2년이며, 그 이후부터 계속해서 파견하고 있다. 그런데 선위사는 명칭상으로 보면 멀리는 중국의 唐・元代의 宣慰司使에서 그 연원을 찾을 수 있으며, 가까이는 전시대인 고려 말에 東・西北面에 파견한 宣慰使와 같은 것이다.39)

대지방관의 하나인 선위사는 경차관과 마찬가지로 대마도보다는 동북면지방에 먼저 파견되었다. 즉 태종 4년에 上護軍 朴齡을 宣慰使로 삼아 童猛哥帖木兒와 波乙所에게 중국의 사신에게 변을 일으키지 못하도록 하였다.40) 그 후 대마도에 宣慰使를 파견한 것은 세조 7년(1461) 4월이다. 즉 대마도주 宗成職의 어머니가 죽자 上護軍 皮尙宜를 파견하여 宣慰하였는데, 실제의 사행임무는 도주의 모가 죽은 것에 대한 賻儀와 島主家의 실화, 왜적의 聲息 보고에 대한 하사물을 사급하기 위한 것이었다.41)

對馬島使行 중에 致奠致賻官, 垂問使는 대마도주의 요청에 의해서

---

37) 『세종실록』 권101, 25년 8월 갑신.

38) 宣慰使는 ① 조선시대에 외국사신의 노고를 위로하기 위해 파견한 임시관직으로, 중국의 사신은 遠接使使를 義州에, 宣慰使(2품 이상)를 도중의 5처(義州・安州・平壤・黃州・開城府)에 파견하였고, 일본국・유구국의 사신은 선위사(3品 朝官)를 보내어 맞이하고 전송하였다(『經國大典』 禮典 待使客條). ② 난리 또는 큰 재해 뒤에 백성의 疾苦를 위문하기 위해 파견한 임시관직이다. ③ 왜구를 참살・포획하였거나 변란에 큰 공을 세운 자를 위로하기 위해서 파견하였다. 全羅道都節制使 洪恕가 왜인 10여 명을 붙잡았기 때문에 아들 涉으로 宣慰使를 삼았다(『태종실록』 권4, 2년 11월 기축). 서북면지방을 잘 방어한 西北面都巡問使 趙璞에게 선위사를 파견하여 宮醞을 하사하였다(『태종실록』 권12, 6년 9월 임술).

39) 한문종, 앞의 논문, 1996, 154~155쪽 참조.

40) 『태종실록』 권8, 4년 7월 계축.

41) 『세조실록』 권24, 7년 4월 임진.

파견하였지만, 경차관 · 체찰사 · 선위사는 조선과 대마도사이에 처리하여야 할 외교적인 문제가 발생하였을 때 이를 해결하기 위해서 조선이 임의적이고 자발적으로 파견하였다. 이는 조선 전기의 대일외교가 적극적이고 능동적으로 이루어졌음을 단적으로 나타내는 것이라 할 수 있다. 또한 조선의 對地方官이었던 敬差官 · 體察使 · 宣慰使 등을 대마도에 파견하였다는 사실은 조선이 대마도를 자국의 영토로 인식하고 그곳을 조선의 외교질서 속에 편입시키려 하였음을 의미하는 것이다.

7. 맺음말

이상에서 대마도정벌과 경상도의 속현 문제, 문인발행권과 세견선 · 세사미두의 사급, 수직제도와 대마도주의 수직 문제, 경차관 등 대지방관의 파견 등에 대한 검토를 통해서 조선에서 어떻게 대마도를 조선의 외교질서인 기미관계의 외교체제 속에 편입시키려 하였는가를 고찰하였다.

조선에서는 대마도정벌 직후에 대마도가 경상도의 속주로 편입된 것을 계기로 대마도를 조선의 영토 또는 속주로 인식하는 대마속주의식이 형성되었다. 이는 대마도가 조선의 남쪽 울타리라고 인식하는 대마번병의식과 더불어 조선이 대마도를 기미관계의 외교체제에 편입시키는 정신적인 기반이 되었으며, 대마도와의 외교관계를 유지하는 기본 입장이 되었다.

그리하여 조선에서는 대마도주에게 문인 발행권을 사급해주고, 계해약조를 체결하여 세견선을 정약하고 세사미두를 사급해주었다. 특히 문인제도와 계해약조는 조선과 대마도 간의 외교관계를 정례화함으로써 이후 대일통교체제를 형성하고 유지하는 기본이 되었고, 대마도주를 비롯한 일본의 지방호족들을 조선중심의 정치 외교질서인 기미관계의 외교체제 속에 편입시키는데 크게 기여하였다. 이는 또한 임진왜란 후에 체결된 기유약조(己酉約條)에 계속 유지되어 조선후기 대일외교의 근간이 되었다. 또한 대마도주를 비롯한 지방의 호족들에게 조선의 관직을 제수하고 親朝의 기회를 이용하여 조선과 교역할 수 있는 특권도 부여하였다. 그리고 대마도를 조선이 영토로 인식하고 조선의 對地方官이었던 敬差官・體察使・宣慰使 등을 파견하기도 하였다.

이와 같이 조선에서는 중국의 사대조공과 같은 방식으로 대마도주를 비롯한 지방호족을 기미질서 속에 포함시키고, 그 속에서 외교의례와 조공무역의 형식을 행하도록 하였다. 그 대신에 그들에게 여러 가지 통교상의 특권을 주고 이를 통해 왜구의 재발 방지와 대일관계의 안정을 도모하려 하였던 것이다.

이상의 사실을 통해서 볼 때 대마도는 영토상으로는 일본에 속해 있었지만 정치, 경제, 외교적으로는 조선에 예속되었음을 알 수 있다. 이러한 대마도는 조선전기 한일관계에 있어서 대일외교의 창구로서의 역할과 조선의 남쪽 번병으로서의 역할, 조일무역의 중개지로서의 역할 그리고 대마도 및 일본의 국내정세에 대한 정보수집 장소로서의 역할을 수행하였던 것이다.

마지막으로 대마도의 양속문제를 보다 명확하게 규명하기 위해서는 대마도에서 막부와 조선을 어떻게 인식하고 있었으며, 막부에서는 대마도를 어떻게 인식하고 있었는가를 종합적으로 고찰하여야 한다고 생각한다. 그러나 이에 대한 연구는 앞으로의 연구과제로 삼고자 한다.

〈토론문〉

한문종, 「조선 전기 대마도의 양속문제」 토론문

장순순
(친일반민족행위진상규명위원회)

1. 본 발표는 대마도정벌과 경상도의 속현문제, 문인・수직 제도 등 조선정부의 대일통제책 의 검토를 통하여 다른 시기와 구분되는 조선 전기의 대일외교의 실상을 살펴본 것이다. 아울러 대마도가 조선정부의 정치・경제질서 속에 편입되는 과정과 조선정부의 對대마도인식(대마속주의식, 대마번병의식)의 형성과정을 고찰한 것이다.

2. 발표자는 대마도정벌 이후 1년 3개월 동안 대마도가 경상도에 편입됨에 따라 조선에서는 대마도를 조선의 영토 또는 속주로 인식하는 대마속주의식과 대마번병의식이 형성되었다고 언급하고 있다. 그러나 대마도라는 섬의 지리적 위치와 자연환경을 고려하였을 때 대마속주의식과 대마번병의식의 형성의 기원은 조선 전기 훨씬 이전부터 찾아야 될 것으로 생각된다. "대마도는 원래 경상도의 鷄林에 속한 영토지만 해상의 왕래가 불편하여 백성들이 거주하지 않아서 倭奴의 소굴이 되었다"는 對馬故土意識이나 고려시대에 대마도가 進奉船을 매년 2척을 파견하는 진봉선무역체제 성립 등을 미루어 볼 때 조선이 대마도를 조선의 영토로 본다거나 또는 대마도를 속주나 번병으로 인식하는 개념은 고래부터 존재해오던 것이 대마도정벌로 체계화된 것으로 봐야하지 않을까 생각된다.

3. 발표자는 계해약조를 통한 세견선의 정약 등이 대마도가 조선의 경제적 질서로 편입된 것을 의미한 것이라고 해석하고 있다. 조선정부는 1424년(세종 6)에 九州節度使 源義俊과 세견선 정약을 시작으로 대마도를 비롯한 일본의 여러 지방 호족들과도 세견선을 정약하였다. 그렇다면 대마도에 대한 것처럼 세견선 정약을 맺은 구주지역의 여러 지방도 조선의 경제질서에 포함되어 있었다고 해석할 수 있는가? 또한 고려시대 대마도에서 세견선과 유사한 진봉선을 파견하고 있는데, 이것도 대마도가 고려의 경제적 질서 속에 편입된 것이라고 해석할 수 있는가?

4. 발표자는 조선이 대마도를 '조선적 외교질서', '조선의 외교질서' 속에 편입시키려고 하였다고 언급하고 있는데, '조선적 외교질서'의 개념규정에 대한 보충설명을 듣고 싶다. 한편 소위 '조선적 외교질서'를 조선전기 대일외교의 특징이라고 규정지을 수 있는가. 만약 '조선적 외교질서'가 존재했다면 막부는 그것을 어떻게 받아들였는가?

5. 발표자는 대마도를 조선의 영토 또는 속주로 인식하는 대마속주의식과 대마번병의식이 형성에 대해서 조선 측의 시각에 한정해서 다루고 있을 뿐 정작 당사자인 대마도는 그것을 공유했는지, 그리고 막부도 그것을 인지하고 인정했는지에 대한 여부가 검토되고 있지 않다. 물론 발표자께서는 맺음말 말미에서 대마도의 양속문제를 명확하게 규명하기 위해서는 대마도에서 막부와 조선을 어떻게 인식하고 있는지, 막부에서는 대마도를 어떻게 인식하고 있는지에 대해서 앞으로의 연구과제로 삼겠다고 하였다. 위의 문제에 대해서 현재까지 상황에 한해서 발표자의 의견을 듣고 싶다. 마지막으로 대마속주의식과 대마번병의식이 조선 후기에는 어떠한 형태로 존재하게 되는지 아는 대로 정리해주길 바란다.

고지도에 나타난 대마도의 영토인식

이상태
(국제문화대학원대학교)

1. 고지도에 나타난 조선 전기의 영토인식
2. 역사상 최초로 성공한 대마도 원정
3. 조선 후기의 대마도 인식
4. 맺음말

1. 고지도에 나타난 조선 전기의 영토인식

1) 우리나라에서 언제부터 지도를 제작했는가?

우리나라에서 지도(地圖)를 처음 그리기 시작한 것은 삼국시대에 국경이 확정된 후 영토에 대한 관심이 커진 때부터였다.[1)]

먼저 고구려에 대해서 살펴보자. 『구당서(舊唐書)』에 고구려 영류왕 11년(628)에 당나라에 사신을 보내면서 『봉역도』라는 고구려 지도를 보냈다는 기록이 나온다. 이로 미루어 보아, 고구려에서는 그 이전부터 지도가 제작되었음을 알 수 있다. 실제로 1953년 북한의 평남 순천군에서 발굴된 고구려의 고분에서 요동성시의 그림지도가 발견되었다. 이 벽화

1) 金良善, 「韓國 古地圖 研究抄」 『梅山國學散稿』, 崇實大 博物館, 1972.

지도는 요동성 내외의 지형, 성시의 구조, 도로, 시설물들이 그려진 도시 지도이다. 이러한 기법은 조선시대 여러 성시의 회화적 지도와 매우 비슷하여 그림지도의 형식은 이미 4세기 무렵에 고구려에서 시작되었음을 알 수 있다.

백제의 지도와 지리에 대한 관심과 지식은 『삼국유사(三國遺事)』의 관련 기사를 통해 알 수 있다.

> 그 때 도적(圖籍) 안에 여주(餘州) 2자(字)가 있었다. … 여주는 지금의 부여군(扶餘郡)이다. 백제지리지(百濟地理志)에 말하기를 …[2)]

위에서 도적(圖籍)이라 함은 그 내용으로 보아 지도를 뜻하는 것이 분명하다. 그리고 『삼국유사』가 편찬되었던 고려시대에도 『백제지리지』가 남아 있었음을 알려 준다.

신라의 경우는 "신라의 영토가 이전과 같지 않다"라는 기록과 "고구려의 주군현(州郡縣) 164곳이 있는데, 신라에서 고친 이름과 지금의 이름이 『신라지』에 보인다"[3)]라는 기록으로부터 지리지의 편찬을 짐작할 수 있다.[4)] 또 신라가 삼국을 통일하던 시기에 지도를 이용했다는 다음과 같은 기록이 있다.

> (문무왕 10년) 7월에 당나라 사신으로 갔던 김흠순이 돌아와서 (보고하기를) 장차 경계를 구분지어 정하려 할 때 지도(地圖)에 의하여 살펴보면 백제의 옛 땅을 모두 (당나라에) 돌려달라는 것이었다.[5)]

이 기사는 당나라에 사신으로 갔던 김흠순이 귀국하여 문무왕에게

---

2) 『三國遺事』 卷2, 南扶餘.
3) 『三國史記』 卷34, 雜志3 地理1.
4) 『三國史記』 卷37, 志6 地理4 高句麗.
5) 『三國史記』 卷7, 文武王 11年 7月條, "至七月 入朝使金欽純等至 將劃界地 按圖披檢百濟舊地 摠令割還".

보고한 내용이다. 그의 보고에 의하면 당나라는 신라에 대하여 점령한 땅의 경계를 정할 것을 요구하였음을 알 수 있다. 이는 백제의 옛 땅을 대부분 당나라에 돌려달라는 내용으로 이러한 경계 획정을 지도에 의하여 결정하자고 당나라가 요구한 것이다.

이와 같이 삼국시대에도 지도를 제작하여 군사적으로나 행정적으로 이용했음을 알 수 있다. 그러나 현재 전해지는 지도는 없다.

신라는 삼국을 통일한 후 전국에 9주의 행정구역을 설치했는데 고산자 김정호의 『청구도』 부록에 삽입된 「신라9주군현총도」를 참고해 보면[6] 통일신라에서도 9주의 강역을 나타내는 지도를 만들었을 가능성이 있다.

고려시대에 접어들면 지도 제작에 대해서 여러 기록이 남아 있다. 『고려사(高麗史)』에 의하면 목종 5년(1002)에 거란에 고려지도를 보낸 일이 있었고,[7] 의종 2년(1148)에는 이심・지지용 등이 송나라 사람과 공모하여 고려지도를 송의 진회에게 보내려다가 들켜서 처벌당한 일이 있다.[8]

현종 때 10도를 5도양계로 행정구역을 개편한 후에 전국지도를 작성한 듯하다. 이 『5도양계도』는 조선 성종 때 양성지의 상소문에 나타나듯[9] 여러 차례에 걸쳐 작성되어 조선 전기 지도 제작에 많은 영향을 주었다.

또 『청구도』 범례에 의하면 고려 말에 유공식의 집에도 지도가 있었으며, 공민왕 때에는 나홍유가 고려지도를 만들어서 왕께 바쳤다는 기록이 있다.[10] 고려 말에 제작된 나홍유의 『5도양계도』는 조선 태조 5년

6) 『靑邱圖』 附錄 「新羅九州郡縣總圖」.
7) 『遼史』 卷11, 列傳45 外紀 高麗傳.
8) 『高麗史』 卷17, 毅宗 2年 10月 丁卯條.
9) 『成宗實錄』 卷138, 13年 2月 壬子, (10)298d. (10)은 국사편찬위원회에서 발행한 『조선왕조실록』의 책수, 숫자 298은 해당 쪽, a・b・c・d는 그 쪽 4분할 면의 한 면을 표시한다. 이하 동일.
10) 金正浩, 『靑邱圖』 凡例.

(1396)에 이첨이 그린 『삼국도(三國圖)』나,[11] 태종 2년(1402)에 이회가 그린 『팔도도(八道圖)』의 기본도가 되었을 것이며 그 모습을 『역대제왕혼일강리도(歷代帝王混一疆理圖)』의 우리나라 지도 부분에서 찾을 수 있을 것이다.

조선 태조가 개경에서 한양으로 천도하고 전국의 행정구역을 개편하였을 때 이에 필요한 지도의 제작도 추진되었을 것이다. 이러한 노력의 결실이 태종 2년(1402) 5월 태종의 탄신일에 의정부에서 바친 『본국지도(本國地圖)』이다.[12] 그러나 이 지도는 조선이 건국된 지 10년 만에 제작된 지도여서 그 동안에 개편된 행정구역을 반영하지 못하고 고려시대의 『5도양계도』를 수정하여 제작한 정도일 것으로 추정된다. 이 지도는 의정부 검상(檢詳)이었던 이회(李薈)가 만들었을 가능성이 크다. 왜냐하면 동년 8월에 『역대제왕혼일강리도』가 만들어지고 그 하단에 권근(權近)의 발문(跋文)이 기록되어 있는데 그 글에 의하면, 이회가 이 지도 제작을 담당했음이 나타나 있고 또 성종 때 양성지가 올린 상소문에도 이회가 『팔도도』를 제작하였다고 했기 때문이다.[13]

그 후 태종 13년(1413) 8월에 의정부는 또 한 차례 『본국지도』를 태종에게 바쳤다.[14] 이는 태종 13년(1413)에 있었던 행정구역의 개편과 함께 전국 주현(州縣) 명칭 중에서 계수관(界首官)을 제외하고는 '주(州)'자를 모두 '천(川)'자와 '산(山)'자로 개명한 주현 명칭을 반영한 전국주현도가 필요했기 때문일 것이다.[15] 그러나 이 두 지도는 고려시대의 『5도양계도』의 테두리를 크게 벗어나지 못했을 것이다. 조선 건국 후 한양으로의 천도와 왕자의 난 등 정변이 계속되었기 때문에 행정구역을

11) 李詹, 「三國圖後序」『東文選』 卷92下.
12) 『太宗實錄』 卷3, 2年 5月 戊戌, (1)234c.
13) 權近, 「歷代帝王混一疆理圖誌」『陽村集』 卷2.
14) 『太宗實錄』 卷26, 13年 8月 甲戌, (1)685b.
15) 『太宗實錄』 卷26, 13年 10月 辛酉, (1)690c.

정비하거나 북방지역을 편입시킬 여유가 없었다. 또 이 시기에 국가에서 지도를 제작했다는 기록은 보이지 않는다.

달라진 조선시대 행정구역의 실정을 충분히 반영한 새로운 지도 제작이 필요해졌고 이에 세종 16년(1434) 호조에 새로운 지도 제작을 명하였다. 세종은 앞서 태종 때 두 차례에 걸쳐 제작된 본국지도에 틀린 곳이 많으므로 새롭게 지도를 제작시킨다[16]고 하였다. 뿐만 아니라 새로이 제작할 지도에 필요한 사항들을 전국 각 주현의 수령들에게 지시하여 보고하도록 명하였다. 즉 각 군현 경내의 관사 배치, 산천의 형세, 도로의 원근과 리수, 그리고 인접한 군현명을 보고하도록 지시하였다. 수령들은 감사에 보고하고 감사는 이를 취합하여 국가에 보고하였다. 세종은 이에 만족하지 않고 전국을 실제로 측량하여 정확한 지도를 만들려고 시도하였다. 특히 새롭게 행정구역이 개편된 평안도와 함경도, 그리고 4군 6진 지역을 자세히 조사시켰다. 세종은 18년(1436)에 정척(鄭陟)에게 상지관과 화공들을 데리고 함길도·평안도·황해도 등을 자세히 조사하여 산천 형세를 그리도록 하였다.[17] 이러한 노력으로 비로소 고려의 『5도양계도』의 영역에서 벗어나 압록강과 두만강 등의 유역과 4군 6진 지역이 명확하게 파악된 전국지도가 그려질 수 있었다.

조선 전기에 지도 제작에 남다른 관심을 기울인 왕은 세조였다. 또 세조를 도와 이러한 목적을 이룬 인물은 양성지(梁誠之)였다. 그는 단종 1년(1453)에 수양대군으로부터 조선전도·팔도도·각주현도 등을 만들라는 지시를 받고[18] 화공과 상지관을 데리고 경기도·충청도·전라도·경상도 등의 산천 형세를 조사하였다.[19]

세조는 즉위한 후 본격적으로 양성지에게 지리지 편찬과 지도 제작

16) 『世宗實錄』 卷64, 16年 5月 庚子, (3)567c.
17) 『世宗實錄』 卷71, 18年 2月 乙丑, (3)667a.
18) 『端宗實錄』 卷8, 1年 10月 庚子, (6)629d.
19) 『端宗實錄』 卷12, 2年 10月 辛卯, (6)710a ; 卷13, 3年 2月 乙酉, (7)13d.

을 재차 명하였다.[20] 양성지는 세조 9년(1463)에 정척과 함께 『동국지도(東國地圖)』를 완성하였다.[21] 이는 양성지가 세조의 지시를 받은 후 10년 만에, 정척이 세종의 명을 받고 산천 형세를 살피기 시작한 지 27년 만에 이룩한 업적이다. 이 『동국지도』는 고려시대의 『5도양계도』, 태종 때 이회의 『팔도도』, 세종 때 정척의 『팔도도』 등을 참고하고 또 정척이 이북 삼도를, 양성지가 하삼도의 산천 형세를 조사한 결과를 종합하여 제작한 조선 전기 지도의 완성편이라고 할 수 있다. 그러므로 이 『동국지도』는 정상기의 『동국대지도(東國大地圖)』가 제작[22]될 때까지 조선 전기 고지도의 표준지도 역할을 했을 것으로 추정되나, 현존하지는 않고 단지 그 계통을 잇는 지도인 국보 248호 『조선방역도(朝鮮方域圖)』가 있다.[23]

2) 고지도 제작에 참여한 사람들

조선시대 고지도 제작에 참여한 사람들을 잘 알 수 있는 것은 단종 2년(1454)에 수양대군이 『경성도(京城圖)』를 만들고자 정척, 강희안, 양성지, 안귀생, 안효례, 박수미 등을 대동하고 삼각산의 보현봉에 올라가 도성의 산형수맥을 살펴서 『경성도』를 만들었다는 기사이다.

> 세조가 8도 및 서울의 지도를 의논하여 만들고자 하여, 예조 참판 정척(鄭陟)・집현전 직제학 강희안(姜希顔)・직전 양성지(梁誠之)・화원(畫員) 안귀생(安貴生)・상지(相地) 안효례(安孝禮)・산사(算士) 박수미(朴壽彌)와 더불어 삼각산・보현봉에 올라가서 산의 형상과 물의 줄기를 살피어 정하고, 세조가 서울의 지도를 수초(手草)하였다.[24]

20) 『世祖實錄』 卷2, 1年 8月 乙卯, (7)79a.
21) 『世祖實錄』 卷31, 9年 12月 丙寅, (7)593d.
22) 『英祖實錄』 卷90, 33年 8月 乙丑, (43)658.
23) 『조선방역도』는 필자의 신청에 의하여 1989년 8월 1일부로 문화부 문화재관리국에서 국보 248호로 지정하였다.

이 때 동행했던 정척은 세종의 명으로 이북 3도의 산천 형세를 살펴 『동국지도』와 양계의 대도와 소도 등을 제작한 지도전문가였고, 양성지는 지도 제작을 잘했고, 강희안은 그림을 잘 그리는 유명한 화가였으며, 안효례는 상지관으로 풍수지리의 대가였고, 박수미는 산사(算士)였다. 이처럼 각 방면의 전문가가 총동원되어 제작된 지도가 『경성도』였다.

세조는 그 후 세조 13년(1467)에 이 지도를 더욱 발전시켜 안효례, 유희익, 이육, 김유, 이익배 등에게 명하여 도성을 자로 재어 『도성도』를 만들게 하였다.[25] 현재 남아 있는 『도성도』들이 회화적인 수법으로 그려져 있지만 비교적 정확성을 띠고 있는 것은 이와 같이 도성을 자로 재어 만들었기 때문이다.[26] 또 세조 1년(1455)에 우참찬인 황수신(黃守身)이 『경상도지도』와 『웅천현도(熊川縣圖)』를 제작하였다.[27]

3) 국보 248호 『조선방역도(朝鮮方域圖)』에 나타난 영토인식

『조선방역도(朝鮮方域圖)』의 크기는 전체가 가로 63㎝이고 세로는 138㎝이다. 좌목을 제외한 조선전도 부분만은 가로가 63㎝이고 세로는 98.5㎝이다. 『경국대전』에 기록된 주척(周尺)이 21.04㎝이므로 이 척도(尺度)에 의하면 가로가 3척이고 세로는 4.5척 정도이다. 이 지도의 바탕은 비단이며 채색안료로 그렸다. 평안도 지방은 주현을 표기한 부분이 바래 그 명칭을 판독할 수 없고 『동국여지승람』을 참고하여 42개 주현명을 알아낼 수 있다.

이 지도는 8도 주현을 파악하는 것이 첫째 목적이었고 우리나라 전역의 산천 형세를 정확히 파악하는 것이 둘째 목적이었다. 명종 때는

24) 『端宗實錄』 卷11, 2年 4月 戊戌, (6)680c.
25) 『世祖實錄』 卷44, 13年 10月 乙巳, (8)131.
26) 『世祖實錄』 卷44, 13年 10月 乙巳, (8)131.
27) 『世祖實錄』 卷1, 1年 7月 乙未, (7)72d~73a.

국가적인 지원하에 대대적으로 지도 제작사업을 추진한 기록이 없는 점으로 미루어, 이 지도는 양성지와 정척이 합동으로 만든 『동국지도』를 기초로 하여 제작된 지도인 듯하다. 정척은 이북 삼도를, 양성지는 하삼도의 산천 형세를 각각 10여 년 동안 조사하여 『동국지도』를 작성하였다. 『조선방역도』는 산계(山系)와 수계(水系)가 자세하게 표기되었는데 이것은 풍수지리사상의 영향이다.

이 지도의 특징은 다음과 같다.

첫째, 『조선방역도』는 조선 전기에 제작된 지도 중 가장 정확한 지도라는 것이다. 『동람도』는 해악독신과 명산대천신들에게 제사지내는 34곳의 위치를 정확하게 표기하는 데 중점을 두고 있기 때문에 지도의 형태에는 그리 깊은 관심을 기울이지 않았다. 또 『혼일강리도』의 『조선도』는 고려시대의 『5도양계도』를 그대로 계승하였기 때문에 북방지역이 소략하다. 이에 비하여 『조선방역도』는 해안선이 현재의 해안선과 거의 일치할 정도로 정확성을 기하고 있다.

둘째, 두만강의 위치가 앞서 말한 두 지도보다 위도 상으로 북쪽에 표기되어 현재 지도에 가깝게 그려져 있는 것이다.

셋째, 울릉도와 독도가 표시되지 않았다는 것이다. 해안선 주위의 조그마한 섬들까지도 거의 표기하였는데 왜 울릉도와 독도의 표시가 빠져 있는지는 현재로서는 명확히 규명할 수 없다.

넷째, 『조선방역도』는 8도 주현도라는 것이다. 그런데 『동국여지승람』의 행정구역과 비교해 보면 빠진 데가 있다. 경기도 행정구역 중 수원과 용인이 원으로 그려져 있으나 행정구역 명칭은 표기되지 않았다. 경상도는 청도와 울산의 주현 명칭이 표기되지 않았으며 전라도에는 순천과 장흥의 주현 명칭이 안 보인다. 다만 흥양현 쪽에 병영이 설치되어 있는데, 이는 명종 10년(1555) 을묘왜변 때 왜적을 방어하기 위하여 임시로 설치되었던 병영인 듯하다.

다섯째, 만주지역과 대마도가 표기되어 있는 것이다. 대마도는 조선 전기까지 우리의 영토라는 의식이 있었다. 단지 바다 멀리 떨어져 있어 관리가 어려워 공도(空島)정책을 써서 비워 두었는데 왜구들이 강점하였다고 여기고 있었던 것이다. 그러므로 우리나라 고지도에는 대마도가 예외 없이 표기되었다.

만주지역까지 포함하여 그린 이유는 만주가 고구려의 구토이기 때문에 우리의 영토라는 영토 의식이 강하게 표출한 것이라고 볼 수 있다. 당시 지리학의 제일인자였던 양성지는 압록강과 두만강을 우리의 국경선이라고 생각하지 않았다. 그는 우리나라를 '만리(萬里)의 나라'라고 하였다. 또 노사신(盧思愼)이 쓴『동국여지승람』전문(箋文)에서도 우리의 국토가 만리라는 표현을 쓰고 있다. 또 서거정도『동국여지승람』서문에서 고려는 서북지방은 압록강은 못 넘었지만 동북지방은 선춘령(先春嶺)을 경계로 해서 고구려지역을 더 넘었다고 표현하고 있다. 이와 같이 조선 전기에는 우리나라의 영토가 만주까지 포함하는 만리라는 의식이 팽배해 있었고 이를 반영한 것이『조선방역도』인 것이다.

『조선방역도』의 문화적 가치는 여러 측면에서 찾을 수 있다.

첫째, 이 지도는 조선 전기에 제작된 지도 중 유일하게 현존하는 원본 지도라는 것이다. 이 지도의 제작시기가 명종 12년(1557)으로 밝혀졌으므로 기타 이와 유사한 다른 지도들의 편년도 밝힐 수 있어『조선방역도』는 절대 지도 역할을 할 수 있다.

둘째, 이 지도의 발견으로 정척과 양성지가 심혈을 기울여 제작한『동국지도』의 윤곽을 어림할 수 있으며 조선 전기의 지도 제작 수준이 상당하였음을 확인할 수 있다는 것이다. 또 산천 형세의 파악 등이 비교적 상세하였음도 알 수 있다.

셋째, 이 지도에서는 만주를 포함하여 그렸고 또 대마도를 명기하고 있는데 이로 미루어 볼 때 이들 지역을 우리의 영토로 생각하였던 조선

전기의 영토 의식을 엿볼 수 있다는 것이다.

넷째, 16세기 유행했던 계회도 형식으로 제작된 이 지도는 16세기의 회화사를 연구하는 데에도 귀중한 자료가 될 수 있다는 것이다.

4) 고지도에 대마도를 표기한 이유

우리나라 고지도에는 대마도를 반드시 표기하였다. 이는 조선 초기까지 대마도가 우리나라의 영토라는 영토의식의 표현이었으며 또 다른 의미는 상지관들의 영향이다. 조선시대 고지도 제작에는 화공과 상지관들이 꼭 참여 하였고 상지관들의 영향으로 산천을 중시한 고지도가 제작되었다. 상지관들은 우리나라의 지형을 북쪽은 높고 남쪽은 낮으며 백두산이 머리가 된다고 생각하였다. 그들은 백두대간이 등성마루가 되어 지리산까지 뻗어 내려간 것으로 파악하고 이것은 마치 사람이 머리를 기울이고 등을 굽히고 선 것과 같다고 보았다. 그리고 대마도(對馬島)와 제주도[耽羅]는 사람의 발 모양으로 파악하였다. 제주도가 오른발이고 대마도는 왼발로 인식하여 우리나라 고지도에는 대마도를 반드시 표기하였다.[28]

2. 역사상 최초로 성공한 대마도 원정

1) 대마도의 형편

우리나라에서 역사적으로 성공한 대외원정은 효종 때의 <나선정벌>과 세종 때의 <대마도정벌>을 들 수 있다. 나선정벌은 청나라의 요청으로 출병하여 러시아 군대를 격파한 것이지만 대마도 정벌은 우리

28) 李瀷,『星湖僿說』第1卷, 天地門 東國地圖.

나라가 자주적으로 군대를 출병하여 성공한 대외원정이다.

대마도에 근거를 두고 활동하던 왜구는 신라 혁거세(赫居世) 때부터 이미 우리나라의 근심거리가 되어 왔고 신라 말엽에 점차 기세가 커지다가 고려 말에 이르러 더욱 강해졌다. 고려의 쇠퇴기를 틈타 침략해 오지 않은 해가 없어서 멀리는 해변 고을과 가까이는 경기 지역이 모두 그들의 해독을 입었다.

대마도는 동서가 3백 리이고 남북이 70~80리인데, 가까운 것은 20~30리를 넘지 않는다. 8향(鄕)으로 나누어 각각 관수(官守)를 두는데, 풍기(豐崎)·좌호(佐護)·이내(伊奈)·삼근(三根)·인위(仁位)·여량(與良)·좌수(佐須)·두제(豆醍) 8향이다. 민가는 모두 해변 포구를 따라 살고 있는데, 모두 82포(浦)다. 남에서 북은 사흘길이고, 동에서 서는 하룻길, 혹 한나절 길도 된다. 4방이 모두 돌산[石山]이라 토지가 메마르고 백성들이 가난하여 소금을 굽고 고기를 잡아 팔아서 생활한다. 대마도는 우리나라에 가장 가까운 섬인데다가 매우 가난하기 때문에 해마다 쌀을 차등 있게 주었다.

2) 태조 때의 대마도 정벌

대마도는 왜구의 소굴로서 조선 왕조의 커다란 걱정거리였기 때문에 태조는 나라의 안정을 도모하기 위하여 태조 5년(1397)에 대마도 원정을 단행하였다.

문하 우정승(門下右政丞) 김사형(金士衡)을 5도 병마 도통처치사(五道兵馬都統處置使)를 삼고, 남재(南在)를 도병마사(都兵馬使)로, 신극공(辛克恭)을 병마사(兵馬使)로, 이무(李茂)를 도체찰사(都體察使)를 삼아, 5도(道)의 병선(兵船)을 모아서 일기도(一岐島)와 대마도(對馬島)를 정벌하도록 하였다. 태조는 남대문 밖까지 나가서 이를 전송하고, 신하들은 한강까지 따라가서 이들을 전송하였다.[29] 그러나 이 정벌은 성공하지 못하고 중단되었다.

3) 세종 때의 대마도 원정

조선 초기에 대마도는 왜구의 소굴이었고 조정의 근심거리였다. 세종은 사신을 보내 대마도주에게 고려 말 이후에 왜구가 저지른 과오를 지적하고 대마도주가 그들을 나포하여 보내면 이전과 마찬가지로 친선을 도모하지만 그렇지 않을 경우에는 대마도를 정벌하겠다는 최후통첩을 보냈다.

“대마도는 우리나라와 더불어 물 하나를 서로 바라보며 우리의 품안에 있는데도, 고려가 쇠약하였을 때에 그 틈을 타서 우리의 변경을 침략하였고, 군민을 죽이었으며, 가옥들을 불사르고 재산을 빼앗아 탕진하였다. 연해 지방에서는 사상자가 깔려 있는 지가 여러 해이다. 우리 태조 대왕이 너희들을 도와 편하게 하여 서로 믿고 지내게 하였으나, 오히려 또한 고치지도 아니하고, 병자년에는 동래(東萊)에 들어와서 도적질하고, 병선을 빼앗고, 군사를 살육하였으며, 태종이 즉위하신 후 병술년에는 조운선(漕運船)을 전라도에서 빼앗아 갔고, 무자년에는 병선을 충청도에서 불사르고 그 만호까지 죽였으며, 재차 제주에 들어와서는 살상이 또한 많았었다.

그러나 우리 전하께서는 거치른 것과 때묻은 것을 포용하시는 도량이시므로, 너희들과 교계(較計)하고자 하지도 않으시고 올 적에는 예를 두터이 하여 대접하시었으며, 갈 때에도 물건을 갖추어서 후히 하시었다. 굶주림을 보고 도와주기도 하였고, 장사할 시장을 터주기도 하여, 너희들이 하자는 대로 하여 주지 아니한 것이 없다. 우리가 너희들에게 무엇을 저버린 일이 있었던가. 지금 또 배 32척을 거느리고 와서 우리

29) 『태조실록』 권10, 5년 12월 丁亥(1)98.

의 틈을 살피며, 비인포(庇仁浦)에 잠입하여 배를 불사르고 군사를 죽인 것이 거의 3백이 넘는다. 은혜를 잊고 의를 배반하며, 천도를 어지럽게 함이 심한 것이다. 우리 전하가 혁연히 성내면서 전일에 이미 순순히 항복하여 온 자와 지금 우리의 풍화(風化)를 사모하여 투항(投降)한 자들만은 죽이지 말고, 다만 입구(入寇)한 자의 처자식과 여당만을 잡아 오라고 하셨다.

대마도주는 우리 전하의 뜻을 받들어서 적당(賊黨)으로서 섬에 있는 자들은 모조리 쓸어서 보내되, 한 놈도 남기지 말고, 선부(先父)의 정성을 다하여 바치던 뜻을 이어 길이길이 화호함을 도타이 하는 것이 어찌 너의 섬의 복이 아니겠는가. 만일 그렇지 못하면 뒷날에 뉘우쳐도 미치지 못할 것이니, 오직 수호는 삼가 도중(島中)의 사람으로서 대의를 알 만한 자들과 잘 생각하여라'고 하였노라" 하였다.

위와 같이 최후통첩을 보냈지만 대마도에서는 아무런 답장이 없어서 세종은 대마도 원정을 명령하였다. 이종무(李從茂)를 삼군 도체찰사로 삼아서 중군(中軍)을 거느리게 하고, 우박(禹博)・이숙묘(李叔畝)・황의(黃義)를 중군 절제사로, 유습(柳濕)을 좌군 도절제사로, 박초(朴礎)・박실(朴實)을 좌군 절제사로, 이지실(李之實)을 우군 도절제사로, 김을지(金乙知)・이순몽(李順蒙)을 우군 절제사로 삼아 경상・전라・충청 세 도의 군함을 거느리고 출정하게 하였다. 또 호조 참의 조치(曹致)를 황해 체핵사(黃海體覆使)로 삼아서 모든 장수의 일을 늦추거나 기회를 잃은 자를 사찰하고, 영의정 유정현을 삼도 도통사로, 참찬 최윤덕(崔潤德)을 삼군 절제사로, 사인 오선경(吳先敬)과 군자시정 곽존중(郭存中)을 종사관으로 삼았다.

세종 1년(1419) 6월 19일에 이종무가 거제도 남쪽에 있는 주원방포(周原防浦)에서 출발해서 대마도로 향하였다. 원정군은 그 이튿날 오시(午時)에 대마도에 도착하였다.

섬에 있는 왜인들은 처음에는 자기 쪽 군인들이 전리품을 가지고 돌아온다고 생각하여 술과 고기를 가지고 환영하려다가, 대군이 뒤이어 두지포(豆知浦)에 정박하자, 모두 넋을 잃고 도망하였다. 다만 50여 명이 막아 싸우다가, 도저히 당할 수 없었으므로 흩어져 양식과 재산을 버리고, 험하고 막힌 곳에 숨어서 대적하지 않았다.

원정군은 먼저 귀화한 왜인 지문(池文)을 보내어 편지로 대마도주 도도웅와에게 항복하기를 권유하였으나 듣지 않았다. 원정군은 길을 나누어 수색하여, 크고 작은 적선 1백 29척을 빼앗아, 그중에 사용할 만한 20척을 고르고, 나머지는 모두 불살라 버렸다. 또 가옥 1천 9백 39호를 불질렀으며, 114명의 머리를 베고 21명을 사로잡았다. 포로가 된 중국인 남녀 131명을 구출하였는데 그들의 진술에 의하면 섬 중에 기갈이 심하고, 또 창졸간에 겨우 양식 한두 말만 가지고 달아났으므로 오랫동안 그들을 포위하면 효과가 있을 것이라고 하였다. 원정군은 책(柵)을 훈내곶(訓內串)에 세워 놓고 적의 왕래하는 중요한 곳을 막으며, 오래 머무를 뜻을 보였다.

좌군(左軍) 박실(朴實)은 적의 군사가 적은 것을 보고 높은 곳을 향해 습격하려 하였는데, 저들의 복병을 만나 편장(編將) 박홍신(朴弘信) 등은 그만 죽고 말았다. 왜가 우리 군사를 추격하자, 우리 군사는 언덕에서 떨어져 죽거나, 힘껏 싸우다 죽은 자가 1백 십여 명이나 되었다. 이순몽 등이 죽기를 다해 대항하였으므로 왜가 후퇴했는데 중군은 배에서 내려오지도 않았다. 도주(島主) 도도웅와(都都熊瓦)가 편지를 보내 우리나라와 수호(修好)를 요청하면서, “7월에는 태풍(颱風)이 있으므로 대군이 여기에 오래 멈추어 있음은 마땅치 않습니다”고 하였다.

원정군은 이러한 요구를 들어 주어 10일 만에 대마도의 포위망을 풀고 귀국하여 승전을 보고하였다. 귀국 후에 대마도 수호 도도웅와에게 교화에 응할 것을 교유한 글을 보냈다.

“대마도라는 섬은 경상도의 계림(鷄林)에 예속했으니, 본디 우리나라 땅이란 것이 문적에 실려 있어, 분명히 상고할 수가 있다. 다만 그 땅이 심히 작고, 또 바다 가운데 있어서, 왕래함이 막혀 백성이 살지 않는지라, 이러므로 왜인으로서 그 나라에서 쫓겨나서 갈 곳이 없는 자들이 다 와서, 함께 모여 살아 굴혈을 삼은 것이며, 때로는 도적질로 나서서 평민을 위협하고 노략질하여, 전곡(錢穀)을 약탈하고, 마음대로 고아와 과부, 사람들의 처자를 학살하며, 사람이 사는 집을 불사르니, 흉악무도함이 여러 해가 되었다.

그 평일에 귀화한 자와 이(利)를 얻으려고 무역하거나 통신 관계로 온 자와, 또 이제 우리의 위풍(威風)에 따라 항복한 자는 아울러 다 죽이지 아니하고, 여러 고을에 나누어 두고서 먹을 것, 입을 것을 주어서 그 생활을 하게 한 것이며, 또 변방 장수에게 명하여, 병선을 영솔하고 나아가서 그 섬을 포위하고 모두 휩쓸어와 항복하기를 기다렸더니, 지금까지도 그 섬사람들은 오히려 이럴까 저럴까 하며 깨닫지 못하고 있으니, 내 심히 민망히 여긴다. 섬 가운데 사람들은 수천에 불과하나, 그 생활을 생각하면, 참으로 측은하다. 섬 가운데 땅이 거의 다 돌산이고 비옥한 토지는 없다. 농사하여 곡식과 나무를 가꾸어서 거두는 것으로 공(功)을 시험할 곳이 없으므로, 장차 틈만 있으면, 남몰래 도적질하거나, 남의 재물과 곡식을 훔치려 하는 것이 대개 그 평시에 저지른 죄악이며, 그 죄악이 벌써부터 가득 차 있는지라, 이제 날랜 말과 큰 배며, 날카로운 병기와 날쌘 군사로써 수륙의 방비가 심히 엄하니, 어디 가서 주륙(誅戮)의 환을 만나지 아니할 것인가. 다만 고기 잡고, 미역 따고 하여 매매하는 일은 이에 생활의 자료가 되는 바인데, 이제 와서는 이미 배은하고 의를 버려 스스로 끊는 것이며, 내가 먼저 끊을 마음이 있었던 것은 아니다. 이 세 가지를 잃은 자는 기아를 면치 못할 것이며, 앉아서 죽기를 기다릴 뿐이니, 이에 대하여 계책하기도 또한 어려운 일이다.

만약 능히 번연(飜然)히 깨닫고 다 휩쓸어 와서 항복하면, 도도웅와는 좋은 벼슬을 줄 것이며, 두터운 녹도 나누어 줄 것이요, 나머지 대관들은 평도전(平道全)의 예와 같이 할 것이며, 그 나머지 여러 군소(群小)들도 또한 다 옷과 양식을 넉넉히 주어서, 비옥한 땅에 살게 하고, 다 같이 갈고 심는 일을 얻게 하여, 우리 백성과 꼭 같이 보고 같이 사랑하게 하여, 도적이 되는 것이 부끄러운 것임과 의리를 지키는 것이 기쁜 일임을 다 알게 하여, 이것이 스스로 새롭게 하는 길이며, 생활하여 갈 도리가 있게 되는 것이라, 이 계책에서 나가지 아니한다면, 차라리 무리를 다 휩쓸어서 이끌고 본국에 돌아가는 것도 그 또한 옳을 일이거늘, 만일 본국에 돌아가지도 아니하고 우리에게 항복도 아니하고, 아직도 도적질할 마음만 품고 섬에 머물러 있으면, 마땅히 병선을 크게 갖추어 군량을 많이 싣고 섬을 에워싸고 쳐서 오랜 시일이 지나게 되면, 반드시 장차 스스로 다 죽고 말 것이며, 또 만일 용사 10만여 명을 뽑아서 방방곡곡으로 들어가 치면, 주머니 속에 든 물건과 같이 오도 가도 못하여, 반드시 어린이와 부녀자까지도 하나도 남지 않을 뿐만 아니라, 육지에서는 까마귀와 소리개의 밥이 되고, 물에서는 물고기와 자라의 배를 채우게 될 것이 의심 없으니, 아, 어찌 깊이 불쌍히 여길 바 아니겠는가? 옛 사람의 말에, '화와 복은 자기 스스로가 구하지 않는 것이 없다' 하였고, 또 말하기를, '열 집 만이 사는 고을에도 반드시 충신(忠信)한 사람은 있다' 하였으니, 이제 대마도 한 섬 사람에도 역시 다 하늘에서 내린 윤리와 도덕의 성품이 있을 것이니, 어찌 시세(時勢)를 알고 의리에 통하여 깨닫는 사람이 없겠는가" 귀화한 왜인 등현(藤賢) 등 5인에게 이 글을 가지고 대마도로 가게 하였다.

등현(藤賢) 등이 두 달 만에 대마도로부터 돌아 왔는데 대마도의 수호 종도도웅와(宗都都熊瓦)가 예조 판서에게 서신을 보내 항복하기를 빌었다.

세종은 매우 기뻐서 대마도주 도도웅와에게 다음과 같이 답신하기를, "사자(使者)가 와 서신을 받아 사연을 자세히 알았노라. 바른 덕과 진실된 마음으로 천성을 지키는 것은 생명이 있는 인간이면 다 같이 지니고 있는 바이요, 선을 좋아하고 악을 미워함은 사람의 마음이 다 같이 옳다고 여기는 바이다. 오방(五方)의 사람들은, 그들의 언어와 풍습이 혹 다를지라도, 바른 덕과 진실된 마음으로 천성을 지키는 성품과, 선을 좋아하고 악을 미워하는 마음은 다름이 없노라. 이제 대마도 사람들이 작은 섬에 모여들어 굴혈(窟穴)을 만들고 마구 도적질을 하여, 자주 죽음을 당하고도 기탄하는 바가 없는 것은, 하늘이 내려 준 재성(才性)이 그렇게 달라서 그런 것이 아니요, 다만 작은 섬은 대개 다 돌산이므로, 토성이 교박(磽薄)해서 농사에 적합하지 않고, 바다 가운데 박혀 있어 물고기와 미역의 교역에 힘쓰나, 사세가 그것들을 늘 대기에 어렵고, 바다 나물과 풀뿌리를 먹고 사니, 굶주림을 면하지 못해 핍박하여 그 양심을 잃어, 이 지경에 이르렀을 뿐이니, 나는 이것을 심히 불쌍하게 여기노라. 도도웅와의 아비 종정무(宗貞茂)의 사람됨은 사려가 깊고 침착하며, 지혜가 있어 정의를 사모하여, 성의를 다해 무릇 필요한 것이 있으면, 신청해 오지 않은 적이 없노라. 일찍이 진도와 남해 등의 섬을 청하여, 그의 무리들과 함께 옮겨 와 살기를 원했으니, 그가 자손 만대를 위해 염려함이 어찌 얕다 하겠느뇨. 나는 이를 매우 가상히 여겨, 막 그의 청하는 바를 들어 주려고 하였던 차에, 정무(貞茂)가 세상을 버렸으니, 아아, 슬프도다.

도도웅와가 만약에 내 인애스러운 마음을 체득하고 아비의 후세를 염려한 계획을 생각하여, 그 무리들을 타일러 깨닫게 하여, 그 땅에 사는 온 사람들이 항복해 온다면, 틀림없이 큰 작위를 내리고, 인신을 주고, 후한 녹을 나누어 주고, 전택을 내려 대대로 부귀의 즐거움을 누리게 하여 줄 것이요, 그 대관인(代官人) 등은 다 서차(序次)에 따라 작을 주고 녹을 갈라 주어 후한 예로써 대해 줄 것이며, 그 나머지 군소배(群小輩)들도 다 소원에 따라 비옥한 땅에다 배치해 주고 하나하나에 농사짓는 차비를 차려 주어, 농경의 이득을 얻게 하여, 굶주림을 면하게 하여 주리라. 만약에 마음을 돌려 순종하고 농상(農桑)을 영위하기를 원한다면, 모름지기 12월에 가서 먼저 섬 중의 일 관리하는 자를 보내 와서, 내 지휘를 받도록 할지니라. 농량(農糧)·농기구·곡식 씨앗 등에 관한 일들을 미리 준비하여 두어야, 철이 되어서 부족한 일이 없게 될 것이니라. 만약에 이때를 어기면, 후에 무리하게 둘러댈 수 없느니라. 요청해온, 전에 분치(分置)하였던 왜인 등은 다 각도에 영을 내려 의류와 양곡을 관급해 주어서 살 수 있게 하여 주고, 너희 무리들이 와서 항복하는 날 곧 완전히 모이게 하여, 이산(離散)하는 걱정이 없게 하여 주겠노라. 부자 형제로 만약에 빨리 만나기를 원하는 자가 있다면, 먼저 오는, 일 관리하는 자가 데리고 나오면 편리하리라. 자세한 것은 돌아가는 사자가 귀로 직접 들었노라. 족하(足下)는 잘 생각하여, 섬 중의 시세를 알고 의리를 아는 자들과 함께 의논해서 처리하면 온 섬이 다행하리라"고 하였다.

세종의 투항 권유를 받은 대마도주 도도웅와는 귀속하겠다는 뜻을 간곡히 전하여 왔다. 그는 "'대마도는 토지가 척박하고 생활이 곤란하오니, 바라옵건대, 섬사람들을 가라산(加羅山) 등 섬에 보내어 주둔하게 하여, 밖에서 귀국(貴國)을 호위하며, 백성으로는 섬에 들어가서 안심하고 농업에 종사하게 하고, 그 땅에서 세금을 받아서 우리에게 나누어 주어 쓰게 하옵소서. 나는 일가 사람들이 수호하는 자리를 빼앗으려고 엿보는 것이 두려워, 나갈 수가 없사오니, 만일 우리 섬으로 하여금 귀국 영토 안의 주·군(州郡)의 예에 의하여, 주(州)의 명칭을 정하여 주고, 인신(印信)을 주신다면 마땅히 신하의 도리를 지키어 시키시는 대로 따르겠습니다. 도두음곶이[都豆音串]에 침입한 해적의 배 30척 중에서 싸우다가 없어진 것이 16척이며, 나머지 14척은 돌아왔는데, 7척은 곧 일기주(一岐州)의 사람인데, 벌써 그 본주로 돌아갔고, 7척은 곧 우리 섬의 사람인데, 그 배 임자는 전쟁에서 죽고, 다만, 격인(格人)들만 돌아왔으므로, 이제 이미 각 배의 두목 되는 자 한 사람씩을 잡아들여 그 처자까지 잡아 가두고, 그들의 집안 재산과 배를 몰수하고 명령을 기다리고 있사오니, 빨리 관원을 보내어 처리하시기를 바랍니다'라고 하였다".

세종은 대마도주 도도웅와의 투항을 받아들이겠다고 다음과 같이 조치하였다. "사람이 와서 편지를 받아 보고 귀하가 진심으로 뉘우치고 깨달아서, 신하가 되기를 원하는 뜻을 자세히 알았으며, 돌려보낸 인구(人口)와 바친 예물은 이미 자세히 위에 아뢰어 모두 윤허하심을 받았으니, 실로 온 섬의 복이라고 생각합니다. 귀하가 요청한 바 여러 고을에 나누어 배치한 사람들에게는 이미 의복과 식량을 넉넉히 주어서, 각기 그 생업에 안심하고 종사하게 하였는데, 섬 안에는 먹을 것이 부족하니, 돌아간다면 반드시 굶주릴 것입니다. 또한 대마도는 경상도에 매여 있으니, 모든 보고나 또는 문의할 일이 있으면, 반드시 본도의 관찰사에게 보고를 하여, 그를 통하여 보고하게 하고, 직접 본조에 올리지 말도록 할 것이요, 겸하여 청한 인장의 전자(篆字)와 하사하는 물품을 돌아가는 사절에게 부쳐 보냅니다. 근래에 귀하의 관할 지역에 있는 대관(代官)과 만호(萬戶)가 각기 제 마음대로 사람을 보내어 글을 바치고 성의를 표시하니, 그 정성은 비록 지극하나, 체통에 어그러지는 일이니, 지금부터는 반드시 귀하가 친히 서명한 문서를 받아 가지고 와야만 비로소 예의로 접견함을 허락하겠노라" 하였다. 그리고 대마도주에게 "종씨 도도웅와(宗氏都都熊瓦)"라는 인장을 하사하였다.

대마도주는 인장을 하사하자 매우 기뻐하며 심지어 일본의 소속에서 벗어나 우리나라의 소속이 될 수 있다고 예조에 편지를 보내왔다.

"나의 부덕(不德)한 소치로 백성을 제대로 단속하지 못하여, 마침내 경내 백성들이 대국의 변경을 침범하였으니, 이는 대국이 용사(容赦)할 수 없는 바이라, 비록 죽음을 당한다 할지라도 실로 내가 원하던 바이니, 어찌 추호라도 마음에 거리끼겠습니까. 또한 최공(崔公)이 금년 정월에 보낸 서계(書契)를 받자오니, '대마도가 경상도에 예속되었다' 했는데, 역사 서적을 조사하여 보고 노인들에게 물어보아도 사실 근거할 만한 것이 없습니다. 그러나 만일 대왕께서 훌륭한 덕을 닦고 두터운 은혜를 베푸신다면, 누가 감히 귀의하지 않겠습니까. 옛날 주(紂)가 무도한 까닭에, 억조의 무리가 모두 창을 거꾸로 잡고 대항하였으며, 주공(周公)이 정치를 잘한 까닭에, 월상씨(越裳氏)가 아홉 번이나 통역을 거쳐서 이르렀으니, 반드시 옛날대로 일본 소속으로 있을 필요는 없습니다. 다만, 그 덕이 어떠한가에 달려 있을 뿐입니다. 바라옵건대, 여러분들께서는 나의 작은 정성을 임금님께 전달하여 주옵소서. 앞서 주신 전자(篆字)로 새긴 나의 이름을 지금 찍어서 신빙할 수 있는 표적으로 삼습니다"고 기록되었다. 나라에서는 글 내용이 공손하지 않다 하여, 사절을 예절대로 접대하지 아니하고, 그가 바친 예물도 거절하였다.

예조에서 대마도 사신에게 묻기를, "전번에 서계에 이르기를, '대마도가 경상에 예속되었다는 말은 역사 문헌을 상고하나 노인들에게 물어보나 아무 근거가 없다' 했으나, 이 섬이 경상도에 예속되었던 것은 옛문헌에 분명하고, 또한 너희 섬의 사절인 신계도(辛戒道)도 말하기를, '이 섬은 본시 대국에서 말을 기르던 땅이라' 하였다. 그러므로 과거에 너희 섬에서 모든 일을 다 경상도 관찰사에게 보고하여, 나라에 올린 것은 이 까닭이었다. 조정에서는 너희 영토를 다투려고 하는 것이 아니다" 하니, 구리안이 말하기를,

"본도가 경상도에 소속되었다 함은 자기로서도 알 수 없는데, 계도가 어찌 저 혼자서 이것을 알 수 있겠습니까. 이것은 반드시 망녕된 말입니다. 가령 본도가 비록 경상도에 소속되었다 할지라도, 만일 보호하

고 위무하지 않으면 통치권 밖으로 나갈 것이요, 본디 소속되어 있지 않더라도 만일 은혜로 보호하여 주신다면, 누가 감히 복종하지 않겠습니까. 대마도는 일본의 변경이므로, 대마도를 공격하는 것은 곧 본국을 공격하는 것입니다. 그러므로 소이전(小二殿)에서 귀국과 교통할까 말까를 어소(御所)에 아뢰었더니, '마음대로 하라'고 대답하였으므로, 도주가 나를 보내어 와서 조공한 것입니다" 하였다.

대마도 원정은 성공을 거두었을 뿐만이 아니라 그 후에 외교활동을 통하여 대마도 왜인들의 완전한 항복을 받아 왜구를 근절한 역사적 사건이다.

조선 전기의 대마도 인식은 ① 대마도가 옛날 우리나라의 땅이었다는 대마도고토의식, ② 대마도가 우리나라의 동쪽 울타리라는 대마번병의식, ③ 대마도는 일본의 본토와는 별개라는 대마도구분의식이었다고 할 수 있다.

3. 조선 후기의 대마도 인식

1) 지리지에 나타난 대마도 인식

우리나라 지리지에 대마도의 명칭이 처음 등장하는 것은 세종실록지리지이다. 이 책에서 세종 원년(1419)에 대마도(對馬島)의 원정을 마치고 변방의 방어를 굳건히 하기 위하여 경상도 우도 수군 도안무처치사(右道水軍都安撫處置使)를 제포(薺浦)에서 거제(巨濟) 오아포(吾兒浦)로 옮겼다. 이는 대마도 왜구를 효과적으로 막기 위한 조치였다.[30]

지리지에서 대마도를 분명하게 기록한 것은 신증동국여지승람의 경

30) 『세종실록』 권150, 지리지 경상도 연혁조.

상도편 동래현조이다. 이곳에서는 대마도에 관한 역사, 풍속, 제도 등을 다음과 같이 자세히 기록하였다.

> 대마도(對馬島) 곧, 일본의 대마주(對馬州)이다. 옛날엔 우리 신라[鷄林]에 예속되었었는데, 어느 때부터 일본 사람들이 살게 되었는지는 모르겠다. 부산포(釜山浦)의 도유삭(都由朔)으로부터 대마도의 선월포(船越浦)까지 수로가 대략 6백 70리쯤 된다. 섬은 8군으로 나뉘고 인가는 모든 해안에 인접해 있다. 남북의 길이는 3일 정도, 동서의 길이는 하루, 혹은 반나절 정도의 거리이다. 4면이 모두 돌산이기 때문에 땅은 메마르고 백성은 빈한하며, 소금을 굽고 고기를 잡아다 파는 것을 생업으로 한다. 종씨(宗氏)가 대대로 도주(島主) 노릇을 하였다.
>
> 토산물은 귤과 닥나무뿐이다. 남쪽과 북쪽에 높은 산이 있는데, 모두 천신산(天神山)이라 이름지어, 남쪽의 것을 자신산(子神山), 북쪽의 것을 모신산(母神山)이라 한다. 풍속이 신을 숭상하여, 집집마다 소찬(素饌)을 차려 제사지낸다. 산과 내의 초목과 금수는 누구도 감히 침범할 수 없으며, 죄인이 도망쳐서 신당(神堂)으로 들어가면 또한 감히 쫓아가서 잡지 못했다. 이 섬은 해동(海東) 여러 섬들의 요충에 위치했으므로 모든 추장들이 우리나라에 내왕하는 자는 반드시 경유하는 곳이어서 모두가 도주의 문서를 받은 뒤에야 올 수 있었다. 도주 이하의 사람들이 각기 사선(使船)을 보내오는데 한 해에 일정한 액(額)이 있다. 섬이 우리나라에 가장 가깝고 가난이 극심하므로 매년 쌀을 주는데 차등 있게 하였다.

대마도는 옛날에는 신라의 땅이었는데 어느 때부터 일본인이 살게 되었는지 모르겠다고 표현하였는데 이러한 표현은 다른 지리지도 그대로 인용할 뿐만이 아니라 우리나라의 많은 역사서에서도 대마도에 관하여 기술할 때에는 그대로 인용하는 내용이다. 작자를 알 수 없는 견서록(見睫錄)·동고(東考)·한고관외사(寒皐觀外史)·문헌고략(文獻攷略)의 변어전고(邊圉典故) 등에서도 거의 비슷하게 기술하고 있다. 이는 대마도가 옛날 우리나라의 땅이었다는 대마도고토의식의 발로일 것이다.

대마도는 모두 돌산이기 때문에 땅은 메마르고 백성은 가난하며, 그들은 소금을 굽고 고기를 잡아다 파는 것을 생업으로 하고 있으며, 토산물은 귤과 닥나무뿐이다. 그러므로 대마도는 가난이 극심하므로 매년 우리나라에서 쌀을 주어야만 살아 갈 수 있는 곳이었다. 더구나 이 섬은 우리나라에 가장 가깝기 때문에 우리나라에서 구제해 주지 않으면 왜구로 변하여 노략질 할 수밖에 없음을 기술하였다.[31)]

18세기 동래부사였던 박사창(朴師昌)이 편찬한 동래부지에도 동국여지승람의 내용과 거의 비슷하게 기록하였다.

> 대마도는 일본의 대마주이다 예전에는 우리나라 신라에 소속되었는데 어느 때에 왜인들이 점거하였는지 모른다.
>
> 사방이 모두 돌산으로 토지가 척박하며 백성들은 가난하다. 소금을 굽고 물고기를 잡아 판매하는 것으로 생업을 삼는다.
>
> 전해오기로는 종씨(宗氏)의 선대는 우리나라의 송성(宋姓)인인데 그 섬에 들어가 종씨(宗氏)로 성을 바꾸었다고 한다.

특이한 사항은 대마도의 도주는 종씨(宗氏)인데 우리나라의 송성(宋姓)을 가진 사람이 그 섬에 들어가 종씨(宗氏)로 성을 바꾸어 도주가 되었다는 내용으로 대마도에 대한 연고권을 강조한 내용이다.[32)]

조선시대 편찬된 지리지에는 간간히 짤막하게 대마도에 관하여 기술하였지만 고산자 김정호가 쓴 대동지지에는 다음과 같이 자세하게 기록하였다.

> 대마도(對馬島)는 동래부의 동남쪽 바다 가운데 있다. 바람이 순조로우면 하루 만에 도달할 수 있다. 옛적에는 진한(辰韓)에 속해 있었다. 신라 실성왕(實聖王) 7년(408)에 왜(倭)가 대마도에 군영을 설치하였다. 이것이 왜인들이 점령하기 시작한 시초이고 여러 번 신라의 변방 우환이 되었다. 섬은 8개 군으로 나뉘는데 주민들은 모두 연해의 포구에 거주하고 있다. 남북의 거리는 3일 길이며 동서는 하루나 반나절 길이다. 사면이 모두 돌산이고 토질은 척박하여 민생이 가난하다. 소금을 굽거나 고기를 잡아 팔아서 생계를 삼는다.

---

31) 『신증동국여지승람』 권30, 경상도 동래현조.

32) 박사창, 『동래부지』 대마도조.

종씨(宗氏)가 대대로 도주(島主)가 되고 군수 이하 토관(土官)들은 모두 도주가 임명하는데 역시 세습이다. 토지와 염호(鹽戶)를 나누어주고 세를 거두어 2/3를 도주에게 바친다. 목마장이 4곳이 있는데 말들은 대부분 등이 굽었다. 생산되는 것 중에 많은 것은 감귤(柑橘)과 목화, 닥나무[楮]이다. 남도와 북도에 높은 산들이 있는데, 모두 천신산(天神山)이라고 한다. 대마도는 동해 여러 섬 가운데서 요충지에 있는데, 고려 말 우리나라에 노략질한 자들은 모두 일본 서안 각 섬 및 이 섬의 왜구들이다. 조선 세종 때 대마도 왜적이 변경을 침범하자 이종무(李從茂)에게 명하여 절제사 9명을 지휘하여 정벌하여 크게 이겼다. 선조 임진년(1592)에 일본이 침략할 때 또한 이 섬을 근거로 왕래하였다. 이 섬은 우리나라에 가장 가깝고 가난이 심하여 매년 일정하게 보내주는 쌀과 포(布)의 수가 정해져 있다.

김정호는 왜가 신라 실성왕(實聖王) 7년(408)에 대마도에 군영을 설치하였는데, 이것이 왜인들이 대마도를 점령하기 시작한 시초라고 단정하였다. 그러나 대마도는 사면이 모두 돌산이고 토질은 척박하여 민생이 가난하며, 그들은 소금을 굽거나 고기를 잡아 팔아서 생계를 삼지만 매우 가난하여 우리나라에서 매년 일정하게 쌀과 포(布)를 보내주고 있다고 하였다.

우리 조정에서 연례적으로 공적으로 주는 하사품은 면포(綿布) 57,405필 20자 5치이고, 예조(禮曹)의 연례적으로 회사(回賜)하는 것이 매[鷹子] 58연(連), 인삼 32근 8냥, 호피(虎皮) 13장, 표피(豹皮) 17장, 흰모시[白苧布] 40필, 흰명주[白綿紬], 검은 삼베[黑麻布] 각 32필, 흰 면포 65필, 붓과 먹 각 475개, 유둔(油芚) 68번, 화문석(花紋席) 110장, 백지 77속, 우산지 29속 10장, 화위(火慰) 참빗[眞梳] 호피(虎皮), 호랑이 쓸개[虎膽], 개 쓸개[犬膽], 각 52개, 칼[刀子], 사자연(獅子硯), 연적(硯滴) 각 26개, 마성(馬省) 74개, 부채 80개, 법유(法油) 청밀(淸蜜) 녹말(綠末) 율뮤[薏苡] 각 1석 2두, 호도(胡桃), 잣[栢子], 대추[大棗], 밤[黃栗] 각 3석 7두, 개암[榛子] 1석 11두의 막대한 분량이었는데, 이 밖에 또 도주에게 해마다 주는 미곡과 잡물은 다 기록할 수 없을 정도로 물질적인 피해가 컸다.

이에 비하여 대마도가 연례적으로 헌납하는 공적인 물품은 동·철(銅鐵) 29,373근 5냥 4전, 납철(鑞鐵) 16,013근 8냥, 소목(蘇木) 6,335근, 흑각(黑角) 각, 호초(胡椒) 4,400근, 백반(白礬) 1,400근, 주홍(朱紅) 8근, 채화연갑(彩畵硯匣) 2좌, 무늬 종이 3축, 금붙이 병풍 1쌍, 적동 세수대야 1부, 흑칠(黑漆) 화전갑(華牋匣) 1좌, 수정 갓 줄[笠緒] 1줄, 채화 칠촌경(七寸鏡) 2면, 가은(假銀) 담뱃대[烟管] 10개 등이었다.

이외에 부산의 왜관에서 이루어지는 공무역품은 면포가 36,44필, 쌀 10,839석, 대두(大豆) 5,886석 삼수미(三手米) 4,720석의 엄청난 물량이었고, 대마도의 사신들에게 지급하는 왜료(倭料)는 쌀 2,287석, 대두 822석, 삼수미 383석, 돈 800냥이었다.[33]

2) 통신사들의 대마도관[33]

조선 후기 통신사들은 일본에 다녀오면서 대마도를 직접 체험한 대일본 전문가 그룹이다. 오윤겸, 조경, 신유한, 조엄 등이 일본을 다녀와서 쓴 일본 기행문에 의하면 대마도인들은 ① 조선의 옛 땅에 살고 있으며, ② 대마도주는 대대로 조선의 도서를 받고 있으며, ③ 조선의 경제적 지원으로 생활하고 있는 조선의 번병의식을 갖고 있었으나 대마도가 영토적으로는 일본에 소속되었다는 것을 부정하지는 않았다.

(1) 오윤겸(吳允謙)-『東槎上日錄』

오윤겸은 임진왜란이 끝나고 처음으로 통신사로 파견되어 대마도에 이르러 대마도주에게 다음과 같이 간곡히 말했다.

33) 김정호, 『대동지지』 권7, 동래도호부 부록 대마도조

34) 하우봉, 「한국인의 대마도 인식」 『독도와 대마도』.

* 통신사들의 대마도관과 실학자들의 대마도 인식은 하우봉 논문을 참조.

"조정에서 사신을 보낸 것은 실로 우연한 일이 아니니다. 겹겹의 바다를 넘어서 사신을 보내는 것은 일이 극히 중대하지만, 조정에서 특별히 도주의 간곡한 정성을 생각해서 이런 중사를 허한 것이니, 비록 도주가 나이 어릴지라도 좌우에 반드시 일을 아는 사람이 많을 것인즉 도주를 잘 인도하여, 조정에서 대마도를 깊이 돌보아 주는 것과 청이 있으면 반드시 들어주는 성의를 감념(感念)하게 하여, 지성으로 사대(事大)하며 시종 한 마음을 가져 영원히 번병(藩屛)이 되어야 할 것이다. 또 이 섬의 인민은 오로지 우리 국가의 난육(卵育: 어미 닭이 알을 품어 기르듯이 부모가 자녀를 키우는 것)의 은혜에 힘입어 생계를 삼고 있는 처지이니 이 뜻을 모든 인민이 다 알아야 한다"

대마도는 모든 것이 부족하지만 조선에 번병(藩屛)이 되어 사대의 예로 우리나라를 섬기면 우리나라에서는 어미 닭이 알을 품어 기르듯이 대마도를 돌보아 주겠다고 약속하였다.

(2) 조경(趙絅)의 대마도 인식

조경은 동사록(東槎錄)에서 "대마도(對馬島)를 바라보며"라는 시를 썼는데 그 시에 대마도 인식이 잘 나타나 있다. 그는 첫째, 대마도는 예전에 우리 영토라는 인식을 하였고, 둘째, 대마도는 척박하여 풍년에도 조세를 물지 못하고 열흘에 죽 한 끼도 못 먹는 신세이므로 우리나라의 쌀과 베가 없으면 그대로 굶어 죽을 수밖에 없는 조선의 번병의식을 갖고 있었으며, 셋째, 대마도는 일본과 조선 두 나라 사이에 끼어 있으니 두 나라에 충성을 다하라고 양속론을 주장하고 있다.[35)]

(3) 이의현(李宜顯)의 대마도 인식

조선통신사 일행은 문견록(聞見錄)을 반드시 기록해야만 했다. 이의현(李宜顯)은 동사일기(東槎日記) 속의 문견록에서 대마도에 대하여 조

35) 趙絅, 『東槎錄』 "대마도(對馬島)를 바라보며".

선 은덕론을 내세워 조선의 번병의식을 나타냈다.

> 대마도(對馬島)는 동서가 하룻길 혹은 반나절길이고, 남북이 사흘길인데 8군(郡)이 있으니, 풍기(豐崎)·유라(維羅)·인위(仁位)·좌수(佐須)·두두(豆豆)·여량(與良)·봉지(峯之)·좌호(佐護)가 그것이고, 82포(浦)가 그 8군에 분속(分屬)되어 있다. 산밭[山田]이 척박하여서 대부분 토란을 심었고 논은 거의 없는 편이라, 섬사람들이 다 말하기를, '조선의 은덕을 힘입어 살아간다'고 하였다.36)

(4) 남용익(南龍翼)의 대마도 인식

대마도 도주가 거처하는 부중포의 이정암(以酊菴)에는 전패(殿牌)를 모셔 놓았는데, 그 앞면에 금자(金字)로 쓰기를, '조선국왕 만세(朝鮮國王萬歲)'라 하였으며, 만송원(萬松院)에는 덕천가강(德川家康)의 원당도 설치하여 한일 양국의 지도자를 동시에 섬기고 있는 양속의식을 표현하고 있다.37)

(5) 조명채(曺命采)의 대마도 인식

대마도 왜인은 천성이 교활해서 부산관을 왕래하면서 우리나라의 인정과 물태(物態)를 익히 알고, 따라서 간사한 무리가 몰래 왜인의 뇌물을 받아 조정의 소식을 누설하므로 혹 서울에서 있은 일로 동래부(東萊府)가 미처 듣지 못한 것을 왜인은 이미 먼저 알고 있다 하니, 어찌 통탄하지 않으랴 개탄하였으며, 대마도 왜인이 우리나라 사람은 겁을 잘 내는 약점을 이용하여 훈도(訓導)·별차(別差)의 무리들을 위협하는 일이 종종 있으니 이에 대처해야 한다고 우려를 나타냈다.38)

---

36) 李宜顯, 『東槎日記』 聞見錄.
37) 南龍翼, 『東槎錄』 聞見錄.
38) 曺命采, 『東槎錄』 聞見錄.

(6) 신유한(申維翰)의 대마도 인식

신유한은 대마도는 조선의 한 고을과 같이 생각하였고, 대마도 태수가 도장(圖章)을 받아 조선 조정의 녹을 먹으며 큰일이든 작은 일이든 명령을 받아 시행하고 있으니 대마도는 우리나라에 대하여 번신(藩臣)의 의리가 있다고 보았다.[39)]

(7) 김세렴(金世濂)의 대마도 인식

김세렴은 왜인은 날카롭고 독하기는 심한 편이나 그다지 교사(巧詐)스럽지 않은데, 대마도의 왜인은 날카롭고 독하기는 모자라되 교사스러운 짓이 많다고 보았다. 그들은 부자·형제 사이에도 서로 아끼지 않고, 집안 처자를 사랑하지 않는다고 보았다.[40)]

(8) 조엄(趙曮)의 대마도 인식－『海槎日記』 10월 28일

조엄은 해사일기에서 대마도는 땅이 척박하고 생산되는 곡물이 매우 적기 때문에 주민들이 오로지 고기잡이로 생활해 나가는데 우리나라가 공미(公米)와 공목(公木)을 대주지 않으면 살아가기 힘들다고 보았다. 대마도 사람들은 수백 년 동안 우리나라로부터 많은 의식(衣食)의 은혜를 입었기 때문에 "뼈는 일본 사람이지만 실은 조선 사람이라 할 수 있다"고 생각하였다.

조엄은 대마도인들이 조금이라도 사람의 마음이 있다면 마땅히 그 은덕을 감사해야 할 것인데도 불구하고 날이 갈수록 우리나라를 공갈하고 관백의 핑계를 대면서 신의를 지키지 않음을 통탄하였다. 비록 그러하나, '먼 나라 사람을 회유(懷柔)한다'는 말이나 '후하게 주고 박하게 받는다[厚往薄來]'는 경전의 말처럼 대범하게 대마도를 대해야 한다고

39) 申維翰, 『海游錄』 上, 6월 30일조.

40) 金世濂, 『東溟先生集』 卷10, 海槎錄下 聞見雜錄.

보았다.

그는 "대마도는 본래 조선의 소속이었는데, 어느 나라 어느 때에 일본으로 들어갔는지 알 수 없다"[41]고 기록하였다.

3) 실학자들의 대마도 인식

(1) 이익의 대마도 인식

대마도라는 섬은 고금이 다 말하기를, "본래 신라(新羅)에 소속되었다"고들 하나 삼국사(三國史)에는 반드시 그런 말이 보이지 않는다고 주장하며 대마도의 속국론에 부정적이었다.

그러나 대마도에는 곡식 심을 만한 비옥한 토지가 없고 오직 귤과 탱자와 남초(南草)만이 가장 잘 되니 그 지방 사람은 상업을 주로 삼고 먹을 것은 조선만 쳐다볼 뿐이므로 칼자루는 우리나라에게 있는 셈이니 적절하게 대마도를 다룰 수 있다고 보았다.[42]

그들을 은혜로 어루만져 주고 위엄으로 복종하도록 하여 그들을 제압할 수 있으므로 군사력을 동원할 필요는 없을 것이라고 대마도 번병의식을 갖고 있었다.

(2) 안정복의 대마도 인식

안정복은 이익의 제자이지만 그 스승과는 대마도에 대한 견해를 달리하여 대마도는 조선의 속국으로 보았다.

"전일 하교에서 '「대마도가 속국이다」는 것은 이미 믿을 만한 증거가 없으니, 괜히 허세부려 공갈치는 것은 마땅치 않다' 하셨으니, 분부를 따르겠습니다. 다만, 『여지승람』에서 '옛날 우리 계림에 예속되었다'

---

41) 趙曮, 『海槎日記』, 癸未年 10月 28日.

42) 李瀷, 『星湖僿說』 第19卷, 經史門 征對馬島.

하고 태종조에서 대마도를 치는 교서에 '대마도는 본래 우리나라의 땅이었는데, 다만 멀리 떨어져 있기 때문에 왜노(倭奴)에게 점거 당했을 뿐이다' 하고, 그 대마도를 유시한 글에 '대마도는 우리 경상도의 계림에 예속되었으니 본래 우리나라의 강역이다' 하였습니다. 이처럼 문적에 실려 있으니, 밝게 알 수 있습니다"[43]

안정복은 이익과의 문답과정에서 이익이 "대마도가 우리 땅이라고 괜히 허세 부려 공갈치는 것은 마땅치 않다" 하셨으니, 분부를 따르겠다고 스승의 가르침에 순종할 의사를 비쳤지만, 「동사외전(東史外傳)」에서 대마도를 「일본전」과 다르게 「부용전(附庸傳」에 넣고 대마도는 신라・고려・국초에 이르기까지 우리나라의 속국으로 취급하였음을 강조하였다. 특히 『동국여지승람』에서는 "대마도는 옛날 계림에 예속되었다"고 하였고 세종1년에 대마도를 정벌할 때에도 "대마도는 본래 우리나라의 땅이었다"고 강조되었던 예를 상기시켰다. 그리고 대마도의 원정은 마땅히 속국을 꾸짖는 방책이라고 보았다.

4. 맺음말

우리나라에서 지도(地圖)를 처음 그리기 시작한 것은 삼국시대에 국경이 확정된 후 영토에 대한 관심이 커진 때부터였다.[44]

고구려는 영류왕 11년(628)에 당나라에 사신을 보내면서 『봉역도』라는 고구려 지도를 보냈다는 기록이 나온다. 이로 미루어 보아, 고구려에서는 그 이전부터 지도가 제작되었음을 알 수 있다. 신라는 삼국을 통

43) 安鼎福, 『順菴先生文集』 第10卷, 東史問答 "성호 선생에게 올린 편지".
44) 金良善, 「韓國 古地圖 硏究抄」 『梅山國學散稿』, 崇實大 博物館, 1972.

일한 후 전국에 9주의 행정구역을 설치했는데 고산자 김정호의 『청구도』 부록에 삽입된 「신라9주군현총도」를 참고해 보면[45] 통일신라에서도 9주의 강역을 나타내는 지도를 만들었을 가능성이 있다.

고려시대에 접어들면 지도 제작에 대해서 여러 기록이 남아 있는데, 목종 5년(1002)에 거란에 고려지도를 보낸 일이 있었고,[46] 의종 2년(1148)에는 이심·지지용 등이 송나라 사람과 공모하여 고려지도를 송의 진회에게 보내려다가 들켜서 처벌당한 일이 있다.[47]

현종 때 10도를 5도양계로 행정구역을 개편한 후에는 『5도양계도』는 여러 차례에 걸쳐 작성되어 조선 전기 지도 제작에 많은 영향을 주었다. 고려 말에 제작된 나홍유의 『5도양계도』는 조선 태조 5년(1396)에 이첨이 그린 『삼국도(三國圖)』나,[48] 태종 2년(1402)에 이회가 그린 『팔도도(八道圖)』의 기본도가 되었을 것이며 그 모습을 『역대제왕혼일강리도(歷代帝王混一疆理圖)』의 우리나라 지도 부분에서 찾을 수 있을 것이다.

조선이 건국되고 태조가 개경에서 한양으로 천도하고 전국의 행정구역을 개편하였을 때 이에 필요한 지도의 제작이 추진되었다. 이러한 노력의 결실이 태종 2년(1402) 5월 태종의 탄신일에 의정부에서 바친 『본국지도(本國地圖)』이다.[49] 그 후 태종 13년(1413) 8월에 의정부는 또 한 차례 『본국지도』를 태종에게 바쳤다.[50] 이는 태종 13년(1413)에 있었던 행정구역의 개편과 함께 전국 주현(州縣) 명칭 중에서 계수관(界首官)을 제외하고는 '주(州)'자를 모두 '천(川)'자와 '산(山)'자로 개명한 주현 명칭을 반영한 전국주현도가 필요했기 때문일 것이다.[51]

---

45) 『青邱圖』 附錄「新羅九州郡縣總圖」.
46) 『遼史』 卷11, 列傳45 外紀 高麗傳.
47) 『高麗史』 卷17, 毅宗 2年 10月 丁卯條.
48) 李詹, 「三國圖後序」『東文選』 卷92下.
49) 『太宗實錄』 卷3, 2年 5月 戊戌, (1)234c.
50) 『太宗實錄』 卷26, 13年 8月 甲戌, (1)685b.

조선 초기 달라진 조선시대 행정구역의 실정을 충분히 반영한 새로운 지도 제작이 필요해졌고 이에 세종은 16년(1434)에 호조에 새로운 지도 제작을 명하였다. 세종은 앞서 태종 때 두 차례에 걸쳐 제작된 본국지도에 틀린 곳이 많으므로 새롭게 지도를 제작시킨다[52]고 하였다. 세종은 18년(1436)에 정척(鄭陟)에게 상지관과 화공들을 데리고 함길도・평안도・황해도 등을 자세히 조사하여 산천 형세를 그리도록 하였다.[53] 이러한 노력으로 비로소 고려의 『5도양계도』의 영역에서 벗어나 압록강과 두만강 등의 유역과 4군 6진 지역이 명확하게 파악된 전국지도가 그려질 수 있었다.

조선 전기에 지도 제작에 남다른 관심을 기울인 왕은 세조였다. 또 세조를 도와 이러한 목적을 이룬 인물은 양성지(梁誠之)였다. 그는 단종 1년(1453)에 수양대군으로부터 조선전도・팔도도・각주현도 등을 만들라는 지시를 받고[54] 화공과 상지관을 데리고 경기도・충청도・전라도・경상도 등의 산천 형세를 조사하였다.[55]

세조는 즉위한 후 본격적으로 양성지에게 지리지 편찬과 지도 제작을 재차 명하였다.[56] 양성지는 세조 9년(1463)에 정척과 함께 『동국지도(東國地圖)』를 완성하였다.[57] 이는 양성지가 세조의 지시를 받은 후 10년 만에, 정척이 세종의 명을 받고 산천 형세를 살피기 시작한 지 27년 만에 이룩한 업적이다. 이 『동국지도』는 고려시대의 『5도양계도』, 태종 때 이회의 『팔도도』, 세종 때 정척의 『팔도도』 등을 참고하고 또 정척이 이북 삼도를, 양성지가 하삼도의 산천 형세를 조사한 결과를 종

51) 『太宗實錄』 卷26, 13年 10月 辛酉, (1)690c.
52) 『世宗實錄』 卷64, 16年 5月 庚子, (3)567c.
53) 『世宗實錄』 卷71, 18年 2月 乙丑, (3)667a.
54) 『端宗實錄』 卷8, 1年 10月 庚子, (6)629d.
55) 『端宗實錄』 卷12, 2年 10月 辛卯, (6)710a ; 卷13, 3年 2月 乙酉, (7)13d.
56) 『世祖實錄』 卷2, 1年 8月 乙卯, (7)79a.
57) 『世祖實錄』 卷31, 9年 12月 丙寅, (7)593d.

합하여 제작한 조선 전기 지도의 완성편이라고 할 수 있다. 그러므로 이 『동국지도』는 정상기의 『동국대지도(東國大地圖)』가 제작[58]될 때까지 조선 전기 고지도의 표준지도 역할을 했을 것으로 추정되나, 현존하지는 않고 단지 그 계통을 잇는 지도인 국보 248호 『조선방역도(朝鮮方域圖)』가 있다.[59]

조선 초기에 지도 제작에 참여한 사람들은 정척과 양성지 등의 지도 제작 전문가와 강희안 같은 그림을 잘 그리는 유명한 화가, 안효례처럼 상지관으로 풍수지리의 대가, 박수미 같은 측량가들이 참여하여 지도를 제작하였다.

우리나라 고지도에는 대마도를 반드시 표기하였다. 이는 조선 초기까지 대마도가 우리나라의 영토라는 영토의식의 표현이었으며 또 다른 의미는 상지관들의 영향이다. 조선시대 고지도 제작에는 화공과 상지관들이 꼭 참여 하였고 상지관들의 영향으로 산천을 중시한 고지도가 제작되었다. 상지관들은 우리나라의 지형을 북쪽은 높고 남쪽은 낮으며 백두산이 머리가 된다고 생각하였다. 그들은 백두대간이 등성마루가 되어 지리산까지 뻗어 내려간 것으로 파악하고 이것은 마치 사람이 머리를 기울이고 등을 굽히고 선 것과 같다고 보았다. 그리고 대마도(對馬島)와 제주도[耽羅]는 사람의 발 모양으로 파악하였다. 제주도가 오른발이고 대마도는 왼발로 인식하여 우리나라 고지도에는 대마도를 반드시 표기하였다.

우리나라 지리지에 나타난 대마도 인식을 살펴보면 김정호는 왜가 신라 실성왕(實聖王) 7년(408)에 대마도에 군영을 설치하였는데, 이것이 왜인들이 대마도를 점령하기 시작한 시초라고 단정하였다. 그러나 대마도는 사면이 모두 돌산이고 토질은 척박하여 민생이 가난하며 ,그들은

---

58) 『英祖實錄』 卷90, 33年 8月 乙丑, (43)658.

59) 『조선방역도』는 필자가 신청하여 1989년 8월 1일부로 문화부 문화재관리국에서 국보 248호로 지정하였다.

소금을 굽거나 고기를 잡아 팔아서 생계를 삼지만 매우 가난하여 우리나라에서 매년 일정하게 쌀과 포(布)를 보내주고 있다고 하였다.

조선 후기 통신사들은 일본에 다녀오면서 대마도를 직접 체험한 대일본 전문가 그룹이다. 오윤겸, 조경, 신유한, 조엄 등이 일본을 다녀와서 쓴 일본 기행문에 의하면 대마도인들은 ① 조선의 옛 땅에 살고 있으며, ② 대마도주는 대대로 조선의 도서를 받고 있으며, ③ 조선의 경제적 지원으로 생활하고 있는 조선의 번병의식을 갖고 있었으나 대마도가 영토적으로는 일본에 소속되었다는 것을 부정하지는 않았다.

조선 후기 실학자들의 대마도 인식을 살펴보면 이익은 대마도라는 섬은 고금이 다 말하기를, “본래 신라(新羅)에 소속되었다”고들 하나 삼국사(三國史)에는 반드시 그런 말이 보이지 않는다고 대마도의 속국론에 부정적이었다.

그러나 안정복은 이익의 제자이지만 그 스승과는 대마도에 대한 견해를 달리하여 대마도는 조선의 속국으로 보았다. 안정복은 대마도를 「일본전」과 다르게 「부용전(附庸傳)」에 넣고 대마도는 신라 · 고려 · 국초에 이르기까지 우리나라의 속국으로 취급하였음을 강조하였다. 특히 『동국여지승람』에서는 “대마도는 옛날 계림에 예속되었다”고 하였고 세종 1년에 대마도를 정벌할 때에도 “대마도는 본래 우리나라의 땅이었다”고 강조되었던 예를 상기시켰다. 안정복은 대마도는 조선의 속국이라고 보았다.

〈토론문〉

「고지도에 나타난 대마도의 영토인식」 토론문

이 훈
(동북아역사재단)

1. 논문의 의의

이 논문은 발표자의 고지도 제작의 역사 및 고지도의 계보 등에 관한 전문지식을 바탕으로 조선정부나 관료의 영토에 대한 관심이 조선의 정치사·외교사와 관련하여 지도에는 어떻게 구체화되었나를 검토한 것으로 보인다.

토론자는 지도 등의 시각자료에 대해서는 문외한으로 고지도에 대마도에 대한 영토인식이 반영되었다고 하는 논지에 대해서는 수긍이 간다.

2. 의문점

단 논지의 전개에 있어서 몇 가지 의문사항을 제기하고자 한다.

a) 제목을 보면 「고지도에 나타난 대마도의 영토인식」이라 하여 검토시기를 특별히 어느 시기로 한정하지는 않고 있지만, 고지도가 검토대상으로 되어 있다. 그런데 내용상으로는 조선 전기에서 후기까지의 영토인식을 폭넓게 다루면서, 후기에는 고지도가 아니라 지리지나 통신사, 실학자의 대마도 인식이 검토대상이 되어 있다. 그나마 검토대상으로 삼은 지도도 『조선방역도』 1건에 불과하다.

따라서 비전문가의 입장에서 의문스럽게 생각되는 것은, 조선 전기의 『조선방역도』와 조선 후기에 제작된 여러 지도들을 비교해봤을 때 대마도에 대한 영토인식이 지도상에서는 어떤 차이로 나타나는지가 가장 궁금한 부분이다. 논문에서는 언급되지 않았지만, 대답이 가능하다면 듣고 싶다. 그리고 『조선방역도』 1건만 제시한 이유는 무엇인가?

b) 조선시대 지도라고 하는 것이 정부정책의 하나로 제작되는 것이라면, 지도를 작성하는 주체의 대마도 인식이 더 분명하게 제시되었으면 좋겠다. 조선 후기 실학자나 통신사의 대마도 인식도 중요하지만, 국왕을 비롯하여 관리들의 대마도 인식이 지도에 어떻게 표현되는지가 추적되어야 할 것 같다. 이 논문의 의도가 정보로서의 지도가 아니라 인식적 내지는 상징적 측면을 다루는 것이기 때문에, 『실록』 등 자료를 통해 특히 후기 국왕들의 대마도 인식이 언급되어야 할 것 같다.

c) 한편, 발표자는 『조선방역도』와 『실록』 검토를 통해 조선전기의 대마도 인식을 3가지로 정리하고 있다(① 대마도 고토의식, ② 동쪽번병의식, ③ 일본본토와는 다르다는 구분의식). 그런데 이러한 인식은 기본적으로 조선후기의 그것과 별로 다르지 않는 것으로 기술되어있다. 뿐만 아니라 지리지나 통신사, 실학자의 인식과도 별로 다르지 않다.

이 3가지 인식은 상식적으로 조선시대에 전반에 걸쳐 존재했을 것으로 생각되며, 후기의 정치적 상황이나 외교적 계기에 따라서 어떤 것이 강조되기도 하고 퇴색하기도 했을 것 같은데, 이러한 상황이나 시간이라는 문제가 별로 고려되지 않는 듯하다.

d) 『지리지』의 동래현 내지는 동래부편에 대마도 관련 기록이 있는 것은 영토의식이나 고토의식의 반영이라기보다는, 동래가 단순히 하나의 지방이 아니라 관할 업무 가운데 외교창구로서의 기능이라는 문제가 포함되었기 때문이 아닐까?

e) 『조선방역도』에는 동서남북의 방향이 어떻게 표기되어 있나?

f) 제2절은 거의 주)가 없는데, 자료의 출전을 밝혀주었으면 좋겠다.

g) 조선 후기에 제작된 지도 가운데도 울릉도와 독도가 표기되지 않은 지도도 있는가?

조선 후기 통신사행원의 대마도인식

하우봉
(전북대학교)

1. 머리말

대마도라는 이름이 기록된 최초의 역사자료는 A.D. 3세기경에 간행된 중국의 『三國志』 魏志 東夷傳 「倭傳」으로서 '對馬國'으로 표기되어 있다. 한국의 『三國史記』에는 '對馬島'로 나와 있으며 8세기 초엽에 편찬된 일본의 『日本書紀』에는 '對馬國', '對馬島', '對馬州' 등으로 되어 있다. 이로 보아 한자음을 빌린 '대마'란 이름이 고대로부터 일반적으로 쓰였던 것 같다. 한편 『日本書紀』보다 먼저 편찬된 『古事記』에는 '津島(쓰시마)', 『日本書紀』의 「神代」에는 '韓鄕之島(가라시마)'로 기술되어 있다. 이것은 對馬라는 한자음이 정착되지 이전의 원형에 가까운 것으로 이 섬의 의미를 잘 보여준다고 할 수 있다.

즉 '쓰시마[津島]'는 한반도와의 사이에서 왕래하는 배가 머무는 항구와 같은 섬이라는 뜻이고, '가라시마[韓鄕之島]'는 '한반도로부터 사람과 문화가 건너올 때 거쳐온 섬'이라는 의미가 내포되어 있다. 요컨대 대마도는 한반도와 일본열도의 중간에 위치하면서 선사시대로부터 한반도의 문물을 일본열도로 전달하는 교량적 역할을 한 섬이라는 뜻에서 유래하였음을 알 수 있다.

대마도에 대한 한국인의 관념은 고대로부터 다양한 형태로 있어왔지만 보다 구체적인 인식을 갖게 된 것은 조선시대였다고 할 수 있다. 본고의 목적은 조선 후기 통신사행원의 대마도인식을 고찰하는 것이다. 그런데 조선 후기의 대마도인식은 전기의 그것을 계승하면서 동시에 변화하는 측면이 있으므로 비교적 고찰을 위해 먼저 조선 전기의 대마도인식을 간단하게 살펴볼 것이다. 조선 후기의 통신사행원은 사행 중 반드시 대마도를 경유하였고, 호행하는 대마도인들과 많은 교류를 나누었다. 따라서 통신사행원이 저술한 일본사행록에는 대부분 대마도에 관한 기사를 남기고 있다. 그런데 본고에서는 조선 후기 통신사행원의 대마도인식을 분석하는 데 있어서 이 문제에 관해 가장 많은 고민과 함께 대책을 제시한 元重擧(1763년 통신사행의 서기)를 중심으로 살펴보고자 한다.

2. 조선 전기의 대마도인식

조선 초기 대일정책의 기본은 남쪽 변경의 평화를 확보하는 것으로서 바로 왜구대책이라고 해도 과언이 아니다. 보다 구체적으로는 왜구를 평화적 통교자로 전환시키는 일이었다. 이를 위해 조선정부는 외교적 교섭, 군사적 대응과 회유책을 병행하였다. 그럼에도 불구하고 왜구의 침략이 근절되지 않자 세종 원년(1418) 왜구의 근거지였던 대마도에 대한 정벌을 단행하였다. 이와 같은 경과를 거쳐 15세기 중엽에 확립된 대일통교체제는 막부와는 대등한 형식의 교린과 대마도 등 여타세력에 대해서는 羈縻交隣이라는 重層的인 형태를 취하게 되었다. 특히 대마도에 대해서는 여러 가지 교역상의 특권을 주면서 일본의 각종 통교자들을 통제하도록 하는 대신 조선중심의 국제질서체계 안으로 들어오게 하였다. 이 시기 조선정부가 대마도에 대해 시행한 授職倭人制, 授圖書人制, 歲遣船 定約, 歲賜米豆의 下賜 등은 전형적인 外夷羈縻策이라고 할 수 있다.

이 시기의 대마도 인식은 어떠하였을까?

1) 대마도인식의 전개

대마도가 조선의 영토라는 인식은 세종 원년(1419)의 대마도정벌과 뒤이은 대마도의 경상도속주화 조치 때 집중적으로 나타났다. 그 과정상에 보이는 조선정부의 대마도관을 살펴보자.

A-1 出征前 太宗의 敎諭文

"대마는 섬으로서 본래 우리나라의 땅이다. 다만 궁벽하게 막혀있고 또 좁고 누추하므로 왜놈이 거류하게 두었더니 개같이 도적질하고 쥐같이 훔치는 버릇을 가지고 庚寅年부터 뛰놀기 시작하였다"[1]

A-2 대마정벌 후 도주에게 보낸 교유문

"대마는 섬으로서 경상도의 鷄林에 예속되었던바 본시 우리나라 땅이라는 것이 文籍에 실려 있어 확실하게 상고할 수 있다. 다만 그 땅이 매우 작고 또 바다 가운데 있어서 왕래함이 막혀 백성들이 살지 않았을 뿐이다. 이에 왜놈으로서 그 나라에서 쫓겨나 갈 곳 없는 자들이 몰려와 모여 살며 소굴을 이루었던 것이다"[2]

---

1) 『세종실록』 원년 6월 6일, "對馬爲島 本是我國之地".

2) 『세종실록』 원년 7월 17일, "對馬爲島 隷於慶尙道之鷄林 本是我國之地 載在

우선 과정을 보면, 세종 원년(1419) 6월 대마도정벌을 감행한 후 강화교섭이 이루어졌다. 이 해 7월 17일 병조판서 趙末生의 명의로 대마도주에게 보낸 교유문에는 다 휩쓸어 와 항복하거나 아니면 무리를 다 이끌고 일본으로 돌아갈 것을 요구하였다. 결국 대마도는 이듬해 윤1월 이 요구에 응해 조선의 藩屛을 자처하며 屬州가 될 것을 요청하였다. 이에 조정은 대마도를 경상도에 예속시키고 도주에게 印信(=圖書)을 하사하였다. 이로써 대마도는 경상도의 속주로 편입되고 도주는 조선의 受圖書人이 되었다.

그런데 그 후 대마도속주화 조치는 1년 3개월 만에 철회되었다. 조선정부는 대마도를 영토적으로 복속시키는 대신 도주가 신하가 되어 변경을 지킨다는 명분과 정치적 종속관계에 만족하였다. 조선정부의 대마도정벌의 목적은 왜구의 진압이었고 대마도에 대한 영토적 지배에 있었던 것은 아니었다. 조선정부로서는 이것으로써 대마도가 조선의 藩屛으로 속령화되었다고 간주하였다.

대마도 정벌 후 조정에서의 논의과정이나 대마도주에게 주는 서계에서도 '대마주는 우리나라의 藩臣'이라거나 "어찌 (대마도와 조선을) 양국이라고 칭하느냐 너희 도주가 우리나라에 신하라 칭하였으니 (대마도는) 우리나라의 일개 州·縣에 지나지 않을 뿐이다"라는 기사가 자주 보인다.[3)]

이와 같은 조정의 인식은 성종 17년(1486) 편찬된 『東國輿地勝覽』에 그대로 계승되면서 이후 조선시대 대마도인식의 근간을 이루었다.

A-3 : 『동국여지승람』 권23, 동래현 산천조

"대마도는 곧 일본의 대마주이다. 옛날에 우리 계림에 예속되었는데 언제부터 왜인이 살게 되었는지 모르겠다"

文籍 昭然可考".

3) 『성종실록』 25년 2월 27일 및 『연산군일기』 8년 정월 19일.

여기서 주목되는 점은 대마도가 일본국의 대마주라고 밝혔지만 이어 옛날 우리의 故土였다고 하고 동래부의 부속도서로 취급하고 있는 점이다.

임진왜란 직전 통신사행의 부사로서 대마도를 방문한 金誠一도 대마도에 관해 "대저 이 섬이 우리나라와 어떤 관계인가? 대대로 조정의 은혜를 받아 우리나라의 東藩을 이루고 있으니 의리로 말하면 君臣之間이요, 땅으로 말하면 附庸이다"[4]라고 하여 대마도가 우리나라의 동쪽울타리로서 군신관계를 맺은 藩邦國으로 간주하였다.

한편 대마도는 조선과의 관계를 어떻게 인식하고 있었을까?

B-1 : 성종 18년(1487) 대마도주의 서계

"영원토록 귀국의 藩屛의 신하로 칭하며 충절을 다할 것입니다"[5]

B-2 : 對馬藩이 明治政府에 올린 奉答書

"歲遣을 약속한 것은 실로 업신여기며 주는 음식을 받아먹는 것과 같은 것으로 일시적인 구급책에 불과합니다. … 그리하여 잘못된 선례가 생기게 되어 조선에 대해 藩臣의 禮를 취하여 수백 년간 그 나라로부터 굴욕을 받았으니 분함이 이루 말할 수 없습니다"[6]

사료 B-1은 성종 18년 대마도주 宗貞國이 올린 서계의 일부분인데, 스스로 번병의 신하로서 충절을 다할 것이라고 밝혔다. 이와 비슷한 내용은『조선왕조실록』에서 흔하게 찾아볼 수 있다.

사료 B-2는 明治維新 이후 신정부의 외교개혁과정에서 대마도 측이 정부에 올린 봉답서의 한 부분이다. 여기서 대마도는 대조선관계가 藩臣의 禮로서 굴욕이었다고 하였다. 이어 1868년 明治정부로부터 국서

---

4)『海槎錄』권3「答許書狀書」, "夫此島之與我國如何也 世受國恩 作我東藩 以義君臣也 以土附庸也".

5)『성종실록』18년 2월 7일, "以永稱貴國藩屛之臣 而令竭忠節者也".

6) 한국일본문제연구회,『朝鮮外交事務書』1, 성진문화사, 1971, 83~90쪽.

전달을 지시 받았을 때에는 "지금의 서계부터는 조선이 주조해 준 圖書 대신에 일본조정이 만들어주는 새로운 도장을 사용하여 그들(조선)이 번신으로 우리를 대해 온 오류를 바로잡아, 예부터의 國辱을 씻고 오로지 國體와 國威를 세우고자 한다"[7]고 하면서 각오를 밝혔다. 이로써 대마도는 조선시대 조선정부가 대마도에 취한 세견선과 수도서제가 조공의례에 바탕을 둔 것이며 또 대마도가 조선의 번속국이었음을 자인하고 있었음을 확인할 수 있다.

2) 조선 전기 대마도인식의 성격

이상 살펴본바 조선 전기의 대마도 인식을 정리해 보면, ① 대마도가 옛날 우리나라 땅이었다는 對馬故土意識 ② 대마도가 우리나라의 동쪽 울타리라고 하는 對馬藩屛意識 내지 屬州意識 ③ 대마도가 일본 本州와는 다르다고 하는 對馬區分意識으로 나눌 수 있다.

첫째, 대마고토의식은 대마도정벌 시 태종의 교서 이래로 일반화되었다. 그런데 그 근거가 文籍에 분명하다고 하였지만 구체적인 증거는 약간 불확실하다. 대마도정벌 후 대마도가 일시 경상도의 속주로 편입되기도 하였고, 대마도정벌을 감행한 태종이나 중종대 三浦倭亂을 진압한 黃衡과 같이 대마도가 우리나라의 땅이었으므로 되찾아야 한다는 주장도 계속 존재하였다. 그러나 전체적으로 보아 그 후 대마도가 일본의 영토가 되어 있는 현실에 대해 부정하는 것은 아니었다. 『해동제국기』나 『동국여지승람』의 기사도 대마도가 현실적으로 일본땅이라는 사실을 전제로 하고 서술된 것이었다. 따라서 대마고토의식은 세종대 중기 이후로는 관념적인 형태로 존재하였다고 할 수 있다.

둘째, 대마번병의식이다. 대마고토의식이 다소 관념적인데 비해 대마번병의식은 현실에 바탕을 둔 것으로서 조선시대 대부분의 한국인이

7) 『宗重正履歷集』 권3, 明治 원년 10월 8일.

가졌던 대마도관이었다. 대마도정벌 후 대마도에 대한 영토적 지배 대신 정치적 속령화정책으로 바꾸게 됨으로써 대마도는 일본의 소속으로 되돌아갔지만 정치적으로 조선에 종속되었다. 대마도주는 受圖書人이 되어 조공무역을 하였으며 歲賜米豆를 하사 받았고, 도내의 호족들은 受職倭人이 되었다. 이와 같이 조선정부는 대마도에게 경제적 특혜를 주는 대신 조선의 울타리로서 왜구를 진압하고 통교자를 통제하는 역할을 맡김으로써 南邊의 평화를 보장받고자 한 것이다. 이는 전형적인 外夷統制策으로서 조선에서는 대마도를 조선의 東藩으로 인식하였던 것이다. 이에 따라 대마도의 교역선에 대해 모두 조공적 의례를 갖추도록 하였다. 또 대마도에 파견한 사신의 명칭도 敬差官・體察使・招撫官 등 국내의 지방관의 직명을 사용하였던 점도 대마도를 속주로 간주하고 있었기 때문이었다.[8] 이와 같이 대마도가 영토적으로는 일본에 속하였지만 정치적으로는 조선의 국가질서 속에 의제적으로 편입되어 신하의 예를 갖추었기 때문에 이를 兩屬關係라고 한다.

셋째, 대마구분의식이다. 이것은 양속관계론과 관련되는 것이지만 조선시대인들은 대마도를 일본 본주와 구별되는 반독립적인 존재로 인식하였다. 예컨대 대마도정벌 때 조선정부는 해적단의 본거지를 토벌하는 것으로서 일본 막부로부터 환영받을 것으로 생각하였던 듯하다. 그래서 그것이 본주에 대한 침략이 아님을 九州探題에게 미리 통보하였다. 세종 26년(1444) 일기도초무관 강권선의 보고에서도 대마도에 대해 '일본국왕의 명령이 미치지 못하는 곳'이라고 하여 일본본주와 다른 지역으로 파악하였다. 『海東諸國紀』에도 대마도를 일본의 8도 66주와는 별도로 기술하였다.

한편 일본에서도 대마도를 본주와 구별하는 시각이 많았는데 임진왜란 시 豊臣秀吉의 부하가 그린 「八道總圖」라는 지도에 대마도가 조선영

---

8) 韓文鍾, 「朝鮮前期의 對馬島敬差官」 『全北史學』 15, 1992 참조.

토로 표기되어 있는 점도 일본인의 대마도인식의 일단을 보여주는 사례이다.

실제 鎌倉幕府시대에는 고려와 정식 국교가 없는 상태에서 대마도가 독자적으로 進奉船貿易을 하였고, 室町幕府시대에도 대마도는 반독립적인 입장에 있었다. 이 시기 대마도는 막부로부터 재정적 지원을 받지 않았다. 조선과의 무역에 있어서도 막부와는 별도의 채널로 하였으며, 조선에서 막부로 파견한 사절을 護行하지도 않았다. 오히려 대마도는 조선정부로부터 재정지원을 받았으며 대일외교의 창구 역할을 하였다. 흔히 양속관계라고 하지만 조선전기의 경우 대마도는 무로마치막부보다는 조선정부와 더 밀접한 교류를 하였다.

3. 조선 후기의 대마도인식

室町幕府시대 반독립적인 지위를 누리며 조선과의 독자적인 통교를 하였던 대마도는 戰國時代를 통일한 豊臣秀吉에 의해 예속화의 길로 들어선다. 이어 德川幕府시대에도 초기에는 조선외교를 전담하면서 독자적 위치를 유지하였으나 17세기 초반 幕藩體制에 편입되어 도주 宗義智는 막부로부터 從四位下侍從 對馬守로 임명받았다. 물론 이 시기에도 대마도가 조선외교를 특수임무[家役]로 맡아 전담한 것은 조선 전기와 마찬가지이다. 또 대마도주는 여전히 조선정부의 수도서인으로 세견선, 세사미두의 지원과 왜관무역을 통한 이익으로 재정을 유지하였다. 형태적인 면에서 볼 때 조·일 양국 간의 양속관계라는 큰 테두리에는 변화가 없었다.

그러나 내용상으로 보면 상당한 변화가 있었다. 우선 조선 후기의 대일통교체제는 전기와 같은 다원적 형태가 청산되고 도쿠가와막부－

대마도로 일원화되었다. 전기와 같이 여타 호족세력들의 통교가 없어짐으로써 대마도의 조선외교 독점성은 상대적으로 강화되었지만 막부의 감독을 받음으로써 독자성은 줄어들었다. 즉 1635년 임진왜란 이후 국교재개과정에 대마도가 자행한 國書改作事件이 폭로됨에 以酊庵輪番制가 실시되었다. 막부에서 파견된 이정암윤번승들은 조선외교에 관한 외교문서를 감찰하였으며 통신사 호행에도 참여하였다. 이와 같이 17세기 중반 이후로는 대마도의 조선외교가 기본적으로 막부의 감독하에 진행되었다. 경제적인 측면에서도 1609년 체결된 己酉約條가 이전보다 더 엄격히 통제된 것이었기 때문에 대마도는 그 부족분을 막부로부터의 지원에 의지하였다. 특히 왜관무역이 쇠퇴하는 18세기 중반부터는 막부의 재정지원이 일상화되었다.

전반적으로 볼 때 조선 전기에 비해 대마도의 일본예속화가 진전되었고, 그만큼 양속관계는 약화되어 갔다고 할 수 있다. 이러한 여러 가지의 변화는 대마도가 형태적으로 조선과 일본 사이에서 양속관계를 유지하였지만 실제에 있어서는 막부 쪽으로 기우는 것이었다.[9] 크게 말해서 조선 전기의 대마도가 '조선 측의 대일외교창구'였다면 후기는 '도쿠가와막부의 대조선외교의 창구 내지 대리자' 역할을 하였다고 볼 수 있다.

4. 통신사행원의 대마도인식

조선 후기 통신사행원의 대마도인식의 전개양상을 살펴보자.

---

9) 대마도인 스스로도 양속관계 하에서 조선 조정을 섬기던 자세에서 벗어나 일본의 대리자임을 명백히 하였다. 시기적으로 좀 뒤이지만 영조 39년(1763) 통신정사 조엄은 대마도의 태도변화에 대해 "근자에 와서는 접대하고 수응하는 예절이 점차 전일과 같지 않다"고 지적하였다(『海槎日記』 계미년 11월 10일).

통신사행원들은 일본에 사행하면서 대마도에 대해 직접적인 체험을 가지고 있었고 또 귀국 후 대부분 정부의 대일정책 결정에 참가하였던 일종의 일본 전문가그룹이라고 할 수 있다. 대마도는 통신사행을 영접하기 1, 2년 전부터 그것을 위한 제반 준비를 하며, 사행이 끝날 때까지 모든 책임을 지고 그 역할을 수행하였다. 또 통신사행원들은 사행 시 반드시 대마도를 경유하였으며, 대마도주를 비롯해 수천 명의 대마도인들이 에도(江戶)까지 왕복하는 전 일정을 호행하였기 때문에 통신사행원은 그들과 많은 대화와 교류를 나누었다. 따라서 통신사행원들이 남긴 사행록에도 거의 대부분 대마도에 관한 기사를 서술하였다.

1) 대마도인식의 전개양상

조선 후기 통신사행원 가운데 대마도에 언급한 대표적인 사례들을 살펴보면 다음과 같다.

C-1 광해군 9년(1617) 오윤겸(吳允謙)의 『동사상일록(東槎上日錄)』

"(대마도는) 지성으로 사대하며 시종 한마음을 가져 영원히 藩屛이 되어야 할 것이다. 또 이 섬의 인민은 오로지 우리나라의 卵育의 은혜에 힘입어 생계를 삼고 있는 처지이니 이 뜻을 모든 인민들이 알아야 할 것이다"[10)]

C-2 인조 21년(1643) 조경(趙絅)의 『동사록(東槎錄)』

"조선 쌀과 조선의 베가 배고픈 때 너희의 밥되고 추운 때 너희의 갖옷되었다. 너희 목숨 조선에 달렸으니 너희 자손 대대로 속이지 말라. … 거듭 위하여 고하노니 너희 조그만 대마주는 양국 간에 끼었으니 모름지기 양편에 충심을 다해 백년토록 하늘의 복을 맞을지라" [11)]

C-3 숙종 45년(1719) 신유한(申維翰)의 『해유록(海游錄)』

"이 섬은 조선의 한 고을에 지나지 않는다. 태수가 圖章을 받았고 조정의 녹을 먹으며 크고 작은 일에 명을 청해 받으니 우리나라에 대해 藩臣의 의

---

10) 『東槎上日錄』 정사년 7월 10일, "至誠事大終始一心 永爲藩屛可也".
11) 『東槎錄』 「望馬州」.

리가 있다"12)

C-4 영조 39년(1763) 조엄(趙曮)의 『해사일기(海槎日記)』

"대개 이 대마도는 본래 조선의 소속이었는데 어느 나라 어느 때 일본으로 들어갔는지 알 수 없다. … 이미 조선의 옛 땅에 살면서 대대로 조선의 도서를 받으며, 또한 公米와 公木으로 생활하니 곧 조선의 外服地이다"13)

사료 C-1은 통신정사 오윤겸이 대마도주와 상견례 할 때 나눈 대화 내용으로서 대마도가 조선의 藩國임과 경제적 지원의 의미를 강조하였다. 사료 C-2에서 통신부사 조경도 조선의 경제적 지원의 의미를 강조하면서 대마도가 양속관계임을 분명히 밝혔다. 사료 C-3은 제술관 신유한이 대마도주와 의례논쟁을 하면서 말한 내용인데 대마속주의식과 藩國觀이 강조되어 있다. 사료 C-4에는 통신정사 조엄의 대마도관이 피력되어 있는데 그도 기본적으로 대마고토의식을 가지고 있었다. 또 대마도와의 관계에 대해서 ① 조선의 故土에 삶 ② 도주가 조선의 圖書를 받음 ③ 조선의 경제적 지원으로 생활함이라는 세 가지를 지적한 다음 대마도가 조선의 外服地라고 하여 번병의식을 나타내었다.

2) 원중거의 대마도인식

그런데 대마도문제에 관해 누구보다 많은 기술을 남긴 사람은 1763년 계미통신사행에 서기로 수행한 元重擧이다. 그는 귀국 후 『乘槎錄』과 『和國志』라는 사행록을 저술하였는데, 여기서 대마도에 관한 상세한 기술과 함께 대마도에 관한 정책까지도 제시하였다. 이하 원중거의 대

12) 『海遊錄』 상 기해년 6월 30일, "此島中不過如朝鮮一州縣 太守受圖章 食朝稟朝 大小請命 有我國藩臣之義".

13) 『海槎日記』 계미년 10월 28일 신해, "盖此馬島 本是朝鮮所屬 未知何國何時入於日本 … 旣居朝鮮之舊地 世受朝鮮之圖書 又以公米公木 藉以生活 則便是朝鮮之外服地".

마도인식에 관해 조금 더 자세히 살펴보도록 하겠다.

대마도에 대해서 원중거는 "그 땅이 우리나라와 가깝고 자주 접하므로 중시하지 않을 수 없다"고 하면서 『乘槎錄』과 『和國志』의 곳곳에서 언급하였다.

정리된 기록으로는 『和國志』 天卷 <馬州守本末>이 있는데, 여기에는 대마도의 역사와 현황에 대한 분석이 기재되어 있다. 우선 조선과의 외교관계에서 중요한 3대 세력인 島主・平氏家・以酊庵에 대해 소개하였다. 즉 島主에 대해서는 그 유래와 조선 초기 이래 역대도주의 세계와 관직, 조선과의 교섭과 관련된 행적 등을 智盛에서부터 現島主인 29대 義暢까지 상술하였고, 平調信－景直－調興으로 이어지는 平氏家가 1635년의 國書改作 폭로사건으로 몰락했다는 사실과 以酊庵의 유래・권한 등을 서술하였다. 다음으로 대마도의 지리・무역・島主의 江戶藩邸・食邑・관료제도・參覲과 禮物 등 당시의 대마도의 현상에 대해 정리하였다.

(1) 대마구분의식

원중거의 일본민족과 대마도에 대한 인식은 독특한 요소가 있다.

그는 충실한 주자학자로서 일본에 대해서는 기본적인 華夷觀을 가지고 있었지만 사행시 일본인을 직접 접하고 난 후 그것이 지니는 자기폐쇄성과 비현실성을 자각하면서 日本夷狄觀을 부정하고자 하였다. 즉, 그는 "일본에는 총명하고 英秀한 사람들이 많은데 진정을 토로하고 心襟을 명백히 하며 詩文과 筆語도 모두 귀히 여길 만해서 버릴 수 없다. 그런데 우리나라 사람들은 오랑캐라고 무시하며 언뜻 보고 나무라며 헐뜯기를 좋아한다"[14]고 하면서 단순한 夷狄觀에서 탈피하여 그 실질을 보아야 한다고 주장하였다.

---

14) 『淸脾錄』 卷1 「蒹葭堂」.

원중거의 일본인관의 또 하나의 특색은 일본인의 성격이 개인적으로 보면 순하고 유약하다는 평가이다. 이는 『和國志』 인물조 외에도 여러 곳에서 지적되고 있다. 예컨대 『乘槎錄』 卷2, 甲申年 3月 10日條에서도 "우리나라 사람들은 흔히 대마도인과 내국인을 구분하지 않고 倭人이라고 하며 狼毒하다고 하는데 실은 그렇지 않다. 국내인은 稟氣가 柔弱하고 習俗이 畏謹하여 그 風俗으로 말한다면 오히려 順善하다고 할 수 있다"라고 하였다. 또 그는 일본인의 기질에 대해 기존의 '至毒至狼說'을 부정하면서 대마인이 조선을 위협하기 위해 과장해서 퍼뜨린 것이라고 지적하였다. 이러한 견해는 전통적인 조선인의 일본인관 즉, '狡詐'·'勇猛'·'輕生好殺' 등의 이미지와는 크게 다르다. 원중거는 이에 대해 기존의 일본인관은 임진왜란 당시에 형성된 것이며 그것도 대부분 대마도인에 대한 관념으로서, 德川幕府의 출범이래 160여 년이 지난 지금의 일본인들은 크게 달라졌다고 설명하였다.

한편 원중거는 본주인과 대마도인에 대해서 뚜렷한 구분의식을 지니고 있었다. 일본이적관의 청산을 주장한 그로서는 모순될 수도 있다는 점에서 매우 독특한 측면이다.

그는 『乘槎錄』의 곳곳에서 '馬蠻輩', '馬蠻恣橫'이라고 표현하여 대마도인에 대해서는 夷狄觀과 함께 강한 혐오감을 표현하였다. 심지어는 '蟲魚鳥獸之惡'이라고도 표현하였다. 『和國志』 天卷 <風俗>에서 "대마도는 오랑캐로서 문화가 없으며 교룡·이무기와 같이 산다. 몸집이 건장하고 장대하여 내국인과는 전혀 다르다"라고 하였다. 뿐만 아니라 "내국인들이 항상 대마도를 蠻夷라고 부르며 사람 축에 같이 끼워주지 않는다"고 본주인과의 구분의식을 뚜렷이 하였다. 또 대마도인들이 조선과 일본 사이에 갖은 농간을 부리며 이익을 취하는 사례를 자세히 서술한 뒤 "대마도의 풍속은 兇險하고 鄙陋하다. 우리나라와 접해서 왜관에 출입하는 자는 모두 대마도인이다. 우리나라 사람들은 馬倭를 가리켜 倭人이라 하는데 실은 그 풍속을 잘 모르기 때문으로 內國人과는 전혀 다르다"라고 하였다.

원중거의 이와 같은 대마도인관은 주로 사행 중의 체험에서 기인했다고 보인다. 그는 대마도인이 양국 사이에서 부산 왜관의 通事輩와 짜고 이익을 취하는 행위를 누누이 비판하였고, 사행시 대마도인의 행위에 대해 깊은 불신감을 지니고 있었다. 심지어는 대마도를 '조선과 일본 兩國의 敵'이라고까지 하였다. 실제 통신사 일행이 江戶로 가는 길에 대마도주가 일정을 자의적으로 조정하여 각 藩으로부터 이익을 구하였는데, 통신사행원들은 이로 인해 심한 불편을 겪었으며 일정도 지체되었다. 이 사실은 江戶에까지 알려져 막부에서는 以酊庵 長老를 교체하였으며 歸路에는 감독관을 파견하여 감시하였다. 귀로 시 大阪에서 都訓導 崔天淙이 대마도 통사 鈴木傳藏에게 살해당한 사건도 그 바탕에는 통신사행원과 호행하는 대마도인과의 불신이 깔려 있었던 결과라고 볼 수 있다.

본주인과 대마도인에 대한 엄격한 구분과 日本夷狄觀의 청산이라는 독특한 원중거의 일본인관은 『和國志』와 『乘槎錄』의 곳곳에서 피력되어 있다.

(2) 대마도 대책

원중거의 대마도에 대한 문제의식과 대책에는 그의 독특한 대마도관이 바탕이 되어 있다. 그는 본주인에 대한 우호적인 인식과는 달리 대마도의 풍속은 '夷性夷行'이라고 하면서 그 이유는 地勢가 隔絶하고 文教가 전혀 없기 때문이라고 설명하였다. 이에 따라 그들은 仁義와 廉恥가 무엇인지를 전혀 모르기 때문에 한두 푼의 이익이 있으면 천백의 예의와 염치를 손상하면서도 추구한다고 하였다.[15] 그는 당시 조·일 양

15) 『乘槎錄』 권4, 갑신년 6월 22일조.

국의 상호인식상의 갭을 이용하여 이익을 도모하는 대마도인의 행태에 대해 매우 부정적으로 보았다. 즉 일본은 항상 조선의 '九世必報'의 의지에 대해 의구심을 갖고 있고, 우리나라 또한 일본의 속임수[狙詐]가 반복되지 않을까 의심하는데 대마인이 그 틈을 이용해 양쪽의 사정을 과장함으로써 이익을 취하고 있다는 것이다. 또 대마인들이 倭館交易을 통해 조선의 은혜를 입고 있으면서도 우리나라의 邊將・吏卒・譯官과 짜고서 이익을 취하고 기밀을 누설하는 현상에 대해 상당한 위기의식을 가지고 있었다.[16] 그밖에 동래부 왜관에서의 일도 괴이한 것이 많다고 하면서 '남쪽 변경을 개혁하는 일(南邊釐革之務)'이 실로 긴급하다고 보았다. 이러한 현실인식에서 원중거는 대마도대책을 제시하였다.

그는 "우리나라가 분란이 일어나는 것을 피한다고 하지만 실은 두려워해서 특례를 만들어 편의를 허락하니 대마도인이 더욱 교만 횡포해졌다"고 하면서 조선정부의 회유적인 대마도정책에 대해 비판하였다. 대마도의 악행과 교만을 방치한 결과 이제 우리나라를 모욕하고 해를 끼치게 되었다고 하며 이번 사행의 최천종 피살사건도 유약한 대마도정책에서 나온 것이라고 지적하였다. 대마도 대책에는 중국이 이적을 대하는 방식 중의 하나인 敷交奮武策, 즉 정벌은 하지 않지만 武威를 떨침으로써 감히 범할 수 없다는 형상을 과시하는 정책을 써야 한다고 주장하였다.

원중거의 구체적인 대마도 대책은 江戶幕府와의 직접적인 교섭에 의해 대마도를 통제하는 것이었다. 즉 別使를 바로 막부에 보내어 節目을 講定토록 하는데 그 주된 내용은 ① 왜관을 폐지하고 대신 會寧開市의 예에 따라 봄가을 2회의 開市를 열도록 할 것 ② 대마도주에게는 약간의 개시상의 특혜를 주되 무시로 교역선을 보내는 폐단을 혁파할 것의 두 가지이다. 그러면 남쪽 지방의 民力이 여유가 생기고 기밀을 엿보는 폐가 없어질 것이라고 하였다. 이러한 통제책에 의해 대마도인이 분란

---

16) 『和國志』 天卷 「風俗」.

을 야기할 가능성이 있을 수 있지만 ① 特送船과 公木의 이익 ② 엄격한 江戶幕府의 법령 ③ 통영의 수군에 대한 두려움 때문에 당장의 큰 염려는 없을 것이라고 보았다.

원중거의 주장은 대마도인과 본주인을 철저하게 구분하는 인식과 막부우호관에 바탕을 둔 것이다. 그의 이러한 인식에는 문제가 없지 않다고 여겨지지만 하여튼 대마도에 대해서는 아주 강경한 입장을 견지하였다. 심지어는 대마도에 대한 敎化의 가능성을 포기하면서 오로지 버리는 것이 상책이라고까지 주장하였다.[17] 이는 당시 조정의 대마도정책과는 명백히 대치되는 것이다. 통신정사 조엄도 부정적인 대마도인관을 가지고 있었고 사행 중 대마도의 간계와 횡포에 대해 몹시 불만스러워하였다. 그러나 조엄은 최천종 피살사건의 처리과정에서 보듯이 조정의 전통적인 대마도정책에 따라 대마도가 위기에 처했을 때 도주의 입장을 들어주었다. 이에 비해, 원중거는 통신사행의 호행도 굳이 대마도에 맡길 필요없이 막부와 직통하고, 필요하다면 대마도주를 轉封해도 괜찮다고 하였다.

뿐만 아니라 원중거는 전반적인 대일정책('處倭之道')의 기조로서 "소략함・간결함・멀리함・공경함・규정 준수・武備 과시 등의 요소가 중요하고 대신 상세함・꼼꼼함・가까이함・업신여김・前例 개정・느슨한 文治主義 등의 요소를 피해야 한다"고 주장하였다.[18] 요컨대 그의 대일정책의 기본정신은 '不可近 不可遠'으로 소극적인 강경책이라고 할 수 있다. 여기에는 기존의 유화적인 대마정책에 대한 비판의식이 담겨져 있으며, 특히 무력을 쓰지는 않더라도 그 바탕에 두어야 한다는 점이 주목된다.

---

17) 上同, "雖使才智者處之 不可化也 在兩國便宜 唯空棄之爲上策矣".

18) 『和國志』 人卷 「國初倭人來朝」, "故愚嘗謂處倭之道 宜略不宜詳 宜簡不宜密 宜遠不宜近 宜敬不宜狎 宜守法不宜更例 宜輝武不宜緩文 臆今釜館之受弊 反有甚於昔日之南平館 聊著往時事 以備今世之監戒耳".

3) 원중거의 대마인식의 특성

원중거의 대마도인식의 성격을 살펴보면, 德川幕府와 對馬島, 本州人과 對馬島人에 대한 인식에 있어서 지나치게 이분법적인 경향성이 있다. 德川幕府에 대해서 어설플 정도로 우호적인 인식을 가지고 있었던 반면 대마도에 대해서는 '兩國의 敵'이라고 할 만큼 비판적이었다. 그런데 원중거의 대마도대책에서 예상한바 막부가 대마도를 억누르면서 조선에 우호적인 정책을 취해줄 것으로 본 점은 안이한 인식이다. 또 본주인에 대한 그의 인식도 앞에서 지적한 것처럼 제한된 체험에서 나온 일면성을 지니고 있는 것이었다.

5. 맺음말

조선 후기 통신사행원의 대마도인식을 조선 전기의 그것과 비교해 볼 때 다음과 같은 특성을 지적할 수 있을 것 같다.

첫째, 조선 후기에 들어와 조일관계와 대마도의 지위가 내용적으로 바뀌어 감에도 불구하고 통신사행원들의 인식에는 對馬故土意識과 對馬東藩意識이 그대로 계승되고 있다는 점이다. 어떤 면에서 보면 현실과는 반대로 더 관념화되면서 심화되는 측면도 없지 않다.

둘째, 對馬區分意識의 심화를 들 수 있다. 일본의 본주와 대마도를 구분하는 의식은 조선 전기부터 있어왔다. 그런데 그것을 '深處倭'와 '對馬倭'의 용어로 구분한 사례는 임진왜란 시 포로로 잡혀갔다 돌아온 姜沆의 『看羊錄』이 처음이었다. 그것은 대마구분의식이 전기보다 명확해진 것을 의미한다. 이후 실학자 安鼎福이 『東史外傳』에서 대마도를 「附庸傳」으로 하여 「日本傳」과는 별도로 설정한 것도 이러한 의식의 표현이다. 1763년 계미통신사행에 수행한 元重擧는 한걸음 더 나아가 "대마도는 내국인과는 전혀 다르다. 내국인들이 항상 대마도를 蠻夷라고 부르며 사람 축에 같이 끼워주지 않는다"[19]라고 하였다. 또 그는 대마도가 양국 사이에서 농간을 부리며 이득을 취하는 행태에 대해 '조선과 일본 양국의 敵'이라고까지 하였다. 이는 대마도와 본주를 기본적으로 구별하는 인식에서 나온 것으로 대마도를 양속관계의 연장선상에서 파악하고 있는 것이다. 이와 같이 대마번병의식과 대마구분의식의 심화는 대마도의 달라진 위상과 태도에 대해 기존의 관념과 충돌하는 과정에서 나온 반응이라고 볼 수 있다.

셋째, 양속관계의 약화에 따른 對馬藩屛意識의 쇠퇴현상을 들 수 있다.

일본에 대한 재인식을 주창하였던 실학자 李瀷이 대마도속국론을 부정하는 입장을 취한 것은 변화하는 국제관계의 현실과 대마도의 위상을 수용하자는 것으로 볼 수 있다. 1763년 계미통신사행의 정사 조엄이 대마도를 조선의 '外服地'라고 한 것도 '우리나라의 국경 밖에 있으면서 복속하는 번국'이라는 의미로서 이전보다는 영유의식이 약화된 표현이라고 여겨진다.

전반적으로 조선 후기 통신사행원들의 대마도인식은 조선 전기의 그것을 그대로 계승하면서 오히려 더 엄격해지고 평가 또한 부정적으로 악화되어 가는 느낌이다. 그들은 사행중의 체험을 바탕으로 대마도에 대해 비판적이었고, 그 역할에 대해서도 기존의 藩屛論을 더 강조하였다. 예컨대 원중거의 철저한 대마도구분의식과 비판적 인식은 15세기 초반 통신사행으로 활약하였던 李藝의 그것과는 아주 대조적이다. 이예는 대마도인이나 本州의 일본에 대해 어떤 민족적인 특성을 강조하거나 양자를 구분하는 특별한 선입견을 가지고 있지는 않았다. 그는 기본적으로 대마도인을 평화적인 외교적 수단으로 회유해야 한다고 보고 있

19) 『和國志』 天卷 「風俗」.

었다. 그것은 그의 오랫동안의 외교경험의 소산이라고 보이지만, 하여튼 대마도인에 대한 그의 관념은 부정적인 것만은 아니었다. 대마도정벌 직후 일본에 回禮使로 다녀 온 宋希璟도 본주의 일본인과 대마도인을 특별히 구분하여 인식하지는 않았다고 여겨진다. 조선 초기 통신사행원의 일본인식의 공통적인 성격을 지적한다면, 실용적인 관점에서 일본의 문물을 인식하고 있다는 점이다.[20)]

조선 후기에 와서 대마도에 대한 인식이 악화된 이유는 무엇일까?

추측컨대 대마도가 조선 전기와 달리 도쿠가와막부의 직접적인 감독을 받으면서 종속성이 심화됨에 따라 같은 양속관계라고 하더라도 막부측에 기울게 되었다. 이에 따라 조선에 대한 태도 또한 전기에 비해서 달라질 수밖에 없었다. 또 임진왜란에 嚮導 역할을 했다는 대마도의 '原罪'에 대한 조선 측의 불신감이 의식의 바닥에 깔려있었다고 여겨진다.

---

20) 이예와 송희경의 일본인식에 관해서는, 하우봉, 「조선초기 대일사행원의 일본인식」 『국사관논총』 11, 1990, 국사편찬위원회 참조.

송희경이나 신숙주의 경우 화이관적 입장에서 日本夷狄觀을 가지고 있었지만 교조화하거나 경직화 하지는 않았다. 일본의 문화나 풍속에 관해서도 유교적 명분론에 입각해 야만시하거나 멸시하지 않고, 가치중립적인 입장에서 담담하게 소개하면서 문화적 독자성을 인정하는 자세를 취하였다. 이러한 요소는 16세기 이후의 일본인식과는 상당히 대조적이라고 여겨진다. 또 조일관계의 성격에 대해서도 정치적 명분론－예컨대 일본을 교화시킨다거나 경제적 교류를 무시하는 등의 태도－에만 머물지 않고 조일무역의 중요성을 강조하였다.

〈토론문〉

「조선 후기 통신사행원의 대마도 인식」의 토론문

신동규
(강원대학교)

발표자는 지금까지 조선시대의 일본관, 나아가 조선시대 한일관계에 보이는 상호인식이라는 관점에서 많은 연구를 진행해왔다. 이번 「조선 후기 통신사행원의 대마도 인식」도 발표자의 일관된 역사 연구의 한 소재라고 평가할 수 있다. 발표자는 이전 1996년에도 「한일 양국간 영토 인식의 재검토」라는 학술심포지엄에서 「한국인의 대마도 인식」이라는 주제로 발표를 했었는데, 이번 발표는 조선시대 통신사행원의 대마도 인식만을 특히 상술・세분화함과 동시에 더욱 면밀한 검토를 실시하고 있다.

이 논문의 의의를 간단히 언급해보면, 첫째, 조선전기에 기미교린이라는 중층적인 기본적 외교질서 아래에서 대마도를 인식하였고, 이를 토대로 대마도가 본래 조선의 영토라는 「故土意識」을 체계적으로 논증해 조선시대에 이러한 인식이 대마인식의 근저가 되고 있다는 점을 밝힌 점에 있다. 이는 최근 한일 간의 영토문제라는 입장에서도 시사해주는 바가 크다. 둘째, 통신사행원의 대마도 인식을 『사행록』을 토대로 충분히 논증하였고, 이전의 일방적인 조선시대의 일본관에서 탈피해 일본(=막부)을 객관화하여 평가한 사례를 분석하고 있다는 점이다. 예를 들면, 원중거가 『和國志』, 『乘槎錄』에서 日本夷狄觀의 청산을 주장한 부분을 사례로 들어 평가하고 있는 부분으로 이를 통해 대마도의 이중성, 나아가 막부의 대마도관까지 고찰하고 있다는 점이다. 다만, 본 토론자의 학문적 미숙함도 있겠으나, 몇 가지 사실 확인과 의문점이 있어 질문을 드린다.

첫째, 논문 제목이 「조선 후기 통신사행원의 대마도 인식」인데, 구성상 '조선 전기 대마도인식'이 반 정도의 내용을 차지하고 있다. 더욱이 '조선 후기 대마도인식'(1쪽 분량)은 너무 소략하며, '통신사행원의 대마도인식'에서는 조선 후기 통신사행 전체를 다루었다는 느낌보다는 원중거라는 개인의 일본관과 대마도관이 중심을 이루고 있어 제목과의 불일치감이 생긴다.

둘째, 2장 '조선 전기의 대마도인식'에서 대마도 등의 여타세력에 대해서 "조선중심의 국제질서체계 안으로 들어오게 하였다"고 하였는데, 당시 '조선 중심의 국제질서체계'의 실체가 무엇인지 추가 설명을 부탁드린다. 현재 일본의 역사학계에서는 '일본형 화이의식', '일본형 화이질서', '일본 중심의 국제질서' 등의 개념과 그 실체(통신사행원 · 유구사행원의 에도행, 네덜란드상관장의 에도참부 등을 조공으로 보는 인식)에 대한 비판이 있는데, 과연 조선 중심의 국제질서는 무엇인지 궁금하다.

셋째, 3장 '조선후기의 대마도인식'의 마지막 부분에서 1609년 체결된 기유약조가 이전보다 엄격했기 때문에 대마도는 그 부족분을 막부로부터 지원받았다고 하였고, 왜관무역이 쇠퇴하는 18세기 중반부터는 막부의 재정 지원이 일상화되었다고 하였다. 하지만, 에도시대라는 17세기에 대마번은 조선과의 외교업무를 일임받는 대신에 조선무역에 대한 독점권을 인정받아 이것을 知行으로 삼아 번의 재정에 충당하고 있었던 것이 일반적인 인식이다. 즉, 조선과의 무역 이익으로 인해 10만 석 大名이라 불리게 되었는데, 17세기 초두부터 막부로부터 재정 지원을 받았다는 설명은 일시적인 현상이라면 모르지만, 항시적으로 볼 수 있는지 의문이 생긴다.

넷째, 4장 '통신사행원의 대마도 인식'에서 원중거의 대마인식(조일양국의 적)이 상당 부분 언급되고 있다. 원중거 개인의 견해가 유별나게 막부우호적인 특색을 가지고 있다는 것은 특기할 만한 사항이나, 이를 가지고 통신사행원의 대마도 인식을 규정할 수 있을지 의문이 든다.

다섯째, '통신사행원의 대마도 인식'에서 C1~C4라는 4개의 사료를 예로 들어, 대마도는 조선의 藩國이라는 인식이 잠재되어 있었음을 논증하고 있다. 그런데, 당시 통신사행원들이 가지고 있었던 대마도 인식이 과연 조선과 대마도의 예속관계(藩國인식, 또는 영토문제로서 故土의식) 여부에만 한정되어 있었는지 궁금하다. 다른 여타의 대마도에 대한 인식에 대한 내용에 대해 추가 설명이 간단하게나마 필요하지 않을까 생각된다. 이는 발표문 전체의 커다란 틀 속에서 생각한다면, 과연 조선의 대마도에 대한 인식 자체가 대마도의 藩國 내지는 故土인식에만 한정되어져 있었는가, 나아가 조선 정부의 대마도에 대한 관심이 예속관계에만 있었는가라는 의문점을 낳게 한다. 이상 발표자의 추가설명을 부탁드리며 토론을 마친다.

일본에서 본 對馬의 영토문제

세키 슈이치關 周一
(츠쿠바筑波국제대학)

1. 머리말

쓰시마는 규슈와 조선반도의 중간에 위치하는 도서군으로 현재는 나가사키현(長崎縣)에 속해 있다. 가미아가타군(上縣郡)의 3정(町)[上對馬(가미쓰시마), 上縣(가미아가타), 峰(미네)]과 시모아가타군(下縣郡)의 3정[豊玉(도요타마), 美津島(미쓰시마), 嚴原(이즈하라)]으로 나뉘어 있다. 현재 일본에서 진행 중인 시정촌(市町村) 합병의 물결 속에서 2004년 3월 1일, 6정이 나가사키현 쓰시마시(對馬市)로 합병되어 섬 전체가 하나의 시로 편성되어 있다.

주도(主島)인 쓰시마는 면적이 698㎢로, 중앙부에 서쪽에서 아소만(淺茅灣)이 깊숙이 들어와 있다. 만의 안쪽은 1900년에 뚫은 만제키세토

(万關瀨戶)에 의해 분단되어 상도와 하도로 나뉘어 있다. 섬의 87%가 산림으로 평지가 적어서 농업에 적합한 곳이라고는 할 수 없다. 그러나 쓰시마 남부의 쓰쓰(豆酘, 구 嚴原町)에는 적미(赤米)가 전래되어 현재도 일부에서는 재배되고 있다. 다쿠즈타마(多久頭魂) 신사에서는 적미신사(赤米神事)가 행해지고 있다[海老澤, 2004]. 또 중세의 쓰시마에서는 燒畑이 널리 행해지고 있었다[關, 2004a].

본고는 쓰시마의 영토문제를 일본 측에서 고찰하려는 것이다. 일본의 고대・중세라는 시대를 대상으로, 주로 ① 중앙 정부(야마토 정권, 율령국가, 무로마치 막부 등), ② 쓰시마의 사람들(지배자・島民), ③ 상기 이외의 사람들에게 쓰시마는 어떤 위치였는가 등을 고찰한다. 영토문제라는 관점에서 말하자면, 쓰시마를 일본의 일부로 간주했는지의 여부가 논점이다.

본고는 고대・중세의 쓰시마의 역사를 추적하는 형태를 취한다. 그 가운데 필자의 연구를 포함하여 선행 연구를 소개한다. 그러므로 현대 일본의 역사연구에서 쓰시마가 어떻게 자리매김되어 있는가라는 것이 본고에 반영되는 셈이다. 쓰시마를 대상으로 포괄적으로 연구한 선행 연구를 들자면, 中村榮孝・田中健夫가 쓰시마의 개성에 대해 적확하게 지적하였다[中村, 1965 ; 田中, 1982b]. 고대의 쓰시마에 대해서는 永留久惠가 전승・신앙・유적 등을 포함하여 다각적으로 고찰하였고[永留, 1991], 川添昭二는 율령국가 때의 쓰시마에 대해 정리하였다[川添, 1981]. 또 중세의 쓰시마에 대해서는 長節子가 조선과의 관계를 중심으로 일관성 있게 고찰하였고[長, 1987·2002], 佐伯弘次도 뛰어난 개관을 발표하였다[佐伯, 1990]. 본고의 고대 부분은 『日本歷史地名大系 43－長崎縣の地名』에 많은 부분을 의거하였다.

2. 고대에서 쓰시마의 위치

1) 왜인의 섬 쓰시마

문헌에 쓰시마가 최초로 나타나는 것은 중국의 역사서인 『삼국지』 위서 동이전 왜인조(일본에서는 『위지』 동이전으로 약칭한다)의 기사이다. 대방군에서 왜로 가는 경로를 설명하는 부분에 '對馬國'으로 나온다. 3세기 전반의 기사인데 일본에서는 야요이 시대에 해당한다. '對馬國'은 서일본 각지에 나타나는 소국의 하나이다. 동이전에서는 '韓人'과 구별되어 '倭人'으로 나온다. '倭'와 '韓'의 경계는 조선해협이라고 인식되었다고 생각된다. 쓰시마의 大官은 '卑狗', 副官은 '卑奴母離'라고 한다. '卑狗'는 日子로, 남자의 美稱이다. '卑奴母離'는 '히나모리'로 읽으면 '夷守'로 변경의 수비, '히노모리'로 읽으면 日守(火守)가 되지만 단정할 수는 없다[有限會社平凡社地方史料センター, 2001]. 그리고 "絶島로, 사방은 400리 정도, 토지는 산이 험하고 울창한 숲이 많으며 도로는 새나 사슴이 다니는 길과 같다. 집은 1천여 호가 있다. 비옥한 논은 없으며 해산물을 먹고 자활한다. 배를 타고 남북으로 다니면서 쌀을 구매하기도 한다. 또 남쪽에 1천여 리의 바다가 있는데, 瀚海라고 한다"고 설명하고 있다. 한해는 大海의 의미인데, 쓰시마해협을 가리킨다.

일본의 고고학에서는 쓰시마에는 규슈·혼슈의 왜인사회와 마찬가지로 야요이 문화가 펴져 있었다고 본다. 그런 한편 대륙계 문물도 쓰시마의 야요이 유적에서 종종 출토되고 있다. 대륙계 문물은 한반도 남부에서 제작된 금속기·玉器·토기가 많은데, 쓰시마 島民이 남북으로 돌아다니면서 쌀을 구매했다는 『위지』 왜인전의 기술과 함께 고려하면, 쓰시마 도민의 광범한 활동이 한반도·규슈 사이의 교류를 확대시켰다고 할 수 있다.

또 고분시대의 유적도 많은데, 箱式石棺이 주류로 얕은 바다 연안에 집중되어 있다. 內海의 가장 깊숙한 곳에 있는 게치(鷄知, 구 美津島町)에는 쓰시마에서 유일하게 前方後円墳群이 있다. 가장 오랜 쓰루노야마 고분(鶴の山古墳, 出居塚古墳)의 연대는 4세기 후반으로 보고 있다. 이들 고분의 피장자는 쓰시마의 호족이었을 것으로 보이며, 『古事記』나 『日本書紀』에 보이는 '對馬縣直'에 해당할 것으로 생각된다.

8세기 전반에 성립한 『고사기』와 『일본서기』에서 쓰시마의 표기를 살펴보면, 『고사기』에는 '津島(쓰시마)', 『일본서기』에는 '對馬'로 표기하고 있다. 이 이후 정식 표기로서는 '對馬'로 정착된다.

『고사기』와 『일본서기』의 오오야시마노쿠니(大八洲國, 일본)의 탄생신화에서는 쓰시마가 어떻게 위치되고 있을까? 두 책 모두에서 쓰시마가 일본의 일부로 자리잡고 있지만, 두 책 사이에 차이도 있다. 『고사기』에서는 이자나기노미코토(伊邪那岐命)·이자나미노미코토(伊邪那美命) 사이에 태어난 八島 가운데 '伊伎島(이키노시마, 壹岐島)' 등과 함께 '津島'가 있다(『고사기』 상권, 大八島國生段). 『일본서기』에는 '對馬嶋·壹岐嶋'와 '處處의 小嶋'는 '물거품이 응축되어 만들어진 것'으로 되어 있어서, 八島와는 별도로 바다물의 거품에서 생겨났다고 되어 있다(『일본서기』 권 제1, 神代上, 제4단).

2) 백촌강 전투와 쓰시마

왜왕권(야마토 조정)이 한반도와의 국경을 강하게 의식하게 된 것은 7세기 후반이라고 생각된다. 그 배경에는 한반도의 정치 정세가 있다.

660년, 신라의 구원 요청을 받아들여 당의 고종은 백제에 출병했다. 당의 출병 이유는 백제가 책봉질서 안에서 질서를 교란시켰다는 데 있었다. 신라·당군의 공격을 받고 백제의 수도 사비성과 舊都 웅진성이 함락되고, 백제의 의자왕은 태자 隆과 함께 당군에 투항했다. 백제가 멸망한 것이다.

백제의 유신들은 백제 부흥을 위해 움직였다. 660년, 鬼室福信은 거병하고 야마토 조정에 구원을 요청했다. 야마토 조정에는 백제 의자왕의 아들 豊璋이 인질로 와있었는데, 귀실복신 등은 야마토 조정의 군사원조를 받고, 동시에 당군에 항복한 의자왕과 태자 융을 대신하여 풍장을 백제왕으로 받아들일 생각이었던 것 같다. 오오키미(大王) 齊明(사이메이 천황)는 다음 해, 백제 구원을 결정하고 스스로 출병하였다. 그러나 한반도로 건너가기 전에 사이메이는 치쿠젠노쿠니(筑前國)에서 병에 걸려 죽었다. 663년, 왜군과 백제부흥군은 조선 남서부의 금강 하구 부근에서 당・신라 연합군과 전투를 벌였다. 이것이 백촌강 전투이다. 전쟁은 이틀에 걸쳐 벌어졌는데, 강기슭에 진을 친 백제군은 문무왕이 이끄는 신라군에게 격파당하고, 왜군은 해상에서 소정방이 이끄는 당군에게 패배하였다. 그 결과 주류성에 있던 풍장이 이끄는 백제부흥군도 붕괴되었다. 이리하여 백촌강 전투는 왜군・백제부흥군의 패배로 끝났다.

이 패전이 야마토 조정에 준 충격은 컸다. 이후 야마토 조정은 신라・당에 대한 방어체제를 강화해 나가게 된다. 664년(天智天皇 3), 야마토 조정은 쓰시마・壹岐島・筑紫國의 요충지에 봉수를 설치하고 사키모리(防人)를 배치했으며 쓰쿠시(筑紫)에 水城을 쌓았다(『日本書紀』 권27, 天智天皇 3년 是歲條). 665년 7월 28일, 당의 사자 254명이 쓰시마에 도착하여 2개월 가까이 체류하다가 쓰쿠시에 왔다(『日本書紀』 권27, 天智天皇 4년 9월 23일조).

665년에는 쓰쿠시의 大野城 등이, 667년에는 야마토노쿠니(倭國) 高安城・사누키노쿠니(讃岐國) 屋島城과 함께 쓰시마의 가네다성(金田城)이 축조되었다(『日本書紀』 권27, 天智天皇 6년 11월 是月條). 가네다성은 쓰시마시(구 下縣郡 美津島町) 黑瀨의 城山에 축성된 고대의 조선식 산성이다. 아소만 남쪽 기슭에 만 안으로 돌출된 반도의 선단부에 위치하며, 만의 입구인 大口瀨戶 방면을 한눈에 내려다볼 수 있다. 최근에 이 성의 일부에 대한 발굴조사가 진행되고 있다[長崎縣美津島町敎育委員會, 2000].

이와 같이 야마토 정권은 한반도에 대한 최전선으로서 쓰시마의 방어체제를 정비하고 있다. 야마토 정권은 한반도와 쓰시마 사이의 조선해협을 국경으로 생각한 것으로 생각된다.

3) 율령국가와 쓰시마

쓰시마는 율령제의 성립과 함께 上縣·下縣의 2郡을 관할하는 '對馬島'으로서 筑前國·筑後國 등의 '國'에 준하는 취급을 받았다. 天武 천황 이후 정비된 율령국가에게 쓰시마는 이키나 陸奧·出羽·佐渡와 함께 '邊要'로 자리매김되었다. 쓰시마·이키는 규슈의 통할과 변요 방어를 맡은 다자이후(大宰府)의 관할 하에 있었다. 쓰시마·이키는 한반도·중국 대륙과 접하는 최전선 기지의 성격을 강하게 갖게 된다[川添, 1981]. 「對馬貢銀記」(『朝野群載』 권3)에는 "쓰시마는 본조(일본)의 서쪽 끝으로 다자이후에 속한다. 바다로 고립되어 있으며 사면은 절벽이다. 그 이름은 수·당의 사적에 보인다. 筑前國 博多津에서 배를 타고 서쪽으로 하루를 가면 이키에 도착한다. 이키에서 쓰시마에는 하루 만에 도착하지만 강한 바람이 불지 않으면 갈 수 없다"고 되어 있다.

730년(天平 2) 諸國의 사키모리는 일시적으로 정지되었지만, 737년(天平 9)에는 쓰쿠시의 사키모리를 本鄕으로 돌려보내고, 쓰쿠시의 장정을 보내 이키·쓰시마를 지키게 하였다(『續日本紀』 天平 9년 9월 22일조).

율령제에서 쓰시마는 下國으로 분류되었다. 『和名類聚抄』에 의하면 쓰시마는 2郡 9鄕, 上縣郡에 伊奈·向日·久須·三根·佐護, 下縣郡에 賀志·鷄知·玉調·豆酘 등의 鄕이 있었다. 『弘仁式』 主稅에서는 쓰시마의 正稅가 3920束, 『延喜式』 主稅寮에서도 3920束인데, 島司 및 사키

모리 등의 양식으로 충당하기 위해 筑前·筑後·肥後·豊前·豊後 등의 諸國이 매년 곡식 2000석을 쓰시마에 보낼 것을 규정하고 있다. 또 쓰시마에도 國分寺·國分尼寺 제도가 실시되어 島分寺가 설치되었다. 『延喜式』에 기재된 신사인 式內社가 29座(大 6座·小 23座) 있었다.

쓰시마에는 수도에서 對馬島司가 파견되어 島衙(國衙)가 조직되었다. 도내에는 재지세력인 과거의 구니노미야쓰코(國造)가 율령제 아래서 郡司가 되어 재지에서 세력을 떨쳤다. 헤이안 시대의 유력한 재지세력은 우라베씨(卜部氏), 뒤에 아히루씨(阿比留氏)였다. 857년(天安 원년), 對馬島 上縣郡擬主帳 卜部川知麻呂, 下縣郡擬大領 直浦主 등이 党類 300여 명을 이끌고 對馬守正七位下 立野正岑의 居館을 포위하고 불을 질러 正岑와 從者 10명·사키모리 7명을 사살했다(『日本文德天皇實錄』 天安 원년 6월 25일조). 이 반란의 주모자들은 처벌을 받아(『日本三代實錄』 天安 2년 12월 8일조), 우라베씨는 몰락했다[川添, 1981].

또 쓰시마에서는 은이 산출되었다. 674년(天武 천황 3), 對馬國司守 忍海造大國가 처음으로 산출된 은을 조정에 헌상했다(『일본서기』 권29, 天武天皇 3년 3월 7일조). 701년(大寶 원년)에는 쓰시마에서 금을 바쳐 大寶라는 연호로 건원했지만, 이 야금은 가짜였다고 한다(『속일본기』 大寶 원년 3월 21일조·8월 7일조).

3. 쓰시마와 고려

1) 刀伊의 入寇

다음으로 쓰시마와 고려의 관계에 대해 살펴보기로 하자.

1019년(寬仁 3) 3~4월, 이른바 '刀伊(도이)'가 다자이후 관내에 침입했다. 일본에서는 刀伊의 入寇로 불린다[村井, 1996·2005]. 도이란 고려가 야만족, 특히 여진족을 가리켜 부른 말이다. 여진은 뒤에 금을 건국하는 퉁구스계 민족으로 연해주 지방에 살면서 수렵・목축을 영위하였고, 고려의 북방에 접하여 바다를 통해 고려에 침입・약탈을 자행하고 있었다. 여진 해적은 현재 함경남도의 함경 평야를 근거지로 조선반도 동해안에서 약탈을 자행했으며, 울릉도에 있던 우산국을 자주 습격하였다.

여진족은 50여 척의 선단을 이끌고 쓰시마・이키를 습격하고, 다시 筑前國 怡土郡 등에 침입하였다. 각지에서 1천 수백 명을 포로로 잡아갔고 아이들을 포함하여 4백 수십 명을 죽였으며, 소와 말, 개를 잡아먹고 곡식을 약탈하고 민가 45채를 불태우는 등 참혹한 피해를 안겨줬다. 中納言兼大宰權帥 후지와라노 다카이에(藤原隆家)는 중앙 정부에 급보를 보내는 한편, 군대를 갖추어 방어하도록 명령했다. 다자이후의 군대는 용감하게 싸워 이를 격퇴했다. 도이는 마지막으로 肥前國 松浦郡을 습격했지만, 현지의 무력에 격퇴당하여 물러났다. 처음에 조정에서는 침입자가 고려가 아닌지 의심했지만, 다카이에는 도이를 추격할 때 고려의 국경을 침범하지 말라고 신중하게 명령했다.

그 후 고려군이 여진의 침입을 격파하고, 포로 등 일본인 2백 수십 명을 구출하여 보호, 송환하였다. 이에 앞서 가족과 함께 포로가 되어 있던 對馬判官代 長岑諸近가 탈출했는데, 그는 남겨놓은 노모가 걱정이 되어 고려로 건너가 포로로 잡혀 있던 여성들을 데리고 귀국, 포로의 상황 등에 대해 보고했다. 당시 조정에는 渡海制가 실시되어서, 정부의 허가 없이 외국으로 도항하는 것은 처벌 대상이었다. 長岑諸近에게는 허가를 받지 않고 고려에 가는 것이 도해제를 어기는 행위라는 의식이 있었다(『小右記』 寬仁 2년 8월 3일조).

2) 進奉船과 몽고의 침략

일본과 고려의 교섭은 표류인 송환을 통하여 진전되어, 일본 상인이 고려에 가서 무역을 하게 되었다[靑山, 1955 ; 森, 1975abc ; 田村, 1967 ; 佐伯, 1990]. 쓰시마에 관한 사례를 보면, 선종 2년(1085)에는 '對馬島勾当官'(對馬國衙?)이 고려에 사절을 파견하여 감귤을 진상하고 있다[『고려사』 권10, 선종 2년 2월 丁丑(13일)조]. 특히 11세기말에는 다자이후・쓰시마 등 규슈 각지로부터 사절 파견이 두드러진다.

12세기 이후 쓰시마에서 고려로 進奉船이 파견되었다. 이영은 진봉선에 대해 다음과 같이 설명한다. 쓰시마의 고려에 대한 진봉관계의 성립은 1169년(嘉應 원년)일 가능성이 높으며, 그것을 추진한 사람은 平淸盛의 의사에 따라 움직인 平賴盛, 혹은 少貳宇佐公通이었다고 상정한다. 그 실태는 진봉을 명목으로 한 무역으로, 쓰시마 國衙・다자이후 등 지방행정기관이 주체였으며, 종언은 1266년(文永 3) 11월, 몽고로부터 일본의 입조를 촉구하는 조서가 고려에 송달된 시점에 구하고 있다[李, 1999]. 단, 성립 시기에 대해서는 山內晋次가 비판하고 있듯이 재고의 여지가 있다[山內, 2003].

가마쿠라 시대에는 쓰시마에서는 아히루씨 대신에 宗氏(소씨)가 대두한다. 長節子에 의하면 소씨는 對馬在廳官人인 고레무네씨(惟宗氏)가 무사화한 것이다. 가마쿠라 시대에 쓰시마의 守護・地頭는 쇼니씨(少貳氏)였다. 고레무네씨는 쇼니씨의 被官이 되어 地頭代를 겸하였다. 그 때문에 島政의 실권을 장악하고, 무사적 활동 영역에서는 소씨를 칭하게 되었다[長, 1987].

1267년(원종 8) 1월, 일본을 招諭하기 위해 파견된 몽고의 사절 黑的과 고려의 宋君斐・金贊이 거제도의 송변포에서 쓰시마로 가지 않고 돌아갔다. 그 때 고려 국왕 원종은 쿠빌라이에게 올린 상주문에서 "且日本素與小邦未嘗通好 但對馬島人 時因貿易往來金州耳"라고 하였다(『고려사』 권26, 원종 8년 정월조 ; 『고려사절요』 권18, 원종 8년 정월조). 원종은 일본과 고려는 아직 '通好'(통교)한 적이 없지만, 쓰시마 사람이 때때로 '무역'을 위해 금주에 왕래하고 있다고 했다. 이것은 진봉선을 가리키는데, 고려와 일본 사이에는 국가 간(중앙정부 간)의 외교는 없고, 쓰시마와 금주라는 지방 사이의 무역이 이루어지고 있다는 것이 고려 국왕의 인식이다. 쓰시마를 일본의 일부로 보고 있음을 알 수 있다.

몽고의 침략 때 최전선에 위치하는 쓰시마는 최초의 공격 대상이 되었다. 1269년(文永 9), 몽골의 사자가 쓰시마 도민 두 사람을 데리고 갔다[『고려사』 권26, 원종 10년 3월 辛酉(16일)條]. 정보 수집을 위한 것으로 보인다. 1274년(文永 11)의 文永蒙古合戰 때에는 몽고·고려군이 최초로 전투를 벌인 곳이 쓰시마이며, 宗助國 등이 전사하였다(『八幡愚童訓』).

3) 헤이안·가마쿠라 시대의 쓰시마 인식

이상에서 설명한 상황을 바탕으로 일본 측은 쓰시마를 어떻게 보고 있었는지 살펴보자. 헤이안·가마쿠라 시대 일본의 중앙 정권에게 쓰시마가 '邊要'의 지역이며, 한반도·중국 대륙의 최전선 기지라는 성격은 변함이 없다. 행정 조직상 쓰시마가 일본의 지방행정조직임에 틀림없다. 쓰시마 국아가 설치되는 한편, 가마쿠라 막부는 쓰시마 슈고·지토를 임명하였는데 쓰시마 현지에서는 소씨가 대두했다.

그러면 당시 사람들(머리말에서 설정한 ③의 사람들을 염두에 두고 있다)은 일본의 경계를 어떻게 인식했을까? 현대의 국민국가와는 달리 명확한 국경선이라는 관념은 일반화되어 있지 않았다. 그 때문에 계층·필자에 따라 경계 인식이 달랐다. 사료에 나타난 일본의 경계 사례를 村井章介가 13건 모았다. 村井는 전형적인 인식을 동쪽은 外浜, 서쪽은 鬼界島(硫黃島), 또는 이키·쓰시마(『妙本寺本曾我物語』 권5)로 특정할 수 있다고 한다. 또 남쪽은 土佐, 북쪽은 佐渡이다[村井, 1988, 114~115쪽].

또 다음과 같은 사례도 있다. 称名寺 소장 日本圖(神奈川縣立博物館 보관)에는 일본열도가 비늘로 덮인 띠 모양의 물건으로 둘러싸여 있다. 그 바깥쪽에는 쓰시마라고 적힌 원이 있다. 그리고 그 주변에는 '羅刹國', '龍及國', '唐土', '蒙古國', '雁道', '新羅國'이 기재되어 있다. 이 일본도는 쓰시마를 일본의 바깥쪽에 위치시키고 있어서, 쓰시마를 일본의 일부로 보지 않는 사례가 존재했음을 알 수 있다[大石 외, 2001 ; 黑田, 2003].

4) 왜 구

1350년(觀應 원・正平 5) 2월, 왜구는 고려의 고성・竹林・거제를 습격했다. 이것을 『고려사』와 『고려사절요』는 왜구의 침입이 이로부터 시작되었다고 기술하고 있다. 이 해 이후 대규모 왜구가 계속해서 침공하였다.

처음에 왜구는 조선반도 남부(경상도・전라도) 연안을 습격하고, 고려의 수도 개경(개성) 근처와 조선반도 북부까지 출몰했다. 그 중에는 100·300·500척 등 대규모 선단을 조직한 것도 있었으며, 내륙까지 침공하는 대규모 기마집단도 등장했다. 고려의 천민인 화척・재인의 일부는 왜구를 사칭하며 약탈을 자행했다.

조선왕조 시대에 들어오면 왜구는 대체로 수척에서 수십 척 정도로 규모가 작아지며, 침공 지역도 연안부로 국한되었다. 15세기 전반에는 침공도 간헐적으로 이루어졌다.

『朝鮮王朝實錄』에는 종종 '三島之倭寇'라는 표현이 보인다. 이 '삼도'가 조선왕조가 인식하고 있던 왜구의 근거지인데, 구체적으로는 쓰시마・이키・松浦 지방을 가리킨다. 쓰시마 사람들이 왜구에 많이 참가했다고 생각된다. 조선왕조 초기에 조선왕조의 유화정책에 응하여 왜구에서 降倭 등으로 전신한 자들 중에는 쓰시마 도민가 많았다[田中, 1959·1982 ; 李, 1999 ; 關, 2003 등].

4. 쓰시마와 조선왕조

1) 통교관계의 성립

왜구의 금지를 요구하며 고려, 이어서 조선왕조는 일본에 사절을 파견했다. 고려 말기에는 무로마치 막부, 九州探題 今川了俊, 大內義弘와 교섭이 이루어졌다. 조선왕조도 무로마치 막부・九州探題(今川了俊과 澁川氏)・大內氏 등과 교섭하였고, 또 각지에서 조선왕조에 사절을 파견했다. 쓰시마에서는 소씨와 원래 왜구였던 早田氏 등 다양한 도내 세력이 사절을 파견했다.

무로마치 막부는 쇼니씨 대신에 소씨를 對馬國의 슈고로 임명했다(무로마치 시대에는 '對馬國'으로 표기하는 사례가 증가한다). 막부는 對馬國을 일본의 일부로 간주하고 슈고를 배치한 것이다.

소씨는 14세기 말에 조선왕조에 사절을 파견하고, 이후 가장 빈번하게 조선왕조와 교섭을 가지게 된다. 조선왕조는 소씨를 '對馬島主'로 위치시켰다. 宗貞盛는 1443년(세종 25)에 조선왕조와 계해약조를 맺고 세견선 50척과 特送船의 파견을 허락받고, 賜米豆 200石을 받는 권익을 얻었다.

또 宗貞盛는 조선과 통교하는 배에 대해서 文引을 발급하는 권리를 조선왕조로부터 인정받았다. 문인을 소지한 선박만이 조선 측으로부터 접대를 받는다. 문인 발급권을 획득함으로써 宗貞盛는 쓰시마 島內・島外에 있는 조선과의 통교자를 통제할 수 있게 되었다. 원래 조선왕조가 행해야 할 사절 심사의 일부를 소씨가 담당했던 것이다.

또 1441년(세종 23), 조선과의 사이에 孤草島釣魚禁約을 맺고, 고초도(長節子는 거문도로 비정)에 출어하는 쓰시마 어민에게 문인을 부여하는 권한을 얻었다. 도주의 문인을 소지하지 않은 어선의 출어는 인정되지 않았다. 이 금약에 의해 소씨는 도민의 해상에서의 활동을 통제할 수 있었다[長, 1987·2002].

이와 같이 조선과의 관계를 통하여 宗貞盛는 쓰시마 도민의 활동을 통제하는 권한을 획득했다. 이리하여 쓰시마에서 소씨의 지위는 거의 안정되었다[荒木, 2003b].

2) 己亥東征

쓰시마가 조선왕조에게 영토문제가 된 것은 己亥東征(일본에서는 應永의 外寇라고 부른다) 때이다. 먼저 기해동정의 경위를 확인해 두자[中村, 1965 ; 田中, 1975].

일본·조선왕조의 倭寇禁壓策과 조선왕조의 회유책에 의해 15세기 초기의 태종 때가 되면 왜구는 잠잠해졌다. 1418년(태종 18) 4월, 왜구의 금압에 진력했던 宗貞茂의 죽음이 조선에 전해졌다[『태종실록』 권35, 태종 18년 4월 甲辰(24일)條]. 그 후 '對馬州守護都都熊丸'(뒤의 宗貞盛)이 사자를 파견하여 아버지 貞盛의 뜻을 이어받아 범종과 반야경을 구하였다[『세종실록』 권1, 세종 즉위년 8월 壬寅(25일)條]. 都都熊丸는 아직 나이가 어렸기 때문에 도내의 정치 질서는 불안정 요소가 더해가고 있었다. 한편 조선왕조에서는 태종이 세종에게 왕위를 계승시켰다. 그러나 태종은 양위한 후에도 군사권을 장악하고 있었다.

1419년(세종 원년) 5월 5일·11일, 왜선 50여 척이 충청도 庇仁縣의 都豆音 곶에 돌입하여 군선을 불태우는 등의 사건을 일으켰다. 그것을 계기로 태종은 왜구의 소굴 또는 통과지로 지목하던 쓰시마의 세력을 토벌할 계획을 세웠다. 5월 13~14일, 태종과 대신들이 논의한 결과 5월 14일에 쓰시마로의 출병이 결정되었다[『세종실록』 권4, 세종 원년 5월 戊午(14일)條]. 6월 9일 태종은 征戰의 목적을 중외에 선언한다[『세종실록』 권4, 세종 원년 6월壬午(9일)條]. 군대는 6월 12일에 내이포, 19

일에는 거제도를 출발하여 쓰시마로 향했다. 三軍都體察使 李從茂 등 對馬島征討軍은 군선 227척, 총 17285명으로 구성되었다. 조선군은 아소만에 들어가 尾崎의 豆地浦(土寄)에 상륙했다. 이종무는 宗貞盛에게 서신을 보냈지만 답서가 없으므로 도내를 수색하며 배를 빼앗고 집을 불태웠다. 그리고 선박 왕래의 요충지인 訓乃 곶(船越)에 성책을 쌓고 장기간 주류할 의사를 내비쳤다[『세종실록』 권4, 세종 원년 6월 庚寅(17일)·癸巳(20일)條]. 6월 26일, 이종무는 尼老郡(仁位郡)에 상륙했지만, 糠岳 전투에서 패배하였다. 宗貞盛로부터의 정전 수호 요청에 응하여 조선군은 철수하여, 7월 3일 거제도로 귀착했다[『세종실록』 권4, 세종 원년 7월 丙午(3일)條].

이상이 기해동정의 경위이지만, 출정에 앞서 상왕 태종은 중외에 내린 교서에서 "對馬爲島 本是我國之地 但以阻僻隘陋 聽爲倭奴所據"[『세종실록』 권4, 원년 6월 壬午(9일)條]라고 말하며, 쓰시마가 과거에 조선의 땅이었다는 인식을 표명하였다. 쓰시마 동정을 정당화시킨 것이라고 할 수 있다.

그러나 조선 측의 기대에 반하여 동정은 충분한 성과를 올리지 못하였다. 再征을 논의했지만 결국은 중지되고, 招諭策으로 전환하게 된다. 소씨에게 쓰시마 도민의 '卷土來降', 즉 소씨를 비롯한 도내의 영주층과 쓰시마 도민을 조선에 이주시킬 것을 요구했다. 쓰시마의 空島化를 꾀한 것이다. 이 공도화 정책은 조선왕조 초기에 조선반도 남해안의 연해·海島 지배의 연장선 위에 자리한다[村井, 1993 ; 藤田, 1998]. 태종은 병조판서 趙末生에게 명하여 對馬島守護 宗貞盛에게 致書하게 하여 '卷土來降'를 요구했는데, 그 서계 속에 "對馬爲島 隷於慶尙道之鷄林 本是我國之地 載在文籍 昭然可考"라고 되어 있다[『세종실록』 권4, 세종 원년 7월 庚申(17일)條]. '계림'은 경주의 雅名으로, 쓰시마는 본래 경상도에 속해 있었음이 전적에 분명하게 나와 있다고 하고 있다.

쓰시마에서는 宗貞盛의 사자를 칭하는 時應界都가 조선을 방문하였다. 時應界都는 쓰시마 도민을 거제도에 이주시키고 조선 국내 주군의 예에 따라 쓰시마의 州名을 정하고 조선으로부터 印信을 줄 것 등을 청원했다[『세종실록』 권7, 세종 2년 윤1월 己卯(10일)條]. 이를 받아들여 조선 측은 쓰시마를 조선의 屬州로 삼기로 결정했다.

그러나 그 후 日本回禮使 宋希璟이 쓰시마를 방문했을 때, 당시 쓰시마에서 최대의 실력자였던 早田左衛門大郎는 "쓰시마는 少貳殿의 조상들이 相傳해온 땅이다. 만약 속주로 만든다면 백전백사 할지언정 싸우기를 그치지 않을 것이다"고 쓰시마를 경상도에 편입시키겠다는 결정에 항의했다(송희경, 『老松堂日本行錄』 46節).

1421년(세종 3), 宗貞盛의 사자 仇里安이 宗貞盛의 서계를 가지고 조선을 방문했다. 貞盛의 서계에는 "今茲正月之書云 對馬島隷於慶尙道 考之史籍 訊之父老 實無所據"라고 적혀 있었다. 사적과 부로에게 물어보았더니 쓰시마가 경상도에 속하는 근거는 없다고 주장하며 속주화를 거부했다[『세종실록』 권11, 세종 3년 4월 戊戌(6일)條]. 결국 印信(図書)만 받고(受圖書人이 되었다), 쓰시마의 속주화는 중지되었다. 高橋公明에 의하면 수도서인이 된다는 것은 조선의 外臣이 되었다는 것을 의미한다[高橋, 1987b]. 한편 '卷土來降'는 관철되지 않고 쓰시마의 內國化는 실현되지 않았다.

그 후 쓰시마의 내국화를 추구하려는 움직임은 없지만, 쓰시마가 본래 경상도에 속했다는 인식은 때때로 표출된다. 『신증동국여지승람』에는 '對馬島'의 기재가 있는데(『신증동국여지승람』, 경상도, 동래현, 山川), "卽日本國對馬州也 旧隷我鷄林 未知何時爲倭人所據"라고 되어 있다. 쓰시마는 현재 일본국에 속해 있다고 하면서도 본래는 '계림'(경주)에 속했다는 인식이 나타나 있다.

그리고 쓰시마에 파견한 사절의 이름에 敬差官이 사용되고 있다. 高

橋公明에 따르면 敬差官이란 본래 조선 국내에 파견되는 임시직인데, 그것이 쓰시마에 파견되었다는 것은 조선왕조가 쓰시마를 완전한 異國으로는 간주하지 않았음을 보여준다[高橋, 1987b].

이상과 같이 조선왕조의 쓰시마 인식은 현재는 일본국의 일부이지만, 본래는 경상도의 일부였다는 것으로, 완전한 이국으로 간주하지 않았다.

그러면 이 시기 일본에서는 쓰시마를 어떻게 보았을까?

무로마치 막부의 쇼군 아시카가 요시모치(足利義持)는 조선왕조가 쓰시마를 공격한 데 대해 극도의 불만과 분노를 갖고 있었다(송희경『노송당일본행록』110節). 그러나 쓰시마에 원군을 보낸다든가 하는 조치를 취하지는 않았다.

쓰시마에서는 전술한 조선왕조와의 교섭 중에 쓰시마를 조선의 영토로 하는 것을 긍정하는 세력(사자는 時應界都)이 있었다는 사실은 주목된다. 이 세력은 宗貞盛나 早田左衛門大郎 등 도내의 주류와는 다른 사람들이었다고 생각된다.

일본 내부에도 조선왕조에 호응하는 의견이 있었다. 大內殿(大內教弘)는 조선왕조에 대해 "쓰시마는 본래 조선의 땅이다. 나는 군대를 일으켜 쓰시마를 정벌하겠다. 조선도 함께 쓰시마를 협격해서 말을 키우는 섬으로 만드는 것이 좋을 것입니다"라고 한다[『문종실록』권9, 문종 원년(1451) 8월 己丑(24일)條]. 이때 大內教弘는 무로마치 막부로부터 筑前의 슈고에 임명을 받아, 숙적 少貳教頼를 쓰시마로 쫓아 보냈던 시기이다. 쇼니씨는 被官이었던 소씨에게 의지하고 있었는데, 이와 같은 쇼니=소씨와의 대항 관계에서 나온 말인 점에 주목할 필요가 있다[村井, 1993].

3) 日朝 사이에서 소씨의 위치

쓰시마 도민 중에는 조선왕조에 귀순하여 조선의 관직을 받은 사람들이 있었다. 受職人으로 불렸는데, 조선 영내 혹은 쓰시마 도내에 거주했다[韓, 2001]. 본래 왜구의 두목이었던 早田氏도 수직인이며[韓, 2000], 현재까지 告身(조선왕조의 사령서)이 전래되어 오고 있다. 그들은 한편으로는 소씨의 지배하에 있어서, 일본・조선왕조에 양속하고 있었던 것이 된다. 단, 쓰시마 도내에 있는 수직인은 1년에 한 번 조선에 도항할 수 있기 때문에 무역상의 특권을 얻기 위해 수직인이 되었다는 측면이 강하다.

그러면 對馬守護・對馬島主인 소씨는 일본과 조선왕조 사이에서 어떤 입장을 취했을까?

高橋公明는 소씨의 두 개의 입장으로서, 형식적으로는 일조에 양속되어 있었다고 지적한다. 소씨는 원래 쇼니씨의 피관이었다. 가마쿠라 시대에는 쓰시마 슈고가 쇼니씨이고 소씨는 地頭代였다가, 무로마치 막부로부터 對馬守護라는 입장을 부여받아 쓰시마라는 토지에 대한 영유를 인정받았다. 한편 受圖書人으로서 조선왕조의 外臣이 되어 쓰시마・경상도 남해안 사이의 해역의 안전을 확보하는 역할을 부여받았다. 이와 같은 바다의 관리권은 소씨의 권력 확립에 불가결한 요소이자, 조선 측에서도 해역의 안전은 필수적이어서 쓰시마 도주 소씨의 지위 안정은 그 전제였다[高橋, 1987b].

그러나 조선왕조는 어디까지나 소씨가 무로마치 막부・슈고 체제 내에서 對馬國守護라는 지위에 있는 것을 전제로 하고 있다. 조선왕조는 다름이 아니라 소씨가 슈고이기 때문에 왜구의 금압을 기대했던 것이다. 따라서 소씨는 아시카가 쇼군의 가신(일본 국내의 지역 세력)이었다고 할 수 있다[關, 2002].

이것은 소씨의 기본적인 자세가 아시카가 쇼군(조선 측은 '일본국왕'

으로 인식하였다)의 '陪臣'으로서 조선과 통교하고 있는 데에도 나타난다. 소씨가 조선왕조에 최초로 사절을 파견한 것은 1399년(정종 원년)이었다. 이 때 宗貞茂는 '政丞閣下' 앞으로 '陪臣 刑部侍郎 宗貞茂'라는 명의로 서계를 보내고 있는데, 첫 통교 때부터 아시카가 쇼군의 '배신'임을 표명하고 있는 것이다(『定宗實錄』 권2, 정종 원년 7월 朔條). 1419년(세종 원년), 병조판서 趙末生에게 명하여 '對馬島守護 都都熊丸'에게 致書하게 하였다고 『世宗實錄』에 기록되어 있어서[『世宗實錄』 권4, 세종 원년 7월 庚申(17일)條], 조선 측도 宗貞盛를 '對馬島守護'로 위치시키고 있다.

그런 한편 조선왕조와의 관계를 양호하게 만들어 통교권을 유지·확대해 나가기 위해 宗貞盛는 전술한 것처럼 應永의 外寇 이후에 圖書를 받아 형식적으로 조선왕조의 外臣이 되었다.

그리고 소씨가 조선왕조에 신종하는 자세를 조선에 대해서 강하게 나타내는 경우도 있었다[關, 2002].

가장 전형적인 사례가 宗成職가 조선에 관직의 수여를 요청한 경우이다[中村, 1965].

1485년(세조 4), 受職人 井大郎가 宗成職의 授職을 조선왕조에 요청했다. 동년 2월, 세조가 승정원에게 "受職하면 宗成職은 조선의 신하가 되는 것이기 때문에 난을 일으킬 가능성이 낮아진다"고 하면서 宗成職에게 관직을 수여하려고 했다. 그에 대해 좌의정 鄭昌孫·우의정 姜孟卿 등이 井大郎의 말만 듣고 授職하는 것은 안 된다고 주장했다[『世祖實錄』 권11, 세조 4년 2월 丁未(18일)條]. 결국 授職은 실시되지 않았던 것으로 생각된다.

이어 1461년(세조 7), 宗成職가 豆奴鋭(津江)를 사절로 파견하여 受職을 청원했다[『世祖實錄』 권24, 세조 7년 6월 壬午(13일)條·乙未(26일)條][中村, 1965]. 세조는 이조에 '判中樞院事兼對馬州都節制使'(종1품)

의 수여를 명하고[『世祖實錄』 권24, 세조 7년 6월 癸未(14일)條], 宗成職에 임관 사령을 전하는 對馬州敬差官 金致元의 파견을 결정했다[『世祖實錄』 권25, 동년 7월 己酉(11일)條]. 교서의 초안에는 宗成職의 조부를 "世守南鄙 爲國藩屛"로 평하면서, 특별히 '崇政大夫判中樞院事對馬州兵馬都節制使'를 제수한다고 하였다[『世祖實錄』 권25, 세조 7년 8월 乙未(28일)條]. 이리하여 敬差官이 쓰시마에 파견되었지만, 授職을 청원한 豆奴鋭가 도리어 授職을 저지하여 결국 宗成職의 受職은 실현되지 않았다[『世祖實錄』 권26, 7년 10월 庚寅(24일)·12월 癸巳(27일)條]. 中村榮孝는 宗成職가 受職의 청원에 관여하지 않았던 것으로 추정하고 있다.

이상 두 가지 사례는 宗成職 본인이 아니라 井大郎와 豆奴鋭 등이 획책했을 가능성이 높지만, 도주의 受職을 추구하는 세력이 쓰시마 도내에 존재했음을 알 수 있다.

宗成職 자신이 관여한 것으로 주목되는 사례로는 조선 예조 앞으로 보낸 서계 중에 자신을 조선의 '藩籬', '東藩'으로 표현한 것이 있다. '藩籬'란 대나무를 엮어서 만든 궁실의 울타리인데, 전화되어 保衛 즉 藩屛의 의미로 사용된다. '東藩'은 조선의 동쪽 번병의 의미이다.

1464년(세조 10) 宗成職는 特送 秦盛幸를 파견하였는데, 서계 중에 명 황제의 자비에 의해 왜구가 금압되었으며, 그리고 명 황제가 허용해 주신다면 이후 通信하여 賊船을 정지시키겠다고 명 황제에게 전달해 달라고 조선국에 요청했다. 그리고 成職는 "余對朝鮮大國 愈爲藩籬"로 표현하고 있다[『世祖實錄』 권33, 세조 10년 6월 丙申(14일)條].

1474년(성종 5) 宗貞國는 特送 宗茂勝를 보냈다. 宗貞國의 서계에는 "大凡對馬之一州 無非貴國之臣"라고 조선의 신하임을 진술하면서 宗貞秀의 歲遣船 加增을 청하고 있다[『成宗實錄』 권48, 성종 5년 10월 戊子(6일)條].

1485년(성종 16) 宗貞國가 금강산 楡岾寺에 보내는 燒香을 特送 仰

之梵高에게 지참시켜 파견했을 때의 서계에는 자신은 조선의 '東藩'을 맡고 있어서 금강산에 직접 갈 수 없다고 하고 있다[『成宗實錄』 권184, 성종 16년 10월 乙酉(8일)條].

이와 같이 소씨가 자신의 지위를 '藩籬', '東藩'으로 표현한 것은 조선국왕의 쓰시마 인식에 맞춘 것이라는 측면이 있는 것 같다.

1457년(세조 3) 세조가 咸吉道節制使 郭連城에게 유시한 내용 중에 "野人·倭人 俱爲我藩籬 俱爲我臣民"이라고 하고 있다[『世祖實錄』 권8, 세조 3년 7월 庚寅(29일)條]. 야인과 왜인은 세조의 藩籬이며, 따라서 모두 신민이라는 인식이 나타나 있다.

또 1474년(성종 5) 성종이 신숙주를 통하여 宗貞國의 사자 其小只에게 말할 때, 宗貞國를 '國'(조선)의 '南藩'으로 칭하고 있다[『成宗實錄』 권39, 성종 5년 2월 甲申(29일)條].

단, 이것은 소씨 측이 조선 측의 인식을 그대로 수용했다는 말이 아니다. '藩籬'로 표현한 것은 소씨가 조선에 파견한 사절의 일부에 불과하며, 명과의 교섭 요청이나 금강산 참배 등 특별한 목적이 있는 경우이다. 조선 측이 그런 특별한 요구를 들어주도록 하기 위해 조선 측의 환심을 살 수 있도록 이 말을 사용했다고 할 수 있다. 그런 점을 감안하더라도 조선 측의 동향에 민감하게 반응하여 스스로를 조선의 '藩籬', '東藩'으로 표현하는 소씨의 입장은 일본과 조선의 경계에 위치하고 있음을 잘 보여주고 있다.

소씨가 무로마치 막부(아시카가 쇼군)의 신하라는 입장과 조선의 '東藩'이라는 입장을 동시에 보여주면서 조선왕조에 지원을 요청한 경우가 있다. 1492년(성종 23) 宗貞國는 特送 饗庭職宣를 파견했는데, 그 서계에 "扶桑殿下(쇼군)로부터 江州(近江)의 凶徒追罰 동원령이 내려왔지만, 나는 귀국의 東藩이므로 上京은 하지 않고, 그 대신 내년 봄에 專使를 교토에 보내고자 한다. 지금 황금 39근 60文, 數大小 231挺·朱紅 100

裹를 보내니, 질 좋은 면포를 보내주서서 그 비용에 충당하게 해주십시오"라고 하고, 또 練 2필・부채 20자루・大刀 2把를 진상하였다[『성종실록』 권263, 성종 23년 3월 辛巳(11일)條]. '扶桑殿下'는 아시카가 요시타네(足利義稙), 오미(近江)의 흉도는 롯카쿠 다카요리(六角高頼)를 가리킨다. 1491년(延德 3) 요시타네는 장수들에게 오미로 출진하도록 명령하고, 다카요리를 공격하기 위해 온죠지(圓城寺)에 출진하였다(제2차 롯카쿠씨 공격). 다음해 요시타네는 다카요리를 격파하고 모리야마(守山)에 진출, 다카요리는 오미에서 이세(伊勢)로 도망갔다. 그 후 요시타네는 교토로 돌아왔다. 宗貞國는 이와 같은 일본 畿內의 정세를 근거로 황금・朱紅을 보내어 면포를 획득하려고 협상을 했던 것이다[關, 2006].

이상 설명한 것과 같은 소씨와 쓰시마 도내 세력의 움직임은 쓰시마를 일본의 일부(혹은 조선의 일부)로 단순하게 생각해서는 설명할 수 없다. 조선・일본이라는 場을 고정된 영역으로 바라보는 생각을 버리고, 양측에 걸친 경계로서의 쓰시마의 특성으로 이해해야 할 것이다.

무로마치 막부와 조선왕조 쌍방과의 관계를 긴밀히 하는 것이야말로 소씨의 기반＝지배의 정당성의 근거이자 연명에 불가결한 것이라고 할 수 있는 것이다. 그리고 이와 같은 관계를 맺고 있어도 소씨는 쌍방의 국가로부터 일체 견책을 받지 않는다. 조선왕조는 다름 아니라 일본・조선 쌍방에 근거를 가진 소씨이기 때문에 오히려 그 역할에 기대를 걸고 있었던 것이다.

15세기 후반 이후 쓰시마에서 빈번하게 조선왕조에 僞使를 파견했다[長, 2002 ; 橋本, 2005]. 16세기 日本國王使의 대부분이 쓰시마가 보낸 사절이다. 소씨는 日本國王使 파견에 필요한 물건을 소지하고 있었다. 象牙符(牙符. 성종이 足利義政에게 보낸 것인데 日本國王使는 지참해야 했다)를 막부에서 입수했고[橋本, 2005], 國書에 찍는 '德有鄰'이라는 막부의 印을 위조했다(僞造木印)[田代・米谷, 1995]. 이와 같은 일이 가능했던 것은 소씨가 무로마치 막부와 밀접한 관계를 갖고 있었기 때문이다.

5. 맺음말

본고에서 서술한 내용을 요약하면 다음과 같다.

고대의 야마토 정권・율령국가는 쓰시마를 '邊要의 地'로 자리매김했다. 한반도・중국 대륙에 대한 최전선 기지로서 방위체제를 강화하는 한편, 이국 사절이 도래하고 있다. 율령국가는 對馬島司를 임명하여 재지세력(호족)을 郡司로 편성하여 통치했다. 對馬島司 아래에 島衙 조직이 정비되어 나갔고 재지에서는 그 조직의 일원이었던 阿比留氏, 후에는 소씨가 대두하였다. 對馬島衙와 고려의 지방 관아 사이에 교섭이 이루어져 進奉船 무역이 행해졌다.

중세 때도 무로마치 막부는 쓰시마를 일본의 일부로 인식했다. 對馬守護・對馬島主였던 소씨는 무로마치 막부의 쇼군(아시카가씨)과 신종관계를 맺었다. 對馬守護라는 입장에서 조선왕조와 교섭하였다. 그런 한편 쓰시마가 일본의 바깥쪽에 있다는 시각도 일본에는 있었다. 기해동정 이후 쓰시마에는 쓰시마를 조선의 영토로 하는 것을 긍정하는 세력이 있었다. 또 소씨는 조선왕조에 신종한다는 것을 강조하면서 조선과의 교섭을 유리하게 이끌려고 한 적도 있었다.

인용 · 참고문헌

※ 본고에서 언급하지 못한 쓰시마에 관한 중요 연구를 포함한다.

青山公亮,『日麗交涉史の硏究』, 明治大學文學部文學硏究所, 1955.
網野善彦 외 편,『海と列島文化』第3卷, 玄界灘の島々, 小學館, 1990.
荒木和憲,「對馬島主宗貞茂の政治的動向と朝鮮通交」『日本歷史』653, 2002.
荒木和憲,「中世後期における對馬宗氏の特送船」『九州史學』135, 2003a.
荒木和憲,「對馬島主宗貞盛の政治的動向と朝鮮通交」『朝鮮學報』189, 2003b.
荒木和憲,「一六世紀前半對馬の政変と三浦の亂」, 九州大學21世紀COEプログラム(人文科學)『東アジアと日本－交流と変容』제2호, 2005a.
荒木和憲,「中世對馬の朝鮮貿易と領國経濟」『韓國硏究センター年報』5, 2005b.
荒木和憲,「一五世紀對馬宗氏の權力形成と朝鮮通交權」『年報中世史硏究』30, 2005c.
이영,『倭寇と日麗關係史』, 東京大學出版會, 1999.
伊藤幸司,『中世日本の外交と禪宗』, 吉川弘文館, 2002a.
伊藤幸司,「中世後期における對馬宗氏の外交僧」『年報朝鮮學』8, 2002b
海老澤衷(硏究代表者),『東アジアにおける水田形成および水稻文化の硏究(日本を中心として)』, 2002年度~2003年度科學硏究費補助金 基盤硏究(B)(2), 2004.
大石直正・高良倉吉・高橋公明,『日本の歷史14－周緣から見た中世日本』, 講談社, 2001.
長 節子,『中世日朝關係と對馬』, 吉川弘文館, 1987.
長 節子,『中世國境地域の倭と朝鮮』, 吉川弘文館, 2002.
川添昭二,『中世九州の政治と文化』, 文獻出版, 1981.
黑田日出男,『龍の棲む日本』, 岩波書店, 2003.
佐伯弘次,「國境の中世交涉史」, 網野善彦他編,『海と列島文化』3, 玄界灘の島々, 小學館, 1990.
佐伯弘次,「中世對馬海民の動向」, 秋道智彌編,『海人の世界』, 同文舘, 1998.
佐伯弘次,「海峽論Ⅱ 對馬・朝鮮海峽」, 赤坂憲雄他編,『いくつもの日本Ⅲ 人とモノと道と』, 岩波書店, 2003.

佐伯弘次,「國內外流通の據点としての對馬」『中世都市研究』 10, 港湾都市と對外交流, 2004.

關 周一,「朝鮮半島との交流對馬」, 網野善彦・石井進編,『中世の風景を讀む7東シナ海を囲む中世世界』, 新人物往來社, 1995.

關 周一,「朝鮮王朝官人の日本觀察」『歷史評論』592, 1999.

關 周一,『中世日朝海域史の研究』, 吉川弘文館, 2002.

關 周一,「明帝國と日本」, 榎原雅治編,『日本の時代史11－一揆の時代』, 吉川弘文館, 2003.

關 周一,「中世對馬の課役と所領」, 海老澤衷(研究代表者),『東アジアにおける水田形成および水稻文化の研究(日本を中心として)』 2002年度~2003年度科學研究費補助金－基盤研究(B)(2), 2004a.

關 周一,「中世對馬の物流」『史境』49, 2004b.

關 周一,「朝鮮三浦と對馬の倭人」, 小野正敏・五味文彦・萩原三雄 편,『考古學と中世史研究3－中世の對外交流』, 高志書院, 2006.

高橋公明,「中世東アジア海域における海民と交流」『名古屋大學文學部研究論集』史學 33호, 1987a.

高橋公明,「朝鮮外交秩序と東アジア海域の交流」『歷史學研究』 573, 1987b.

田代和生・米谷均,「宗家旧藏『図書』と木印」『朝鮮學報』 156, 1995.

田中健夫,『中世對外關係史』, 東京大學出版會, 1975.

田村洋幸,『中世日朝貿易の研究』, 三和書房, 1967.

長崎縣美津島町教育委員會,『美津島町文化財調査報告集第9集－金田城跡』, 2000.

中村榮孝,『日鮮關係史の研究』 上巻, 吉川弘文館, 1965.

中村榮孝,『日鮮關係史の研究』 中巻, 吉川弘文館, 1969a.

中村榮孝,『日鮮關係史の研究』 下巻, 吉川弘文館, 1969b.

永留久惠,『對馬古代史論集』, 名著出版, 1991.

橋本 雄,『中世日本の國際關係』, 吉川弘文館, 2005.

韓 文鍾,「조선전기 對馬早田氏의 對朝鮮 通交」『韓日關係史研究』 12, 2000.

韓 文鍾,『朝鮮前期向化・受職倭人研究』, 2001.

村井章介,『アジアのなかの中世日本』, 校倉書房, 1988.

村井章介,『中世倭人伝』, 岩波書店[岩波新書], 1993.

村井章介, 「一〇一九年の女眞海賊と高麗・日本」『朝鮮文化研究』 3, 1996.
村井章介, 『國境を超えて』, 校倉書房, 1997.
村井章介, 『東アジアの中の日本文化』, 放送大學教育振興會, 2005.
森 克己, 『新訂日宋貿易の研究』, 國書刊行會(초판은 國立書院, 1948), 1975a.
森 克己, 『續日宋貿易の研究』, 國書刊行會, 1975b.
森 克己, 『續々日宋貿易の研究』, 國書刊行會, 1975c.
山內晉次, 『奈良平安期の日本とアジア』, 吉川弘文館, 2003.
有限會社平凡社地方史料センター編, 『日本歷史地名大系43－長崎縣の地名』, 平凡社, 2001.

〈토론문〉

세키 슈이치, 「일본에서 본 쓰시마의 영토문제」 토론문

민덕기
(청주대학교)

1. 발표의 의의

세키 교수는 조선 前期(일본 중세) 日・韓 관계사의 전공자로서 저서인 『中世日朝海域史の研究』(吉川弘文館, 2002) 외에 다수의 논문을 발표한 바 있는 정열적인 젊은 연구자이다.

본 발표는 발표자가 말하는 것처럼 대마도의 영토문제를 일본 측에서 고찰하려고 한 것이다. 이를 위해 특히 일본의 중세까지의 중앙정부나 대마도는, 또는 기타 지역의 일본인들은 어떻게 대마도를 자리매김하고 있는가를 분석한 것이다.

2. 주목되는 내용

1) "대마도는 대마도를 主體로 한 視角으로 보아야 한다"

"종씨나 대마도 島內 세력의 동향은, 대마도를 일본의 일부라거나 조선의 일부라고 단순하게 생각하서는 설명할 수 없다. 조선과 일본이라고 하는 곳을 고정된 영역이라고 보는 생각을 버리고, 그 양쪽에 걸쳐있는 경계로서의 대마도의 특성으로서 이해하지 않으면 안 될 것이다"

2) "대마도의 兩屬的 입장은 朝・日의 默認과 期待에 의한 것이다"

"무로마치 막부나 조선왕조와의 쌍방과의 관계를 밀접하게 하는 것이 종씨의 기반=지배의 정당성의 근원이었다", "이러한 관계를 맺고 있어도 종씨는 양국으로부터 일체 견책을 받고 있지 않다. 조선왕조는 일본과 조선의 양쪽에 발판을 가진 종씨였기 때문에 더욱 그 역할에 오히려 기대를 걸고 있었다"

3) "무로마치 막부와 대마도 宗氏와의 관계는 16세기 후반에도 상호의존적이었다"

"대마도 종씨는 일본국왕사 파견에 필요한 것을 가지고 있었다. (조선 입국시 제시하는) 象牙符를 막부로부터 손에 넣었고, 국서에 날인하는 '德有鄰'이란 막부의 도장도 위조하고 있었다. 이러한 일이 가능하게 된 것은, 종씨가 무로마치 막부와의 밀접한 관계를 가지고 있었기 때문이라고 할 수 있다".

이러한 주장은 선행연구의 관점, 즉 16세기 후반기의 대마도에 의한 일본국왕사 파견은 무로마치 막부와 무관하게 대마도가 恣意로 행한 외교공작이었다는 주장과는 다른 것으로, 대마도와 무로마치 막부는 16세기에도 외교와 관련하여 밀접한 상호의존적 입장에 있었다는 토론자의 시각과 그다지 다르지 않다고 할 수 있다.

3. 의문스러운 점

1) 한반도에 가까운 대마도가 왜 '倭' 영역이 되었을까?

발표자는, 『三國志』에 이미 '對馬國'이 보이며, 이 섬을 경계로 '韓'과 '倭'가 구분되고 있다고 논하고 있다. 그런데 한반도에 더 가까운 대마도가 일본이 아직 국가적 형성도 못하고 있는 시기에 왜 '倭'로 구분되어졌을까? 대마도를 경계로 한 '韓'과 '倭'의 구분은 당시의 중국적 시각이 아닐런지? 이른바 육지와 섬으로 단순히 二分化한 것은 아닐런지? 야마토 朝廷이 대마도를 포함한 일본 국경과 한반도와의 국경을 강하게 의식하게 된 것은 7세기 후반, 즉 白村江의 전투 이후라고 발표자는 논하고 있는데, 그렇다면 그 이전 시대에 해당하는 한국의 삼국시대에 대마도와 관련한 한국의 對日 국경 인식은 어떠했는지? 삼국 竝立시대 일본의 대마도 인식은 어떠했는지?

2) 地名으로서의 '對馬'化 과정

대마도의 지명이 '津島'(『古事記』)에서 어떤 과정을 거쳐, 언제 '對馬'(『日本書紀』 이후)로 정착되어 가는 것인지?

3) 대마도 지배와 관련, 고대 일본의 '內地'와 '변경'에 대한 지배체제의 相異 여부

"율령국가체제하에서 대마도는 '國'에 준하는 대우를 받고, 이키(壹岐)・무츠(陸奧)・데와(出羽)・사토(佐渡)와 함께 '邊要'로 자리매김 되었다" → 그렇다면 무츠나 데와 및 사토가 개척된 변경지역이라 할 때 이른바 國郡制(중국사적으론 郡縣制)의 바깥에 위치되어진 것은 아닌지? '邊要'지역이란 唐代의 '都護府'처럼 郡縣制下의 영역이라기보다 세력권역이 아니었는지? 고대와 중세에 중앙정권이 대마도에 '對馬國衙'를 설치하고 '對馬守護・地頭'를 임명했다고 발표자는 말하지만 '內地'지역과 相異하지 않은 동일한 체제였는지?

4) 허가 없는 海外 渡航에 대한 처벌규정

발표자는 刀伊의 침략과 관련, 당시 일본에선 정부의 허가 없이 외국에 도항하는 것을 처벌하였다고 논하고 있다. 그러나 이는 강력한 중앙정권화를 추구하는 古今東西의 어떤 정부에게도 준비했을 규정일 듯. 그런데 老母를 송환하려 도항했다 귀국한 長岑諸近의 경우, 처벌되었는지? 처벌되었다면 어떤 벌인지? 참고로 울릉도 문제와 관련해 도항해 외교행위를 한 조선 후기의 안용복은 처벌되었다.

5) 종씨와 아시카가 쇼군과의 관계

발표자는 종씨가 對조선 통교를 아시카가 쇼군의 '陪臣'의 입장에서 시작하였으며, 종씨가 일본의 한 세력임을 명확히 인식하며 對조선 통

교를 견지했다는 주장을 펴고 있다. 그러나 때론 授職까지 고려하며 조선과의 擬君臣관계를 聲言해 온 대마도가, 과연 쇼군의 '陪臣' 입장을 표면적으로 견지하면서 조선과의 외교를 전개할 수 있었을까? 조선 측의 사료로도 충분히 입증할 수 있는 주장인지?

6) 1419년 대마도 정벌 전후 조선의 대마도 인식

(1) 己亥東征에 제시된 대마도 영토인식은 作爲的인 것인가? 內在的인 것이었나?

① 대마도 征討를 선포하는 태종의 敎書 ; "對馬爲島, 本是我國之地" → 왜 정벌의 명분을 조선 영토라는 이유에서 찾는 것일까? 왜구행위에 대한 응징이면서.

② 대마도 종씨의 항복을 권유하는 조선 측 서계 ; "對馬爲島, 隷於慶尙道之鷄林, 本是我國之地, 載在文籍, 昭然可考" → '대마도=경주 땅'이란 인식은 돌연히 돌출된 것인가? 내재된 것이 浮上한 것인가? 해당 '文籍'이란 어떤 것인가?

(2) 발표자는 조선의 '卷土來降' 요구가 대마도에 대한 空島化를 꾀한 것이라고 분석. 그렇다면 조선의 왜구대책의 일환으로서의 沿岸島嶼에 대한 空島정책이 대마도에도 그대로 적용시키는 것인데, 과연 당시 조선의 대마도에의 屬地化 의지나 계획은 구체적이었는지?

(3) 1420년 渡日次 대마도를 방문한 송희경에게 대마도의 최고 실력자 早田左衛門大郎가 "대마도는 少二氏 祖上의 전래한 땅"이라 피력. 여기서 그가 소이씨만 거론한 이유는 무엇일까? 왜 일본의 한 지역이라든가, 중앙정권인 무로마치 막부의 아시카가 쇼군과의 主從관계 같은 것을 거론하지 않았을까?

3. 수긍할 수 없는 점

1) 왜구와 '假倭'

"왜구는 … (조선의) 내륙부까지 침공하는 대규모 기마집단도 등장했다. 고려의 賤民인 禾尺·才人의 일부는 왜구라 詐稱하여 약탈을 행했다"→이는 고려 천민이 활발한 왜구활동(假倭)을 한 것으로 인정하고 있음인지? 한국 방송통신대학의 이영 교수는 '假倭' 기사가 고려사나 실록에 단 4건밖에 보이지 않는다고 하는데.

2) 왜구 금압자로서의 대마도는 막부에 의한 것인가? 조선에 의한 것인가?

발표자는 "조선왕조는 어디까지나 종씨가 무로마치 막부·守護체제상 對馬國守護라고 하는 지위에 있음을 전제로 하고 있다. 종씨가 수호였기 때문에 곧 조선왕조는 왜구의 진압을 기대하고 있는 것이다"라고 하여, 마치 종씨의 일본 내에서의 기존 지위에 조선이 영합하여 왜구진압을 기대한 듯이 설명하고 있다. 그러나 조선의 전폭적인 지원(기유약조와 文引제도)에 대한 의무사항으로 종씨의 왜구 진압이 부과되는 것이 아닌지? 종씨를 일본과는 별개로 인식하려는 조선의 인식(예를 들어, 기해동정 시 조선은 일본 중앙과 제반세력으로부터 대마도를 별개시하고 있다)과 정책은 '對馬國守護' 존중과 엇박자가 되지 않는지?

제3부

요동

明代 遼東政策의 性格
-遼東都司 防禦體系의 特徵과 分析을 중심으로-

남의현
(강원대학교)

1. 序　論

본 論文은 明代 遼東政策의 變化過程을 통해 明 遼東 支配力의 限界와 그 性格을 간략히 분석해 보고자 하였다. 중국은 東北工程을 통하여 滿洲의 역사를 자국의 地方史로 만들고 있다. 明代 滿洲史 역시 예외가 아니다. 中國에서 나온 明代 만주사와 관련된 연구 성과들은 明朝가 遼東都司, 奴兒干都司, 그리고 다수의 衛를 女眞地域에 설치하였기 때문에 만주지역이 정식으로 明의 판도에 들어갔다고 주장하고 있다. 또한 女眞衛所의 우두머리들 곧 明으로부터 都督, 都指揮, 千戶, 百戶, 鎭撫 등의 관직을 받은 建州衛의 阿哈出, 木答兀, 李滿住, 董山 등은 모두 女眞

族임에도 明이 파견한 관리로 인정하고 그들이 거주했던 지역이 明의 판도 내에 있는 것으로 해석하여 여진지역을 모두 明의 版圖 속에 있었으며 이들을 통해 유효한 권력을 행사했다는 이론을 펴고 있다. 女眞人들이 진행한 朝貢 역시 '貢賦' 곧 반드시 바쳐야 하는 세금의 의미로 해석하여 女眞을 明에 완전히 귀속된 것으로 규정하고 있다.

明이 여진지역을 강하게 통제하였는지의 여부는 明이 추진했던 요동정책의 방향과 성격을 검토해 보면 밝혀질 것이다. 明代 遼東政策의 성격을 밝혀보기 위해서는 우선 시기별 요동정책의 변화를 추적해 보아야 하며, 그 변화 속에서 핵심이 되는 주제를 검토해 보아야 할 것이다.

본 논문은 明代 요동정책의 성격을 살펴보기 위해 우선 洪武年間 遼東都司 防禦體系의 形成과 特徵, 두 번째로, 永樂年間 진행된 대외확장정책들 즉 蒙古親征, 黑龍江 하류에 설치된 奴兒干都司, 朝鮮에 대한 10처 여진의 요구, 그리고 마지막으로 永樂年間 이후 점진적으로 시작하여 明 後期까지 지속된 遼東邊墻의 築造와 性格 등을 살펴보고자 하였다. 이들 주제들은 明 요동정책의 흐름과 각각 시기별 특징을 보여주기 때문이다.

우선 遼東都司를 살펴보면, 明朝는 洪武年間 遼東都司를 통해 대내적으로 衛所와 屯田制度의 실시, 城堡의 修築, 驛站의 設置 등 遼東都司의 방어체계형성에 주력한 시기로 몽골과 여진지역으로 지배력을 확대할 능력이 없었다. 오히려 遼東都司를 견고히 하기위해 여진지역 등의 東寧衛, 三萬衛 등을 遼東都司 체제로 흡수하는 防禦體制 强化의 시기였다. 永樂年間은 대외확장의 시기로, 高麗, 朝鮮, 女眞, 그리고 몽골 등을 견제하기 위해 몽골親征, 奴兒干都司와 女眞衛所의 설치 등 몽골과 여진지역 확대되는 모습을 보여주었다. 그러나 그것은 영토적 확장과 팽창으로 볼 수는 없다.

永樂年間 이후 明의 요동 지배력은 屯田의 弊害, 衛所軍의 逃亡, 過

重한 賦役 등 많은 문제점을 드러내기 시작하면서 支配力의 限界를 보여주며, 遼東邊墻의 축조 시기로 접어드는 특징을 보여준다. 몽골과 여진을 방어하기 위한 소극적 방어체제로 전환하였으며 이러한 형국이 明後期까지 지속되었다.

이처럼 明代 遼東政策은 외형적으로 다양하게 변화되는 모습을 보여주고 있으나 이러한 변화과정이 무엇을 의미하며, 그 성격이 무엇인지 밝힌 연구 성과물은 찾기가 쉽지 않다. 중국에서 출판된 연구물들 역시 明이 遼東을 안정되게 지배한 것으로 서술하고 있을 뿐 明이 멸망하게 되는 원인을 만주정세와 관련하여 명확하게 지적하지 못하고 있다.[1] 朝鮮과 관련된 중국의 연구 성과[2] 역시 遼東邊墻의[3] 국경문제를 소홀히

1) 저서로 楊陽의 『中國的東北社會－十四～十七世紀－』(遼寧人民出版社, 1991)와 『明代東北史綱』(學生書局, 1993), 李澍田의 『中國東北通史』(吉林文史出版社, 1993), 刁書仁 主編, 『中朝關系史硏究論文集』(吉林文史出版社, 1995), 叢佩遠, 『中國東北史』 1～6卷(吉林文史出版社, 1998), 顧頡剛・史念海, 『中國疆域沿革史』(商務印書館, 1999), 寧夢辰의 『東北地方史』(遼寧大學出版社, 1999), 肖立軍, 『明代中後期九邊兵制硏究』(吉林人民出版社, 2001), 朱誠如, 『管窺集』(紫禁城出版社, 2001), 李治亭 主編, 『東北通史』(中州古籍出版社, 2003) 등을 들 수 있다.

2) 孫衛國의 「朝鮮入明貢道考」(『韓國學論文集』 第2輯, 北京大學韓國學硏究中心 編, 1993), 張士尊의 「明初中朝關系中出現的機個問題」(『鞍山師範學院學報』(綜合版) 第18卷 第1期, 1994), 許振興의 「洪武朝明與朝鮮半島政權的關係」(『東方文化』 32-1, 1994), 孫衛國의 「略論明初與麗末之中韓關係」(『韓國學論文集』 6, 北京大學, 1997), 張士尊의 「高麗與北元關系對明與高麗關系的影响」(綏化師專學報』 第1期, 1997), 王冬芳의 「關于明代中朝邊界形成的硏究」(『中國邊疆史地硏究』 第3期, 1997), 特木勒의 「北元與高麗的外交－1368～1369－」(『中國邊疆史地硏究』 第2期, 2000), 張士尊의 「明朝與朝鮮交通路線變化考」(『鞍山師範學院學報』, 2000.12), 刁書仁의 「論明前期斡朶里與眞與明・朝鮮之關係」(『中國邊疆史地硏究』 第12卷 第1期, 2000.3), 李婷의 「明前期朝鮮族移居遼東的原因, 途徑及開發貢獻」(『鄂州大學學報』 第9卷 第3期, 2002.7), 王臻의 「朝鮮太宗與明朝爭奪建州女眞所有權述論」(『延邊大學學報』(社會科學版), 2003.9), 于曉光의 「明朝與朝鮮圍繞女眞問題交涉論析」(『歷史硏究』 第1期 第19卷, 2003), 劉秉虎의 「建州女眞與朝鮮交涉之硏究」(『大連大學學報』, 第24卷

다루면서 鴨綠江과 豆滿江을 明과 朝鮮의 國境으로 획정함으로써 遼東八站[4]과 같은 국경중립지대에 대해 객관적인 시각을 결여하고 있다.

이러한 연구 성과들의 한계와 관련하여 본 논문 전반부에서는 우선 遼東都司體制의 形成過程과 奴兒干都司를 통해 洪武·永樂年間 요동정책의 특징을 살펴보고자 하였다. 奴兒干都司는 明이 여진지역에 영향력을 발휘했다는 증거로서 많이 연구되는 것으로, 奴兒干都司 분석을 통해 그 성격과 女眞地域에 대한 객관적인 평가를 시도해 보고자 하였다.

중반부에서는 遼東都司의 防禦線인 遼東邊墻과 女眞, 遼東邊墻과 朝鮮과의 관련성을 영토사적 관점에서 간략히 살펴보고 邊墻의 성격을 파악해 보고자 하였다. 遼東邊墻의 성격을 파악하는 문제는 明代 遼東支配의 性格과 限界를 인식하는데 중요하다. 중국의 논리에 따르면 遼東

第3期, 2003.6), 張輝의 「'鐵嶺立衛'與辛禑出師攻遼」(『中國邊疆史地硏究』 第31卷 第1期, 2003.3), 張杰·王虹의 「明初朱元璋經營鐵嶺以北元朝舊疆始末－兼論明與高麗的界務交涉」(『中國東北邊疆硏究』, 中國社會科學院出版社, 2003) 등이 있다.

3) 遼東邊墻을 연구한 성과 중 단행본으로 董耀會, 『瓦合集－長城硏究文論－』, 科學出版社, 2004 ; 孟森, 『明代邊防』, 學生書局, 1968 ; 肖立軍, 『明代中後期九邊兵制硏究』, 吉林人民出版社, 2001 ; 劉謙, 『明遼東鎭長城及 防禦考』, 文物出版社, 1989 등을 들 수 있다. 논문으로는 武家昌·王德柱, 「試探明代萬里長城東部起點」『北方文物』 第1期, 1990 ; 薛景平, 「明遼東鎭長城東西兩端的實地考察」『北方文物』 第3期, 1996 ; 刁書仁, 「明朝前中期東段邊界的變化」『史學集刊』 第2期, 2000 ; 叢佩遠, 「明代遼東邊墻」『東北地方史硏究』 第1期, 遼寧省社會科學院 歷史硏究所, 1985 등이 있다. 이들 연구물들은 遼東邊墻의 축조과정을 서술하고 변장을 단순한 방어선으로 인식함으로써 邊墻과 遼東都司 지배력과의 관련성, 국경선으로서의 가능성 등을 전혀 언급하지 않고 있다. 이러한 遼東邊墻에 대한 단선적인 해석은 결과적으로 明代 遼東都司와 奴兒干都司 등을 확대 해석하는 결과를 초래하여 黑龍江 하류에 설치된 奴兒干都司의 경우 永樂年間 이후 기구자체가 완전히 사라졌음에도 여진 지역을 지배하고 있는 것처럼 서술하였다.

4) 遼東八站 지역은 遼東都司로부터 鴨綠江 사이에 8개의 站이 설치된 곳을 가리킨다.

邊墻은 단순한 방어선으로 國境線으로써 의미가 없으며, 豆滿江과 鴨綠江은 遼東邊墻 밖에 위치하지만 朝鮮과 明의 분명한 국경선이었다고 주장한다. 그러나 遼東邊墻이 둘러싸고 있는 지역은 곧 遼東都司의 실질적인 지배지역이었기 때문에 遼東邊墻의 성격파악은 몽골과 여진세력의 독자성을 밝힐 수 있고 이를 통해 변장 바깥 지역이 명의 관할지역이 아니었음도 밝힐 수 있다고 본다. 이를 통해 明과 朝鮮의 國境線이 鴨綠江과 豆滿江이 아니며, 明朝의 朝鮮에 대한 지배력의 성격도 새롭게 평가할 수 있을 것이다.

2. 遼東都司 防禦體系와 支配力의 限界

遼東都司는 1387년 金山 전투에서 明이 승리한 후 신속히 방어체계가 정비되기 시작하였으며, 防禦體系의 방향은 각각 동・서・북으로 전개되어 실제 元 遼陽行省 지역을 목표로 하고 있었다. 遼河 유역을 중심으로 遼東의 遼陽과 遼西의 廣寧을 그 중심에 두고 東으로 高麗와 朝鮮을 견제하며 北으로 黑龍江 지역을, 西로 大寧을 방어하고자 하였다. 이러한 전략은 기본적으로 내몽골 지역까지 통제하려는 전략으로 이해할 수 있으며 長成과 遼東을 견고하게 연결시키려는 방어체계의 특징을 가지고 있었다. 이로써 洪武 28년(1395)에 遼東都司 소속 25衛 체제를 기본적으로 완성한 후, 마침내 25衛 지역 내의 기존의 府・州・縣 制度를 폐지하였으며 遼東都司와 衛所는 이 지역의 군사・행정・감찰・경제・법률・징세 등의 모든 권한을 담당하면서 軍政合一의 성격을 갖는 기구로 변모하였다.[5)]

5) 張士尊, 「明代遼東都司軍政管理體制及其變遷」 『東北師大學報』 第5期, 哲學社會科學版, 2002, 70쪽.

명은 요동의 방어력을 강화하기 위하여 여진지역의 인구와 조직을 遼東都司로 흡수하였는데, 東寧衛, 三萬衛, 鐵嶺衛 설치 그리고 永樂年間 11處 女眞 귀속의 問題는 명초 매우 중요한 사항이었다.

우선 東寧衛는[6] 洪武 13년(1380) 東寧·南京·海洋·草河·女眞 등 5개의 千戶所로서 설립되었으나[7] 다시 洪武 19년(1386) 그 전략적 중요성이 인정되어 東寧을 衛로 승격시키고 그 주위에 左·右·中·前·後의 5개 所를 설치하였다.[8] 東寧衛는 遼東都司의 治所인 遼陽城 북쪽으로 이전된 후 遼陽城을 방어하는 중요한 역할을 하였으며 많은 朝鮮人들이 포함되어 있었다. 東寧은 元 시기 여러 차례 이전을 거쳐 豆滿江 상류에 설치된 東寧府에 해당하는 지역으로, 元代 역시 豆滿江 유역에 살던 高麗人들로 구성되었다. 南京은 지금의 吉林省 延吉 부근으로 元代 開原路를 중심으로 散居하던 女眞人을 중심으로 구성되어 있었다. 海洋은 咸鏡北道 吉州로, 高麗와 女眞人으로 구성되어 있었다. 이러한 초기의 5개의 千戶所 중 東寧은 東寧衛로 승격되었으며 그 治所를 遼東都司가 위치한 遼陽에 두었다. 그리고 다시 東寧衛 아래에 左·右·中·前·后의 5개 千戶所를 두었는데, 中千戶所는 漢軍으로 구성하고 나머지 4개의 千戶所는 朝鮮人과 女眞人을 통해 경영하였다.[9] 東寧衛의 전체 호수는 15,634戶口이다. 東寧衛가 遼陽 북쪽에 위치하기는 하였지만 그들 대부분은 元末·明初 高麗와 朝鮮에서 월경한 경우가 대부분이었으며, 靖難의 變과 같은 戰亂期에는 東寧衛에 거주하던 상당수의 朝

6) 기존의 연구로는 河內良弘, 「明代遼陽の東寧衛について」 『東洋史研究』 44-4, 1986을 들 수 있는데, 그는 東寧衛의 문제가 明代 遼東都司를 둘러싼 朝鮮과 女眞문제를 연구하는 데 중요한 연구주제가 될 수 있음을 강조하였다. 또한 최근의 연구성과로는 徐仁範, 「明代의 遼東都司와 東寧衛」 『明淸史研究』 第23輯, 2005를 들 수 있다.

7) 『遼東志』 卷1, 地理.

8) 『遼東志』 卷2, 建置.

9) 『明太祖實錄』 洪武 19年 7月 戊午.

鮮人들이 鴨綠江을 넘어 朝鮮으로 유입되기도 하였다.[10] 이처럼 東寧衛는 많은 朝鮮人으로 구성되어 있었기 때문에 遼東都司는 朝鮮人들을 對朝鮮 外交政策의 통로로 이용하기도 하였다. 즉 東寧衛의 朝鮮人을 百戶・千戶 등으로 임명하여 明의 사절단에 수행하며 통사의 역할을 하게 함으로써 양국 간의 외교적 현안을 푸는 중요한 역할을 하였던 것이다.[11] 곧 明朝의 입장에서 보면 東寧衛는 明과 朝鮮, 明과 女眞의 문제를 풀기 위해 반드시 유지해야만 하는 遼東都司의 중요한 구성요소였던 것이다. 대부분의 朝鮮人들은 관혼상제, 언어, 음식 등에서 그 독자성을 유지하고 있었다.

三萬衛는 斡朶里 지역에 처음 설치하였으나,[12] 곧 식량부족의 문제에 직면해 역시 遼東都司 북부 開原으로 옮겼다. 開原은 지금의 遼寧省 開原 老城鎮으로, 遼代의 咸州, 金・元代의 咸平府에 해당하였다. 洪武 21년(1388) 開元은 開原으로 명칭이 바뀌었으며, 동쪽으로는 女眞 각부를, 서북쪽으로는 몽골 兀良哈을 통제하는 遼東都司의 重鎮이 되었다. 開原은 몽골세력과 女眞세력을 직접적으로 접하고 있기도 하지만 遼河를 끼고 있었기 때문에 遼河를 이용하여 군수물자가 공급되기도 하고 상업을 발전시키는 등 지리적으로도 매우 중요한 곳이었다. 또한 遼河를 통해 옮겨 온 군수저장소와 冶鐵地도 갖추고 있으며, 馬市가 개설되어 遼東의 각 민족이 조공과 교역을 위해 또는 明의 수도로 들어가기 위해

10) 東寧衛를 비롯한 상당수의 요동사람들은 正統年間 이후 몽골 등의 요동침입으로 인해 朝鮮으로 넘어왔으며 그 과정에서 明의 영향력이 미치지 않던 遼東八站에도 많은 東寧衛의 朝鮮人이나 遊民들이 숨어들게 됨으로써 遼東八站에도 많은 사람들이 살게 되었다. 당시 遼東八站은 遼東都司로 들어가기 위해 거쳐 가야하는 使行의 要路로, 遼陽에 이르기까지 5~6일의 노정이 소요되었는데 대부분 朝鮮人의 민가에서 숙박하거나 도움을 받고 있는 것을 보면 당시 遼東八站 역시 상당수의 많은 朝鮮人이 거주하고 있었음을 알 수 있다.

11) 『遼東志』 卷6, 「人物志」.

12) 『明太祖實錄』 洪武 21年 3月 辛丑.

반드시 지나가야하는 북쪽의 요충지이기도 하였다.

鐵嶺衛는 洪武 21년(1388) 奉集堡(지금의 瀋陽 동남쪽 奉集堡)에 설치되어 遼東의 女眞人・몽골人・高麗人・漢人 등을 관할하였는데, 洪武 26년 遼東의 鐵嶺衛를 瀋陽과 開原의 경계인 古嚚州(지금의 鐵嶺縣)로 이전하여[13] 시급한 북방의 방어력을 강화하였다. 納哈出과의 戰爭을 승리로 끝낸 다음해 明은 戶部를 통해 鐵嶺衛를 설치하겠다는 咨文을 高麗에 보내왔다.[14] 鐵嶺衛 설치 소식이 전해지자 高麗에서는 遼東攻伐論이 대두되었으며[15] 高麗의 遼東攻伐論은 당시 明과 朝鮮 사이에 군사적 긴장감을 조성하였다. 당시 明은 遼東進出을 확대하기 위해 遼東都司를 중심으로 25衛 體制를 만들어 가고 있었는데, 이는 遼東에서 明이 군사력을 강화시키는 것으로 高麗에게는 위협이 될 수도 있었다.[16] 鐵嶺衛 設置에 대한 遼東攻伐論의 대두는 鐵嶺 지역이 明의 領土로 귀속될 수 있다는 對明危機意識 이외에도 明 初期 明과 高麗 사이의 군사적 갈등, 여진관할권의 문제, 明의 貢路閉鎖와 무리한 貢馬 要求, 禑王 시기의 反明的 態度 등 明과 高麗 사이에 발생한 갈등들이 응축되어 표출된 사건이라 할 수 있다. 明의 鐵嶺衛는 瀋陽 동남쪽의 奉集堡에 설치된 후 최종적으로 遼東都司 북부 방어선에 해당하는 鐵嶺에 설치됨으로써

13)『明太祖實錄』洪武 21年 3月 ; 洪武 26年 4月 壬午.

14)『明太祖實錄』洪武 20年 12月 壬申. 당시 遼東都司는 納哈出의 세력을 흡수하기는 하였지만 주변의 여러 세력을 흡수할 수는 없었다. 遼陽行省 지역의 高麗人이나 女眞族은 상당수 한반도로 유입되거나 遼東都司 관할지역 밖으로 이주하는 등 遼東都司의 인구를 감소시키는데 영향을 미치고 있었다. 또한 고려에서는 요동정벌론이 제기되고 고려가 여진을 적극적으로 초무하는 등 명에 불리한 상황이 계속 전개되고 있었다. 이 때문에 遼東都司가 관할지역을 효과적으로 운영하고 인구를 확보하기 위해서는 鐵嶺衛를 통해 관할지역을 확대하고 강화해 나갈 필요가 있었다.

15) 刁書仁・卜照晶,「論元末明初中國與高麗, 朝鮮的邊界之爭」『北華大學學報』第2卷 第1期, 2001, 54쪽.

16)『高麗史』卷136, 禑王 13年 5月.

일단락되었다.

이들 衛의 설치과정과 특징으로 볼 때 洪武年間의 遼東政策은 納哈出을 성공적으로 제압하고 遼東都司와 25衛 중심의 衛所體制를 1단계 마무리한 것으로 볼 수 있다. 곧 遼東都司를 중심으로 동으로 連山關, 북으로 開元과 昌圖, 요서로 廣寧의 방어선을 견고히 하였던 것이다. 이들을 遼東都司로 편입한 것은 다른 시각에서 보자면 洪武年間 明은 女眞地域으로 진출할 수 없었음을 의미한다. 따라서 洪武年間 女眞 역시 明의 통제에서 벗어나 있었으며, 오히려 몽골의 공격과 약탈을 두려워하고 있었다. 이 때문에 明은 洪武年間 遼東都司로 방어선을 축소하여 군사력과 노동력에 필요한 인구를 흡수하고 방어선을 강화해야 하는 상황이었다. 곧 조선인과 女眞人들을 遼東都司 지역으로 흡수하는 정책을 전개하였던 것이다. 永樂 7년(1409)에는 衛所政策에 따라 開原 성내에 安樂州・自在州(自在州는 正統 8년에 遼陽으로 옮김)를 설치하여 몽골과 女眞 등의 귀부자들을 적극적으로 안치한 것도 그러한 조치의 일환이었다.

여진지역 등의 조직과 인구를 遼東都司로 흡수하는 洪武年間의 특징은 永樂年間에 가서야 遼東都司 25위 체제를 기초로 여진지역으로 세력을 확대해 나가려는 정책으로 전환되었다. 永樂年間 11處 여진인의 요구와 奴兒干都司의 설치, 대대적인 여진위소의 설치는 그러한 계획의 일환이었다. 우선, 永樂帝는 여진 지역에 위소를 설치하면서 조선에 대해 11처 여진을 명에 귀속하겠다고 통보해 왔다. 明은 使臣 王可仁을 통해 다음과 같이 朝鮮에 칙서를 보냈다.

> 參散・禿魯兀 등처의 女眞地方 官民 등에게 勅諭하여 알린다. 지금 朕이 황제가 되어 天下가 태평하고 四海의 안팎이 모두 한집안이 되었다. 너희들이 이를 알지 못하여 서로 統屬하지 않을까 염려스럽다. 강한 자가 약한 자를 능멸하고 많은 무리가 적은 무리에게 포악하게 하면, 어찌 편안히 쉴 때가 있겠느냐? 지금 짐의 말을 들으면 印信을 주어서 스스로 서로 統屬

> 케 하고, 사냥(打圍)하고 放牧하여 각각 생업을 편하게 하고, 상업을 경영하고 買賣하여 편의대로 往來케 하면서 함께 太平의 福을 누리리라. 지금 參散·禿魯兀 등 11處의 溪關萬戶 寗馬哈 … 阿都歌千戶 崔咬納·崔完者를 招諭할 것이다.[17]

이에 대해 조선은 계품사 예문관 제학 金瞻을 경사에 보내어,

> 상고하건대, 參散千戶 李亦里不花 등 10처 人員이 비록 女眞人民에 속해 있기는 하나 本國地面에 와서 생활한 것이 오래되었고, 胡人 納哈出 등의 군사와 倭寇의 침략을 여러 번 겪었기 때문에 凋殘하여 거의 다 없어지고 그 遺種의 남아 있는 것이 얼마 없으며, 또 본국의 인민과 서로 혼인하여 자손을 낳아서 賦役에 이바지하고 있습니다. 또 臣의 祖上이 일찍이 東北地面에 살았으므로 玄祖 李安社의 분묘가 현재 孔州에 있고 高祖 行里와 祖 李子春의 墳墓가 모두 咸州에 있습니다. 생각건대 小邦이 聖朝를 만난 이래로 여러 번 고황제의 詔旨를 받았사온데, 化外를 구분하지 않고 一視同仁하였으며, 또 聖朝의 戶律 內의 한 조목에 준하면, '홍무(洪武) 7년 10월 이전에 다른 고을로 流移하여 일찍이 그곳의 戶籍에 登載되어 賦役에 종사하고 있는 자는 논하지 말라 하였습니다. 小邦은 이미 同仁의 가운데에 있사옵고, 공험진 이남이 또 고황제의 '王國有辭'라는 명령을 입었사오니, 그곳에 살고 있는 女眞遺種의 人民들을 本國(朝鮮: 역자 주)에서 전과 같이 관할하게 하시면 한 나라가 다행하겠습니다. 이 때문에 지금 陪臣 藝文館提學 金瞻을 보내어 奏本과 地形圖本을 받들고 京師에 가게 하여 奏達합니다.[18]

라고 하였다. 이에 대해 영락제는 크게 문제를 삼지 않고 쉽게 이 지역을 朝鮮의 관할로 인정하였다.[19] 明代에 대외정벌과 원정을 가장 활발히 하고 여진위소건립을 적극적으로 추진하던 永樂帝가 이렇게도 쉽게 松花江 남쪽에서 豆滿江에 이르는 지역의 관할을 포기하고 朝鮮에 10처 여진을 넘겨주었다.

다른 한편 永樂年間(1403~1424) 奴兒干都司와 다수의 衛所가 吉

---

17) 『朝鮮王朝實錄』 太宗 4年 4月 甲戌.
18) 『朝鮮王朝實錄』 太宗 4年 5月 己未.
19) 『朝鮮王朝實錄』 太宗 4年 10月 己巳.

林・黑龍江 등 다른 지역으로 확대 설치되었다. 奴兒干都司는 永樂 7년(1409)에 설치되기로 결정되었는데,[20] 처음 두목 忽剌冬奴 등이 내조하여 奴兒干衛를 세운 것으로 시작하였고 다시 그 지역이 요충지임을 고려하여 永樂 9년(1411) 奴兒干都司로 변화시켰던 것이다.

奴兒干都司를 개설시키는 과정에서 明朝는 이전에 遼東都司로 귀부한 이민족을 중용하였는데, 亦失哈, 王肇舟, 佟答剌哈, 金聲, 白倫 등이다. 明이 奴兒干都司를 설치한 중요한 목적 중의 하나는 몽골세력이 女眞地域으로 침입하여 여진세력을 몽골의 영향력하에 두려는 것을 억제하는 것이었다. 明朝가 초기부터 동북지역을 점거할 때부터 後金이 요동방어선을 넘는 순간까지도 몽골은 明이 경계해야할 가장 위협적인 세력이었다. 그들에 대한 통제의 성패여부는 明의 요동정책에서 매우 중요한 위치를 차지하고 있었다.

永樂帝의 5차에 걸친 몽골親征은 그들의 세력을 약화시키려는 대대적인 초무전쟁이었다. 그는 몽골親征을 진행하면서 女眞地域을 몽골로부터 고립시키고 明의 울타리로 삼기위해 위해 奴兒干都司와 184개의 위를 설치하려는 계획을 준비하였다. 奴兒干都司 설치 이후 亦失哈은 5차례 奴兒干에 진출하였는데, 5차례 노아간 진출은 5차례의 몽골 親征과 동일한 回數인데, 이것은 우연이라기보다는 女眞을 끌어들여 몽골세력을 제어하고 배후의 안전을 확보하려는 明 初期의 중요한 대외진출 전략이었다.

그러나 『敕修奴兒干永寧寺碑記』와 『重建永寧寺碑』를 통해서 奴兒干都司의 성격을 살펴보면, 奴兒干都司가 遼東都司와 같이 都司이기 때문에 사법과 행정권을 가진 권력기구처럼 보이지만 사실은 임시군가기구였을 뿐이다. 奴兒干都司를 알 수 있는 두 碑記를 정리해 보면 관련된 관직이 欽差, 奴兒干指揮同知, 都指揮僉事, 指揮, 千戶, 百戶등과 經歷, 吏

20) 『明實錄』 永樂 7年 6月 己未, "置奴兒干都指揮使司, 經歷司經歷一員".

등이다.[21] 이 중에 군사업무를 담당하는 무관직을 빼면 經歷과 吏만이 남게 된다. 곧 遼東都司와 같이 斷事司, 司獄司를 설치하고 있지 않음을 알 수 있다.[22] 또한 奴兒干都司의 주요한 관리들은 모두 遼東都司에서 선발하여 파견하였고, 관리와 사병의 봉급, 군량 등은 모두 遼東에서 공급받고 있었다.[23] 奴兒干都司의 직능은 ① 부락의 초무,[24] ② 采捕와 納貢 해동청 등의 확보,[25] ③ 이민족의 조공관리, ④ 교역 등이다.[26]

永樂~宣德 연간 역시 奴兒干都司에 官吏가 상주한 흔적 역시 보이지 않는다. 이 때문에 奴兒干都司의 중요관리인 康旺 등 관련 관리들을 빈번하게 奴兒干에 사신으로 임명되어 파견되었다는 기록이 나타나는데, 이것은 바로 그들이 奴兒干에 상주하지 않았다는 증거이다. 奴兒干都司는 실제 黑龍江 하류에 설치되었다고는 하지만 그곳에 인력이 파견되지 않을 때는 아무런 활동도 할 수 없었으며 활동 역시 제한받을 수밖에 없었음을 알 수 있다. 더구나 黑龍江 지역은 넓기 때문에 奴兒干都司는 만주의 모든 衛所를 관할할 수 없었다. 따라서 중국의 연구성과대로 奴兒干都司와 여진위소와의 종속적 관계를 설정하는 것은 매우 위험한 가설이라고 할 수 있다. 따라서 여진위소가 명에 종속되었는지의 여부를 알기 위해서는 女眞衛所의 설치과정, 女眞衛所와 明朝사이에 행해졌던 조공의 성격을 규명하는 것이 훨씬 합리적일 것이다. 또한 兀良哈 3衛 등 奴兒干都司보다 빠르게 설치된 몽고와 여진의 위소들은 奴兒干都司와 접촉한 사실도 없기 때문에 이를 奴兒干都司 屬下의 衛로 설명하는 중국학자들의 주장은 논리적으로 앞뒤가 맞지 않는다.[27]

---

21) 「敕修奴兒干永寧寺碑記」, 「重建永寧寺碑記」, 앞의 책, 1976.
22) 『明實錄』 永樂 7년 閏4月 己酉.
23) 『明史』 卷76, 職官5.
24) 『敕修奴兒干永寧寺碑記』, 『滿洲金石志』, 1976.
25) 『重建永寧寺碑記』, 『滿洲金石志』, 1976. 『朝鮮王朝實錄』에서는 亦失哈 등이 奴兒干에 간 일을 "奴兒干捕鷹"으로 기록하였다.
26) 『朝鮮王朝實錄』 世宗 9年 9月 癸巳.

3. 遼西·遼河套邊墻修築과 몽골防禦

明朝는 明 初期 遼東을 점령한 이후 우선 축성사업을 정비하였는데, 納哈出의 항복 이후 遼東都司지역에 城堡의 수축과 함께 驛站·遞運所·急遞鋪 등을 설치하면서 遼東 방어를 위한 연결망을 만들어 나갔다.[28] 그러나 이것은 邊墻修築은 아니었다.

宣德 元年(1426) 7월에 明은 몽골의 침입이 심해지자 都督 山雲, 都御史 王彰을 시켜 山海關·永平·薊州로부터 居庸關에 이르기까지 실지조사를 하고 견고하지 못한 시설들을 수리하도록 명하였는데,[29] 宣德年間에 가서야 永樂年間에 비해 북변을 능동적으로 통제할 수 있는 능력이 많이 상실되어 遼東邊墻의 계획이 시도되기 시작하였던 것이다. 변장 수축을 주도한 인물 중의 한 사람이 畢恭인데, 그는 正統 2년(1437) 海州衛부터 瀋陽에 이르는 지역을 4지역으로 구분하면서 墩臺와 堡를 설치할 것을 건의하였다.[30] 宣德年間 遼東邊墻 修築의 시작은 明

---

27) 奴兒干都司와 羈縻衛所와의 관계에 대한 연구는 대략 4가지로 구분할 수 있다. 첫째, 奴兒干都司와 羈縻衛所를 종속관계로 보는 입장이다. 예를 들면, 楊道賓은 「海建二酋逾期違貢疏」에서 奴兒干都司를 설치하여 衛所 204개를 통할하였는데, 地面 城站이 58곳이었다고 하였다. 또 姚希孟은 「建夷授官始末」에서 건주 등 184衛를 세우고 奴兒干都司가 이를 통할하였다고 하였다. 둘째, 奴兒干都司와 羈縻衛所를 비종속관계로 보는 입장이다. 예를 들면 姚嚴叢의 『殊域周咨錄』에 衛 184곳, 所 20, 站과 地面 각각 7곳이며 그 추장을 뽑아 族目으로 삼고 指揮, 千百戶, 鎭撫 등의 관직을 내렸다. 다시 흑룡강 지역에 奴兒干都司를 세워 都督, 都指揮 등의 관직을 두었는데, 각 衛所와는 서로 통할하거나 예속되는 관계는 아니었다고 하였다. 셋째, 奴兒干都司와 羈縻衛所를 병렬관계로 보는 견해로, 종속관계를 불명확하게 말하는 경우이다.

28) 『明英宗實錄』 宣德 10年 11月 庚午, "遼東地方廣闊, 煙墩數少, 賊寇入境, 卒難了備, 乞于要害處, 增設以便守望".

29) 『明宣宗實錄』 宣德 元年 7月 癸丑.

初期에 설치된 城堡 중심의 방어선에 한계가 있음을 말해주는 것이며, 또한 심각한 위기의식과 더불어 더 견고한 방어선을 수축할 필요성이 있음을 인식한 것으로 볼 수 있다.

遼東邊墻은[31] 遼東長城이라고도 하지만 萬里長城처럼 견고하게 축조되지는 않았다. 주로 방어선의 개념으로, 흙과 나무를 이용하여 축조되었으며 중요한 요충지를 제외하면 대부분 그 견고성에서 萬里長城을 따라가지 못하였다. 遼東邊墻의 전체 길이는 2천여 리로 山海關－開原－鳳凰城을 연결시키며 M자형의 방어선을 형성하였다. 遼東邊墻의 수축은 기본적으로 동・서몽골과 兀良哈 3衛 그리고 女眞을 방어하기 위해 설치되었지만, 또한 遼東都司의 衛所制度가 붕괴해 가면서 遼東의 屯軍과 屯民들이 邊墻 밖 몽골 女眞 지역으로 도주하는 것을 막는 기능도 함께 하였다.[32]

遼東邊墻은 대체로 3지역(西段邊墻, 遼河套邊墻, 東段邊墻)으로 구분할 수 있다. 西段邊墻(遼西邊墻)은 서쪽의 山海關 북쪽 60여 리의 吾名口臺에서 동북쪽으로 향하면서 鎭遠關(黑山 白土廠鎭)이 이르는 지역이며, 遼河套邊墻은 鎭遠關에서 三岔關을 거쳐 鎭北關(開原 威遠堡鎭)에

30) 『明英宗實錄』 正統 2年 3月 乙卯.

31) 김한규, 『한중관계사』 Ⅱ, 아르케, 1999, 594쪽. 遼東邊墻의 遼西와 遼河套邊墻을 '西墻', 동쪽의 邊墻을 '東墻'이라고 하기도 한다. 西墻은 주로 兀良哈 침입을 막기 위하여, 東墻은 女眞을 막기 위하여 설치되었다. 이 邊墻의 성격을 놓고 단순한 邊墻이라는 설과 國界說이라는 주장이 있다. 단순한 邊墻으로 보는 입장은 楊暘 등 대부분 중국학자들이 주장하는 것으로 國界가 아니라 내지의 北部邊疆으로 인식한다. 그 근거로 明代 지속적으로 설치된 吉林과 黑龍江 지역의 衛所 등을 거론하고 있다. 곧 이들 衛所를 明이 설치하고 관할했으므로 明의 영토로 인정하려는 견해를 취하고 있다. 그러나 國界說의 입장을 취하는 학자들은 遼東邊墻 밖의 지역은 몽골 지역과 女眞 지역으로, 明이 설치한 衛所는 대부분 永樂年間에 설치되었으나 中・後期로 갈수록 衛所의 기능을 전혀 하지 못하고 있으며 대부분 북변의 몽골과 兀良哈 3衛 그리고 동변의 朝鮮人과 女眞이 邊墻 밖을 선점하거나 거주하였다는 입장을 취하고 있다.

32) 楊暘, 『明代東北史綱』, 學生書局, 1993, 224쪽.

이르는데 邊墻의 특징은 다음과 같다.

〈표 1〉 遼西邊墻 주둔군수와 특징

보명칭	주둔군	특징	보명칭	주둔군	특징	비고
鐵場堡	126	通賊道路	大興堡	351	通賊道路	
永安堡	151	通賊道路	大福堡	351	通賊道路	
三山營堡	176	通賊道路	大鎭堡	350	通賊道路	
平山營堡	175	通賊道路	大勝堡	350	通賊道路	
高臺營堡	176	通賊道路	大茂堡	351	通賊道路	
新興營堡	490	通賊道路	大定堡	351	通賊道路	
錦川營堡	175	通賊道路	大安堡	351	通賊道路	
黑庄窩堡	251	通賊道路	大康堡	351	通賊道路	
仙靈寺堡	435	通賊道路	大平堡	351	通賊道路	
小團山堡	176	通賊道路	大寧堡	351	通賊道路	
興水縣堡	195	通賊道路	大靜堡	301	通賊道路	
白塔峪堡	171	通賊道路	大淸堡	351	通賊道路	
寨兒山堡	171	通賊道路	鎭夷堡	503	通賊道路	
灰山堡	148	通賊道路	鎭邊堡	501	通賊道路	
松山寺堡	196	通賊道路	鎭靜堡	503	通賊道路	
沙河兒堡	201	通賊要路	鎭安堡	497	通賊道路	
長嶺山堡	172	通賊道路				
椴木冲堡	126	通賊道路				

요서변장의 관할 돈대는 기본적으로 다음과 같다. 鐵場堡(관할 墩臺 8좌, 이하 숫자만 표기)－永安堡(9)－背陰章堡(8)－新興營堡(11)－三山營堡(15)－平山營堡(12)－瑞昌堡(12)－高臺堡(8)－三道溝堡(9)－新興營堡(11)－錦川營堡(13)－黑庄窩堡(13)－仙靈寺堡(12)－小團山堡(16)－興水縣堡(20)－白塔峪堡(19)－寨兒山堡(13)－灰山堡(9)－松山寺堡(14)－長嶺山堡(10)－沙河兒堡(11)－椴木冲堡(18)－大興堡(19)－大福堡(18)－大鎭堡(18)－大勝堡(22)－大茂堡(17)－大定堡(17)－大康堡(22)－大平堡(18)－大寧堡(11)－大安堡(6)－大靖堡(13)－大淸堡(13)－鎭夷堡(13)－鎭邊堡(14)－鎭靖堡(17)－鎭安堡(13) 등이다.[33]

遼河套 邊墻 지역은 M자 형의 방어선 중 오목하게 들어간 지역으로 遼東邊墻 중 가장 먼저 설치되었다. 그 이유는 遼河套 지역은 비교적 지세가 평탄하고 험산이 없으며, 대부분의 하천 역시 수심이 낮고 겨울에는 기온이 낮아 쉽게 동결되는 단점이 있었다. 더군다나 유사시 방어가 시급하였고, 大寧都司가 방치된 후 몽골 兀良哈이 이 지역을 점거하여 遼東을 크게 위협했기 때문이다.

宣德 10년(1435) 11월 刑科給事中 陳樞는 황제의 명으로 遼東을 순시하고 北京으로돌아가 遼東 상황을 상주하였는데, 遼東의 요해처가 매우 허술하므로 煙・墩臺를 증설하여 방어를 강화할 것을 건의하였다.[34] 正統 元年(1436) 薊州, 永平 등의 總兵이 올린 상주문을 보면 이미 긴城을 설치하여 3리마다 墩臺와 堡를 설치하여 효과적으로 방어하고 있으며 2백여 좌의 墩臺가 완성되었다고 기록하고 있는데, 이것으로 보아 1436년은 遼河套 지역에서 邊墻 형태의 방어체계가 조금씩 형성되고 있었다고 볼 수 있다.[35] 그리고 畢恭이 遼東에 파견되어 遼河套 邊墻의 수축을 책임진 것이 正統 2년(1437)에서 正統 4년(1439) 사이인데, 이 시기 遼東邊墻은 주로 木柵을 이용하여 축조됨으로써 견고하지 못하였다.

또한 正統 4년(1439)에는 遼東總兵官 都督僉事 曹義 등이 遼東守備에 성실하지 못한 都指揮同知 夏通 등을 탄핵하였는데, 탄핵의 내용 중 遼河套 邊墻 '一千餘丈'이 兀良哈에 의해 불타버린 사실을 언급하고 있다. 正統 8年(1443) 11월 英宗이 변방의 불안정함을 막기 위한 방책으로 遼河套 지역에 견고한 邊墻을 설치할 것을 지시하고 있는 것으로 보아 이 시기가 遼東邊墻 수축의 본격적인 시기라고 추측할 수 있다. 즉 正統 8년(1443) 11월 英宗은 左副都御史 王翱와 總兵官 都督僉事 曹義 등

---

33) 李治亭 主編,『東北通史』, 中州古籍出版社, 2003, 388~389쪽.

34)『明英宗實錄』宣德 10年 11月 庚午.

35)『明英宗實錄』正統 元年 4月 甲寅, "先已奏准于所割地方長城內, 每三里設墩架炮, 遇賊薄城擧火發炮, 庶使不能潛越, 今墩臺二百餘座已完, 淸給合用信炮".

에게 遼東이 쉽게 약탈한 것은 遼河 등의 요새지에 邊墻을 설치하지 않고 관군이 엄히 방비하지 않은 것이 한 원인이 되었다고 지적하면서[36] 土築으로 견고한 邊墻을 설치하도록 조치하였다. 곧 土築은 강의 지세와 험준함을 고려한 것으로 1439년 이전의 木栅보다는 더 견고하다고 볼 수 있다. 遼河套 邊墻은 黑山에서 開原까지 34城堡와 414개의 墩臺로 구성되어 있다.

〈표 2〉 遼河套邊墻 주둔군수와 위치의 특징

보명칭	주둔군수	위치의 특징	보명칭	주두군수	위치의 특징
鎭遠堡	502	通賊道路	奉集堡	139	腹裏無邊
鎭寧堡	503	通賊道路	靖遠堡	364	臨境
西興堡	340	臨境	平虜堡	271	臨境
西平堡	552	通賊道路	上榆林堡	388	通賊道路
西寧堡	407	通賊道路	十方寺堡	335	通賊道路
東昌堡	463	無通賊道路	丁字泊堡	200	通賊道路
東勝堡	452	臨境	三岔兒堡	381	通賊道路
長靜堡	301	臨境	宋家泊堡	261	通賊道路
長寧堡	419	通賊道路	曾遲堡	201	通賊道路
長定堡	515		定遠堡	251	通賊道路
長安堡	491	臨境	鎭夷堡	251	通賊道路
長勝堡	461	臨境	淸陽堡	325	通賊道路
長勇堡	583	臨境	鎭北堡	351	通賊道路
長營堡	500	通賊道路	威遠堡	351	通賊道路

주요한 城堡의 연결망과 관할 돈대 수는 다음과 같다.

鎭遠堡(관할墩臺 10좌, 이하 숫자만 표기함)－鎭寧堡(13)－西興堡(16)－鎭武堡(15)－西平堡(13)－西寧堡(9)－東昌堡(12)－東勝堡(19)－長靜堡(9)－長寧堡(13)－長定堡(12)－長安堡(15)－長勝堡(13)－長營堡(16)－長勇堡(13)－武靜營堡(0)－奉集堡(0)－靖遠堡(14)－平虜堡(5)－上榆林堡(12)－十方寺堡(14)－丁字泊堡(13)－宋家泊堡(13)－曾遲堡(7)－鎭西堡

36) 『明英宗實錄』 正統 8年 11月 甲戌.

(11)－定遠堡(12)－殷家窩堡(12)－慶雲堡(10)－古城堡(7)－永寧堡(4)－鎭夷堡(12)－淸陽堡(13)－鎭北堡(18)－威遠堡(20) 등이다.[37)]

4. 遼東(東段)邊墻修築과 女眞防禦

東段邊墻은 開原에서 撫順 방면으로 진행되어 丹東 부근까지 이르렀다. 遼東의 동쪽지역(遼河 이동 지역)은 산과 구릉이 많은 까닭에 明 初期부터 구릉을 따라 여러 關을 설치하였다. 片嶺關·刺楡關·連山關·撫順關·鎭北關 등은 대표적인 것들이다. 正統 시기가 되면서 女眞 建州部 등의 세력이 남하하여 婆猪江(渾江)과 蘇子河(渾河 상류) 지역까지 들어와 닥치는 대로 약탈을 시도하였다. 이러한 女眞의 움직임은 북쪽의 開原을 시작으로 동쪽에 邊墻을 축조하는 계기가 되었다. 이 지역의 방어시설에 대한 본격적인 시작은 建州女眞이 遼東의 내지로 옮겨오던 시기와 일치한다. 正統 3년(1438) 建州女眞은 南遷하여 撫順 동쪽의 渾河와 그 지류인 蘇子河 유역으로 옮겨왔으며, 正統 5년(1440)에는 建州左衛 역시 蘇子河 유역으로 옮겨와 建州衛와 같이 생활하였다. 이들은 때때로 松花江 유역의 海西女眞과 연합하여 遼東을 공격하기도 하였으며, 正統 14년(1449)에는 女眞의 李滿住·董山 등이 遼東 지역을 공격하기도 하였다. 그리고 成化 2년(1466) 1年間 建州 3衛는 兀良哈과 연합하여 97차례의 공격으로 수 만 명의 사상자를 낼 정도로 위협적인 존재로 변해가고 있었다. 女眞의 빠른 성장은 곧 明朝가 동쪽의 방어시설을 새롭게 정비하고 邊墻 防禦線을 견고하게 설치해야하는 계기가 되었다.

明은 成化 4년(1468) 撫順에서 靉陽에 이르는 지역에 邊墻을 구축하였다. 撫順 남쪽으로 방어체계를 만들어 가면서 東州堡·馬根單堡·淸

37) 李治亭 主編, 앞의 책, 389쪽.

河堡 등의 많은 堡를 구축하였으며, 靉陽堡 남쪽의 防禦體系 역시 嘉靖年間에 완성하였다.[38] 이 지역의 邊墻은 成化 20년(1484)부터 戶部侍郞 毛泰의 건의에 따라 屯軍을 징발하여 수축하기 시작하는데, 『全遼志』를 통해 그 징발된 군인의 숫자를 보면 嘉靖年間(1522~1566)에는 3만에서 4만에 이르는 것으로 나타나고 있다. 東段邊墻의 구조는 기본적으로 鎭城・路城・衛城・所城・驛城・鋪城・路臺 등이 서로 연결된 방어망으로 이외에도 城池・邊堡・邊臺・邊墻 등을 설치하여 운영하였다. 衛城과 所城은 약 5백~1천여 명의 군대가, 보에는 100~500명 정도가, 邊臺 등에는 평균 5명이 주둔하며 2~3리의 지역을 감시하는 것으로 나타나고 있다. 衛城과 所城은 주위의 堡城 3~4개를 관할하며, 약 30여 리 지역을 담당하였다.

앞서 설명한 것처럼 東段邊墻의 修築은 女眞의 성장과 관계가 깊다. 正統 後期에 이르자 몽골의 오이라트(瓦剌)부 성장으로 明은 土木堡의 變이 발생하는 등 변방의 위기가 심화되었다. 이 기회를 틈타 女眞은 생활필수품과 가축을 약탈하는 등 遼東都司를 위협하는 새로운 세력으로 변해갔다. 景泰 元年(1450) 建州와 海西女眞 1만 5천여 명이 遼東을 침입하여 큰 피해를 주는 등[39] 女眞의 약탈과 침입이 계속되었다. 그리고 明의 군대를 피해 婆猪江 유역으로도 그 세력을 확대하였다.[40]

女眞의 성장에 대해 明은 한편 군대를 동원하여 토벌하기도 하였다. 成化 3년(1467) 女眞의 董山과 李古納哈 등을 체포하기도 하였으며, 56인을 참수하고 200여 명을 포로로 잡는 등 군사적 성과를 거두기도 하였다. 朝鮮 역시 1469년 李滿住의 본거지를 공략하여 董山・李滿住 및 그 아들 古納哈 등 273명을 죽이고 24명을 생포하였으며, 은신처 200여

---

38) 叢佩遠, 「明代遼東邊墻」 『東北地方史研究』 第1期, 遼寧省社會科學院 歷史研究所, 1985.

39) 『明英宗實錄』 景泰 元年 五月 癸丑 ; 景泰 元年 6月 癸未.

40) 『朝鮮王朝實錄』 文宗 1年 8月 辛未.

곳 이상을 불태우는 전과를 올렸다.[41] 成化 14년(1478) 2월 遼東總兵官 都督同知 歐信과 巡撫遼東左部都御使 陳鉞은 建州 3衛를 공격하여 적의 본거지 53寨와 가옥 200여 채 그리고 2백여 명을 참수하는 등 강경한 군사적 방법으로 女眞을 습격하였다.[42]

몇 차례의 대대적인 建州에 대한 토벌에도 불구하고 궁극적으로는 그들의 지속적인 성장과 약탈을 저지할 수는 없었다. 明의 강경책에도 불구하고 成化 16년(1480)에는 女眞의 2천여 기병이 遼東八站을 약탈하는 등 女眞은 遼東의 위기감을 고조시켰다. 建州部의 성장은 遼東의 방어에 새로운 압력이 되었다. 특히 遼東 방어에 필요한 각종의 물자 및 식량공급은 遼東에서 屯田을 통해 자체 수급해야 했으므로 衛所 제도와 屯田 체제가 흔들리고 있던 당시 상황으로 보자면 그들의 성장은 몽골과 더불어 遼東에 새로운 압력으로 다가올 수밖에 없었으며 이는 곧 邊墻의 修築으로 구체화되었던 것이다.

邊墻수축의 상황은 『朝鮮王朝實錄』에도 기록되고 있는데, 곧 成化 5년(1469) 宣尉使 金有禮가 遼東都司로부터 돌아와 東段邊墻 수축의 소식을 전하였다. 그 내용은 금년 4월부터 遼東에서 50리 떨어져 있는 松鶻山의 동쪽과 撫順千戶所에서부터 長墻을 쌓아 朝鮮의 碧潼 江邊에 이르게 하고, 30리마다 큰 堡를 축조하여 항상 軍馬 3~4백으로 방어할 예정이며, 또 10리마다 煙臺와 墩臺를 설치하여 賊變을 관찰하고 이를 통해 朝鮮 사신을 안전하게 보호하겠다는 것이었다. 그리고 그 길이는 대략 5백 리였다고 전하였다.[43] 그리고 成化 12년(1476) 12월에는 馬文升이 遼陽 동쪽에 東州堡·馬根單堡·淸河堡·鹻場堡·靉陽堡 등의 새로운 堡를 건설하였다. 東州堡는 撫順 남쪽 40리 지점에, 馬根單堡는 東州의 남쪽 30리 지점에, 淸河堡는 馬根單堡 남쪽 90리 지점에, 鹻場堡는

41) 『朝鮮王朝實錄』 睿宗 元年 9月 壬申.

42) 『明憲宗實錄』 成化 14年 2月 庚申.

43) 『朝鮮王朝實錄』 睿宗 1年 6月 甲寅.

淸河堡 남쪽 70리 지점에, 靉陽堡는 鹻場堡 남쪽 120리 지점에 각각 위치하였다.[44)]

城堡와 邊墻이 계속 수축되었음에도 불구하고 成化 15년(1479) 6월 戶部郞中 王宗彝의 上奏 내용을 보면 여전히 遼東 동쪽의 城堡와 邊墻이 결함이 많아서 이를 보수하기 위해 군인과 인부를 동원하여 開原에서 鴨綠江의 요새지를 보수하고 있음을 알 수 있는데,[45)] 이는 곧 邊墻이 꾸준히 수축되어 왔지만 遼河 이동의 邊墻이 많은 부분에서 견고하지 않음을 의미하였다. 明은 다시 李成梁과 汪道昆의 건의에 따라 萬曆 元年(1573)~萬曆 4년(1576)에 寬甸 6堡를 축조하였다. 이들은 寬甸의 서쪽에 위치한 新奠堡, 동쪽에 위치한 寬奠堡, 남쪽의 大奠堡・永奠堡・長奠裸・險山堡 등이다. 특히 寬甸 동쪽의 寬奠堡는 明과 朝鮮의 교통요도로써 建州女眞이 차지하려한 지역이며, 지리적으로 보면 摩天嶺 동쪽, 鴨綠江 건너편 西岸에 해당하는 지역(지금의 遼寧城 寬甸縣 일대)이다. 寬甸 6堡의 축성 후 王兀堂 등의 요구로 永奠와 寬奠에 開市를 열었으며, 明은 開市를 통해 경제적 교류와 통제를 한층 쉽게 하고자 하였다.[46)]

〈표 3〉 東段邊墻의 주둔둔수와 위치의 특징

보명칭	주둔군수	위치의 특징	보명칭	주둔군수	위치의 특징
靖安堡	351	通賊道路	馬根單堡	484	通賊道路
松山堡	251	通賊道路	鹻場堡	461	臨境
柴河堡	251	通賊道路	淸河堡	484	通賊道路
撫安堡	201	通賊道路	酒馬吉堡	461	通賊道路
會安堡	422	臨境	靉陽堡	999	臨境
東州堡	526	通賊道路	新安堡	452	臨境

44) 『遼東志』(遼海叢書本) 卷7 「藝文」 韓斌遼東防守規劃條.

45) 『明憲宗實錄』 成化 15年 6月 甲辰, "遼東邊墻頹缺, 以東爲甚, 分守遼陽副總兵吳瓚, 欲領見操軍餘人夫修築, 其口粮欲于各堡倉分支給, 臣惟東路自開原直抵鴨綠江, 南北綿亘千有余里, 邊墻坍塌, 類多險阻, 人力難施, 非萬人累月莫能成一工, 而工又非一日可畢".

46) 李健才, 『明代東北』, 遼寧人民出版社, 1986, 189쪽.

東段邊墻을 구성하고 있는 城堡의 구성과 돈대수는 다음과 같다. 靖安堡(관할 墩臺 21좌, 이하 숫자만 표기)－松山堡(10)－柴河堡(17)－撫安堡(10)－花抱冲堡(불명확함)－三岔兒堡(10)－會安堡(10)－撫順所城堡(12)－東州堡(17)－馬根單堡(7)－散羊峪堡(4)－淸河堡(16)－堵墻堡(5)－鹹場堡(10)－孤山堡(7)－酒馬吉堡(9)－靉陽堡(14)－險山堡(17)－大甸子堡(불명확함)－新安堡(17)－寧東堡(불명확함)－江沿臺堡(12) 등이다.[47)]

遼東 지역의 邊墻은 그 기능에 있어서 邊墻으로서의 역할을 충분히 하지 못하였다. 遼東邊墻 중심의 방어체계가 기본적으로 갖추어 졌지만 遼東의 방어를 약화시키는 다양한 원인들이 있었기 때문이다. 그 주요한 원인으로 衛所兵의 이탈, 屯田經營의 실패, 屯田人口의 도망, 반란, 변강기강의 해이, 방어선의 비효율적 운영 등이다. 더구나 遼東의 인구는 넓은 지역에 걸쳐 분산되어 있었고, 방어해야할 지역이 넓어 邊墻修築을 통해 방어선을 세우기는 하였지만 대규모의 침입을 방어하기에는 견고하지 못한 문제점을 가지고 있었다.

5. 結　論

위에서 살펴본 바와 같이 洪武年間은 遼東都司 방어체제를 강화하기 위하여 총력을 기울인 시기로 여진지역으로 진출할 여건이 준비될 수 없었다. 오히려 遼東都司를 강화시키기 위하여 元代 遼陽行省의 상당부분을 포기하고 鐵嶺衛, 東寧衛, 三萬衛 등을 흡수하여 遼東都司 25衛 체제에 편입시키는 특징을 보여주었다.

永樂年間은 洪武年間의 25衛체제를 기초로 대외로 확장하는 모습을 보여주었다. 그러나 永樂年間의 대외팽창은 주로 대대적인 초무적 기능

47) 李治亭 主編, 앞의 책, 389~390쪽.

을 수행했을 뿐이며 실제 그 지역을 점거한 것은 아니었다. 朝鮮을 상대로 했던 11處 女眞人 요구는 朝鮮의 강력한 반대로 좌절되었고, 奴兒干都司 역시 都司라는 이름과는 달리 招撫 등의 단순한 기능을 가지고 있었으며, 사법권과 행정권을 행사할 수 없는 임시 초무기구에 불과하였다. 그리고 奴兒干都司는 永樂年間 이후 그 기능을 상실하고 遼東都司에 흡수 통합됨으로써 洪武年間과 마찬가지로 遼東都司라는 폐쇄된 작은 공간에서 요동정책을 시행해 나갔다.

遼東都司는 이후 몽골과 여진의 성장으로 소극적인 방어정책 곧 遼東邊墻의 수축으로 요동정책을 전환할 수밖에 없었다. 이로써 遼東邊墻은 일반적인 방어선이 아니라 內地와 外地를 구분하는 國境線으로서의 성격을 가지게 되었다. 遼東邊墻이 國境線으로써의 성격을 가지고 있음은 明代 사료에 많이 나타나고 있다. 우선 朝鮮과의 경계를 설정하는데, 遼東과 朝鮮의 경계를 "至遼東界, 地名連山關"으로 기록함으로써 요양 남쪽의 柵門이 설치된 連山關을 국경선으로 설정하고 있었다.[48)]

또한 遼東邊墻을 구성하고 있는 성보들을 '湯站堡 … 臨境, … 鳳凰城堡 … 臨境', '通賊道路' 등 邊境 곧 邊界와 접해있다고 기록함으로써 변장을 국경선으로 인식하고 있었다. 이는 곧 몽골과 여진을 명의 판도 밖에 있는 賊으로 인식하고 그들에게 통하는 길을 賊路로 표현함으로써 명에 종속되지 않은 판도 밖의 세력으로 인정하고 있음을 알 수 있다.

48) 「遼東志」 권4, 典禮, 『遼海叢書』, 遼海出版社, 408쪽. 淸代에 작성된 『盛京通志』 권33, 關郵 역시 '連山關은 明代에 關을 설치하였으며, 朝鮮이 入貢往來하는 길'로 기록하고 있다. 『朝鮮王朝實錄』 成宗 12年 10月 戊午. 連山關은 明 初期 朝鮮 사신이 明의 영토로 들어오는 첫 번째 책문이 설치된 지역이자 자연지세를 이용한 변경요새이다. 이 때문에 『朝鮮王朝實錄』에도 遼東의 동쪽 1백80리는 遼陽에서 가까운 連山關을 경계로 하여 中國(明)과 경계를 이루고 있으며, 鴨綠江부터 連山關까지 넓은 지역을 점령하지 않고 비워놓은 것은 유사시 明과의 충돌을 막기 위한 朝鮮・明 간의 완충지대로 두기 위한 것이었다고 분명히 기록하고 있는 것도 이런 明代 요동팔참지역의 상황을 보여주는 예이다.

따라서 성보와 성보를 연결하여 수축된 明代 遼東邊墻은 판도 밖의 세력을 방어하기위한 明의 국경선이었던 것이다.49) 청대의 사료『盛京通志』역시 동남쪽의 愛河邊門과 더불어 鳳凰城邊門을 '朝鮮入貢之道, 俱設有防禦等官駐防 … 接邊', '鳳凰城站, 過此卽朝鮮界', '鳳凰城東至靉河, 百二十里. 朝鮮界' 등으로 기록하여 역시 요동변장을 국경선으로 기록하고 있다. 이외에도 '北至開原邊境', '遼河六十里邊界' 등의 기록이 나타나고 있는데, 邊境, 邊界, 朝鮮界, 蒙古界라는 말은 자국의 판도 내외를 구분하는 국경이라는 의미가 있다.50)

여진을 판도 밖의 세력으로 인정한 것은 여진을 기록하는 방식에서도 나타난다.「全遼志」권4, 夷人入貢조에서는 명의 판도 밖에 위치한 朝鮮入貢을 서술한 후에 女眞入貢을 기록함으로써 내지의 위소와는 전혀 다른 外夷로써 취급하고 있으며,「全遼志」권6과「遼東志」권9의 外志에서도 朝鮮과 같은 外夷國을 다룬 후에 衛史를 서술하며 女眞衛를 취급하고 있다. 즉 판도 밖의 세력으로 취급하고 있는 것이다. 이 때문에 明代에 편찬된 遼東志「疆域」등의 사료들은 요동의 범위를 "東至鴨綠江五百三十里, 西至山海關一千五十里, 至北京一千七百里, 南至旅順海口七百三十里, 渡海至南京三千四十里"로,『籌遼碩畫』역시 비슷한 범위를 遼東으로 설정하고 있는데, 모두 遼東의 개념을 遼東都司가 관할했던 지역을 지칭하고 있다.

明代 遼東邊墻으로 내지와 외지를 구분했던 영토인식은 청대에도 영향을 미치고 있다. 예를 들면 淸 後期의 사료인『盛京典制備考』권1, 疆域에서 '東至朝鮮國靉陽江界, 一千三百餘里' 그리고『盛京典制備考』권5, 五部職官公署事宜에서 '鳳凰城站, 過此, 爲朝鮮界'로 기록함으로써 遼東邊墻을 계승한 柳條邊의 동쪽 변문들을 조선과의 경계로 인식하였다. 이처럼 柳條邊과 그 변문들이 국경선으로서의 성격을 가지고 있었

49)『遼東志』兵食, 391~401쪽.

50)『盛京通志』關郵, 遼海出版社, 1997, 618~622쪽 ; 疆域形勝, 394~397쪽.

기 때문에 청대 「柳邊紀略」 『遼海叢書』 卷1에서는 '自古邊塞種楡故曰楡塞, 今遼東皆插柳條爲邊 … 安明時 … 興京 … 邊外之地. … 東北柳條邊內外設將軍三, 曰盛京將軍, 寧古塔將軍, 愛渾將軍(黑龍江將軍) …(柳條邊內) 設京二曰興京, 盛京, 府二曰奉天府, 錦州府 … 遼陽 … 開原 … 鳳凰 … 以上皆入版圖', 또한 '寧古塔將軍所屬 … 東至東海 … 南至土門江朝鮮界 … 愛渾將軍所屬東至海西 … 南至寧古塔界, 北至海, 以上不設郡縣, 無版圖, 羈縻之國居多焉'로 기록하여 유조변 동쪽 곧 봉금지대를 판도 밖으로 인식하는 영토인식을 보여주고 있다. 이러한 영토인식은 清朝가 건립된 후 1860년대까지 지속되었다.

朝鮮과 관련하여 일반적으로 중국의 邊界와 관련된 논문들은 明代의 사료들 중 鴨綠江을 건너야 朝鮮의 영토가 시작되는 것만을 이용하여 鴨綠江을 朝鮮과의 경계로 설정하고 있다. 그러나 앞에서 서술한 정황으로 본다면 鴨綠江~連山關, 鴨綠江~鳳凰城 사이의 遼東八站 使行路 지역과 遼東邊墻의 東4門 외곽 지역은 明代 朝鮮과 明 사이의 '국경 완충지대'였으며, 여진지역은 明의 판도 바깥이었음을 알 수 있다. 그리고 이러한 영토인식은 洪武·永樂年間 遼東都司 防禦線 밖의 女眞地域을 영향력이 미치기 힘든 판도바깥 지역으로 인식한 明代의 領土觀에서 시작하고 있음을 알 수 있다.

결론적으로 明代 遼東都司의 防禦體系形成－奴兒干都司의 衰退와 遼東都司로의 흡수－遼東都司 내부적 矛盾의 발생과 防禦力의 弱化－遼東邊墻의 修築－女眞의 成長過程이라는 일반적인 흐름 속에서 遼東都司의 遼東에 대한 支配力은 限界를 가질 수밖에 없었으며, 영토사적 시각에서 女眞地域은 明의 版圖外 지역이었다. 더불어 明代 遼東邊墻을 國境으로 內地와 外地, 版圖內와 版圖外를 구분하던 明代의 영토인식은 그대로 清代 柳條邊墻으로 이어지고 있기 때문에 清代 領土認識, 柳條邊의 性格 등은 명대와 연결시키며 새롭게 생각해 보아야 할 것이다.

〈토론문〉

남의현, 「明代 遼東政策의 性格－遼東都司 防禦體系의 特徵과 分析을 중심으로－」 토론문

이경룡
(세종대학교)

한중관계사에 관한 한국 역사학계의 연구관점과 연구태도는 한국임시정부부터 1992년 한중수교까지 오랜 시기에는 한국과 국민당정부의 '우호적' 관계에 치중하였습니다. 또한 한국이 중국과 1992년 한중수교를 맺은 뒤에도 정치 경제 외교에서는 '우호적이며 협조적 관계'를 지향해오고 있습니다. 그러나 수교와 함께 우려하였던 소위 동북지역의 역사적 문제가 중국의 동북공정 때문에 떠올랐고, 한국학계는 중국의 역사 왜곡과 침탈을 부정하고 대항하는 연구를 진행하고 있습니다. 소위 '동북지역' 역사학 문제는 한국과 중국, 북한과 중국 그리고 한국과 러시아, 북한과 러시아, 중국과 러시아 아울러 일본제국주의와 만주의 관계 등 여러 입장이 있지만, 현재 협의 주체는 한국과 중국이며 북한과 러시아의 참여는 부각되지 않고 있습니다. 현재 시급한 문제는 한국학계가 史實의 객관적 연구를 통하여 중국정부의 동북공정에 나타난 동북지역 역사의 왜곡과 침탈을 대항하고 차단시켜야 하며, 아울러 한국과 중국에 홍보하여 양국 국민이 정확하게 인식시켜서 앞으로 양국이 평등하고 상호 협조하는 역사적 인식을 갖도록 해야 합니다.

한중관계사에 관하여 1960~1970년대 한국의 중국사 연구자들은 양국의 우호적 관점에서 한국 측 사료에 치중하여 연구하였습니다. 그런데 한국에서 중국사 연구가 성숙하였던 1990년부터는 한국의 중국사 연구자들이 중국학계의 연구관점과 중국 측 자료를 검토하여 오류를 지적하고 왜곡을 시정하려는 연구 성과를 내놓고 있습니다. 그러나 현재 중국 역사학계의 일부 학자들은 아직도 동북지역의 역사를 침탈하려는 연구관점을 갖고 왜곡된 연구결과를 내놓고 있습니다. 따라서 오늘날 한중관계사 연구는 양국학자들의 균형 있는 연구관점이 필요하며 양국의 역사자료를 객관적으로 활용해야 합니다. 최근 한국의 명대사 연구자들 역시 조선왕조와 명왕조의 관계사 연구에서 한중 양국의 역사 자료를 검토하여 중국학자들의 고의적으로 잘못된 연구관점을 비판하고 시정하고 있습니다. 오늘 발표하는 명대사 연구자 남의현 선생님의 연구논문 역시 이러한 한국의 중국사 연구자들이 갖고 있는 균형 있는 연구관점과 방법을 담고 있습니다.

최근 한국의 명대사 연구자들 사이에서는 소위 동북지역 역사를 '한국의 북방사'라는 연구관점에서 한국사의 역사인식체계를 세우고 있습니다. 다시 말해 대흥안령과 소흥안령, 장백산맥과 연산산맥에 둘러싸이고 흑룡강, 송화강과 요하가 흐르는 광대한 사각형 평야지대를 '한국사의 북방사' 지역으로 인식하려고 제안하고 있습니다. 이러한 역사인식은 부여와 고구려를 비롯하여 고려와 조선은 항상 이 지역에 대한 고토 회복을 국사 곧 국가 정치이념으로 삼았기 때문에 많은 국력을 기울였고 또한 외교적 희생을 감수하였다는 역사 사실에 근거하였습니다. 따라서 한반도 지역의 왕조들이 이 지역에서 흥망하였던 여러 왕조들과의 군사적 충돌과 외교적 긴장관계 역시 중국사에 귀속시키지 말고 한국사에 귀속시켜서 연구해야한다고 주장하고 있습니다. '동북'이라는 지역 명칭은 중국 중심에서 보았던 것이며 앞으로는 한국의 관점이 반영된 지역 명칭을 발굴하여 사용해야할 것입니다.

오늘 명대사 연구자 남의현 선생님이 발표하는 연구논문은 현재 중국학자들이 동북지역에 관한 역사 왜곡과 침탈을 부정하고 시정하는 데 연구 목적과 동기가 있습니다. 다시 말해 본 논문은 명 초에 설치된 遼東都司와 奴兒干都司의 성격과 명 중기 이후에 축조되었던 遼東邊墻의 성격을 밝혀서 일부 중국학자들이 요동지역을 명왕조의 '영토'라고 지나치게 확대하여 보려는 연구관점을 시정하였습니다. 따라서 본 연구논문은 한국학자들의 연구성과보다는 우선 중국학자들의 주요한 연구결과들을 전반적으로 제시하여 시정하였다고 높은 평가를 내릴 수 있습니다. 따라서 토론은 본 연구논문이 더욱 완정한 연구결과가 되는데 기여하려고 합니다. 아래 몇 가지 문제점들을 들어서 본 연구자에게 가르침을 구하고 건의하려고 합니다.

1. 본 연구논문은 서술의 입장에 관련하여 논문 발표자의 입장이 모호한 부분을 지적하려고 합니다. 첫째, 중국학자들의 서술 입장이 그대로 반영된 곳이 더러 있습니다. 둘째, 동북지역과 요동지역 두 지역에 대한 기술이 혼동되었습니다.

   －서　론

   "방어체계에 주력한 시기로 몽골과 여진지역으로 지배력을 확대할 능력이 없었다" → 지배력을 확대할 능력

   －2. 遼東都司 防禦體系와 支配力의 限界

   "이에 대해 영락제는 크게 문제를 삼지 않고 쉽게 朝鮮에게 이 지역을 朝鮮의 관할로 인정하였다" → 크게 문제를 삼지 않고 쉽게

   "明朝가 초기부터 동북지역을 점거할 때부터 後金이 요동방어선을 넘는 순간까지도 몽골은 明이 경계해야할 가장 위협적인 세력이었다" → 동북지역을 점거

   －結　論

   "洪武年間은 遼東都司 방어체제를 강화하기 위하여 총력을 기울인 시기로 여진지역으로 진출할 여건이 준비될 수 없었다" → 확인되

지 않은 명태조 의도를 지나치게 중국학자 입장에서 서술함 "遼東都司는 이후 몽골과 여진의 성장으로 소극적인 방어정책 곧 遼東邊墻의 수축으로 요동정책을 전환할 수밖에 없었다" → 소극적인 방어정책

2. 논문 분량이 너무 많아지는 것을 피하려고 명왕조 관점에 한정하여 기술하였지만 당시 세력 주체자들의 발언권이 좀 누락되었습니다. 사실상 당시 소위 동북지역의 긴장 세력은 명왕조, 북원, 조선(고려 포함)의 3개 세력과 여진족 모두 4개 발언자가 있었습니다. 몽고족 북원과 여진족의 발언권도 참여시켜야한다고 보는데 발표자는 어떻게 생각하시는지요?

그리고 명왕조 특히 명태조는 '一視同仁' 외교정책을 전개하면서 조선에게 동북지역에서 전쟁을 일으키지 말고 여진족을 按撫하면서 평화를 유지하는 주체가 되어달라고 강력하게 요구하였습니다. 이 말뜻은 고려와 조선이 요동정벌을 정지하고 또 북원과 협조하지 말기를 바라는 것이었습니다. 고려와 북원의 외교적 차단을 목적으로 삼았습니다. 따라서 조선의 '北方지역' 방어정책은 명왕조와 평화적 국제관계를 유지하기 위하여 북원과 단절하고 여진족이 산거하는 북방지역을 회복하는 전쟁을 발동하지 않았습니다. 다시 말해 조선왕조는 고려왕조가 북방고토 회복이라는 國是를 실행하지 않고 보류하고 있었습니다. 따라서 이러한 명왕조와 조선왕조의 협조관계를 고려해보는 것은 어떠하신지요? 특히 명왕조와 조선왕조가 평화를 유지하면서 동아시아 국제질서를 편성하려는 과정을 반영하면서 논문을 서술한다면 어떠하신지요?

3. 영토, 판도, 국경선, 변계 등등 용어들은 일반적인 이해와 함께 세밀한 의의와 배경도 갖고 있습니다. 따라서 본 연구논문에서도 구분해주시길 바랍니다. 특히 요동지역이 명왕조와 조선왕조가 충돌을 피하

기 위하여 잠정되었던 '완충지역'이라고 해석하였는데 오히려 동북 전체지역까지도 요동도사와 노아간도사 그리고 요동변장 모두 이러한 관점에서 좀 더 상세하게 기술해주시길 바랍니다.

4. 여진족의 귀속문제를 본 논문에서도 명왕조가 여진족을 '招撫'했다는 것을 반영하면서 때로는 명왕조, 때로는 조선왕조, 때로는 여진족을 독립시켜서 서술하였는데 현재 연구 성과에서 나타난 인구 구성 비율을 반영하고 또한 한국사 관점에서도 보아야 할 것입니다. 그리고 여진족이 명왕조 초무에 동조했던 이유는 경제적 동기가 많았습니다. 조선왕조 역시 여진족의 물질적 요구를 들어주었고 아울러 여진족과 고려인 또는 조선인과의 관계를 강조하면서 여진족의 조선 귀속을 주장하였습니다. 따라서 한국의 명대사 연구자로서 한국사 연구자들이 三韓이라는 연구 관점을 재검토하는데 어떤 제안을 할 수 있을까요?

5. 전공 연구자 이외 학자들이나 일반인들이 이해하기 쉽도록 '都司'라는 군사조직을 주석에서 간략한 설명을 넣으시면 어떠하신지요? 물론 남의현 선생님뿐만 아니라 다른 연구자들이 상세하게 연구하였지만 요동도사와 內地 都司의 차이점을 부각시키기 위하여 요동지역 '都司'의 규모와 성격을 간략하게 설명해주시길 바랍니다. 예를 들어 명태조는 전국에 군사력을 배치하면서 17개 都司, 3개 行都司, 留守司 1개(鳳陽)를 설치하였고 약 5600人 규모의 衛 329개를 분속시켰습니다. 명 태조는 원말에 遼陽에서 일어났던 劉益 세력을 진압하고 金山 전투(1387)를 거쳐서 遼東都司를 설치하고 6개 衛를 분속시켰고 東寧衛, 三萬衛, 鐵嶺衛 등이 이 지역의 중요한 군사거점이었다. 사실상 都司와 衛는 평화시기에 담당 지역의 군사적 방어를 담당하였습니다. 물론 전시에는 동원되는 규모는 다릅니다. 따라서 都司의 일반적인 성격을 설명해주시길 바랍니다.

끝으로 본 논문 몇몇 곳에서 현재 연구 성과를 반영하는 주석을 달아야 하는데 필자가 발표논문에는 상세하게 적기하지 못하였습니다. 논문을 게재할 때에는 반영하시길 바랍니다. 본 연구논문은 명대의 한중관계사에서 요동지역의 영토 귀속 문제를 遼東都司, 奴兒干都司 그리고 遼東邊墻의 성격을 통하여 완충지역이며 명왕조가 점거하거나 일반행정을 전개하였던 소위 內地가 아니었다고 잘 밝혀주었습니다. 좋은 논문을 발표해주셔서 감사합니다.

15세기 前後 朝鮮의 北邊 兩江地帶 인식과 영토 문제

유재춘
(강원대학교)

1. 머리말

19세기 후반부터 본격 시작된 한·중 간의 영토분쟁의 핵심에는 백두산정계비가 자리잡고 있었다. 특히 그 내용 가운데 '土門江'에 대한 해석을 둘러싸고 一江二名說과 二江二名說이 팽팽히 맞서왔으며, 근자에는 단순한 지명 해석을 넘어 당시 국경심사에 대한 '진실'을 파악하기 위한 다각적인 연구도 이루어지고 있다.[1] 그러나 18세기 초 정계비

1) 간도를 중심으로 하는 영토문제에 대해서는 『間島 領有權問題 論攷』(백산학회편, 2000)에 실려 있는 김용국, 조광, 김양수, 박용옥, 김경춘, 양태진, 김성균, 이장희, 김득황 등의 논문이 있으며, 김춘선의 「鴨綠·豆滿江 국경문제에 관한 한·중 양국의 연구동향」(『고려사학보』 12, 고려사학회, 2002)

를 세울 당시 朝·淸 양국의 국경에 대한 인식은 당대에 만들어진 것이 아니라 그 전시대의 인식을 어느 정도는 계승한 것이며, 그런 점에서 조선 전기 朝·明 간의 변경과 國界에 대한 인식을 명확히 파악할 필요가 있다.

明이 건국되면서 고려와 명 사이에는 영토문제로 하여 전쟁일보 직전까지 갔다. 전쟁을 불사할만큼 영토문제는 양국 간에 매우 심각한 현안이 되었던 것이다. 이러한 심각한 문제는 단순히 이성계의 회군과 대명사대외교정책에 의해 해결되었던 것은 아니다. 당초부터 양국 관계가 심각한 위기에 빠진 것은 '영토'문제였기 때문에 어떤 방식으로든 그 문제에 대한 해결책이 있어야 했다. 조선 초기 영토문제에 대해서는 대개 4군 6진 지역의 개척이나 公嶮鎭 문제가 주로 연구되어져 왔고,[2] 또 최근 연구에서는 조선 전기 북방개척과 영토의식의 변화에 대한 연구가 이루어져 기존의 연구에서 한걸음 더 진전을 보이기도 하였다.[3] 그러나 그러한 연구의 진전에도 불구하고 북변 兩江地帶와 국경 인식과의 관계나 북변 兩江 對岸지역의 空閑地帶 문제에 대해서는 거의 관심을 갖지 않았다. 특히 기존의 연구자들은 대체로 조·명 간에 국경에 대한 어떠

에는 최근까지의 연구 동향이 소개되어 있고, 이외에도 다수의 논저가 나와 있다.

2) 이와 관련된 연구로는 「세종조 兩界 行城 築造에 대하여」(송병기, 『史學研究』 18, 한국사학회, 1964), 『韓國領土史研究』(양태진, 법경출판사, 1991), 「조선초기의 북방 領土開拓」(방동인, 『관동사학』 5, 관동사학회, 1994), 『韓國의 國境劃定研究』(방동인, 일조각, 1997), 「朝鮮初期 六鎭 開拓의 國防史的 意義」(강성문, 『軍史』 제42호, 국방부 군사편찬연구소, 2001), 「조선 세종의 북방정책」(裵東守, 『韓國北方學會論集』 제8호, 韓國北方學會, 2001), 「公嶮鎭과 先春嶺碑」(金九鎭, 『백산학보』 21, 1976), 「尹瓘九城再考」(방동인, 『백산학보』 21, 1976), 「先春嶺과 公嶮鎭碑에 대한 新考察」(최규성, 『한국사론 34, 한국사의 전개과정과 영토』, 국사편찬위원회, 2002) 外 다수의 논저가 있다.

3) 尹薰杓, 「朝鮮前期 北方開拓과 領土意識」『한국사연구』 129, 한국사연구회, 2005.

한 협의나 상호 인정의 범주없이 군사적 점거의 확대로 간주하였다.[4]

明은 요동지역을 확보하면서 고려와 접경을 하게 되었으나 직접적으로 국경을 맞대는 것을 피하고 압록강변으로부터 상당히 떨어져 있는 連山關에 國境把守를 설치하였다. 이 때문에 連山關과 압록강 사이에는 넓은 空閑地帶가 생기게 되었던 것이다. 이러한 양국 사이의 국경완충지대 기능을 하던 공한지대가 명에 의해 점거되기 시작한 것은 그로부터 1백년가량이 지난 후였다. 고려 말~조선 초기에 서북지역 변경의 공한지대가 1세기 가량 유지되었다는 것은 그만큼 이 지대에 대한 양국의 공한지대 인식이 깊이 자리잡게 되었다는 것을 의미하는 것이다. 그러나 이 공한지대가 명에 의해 점거되는 빌미가 명이 아니 조선 측에 의해 제공되었다. 조선 측의 사신로 변경 요청을 계기로 명은 조선사신의 안전보장이라는 명분을 가지고 공한지대에 군사거점을 만들어 점거하게 되었던 것이다.[5] 한편 동북지역의 경우는 六鎭 개척으로 두만강 이남지역에 대한 확보가 이루어졌고, 점차 고착화되면서 경계의식이 생겨나게 되었으나 이는 明과의 접경선으로서 두만강을 인식하였다는 의미는 아니다. 이러한 점에서 실질적인 지배력을 행사하는 영토와 자국영역이라는 영토 인식과는 차이가 있을 수 있다. 따라서 조선 전기 북변 兩江이 영토인식과 어떤 관계가 있는지에 대해 살펴봄으로써 북변의 공한지대에 대한 인식과 兩江을 중심으로 한 國界 인식에 대한 조선후기 영토인식의 변화나 조·청 간 국경설정 문제 등을 좀 더 다른 차원에서 이해하는데 도움이 될 것으로 여겨진다.

특히 필자는 이미 「15세기 明의 東八站 地域 占據와 朝鮮의 對應」이

---

4) 강석화, 「白頭山 定界碑와 間島」 『한국사연구』 96, 한국사연구회, 1996, 121쪽 ; 방동인, 앞의 책, 198쪽.

5) 이에 대해서는 「15세기 明의 東八站 地域 占據와 朝鮮의 對應」(유재춘, 『朝鮮時代史學報』 18, 조선시대사학회, 2001)과 「明 前期 遼東都司와 遼東八站 占據」(남의현, 『明淸史硏究』 제21집, 명청사학회, 2004) 참조.

라는 논문을 통하여 서북 변경의 이 '空閑地帶' 문제를 제기한 바 있으나 본인은 築城史를 연구하는 입장에서 15세기 明의 변경 空閑地帶 점거가 조선의 서북지역 행성축조를 자극한 것에 주로 초점을 맞추었고, 조·명간의 영토문제라는 시각에서 다루지는 못하였다.

따라서 본 논고에서는 우선 조선 초기 북변 兩江을 당시 國界와 관련하여 어떻게 인식하고 있었는가, 또 영토인식과 관련하여 江北 지역에 대해 어떻게 인식하고 있었는가를 살펴보고, 15세기 후반경 서북변경인 압록강 對岸지대의 空閑地帶가 명에 의해 점거되는 과정에서 양국이 보여준 태도를 살펴봄으로써 이 空閑地帶의 성격을 파악해 보고자 한다.

2. 兩江地帶에 대한 인식과 國境

조선시대의 국경, 또는 경계라는 개념을 현대적인 국경선에 비추어 간단히 이야기하기는 곤란한 부분이 있다. 불평등한 국경 심사라고 하더라도 실제 1712년 백두산에 정계비를 세운 것이 아마 중국과는 유사 이래 처음으로 국경에 대한 표시를 한 것이라고 해도 과언이 아닐 정도로 공식적인 협약에 의한 국경선이 그어진 바가 없었다.

그런 점에서 18세기 정계비 건립 당시 조선과 淸의 영토의식, 그리고 19세기 후반 조·청 간 영토분쟁의 실상을 보다 정확히 알기 위해서는 그 이전시대, 특히 조선 개국 후의 영토에 대한 인식을 명확히 알아둘 필요가 있을 것이다. 이를 보다 직접적으로 이야기하면 바다로 둘러싸인 삼면을 제외한 북방의 경계선 문제이다. 특히 조선시대에는 북방의 군사적 경계선을 주로 압록강-두만강에 의지하여 확보하려고 하였기 때문에 통상적으로 이를 국경인식으로 해석할 수도 있지만 그렇다고 하더라고 隣國과의 양분론적 관념에 의해 江北地域을 중국의 영역이라고 간주하는 것은 잘못된 생각이다. 따라서 조선 초창기 兩江地帶에 대해 어떠한 인식을 하고 있었는지 살펴볼 필요가 있다.

『태조실록』에 보면 당시 북방 경계와 강북지역에 사는 여진에 대한 다음과 같은 기록이 있다.

> 임금이 즉위한 뒤에 적당히 萬戶와 千戶의 벼슬을 주고, 李豆蘭을 시켜서 여진을 招安하여 被髮하는 풍속을 모두 冠帶를 띠게 하고, 禽獸와 같은 행동을 고쳐 예의의 교화를 익히게 하여 우리나라 사람과 서로 혼인을 하도록 하고, 服役과 納賦를 編戶와 다름이 없게 하였다. 또 추장에게 부림을 받는 것을 부끄럽게 여겨 모두 국민이 되기를 원하였으므로, 孔州에서 북쪽으로 甲山에 이르기까지 邑을 설치하고 鎭을 두어 백성의 일을 다스리고 군사를 훈련하며, 또 학교를 세워서 경서를 가르치게 하니, 文武의 정치가 이에서 모두 잘 이루어졌고, 천리의 땅이 다 조선의 版圖로 들어오게 되어 두만강으로 경계를 삼았다. 江 밖은 풍속이 다르나, 具州에 이르기까지 풍문으로 듣고 義를 사모해서, 혹은 친히 來朝하기도 하고, 혹은 자제들을 보내서 볼모로 侍衛하기도 하고, 혹은 벼슬 받기를 원하고, 혹은 內地로 옮겨 오고, 혹은 토산물을 바치는 자들이 길에 잇닿았으며, 기르는 말이 좋은 새끼를 낳으면 자기네가 갖지 않고 서로 다투어서 바치며, 강 근처에 사는 자들이 우리나라 사람과 爭訟하는 일이 있으면, 관청에서 그 曲直을 가려 혹 가두기도 하고, 혹은 매를 치기까지 해도 변방장수를 원망하는 자가 없고, 사냥할 때에는 모두 우리 三軍에게 예속되기를 자원해서, 짐승을 잡으면 관청에 바치고, 법률을 어기면 벌을 받는 것이 우리나라 사람과 다름이 없었다. 뒤에 임금이 동북면에 거둥하여 山陵을 참배하니, 강 밖에 사는 야인들이 앞을 다투어 와서 뵙고, 길이 멀어서 뵙지 못한 자들은 모두 눈물을 흘리고 돌아갔다. 야인들이 지금까지도 그 은덕을 생각하고, 변방장수들과 술을 마시고 거나하게 취하면 태조 때 일을 말하고 感泣하기를 마지 아니하였다.[6]

여기에서 보면 동북지역의 경우 두만강을 경계로 삼았다고 하면서도 강북지역에 대한 내용에 있어서 중국(明)의 영토라는 의식은 전혀 존재하지 않는다. 오히려 강북지역에 거주하는 여진인들이 변방에 예속되어

6) 『태조실록』 권8, 태조 4년 12월 계묘.

우리나라 사람이나 다름이 없다고 하고 있다. 이 내용이 태조 이성계의 공적을 찬양하고 있다고 하더라도 영토의식이나 경계의식이라는 측면에서는 전혀 과장된 기록이 아니다.

그러나 兩江地帶는 조선의 북방영토 방비에 있어서 천혜의 방어지대로 인식되었고, 이는 점차 경계의식으로 나타나게 되었다.

가. 내 생각으로는, 童猛哥帖木兒의 부자가 일시에 사망한 것은 마치 하늘이 멸망시킨 것 같다. 이제 그 시기가 이와 같으니 그것을 잃어버릴 수가 있겠는가. 더군다나, 두만강이 우리의 국경을 빙 둘러 싸서 흐르니, 하늘이 만든 험고로서 옛 사람이 큰 강으로 못을 삼는다고 한 뜻과 매우 합치한다. 나의 결의는 이미 섰으니, 경 등은 충분히 의논하여 啓奏하라.[7)]

나. 황희・맹사성・권진을 불러서 寧北鎭・慶源鎭 두 鎭을 옮겨 배치할 조항을 의논한 뒤에, 知中樞 尹淮로 하여금 교지를 제술하게 하여 병조에 내려 말하기를, "옛날부터 제왕들은 국토를 개척하여 나라의 근본으로 삼는 일을 소중하게 여기지 않은 이가 없었음은, 역사책을 상고하여 보면 분명하게 알 수 있다. 또 우리나라는 북쪽으로 두만강을 境界로 하였으니, 하늘이 만들고 땅이 배설해 놓은 험고한 땅이며, 雄藩이 護衛하여 封域을 限界하였다. 태조께서 처음으로 孔州에 경원부를 설치하였고, 태종께서 경원부의 治所를 蘇多老에 옮겼으니, 다 왕업의 기초를 시작한 땅을 중하게 여겼기 때문일 것이다" … [8)]

다. 함길도 절제사에게 전지하기를 "신설한 네 읍은 우리 조종께서 처음 기초를 정하신 땅으로 두만강으로 경계를 삼은 것이었다. 경인년에 守將이 잘못 방어하여 드디어 오랑캐 아이들의 놀고 사냥하는 마당이 되었더니, 그 뒤에 童猛哥帖木兒가 마침 멸망하게 되매, 그들이 있는 곳이 일체 비었으니 기회를 놓칠 수 없겠다.

나는 생각하기를, 조종께서 왕업을 일으킨 땅을 헛되게 버릴 수도 없고, 두만강은 하늘이 저들과 우리와의 한계를 만들어 준 것이었다. 경원으로부터 富居로 물러나와 있은 뒤로 胡人들이 마음대로 강을 건너서 방자히 노략질하고, 혹 몇 날을 유숙하였다가 돌아갈 적에도 아무도 제어하는 자가 없어서 평지에 다니듯 하였으니 탄식할 만하다. 만약에 두만강의 경계를 회복하여 수어하는 곳으로 벌여 두고 북쪽 변경을 진압한다면, 우리

7) 『세종실록』 권62, 세종 15년 11월 무술.
8) 『세종실록』 권62, 세종 15년 11월 경자.

는 수어하는 편의가 있고 저들은 두려워하는 마음이 있어 감히 두만강을 넘지 못할 것이요, 또 두만강 남쪽은 기름진 들이 수백 리나 되어 농사를 지으면 곡식이 반드시 무성하고 짐승을 먹이면 마소가 반드시 살찔 것이니, 백성들이 영구히 살 수 있는 집을 세울 만한 땅이다. …"[9]

라. 이에 앞서 김해부사 李蓀이 진언하기를,"신이 일찍이 새로운 땅을 수색하는 일로 인하여 영안도와 평안도 두 道의 경계에 이르러, 무창·여연·우예·자성을 혁파한 뒤로 이 땅이 야인의 사냥하는 곳이 되었음을 들었습니다. 신은 그윽이 생각건대, 네 고을은 모두 압록강을 경계로 하여 위는 三水에 접하고 아래는 上土에 連하여서 그 형세가 서로 의지하여 있고, 그 사이에 거의 4, 5백여 리의 땅이 비옥하여서 사람이 살 만하였습니다. 그리고 압록강은 천연적으로 이루어진 한계이므로 압록강을 넘어서 경계로 할 수 없거니와 압록강도 못 미쳐서 경계로 할 수도 없습니다. 이제 수자리 사는 군졸이 험한 곳을 넘어서 왕래하는 것이 불편하다 하여 네 城을 폐기하였습니다. … 네 성이 압록강을 따라 있는 것이 마치 육진이 두만강을 따라 있는 것과 같으며 그 형세도 대개 서로 같은데, 어찌 유독 네 고을을 폐기하여 도적에게 길을 열어 준단 말입니까? …[10]

이러한 사료에 나타나는 북방 兩江에 대한 인식은 첫째는 천혜의 험고한 방어선이라는 것이며, 둘째는 두만강은 조종께서 신설한 네 읍을 설치하면서 경계로 삼은 곳이라는 것이며, 셋째는 두만강 경계를 확보하여 방어선을 구축하고 북쪽 변경을 진압한다면 우리는 방어의 편의점이 있고 여진인은 감히 두만강을 넘지 못 할 것이라는 생각이며, 넷째는 서북지역은 압록강이 천연적으로 이루어진 한계이므로 반드시 이를 경계로 삼아야 한다는 것이다. 특히 세종의 북방 영토 개척을 적극 보좌하던 김종서는 "두만강으로 경계를 삼는 것은 대의가 하나이고 대리가 둘이 있으니, 興王의 땅을 회복함이 그 대의의 하나이고, 장강의 험함을 의지함이 그 대리의 하나이며, 수어의 편리함이 그 대리의 둘째입니다"[11]라고 하였는데, 이를 통하여 두만강 유역은 興王之地이기 때문

9) 『세종실록』 권77, 세종 19년 5월 기유.

10) 『성종실록』 권181, 성종 16년 7월 갑술.

11) 『세종실록』 권78, 세종 19년 8월 계해.

에 잃을 수 없다는 것, 그리고 조선에서는 방어의 편의점을 최대한 살리기 위해서는 반드시 압록강, 두만강 지대를 확보해야한다는 확고한 생각을 가지고 있었다는 것을 알 수 있다. 그런데 여기서 한 가지 주목해야할 점은 압록강-두만강 라인의 강역을 확보하려는 것은 주로 군사적인 문제에 기인하는 것이라는 점이다. 북방 兩江을 경계로 확보해야한다는 것과 북방 兩江이 바로 국경이라는 인식과는 다른 것이다.

한편 15세기 후반 명나라 장성이 완성되고 朝·明 사이의 空閑地帶였던 東八站 지역이 명나라에 의해 점거되면서 압록강 북안지역은 어느 정도 정비되고, 명나라는 여진지역에 衛所를 설치하여 招撫하였지만 장성 밖은 여전히 明에게도 조선에게도 領內라고 할 수 없는 지역이었다. 그런데 두만강 북안의 경우는 사정이 좀 달랐다. 이 지역은 명으로부터도 매우 멀리 위치하고 있는데다가 조선은 公嶮鎭 이남에 대한 영유의식을 가지고 있었고, 明과는 女眞에 대한 관할권 경쟁이 심각하게 전개되었다.12)

가. 계품사 예문관 제학 金瞻을 보내어 京師에 가게 하였는데, 瞻이 王可仁과 함께 갔다. 奏本은 이러하였다. "조사해 보건대, 본국의 동북지방은 공험진으로부터 孔州·吉州·端州·英州·雄州·咸州 등 고을이 모두 본국의 땅에 소속되어 있습니다. … ㉠ 至正 16년에 이르러 공민왕 王顓이 원나라 조정에 申達하여 모두 혁파하고, 인하여 公嶮鎭 이남을 본국에 환속시키고 관리를 정하여 관할하여 다스렸습니다. 聖朝 洪武 21년 2월에 戶部의 咨文을 받았사온데, ㉡ 戶部侍郞 楊靖 등 관원이 太祖 高皇帝의 聖旨를 欽奉하기를, '철령 以北·以東·以西는 원래 開原의 관할에 속하였으니, 軍民을 그대로 遼東 관할에 소속시키라' 하였습니다. 본 국에서 즉시 上項의 사건으로 인하여 陪臣 密直提學 朴宜中을 보내어 表文을 받들고 朝廷에 가서 호소하여 공험진 이북은 요동에 환속하고, 공험진 이남에서 철령까지는 본국에 환속시켜 주기를 빌었습니다. 당년 6월 12일에 박의중이 京師에서 돌아와서 禮部의 咨文을 받아 보니, 本部 尙書 李原明 등 관원이 당년 4월 18일에 聖旨를 欽奉하기를, '철령의 일로 인하여 王國에서 말이 있다'

12) 박원호, 『明初朝鮮關係史硏究』, 일조각, 2002, 170~179쪽.

하시고, 전과 같이 관리를 정하여 관할해 다스리게 하였습니다. 지금 欽差하신 東寧衛 千戶 王脩가 싸 가지고 온 칙유를 받들어 보니, '參散, 禿魯兀 등처의 女眞 지역의 官民人 등을 招諭한다' 하셨습니다. … ㉢ 또 臣의 조상이 일찍이 東北地面에 살았으므로, 玄祖 李安社의 분묘가 현재 孔州에 있고, 高祖 行里와 祖 李子春의 분묘가 모두 咸州에 있습니다. … 小邦은 이미 同仁의 가운데에 있사옵고, 공험진 이남이 또 고황제의 '王國有辭'라는 명령을 입었사오니, 그곳에 살고 있는 女眞遺種의 人民들을 본국에서 전과 같이 관할하게 하시면 한 나라가 다행하겠습니다. ㉣ 이 때문에 지금 陪臣 藝文館提學 金瞻을 보내어 奏本과 地形圖本을 받들고 京師에 가게 하여 奏達합니다".13)

나. 戶曹參議 李玄을 보내어 京師에 가서 아뢰게 하였다. "永樂 3년 9월 16일에 陪臣 李行 등이 京師에서 돌아와서, 예부상서 李至剛 등의 관원이 欽傳한 宣諭와 聖旨를 전해 받았사온데, 이르기를, '맹가첩목아는 어째서 보내지 않고 도리어 와서 計稟하는가? 네가 와서 計稟할 때에, 그 사람과 함께 와서 地面事情을 자세히 말하면, 어찌 허가하지 않겠는가? 누가 너희와 地面을 다투는 것인가? 네가 돌아가서 국왕에게 말하여 알려서 곧 그 사람을 보내도록 하라' 하시었습니다. 신이 황공하여 몸 둘 곳이 없습니다. 살피건대, 맹가첩목아는 小邦의 地界인 公嶮鎭 以南으로, 황제께서 허락하신 10處 안의 鏡城 地面인 두만강가에 사는 사람이고, 또 일찍이 臣으로 하여금 출발시켜 보내라는 명령을 받지 못하였기 때문에, 사람을 보내어 주달하였던 것입니다. …" 14)

다. 조영무 · 이천우 등이 進言하기를, "지금 猛哥帖木兒를 招撫하였다고는 하나, 그가 장차 開元路로 移徙하여 그 族類들과 함께 사잇길을 따라 吉州로 직향하게 되면, 鏡城은 마치 囊中之物이 되지 않을까 두렵습니다. 또 그가 말을 먹이러 남하하게 된다면, 端州 · 靑州 지방이 시끄러워질 것입니다. 또 그가 중국에 호소하기를, '조선에서 우리 族類를 죽이므로 땅을 버리고 왔습니다. 永興 이북 지방은 元朝 때에 중국에 직속되었었으니, 그 땅을 도로 찾음이 옳겠습니다' 한다면, 중국에서 이 말을 믿고 그 땅을 바치라고 한다면 매우 未便합니다. … 중국에서 일찍이 동북면 十處의 人民을 바치라고 하기에, 金瞻을 보내어 이를 辨定하였다. 그 때에 땅을 찾아가지 않았는데, 猛哥의 호소를 듣고 우리 땅을 바치라 하겠는가? 星山君 李稷이 漢京에서 온다고 하니, 그도 역시 謀議를 잘하는 사람이다. 어찌 그에게 咨問하지 않겠는가?" 하였다.15)

---

13) 『태종실록』 권7, 태종 4년 5월 기미.

14) 『태종실록』 권10, 태종 5년 9월 임자.

라. 정미년 8월 일에 전 좌군 동지총제 朴礎가 말씀을 올리기를, … "우리나라의 북쪽 변방은 곧 고려의 相臣 尹瓘이 개척하여 碑를 세운 땅이 경계가 되었습니다. 中世에 이르러 예전 孔州로 한계를 옮겼다가 이에 우리 왕조에 미치게 되고, 또 옮겨 지금의 경원이 되었으니, 만약 옛날 모양대로 돌아가고자 한다면 반드시 碑를 세웠던 땅에 경계를 만들어야 할 것이며, 그렇지 않으면 孔州의 城에 이르러 邑을 만드는 것이 옳겠습니다. 두 번이나 옛날의 땅을 줄여서 지금의 경원부를 만드는 것도 오히려 부끄러운 일이 되는데, 또 다시 그 땅을 줄여서 龍城에 나가 배치하여 야인에게 웃음거리가 되는 것이 옳겠습니까. …16)

마. … 임금이 말하기를, "백두산 근처에 한 땅이 있는데, 명나라의 태조 고황제가 고려에 예속시켰다. 내가 <地理志>를 보니 한 옛성의 터가 백두산 앞에 가로놓여 있는데, 이것이 그 땅이 아닌가 의심된다. 마땅히 찾아내어 우리나라의 境界로 하여야 하겠다" 하니, 황희가 아뢰기를, "임금의 말씀이 지당합니다" 하였다.17)

바. 정사를 보았다. 임금이 여러 신하들에게 이르기를, "고려의 尹瓘은 17만 군사를 거느리고 女眞을 소탕하여 州鎭을 개척해 두었으므로, 여진이 지금까지 모두 우리나라의 위엄을 칭찬하니, 그 공이 진실로 적지 아니하다. 瓘이 州를 설치할 적에 吉州가 있었는데, 지금 길주가 예전 길주와 같은가. 高皇帝가 조선 지도를 보고 詔書하기를, '公險鎭 이남은 조선의 경계라'고 하였으니, 경들이 참고하여 아뢰라" 하였는데, 이때는 바야흐로 파저강 정벌에 뜻을 기울였기 때문에 이 전교가 있었다.18)

사. 이 앞서 함길도 감사가 치보하기를, "도내의 명산대천에 매년 춘추로 모두 香을 내려서 致祭하였는데, 유독 두만강은 야인이 사는 곳이기 때문에 거행하지 아니하였으나, 이제 4진을 설치하였으니, 이 강은 나라의 北紀가 되고, 域內의 大川이오니, 청하건대, 치제하옵소서" 하였는데, 이에 이르러 예조에서 아뢰기를, "두만강은 평안도 압록강의 신에 견주어 中祀로서 제사하되, 사당은 세우지 말고, 壇壝만 설치하게 하옵소서" 하니, 그대로 따랐다.19)

---

15) 『태종실록』 권21, 태종 11년 1월 신사.
16) 『세종실록』 권37, 세종 9년 9월 갑인.
17) 『세종실록』 권56, 세종 14년 4월 경자.
18) 『세종실록』 권59, 세종 15년 3월 계유.
19) 『세종실록』 권77, 세종 19년 5월 신해.

가-㉠은 공민왕 5년(1356) 쌍성 지역을 무력수복하고 그해 10월 정당문학 李仁復을 파견하여 원나라에 고려의 옛 강토인 쌍성과 三撒 이북지역을 돌려주기를 요청한 사실을 말하는 것이다.[20] 가-㉡은 고려 말 고려가 무력으로 수복한 동북면 지역을 명이 철령위를 설치하면서 다시 환속시키라고 하여 일어난 조・명 간의 갈등 속에서 양국이 벌인 교섭에 대한 내력을 피력하고 있는 것으로, 당시 고려는 요동에 대한 무력공격을 준비하면서 한편으로는 사신을 보내 철령 이북지역의 고려 귀속의 당연성을 설득하였고 明은 '王國有辭'라는 매우 애매한 표현을 쓰기는 하였지만 결과적으로는 공험진 이남지역에 대한 고려의 지배권을 인정하여 준 것이라고 볼 수 있다. 가-㉢은 명에 대해 철령 이북지역에 대한 영토권을 주장하는 과정에서 조선왕조 개창자인 이성계 가문이 孔州를 비롯한 동북면 지역에 대대로 거주하였고 조상의 분묘가 그곳에 있다는 사실을 적극 활용하고 있는 대목이다. 가-㉣은 지형도본은 만들어 가지고 명에 가서 이에 대한 설명을 하였다는 것인데, 그 圖本이 어떠한 내용으로 작성되어 있는지는 알 수 없지만 이로 본다면 당시 조・명 양국 간에 경계에 대한 어느 정도의 양해가 이루어졌을 가능성이 크다고 하겠다. 한 가지 분명한 것은 그 해(1408) 10월 김첨은 명으로부터 조선이 요청한 十處人民의 영속에 대한 승인을 받아온 것을 보면[21] 당시 명에서는 조선이 요청한 공험진 이남지역에 대한 지배권을 인정하였다고 하는 사실이다. 이러한 사료 '가'의 내용은 이후 세조대에 명나라 보낸 奏本에서도 그대로 나타나고 있다.[22]

사료 '나'는 조・명 간에 왕왕 벌어진 여진인 招撫 경쟁을 보여주는 대목인데, 당시 문제가 된 동맹가첩목아에 대해 조선 측에서는 이 여진인은 본래 명에서 승인한 十處 내에 거주하는 자라고 하며 영속을 주장

20) 『고려사』 권39, 공민왕 2, 병신 5년 10월 무오.
21) 『태종실록』 권8, 태종 4년 10월 기사, 기묘, 병술.
22) 『세조실록』 권21, 세조 6년 8월 임술.

하고 있다는 것을 알 수 있다. 이 사료에서 주목되는 다른 한 가지는 명에서는 동맹가첩목아 招撫 경쟁이 영토 쟁탈로 비추어지는 것을 꺼리고 있다는 점이다. 조선에서 동맹가첩목아가 명에 入朝하는 것을 저지하려고하는 기색이 보이자 명에서는 '地面' 즉 영토를 다투는 것이 아니라고 하고 있다. 사료 '다'에서 보이는 바와 같이 조선 측에서는 명나라의 동맹가첩목아에 대한 招撫와 入朝가 鏡城 일대의 안전에 심각한 위협이 될 수 있고, 이미 지배권을 인정받은 공험진 이남지역에 대한 또 다른 분쟁을 야기할 가능성이 있다고 보고 있었다. 물론 태종은 明에서 김첨을 보내 동북면 지역에 대한 조선 영유의 당연성을 주장할 때 별 말이 없다가 동맹가첩목아의 말만 믿고 이를 번복할 리가 없다고 하였지만 동맹가첩목아가 명에 입조하게 되면 북변 안정에 나쁜 영향을 줄 것이라 생각하고 있었던 것은 틀림없다.

사료 '라'는 고려시대 북방 변경은 윤관이 세운 碑가 영토의 경계가 되었는데 그 경계가 孔州로 옮겨졌다가 또 옮겨 경원이 되었으니 또다시 龍城으로 이설하는 것은 적합하지 않으며, 만약 옛 모양대로 돌아가고자 하면 반드시 碑를 세웠던 곳을 경계를 만들어야 할 것이며 그렇지 않으면 孔州를 읍으로 삼아 경계를 구축해야 한다는 것이다. 이에서 보면 윤관이 세운 碑의 위치를 정확히 말하지 않았지만 내용으로 보아 두만강 이북지역이라는 것을 알 수 있다. 또 孔州에 읍을 두는 것이 좋겠다고 하면서 예전 모양대로 하자면 반드시 碑를 세웠던 곳에 경계를 만들어야 한다고 하고 있다. 이러한 인식을 통하여 두만강 강북지역이 明과 명백한 영토권 다툼이 있는 곳이 아니라는 사실을 알 수 있다.

사료 '마'는 명나라 태조 고황제가 백두산 근처에 있는 한 땅을 고려에 예속시켰다는 것이다. 세종은 지리지를 참고하여 백두산 앞에 가로놓여 있는 옛 성터를 지목하며 그곳을 조사하여 편입시켜야한다고 하고 있는 것이다. 이 대목을 보면 명과 고려는 어느 정도 양국의 경계에 대한 협의를 한 것이 아닌가 생각된다. 이 과정에서 고려는 압록강을 경계로, 명은 連山關을 경계로 상호 군사적 침해를 하지 않기로 양해한 것이 아닌가 여겨진다. 명 건국 후 1백년 가량을 연산관~압록강 사이에 넓은 공한지대(군사적완충지대)를 유지한 것도 그러한 사실에 연유한다고 볼 수 있다. 다음 장에서 서술되겠지만 명이 공한지대대에 城堡를 구축하고 군사적 점거를 진행하면서 매우 신중한 태도를 취하며 줄곧 왕래하는 조선사신의 안전보장을 명분으로 내세운 것도 明과 고려간에 군사적 점거선에 대한 모종의 양해, 그리고 오랜 기간 동안 현상유지가 이루어지면서 명의 공한지대 점거는 군사적 도발로 간주되어 자칫 조선을 자극해 심각한 갈등, 더 나아가서는 군사적 긴장을 일으킬 가능성도 있었기 때문이라고 볼 수 있다.

사료 '바'는 세종이 파저강 야인 정벌을 앞두고 변경지역에 대한 관심을 보인 대목인데, 이에서 보면 명나라 태조 고황제가 조선의 지도를 보고 '공험진 이남은 조선의 경계'라고 하였다고 되어 있다. 이 기사 내용으로 미루어 보건데, 사료 '마'에서 나타나는 바와 마찬가지로 명과 고려(조선) 사이에 강역에 대해서는 어느 정도 상호 양해가 이루어졌던 것으로 생각된다. 지도를 놓고 지목하여 경계를 말했다면 당시 양측은 구체적인 경계선은 審定하지 않았다고 하더라도 대략적인 군사적 점거선에 대한 이야기가 오갔을 가능성이 크다고 하겠다. 고려는 철령 이북 귀속문제로 전쟁을 불사할 만큼 강력히 반발하였기 때문에 당시 상황에서 明은 가급적 군사적 충돌을 피할 수 있는 것이 바람직한 일이었을 것이다. 아마 광범위한 空閑地帶(국경완충지대)를 둔 것도 이러한 상황과 관련된 것일 가능성이 크다고 생각한다. 당시 세종은 신하들에게 명태조의 말에 대해 조사하여 보고할 것을 요구하고 있다. 이로 본다면 당대에 '공험진'의 위치에 대해 어설프게 알고 있었을 가능성은 희박하다. 『세종실록』 지리지의 경원도호부에 경원의 경계를 '북쪽으로 공험진에 이르기까지 7백 리, 동북쪽으로 先春峴에 이르기 까지 7백여 리'라고 한 것은 그러한 동북지역의 경계인식을 표현한 것이라 할 수 있다.[23)]

사료 '사'는 세종 19년(1437) 두만강에 대한 致祭를 결정하였다는 내용인데, 압록강에 대한 치제와 동일하게 中祀로 제사하도록 하고 있다. 이러한 두만강 치제가 이루어지게 된 것은 두만강 유역에 대한 군사적 장악이 어느 정도 이루어졌고 또 이 일대에 대한 확고한 固守 의지를 나타낸 것이라고 하겠다. 특히 두만강을 '域內의 大川'이라고 인식하고 있는 것은 경원의 영역을 강북의 선춘령·공험진까지 보고있던 당시의 동북변 경계인식과 상통하는 부분이라 하겠다.

그런데 매우 주목할 만한 사실은 이렇게 줄곧 공험진 이남지역이 우리의 영토라고 인식하면서 이를 명나라에게도 적극 피력하여 明의 동의를 얻고 있을 뿐만 아니라 실제 두만강 이북지역의 경우에는 明의 영토라고 하는 인식이 존재하지 않고 오히려 鎭의 설치를 고려하는 등 적극적인 장악 의지를 보이기도 하였다.

> 가. 함길도 도관찰사·도절제사가 乾原 萬戶를 옮겨 설치하는 것과, 多溫에 邑을 설치하는 것의 편의 여부와, 인물·군병의 출처에 대하여 의논하여 아뢰기를, "만호를 옮기는 일과 읍을 설치하는 등의 일은 한결같이 도체찰사의 조치를 좇는 것이 편하겠습니다. 두만강 밖은 산천이 편편하고 넓어 賊路가 사방으로 통하고, 강물도 건널 만한 곳이 자못 많으므로 오랑캐들이 들어와 침노하기가 매우 쉽습니다".[24)]
>
> 나. 영안도 관찰사 成俊과 북도병마절도사 元仲秬 등이 耶春에 축성하여 鎭을 옮기는 것이 적당하지 못한 일을 馳啓하고, 아울러 事目을 올리기를, … 領敦寧 이상과 의정부와 변경의 일을 아는 재상들을 불러 이를 의논하게 하였다. … 의논하기를, "耶春에 성을 쌓는 일은 조종조에서 처음 육진을 설치할 때 두만강을 한정하여 장성을 쌓고, 봉수를 나열시켜 두어서 방비하

23) 최규성은 최근 연구에서 공험진의 위치에 대해 연길시내 서쪽의 北台古城으로 비정한 바 있다(최규성, 「先春嶺과 公嶮鎭碑에 대한 新考察」 『한국사론』 34-한국사의 전개과정과 영토, 국사편찬위원회, 2002 참조).

24) 『세종실록』 권91, 세종 22년 11월 을축.

> 는 방법이 지극히 정밀하고도 엄하였습니다. 그러나 얼음이 얼거나 물이 얕을 때에는 胡人이 그래도 틈을 타서 침입하여 약탈하였는데, 이제 장성의 험함을 버리고 오랑캐의 지역에 깊숙이 들어가서 수고롭게 城堡를 쌓고 사방으로 흩어지는 땅에 군사와 백성을 두면, 이는 바로 고기를 굶주린 호랑이의 입에 던지는 것이니, 계책으로는 훌륭한 것이 아닙니다. …”[25)]

위의 사료 ‘가’는 乾原 萬戶의 移設과 多溫에 邑을 설치하는 문제를 논의하면서 두만강 北岸地域을 거론하고 있는 대목이다. 즉, 입지를 이야기 하면서 두만강 밖은 산천이 편편하고 넓어 賊路가 사방으로 통하고, 강물도 건널 만한 곳이 많아서 여진인들의 침략을 받기 쉬우므로 결과적으로 이곳으로 이설하는 바람직하지 않다는 것이다. 이러한 대목은 당시 두만강 이북지역을 조선이 어떻게 인식하고 있었는지를 분명히 보여주고 있다.

사료 ‘나’ 역시 동북면 지역의 鎭을 이설하는 방안을 논의하는 가운데 두만강 강북지역인 耶春[26)]을 후보지로 검토하고 있었다는 사실을 보여주고 있다. 이러한 인식을 통하여 볼 때 明과 조선은 두만강 일대에 대한 조・명 간의 경계를 논하지 않았거나 명이 조선 측의 요청을 양해한 ‘공험진 이남지역’은 두만강 북방을 포괄하는 지대라고 보아야 할 것이다. 앞서 언급한 바와 같이 이러한 영토인식이 『세종실록』 지리지에 반영되어 경원도호부의 북쪽 경계를 7백리가량 떨어진 공험진과 先春峴으로 표기한다거나 六鎭지역의 기사에 두만강 북안지역의 지명이 다수 등장하게 된 것이라 여겨진다.[27)]

---

25) 『성종실록』 권283, 성종 24년 10월 정묘.

26) 경원 건너편으로 여진인이 침략할 때 경유하는 요충지임(『성종실록』 권250, 성종 22년 2월 갑자).

27) 『세종실록』 권155, 지리지 함길도 경원도호부 ; 김용국, 「白頭山考」 『白山學報』 제8호, 백산학회, 1970, 32~35쪽.

3. 압록강 北岸의 空閑地帶 문제

고려－원나라의 외교관계가 성립된 이래 중국을 왕래하는 육로는 주로 압록강을 건너 이른바 동팔참 지역을 경유하였다. 東八站이란 우리나라 義州에서 遼東都司가 있었던 遼陽까지의 노상에 설치되어 있는 8개의 站을 지칭하는 것으로, 고려시대 원나라의 遼陽行省을 왕래할 때에 붙여진 명칭으로 추정된다.

그런데 14세기 후반에서 15세기 초에 이르는 시기의 동북아 지역은 일대 격동의 시기였기 때문에 우리나라에서 중국으로 가는 使臣路程은 안전하지 못하였다. 특히 동팔참 지역은 육로 왕래에 있어서 女眞人이 늘 使行의 안전을 위협하고 있어서 이 지역을 통하여 중국으로 왕래하기 어려웠다. 이에 고려에서는 海路를 통해 중국을 왕래하기도 하였지만 난파의 위험이 있어서 그 노정도 안전한 것은 아니었다.[28)]

그러다가 明의 기반이 안정되어 가면서 1409년부터 다시 陸路로 중국에 왕래하게 되었는데,[29)] 이러한 육로의 개통에 따라 조선에게 동팔참 지역은 또다시 매우 중요한 관심의 대상이 되었고, 안전확보를 위해 적절한 경영이 필요하게 되었다.[30)]

그런데 앞서 언급한 바와 같이 明은 당초부터 압록강까지 점거하지 않고 강으로부터 200리 정도 떨어진 連山關에 국경 把守를 설치하였다. 이로 말미암아 명나라의 국경 把守가 설치되어 있던 連山關으로부터 以

28) 유재춘, 앞의 논문 참조.

29) 『通文館志』 제3권, 事大 上 航海路程.

30) 명나라 영락제 때에 북경으로 수도를 옮긴 이후 조선의 사행로는 전보다 훨씬 단축되었고, 대개 동팔참로를 경유하는 육로가 거의 고정화되었다. 육로 노정은 대개 의주를 건너 遼陽까지 380리였다(金九鎭, 「朝鮮 前期 韓·中關係史의 試論－朝鮮과 明의 使行과 그 性格에 대하여－」 『弘益史學』 4, 1990, 16~22쪽 참조).

東지역은 朝·明 어느 나라에도 예속되지 않은 특수한 구역이 되었다. 뿐만 아니라 명나라는 조선을 견제하기 위해 여진인의 入朝 권장과 厚待를 통한 招撫策을 적극 실시하였고, 衛所 설치에 이들을 활용하였으나[31] 이는 형식상의 구조일 뿐 明의 여진지역에 대한 군사적 영향력은 조선과 마찬가지로 지극히 제한적이었고, 압록강 북안지대를 비롯한 조·명 사이의 넓은 여진 雜居 지역은 양국 사이의 완충지대로 남게 되었다.

이러한 상황이다보니 이 지역을 왕래하는 조선의 사신들은 본국으로부터 독자의 호송군을 편성해 동행해야 했고, 이는 명나라도 마찬가지였다. 그러나 명나라는 여러 차례 자국의 사신단 호송마저 조선 측의 도움을 받고자 하였다.[32] 그러나 이 지역은 인적이 드물고 교통로가 매우 험하여 통행에 큰 어려움이 있었기 때문에 사신단의 안전을 보장하기 어려웠다. 이에 1436년(세종 18) 12월 조선에서는 요동에 咨文을 보내 連山關을 통하는 길보다 남쪽에 위치한 剌楡寨를 경유하는 사신행로의 변경을 요구하기에 이르렀다.[33] 이에서 보면 조선 측은 사행로가 험하고 인적이 없어 사행이 묵어 갈만한 곳이 없다는 등 주로 통행의 불편을 들어 사신행로의 변경을 요청하고 있다.

이에 대해 명나라 측은 조선의 새 使行路 사용에 대해 부정적이었고, 거듭된 조선의 요청을 20여 년 이상 받아들이지 않았다.[34] 그런데 세조 6년(1460)에 이르러 명나라 측에서는 새로운 해결책을 조선에 제시하였다. 즉明은 謝恩使 金禮蒙을 통해 보낸 칙서에서 여진인들의 노략 위협

31) 명나라는 조선 태종 9년(1409)까지 115개의 女眞衛所를 설립하였다(박원호, 『明初朝鮮關係史研究』, 일조각, 2002, 170~171쪽).

32) 『세종실록』 권50, 세종 12년 11월 갑자.

33) 『세종실록』 권75, 세종 18년 12월 기사.

34) 『세종실록』 권80, 세종 20년 1월 병오 ; 『태종실록』 권17, 태종 9년 5월 정축 ; 『문종실록』 권3, 문종 즉위년 8월 을해, 경인 ; 『세조실록』 권4, 세조 2년 5월 정축 ; 『세조실록』 권19, 세조 6년 3월 정해.

때문에 갑자기 사행로를 바꾼다는 것은 스스로 겁약을 드러내는 것이므로 온당치 못하다고 하면서 조선의 경계와 명나라의 連山關 중간쯤되는 來鳳에 성을 쌓고 군관을 배치하여 지키다가 사신을 호송하겠다는 것이었다.[35] 당초 조선에서는 사신행로를 변경하는 것이 목적이었는데, 상황은 조선이 의도한 바와는 다른 방향으로 진전되게 되었다. 조선의 사행로 변경요청을 계기로 명나라가 군사적으로 공한지대를 점거하는 것은 조선 측에서 전혀 바랐던 바가 아니었다. 이와 같이 명은 조선의 사신로 변경 요청을 20여 년간 지연시키다가 이를 국경 완충지대인 연산관~압록강 사이의 공한지대를 점거하는 구실로 삼으려 하고 있는 것이다. 이는 여진 招撫가 어느 정도 진전되고 명의 요동 邊墻이 정비되어 가면서 이 공한지대를 장악할 수 있는 여건이 조성되었다고 판단했기 때문일 것이다.

특히 명나라는 동북지역의 확보를 점차 확대하는 과정에서 종전의 連山把截보다 훨씬 동쪽에 위치한 공한지대 내의 湯站地域에 城을 축조하고 주변지역을 점거해 가는 예기치 않은 상황이 전개되면서 조선에서는 이에 대한 대책에 부심하게 되었다. 湯站에 堡를 축조한다는 것이 공식적으로 조선 측에 전달된 것은 1474년(성종 5) 5월이다. 명나라 사신은 도승지 김승경을 통하여 조선에서 新使行路를 요청하였기 때문에 탕참에 보를 축조하고자 하니 城을 축조할 때 조선에서 양식을 제공해 달라는 요청을 하게 되었다.[36] 또한 성종이 경회루에서 명나라 사신을 초청해 연회를 베푸는 자리에서 명나라 사신은 조선사신 행로의 안전을 위해 湯站堡를 축조한다는 것을 누누이 강조하였다. 성종은 이에 대해 사례하는 태도를 보였으나 명 사신이 양식 보급을 요청하는데 대해서는 勅書도 없었고, 아국의 변방 사정도 있어서 곤란하다는 뜻으로 거절하

35) 『세조실록』 권21, 세조 6년 8월 기사.
36) 『성종실록』 권129, 성종 12년 5월 병신.

였다.[37)]

조선 측에서는 명나라의 연산관~압록강 사이의 공한지대를 명이 점거하게 되면 군사적 위협뿐만 아니라 변경 안정에도 심각한 문제가 발생할 것이라고 판단하면서도[38)] 이러한 명나라의 요청은 조선 사신행로의 안전을 위한다는 명분을 가지고 이루어진 것이기 때문에 조선의 입장으로는 매우 난처한 문제였다. 더욱이 以前에 사행로 변경을 요청한 바 있었기 때문에 조선으로서는 마땅히 거절할 명목이 없었던 것이다. 이 문제를 조선에서는 조선 출신인 명나라 사신 鄭同을 설득하여 문제를 해결하고자 하기도 하였다.[39)] 또 조선에서는 명 사신이 말한 탕참보 축조가 사실인지 알아보기 위해 1481년(성종 12) 6월 千秋使로 파견된 홍귀달에게 下書하여 중국에서 開州·湯站 등지에 堡를 설치하고 防戍하려 한다고 하는데 요동에 가서 이를 알아보고 즉시 通事를 통해 보고하도록 하고 있다. 통사를 통해 어떤 내용이 보고되었는지는 알 수 없지만 천추사 홍귀달은 귀국길에 중국 兵部의 자문을 가지고 왔는데, 여기에서 명나라는 조선 사신이 왕래하며 자고 머무르게 하기 위하여 鎭東·鎭夷·鳳凰 등지에 站을 설치하겠다는 것을 정식으로 통보해 왔다.[40)]

한편 明은 성종 15년(1484) 한치형 등이 명나라에 갔다 귀국할 때 명에서는 서반으로 호송군을 편성해 의주까지 왕래하도록 하게 되는데,[41)] 이에 대해 조선은 이를 저지하고자 하였다. 이유는 그들에 대한 접대의 번거로움과 동팔참 空地의 잠식에 대한 우려 때문이었다. 특히 後者에 있어서는 명이 조선을 厚待하여 서반으로 편성된 호송군을 보내는 것은 좋지만 요동까지만 호송해야 할 것이라고 요청하고 있다. 즉, 명나라는

37) 위와 같음.
38) 『세조실록』 권40, 세조 12년 11월 경오.
39) 『성종실록』 권130, 성종 12년 6월 임자. 明使 鄭同에 대해서는 「鮮初의 朝鮮出身 明使考」(曺永祿, 『國史館論叢』 第14輯, 國史編纂委員會, 1990) 참조.
40) 『성종실록』 권132, 성종 12년 8월 무진.
41) 『성종실록』 권226, 성종 20년 3월 병인.

조선 사신에 대해 '조선은 禮義之國이라 朝貢을 끊지 아니하니, 館待를 후하게 함은 마땅히 다른 나라의 갑절로 해야 할 것입니다. 믿을 만한 사람을 보내어 호송하여 지경에 나가게 해야 합니다'라고 하였고,[42] 호송을 맡은 李翔은 '我當送至江上'이라고 하여 '江上'(압록강을 의미하는 것으로 보임)까지 호송하려고 하였다. 이에 조선 측에서는 '館路는 遼東에 이르러 그쳤고 우리나라 迎送軍도 요동에 이르러 기다리는데, 大人이 遼東(압록강까지 호송하는 것을 말하는 것이나 實錄 기록은 이를 정확히 표현하지 못함)까지 호송하는 것은 바로 국경을 나가는 것이며, 東八站은 날씨가 춥고 길이 험하니, 왕래에 勞困할까 두렵습니다'라고 하며 거절하였다.[43] 명나라의 李翔은 조선 측의 말이 옳다고 하면서도 이미 조정에 주달하였으므로 고치기 어렵다고 하고 있다.

당시 조선 측은 명나라 호송군에 대한 접대의 번거로움도 있었지만 명나라가 이를 빌미로 하여 양국 사이의 空閑地帶인 동팔참 지역을 군사적으로 접수하는 것을 차단하기 위한 것이었다. 특히 요동을 떠나 압록강에 이르는 것을 '出境'이라 표현하고 있다는 점은 매우 주목할 만한 사실이다. 이는 조선 측이 대체로 압록강을 '界'로 삼고 있으면서 동시에 明의 國界를 압록강 北岸이 아닌 요동(구체적으로는 連山把截)으로 인식하고 있었다는 것을 의미한다. 조선 측의 요청에 응하는 반응을 보인 명나라 李翔은 예부상서에 의논하니 이미 조정에 주달하였으므로 고치기 어렵다고 하며 出境 호송을 관철하려고 하고 있다. 아마 李翔은 明 정부로부터 이미 모종의 지시를 받은 것으로 추정된다.[44]

이러한 일련의 변화는 결국 궁극적으로 과거 空閑地帶, 즉 無屬地로

42) 『성종실록』 권226, 성종 20년 3월 계미.

43) 위와 같음.

44) 이는 당시 사신으로 갔던 한치형이 李翔이 禮部에 의논했는지 확실히 알 수 없다고 하며 의심하고 있는 대목에서 추정해 볼 수 있다(『성종실록』 권226, 성종 20년 3월 계미).

있었던 동팔참 지역을 완전히 明의 영토로 편입하려는 속셈에서 비롯된 것이다. 명은 1493년을 전후하여 의주로부터 불과 60여 리 정도 떨어진 곳에 탕참보를 설치함으로써 압록강 연안에 근접하게 되었다. 명이 탕참보를 설치하는데 조선에서 양곡을 보급해 주는 폐해는 없었지만 이러한 명나라의 東占으로 말미암아 공한지대의 침해로 인한 군사적 긴장은 물론 조선인 투화자가 급증함으로써 조선에게는 커다란 문제가 되고 있었다.[45]

특히 서북 변경지방을 繁盛시키기 위해 세종대부터 여러 차례 강제적인 徙民策까지 시행하였던 것을 상기할 때,[46] 이러한 예기치 않은 사태는 심각한 문제가 아닐 수 없었다. 변경지방에 대한 徙民과 토착민의 지속적인 富盛을 통해 변경방비력을 튼튼히 하려고 하였던 조선의 의도는 예기치 않은 상황 전개로 말미암아 큰 난관에 부딪치게 되었던 것이다. 이러한 투화자 증가 문제의 발생은 고려 말의 상황과는 전혀 다른 현상이다. 즉, 元末期의 혼란기에 遼陽·瀋陽을 비롯한 遼東지역의 많은 주민들이 고려로 내투하여 명에서는 그들 중 일부를 쇄환해 간 일이 있는데,[47] 명의 권력 확립과 함께 동북지방에 대한 안정화정책으로 15세기에 들어서는 오히려 무거운 부역을 피해 요동지역으로 이탈해 가는 사람들이 증가하였던 것이다.

중국이 동북지역에 계속 衛所를 설치하고 동팔참 지역에 순차적으로 곳곳에 堡를 설치하는 것이 점차 현실화 되면서 조선에서는 이에 대한 대책이 활발하게 논의되었다. 앞서 언급한 바와 같이 조선에서 중국의 탕참보 役事에 협조적이기 않았던 가장 중요한 이유는 양식제공에 따른 번거로움 때문이 아니었다. 그보다는 탕참보 축조는 양국 변경의 空閑

45) 『성종실록』 권219, 성종 19년 8월 乙卯.

46) 李相協, 『朝鮮前期 北方徙民 硏究』, 경인문화사, 2001, 17~49쪽.

47) 國史編纂委員會, 『국역 中國正史 朝鮮傳』 明史 朝鮮列傳 洪武 19年 2月, 1986.

地帶가 항구적으로 明에 귀속되게 되고, 군사적 거점 확보에 이어 일대가 개척되게 되면 조선과 근접해 있는 지역이기 때문에 我國人이 무거운 賦役을 피해 중국으로 投化하는 일이 발생하고, 더 나아가서는 압록강 하구의 섬에 대한 경작권까지 다툼이 생길 것이 우려되기 때문이었다.[48] 뿐만 아니라 명나라 군사가 가까이 進駐하게 되면 조선의 국방상에도 커다란 위협이 되기 때문이었다.

1481년(성종 12)에 남원군 양성지가 上言한 내용에 그러한 문제가 정확하게 지적되어 있다. 그는 上言에서, '자고로 천하 국가의 事勢는 이미 이루어졌는데도 혹 알지 못하기도 하고 비록 이미 알아도 또 (어떻게) 하지 못하니, 이것이 모두 잘못된 일중의 큰 것입니다'라고 하며 明에서 동팔참 지역의 요충지인 봉황산에 성을 쌓고 웅거하면서 거주민들에게 가벼운 부역을 부과하며 우리나라 사람을 誘致하면 그것도 우려할 만한 것이지만 그보다는 명나라 군대가 가까이 주둔하는 것이 영구한 근심꺼리라고 지적하고 있다.[49] 또한 明은 개주에 성을 쌓는 것으로 그치지 않고 계속 동점할 것이라고 하며[50] 중국 측에서 조선을 넘보지 않으리라는 보장도 없음을 지적하고 있다. 이는 양국의 외교관계가 세종대 이후로 대개 안정성이 확보된 상황하에서도 중국에 대해서 상당한 불신을 보여주는 대목이다. 특히 양성지는 명나라가 초기에 조선에 대해 나름대로 존중하는 태도를 보인 것은 그들의 도읍이 금릉에 있었고 우리나라가 北元과 국경을 접하고 있었기 때문에 형세가 그렇게 하지 않을 수 없었던 것이라고[51] 하여 당시 상황을 정확히 꿰뚫고 있다. 이는 결국 永樂帝 이후 明이 수도를 북경으로 옮긴데다가 北元도 완전 구

48) 이에 도승지 김승경은 관방의 강화와 압록강 하구 세 섬을 중국에서 탕참보를 쌓고 중국인이 와서 경작하기 전에 먼저 경작하도록 하여야 한다고 건의하였다.

49) 『성종실록』 권134, 성종 12년 10월 무오.

50) 위와 같음.

51) 위와 같음.

축되어 예전과는 사정이 크게 달라졌고, 명이 점차 東占하고 있으니 이를 크게 경계하고 대비해야 한다는 것이었다. 당시 조선 조정에서는 明의 邊境空閑地帶 점거에 대해 심각한 토의가 이루어 졌다. 그 가운데 몇 가지 내용을 인용하면 다음과 같다.

> 가. 南原君 梁誠之가 上言하기를, … 이번 일은 우리나라에서 중국에 왕래하는 새 길을 열 것을 청한 것을 계기로 兵部에서 上奏한 것이지 鄭同 때문이 아니라고 생각합니다. … 우리 高皇帝께서 萬里를 밝게 보시어 요동의 동쪽 1백 80리의 連山把截로 限界를 삼으셨으니, 東八站의 땅이 넓고 비옥하여 목축과 수렵에 편리함을 어찌 몰랐겠습니까? 그러나 수백 리의 땅을 空地인 채로 둔 것은 두 나라의 영토가 서로 混同될 수 없었기 때문입니다. 만일 간사한 무리들이 釁端을 일으켜 達子나 倭人을 가장하여 도적질한다면 실로 예측하기 어렵게 될 것입니다. … 지금의 事勢는 바야흐로 병이 크게 도진 것과 같습니다.52)
>
> 나. … 임금이 의정부와 領敦寧 이상, 六曹堂上·臺諫으로 하여금 의논하게 하였다. 鄭昌孫·沈澮 … 등이 의논하기를, "開州에 鎭을 설치하면 우리나라에 불리하다는 사실은 전날 이미 말씀드렸습니다. 다만 이번에 온 명나라 兵部의 咨文에 진을 설치하는 이유로 첫째 建州衛野人의 엿봄을 막고, 둘째 조선 사신 왕래 때의 머물 곳을 마련하기 위한 것이라 상세히 밝혔습니다. 언사는 순하고 이치에 맞으니 무슨 말로 (開州鎭 설치의) 정지를 청하겠습니까? 또 농사의 풍흉과 賊情의 긴박하고 긴박하지 않음을 보아 설치한다고도 하니, 설치 여부도 확실히 알 수 없습니다".53)

위 사료의 내용은 몇 가지로 정리될 수 있을 것이다.

첫째는 明 太祖가 앞을 내다보고 요동 동쪽 180리 되는 連山把截을 경계로 삼았다는 것이다. 이는 조선의 사신로 변경 요청을 계기로 명측에서 동팔참지역을 점거해 오기 이전에는 명백히 連山關을 양국 경계로 삼고 있었고, 조선은 사신 호송군을 이곳까지 파견하여 왕래하였던 사실에서 분명히 알 수 있다. 그렇다면 明은 왜 압록강변까지 점령하지

52) 위와 같음.

53) 위와 같음.

않고 개국이후 1백 년 이상을 멀리 떨어진 連山關을 경계로 삼고 있었던 것일까? 이는 간단히 설명될 수 있는 부분은 아니지만 거슬러 올라가면 고려 말 명과의 영토분쟁과 명나라의 군사적인 한계에 기인한다. 잘 알려진 바와 같이 明 성립 이후 '철령' 이북지역에 대한 영유권 문제로 고려는 대규모 전쟁을 불사하는 상황에까지 갔다. 명으로서는 다행스럽게도 이성계의 回軍으로 전쟁을 피할 수 있었지만 고려의 遼東遠征 추진은 명나라에게 매우 큰 충격을 안겨준 것은 틀림없는 사실이다. 더구나 고려가 元 잔여세력과 연대하여, 명을 적대하는 것을 최악의 상황으로 여기고 있던 명나라로서는 분명 매우 심각한 상황이었다.

그런데 『明史』 朝鮮列傳에 보면 흥미로운 대목이 하나 있다. 홍무 20년(1387) '철령 이북지역' 영유 문제로 명과 갈등이 있을 때, 명 황제는 '고려가 과거에는 압록강으로 경계를 삼았으면서 이제 와서 철령이라 꾸며 말하니 거짓임이 분명하다. 이러한 뜻을 朕의 말로써 효유하여 본분을 지키게 함으로서 쓸데없는 相爭의 원인을 낳지 않게 하라'라는 지시를 내리게 된다.[54] '철령'의 위치에 대해서는 논란이 있지만 이 문장만으로 본다면 철령은 압록강 以北에 위치하는 것이 되며 고려에서는 그곳 일대에 대한 영유권을 주장한 것으로 해석된다. 당시까지만 하더라도 고려와 明 사이에는 어떠한 국경에 관한 명확한 협의도 없었다. 명이 압록강변에 멀리 떨어진 連山關에 國境把守를 설치한 이유는 두 가지 측면에서 추정해 볼 수 있을 것이다. 하나는 공민왕대에 요동지역을 군사적으로 점거한 바 있다는 사실이다. 고려는 공민왕대에 들어 반원정책을 추진하면서 元이 무단 점거한 고려의 영토 수복에 나서게 되는데, 1356년(공민왕 5) 5월 評理 印璫을 비롯하여 강중경, 신순, 유홍, 최영, 최부개 등으로 하여금 압록강 건너 遼東 八站지역을 공격하게 하

54) 국사편찬위원회, 『국역 中國正史朝鮮傳』 明史 朝鮮列傳(洪武 21년 4월), 1986.

였고, 밀직부사 유인우를 비롯한 공천보, 김원봉 등으로 하여금 쌍성 등지를 수복하게 하였다.[55] 그 다음달 쌍성 함락에 앞서 印瑺은 군사를 거느리고 압록강을 건너 婆娑府 등 세 站을 공격하여 격파하였다.[56] 고려는 元에서 節日使로 간 金龜年을 遼陽省에 가두고 대군을 동원해 공격하겠다고 위협하자[57] 고려는 대대적으로 서북면 군사력을 강화하는 동시에 한편으로는 오히려 지시를 이행한 서북면병마사 印瑺을 처벌하며 元에 유화적인 태도를 보이기도 하였다. 당시 고려가 이 지역을 공격한 이유는 명확하지 않지만 쌍성 지역 수복에 앞서 이곳을 먼저 공격하여 점거하였다는 사실은 주목할 만한 일이다. 또한 공민왕 18년(1369) 고려는 이성계를 동북면 원수, 지용수를 서북면 원수로 임명하여 동녕부를 정벌하도록 하였으며,[58] 그 이듬해 고려군은 兩江地帶 北岸은 물론이고 멀리 遼陽에 이르기까지 모두 접수하였다. 이에 대해『고려사』에서는 "그리하여 동쪽은 皇城까지, 북쪽은 동녕부까지, 서쪽은 바다에까지, 남쪽은 압록강까지의 지대에 적의 종적이 없어졌다"[59]라고 기록하고 있다. 이러한 고려의 북방 정벌은 물론 北元과의 관계를 단절하기 위한 것이지만 明이 이곳을 정벌하기 전에 고려에서 먼저 군사적인 행동을 통해 이들을 복속시켰다는 것은 매우 중요한 사실이며, 明이 連山關 以東지역을 포기하고 압록강으로부터 멀리 떨어진 곳에 국경을 설정한 것은 이러한 사실과 관련이 있을 것으로 생각된다. 고려와의 직접적인 접경이 상호간 불필요한 긴장을 유발시킬 가능성이 있고 그로 말미암아 고려(조선)를 자극하는 것이 명나라에게도 이롭지 못하기 때문이었을 것이다. 또 다른 하나는 연산관 以東地域에 대한 군사적인 점거가

55)『고려사』권39, 공민왕 2, 병신 5년 5월 정유.
56)『고려사』권39, 공민왕 2, 병신 5년 6월 계축.
57)『고려사』권39, 공민왕 2, 병신 5년 6월 을해 ; 7월 무신 ; 9월 경진.
58)『고려사』권41, 공민왕 4, 기유 18년 11월.
59)『고려사』권42, 공민왕 5, 경술 19년 정월.

용이하지 않았기 때문이다. 즉, 개활지가 많은 이곳을 야인의 침입으로부터 안전하게 유지하는 것이 실제 어려웠기 때문이다. 元 잔여세력을 완전히 섬멸하지도 못한 상황에서 이곳에 과다한 군사력을 보낼 형편이 되지 못하였던 것이다. 이는 조선시대에 들어서 여진세력을 구축하며 북방영토를 적극 개척하였으면서도 여진세력의 盛衰에 따라 鎭을 전진배치, 또는 후방으로 이전하였던 것과 같은 것이다.

둘째는 간사한 무리들이 達子나 倭人을 가장하여 문제를 일으키게 되면 예측하기 어려운 상황이 될 것이라 보고있다는 점이다. 이는 이러한 문제를 빌미로 명이 의도적으로 군사력을 늘리고 동팔참지역을 점거할 가능성이 있다고 보고 있는 것이다. 즉, 명은 동팔참 지역의 안전성 문제를 핑계하며 군사를 배치함으로써 종전의 공한지대 유지가 어려워진다는 점을 조선에서는 크게 우려하고 있었다는 것을 알 수 있다.

셋째는 당시 조선에서는 開州에 鎭을 설치하는 것이 明에서는 마치 조선을 위한 일인 것처럼 말하지만 본심은 그러한 것이 아니며, 명백히 조선에 불리한 일이니 저지하는 것이 좋겠다고 생각하였다는 점이다.[60] 明은 공한지대인 동팔참 지역을 점유하는데 대해 조선에 대한 부담을 가지고 있었기 때문에 줄곧 조선사신의 안전보장을 위한 것이라고 강조하였지만 실제로는 영토확장에 목적이 있다는 것을 조선 측에서는 간파하고 있었던 것이다. 특히 조선에서는 명의 開州鎭 설치가 그로써 끝나는 것이 아니라 점진적으로 東占의 전초기지가 될 것이라는 점을 알고 있었고, 궁극적으로는 명이 조선을 침략할 수도 있다는 우려를 가지고 있었다. 이는 단순히 조선이 자의적으로 생각한 것이 아니라 이미 고려 말에

60) 李坡, 李陸·韓堰·崔永潾 등의 논의도 중국이 開州城을 축조하는 것이 과연 조선을 위한 것인지는 알 수 없으며, 당연히 鎭위 철폐를 요청하여야겠지만 중국이 조선사신 행로를 지키기 위한 것이 목적이라고 완곡하게 이야기하기 때문에 사세가 매우 어렵게 되었다는 것이다(『성종실록』 권134, 성종 12년 10월 무오).

명태조는 고려에 대해 '내가 만약 당신들을 정벌하게 되면 마구 가지는 않을 것이다. 일정한 거리마다 성을 축조하고 천천히 견고하게 쳐들어갈 것이다'[61]라고 말한 바 있기 때문에 조선으로서는 명의 開州鎭 설치가 단순히 공한지대 점거에 대한 우려를 넘어서 국가안보에 심각한 위협이 되고 있다고 판단하였던 것이다. 남원군 양성지가 "국가는 한 시대에 姑息되지 말고 萬世의 계책을 세워야 하며 無事한 것을 요행으로 삼지 말고 만전의 정책을 세워야 합니다"[62]라고 건의한 것은 바로 그러한 상황에 연유한 것이다. 이 말은 단지 중국과 무사한 것만이 능사는 아니므로 적극적인 대처가 필요하다는 의미라고 할 수 있다. 이러한 견해는 비단 양성지 개인의 생각만은 아니었다. 1488년(성종 19) 6월 무령군 유자광이 上言한 다음과 같은 내용에서도 그러한 점을 잘 보여준다.

> … 신이 일찍이 이문을 살펴보건대, 동쪽과 서쪽에 집이 있으나, 울타리[籬落]가 서로 붙어 있고, 貧富의 차가 심하지 않았으므로, 있거나 없거나 서로 도와가며 재앙과 환란이 있을 때에는 서로 구원해 가며 대대로 영구히 좋게 지낼 것을 기대했었습니다. 그러다 수년 안에 東家는 점차 부유해지고 西家는 점차 貧寒해지면서 동가의 쟁기가 혹 서가의 토지를 침범하거나, 동가의 소와 양이 혹 서가의 벼를 먹으니, 세월이 흐르면서 (두 집안은) 점차 원수 사이가 되었으며, 이에 서가에서는 울타리를 만들지 아니한 것을 후회하게 되었고, 區域을 만들었으나, 또한 미치는 바가 없었습니다. 그 子孫에 이르러 東家는 날로 더욱 富盛해지고, 西家는 날로 더욱 빈한해지자, 동가의 자손은 문득 교만해져서 서가의 土田을 侵奪한 것이 거의 반을 넘게 되니, 서가에서 소유한 것은 얼마 없게 되었습니다. 이것이 비록 이문의 일이라 하나, 위로 거슬러 올라가 추측해 본다면, 천하 국가의 형세 또한 이에서 벗어나는 것은 아닙니다. 지금 중국이 富盛해서 천하의 땅을 소유하고 있는데도 遼陽으로부터 장성을 쌓고, 이미 靉陽堡를 설치하였으며, 또 開州에 성을 쌓고, 점차 湯站에 성을 쌓고, 婆娑堡에 성을 쌓았으니, 슬기로운 사람을 기다리지 않고서도 (그들의 속셈을) 알 수 있으며, 더욱이 遼東 사람들 또한 모두 그것을 말하는 것이겠습니까.[63]

61) 『고려사』 권136, 신우4, 5월.
62) 『성종실록』 권134, 성종 12년 10월 무오.

유자광의 東家西家論은 예전에 명나라가 동북지역에 힘이 미치지 못할 때에는 압록강에서 連山까지 空地로 두어 양국민이 서로 함부로 왕래하지 못하도록 하였다가 점차 여력이 생기면서 이곳을 모두 점거하여 압록강 유역까지 다다르게 된 것을 빗대어 말한 것이다. 더구나 명나라는 앞으로도 그들의 세력을 믿고 더욱 東占하게 될 우려도 있다는 것이다. 이는 양성지가 '영원한 근심꺼리'라고 지적한 바와 다를 것이 없다.

당시 명나라의 동팔참 일대에 대한 堡 설치가 영토 확장의 일환이라는 것은 말할 필요도 없다. 이는 연산군 8년(1502) 4월 영의정 한치형 등이 논의한 내용 가운데

> 중국에서는 비록 조선의 貢物 바치는 길을 위한 것이라고 공공연하게 말하고 있지마는, 실상은 八站을 內地로 만들어 토지를 개척하기 위한 계책입니다. 서로 바라보이는 반나절 길이니 義州의 이익을 늘이려는 사람들이 반드시 아침에 갔다가 저녁에 돌아오므로, 이로 인하여 무거운 일을 피하고 수월한 일에 나아가는 사람들이 점차 들어가 살게 되므로 참으로 작은 일이 아니니, 두 나라의 關防을 삼가지 않을 수 없습니다.[64]

라고 하는 데서 잘 나타난다. 중국은 겉으로는 堡 설치가 조선 사신의 안전한 왕래를 위하는 것처럼 표명하였지만 실제로는 국경완충지대였던 연산관~압록강 사이의 空閑地帶를 확실히 명의 영토로 편입하기 위한 조치였던 것이다.

4. 맺음말

이상에서 15세기 전후 우리는 북변 兩江地帶에 대해 國境과 관련하

63) 『성종실록』 권217, 성종 19년 6월 병신.
64) 『연산군일기』 권43, 연산군 8년 4월 신미.

여 어떻게 인식하고 있었는지, 그리고 국경완충지대 역할을 한 압록강으로부터 명나라 국경파수가 위치한 連山關 사이의 넓은 空閑地帶 생성 연유와 明에 의한 점거에 대해 살펴보았다.

조선시대에는 북방의 군사적 경계선을 주로 압록강－두만강에 의지하여 확보하려고 하였기 때문에 통상적으로 이를 國界로 인식하는 경향도 없지 않지만 그렇다고 하더라고 隣國과의 양분론적 관념에 의해 兩江 北岸地域을 중국의 영역이라고 간주하는 것은 잘못된 생각이다.

고려－명 사이의 철령 이북지역 영속문제로 고려는 전쟁을 불사하면서 공험진 이남지역의 영속을 주장하였고 이는 명에 의해 양해되었다. 특히 당시는 영토지배권이 군사적인 유효한 점거라는 의미가 강했기 때문에 조・명 간에는 명확한 국경에 대한 審定은 없었지만 양국 사이에 국계에 대한 상호 양해가 전혀 없었던 것은 아니다. 이는 조선 초기에 조선 측에서 지형도본을 만들어 명에 보고한 점이나 명태조가 조선지도를 보고 영속 문제를 거론한 적이 있다는 사실에서 분명히 알 수 있다. 정확한 지도작성 능력이나 광범위한 변경에 대한 현장 조사의 어려움 등으로 상세한 점거선을 지정할 수는 없었겠지만 朝・明간에는 분명 군사적인 점거선에 대한 양해가 있었다고 보아야 할 것이다. 또 조선에서는 명과 동북지역에서 여진인 招撫 경쟁을 벌이는 가운데서도 군사적인 방어상 두만강을 경계로 하는 것이 바람직하다는 인식이 깊이 자리잡고 있었지만 강북 지역에 대한 鎭의 이설을 고려하기도 한 점 등에서 볼 때 북안 지역이 明의 영토라는 개념은 존재하지 않았다. 『세종실록』 지리지의 경원도호부 경계를 북쪽으로 7백 리되는 공험진・先春峴이라고 표기하고, 六鎭의 기사에 두만강 북안지역의 지명이 다수 등장하는 것은 그러한 인식의 결과이다.

한편 압록강 북변의 경우 明은 요동지역을 확보하면서 접경을 하게 되었으나 고려와 직접적으로 국경을 맞대는 것을 피하고 압록강변으로부터 상당히 떨어져 있는 連山關에 국경파수를 설치하였다. 이 때문에 連山關과 압록강 사이에는 넓은 공한지대가 생기게 되었던 것이다. 당시 명이 압록강변에 멀리 떨어진 連山關에 國境把守를 설치한 것은 고려 공민왕대에 있었던 遼東 八站地域과 동녕부에 대한 高麗軍의 군사적 점거와 매우 밀접한 관련이 있으며, 또 한편으로는 연산관 以東地域에 대한 군사적인 점거가 용이하지 않았기 때문이다.

이러한 양국 사이의 국경완충지대 기능을 하던 공한지대가 명에 의해 점거되기 시작한 것은 그로부터 1백 년가량이 지난 후였다. 고려 말~조선 초기에 서북지역 변경의 공한지대가 1세기 가량 유지되었다는 것은 그만큼 이 지대에 대한 양국의 공한지대 인식이 깊이 자리잡게 되었다는 것을 의미하는 것이다. 그러나 이 공한지대대가 명에 의해 점거되는 빌미가 명이 아니 조선 측에 의해 제공되었다. 조선 측의 사신로 변경 요청을 받아들이지 않고 지연시키던 明은 돌연 이를 빌미로 공한지대에 군사거점을 만들어 점거하게 되었던 것이다. 조선은 명의 공한지대 점거를 저지하려고 하였으나 明이 조선사신의 안전보장을 명분으로 삼았기 때문에 이에 대한 적극적인 항의나 시정 요구가 어려웠다. 반면 명은 조선 측에 시종일관 매우 신중하게 접근하고 있다. 이는 이 공한지대가 이미 오랫동안 양국간 국경완충지대로 자리잡고 있었기 때문에 조선 측의 적극적 반발로 이어지면 明도 입장 정리가 어렵게 되고 자칫 양국간 군사적 긴장으로 이어질 가능성도 배제할 수 없었기 때문이다. 명은 표면적으로는 城堡 설치가 조선 사신의 안전한 왕래를 위하는 것처럼 완곡하게 설명하였지만 실제로는 국경완충지대였던 연산관~압록강 사이의 空閑地帶를 확실히 명의 영토로 편입하기 위한 것이었다.

그러나 연산관~압록강 사이의 공한지대를 명이 점거하였다고 하여 양국 사이의 국경완충지대가 모두 없어진 것은 아니다. 명의 邊墻 밖으로부터 조선의 동북 변경지역에 이르기까지 여진인이 할거하고 있던 광활한 지대가 실질적으로 조·명 간의 국경완충지대로 작용했다고 볼 수 있다. 淸代의 柵門이 압록강으로부터 상당히 떨어진 봉황산 근처에 있었고 압록강 상류쪽으로 邊墻 밖에 광활한 공한지대를 둔 것은 조·명간 국경완충지대가 존재했었다는 사실과 무관하지 않다고 생각한다. 이는 단순히 淸의 封禁地帶 설정만으로 설명될 수 없는 부분이며, 그런 점에서 향후 다양한 兩國 史料를 활용한 明·淸代, 그리고 고려·조선시대의 國界 인식 변화에 대한 연구가 더 진전되어야 할 것이다.

〈토론문〉

<15세기 前後 朝鮮의 北邊 兩江地帶 인식과 영토 문제>에 대한 토론문

장득진
(국사편찬위원회)

우선 영토에 대해 전공이 아닌 제가 이렇게 토론을 한 것에 대해 감사의 말씀을 전합니다.

유재춘 교수님이 축성사에 대해 연구를 하시는 것을 알고 있었지만 영토문제와 관련하여 논문을 쓰신 것에 대해 연구의 폭을 넓히신 것 같아서 기쁩니다. 현재 중국의 동북공정과 관련하여 영토문제가 화두로 대두되고 있습니다. 이러한 시기에 간도문제에 근간이 되는 조선 초기 북변의 압록강과 두만강에 대한 영토 인식문제는 시의가 적절하다고 봅니다.

우선 이 논문은 ① 15세기 전후 북방 兩江을 중심으로 한 國界 인식을 새롭게 조명하였고, ② 압록강~명나라 連山關 사이의 공한지대를 양국간 국경완충지대로 파악하면서, 이러한 넓은 공한지대를 둔 것은 고려 말 고려군이 쌍성총관부를 무력 점거하기 전에 이곳 동팔참 지대를 공격하여 점거하였던 사실과 연관이 있을 것으로 제기하였으며, ③ 두만강을 국경으로 고정화한 인식이 보이지 않으며, 두만강은 유동적 경계였고 이는 조·명 간 당초 어느 정도 군사적 점거선을 타협한 가운데 선춘령·공험진 이남지역이 明의 영역에서 제외되었을 가능성이 있다는 점을 들었습니다. 이러한 조선 전기의 영토인식은 조선 후기 청의 封禁地帶 성격을 다른 시각에서 해석할 수 있는 여지를 제공하였다고 생각합니다.

이 논문을 읽고 제가 궁금한 점 몇 가지만 여쭙겠습니다.

① 통상적으로 고려(조)·명 사이에는 뚜렷한 국경 협의를 하지 않은 것으로 보고 있는데 필자는 왜 잠정적 군사점거선을 결정했다고 보는 것인지?

② 명나라에서 두만강 북쪽의 선춘령, 공험진 이남지역을 조선 영역으로 인정했다면 왜 이 지역에 대한 적극적인 강역수호 의지가 나타나지 않는지?

③ 압록강~연산관 사이의 공한지대가 처음부터 양국 협의에 의한 설정이었다면 조선 측에서 공식적인 항의나 견제를 했어야하는 것 아닌가? 조선 측에서 지나치게 소극적인 자세를 보인 것은 당초부터 이곳이 명의 영역이었기 때문은 아닌지?

④ 사료에 의거하면 두만강 이북 지역에 대해서도 개척 가능한 무주지 내지는 내지로 보고 있는 것으로 보이는데, 그렇다면 조선후기 청과 국계를 심사할 때 이러한 사항이 적극 청측에 전달되지 않았다고 보는지?

이외에도 전반적으로 논문을 구성하는 데 초고인지는 사료의 열거가 너무 많아 읽기가 좀 힘듭니다. 논문을 완성하실 때는 나열된 사료를 글 속에 녹이던지 각주로 처리할 것도 있다고 봅니다. 다음으로는 사료를 『朝鮮王朝實錄』만을 보고 한 듯한데, 이에 대한 중국 측의 자료 예컨대 『明史』 등을 참조하시면 좋겠습니다. 아울러 박원호 교수님의 『명초 조선 관계사 연구』가 도움이 될 듯합니다.

鮮初 受職女眞人의 朝·明 兩屬問題

—朝·明 二重官職 女眞人의 事例를 中心으로—

한성주
(한국방송통신대학교)

1. 머리말

고려 말 東北面은 元의 雙城摠管府가 설치된 이래 고려 流民과 女眞族이 混在하고 있던 지역이었다. 조선을 건국한 李成桂 一家는 이들을 세력기반으로 하여 恭愍王의 쌍성총관부 收復에 적극 참여하였으며, 이성계가 東征·西伐할 때 여진족의 大小酋長들은 항상 활과 칼을 차고 從軍하였다. 조선건국 후 이성계는 자신에게 종군한 여진의 대소추장들에게 대거 조선의 관직을 주는 동시에 豆滿江 以南 조선의 동북면에 거주하고 있던 여진족에 대한 同化政策을 실시하여 조선의 編戶가 되도록 하였다. 한편 두만강 밖에 살고 있는 여진족에게 來朝와 授職을 허용하였는데, 이것은 조선의 북방에 거주하는 여진세력을 조선에 회유하여 변방의 안정을 꾀하려는 의도에서였다.[1)]

定宗・太宗을 지나 世宗代에 이르게 되면 4郡 6鎭의 설치로 조선의 실질적인 국경이 두만강까지 확대되었다. 세종은 4군 6진의 설치 이후 여진인에 대하여 대거 수직을 단행하기 시작하였고, 이들에 대한 대상도 이미 明官職을 가지고 있는 여진인에게까지 확대하였다.[2)] 그러나 명관직을 가지고 있는 여진인에게 조선의 관직을 수여한다는 것은 朝・明간의 심각한 외교적 마찰을 불러일으킬 수 있는 사항이었다. 왜냐하면 명은 조선의 건국 전후로부터 조선이 遼東으로 진출할지 모른다는 불안을 느끼고 있었으며, 이 때문에 조선에 대한 牽制政策을 유지하고 있었다. 특히 요동지역의 여진세력을 완전하게 제어하지 못하는 상황에서는 이러한 불안은 지속될 수밖에 없어서, 명은 조선에 侮慢・表箋問題 등을 끊임없이 제기하여 조선을 견제하고 있었다.

明은 成祖 이후가 되어서야 요동에 거주하는 여진을 본격적으로 초무하기 시작하였는데, 명 성조의 여진초무는 두 가지 방향에서 전개되

---

1) 女眞의 來朝와 授職 등에 관해 연구한 논문은 다음과 같은 것이 있다. 이현희, 「鮮初 向化野人 拾穗－初期 對野人 交隣策의 一斑－」, 고려대학교 석사학위논문, 1963 ; 「朝鮮前期 來朝野人의 政略的 待遇에 對하여」 『사학연구』 18, 1964 ; 「朝鮮前期 留京侍衛野人攷－對野人 羈縻策 一端－」 『향토서울』 20, 1964 ; 「朝鮮時代 北方野人의 社會經濟的 交涉考－對野人 交涉政策의 背景」 『백산학보』 3, 1967 ; 「朝鮮王朝의 向化野人 交涉考－接對問題의 用例－」 『성신여자대학교 연구논문집』 10, 1977 ; 서병국, 「李之蘭 硏究」 『白山學報』 10, 1971 ; 유봉영, 「王朝實錄에 나타난 李朝前期의 野人」 『백산학보』 14, 1973 ; 하부영, 「이조초기 여진에 대한 정책」 『中韓人文科學研究』 3-1, 1998 ; 한성주, 「조선초기 受職女眞人 연구－세종대를 중심으로－」 『조선시대사학보』 36, 2006 ; Ken Robinson, 「朝鮮王朝－受職女真人の関係と'朝鮮'」 『歴史評論』 592, 1999 ; 「一四五五年三月の人名記録にみる朝鮮王朝の受職野人」 『年報 朝鮮学』 6, 1997.

2) 한성주, 「조선초기 受職女眞人 연구－세종대를 중심으로－」 『조선시대사학보』 36, 2006, 80~81쪽.

었다.[3] 하나는 黑龍江 부근의 여진을 초무하여 몽골세력을 견제하는 것과 다른 하나는 조선의 두만강 부근의 여진을 초무하여 조선을 견제하는 것이었다. 두 가지 모두 여진지역에 衛所를 설치하는 것으로 나타났는데, 전자는 흑룡강 하류의 옛 元代 東征元帥府 자리에 奴兒干都司를 설치하여 女眞諸部를 통할하도록 함으로써, 후자는 建州衛, 兀者衛 등의 女眞衛所를 설치함으로써 일단락되었다. 여진위소의 설치는 여진의 대소추장을 그대로 衛所官職에 임명함으로써 나타났는데, 이것은 최근 中國의 연구자들이 말하듯 명의 행정구역으로 편입된 것이[4] 아니라 관직을 수여하는 일종의 授職行爲에 지나지 않았다. 이렇게 보면 명의 위소설치는 조선의 여진에 대한 授職政策과 크게 다르지 않았다고 볼 수 있으며, 여진은 조선과 명 어느 쪽에도 완전히 복속되어 있지 않았다.

여진의 입장에서 보면 명의 위소관직 및 조선의 관직을 수여받음으로써 명과 조선에 通交할 수 있는 권한을 얻을 수 있었다. 특히 두만강·압록강 유역에 거주하는 여진인들은 그 지리적 특성상 조선과의 관계를 끊을 수 없는 일이었으므로 명의 위소관직을 가지고 있더라도 끊임없이 조선에 내조하고 있었다. 여진인들이 내조하는 주된 이유는 경제적

---

3) 박원호, 「永樂年間 明과 朝鮮間의 女眞問題」『아세아연구』 85, 1991 ; 「15세기 동아시아 정세」『한국사22－조선왕조의 성립과 대외관계』, 국사편찬위원회, 1995 참조.

4) 中朝关系通史编写组, 『中朝关系通史』, 吉林人民出版社, 1996 ; 姜龙范·刘子敏, 『明代中朝关系史』, 黑龙江朝鲜民族出版社, 1999 ; 王臻, 『朝鲜前期与明建州女真关系研究』, 中国文史出版社, 2005 ; 丛佩远, 「试论明代东北地区管辖体制的几个特质」『北方文物』 第4其, 1991 ; 建文, 「论明代对东疆地区的管辖问题」『北方文物』 第2其, 1995 ; 王冬芳, 「关于明代中朝边界形成的研究」『中国边疆史地燕口』 第3其, 1997 ; 刁书仁·卜照晶, 「论元末明初中国与高丽朝鲜的边界之争」『北华大学学报』(社会科学版), 2001. 中國의 연구자들은 明代 女眞衛所가 일반적인 위소와는 다른 羈縻衛所라고 말하고는 있으나, 이것은 明의 行政區域으로 編入된 것, 명의 管轄下에 있던 것, 衛所官職을 받은 女眞人은 明의 地方長官職을 가진 것(심지어는 여진인이 위소관직에 임명되어 파견된 것)이라고 말하고 있으며, 지금은 이것을 대부분의 通史에서 그대로 쓰고 있다.

목적이 대부분이었다. 여진인은 명과 조선의 양국에 입조하여 조공을 하고 관직을 받음으로써 그들이 필요로 하는 물화를 더 많이 획득할 수 있었다.[5] 따라서 조선・명의 관직을 동시에 가지게 되는 여진인이 발생하기 시작하였고, 조・명의 관직을 二重으로 가진 여진인의 존재는 여진인의 朝・明 兩屬的 성격을 나타내는 중요한 사례이기도 하다.[6]

이에 본고에서는 이러한 관점을 바탕으로 구체적 사례 연구의 일환으로서 세종대에 명관직 여진인에 대하여 조선의 관직을 수여하게 되는 과정과 朝・明 二重官職 女眞人의 현황을 분석하고, 이후 세조대 建州三衛 여진인에 대한 조선의 수직과 이에 대한 명의 간섭, 조・명 이중관직을 가진 여진인에 대한 조선의 處罰 問題 등의 사례를 소개하여, 조선 초기 조선과 명의 女眞政策으로 인하여 발생된 여진인의 조・명 양속적 성격과 문제를 제기해 보려고 한다.

2. 明官職女眞人에 대한 朝鮮의 授職

조선 세종대는 정치・사회뿐만 아니라 외교가 안정되어가는 시기였다. 세종은 명과의 事大關係를 공고히 하는 동시에 남방의 일본에 대해

5) 김구진, 「여진과의 관계」 『한국사22－조선왕조의 성립과 대외관계』, 국사편찬위원회, 1995, 348쪽.

6) 朝・明 二重官職 女眞人에 대해서 언급한 연구는 다음과 같으나, 대부분 조・명 간의 外交問題 차원에서 다루고 있으며, 이를 통한 여진의 조・명 兩屬的 문제에 대한 연구는 아직 없다. 유봉영, 「王朝實錄에 나타난 李朝前期의 野人」 『백산학보』 14, 1973 ; 조영록, 「入關前 明・鮮時代의 滿洲女眞史」 『백산학보』 22, 1977 ; 남의현, 「明代 兀良哈・女眞의 成長과 遼東都司의 危機」 『만주연구』 3, 2005 ; 河內良弘, 『明代女真史の研究』, 同朋舍, 1992 ; 姜龍範・劉子敏, 『明代中朝關系史』, 黑龍江朝鮮民族出版社, 1999 ; 王臻, 『朝鮮前期与明建州女真关系研究』, 中国文史出版社, 2005.

서는 三浦 開港, 歲遣船의 約定, 倭人의 往來와 居留倭人을 제한하는 등의 通交體制를 확립하였다. 북방의 여진에 대해서는 懷柔와 征伐을 위시한 强穩兩面의 羈縻策을 실시하여 국경지방의 소요를 억제하는 한편 4군 6진을 설치하여 압록강과 두만강을 조선의 行政權이 미치는 실질적인 국경으로 만들었다.

그런데 여진에 대한 强硬策은 정벌 등의 무력적 행위를 통해 나타난 반면 懷柔策은 그들의 내조를 받아들이는 통교정책과 관직을 수여하는 수직정책이 그 근간이 되어 왔다고 볼 수 있다. 세종의 4군 6진의 설치 이후에는 수직정책이 광범위하게 실시되기도 하였는데, 『朝鮮王朝實錄』을 중심으로 파악되는 受職女眞人의 수는 태조대에는 34명, 태종대에는 26명인데 반해 세종대에는 130여 명에 달한다.[7] 세종대 조선의 관직을 받은 대다수의 여진인들도 대부분 4군 6진의 설치 이후에 수직을 받고 있으며, 이것은 4군 6진의 설치 및 방어와 밀접한 관련이 있음을 나타내고 있다.

1433년(세종 15)에 이루어진 4군 6진의 설치는 여진 세력의 변화에 기인하였음은 주지의 사실이다. 즉 태종 사후 1423년(세종 5) 建州本衛로 이동하였던 吾都里의 童猛哥帖木兒가 다시 옛 본거지인 會寧지방으로 돌아왔는데, 1433년(세종 15) 楊木答兀과 兀狄哈의 침입으로 사망한 사건을 계기로 慶源·會寧·穩城·慶興·富寧에 鎭을 설치하였던 것이다.

그런데 세종이 6진을 설치한 이유는 斡木河(회령지방)는 본래 조선의 국경 안의 땅으로 祖宗이 대대로 지켜 오던 곳이라는 인식하에 동맹가첩목아가 그곳에 살면서 우리나라의 藩籬가 되기를 청하였다가 멸망하게 되고, 그 땅이 비어 있으므로 賊人에게 占據될 것을 두려워하여 진을 설치한 것이었다.[8] 여기서 홍미로운 것은 태종과 세종이 동맹가첩

7) 한성주, 앞의 논문, 2006.

8) 『世宗實錄』 卷62, 15年 11月 戊戌 ; 庚子; 12月 壬戌 ; 卷63, 16年 1月 丙午.

목아를 조선의 번리로 인식하고 있는 점이다. 따라서 6진의 설치 이후에도 6진 부근에 거주하는 여진인들을 藩籬化시키는데 주력하였는데, 당시 세종의 뜻을 받들어 4군 6진을 설치하고 돌아온 金宗瑞가 오도리들을 어떻게 하든지 北門에 그대로 머물게 하여 우리나라의 울타리로 삼는 것이 좋겠다고 한 말은 이를 잘 대변해준다.[9)]

4군 6진의 설치 이후 조선의 여진에 대한 수직정책은 이러한 藩籬 또는 藩戶 구축과 깊은 관련이 있다. 즉 여진에 대한 수직을 통해 여진세력을 회유・복속시키고자 하였으며 이를 통해 여진 번호를 구축하고자 한 것이다. 이를 위해 세종은 기존의 수직정책을 변화시키기 시작했는데, 주로 向化人을 대상으로 하던 수직정책을 두만강・압록강 거주 여진인에게까지 확대하고, 명관직을 가지고 있는 여진인에게도 조선의 관직을 수여하기 시작하였다.[10)]

명관직을 가지고 있는 여진인에 대한 조선의 관직 수여는 동맹가첩목아 死後 그 아들인 童倉에 대한 문제부터 시작되었다.[11)] 동맹가첩목아의 사후 구심점을 잃은 吾都里族은 조선의 4군 6진의 설치, 李滿州에 대한 조선의 정벌 등에 위협을 느껴 끊임없이 회령지방을 벗어나려고 하였지만, 조선에서는 이들을 그대로 머물게 하려고 하였다. 즉 동창은 압록강 부근에 있던 이만주의 건주본위로 옮겨가고자 명 英宗의 윤허를 얻었다. 그러나 조선의 반대 奏請으로 좌절되고, 조선이 군사적 위협으로 이동을 막자, 함길도 도절제사에게 "우리 아버지가 중국과 본국에서 모두 職任을 받았으니, 나도 아버지의 例에 의하여 직임을 받기를 원한다"고 하는 등 조선과의 관계에 적극적으로 응하기 시작하였다.[12)] 이에

9) 『世宗實錄』 卷95, 24年 2月 丁巳.

10) 한성주, 앞의 논문, 2006.

11) 童猛哥帖木兒(夾溫猛哥帖木兒, 肇祖 孟特穆)는 淸 太祖 奴兒哈赤의 6世祖이고, 童倉(充善, 童山, 董山)은 5世祖이다(姜守鵬・劉奉文, 『愛新覺羅家族全書・世系原流』 2, 吉林人民出版社, 1996, 38~47쪽).

12) 『世宗實錄』 卷81, 20年 6月 己卯.

조선은 "직임을 받는 일에 이미 중국 朝廷의 官爵을 받았으니, 또 本國의 관작을 받을 수는 없다"는 이유로 조선의 관직 수여를 거부하였다.[13)]

그러던 중 동창이 조선에 내조하여 다시 조선의 관직을 받기를 원하자, 禮曹·兵曹·議政府로 하여금 같이 의논하게 한 것이 두세 번에 이르렀으나 역시 혹은 '可하다'하고, 혹은 '不可하다'하여 의논이 분분할 뿐 결론을 짓지 못하고 있었다.[14)] 결국 이때에 동창은 조선의 관직을 받지 못한 채 회령으로 돌아갈 수밖에 없었다.

조선이 동창의 두 번에 걸친 수직 요청을 거부한 까닭은 동창이 명의 指揮라는 관직을 가지고 있었기 때문이었다.[15)] 명과 사대관계를 맺고 있는 조선의 입장에서 보면 명의 관직을 수여받은 여진인에게 조선의 관직을 다시 수여한다는 것은 사대적 입장에도 맞지 않는 것이고, 또 명과의 외교적 마찰을 초래할 수도 있는 일이었기 때문에 쉽게 결정하지 못하였던 듯 하다.

동창은 다음해 1월에 조선에 두 번째로 내조하여, 다시 한번 조선의 관직을 청하였고, 결국 세종은 이 때 동창에게 嘉善大夫 雄武侍衛司 上護軍이란 관직을 수여하였다.[16)] 이를 보면 동창에 대한 수직은 세 차례에 걸친 동창의 수직 요청 이후에야 이루어지고 있는 것이다.

그렇다면 세종이 동창의 수직을 허용한 이유는 무엇일까? 동창의 수직에 대해 많은 의견이 분분하였지만 이것에는 세종의 결단이 있었음을 알 수 있는데, 세종이 밝힌 이유는 다음과 같다.

---

13) 『世宗實錄』 卷81, 20年 6月 辛巳.

14) 『世宗實錄』 卷82, 20年 7月 癸未; 癸巳 ; 8月 癸丑; 甲寅.

15) 서병국은 이에 대해 明에 의한 授職을 무시하고 童倉에게 除職할 경우 조선은 抗衡을 이유로 명으로부터 詰責당할 것이 명백하며, 조선은 이를 우려한 끝에 수직을 거부하였다고 하였다(서병국, 「凡察의 建州右衛研究」 『백산학보』 13, 1972, 34쪽).

16) 『世宗實錄』 卷84, 21年 1月 乙未 ; 丙午.

> 童倉의 部落은 대대로 本國 境內에 살아서 우리의 藩籬가 되었었고, 동창 등이 우리 國境에서 寓居한 지가 이제 6~7년이 되었으며, 이제 옮겨가려는 마음까지 품었는데, 中國에서 동창에게 指揮의 官職을 준 것은 중국에서 동창 등의 威勢가 두려워서 그러한 것이 아니라 진실로 義를 思慕하고 와서 朝會한 까닭이다. 동창이 일찍이 우리나라의 邊境으로 옮겨 살던 것은 朝廷에서도 알 것이요, 우리나라에서는 동창을 撫恤하였으므로 동창이 이제 두 번이나 와서 본국의 官職을 받고자 하니, 이제 비록 관직을 除授한들 조정에 무슨 허물이 있겠는가, 조정에서 만약 알고서 이를 묻는다면 대답하기를 우리 경내에 살고 있으므로 관직을 제수하였습니다하면 어떻겠는가?[17]

이처럼 세종은 동창에게 조선의 관직을 수여하면서까지 조선의 변경에 묶어두려고 하였다. 그러나 동창은 결국 1440년(세종 22)에 凡察과 함께 건주위 이만주가 거주하는 婆저강 유역으로 도망하여 조선을 배반하였고 이 때문에 조선과 건주위의 관계는 더욱 악화되었다.[18]

동창의 도주로 그 의미가 퇴색되기는 하였지만, 동창에 대한 조선에서의 관직 수여는 명 관직을 받은 여진인에 대한 조선의 관직 수여의 시발점이 된다는 점에서 큰 의미가 있다.

아래 <표 1>은 세종대 조·명 이중 관직 여진인 22명의 현황을 나타낸 것이다. 이를 보면 동창 이전에 童所羅, 童家吾下 두 명의 여진인이 명의 지휘라는 관직을 가지고 있다가 조선의 관직을 수여받은 것을 알 수 있다. 그러나 동소라, 동가오하는 조선에 향화하여 정착한 자들이다. 당시 여진 사회는 점차 농경·정착화되어 가면서, 계급 분화도 빠르

17) 『世宗實錄』 卷84, 21年 1月 丙午.

18) 이후 童倉과 凡察 사이에 建州左衛의 爲酋問題를 둘러싸고 分爭이 발생하자, 明 英宗은 할 수 없이 左衛와 右衛로 分衛하였다(서병국, 「凡察의 建州右衛硏究」 『백산학보』 13, 1972, 37쪽). 이로써 李滿州의 建州本衛, 동창의 建州左衛, 범찰의 建州右衛가 형성되었고, 이를 합쳐 '建州三衛의 시대'가 열리게 되었다(김구진, 「여진과의 관계」 『한국사22－조선왕조의 성립과 대외관계』, 국사편찬위원회, 1995, 348쪽).

게 진행되고 있었다. 이로 인해 경제적 목적으로 조선에 향화하거나 侍衛를 自願하는 여진인이 증가하고 있었으며, 시위를 자원한 여진인 대부분은 여진 사회 내에서도 下層階級에 속하는 자들이었다.[19] 이러한 상황하에서 동소라, 동가오하도 조선에 향화하여 정착하였던 것이다.[20]

〈표 1〉 世宗代 朝·明 二重官職 女眞人

番號	姓名	種族	明官職	朝鮮官職	出典
1	童所羅	兀良哈	建州衛指揮	侍衛	『太宗實錄』卷23, 12年 3月 癸巳 『世宗實錄』卷19, 5年 1月 己酉
2	童家吾下	吾都里	指揮	?	『世宗實錄』卷20, 5年 6月 壬申 『世宗實錄』卷30, 7年 10月 辛巳
3	童倉(童山, 董山, 充善)	吾都里	指揮	嘉善大夫 雄武侍衛司 上護軍	『世宗實錄』卷84, 21年 1月 乙未 『世宗實錄』卷84, 21年 1月 丙午
4	童於虛里	吾都里	指揮	都萬戶	『世宗實錄』卷95, 24年 1月 丁丑 『世宗實錄』卷106, 26年 9月 丁亥
5	童三波(童三波老)	吾都里	指揮	司直	『世宗實錄』卷90, 22年 8月 戊寅 『世宗實錄』卷95, 24年 2月 壬辰
6	童羅松介	吾都里	指揮	兼司僕	『世宗實錄』卷90, 22年 7月 癸卯 『世宗實錄』卷93, 23年 7月 壬戌
7	郎卜兒罕	兀良哈	毛憐衛頭目 都指揮同知	都萬戶	『世宗實錄』卷90, 20年 1月 辛卯 『世宗實錄』卷94, 23年 10月 丙寅
8	仇赤	兀良哈	指揮	萬戶	『世宗實錄』卷90, 22年 7月 丙午 『世宗實錄』卷94, 23年 11月 甲寅
9	童因豆	吾都里	指揮	都萬戶	『世宗實錄』卷95, 24年 2月 丙申 『世宗實錄』卷110, 27年 12月 癸丑

19) 河内良弘, 「李朝初期の女真人侍衛」『朝鮮学報』 14, 1959 ; 『明代女真史の研究』, 同朋舍, 1992 ; 이현희, 「朝鮮前期 留京侍衛野人攷－對野人 羈縻策 一端－」 『향토서울』 20, 1964.

20) 童所羅는 조선에 自願侍衛한 경우이며, 童家吾下는 經濟的 目的으로 조선에 向化하여 全羅道 任實에 土地를 받고 安置되었던 向化人이었다(『世宗實錄』 卷19, 5年 1月 己酉 ; 卷27, 7年 3月 癸未 ; 卷28, 7年 5月 丙戌).

10	亐弄哈	兀良哈	指揮	萬戶	『世宗實錄』卷110, 27年 12月 辛酉
11	童凰只	吾都里	建州衛 指揮	都萬戶	『太宗實錄』卷25, 13年 6月 庚午 『世宗實錄』卷98, 24年 12月 丁亥
12	童亡乃	吾都里	指揮	都萬戶	『世宗實錄』卷91, 22年 11月 乙丑 『世宗實錄』卷111, 28年 1月 庚午
13	林加乙軒 (林乙軒)	兀良哈	指揮	副萬戶	『世宗實錄』卷98, 24年 11月 壬戌 『世宗實錄』卷111, 28年 1月 庚午
14	浪樓時介 (婁時可)	兀良哈	都司	萬戶	『世宗實錄』卷98, 24年 12月 壬子 『世宗實錄』卷111, 28年 1月 庚午
15	李阿時阿	兀狄哈	指揮	?	『世宗實錄』卷111, 28年 1月 庚午
16	童哥時波	吾都里	指揮	都萬戶	『世宗實錄』卷95, 24年 1月 戊寅 『世宗實錄』卷111, 28年 1月 甲申
17	劉時里主	兀狄哈	指揮	萬戶	『世宗實錄』卷92, 23年 1月 乙丑 『世宗實錄』卷111, 28年 1月 乙酉
18	李舍土	兀良哈	指揮	萬戶	『世宗實錄』卷111, 28年 1月 乙酉
19	金權老	兀良哈	指揮	都萬戶	『世宗實錄』卷95, 24年 5月 庚辰 『世宗實錄』卷118, 29年 11月 丙辰
20	甫要磨 (甫要麻)	兀狄哈	指揮	司正	『世宗實錄』卷118, 29年 12月 庚午 『世祖實錄』卷21, 6年 9月 乙未
21	童吾沙介	吾都里	指揮	都萬戶	『世宗實錄』卷84, 21年 1月 乙未 『世宗實錄』卷123, 31年 1月 甲申
22	林多陽可	兀良哈	指揮	副萬戶	『世宗實錄』卷123, 31年 1月 丙戌

따라서 두만강 유역에 거주하던 동창에 대한 조선의 수직이야말로 명 관직을 가진 여진인에 대한 최초의 수직 사례로 보아야 한다. 세종의 노력에도 불구하고 동창 등이 조선을 배반하고 도망하였지만, 동창 이외에 대부분의 오도리 遺種은 그대로 조선의 북문에 남아 있었으며, 세종은 이들에게도 조선의 관직을 주어 회유함으로써 북방의 소요를 방지하는 한편 이들을 번리화시키려 노력하고 있었다.

〈지도 1〉 朝鮮 初期 女眞 分布와 移動

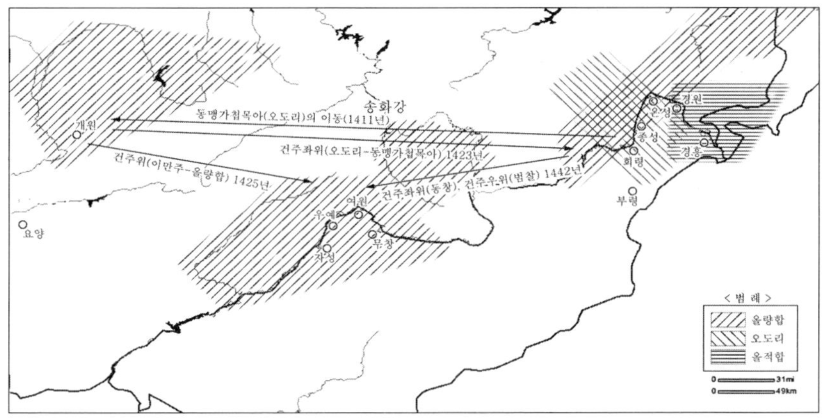

즉 <표 1>에 보이는 것처럼 童於虛里, 童三波, 童羅松介 등 이미 명 관직을 가지고 있던 여진인에게도 조선의 관직을 수여하고 있는 것이다. 물론 이들 동어허리, 동삼파, 동나송개 등은 동창을 따라 도망하지 않고 회령 지방에 남아있던 오도리의 有力者들이었다. 또한 조선은 이들 외에도 명 관직을 가진 郎卜兒罕, 仇赤, 亐弄哈 등의 올량합과 李阿時阿, 劉時里主, 甫要磨 등의 올적합에게도 수직하였음을 알 수 있다.[21] 이것은 조선이 두만강 유역에 거주하는 오도리뿐만 아니라 올량합·올적합에게도 명 관직 여진인에 대한 조선의 수직을 확대하고 있었음을 보여주는 사례라고 할 수 있다.

명 관직 여진인에 대한 조선의 수직은 결국 여진을 둘러싼 조선과 명의 여진정책이 상호 교차되는 부분이라고 할 수 있으며, 이것으로 말미암아 조·명 이중 관직 여진인은 조선과 명 양쪽에 속하게 되는 양속

21) 河內良弘은 조선의 수직이 여진인이 가진 명관직을 기준으로 이루어진 것이라 추측하면서, 1) 都督－資憲大夫, 中樞府知事, 2) 都指揮－都萬戶, 3) 指揮使·指揮同知·指揮僉事－副萬戶, 4) 千戶－司直의 4가지 수직 방식을 例證하고 있으나 이에 대해서는 더욱 철저한 분석이 이루어져야 한다고 생각한다(河內良弘, 『明代女真史の研究』, 同朋舍, 1992, 441~442쪽).

적 성격을 갖게 되는 것이다.

한편 조·명 이중관직 여진인의 발생은 당시 동북아시아 정세와도 밀접한 관련이 있었다. 우선적으로 생각해보아야 할 점은 명이 요동 지역에 설치한 여진위소의 특수성이다. 요동지역에 설치된 명의 여진위소는 기존의 위소체제와는 다른 특이한 형태를 가지고 있었는데, 여진위소는 기미위소로서 명의 官員이 파견되어 常住하는 것이 아니라 기존의 여진 추장들을 명의 衛所官員으로 임명하는 형식을 띠고 있었다. 즉 여진위소는 외형상으로는 명의 지배체제 안으로 편입되었으나 실질적으로는 독자적인 세력을 그대로 형성하였고 있었다.[22] 따라서 명의 여진에 대한 위소관직 수여는 조선의 여진에 대한 수직정책과 크게 다를 것이 없다. 여진인들이 독자적인 세력을 그대로 형성하고 있었기 때문에 지리·경제적으로 가까운 조선과의 관계는 그대로 지속되었으며, 명의 위소관직을 가진 여진인에 대한 수직이 가능하였던 것이다.

다른 하나는 명의 성조 사후 요동지역의 정세가 서서히 변화하고 있었던 점을 들 수 있다. 특히 영종은 다시 강성해지기 시작한 북방 몽골의 오이라트에 대한 親征에 나섰다가 포로가 되었다(土木의 變). 이 결과 명은 북방 몽골 세력에 대한 적극적인 견제를 더 이상 할 수 없었으며, 방어적인 정책으로 일관하게 되었다. 또한 오이라트의 잦은 내침은 요동지역의 정세에도 불안정한 상황을 초래하기 시작하였다. 오이라트는 이미 여진의 여러 부락을 약탈하여 그 영향력이 건주위 지역까지 미치고 있었으며, 일부는 오이라트와 연합하여 요동 각 지역의 명 군대와 충돌하기도 하였다.[23] 이로 인해 명은 더 이상 여진 위소에 직접적인

22) 김한규는 여진인들은 명으로부터 새로운 권력을 출현시키는 '任命'이 아니라 기존의 권력을 승인받는 일종의 '册封'의 과정을 거쳤다고 하였다(김한규, 『요동사』, 문학과지성사, 2004, 530~539쪽).

23) 남의현, 「明代 兀良哈·女眞의 成長과 遼東都司의 危機」 『만주연구』 3, 2005, 146쪽.

세력을 미치지 못하게 되어 결국 노아간도사는 폐지되었다.24)

결국 이를 종합해보면 명관직 여진인에 대한 조선의 수직은 4군 6진의 설치 이후 여진 번리 구축의 과정에서 두만강 유역의 여진에 대한 懷柔와 復屬을 위해 실행되었음을 알 수 있다. 그러나 조선에서는 당시 명에서 설치한 여진위소의 특수성과 북방 몽골 세력의 성장으로 인한 요동지역에서의 명의 영향력 쇠퇴라는 정세 변화를 자세히 파악하고 있었다. 따라서 명관직 여진인에 대한 조선의 수직은 이러한 요동정세의 변화가 반영된 것이라고 할 수 있다.

3. 建州三衛 女眞人에 대한 授職과 明의 干涉

세종 이후 文·端宗代에 들어와서도 여진에 대한 강온양면의 기미정책은 변함없이 지속되었다. 여진에 대한 수직정책은 세종대와 마찬가지로 회유정책의 하나로서 조선에 향화하는 여진인뿐만 아니라 두만강·압록강 유역의 거주자에게도 조선의 관직을 수여하고 있었다. 물론 이들 중에는 명의 위소관직을 받은 여진인들도 포함되어 있었다.25)

世祖 또한 즉위 초부터 "野人의 上京이 본래는 定한 數가 있으나, 지

24) 김한규는 명 영종 이후부터는 『明實錄』 등 史書에서는 奴兒干都司라는 이름이 더 이상 보이지 않고, 단지 '黑龍江等處'라든가 '黑龍江諸部'라고만 표현되는데 이는 곧 명 宣德 이후부터는 노아간도사의 형식적 기능조차 소멸되었음을 의미한다고 하였다(김한규, 『요동사』, 문학과지성사, 2004, 530~539쪽). 蔣秀松·王兆蘭은 조금 더 구체적으로 명은 1435년(선덕 10)부터는 노아간도사를 폐지하고 그 기능을 정지시켰다고 하였다(蔣秀松·王兆兰, 「关于奴儿干都司的问题」 『民族研究』, 1990 참조).

25) 『端宗實錄』 卷10, 2年 2月 丁亥條에는 指揮僉事 忽失塔·阿下를 副萬戶로, 卷13, 3年 1月 戊申條에는 指揮同知 管禿·金治答·浪因多智를 萬戶로 삼았다는 내용이 있다. 또 卷13, 3年 3月 己巳條에는 '指揮·司直 好時乃'라고 하여 명관직과 조선관직을 이중으로 가지고 있는 사례도 나타나고 있다.

금은 卽位한 初期인지라 불러서 慰勞해야 하므로, 친히 여러 종족의 야인을 만나보고, 분명히 내 마음을 알게 해서, 북방에 위급한 걱정거리가 없게 하려고 한다"[26]고 하여 여진의 내조를 대거 받아들이는 동시에 내조한 여진의 大小酋長에게 조선의 관직을 수여하였다.[27]

또한 "야인과 倭人들은 모두 우리의 번리이고, 臣民이니, 작은 폐단 때문에 그들의 來附하는 마음을 거절하여 물리칠 수 없으며, 즉위한 이후에 南蠻·北狄으로서 내부하는 자가 심히 많은데, 모두 나의 百姓이 되기를 원하니, 이것은 하늘이 끌어들이는 바이지, 나의 슬기와 힘이 아니다"[28]고 하여 역시 여진을 조선의 번리라고 인식하고 있었으며, 이들의 내조가 조선의 주도하에 이루어진 것이 아니라 여진인들이 스스로 원해서이고 天命이 있음을 강조하고 있었다.

그러던 중 申叔舟가 명 조정에서 건주본위 이만주의 아들과 遭遇하게 되고,[29] 이것을 계기로 이만주의 아들인 李豆里·李阿具 및 건주좌위 童倉·건주우위 童羅郎只(凡察의 嫡孫)의 管下人이 직접 내조하면서 조선과 건주삼위 여진과의 관계가 회복되기 시작하였다.[30]

세종대 관계가 악화되었던 건주삼위의 이만주와 동창의 使臣을 받아들인 직접적인 이유는 세조의 다음의 말에서 찾을 수 있다.

> 일찍이 유시를 내려, 이만주·동창 등의 데리고 오는 야인은 보내게 하였는데, … 이 사람들은 모두 멀리 와서 關門을 두드리는 자이니, 그 來附하는 정성은 막을 수 없다. 이만주·동창뿐만 아니라, 기타도 또한 그러하다. …

---

26)『世祖實錄』卷2, 1年 11月 戊寅.

27)『世祖實錄』卷3, 2年 1月 辛未條에는 望闕禮를 행할 때 倭人·野人 5백여 인이 隨班하였다는 내용이 있으며,『成宗實錄』卷50, 5年 12月 乙巳條에는 世祖 卽位 初에 야인 730여 인이 내조하였다는 내용이 있어 당시 여진인의 來朝人數를 추정케 한다.

28)『世祖實錄』卷8, 3年 7月 庚寅.

29)『世祖實錄』卷2, 2年 2月 壬戌.

30)『端宗實錄』卷14, 3年 閏6月 己酉 ;『世祖實錄』卷3, 2年 2月 壬寅 ; 癸卯.

대저 야인은 한편으로는 중국 조정을 우러러보고 한편으로는 우리나라를 우러러보는 까닭으로, 여름철에 와서 두드려도 저들이 事大之禮를 폐함이 아니다. 우리가 마땅히 字小之義로써 어루만져야 한다.[31]

즉 세조는 이만주·동창의 사신을 받아들이는 이유를 字小之義라는 말로 대신하고 있으며, 이들이 조선에 사신을 파견하는 것이 명에 대해 事大之禮를 거스르는 것이 아니라고 하고 있다. 따라서 건주삼위와 조선과의 교통이 여진으로서는 事大에 어긋나는 일이 아니기 때문에 조선은 이들을 字小하여 받아들여야 한다고 하고 있는 것이다.[32]

이만주의 아들 이두리 등이 내조하여 이만주의 親朝를 허락해 줄 것을 요청하고, 平安道의 길을 개방해 줄 것을 청하자,[33] 세조는 많은 논란 끝에 이를 허락하였다. 이 중에서도 평안도의 길을 개방한 것은 조선과 여진과의 관계에서 보면 이례적인 일이었다.[34] 세조가 이처럼 평안도의 길을 개방하면서까지 이들에 대해 후대하고 호의적이었던 것은

31) 『世祖實錄』 卷12, 4年 4月 庚午.

32) 일반적으로 작은 나라는 큰 나라를 섬기고[事大], 큰 나라가 작은 나라를 어루만지는 것이[字小] 前近代 동아시아 세계의 國際觀이라고 할 수 있다. 그런데 河內良弘은 世祖의 이 말에 대해 字小之義는 夷狄을 撫恤하는 것으로 명 皇帝만이 가지는 特權이며, 어떠한 臣下에게도 許可되지 않는 것이므로 명과 충돌의 여지가 있는 것이었다고 평가하고 있다(河內良弘, 『明代女真史の研究』, 同朋舍, 1992, 379쪽).

33) 『世祖實錄』 卷3, 2年 2月 壬子 ; 丁巳.

34) 조선에서는 두만강 유역에 거주하든 압록강 유역에 거주하든 내조하러 오는 여진인들은 모두 咸吉道 一路로만 서울에 올라오게 하고, 平安道로 오는 것을 허용하지 않고 있었다. 그러나 이때 세조는 평안도 길을 개방하면서 그 대상을 1. 이만주·동창과 그들의 親子, 2. 동범찰의 子 童甫下土와 嫡孫 童羅郞哈, 3. 事變을 알림이 的實하여 賞을 줄만하고, 친히 내조하기를 청하는 자, 4. 火剌溫으로서 印을 가진 추장이 와서 入朝하기를 청하는 자로, 그 권세가 이만주와 비길 만한 자의 類, 5. 沈伊里大와 沈伊時厤·童於澄巨와 같은 類, 6. 물건을 많이 가지고 와서 進上하여 그 정성이 取할 만한 자의 類의 6가지 경우로만 한정하였다(『世祖實錄』 卷13, 4年 8月 丙辰 ; 卷14, 4年 9月 丙申).

이만주의 친조 요청에 대한 세조의 다음과 같은 말에서 그 이유를 찾을 수 있다.

> 중국이 우리나라에 (이들 무리와 교통하지 못하게 禁하여) 비록 이를 申飭하였더라도 이와 같은 야인이 입조하면 (중국에서) 饋遺가 심히 厚하였으니, 이는 중국의 깊은 꾀이다. 옛 사람이 이르기를 "오랑캐로써 오랑캐를 치게 함은 중국의 형편이다" 하였으니, 이것은 곧 오늘날 중국의 謀策이나, 우리나라에서 진실로 그들을 후대하여야 마땅하다. 어찌 중국의 術策에 빠짐이 옳겠는가?[35]

즉 세조는 명이 조선에게는 여진인들과 교통하지 못하게 하면서 여진인이 입조하면 후대하는 것은 중국의 以夷制夷하는 계책인데, 조선에서는 이것을 알면서 그 술책에 빠지는 것은 옳은 것이 아니며 조선에서도 그들을 후대하는 것이 당연하다고 생각하고 있었다. 따라서 이만주·동창 등 건주삼위의 여진인들에게 평안도의 길을 개방하면서까지 이들을 후대하려고 하였던 것이다. 그러나 이만주·동창 등이 내조할 때 명 사신이 돌아갈 때를 당하면 잘 타일러서 깊숙하고 먼 곳에 머물러 있게 하였다가, 명 사신이 강을 건넌 뒤에 올려 보내어 명 사신이 알지 못하게 하도록 지시한 것을 보면 이들의 친조를 받아들이는 것 때문에 명과의 불필요한 마찰을 일으키고 싶지는 않았던 듯하다.[36]

세조가 이례적으로 평안도의 길을 개방하여 우대하는 뜻을 보이자, 이만주의 第1子인 建州衛都督 이고납합이 이두리와 함께 내조하고, 建州左衛都督 동창은 자신의 아들 知方哈을 데리고 조선에 다시 내조하였다.[37] 세조는 건주위도독 이고납합과 건주좌위도독 동창이 내조하자 이

35) 『世祖實錄』 卷3, 2年 2月 丁巳.

36) 『世祖實錄』 卷4, 2年 7月 己卯.

37) 建州衛都督 李古納哈은 1459년(세조 4) 8월에 동생 李阿具와 함께 朝鮮에 來朝하였고, 建州左衛都督 童倉과 그 아들 知方哈은 同年 9월에 來朝하였다(『世祖實錄』 卷13, 4年 8月 丙辰 ; 卷14, 4年 9月 辛亥 ; 卷16, 5年 4月 丁卯).

들에게 각각 知中樞院事의 관직을 수직하고 祿까지 주게 하였는데, 이것이 바로 명과의 외교적 문제로 비화되었다.[38] 즉 建州衛都指揮 李兀哈·童火你赤 등이 遼東總兵官에게 동창이 조선에 내조하였을 때 조선이 후대하여 반드시 招撫할 뜻이 있었음을 告訴하자, 명에서는 勅書를 보내 조선을 詰責하였던 것이다.[39] 칙서의 대략적인 내용은 다음과 같다.

> 건주삼위의 도독 고납합과 童山(동창) 등이 사사로이 王의 나라에 나아가서 賞賜를 갖추 얻어가지고 돌아왔다고 하는데 … 반드시 形迹이 의심할 만한 것이 있다. … (조선은) 일찍이 外人과 더불어 교통하지 않았는데, 어찌 王에 이르러 이런 일이 있는가? … 칙서를 가지고 가서 왕에게 開諭하니, 왕은 마땅히 스스로 반성하여 만약 이런 일이 없다면 그만이겠지만, 과연 이런 일이 있었다면 왕은 속히 이를 고쳐야 한다.[40]

칙서를 가지고 온 明使 陳嘉猷는 이고납합과 동창 두 사람이 명 조정의 도독의 職事를 받았는데 조선에서 또 관직을 준다면 도리에 어긋

동창의 친조는 1439년(세종 21) 1월 이후 20년 만의 일이었다(유봉영, 「王朝實錄에 나타난 李朝前期의 野人」『백산학보』 14, 1973, 145쪽).

38) 『世祖實錄』 卷13, 4年 8月 癸亥 ; 卷14, 4年 10月 辛未 ; 卷16, 5年 4月 丁卯. 王臻은 건주삼위가 명과 조선에 동시에 내조한 것은 여진의 '二元朝貢體制'로 양속적 측면이 있으며, 명과 조선이 동시에 관직을 수여한 것은 여진에 대한 從屬關係를 유지하려고 하는 典型的 例證이라고 하였다. 그러나 여진이 명이 위소관직을 받아서 명의 지방관원에 임명된 것에 반해 조선의 관직을 받은 것은 지방관원에 임명된 것은 아니기 때문에 이 두개는 구별된다고 하고 있다(王臻, 『朝鲜前期与明建州女真关系研究』, 中国文史出版社, 2005, 110~129쪽.)

39) 『世祖實錄』 卷15, 5年 2月 己巳 ; 卷16, 5年 4月 己未. 河內良弘은 李兀哈과 童火你赤 등이 遼東總兵官에게 告訴한 이유는 조선 입조를 허락받지 못한 부락민의 불만을 반영한 것에 지나지 않았지만, '招撫之意'라고 했기 때문에 원만한 처치가 어렵게 되었다고 하였다. 초무란 夷狄을 내 아들로서 무휼하는 의미로 명 황제 이외에는 허락되지 않는 행위이기 때문에 사항의 중대함을 느낀 총병관이 황제에게 진달하였다고 하였다(河內良弘, 『明代女真史の研究』, 同朋舍, 1992, 388쪽)

40) 『世祖實錄』 卷16, 5年 4月 己未 ; 『明英宗實錄』 卷301, 天順3年 3月 甲申.

나는 행동이라고 하여 명관직 여진인에 대한 조선의 수직을 문제 삼고 있었다.[41] 또한 진가유는 이고납합과 동창에게 정헌대부를 제수했다는 사실을 언급하면서 이와 같이 관직을 제수한 사람은 두 사람에 그치지 않았을 것이므로 이 두 사람 외에 관직을 제수한 사람의 명단을 모두 奏本에 기재해 줄 것을 요청하였다.[42] 따라서 명의 칙서와 명사 진가유의 말을 종합해 보면 명에서 문제 삼은 것은 조선과 건주삼위와의 교통과 그에 따른 명관직자인 이고납합과 동창에 대한 조선의 관직 수여임을 알 수 있다.

조선은 명의 칙서가 있자 건주위의 내조를 중지시키고, 주본을 작성하여 이들과 부득이 교통할 수밖에 없었던 이유를 설명하였다. 그것은 건주삼위의 이고납합·동창·都希(이두리)·李阿具 등이 조선의 경계에 도착해서 그 전에 도적질 하던 과실을 뉘우치고 친히 내조하기를 청하였는데, 이를 받아들이지 않는다면 변방의 근심이 다시 생길 것이고, 명에서 이웃과 화목하라고 여러 번 내린 勅諭에 따라 그들의 來往을 허가하고, 물품을 그들의 요구에 따라 적당히 주었으며, 관직을 받기를 청하는 자가 있으면 또한 제수하였으나, 이는 先朝때부터 古事를 이룬 것이라는 내용이었다.[43]

명에서는 조선의 주본을 받아보고는 재차 칙서를 보내서, 조선이 허물을 감추려 文過飾非[44]한다고 힐책하고 건주삼위와의 사사로운 교통

---

41) 『世祖實錄』 卷16, 5年 4月 己未.

42) 위와 같음.

43) 조선은 奏本에서 건주삼위 여진인들의 來朝時期를 자세히 기재하여 보고하였는데, 명에서 이웃과 화목하라고 여러 번 내린 勅諭(宣德8年 閏8月, 正統3年 5月, 正統5年 9月, 正統6年 3月, 正統7年 4月, 正統12年 正月의 5차례)에 따라 여진의 往來를 허가하였으며, 조선이 여진에게 관직을 준 것은 그 遺例가 오래되었음을 설명하여 앞서 명의 칙서에 대해 답하였다. 그러나 이것이 명으로 하여금 칙서에 대해 조선이 반박하는 것으로 인식된 듯 하다(『世祖實錄』 卷16, 5年 4月 丁卯).

44) 文過飾非는 過失을 고칠 생각은 하지 않고 어름어름 꾸며[文過] 자신의 나

을 끊도록 요구하였다.

> 宣德·正統 年間에는 왕의 나라가 저들과 더불어 서로가 침범하고 있었기에, 내린 바 勅書의 諭旨는 원망을 풀고 전쟁을 그치고는 각기 령토를 보전하도록 했을 뿐이지, 일찍이 그들과 왕래하여 교통하고 관직을 제수하도록 허가하지는 아니하였다. 또 저들이 이미 중국 조정의 관직을 받고 있는데 왕이 또 관직을 더 주게 되니, 이것은 중국 조정과 더불어 서로 지지 않으려고 對抗하는 것이다. 왕은 생각하기를, 저들에게 관직을 제수하고 상을 주는 것이 本國의 故事에 依據했다고 하지마는, … 이런 일이 있었다고 하더라도 또한 義理에 어긋난 행동인데, 왕은 그대로 계승하고서 고치지 않으니, 이는 前人의 허물을 가리지 못한 것이다. … 왕은 평소부터 禮義를 지키고 있으면서 무엇 때문에 文過飾非하기를 이와 같이 하는가? … 다만 일이 이미 지나간 것이기 때문에 朕은 깊이 탓하지 않는다. 지금부터 이후로는 왕은 마땅히 法度를 삼가 지켜서 私事로운 교통은 끊고 충성을 각별히 하여 명예를 보전함으로써 朕의 훈고하는 뜻에 부합하기를 바란다.[45)]

즉 宣德·正統 年間에는 조선이 여진과 서로 침범하고 있었기 때문에, 칙서를 내린 유지는 전쟁을 그치고 각기 영토를 보전하도록 했을 뿐이지, 그들과 왕래하여 교통하고 관직을 제수하도록 허가한 것은 아니며, 조선이 명관직을 받고 있는 여진인에게 관직을 주는 것은 명과 대항하는 것과 같은데, 조선은 과실을 고칠 생각은 하지 않고 자신의 나쁜 점을 감싸고 있다고 힐책하고 있는 것이다.

이에 세조는 명에 '諸侯의 法道를 준수하고 조심하여 삼가하겠다'는 취지의 表文을 보내고 건주삼위 여진인의 내조를 일시 중단시킴으로써 건주삼위를 둘러싼 조·명 간의 외교문제는 일단락되었다.[46)]

그러나 당시 명에서 문제를 삼고 간섭한 것은 바로 건주삼위의 여진이었으며 두만강 유역의 여진에 대한 것은 아니었음을 주목할 필요가

쁜 점을 감싸는 것[飾非]을 말한다.

45) 『世祖實錄』 卷17, 5年 7月 戊戌 ; 『明英宗實錄』 卷302, 天順3年 4月 庚辰.

46) 『世祖實錄』 卷17, 5年 7月 丙午.

있다. <별표 1>에서 보듯이 세조는 명관직 여진인에 대한 조선의 관직 수여를 지속적으로 실행하였다. 세조대 조·명 이중 관직자의 인원은 세종대보다도 많은 76명이나 되며, 1459년(세조 5) 명이 건주삼위와의 통교 및 관직수여를 문제삼기 전까지는 40명, 그 이후에는 36명이 보여진다. 물론 이후의 36명은 대부분 건주삼위 여진이 아닌 두만강 유역에 거주하던 여진인으로 보이지만 명관직을 가진 여진인에 대한 조선의 수직행위는 지속되고 있었던 것이다. 또한 두만강 유역은 조선과 명의 11處 女眞人民에 대한 歸屬問題가 있은 이래 이 지역을 조선의 영역으로 인정한 바가 있기 때문에 이를 문제 삼는 것은 명에게 유리할 것이 없었을 것이다.

한편 명에서 이처럼 조선과 건주삼위의 통교를 문제 삼았던 것은 여진문제와 관련하여 조선 초기부터 조선을 견제하고 간섭하던 정책과 무관하지 않다.[47] 당시 명은 요동의 屯田 경영이 어려워지고, 노아간도사가 폐지되며, 위소제도가 붕괴하는 등 요동에 대한 통제력을 상실해 가고 있던 시기였기 때문에 조선과 여진의 연합을 우려할 수밖에 없었다.[48] 명은 성조의 여진 초무 이래 건주위를 통하여 지금의 南滿洲 일대를 경략하려는 정책을 실시하였고, 正統 후기 오이라트의 침입으로 북변의 정세가 심각한 위기에 처하면서 요동 정세 또한 불안해지자 건주위를 통해 몽고 세력을 견제·방어하고 요동의 여진 세력을 안정화시

47) 유봉영은 이것을 명이 조선과 여진과의 교통을 禁하였던 것과 관련시키고 있으며, 이 문제를 鮮初부터 지속된 여진문제에 대한 명의 간섭으로 파악하고 있다(유봉영, 「王朝實錄에 나타난 李朝前期의 野人」『백산학보』14, 1973, 142~146쪽).

48) 남의현은 조선이 여진에게 관직을 내리는 행위는 명의 입장에서 보면 명과 동등한 二重 관직을 내리는 것으로서 명에 정면으로 대항하는 행위와 같았고, 더구나 명 몰래 관직을 하사했기 때문에 명이 보기에 여진과의 潛通으로 간주되기에 충분하였다고 하였다(남의현, 「明代 兀良哈·女眞의 成長과 遼東都司의 危機」『만주연구』3, 2005, 148~149쪽).

키려는 목적도 가지고 있었다.[49] 따라서 명은 조선과 건주위가 교통하는 것을 심각하게 받아들이고, 이것에 대해 문제를 제기하였던 것이다.

그러나 명은 당시 혼란스러운 요동 정세 때문에 더 이상의 적극적인 개입이나 간섭은 할 수가 없었는데, 조선 또한 이러한 사정을 잘 알고 있었던 듯 하다. 따라서 조선과 건주삼위와의 통교는 명의 문제 제기가 있었을 당시에만 잠시 중단되었을 뿐 그 이후에도 계속 되었다. 이와 관련하여 세조가 "중국에서 많은 계책이 있어 우리를 달랠 뿐이며, 위협하려고 하여도 위협할 수가 없고, 내버려두려고 하여도 내버려둘 수가 없으니 형세가 진실로 그러한 것이다"[50]라고 한 말은 이를 잘 대변해준다 하겠다.

4. 朝·明 二重 官職者에 대한 處罰 問題

세조대 건주삼위 여진인에 대한 조선의 관직 수여 문제가 일단락될 즈음 조선이 毛憐衛 都指揮使 浪孛兒罕(郞卜兒罕)을 처벌한 문제로 조선과 명은 다시 한번 갈등을 빚게 되었다. 毛憐衛는 두만강 유역에 설치되었는데,[51] 주로 올량합으로 구성되었으며, 두만강 下流인 土門에서부터 中·上流인 阿赤郞貴·東良北) 일대에 散在하고 있었다.[52] 1410년(태종 10) 조선의 제1차 여진 정벌로 인해 指揮使 阿古車·指揮僉事 劉把兒遜 및 8지휘가 참살되면서 그 세력이 쇠퇴하여, 일부는 압록강 유역으로

49) 김구진, 「여진과의 관계」 『한국사22－조선왕조의 성립과 대외관계』, 국사편찬위원회, 1995, 346쪽 ; 남의현, 「明 前期 遼東都司와 遼東八站占據」 『명청사연구』 21, 2004, 26쪽 ; 「明代 兀良哈·女眞의 成長과 遼東都司의 危機」 『만주연구』 3, 2005, 146~148쪽.

50) 『世祖實錄』 卷16, 5年 4月 甲子.

51) 『明太宗實錄』 卷39, 永樂3年 12月 甲戌.

52) 김구진, 「初期 毛憐 兀良哈 硏究」 『백산학보』 17, 1974, 164~180쪽.

옮겨가 점차 건주위의 일부가 되고, 일부는 그대로 두만강 유역에 남아 있었다.[53)]

낭발아한은 조선의 제1차 여진 정벌 후에 나타난 인물이며, 그 家系는 정확히 알 수 없으나 조선에 내조하였을 때 "祖父 때부터 오로지 국가를 의지하여 진심으로 힘썼다"라고 한 말에서 일찍이 조선 초기부터 조선과 관계를 맺고 있었음을 알 수 있다.[54)] 6진을 설치하고 돌아온 김종서는 낭발아한이 거주하던 동량북 일대를 5진의 울타리라고 생각하고 있었으며, 이곳을 안정시키는 방법을 반드시 마련하여야 한다고 주장할 정도로 동량북은 조선의 6진 방어와 따로 생각할 수 없는 중요한 지역이었다.[55)]

따라서 조선에서는 낭발아한이 이미 명관직인 毛憐衛 都指揮同知라는 관직을 가지고 있었으나 조선의 관직인 都萬戶를 제수하였고, 명에서 都指揮使로 승직시키자 조선에서도 正憲大夫 知中樞院事로까지 승직시키고 청구하는 모든 것을 다 들어줄 정도로 후대하고 있었다.[56)] 낭발아한 또한 조선의 후대에 호응하여 妻子를 거느리고 와서 朝會하고 第3子 浪伊升巨로 하여금 시위를 하도록 청하였다.[57)] 이에 조선에서는 낭이승거를 護軍으로 삼아 司僕을 겸하게 하여(兼司僕) 近侍하게 하였다.[58)]

---

53) 『太宗實錄』 卷19, 10年 3月 乙亥 ; 『世宗實錄』 卷46, 11年 10月 甲申 ; 김구진, 「初期 毛憐 兀良哈 硏究」 『백산학보』 17, 1974, 203~210쪽 ; 建文, 「论明代对东疆地区的管辖问题」 『北方文物』 第2其, 1995 ; 王冬芳, 「关于明代中朝边界形成的研究」 『中国边疆史地燕口』 第3其, 1997 참조.

54) 『世宗實錄』 卷90, 22年 7月 丁卯. 浪孛兒罕의 거주지는 會寧鎭에서 120리 떨어진 下東良이었는데, 조선에서는 그에 대해 族類가 강성하고 추장은 一等級이라고 분류하고 있었다(『端宗實錄』 卷13, 3年 3月 己巳).

55) 『世宗實錄』 卷124, 31年 5月 甲辰.

56) 『世宗實錄』 卷80, 20年 1月 辛卯 ; 卷94, 23年 10月 丙寅 ; 卷103, 26年 1月 壬戌 ; 『端宗實錄』 卷12, 2年 12月 丙申 ; 『明英宗實錄』 卷138, 正統11年 2月 壬寅.

57) 『世宗實錄』 卷103, 26年 1月 壬戌.

그러나 건주삼위 이만주의 여러 아들과 동창이 내조하고, 세조가 이들을 후대하자 낭발아한이 이를 시기하여 불만스런 마음이 있게 되었다.[59] 그러던 중 1458년(세조4) 낭발아한이 입조할 때 咸吉道 都節制使 楊汀이 入朝者의 數를 줄여 親信者 5~6명만을 거느리고 입조하게 하자 낭발아한이 노하여 고하지 않고 돌아가는 일이 발생하였다.[60] 그 해 12월 입조한 낭발아한은 세조에게 邊將에게 無禮했다고 힐책을 듣게 되자, 이를 계기로 양정에게 원한을 갖게 되었다.[61]

결국 낭발아한은 신숙주가 咸吉道 都體察使가 되어 慶源에서 올량합과 올적합을 화해시키고자 여러 추장을 모았을 때도 참석하지 않고, 올적합의 人物을 刷還할 때도 조선에 협조하지 않았다.[62] 또한 낭발아한을

58) 『世宗實錄』 卷103, 26年 1月 庚午. 이때 浪伊升巨는 얼마 되지 않아 돌아갔다가 文宗이 여러 번 불렀으나 오지 않다가, 세조가 靖難한 이후에야 낭발아한이 다시 낭이승거를 보내어 入侍하였고, 세조는 이를 후하게 대우하여 가까이서 시위하게 하였다(『世祖實錄』 卷16, 5年 6月 辛酉 ; 卷17, 5年 8月 壬子).

59) 『世祖實錄』 卷17, 5年 8月 壬子.

60) 『世祖實錄』 卷14, 4年 11月 辛亥. 양정은 낭발아한이 主將을 가벼이 보고 업신여기는 것이므로, 비록 높은 벼슬을 받았다 하더라도 즉시 붙잡아 가두고 科罪하도록 청하였는데, 品階上으로만 보면 낭발아한(明의 都指揮使와 朝鮮의 正憲大夫는 모두 正2品)이 양정(都節制使는 從2品)으로 더 높다. 그러나 조선의 官吏 및 居民들은 여진인에 대하여 품계가 높은 것으로 대접하지 않고 낮추어 보았으며, 여진인들도 邊將에게 감히 벼슬 높은 것으로 맞겨루지 못하고 두려워하여 굴복하는 것이 오랫동안 풍속이 되어 있었다(『世宗實錄』 卷124, 31年 5月 戊申).

61) 『世祖實錄』 卷14, 4年 12月 乙丑 ; 卷16, 5年 6月 辛酉.

62) 『世祖實錄』 卷15, 5年 1月 壬子 ; 卷16, 5年 6月 辛酉. 이인영은 올량합과 오도리는 친밀하였으나, 올적합과는 그렇지 못하였다고 하면서, 오도리가 三姓地方에서 南遷한 것도, 동맹가첩목아가 피살된 것도 올적합 때문이며, 올적합과 올량합도 서로 보복을 되풀이하고 있었다고 하였으며, 조선이 이들을 화해시키려고 한 것은 여진인이 하나의 단결된 세력이 되는 것을 우려했기 때문이라고 하였다(이인영, 『韓國滿洲關係史의 硏究』, 을유문화사, 1954, 89~91쪽).

부르러 간 通事를 활을 당겨 쏘려고 하고, 거짓으로 "조선에서 장차 (여진을) 치려고 한다"고 선동하여 釁端이 생기게 하려고 하였다. 그 아들 낭이승거 또한 吉州의 溫井에 가서 병을 치료한다고 청하고 길을 떠났다가 조선을 배반하고 중국에 가려고 하던 형적이 드러나게 되었다.[63]

이에 세조는 낭발아한 父子의 家眷을 가두고, 근거 없는 소문으로 여진인들을 선동시키고, 또 통사를 활로써 쏘려고 했던 정상을 국문하게 하였다.[64] 童亡乃・金把兒夕・柳尙冬哈 등의 여진 추장들이 모두 낭발아한이 중국의 높은 관직을 받았으며, 나이도 또한 많이 늙었으니, 가벼이 논죄하기를 청하였으나, 세조는 낭발아한과 그 아들 낭이승거・仇羅・加麟應哈・阿兒哥禿, 孫子 毛多可 등을 17인을 참수하였다.[65] 낭발아한의 아들 중 阿比車는 끝내 잡지 못하였는데, 이 결과 아비거를 중심으로 한 여진의 보복 침입이 계속되었다.[66]

한편 명에 正朝使로 간 咸禹治가 명 조정에서 禮科給事中 張寧을 正使로 삼아 칙서를 가지고 낭발아한을 죽인 사유를 물으러 조선으로 떠났다고 보고하여 왔다.[67] 이에 조선에서는 칙서가 도착하기 전 뒤늦게나마 낭발아한을 처벌한 이유를 주본에 적어 보냈다.[68] 그러나 이 주본

---

63) 『世祖實錄』 卷16, 5年 6月 辛酉 ; 卷17, 5年 8月 壬子.

64) 『世祖實錄』 卷17, 5年 8月 壬子.

65) 『世祖實錄』 卷17, 5年 8月 壬申 ; 丁丑; 卷19, 6年 2月 癸丑. 建文은 毛憐衛 여진의 발전과 조선 세조의 擴張政策이 서로 충돌한 것으로 파악하고, 조선이 낭발아한의 여진 統治權을 뺏으려 하다가 실패하자 무력적 수단을 가한 것으로 평가하였다. 또 이것이 외교문제화 한 것은 세조와 明朝가 서로 여진의 管轄權을 쟁취하려는 것이었다고 하고 있다(建文, 「论明代对东疆地区的管辖问题」 『北方文物』 第2其, 1995 ; 王冬芳, 「关于明代中朝边界形成的研究」 『中国边疆史地燕口』 第3其, 1997, 105쪽).

66) 아비거는 낭발아한의 親堂 및 諸種野人 1천 5백여 인을 모아 회령에 침입하는 등 지속적으로 변경의 우환거리가 되었으며, 鏡城의 吾村口子에서 別差前萬戶 宋憲의 피살은 여진 정벌의 계기가 되었다(『世祖實錄』 卷18, 5年 11月 甲辰 ; 卷19, 6年 1月 丙午; 2月 己酉 ; 庚戌 ; 辛未).

67) 『世祖實錄』 卷19, 6年 2月 癸丑.

은 낭발아한의 처벌 이후 반년이 지나서야 올린 것이어서 이후 勅使가 도착했을 때 이 부분에 대한 것도 논쟁이 되었다.

칙서가 도착한 것은 1460년(세조 6) 3월로 그 내용은 "낭발아한을 무슨 까닭으로 유인하여 16인을 살해했는지, 실정을 숨겨 엄폐하지 말고 시비를 명백하게 보여 여진인들로 하여금 心腹하게 하라"는 내용이었다.[69] 그러나 欽差正使 장령과 세조의 대화를 보면 낭발아한의 처벌 문제로 인해 조·명 간의 외교적 논쟁이 발생하였음을 알 수 있다.

> 장령 : 낭발아한은 원래 (중국) 조정의 大官을 받았는데, 전하께서 어찌하여 마음대로 죽였습니까? 또 이 사람들은 사람을 시켜 잡아왔습니까? 유인하여 불러왔습니까? 16인을 모두 다 죽였습니까?
>
> 세조 : 낭발아한 등은 대대로 우리나라 지방에 살았으니, 곧 우리의 編氓이요, 또 반란한 事迹이 명백한 門庭의 도적이므로, 일이 급하여 奏聞할 겨를이 없었소. 낭발아한은 이미 우리나라의 백성이 되었으므로 변장이 사람을 시켜 유인하여 부른다면 오지 않을 수가 없소.
>
> 장령 : 낭발아한은 또한 (중국) 조정의 대관이니, 만약 변경을 침범한 확실한 증거가 있었다면 구속하여 가두고 중국에 주문한 뒤에 처치하여도 可하였을 것입니다. … 이미 구속하여 가두었다가 그를 마음대로 죽였으니, 어찌 된 것입니까?
>
> 세조 : 전일 낭발아한 등을 처치한 뒤에 즉시 사연을 갖추어 주문하였는데, 지금 勅旨를 받고 저 사람들의 반란한 정유를 내가 마땅히 명백하게 주문하겠소.

---

68) 『世祖實錄』 卷19, 6年 2月 丁巳. 이 조선의 주본에 대해 명은 재차 칙서를 보내 답하기를 "낭발아한이 都督僉使가 되었으니, 이것은 중국 조정에서 준 직함이다. 비록 모반하여 변방의 患을 일으켰다고 하나, 또한 그러한 형적이 나타나지도 않았는데 갑자기 그를 죽였으니, 이것은 王이 스스로 흔단을 일으킨 것이다. 지금 그 아들 아비차가 여러 야인들을 유인하여 그대 나라의 국경을 침범하여 원수를 갚고자 생각하니, 왕은 마땅히 스스로 반성하여 그들과 더불어 강화한다면 거의 변경의 患을 면하게 될 것이다"라고 하였다. 이에 대해 조선은 勅旨에 따르겠다는 표문을 올렸다(『世祖實錄』 卷20, 6年 4月 辛未 ; 5月 丙戌).

69) 『世祖實錄』 卷19, 6年 3月 己卯.

장령 : 낭발아한 등을 주살한 것은 작년 8월에 있었는데, … 전하께서 주문하신 일은 곧 금년에 있었으니, 어찌 즉시 주문하지 아니하였습니까?

세조 : 저 사람들이 만약 변경을 시끄럽게 하여 반란을 일으키는 일이 있으면, 祖宗 이래 수시로 變에 대응한 전례가 명백히 있소. 또 기회를 보다가 처치하라는 天子의 聖旨도 일찍이 있었소. 이로 인하여 전일에 낭발아한 등이 반란을 일으키려고 꾀하다가 사건이 발각되었으므로, 조사하여 심문하고 律에 의하여 론죄한 뒤에 별도로 정유를 주달하지 못하였소. 낭발아한의 아들 아비차가 동류를 선동 유인하여 국경상에 와서 도둑질한 다음에야 사람을 差遣하여 주달하였소.

장령 : (중국) 조정에서 지금 칙서를 내린 것도 사건의 始末을 알아서 저 사람들을 경계하고 금지하여 와서 亂을 일으키지 못하도록 하고자 함이니, 전하께서는 모름지기 이 뜻을 아시고 명백하게 回奏하여 주소서.[70)]

이를 통해 보면 明이 낭발아한의 처벌에 대해 문제를 제기한 것은 낭발아한이 명 조정의 대관임에도 불구하고 명에 주문하지 않고 조선에서 마음대로 주살한 것임을 알 수 있다. 즉 낭발아한은 명의 관직을 받았으므로 명에 주문한 뒤에 처치했어야 마땅함을 문제 삼고 있는 것이다.

명의 칙서에 대해 조선은 세조가 장령에게 말한 그대로 낭발아한은 본래 회령 지방에 거주하면서 편맹과 다름이 없었으며, 낭발아한 부자가 몰래 반역을 꾀하여 변방의 患을 일으켜 사람을 보내어 잡아서 심문하고 법에 의하여 과죄하게 되었다고 답하였다.[71)] 이에 대해 명은 이미 4월(註 69 참조)에 보낸 칙지와 마찬가지로 다시 한번 조선을 힐책하였는데, "왕의 법에 의하여 죄를 주는 것은 다만 王國에서만 行할 수 있지, 鄰境에서는 행할 수 없는데 왕국의 법으로 인경의 사람을 죄 준 것과 명 조정에 주문하지 않고 죄를 준 점 등은 計策이 잘못된 것이며 야인과 화해하도록" 하였다.[72)]

조선은 이 칙서에 대해 "本國 後門의 지경 위의 야인들은 편맹과 다

70) 『世祖實錄』 卷19, 6年 3月 己卯.

71) 『世祖實錄』 卷19, 6年 3月 丁亥.

72) 『世祖實錄』 卷20, 6年 6月 甲寅 ; 『明英宗實錄』 卷314, 天順4年 4月 甲戌.

름이 없고, 낭발아한 또한 인경의 사람이라 볼 수 없으나 칙지를 받들어 강화하도록 하겠다"고 함으로써,[73] 조·명 이중관직자인 낭발아한의 처벌을 둘러싼 조·명 간의 외교적 문제는 형식적으로는 끝을 맺게 되었다.[74] 그러나 세조는 낭복아한의 아들 아비거의 침입에 대한 북정을 단행함으로써 여진 문제를 둘러싼 명의 간섭과 견제에 대해 자주적인 입장을 견지하고 있었음을 간과해서는 안 된다.

이상에서 조·명 이중관직자인 낭복아한의 처벌을 둘러싼 조·명간의 외교문제를 살펴보았다. 세조와 明使 장녕과의 대화, 조선과 명의 주본과 칙서 등의 내용을 보면 낭복아한의 처벌을 둘러싼 조·명간의 상반된 인식을 볼 수 있다. 우선 명에서 문제를 제기한 점은 낭발아한이 명의 관직을 받은 자라는 것이다. 조선에서 명의 관직자를 처벌할 때는 먼저 명에 보고한 후 처치를 했어야 하지만 그렇지 않고 마음대로 처벌한 점을 문제 삼고 있다. 조선에서 이에 대해 낭복아한이 대대로 조선 지방에 살아서 '편맹'이 되었으므로 반역을 꾀하여 변방의 우환이 되면 심문하고 법에 의해 죄를 물을 수 있다는 입장이었다.

명은 낭복아한이 조선의 '편맹'이라는 점을 인정하지 않고 조선과 인접한 '인경'의 사람을 조선의 법으로 죄를 준 것은 잘못된 것이라고 하고 있으나, 조선은 이에 굴하지 않고 조선 후문의 지경 위의 여진인들은 편맹이며, 낭발아한 또한 인경의 사람이라 볼 수 없다고 하여 오히려 이 지역이 조선의 영역군임을 밝히고 있다.

낭복아한이 조·명의 관직을 이중으로 받은 사실에 대한 언급들은

73) 『世祖實錄』 卷20, 6年 6月 甲子.

74) 그러나 조선은 이미 이 칙서와 회주가 있기 이전에 신숙주를 咸吉道都體察使로 삼아 아비차의 침입에 대한 북정을 단행할 것을 결정하고 있었으며, 3개월 후에는 북정을 단행하여 여진인 430여 명을 죽이고, 가옥 9백여 채를 불태우는 등의 전과를 올린다(『世祖實錄』 卷19, 6年 3月 己亥 ; 卷21, 6年 9月 甲申).

없지만 조선의 대응이 앞서 본 건주삼위 여진인에 대한 조선의 수직문제와는 상당한 차이가 있음을 알 수 있다. 즉 조선은 두만강 유역의 여진에 대해서는 조선 초기부터 조선에 복속되어 있다는 인식을 가지고 있었으며, 이것은 조선 초기의 북진정책·영토문제와도 관련되어 있었다. 따라서 명 성조가 두만강 유역의 11처 여진 인민의 귀속을 주장할 때에도 적극 대처하여 이 지역의 영유권을 인정받았으며, 1410년(태종 10)에는 조선의 제1차 여진정벌을 단행하기도 하였다. 이 정벌은 여진이 명의 초무에 응해 조선을 배반한 것에 대한 보복적 성격도 가지고 있었다. 특히 4군 6진의 설치 이후에는 두만강 밖에 거주하는 여진인들에게도 적극적으로 수직하여 회유·복속시키고 있었던 것이다.

1410년(태종 10)에 있었던 조선의 정벌에서 毛憐衛 指揮使 阿古車·指揮僉事 劉把兒遜 및 8지휘가 참살되었고, 조선은 정벌 이후에야 명에 주본을 보내 정벌의 사실과 유파아손 등의 죽음을 알렸지만, 명은 이들 명관직 여진인의 피살에 대해 별다른 외교적 문제를 삼지는 않았다.[75] 오히려 몽고 親征 중이던 성조는 조선과 명이 협공하여 이 올량합들을 다 섬멸하자고 할 정도였다.[76] 명은 성조 시기 적극적인 대외확장정책으로 북방의 몽고에 대한 친정을 감행하고, 여진을 招撫하는 등 공세적인 전략으로 주변국과의 대외관계를 주도해갔다. 반면 성조 사후에는 북방의 몽고가 다시 강성해지고 토목의 변(1449)이 일어나면서 요동 정세가 불안해지자 주변국에 대한 방어위주의 전략을 채택할 수밖에 없게 되었다.

당시 명은 여진을 이용하여 몽골을 방어하고 요동을 안정화시키려는 의도도 가지고 있었기 때문에 조선의 낭복아한 처벌과 이에 대한 여진의 보복 침입으로 인하여 발생될 또 다른 요동정세의 불안을 우려하고

75)『太宗實錄』卷19, 10年 3月 乙亥 ; 辛卯 ; 5月 乙未.

76)『太宗實錄』卷20, 10年 9月 丁卯.

있었던 것이다. 두만강 유역 여진인의 조선 귀속 문제, 요동에서의 명의 영향력 상실, 그리고 4군 6진 설치로 인한 조선의 두만강 유역으로의 관할권 확대라는 대외적 상황에서 명에서 낭복아한의 처벌에 대한 문제를 제기할 형식적·표면적 방법은 바로 '명관직자 낭발아한'이었으며, 이렇게 본다면 이 경우 오히려 명에서 두만강 유역의 여진인의 양속적 성격을 주장하는 면도 찾아 볼 수 있다. 명은 '명관직자 낭발아한'의 처벌 문제에 적극 개입하고 간섭함으로써 조선 세조의 적극적인 여진 정책을 견제하고 여진의 안정을 도모하고자 한 것이다. 그러나 조선은 이 문제가 형식상 종결되기 전부터 신숙주를 함길도도체찰사로 삼아 아비차의 침입에 대한 북정을 단행할 것을 결정하고 있었으며, 3개월 후에는 북정을 단행하여 명에게 두만강 유역은 조선의 영역임을 다시 한번 각인시키게 된다.

5. 맺음말

이상에서 조선 초기 조·명 이중관직 여진인을 중심으로 조·명 간 외교적 문제가 되었던 몇 가지 사례를 살펴보았다. 명관직 여진인에 대한 조선의 수직은 4군 6진의 설치 이후 두만강 유역에 거주하는 여진인에 대한 번리 구축 과정과 함께 실행되었는데, 그 최초의 발단은 동맹가첩목아의 아들 동창에 대한 수직이었다. 세종대 동창을 포함한 조·명 이중관직 여진인의 수는 22명이며, 세조대에는 76명이나 되었다. 특히 세조대에는 압록강 유역의 건주삼위와의 통교와 이들에 대한 수직, 그리고 조·명 이중관직자인 낭발아한에 대한 조선의 처벌이 조·명 간의 외교적 문제로 비화되기도 하였다.

조선에서 명관직 여진인에 대해 수직을 단행할 수 있었던 것, 또 명에서 건주삼위와의 통교 및 낭발아한의 처벌에 문제를 삼은 것은, 모두 당시 동북아시아의 정세 변화와 밀접한 관련이 있음을 알 수 있었다. 즉 북방 몽고 세력의 재성장과 그로 인한 명의 요동에서의 영향력 상실, 조선의 4군 6진의 설치와 여진의 이동 및 성장 등 15세기 동아시아 정세는 다시 한번 급격히 변화하고 있었으며, 조·명 이중관직 여진인을 둘러싼 조선과 명의 외교문제들은 이를 반영하고 있는 사례 중 하나임에 틀림없다.

결론적으로 鮮初 여진 세력은 조선과 명으로부터 각각 관직을 받고 조선과 명에 내조하면서 경제적 이익을 취하였지만, 조선과 명 어느 쪽에도 완전히 복속되어 있지 않았다. 그런데 최근 중국의 학자들은 明代 여진위소를 근거로 여진이 중국의 행정구역에 편입되어서 있었다는 주장을 하고 있는데, 이것은 객관적 사실이 아니다. 왜냐하면 여진위소는 중국 사서인 『明史』에서 밝히는 바와 같이 명대 일반적인 위소와는 다른 羈縻衛所였기 때문이다.[77] 따라서 명의 관원이 파견된 것이 아니라 여진의 대소추장을 그대로 위소관직에 임명하였고, 그 관직은 세습되었으며, 여진위소 관직자는 내조와 조공이라는 형식을 통해 명과 통교하였을 뿐이며 그 독자성은 그대로 유지되었다.

이렇게 본다면 명의 여진에 대한 위소관직 수여는 조선의 수직정책과 크게 다르지 않다. 위소관직이 군직이었던 것처럼 조선이 여진에 대해 수여한 관직도 대부분 지방군직인 만호, 부만호 등이었음을 유의할 필요가 있다. 일부 중국 학자는 여진의 조·명 양속적 성격은 인정하면서도 여진이 명의 위소관직을 받은 것은 지방행정관원이 된 것이나, 조선의 관직을 받은 것은 지방행정관원이 된 것은 아니라고 주장한다. 조·명 이중관직 여진인의 존재는 여진의 조·명 양속적 성격과 문제

77) 『明史』 卷90, 兵志, 羈縻衛所條, "洪武永樂間邊外歸附者官其長爲都督·都指揮·指揮·千戶·百戶·鎭撫等官"(河內良弘, 『明代女眞史の硏究』, 同朋舍, 1992, 437쪽 재인용).

를 발생시키며, 조선에도 여진이 從屬되어 있었다는 주장이 가능하게 된다. 그러나 객관적으로 말하면 조·명 이중관직 여진인의 존재는 14~15세기 여진을 둘러싼 조선과 명의 여진정책이 상호 교차하는 사례 중 한부분이지, 어느 한쪽으로의 從屬的 성격을 논할 부분도, 兩屬的 성격을 논할 부분도 아닌 것이다.

끝으로 "麗末에 있어서의 李成桂의 공적은 倭寇를 격퇴한 것보다는 女眞을 招撫한 편이 더욱 큰 것"이라는 평가를 되새겨본다.[78] 이 평가를 전적으로 동의하는 것은 아니지만 현재 중국의 동북공정과 일본의 역사왜곡 문제가 불거지는 즈음 조선시대 대외관계사를 바르게 평가하고 중국과 일본의 역사문제에 대응하기 위해서는 조선시대 여진관계사 연구 또한 새롭게 조명되어야 할 것이다.

78) 이인영, 『韓國滿洲關係史의 硏究』, 을유문화사, 1984, 23쪽 ; 박원호, 『明初朝鮮關係史硏究』, 일조각, 2002, 171쪽 재인용.

〈별표 1〉 世祖代 朝·明 二重官職 女眞人

番號	姓名	種族	明官職	朝鮮官職	出典
1	毛多吾	兀良哈	指揮僉事	副萬戶	『世祖實錄』卷2, 1年 11月 乙酉 『世祖實錄』卷2, 1年 12月 庚午
2	兀丁奇	女眞	指揮	副萬戶	『世祖實錄』卷3, 2年 2月 己巳 『世宗實錄』卷37, 11年 10月 癸未
3	李阿具	兀良哈	指揮	都萬戶	『世祖實錄』卷3, 2年 2月 壬寅, 『世祖實錄』卷13, 4年 7月 辛亥
4	呂巨	兀良哈	指揮	副萬戶	『世祖實錄』卷3, 2年 2月 丁巳 『世祖實錄』卷3, 2年 2月 己巳
5	浪宋古老	兀良哈	指揮	副萬戶	『世宗實錄』卷110, 27年 12月 乙巳 『世祖實錄』卷6, 3年 1月 己巳
6	金多弄介 (金多弄哈)	兀良哈	都指揮僉事	都萬戶	『端宗實錄』卷12, 2年 12月 丙戌 『世祖實錄』卷6, 3年 1月 甲戌
7	塞列乞	兀良哈	指揮	副萬戶	『世祖實錄』卷6, 3年 1月 丁卯 『世祖實錄』卷6, 3年 1月 甲午
8	之弄可	兀良哈	指揮	副萬戶	『世祖實錄』卷6, 3年 1月 丁卯 『世祖實錄』卷6, 3年 1月 甲午
9	元多沙	兀良哈	指揮	副萬戶	『世祖實錄』卷6, 3年 1月 壬申 『世祖實錄』卷6, 3年 2月 癸亥
10	不顏禿	兀良哈	都指揮	副萬戶	『世祖實錄』卷6, 3年 1月 己巳 『世祖實錄』卷6, 3年 2月 癸亥
11	金咬哈	兀狄哈	指揮僉事	副萬戶	『世祖實錄』卷6, 3年 1月 辛未 『世祖實錄』卷6, 3年 2月 癸亥
12	權阿龍	女眞	指揮	副萬戶	『世祖實錄』卷6, 3年 1月 癸酉 『世祖實錄』卷6, 3年 2月 癸亥
13	阿兒答	吾都里	指揮	副萬戶	『世祖實錄』卷11, 4年 2月 戊午
14	比德古魯	吾都里	指揮	副萬戶	〃
15	兀羅伊可	吾都里	指揮	副萬戶	〃
16	記三奴	吾都里	指揮	副萬戶	〃
17	伊里可	吾都里	指揮	副萬戶	〃
18	八塔沙	吾都里	指揮	副萬戶	〃
19	忙兒可	吾都里	指揮	副萬戶	〃
20	汝汚多	吾都里	指揮	副萬戶	〃
21	鐵頭	吾都里	指揮	副萬戶	〃
22	童馬剌古	吾都里	指揮	副萬戶	〃
23	亦失馬	女眞	指揮	副萬戶	〃

24	亦宗可	兀良哈	指揮	副萬戶	『世祖實錄』卷11, 4年 2月 戊午
25	阿冬哈	兀良哈	指揮	副萬戶	〃
26	光失	兀良哈	指揮	副萬戶	〃
27	李古納哈	兀良哈	都督	知中樞院事	『世祖實錄』卷13, 4年 8月 壬戌
28	沈伊里多	?	指揮	副萬戶	『世祖實錄』卷14, 4年 9月 乙酉
29	沈伊時馬	?	指揮	副萬戶	〃
30	童於澄巨	?	指揮	副萬戶	〃
31	高之波	?	指揮	副萬戶	『世祖實錄』卷14, 4年 10月 甲申
32	麻伊	?	指揮	副萬戶	〃
33	阿羅尤	?	指揮	副萬戶	〃
34	阿乙朱	?	指揮	副萬戶	〃
35	權赤	?	都指揮	都萬戶	〃
36	於夫乃	?	指揮	副萬戶	『世祖實錄』卷15, 5年 1月 丁亥 『世祖實錄』卷15, 5年 1月 癸丑
37	吾看主	?	指揮	副萬戶	〃
38	沈伊時哈	?	都指揮	萬戶	『世祖實錄』卷15, 5年 3月 庚戌
39	王車多	?	指揮	副萬戶	〃
40	王昆伊	?	指揮	副萬戶	〃
41	也多好	兀狄哈	指揮	上護軍	『世祖實錄』卷18, 5年 12月 壬子
42	塔魯哈	?	指揮	副萬戶	『世祖實錄』卷20, 6年 4月 壬申
43	寧拾	?	指揮	副萬戶	〃
44	浪將家老	?	指揮	副萬戶	〃
45	金佐花老	?	指揮	副萬戶	〃
46	所衆巨	?	指揮	副萬戶	〃
47	李仍邑代	?	指揮	副萬戶	〃
48	失郞哈	兀狄哈	指揮僉事	護軍	『世祖實錄』卷21, 6年 7月 戊寅
49	毛多吾可	兀狄哈	指揮僉事	護軍	〃
50	間都	兀狄哈	指揮	上護軍	『世祖實錄』卷22, 6年 11月 丙申
51	軍有	兀狄哈	指揮	護軍	『世祖實錄』卷22, 6年 11月 壬辰 『世祖實錄』권22, 6年 11月 丙申
52	舍老	?	指揮	護軍	『世祖實錄』卷22, 6年 閏11月 乙丑
53	木當薛列	?	指揮	千戶	〃
54	殷鎖夫 (殷鎖失哈)	?	指揮	萬戶	『世祖實錄』卷22, 6年 12月 癸未
55	阿多斡	?	指揮	副萬戶	『世祖實錄』卷22, 6年 12月 戊子
56	大受能	?	指揮	副萬戶	〃
57	金沙仲哈	?	指揮	司直	〃

58	金探哈	?	指揮	司直	『世祖實錄』卷22, 6年 12月 戊子
59	金撒魯哈	?	指揮	司直	〃
60	老羅	?	指揮	副萬戶	『世祖實錄』卷22, 6年 12月 壬辰
61	老萬皮	?	指揮	副萬戶	〃
62	哈兒速	?	指揮	副萬戶	〃
63	倒羊	?	指揮僉事	副萬戶	〃
64	照麟可	兀狄哈	指揮	上護軍	『世祖實錄』卷19, 6年 1月 을유 『世祖實錄』卷23, 7年 2月 丁丑
65	加雄巨	兀狄哈	指揮同知	副萬戶	『世祖實錄』卷26, 7年 11月 辛酉 『世祖實錄』卷26, 7年 11月 甲子
66	汚豆茂	兀良哈	指揮	副萬戶	『世祖實錄』卷28, 8年 3月 乙卯
67	也叱大	兀良哈	指揮	副萬戶	〃
68	著兒速	兀良哈	指揮	副萬戶	『世祖實錄』卷28, 8年 4月 癸酉
69	李多好	兀良哈	指揮	副萬戶	『世祖實錄』卷30, 9年 2月 乙亥
70	兒多	兀良哈	指揮	副萬戶	〃
71	李多吾也	兀良哈	指揮	副萬戶	〃
72	林多乃	兀良哈	指揮	副萬戶	『世祖實錄』卷30, 9年 2月 丁亥
73	阿仁加茂	兀狄哈	指揮同知	中樞	『世祖實錄』卷19, 6年 3月 乙未 『世祖實錄』卷37, 11年 10月 甲申
74	童難豆	?	指揮	副萬戶	『世祖實錄』卷37, 11年 12月 辛巳
75	阿速	?	指揮	副萬戶	〃
76	金伯勤	?	指揮僉事	萬戶	『世祖實錄』卷38, 12年 2月 戊子

〈토론문〉

한성주, 「鮮初 受職女眞人의 朝·明 兩屬問題 -朝·明 二重官職 女眞人의 事例를 中心으로-」 토론문

최호균
(상지영서대학교)

1) 논문제목 <鮮初 受職女眞人의 朝·明 兩屬問題-朝·明 二重官職 女眞人의 事例를 中心으로->에서 용어를 반복 사용
: '二重官職 女眞人'이란 용어는 조·명 양국에서 이중으로 수직한 여진인을 지칭하였는데, 앞서 受職女眞人이라고 기존 학술용어를 사용하였듯이 '二重受職 女眞人'이라든지 '兼受職女眞人'이라고 표기하면 어떠하며, 부제 내용도 중첩되므로 <朝鮮 初期 朝·明 二重受職女眞人의 兩屬問題>라고 하면 어떠한지.

2) <p. 2 : 14>에서 '따라서 조선·명의 관직을 동시에 가지게 되는 여진인이 발생하기 시작하였고, 조선·명의 관직을 二重으로 가진 여진인의 존재는 여진인의 朝·明 兩屬的 성격을 나타내는 중요한 사례이기도 하다.
<p. 16 : 하3> '그러나 객관적으로 말하면 朝·明 二重官職 女眞人의 존재는 14~15세기 女眞을 둘러싼 朝鮮과 明의 女眞政策이 상호 교차하는 사례 중 한부분이지, 어느 한쪽으로의 從屬的 성격을 논할 부분도, 兩屬的 성격을 논할 부분도 아닌 것이다.
: 조·명 이중관직 여진인의 존재가 서론(p. 2 : 14)에서는 조·명 양

속적 성격을 나타내는 중요한 사례라고 하였다가 결론(p. 16 : 하3)에서는 여진을 둘러싼 조선과 명의 여진정책이 상호 교차하는 사례 중 한부분이지, … 양속적 성격을 논할 부분이 아니라고 표현한 것은 모순되지 않은가.

3) <p. 12 : 하6> "司僕을 겸하게 하여(兼司僕) 近侍하게 하였다"
: 겸사복은 1407년(태종 9)에 內司僕侍를 개칭한 『經國大典』상의 直啓衙門으로 궐내에 入直 侍衛하는 부서로서 "兼司僕에 近侍하게 하였다"가 아닌지.

백두산정계비와 조청국경에 대한 문제

박선영
(포항공과대학교)

1. 서　론

백두산정계비는 조선과 청조의 국경, 영토문제를 논하는 데 논란의 중심에 서 있는 핵심 논제 중의 하나이다. 따라서 백두산정계비와 관련된 기존의 연구는 백두산정계비가 설치되게 된 배경에서부터 설치과정에 대해 비교적 자세하게 연구하였다. 백두산정계비의 역할을 지적학적 측면에서 검토한 것과 백두산 관련 명칭이 조선 후기에 일괄적으로 정리된 것에 주목한 것도 있다.[1] 기존 연구는 백두산정계비를 둘러싸고 사건

1) 여기에서는 직접적으로 백두산정계비와 관련된 연구만 언급하면, 박용옥, 「백두산 정계비건립의 재검토와 간도영유권」『백산학보』30·31, 1985 ; 張存武, 『淸代中韓關係論文集』, 臺灣商務印書館, 臺北, 1987 ; 이상태, 「백두산 정계비 설치에 관한 연구」『실학사상연구』7, 1996 ; 강석화, 「백두산정계비와 간도」『한국사연구』95, 1996 ; 육낙현, 『백두산정계비와 간도영유권』,

의 발단 배경과 경과 및 결과에 대해 고찰하였지만 논란의 근원이 어디에서 출발하는지와 관련하여 백두산정계비의 의미를 재고하지는 않았다.

따라서 본고에서는 백두산정계비와 관련된 쟁점을 분석하면서 특히 조선과 청조간의 국경문제가 발생하기 이전에 청조와 러시아 사이에서 체결되었던 네르친스크 조약을 주목할 것이다. 또한 이것이 화이질서와 어떤 연관이 있는지를 규명함으로써 백두산정계비 논란과 화이질서라는 관계 속에서 갈등의 근원을 밝혀보고자 한다.

본고에서는 먼저, 백두산정계비와 봉금지대와의 관계를 고찰해 볼 것이다. 1627년 강도회맹으로 조선과 청조가 '各守封疆(각자의 영토를 지키자)'고 규정하고 일정지대에 양국민이 모두 자유롭게 드나들 수 없도록 하는 봉금정책을 실시하였다.[2)] 이러한 상황에서 청조는 봉금지대 안에 있는 백두산에 정계비를 세웠다. 청조는 언제부터 백두산(장백산; 중국명)을 인식하였으며 어떤 과정을 통해 백두산에 정계비를 설치하려고 하였는가 하는 것은 중요한 연구과제이다. 백두산정계비 설치 의도

백산자료원, 서울, 2000 ; 조병현, 이범관, 홍영희, 「지적학 측면에서 본 백두산 정계비의 역할 연구」『한국지적학회지』 23권 1호, 2007.6(1), 17쪽. 조병현은 백두산정계비가 단순히 국경을 나타내는 비석이 아니라 지적학적 측면에서 국경에 대한 합의 사항을 등록 공시한 지적공부(地籍公簿)로 간주할 수 있다고 하였다. 따라서 백두산정계비의 역할은 인위적으로 설치한 국경선이자 국가간 경계를 획정한 경계점 표지 그리고 구두합의에 의한 국제조약 내용을 기록한 지적도면의 역할을 한 것으로 분석하였다 ; 송용덕, 「고려－조선전기의 백두산 인식」『역사와 현실』 64, 2007,6.

2) 봉금의 시기를 두고 여러 가지 설이 있으나 張杰, 「試論淸前期的東北封禁」『社會科學輯刊』 1994年 5期, 113쪽에서는 유조변 설치는 봉금과 관계없고 1740년이 되어야 봉금을 시작하였다고 한다. 刁書仁, 「論乾隆朝淸廷對東北的封禁政策」『吉林大學社會科學學報』 2002年 6期도 1740년에 건륭제가 봉금을 실시했다고 하였다. 王振科, 「淸代東北封禁政策初探」『四平師範學報(哲學社會科學版)』 1982-3에서는 1672년 '寧古塔等處禁止流民例'의 반포를 근거로 들었다. 반면 薛洪波, 「再析淸代封禁東北之目的」『吉林師範大學學報(人文社會科學版)』 2, 2005는 유조변은 동북 봉금의 시작이라 보고, 유조변의 역할과 지리 위치상의 확장이 동북 봉금을 강화한 것으로 보았다.

나 의미를 명확히 하려면 백두산에 대한 인식과 유조변 그리고 봉금지대의 의미 검토가 병행되어야 할 것이다.

둘째, 근대적 국경비와 화이질서와의 관계를 검토할 것이다. 백두산정계비 설정과 갈등의 근원을 확인하고 1689년 청조와 러시아가 체결한 네르친스크 조약과, 1712년에 세운 백두산정계비를 비교 검토함으로써 화이질서가 어떻게 영향을 미쳤는지 분석해 보고자 한다. 청조 강희제시기에 대러시아 관계에서 체결된 네르친스크 조약과, 대조선 관계에서 세워진 백두산정계비는 어떻게 다른지 또한 왜 서로 다른 결과를 낳았는지에 대해 주목할 필요가 있을 것이다.

2. 봉금지대와 백두산 탐사의 의미

1) 조선과 청조의 백두산 인식

백두산은 불함산, 개마고원, 태백산 등 다양한 이름으로 불리다가 고려 光宗(재위 949~975) 때 백두산으로 불리기 시작하였는데,[3)] 『高麗史』 成宗(재위 981~997년 재위) 10年(991)에 백두산 기록이 나온다.[4)] 신라 신문왕~성덕왕(681~737)의 상황을 전하는 『삼국유사』의 오대산 관련 기록에서 오대산의 불교적 신성성을 강조하는 표현 가운데 "五臺山(오대산)은 곧 白頭山(백두산)의 根脈(근맥)으로 各臺(각대)에는 眞身(진신)이 常住(상주)한다"[5)]라고 하였는데 이는 신라가 통합한 고구려인들의 백두산 인식이 수용된 것으로 보인다. 백두산 명칭은 발해 및 후기 신

3) 臨時土地調査局調査, 「白頭山附近の情況」 『朝鮮總督府月報』 4-1, 朝鮮總督府, 1914, 11쪽. 백두산이 고려 초기부터 불렸다고 하는 구체적인 내용은 김용국, 「백두산고」 『백산학보』 8호, 1970.6, 257쪽.

4) 『高麗史』, 世家, 卷第三, "逐鴨綠江外女眞於白頭山外居之"(成宗 10年).

5) 『三國遺事』 권3, 탑상4, 명주오대산보질도태자전기.

라까지 소급해 볼 수 있는 매우 오래된 이름인데,[6] 고려 의종대(재위 1146~1170)에 이르면 백두산에 대한 지리적 인식이 보편화되었고 백두산 명칭도 널리 사용되었다.

고려 인종대(재위 1122~1146) 묘청은 1131년 임원궁성에 고구려 전통과 서경의 지역성을 강조한 팔성당(八聖堂)[7]을 건립하였는데, 팔성의 첫 번째 성인인 '호국 백두악 태백선인(護國 白頭嶽 太白仙人)으로 그 실체는 문수사리보살(文殊師利菩薩)'[8]인 백두악에 관심을 둘 필요가 있다. 이는 고려 인종대 이전부터 내려오는 백두산 관련 지리 인식이 투영된 것으로 볼 수 있어서 고구려 시기 신앙전통까지도 소급해 볼 수 있기 때문이다.

고구려가 산천에 제사를 지냈다고 하는 것은『삼국사기』여러 곳에서 단편적인 기록을 찾아 볼 수 있다. "고구려는 항상 3월 3일에 낙랑의 언덕에 모여 사냥을 하여 돼지와 사슴을 잡아 하늘과 산천에 제사를 지냈다",[9] "산천에 제사를 드려 아들 낳기를 기원하였다"[10]고 하는 기록

---

6) 북한사회과학원,『발해사연구』7, 역사지리3, 누리 미디어 CD ROM,『고려사』세계(世系)에서 고려태조 왕건의 조상경력과 발해와 동시기인 후기신라 말기의 중 도선(道詵)의 말을 인용하여 발해 때 태백산, 백산이라는 이름과 함께 백두산으로도 불려왔다고 한다.

7) 팔성(八聖)당에 모신 팔성은 ① 호국 백두악 태백선인(護國白頭嶽太白仙人)으로 실체는 문수사리 보살이다. ② 용위악 육통 존자(龍圍嶽六通尊者)으로 실체는 석가불이다. ③ 월성악 천선(月城嶽天仙)으로 실체는 대변천신(大辨天神)이다. ④ 구려평양선인(駒麗平壤仙人)으로 실체는 연등불(燃燈佛)이다. ⑤ 구려목멱선인(駒麗木覓仙人)으로 실체는 비파시불(毗婆尸佛)이다. ⑥ 송악 진주거사(松嶽震主居士)로 실체는 금강색보살(金剛索菩薩)이다. ⑦ 증성악신인(甑城嶽神人)으로 실체는 늑차천왕(勒叉天王)이다. ⑧ 두악 천녀(頭嶽天女)로서 실체는 부동 우파이(不動優婆夷)이다.『高麗史』卷127, 列傳40 叛逆 妙淸.

8)『高麗史』卷127, 列傳40 叛逆 妙淸.

9)『三國史記』卷32, 雜志1, 祭祀.

10)『三國史記』卷13, 고구려본기1 시조 동명성왕, 유리왕.

등이 있는 것으로 보아 이와 같이 고구려가 산천에 제사를 지내는 신앙과 백두악 태백선인은 연관성이 있음을 확인할 수 있다.

고려는 고려 나름대로 요하 이동 지역을 포함하는 천하를 형성하였기 때문에 변경지역의 백두산도 고려의 천하로 인식하여 백두산을 조종산으로 인식하는 관념이 보편화 되었다. 또한 고려 전기 『삼각산명당기』, 『도선기』, 『해동비록』[11] 등의 풍수지리설이 유행하면서 한반도의 지맥을 백두산으로부터 찾았다. 지리산이 백두산으로부터 일어난다는 것과,[12] 『고려사』 고려세계에서 왕건 출생과 관련하여 이 땅의 지맥이 백두산으로부터 내려온다고 강조한 것[13] 등에서도 확인할 수 있다.

그 후 1414년 태종 때 예조에서 백두산에 대한 제사를 옛날 그대로 소재관(所在官)에서 지내도록 규정하였다.[14] 여기에서 '옛날 그대로'라는 표현을 볼 때 1414년 이전에 백두산에 대한 제사가 있었음을 알 수 있다.

1429년 세종 때도 백두산에 제사를 드리는 것을 국가에서 행하는 치제의 예를 따라야 한다고 건의하였다.[15] 『증보문헌비고』 卷二에 의하면, 15세기 조선 세종 때 이미 曆官을 파견하여 백두산을 탐험[16]하였고

---

11) 고려시대 풍수경전이 관찬되었는데 문종, 숙종 시대에 이들 저서가 집대성되었다. 이는 종교적 혹은 주술적인 풍수관련 서적을 국가체제 안에서 관리하려는 의도가 엿보인다. 『高麗史』 卷96, 金仁存 傳 ; 『高麗史』 卷12, 세가12, 예종 병술 원년. "정유일에 왕이 유신(儒臣)들을 시켜 태사관과 장녕전(長寧殿)에 모여서 음양, 지리 등 제가서(諸家書)를 정리한 다음 한 책으로 편찬하여 올리게 하고 책 이름을 『해동비록(海東秘錄)』이라고 명명하였다. 이 정본은 대궐 서고에 두고 부본은 중서성, 사천대(司天臺), 태사국(太使局)들에 나누어 주었다".

12) 李仁老(1152~1220), 『破閑集』 卷上.

13) 『高麗史』 高麗世系.

14) 『太宗實錄』 卷28, 14年 8月 21日 辛酉.

15) 『世宗實錄』 卷46, 11年 11月 11日 癸丑 ; 『世宗實錄』 卷76, 19年 3月 13日 癸丑.

16) 和田雄治, 「白頭山探險概況(一)」 『新文界』 2-5, 新文社, 1914.1, 15쪽. "昔在世宗朝分遣曆官尹士雄崔天衢李茂林測北極高度於江華府摩尼山, 甲山府白頭山

"갑산부의 백두산"이라고 하는 등 백두산에 대한 관심을 여러 곳에서 표명하였다.[17)]

조선이 백두산에 관심을 가진 이유는 명산으로 조선의 발상지가 북방에 있기 때문인데,[18)] 1451년 문종 때는 "대저 우리나라의 산천은 백두산에서 비롯하여 대맥(大脈)이 나뉘어 나가 대세(大勢)가 활달"[19)]하다고 하였다. 조선 영조 때는 백두산을 영산으로 삼아 甲山府 雲寵堡 北望德坪을 택하여 제사를 지냈다.[20)] 이로써 백두산은 조선의 종산(宗山)으로 공인되어 국가의 정식 제례 대상이 되어 매년 3번씩 치제하도록 규정하였다.[21)]

한편, 1616년 후금을 세운 후 1644년 북경으로 입관한 청조는 관내지역의 통일을 위해 매우 분주하였기 때문에 동북지역에 대해 특별히 관심을 쏟기가 어려웠다. 1627년 정묘호란 직후 체결된 조선과의 강화

濟州牧漢拏山此載觀象監日記而其所測高度數則不傳".

17) 『增補文獻備考』 卷二, 象緯考. 옛날 세종조(世宗朝)에서는 역관(曆官) 윤사웅(尹士雄)·최천구(崔天衢)·이무림(李茂林)을 강화부(江華府)의 마니산(摩尼山), 갑산부(甲山府)의 백두산(白頭山), 제주목(濟州牧)의 한라산(漢拏山)에 나누어 보내어 북극 고도를 측정하게 하였습니다. 이것은 『관상감일기(觀象監日記)』에 실려 있는데, 그들이 측정한 북극 고도는 전하지 않고 있습니다.

18) 『龍飛御天歌』, 1447년 완성, 조선 세종 때에 선조인 목조에서 태종에 이르는 6대의 행적을 노래한 125장에 걸친 서사시에 잘 나와 있다 ; 李允宰, 「朝鮮の山と川(三)」 『朝鮮通信』 99-2492, 朝鮮通信社, 1934, 77쪽.

19) 『文宗實錄』 卷7, 1年 4月 14日, 壬午. 백두산에 대해 일관되지 못한 견해도 있는데 1437년 예조에서는 "백두산은 본국의 경내가 아니고"라는 기록도 있다.『世宗實錄』 卷76, 19年 3月 13日, 癸卯. 이는 당시 청조의 상황과 견주어 살펴볼 필요가 있다.

20) 臨時土地調査局調査, 앞의 논문, 11쪽

21) 『大典通編』 卷3, 禮典 致祭. 李花子, 「朝鮮王朝的長白山認識」 『中國邊疆史地研究』 17卷 2期, 2007年 6月에서는 조선 초기에 백두산을 域外로 취급하였다가 1712년 백두산정계비 설정 이후 조선과 중국의 변경산으로 인식하고, 영조 때 성산화하였다고 주장하였다. 이는 고대로부터 내려오는 역사적인 백두산 인식에 대해 관심을 두지 않고 조선시대만 보았기 때문이다.

조약에서 '各守封疆'토록 한 것은 이와 같은 후금(청조)의 의지가 담긴 것이었다.

그 후 러시아의 동방정책에 따른 세력 확대로 청조도 변경지역에 대한 관심이 증대되었을 뿐만 아니라 전국 강역에 대한 조사 편찬 등으로 인해 관외지역에 대해서도 관심을 갖기 시작하였다. 러시아에 대한 방어 노력과 청조 황제의 東巡,[22] 그리고 군사배치와 地誌편수 작업을 위해 각 지역의 자료가 필요하였으므로 동북 지역에 대한 탐색과 조사 작업도 하였다. 마크 엘리오트(Mark C Elliot)는 중국 동북지역의 경계 변이는 17세기 청조 황제가 이 지역을 청조의 발상지로 만들어낸 노력의 산물이라고 하였다. 위대한 만주를 만들기 위한 지리적 상상이 강희제의 동순과 백두산의 신성화, 건륭제가 남긴 시, 행정적인 봉금조치 그리고 지도 제작을 통해 만주를 발명하여 독특한 정체성을 만들었다는 것이다.[23]

구체적으로 살펴보면, 1677년 內大臣覺羅 武默訥 및 侍衛 費耀色, 塞呼禮 등은 "장백산은 조상의 발상지인데 지금 이를 확실하게 아는 사람이 없다"고 상주하자 강희제가 이들을 백두산 및 녕고탑 일대에 파견하여 조사한 후 다음해에 백두산을 사전(祀典; 제사를 지내는 禮典)에 열거시켰다.[24]

---

22) 東巡과 관련하여 구체적인 내용은 王佩環 主編, 『淸制東巡』, 遼寧大學出版社, 1991 ; 송미령, 「청 강희제 동순의 목적과 의미」 『명청사연구』 24, 2005 참조.

23) Mark C. Elliot, "The limits of Tartary: Manchuria in imperial and National Geographies", The Journal of Asian Studies, vol. 59, no. 3, 2000. Peter Purdue, *China Marches West*, Belknap Press of Harvard University Press, 2005 에서는 청이 신강지역을 청의 판도로 편입하는 과정과 정책을 보여 주면서 이러한 과정에서 지도의 제작과 역사편찬이 어떻게 그 인식을 바꾸었는지를 살피고 있다. 즉 청이 제국을 확장시키기 위해 지도제작과 역사편찬으로 어떻게 인식을 만들어 나갔는가에 유의할 필요가 있다.

24) 『吉林通志』 卷1, 武默訥奏文. 금대 1172년 2월 장백산 봉작과 묘우 건설 문

이후 청조는 이 지역 탐사에 힘을 쏟아 1679년에는 녕고탑 일대와 조선 함경도 일대의 지도를 가지고 있을 정도였다.[25] 이에 대해서는 『숙종실록』에도 보고가 있는데, 청이 가지고 있는 지도는 "대개 평안도 청천강(淸川江) 북쪽 여러 고을과 북관(北關)의 행영(行營)과 육진(六鎭), 그리고 삼수(三水)·갑산(甲山)에서 영흥부(永興府) 경계 끝까지의 모든 고을과 산천이 완연히 그려져 있고, 저쪽의 오국성(五國城)·여진(女眞)·결가퇴·문암(門巖) 등지도 또한 그 속에 그려져 있다"[26]고 하였다.

그러나 백두산 일대의 지리를 정확히 모르는 청조는 계속 조선의 도움을 받아 이 지역을 자세하게 답사하려고 노력하였다. 청조는 사신을 파견하여 백두산을 탐사한 후 "『일통지(一統志)』를 지을 것이므로 산천의 형세를 두루 살피려"[27]한다는 취지를 말하면서 조선에서 이 지방을 잘 아는 사람을 시켜 길을 인도하도록 요청하였다.

청조는 백두산에서 만주족이 발상하였다고 하면서[28] 백두산을 신으로 삼아 寧古塔 西南溫德恒山에서 제사를 지냈다.[29] 청 개국 초기의 사료인 『淸太祖武皇帝實錄』[30]과 『滿洲實錄』은 "만주의 원류는 장백산의 동북 布庫哩山 아래의 호수"[31]로부터 출발한 만주족 기원의 신화를 설

제를 논의하여 1175년 3월부터 봄·가을로 치제하였으나 금대 멸망 후 사라졌다. 『金史』 卷35, 志16, 禮8.

25) 『肅宗實錄』 卷8, 5年 12月 癸酉, 甲戌.

26) 『肅宗實錄』 卷8, 5年 12月 12日 癸酉.

27) 『肅宗實錄』 卷23, 17年 11月 16日 丙寅.

28) 『淸史稿』 卷6, 聖祖本紀6 康熙 16年 11月 庚子. "장백산 동쪽에 布庫里山이 있고 그 아래에 연못이 있는데 천녀들이 그곳에서 목욕을 하다가 한 천녀가 朱果를 먹고 임신하여 한 사내아이를 낳았는데 그의 성은 愛新覺羅요, 이름은 布庫里雍順이라고 하였고, 그가 성장하여 나라를 세워 滿洲라 하였다".

29) 臨時土地調査局調査, 앞의 논문, 11쪽.

30) 『淸太祖武皇帝實錄』, 1636년에 완성. 潘喆, 李鴻彬, 孫方明 編, 『淸入關前史料選輯』, 人民大學出版社, 1984.

31) 『만주실록』은 1905년 內藤湖南이 奉天故宮 崇謨閣에서 발견한 청 개국 초기의 사료이다. 이에 대한 자세한 내용은 『滿洲實錄』 해제, 14~31쪽 참조.

명하고 있다. 건국 신화는 국가가 건국된 후 전승 신화를 재편집하여 구성하므로[32] 만주족의 布庫哩山 관련 신화도 후에 종합정리했을 가능성이 있다.

백두산을 둘러싼 조선의 인식을 보면, 백두산은 조선의 발상지이자 조선의 종산이라는 의식이 구체화되었다. 청조는 청조대로 러시아 남하를 방어하기 위해 변경지역 안정에 주의를 기울였고 백두산을 조상의 발상지라 규정하면서 백두산을 둘러싼 양국의 갈등이 구체화 되어 갔다.

2) 유조변과 봉강(封疆)

청조는 동북지역을 보호한다는 명목으로 1638년에 유조변을 수축(노변)하였다.[33] 유조변은 요동지역에 버드나무를 심어 경계를 만든 것으로 높은 것은 3~4척이고 낮은 것은 1~2척으로 해자(도랑)를 만들고 그 밖을 유조변 혹은 條子邊이라 하였다. 서쪽으로 長城에서 시작하여 동쪽으로 船廠에 이르고 북쪽으로 威遠堡에서 남쪽으로 鳳凰山에 이른다. 이곳에 邊門 21곳을 두었는데, 鳳凰城門, 愛哈門, 興京邊門, 加木禪門, 英額門, 威遠堡門, 發庫門, 彰武臺門, 白土廠門, 清河門, 九官臺門, 松嶺子門, 長嶺山門, 新臺門, 黑山口門, 高臺堡門, 平川營門, 布兒德庫蘇把兒漢門, 黑兒蘇門, 易屯門, 發忒哈門이다.[34]

편찬 시기는 1781년 혹은 1782년이라는 설이 있다. 『滿洲實錄』 盛京崇謨閣 藏本(現 中國 遼寧省 檔案館 藏本), 今西春秋 譯, 『滿和蒙和對譯 滿洲實錄』, 刀水書房, 東京, 1992.

32) 서대석, 「한국 신화와 만주족 신화의 비교 연구」 『고전문학연구』 7, 1992, 19쪽. "만주족 신화에서 불고륜이 낳은 아이가 두만강을 따라 동쪽으로 진출하여 三姓地方(黑龍江省 依蘭縣)에 근거를 잡은 것으로 나타난다". 서대석, 앞의 논문, 20쪽 참조. 三姓地方은 백두산과는 수백㎞ 거리가 있는 곳이다.

33) 『吉林省志』 卷43, 文物志, 117쪽.

34) 山陰 楊賓, 『柳邊紀略』, 柳邊紀略一. 유조변 변문에 대해 張存武는 양국 사이에 실질적인 국경의 의미로 보았다. 張存武, 앞의 책, 248~249쪽 참조.

이러한 유조변 안에 1644년까지 백만 명이 넘는 漢族들로 하여금 동북지역에서 농사를 짓게 하고, 1653년에는 요동초민법령(遼東招民法令)을 공포하여 농민이주를 장려하기도 하다가, 1668년에 요동초민법령을 폐지하고 한족의 이주를 금지하면서 봉금정책을 실시하였다.[35] 사실 1627년 조선과 청조가 체결한 강도회맹에서 제시한 '各守封疆'의 의미가 분명하지 않지만 청조는 필요에 따라 융통성 있게 정책을 구사하였고, 1670년에는 유조변을 확장(신변)하여 청조의 발상지와 만주족 정체성 보호에 매우 중요하다고 인식되는 興京(新賓), 東京(遼陽), 盛京(瀋陽)인 '삼경'과 永陵(新賓), 福陵, 昭陵(둘은 瀋陽)인 '삼릉'을 유조변 안으로 포함시켰다.[36]

유조변은 중요한 의미가 있는데, "유조변은 변내의 '발상지'를 보호하고, 동시에 변외 금지구역을 보호하기 위한 한계선"이다. 또한 행정구역의 경계선이기도 하였다.[37] 『청사고』에서 명확하게 밝힌 바와 같이, 유조변 밖은 공광지로 남겨져 있었다.[38] 청조는 변외지역에 성경장군, 녕고탑장군, 애혼장군(흑룡강장군)을 두었기 때문에 행정적인 통치가 이루어진 듯이 보이지만 실제로는 점으로서의 거점이라는 곳을 지배하고 있어서 엄밀한 의미에서 변외지역에 대해 제대로 통치체제가 미치지는 않았다.[39]

1881년 청 예부에서 조선에 보낸 『咨下咨文册』에서는 "토문강 동북지역 일대가 황무지"[40]로 남겨져 있었음을 인정하고 있다. 1880년대에

35) 봉금정책 실시 이유를 '龍興之地', 동북 특산물 독점, 팔기생계 보호로 들기도 한다. 楊昭全, 孫玉梅, 『中朝邊界史』, 吉林文史出版社, 1993, 165~166쪽.

36) 張杰, 「柳條邊, 印票與清朝東北封禁新論」 『中國邊疆史地研究』 1999-1, 80쪽.

37) 薛洪波, 肖鋼, 「淺談清代柳條邊」 『吉林師範大學學報(人文社會科學版)』 5, 2004.10, 103쪽 ; 任鴻魁, 『丹東史迹』, 遼寧民族出版社, 2005, 248쪽.

38) 『清史稿』 本紀, 嘉慶 17(1812). 1000여 리가 넘는 공광지가 유조변 밖에 있음을 설명하고 있다.

39) 山陰 楊賓, 『柳邊紀略』, 柳邊紀略一.

들어서면 이미 서간도 지역은 청조의 힘이 미치고 있었기 때문에 여기에서는 두만강 대안 지역인 토문강 일대를 말한 것으로 보인다. 비록 청조가 동북지역을 평정하면서 후금을 세우기는 하였으나 주요세력이 입관하고 유조변을 통해 기본적인 청조의 발상지를 보호토록 한 후 나머지 지역은 공광지로 남겨져 있었던 것이다.

1689년 청조가 봉황성에서 유조변(목책, 책문)을 남쪽으로 20리가량 이설하였을 당시 조선은 상황만 파악하고 별다른 조치를 취하지 않았지만,[41] 영조 이후에는 청조의 책문이설 시도를 적극적으로 저지하였다. 봉금지대는 심양장군이 관장하였는데 봉황성의 성장은 책문을 압록강 쪽으로 옮겨 봉금지대를 줄이고 경작지를 늘이려고 여러 차례 시도하였으나 조선은 청 예부에 자문을 보내 이를 막았다.[42] 청조는 유조변을 이설하는 방식으로 압록강, 두만강 방향으로 실질적인 통치 지역의 확대를 꾀하였다.

청조에 비해 조선은 융통성이 없게 '封疆'하였다. 압록강, 두만강을 넘어 채삼한 조선인에 대해 특별히 관리하면서 심지어 처형하기도 하였다. 1635년에 36명 처형,[43] 1642년에 65명 귀양,[44] 1652년 10명[45]을 교수형에 처하였다. 1664년 평안도 암행어사 閔維重은 五家作通法 등을 동원하여 '월경'을 통제하였고 1670년에도 6명을 처형[46]시켰다. 1734년에는 4명을 효시하였고,[47] 1756년에는 '월경'인들에게 쌀과 소금을

40) 「土門江邊開墾情形知照事北京禮部回咨」 『啓下咨文册』(總理機務衙門編), 1881(光緒 7) 10月 21日.

41) 『肅宗實錄』 卷21, 15年 8月 8日, 辛未.

42) 『英祖實錄』 卷29, 7年 6月 29日, 庚申 ; 『英祖實錄』 卷63, 22年 4月 9日, 甲申 ; 『英祖實錄』 卷64, 22年 10月 29日, 辛卯.

43) 『仁祖實錄』 卷31, 13年 11月 丙寅.

44) 『通文館志』 卷9, 仁祖 20年 壬午.

45) 『通文館志』 卷9, 孝宗 3年 壬辰.

46) 『顯宗實錄』 卷18, 11年 11月 戊寅.

47) 『英祖實錄』 卷38, 10年 5月 1日, 丙子.

주고 훔친 물건을 사들인 수범(首犯)은 효시, 종범(從犯)은 도배(島配)시켰다.[48)]

조선이 '월경'문제에 대해 엄벌위주로 처리한 이유는 청이 '월경'을 이유로 이 지역에 대한 무리한 조사 요구를 미연에 방지하면서 청조가 조선에 들어오는 것을 가능한 한 차단하려고 하였기 때문에,[49)] 청조는 방침을 변경하여 조선이 결정한 '월경'자에 대한 형량을 감하여 관대한 처분을 내리도록 지시하고,[50)] 연례공물도 감해 주었다.[51)] 조선과 청조의 '월경'관련 처리 조치는 시기에 따른 정책 변화로 강경책, 유화책 등이 나왔음을 감안하여야 할 것이다.[52)]

3) 봉금지대안의 백두산 답사 의미

유조변의 기능과 역할 등에 대한 기존의 다양한 논의를 종합해 보면 "유조변은 근본적으로 만주족의 정체성을 지키려는 내외구분의 기능과 더불어 북쪽으로는 몽고를, 남쪽으로는 조선을 방어하기 위한 경계선이 될 뿐만 아니라 민족을 나누는 지리적인 경계선"[53)]이었다. 이는 유조변의 모양에서도 분명하게 살펴볼 수 있다. 유조변의 모양이 둥근 Y자의 입구가 왼쪽을 향하고 옆으로 누운 형태를 취하고 있는데(중국에서는 人자 모양이라고 설명) 오른쪽으로 연결되는 일직선의 북쪽으로 몽고를 남쪽으로 조선을 방어하는 경계의 의미가 있다고 할 수 있다.

---

48) 『備邊司謄錄』 卷131, 英祖 32年 12月 7日,

49) 『肅宗實錄』 卷39, 30年 7月 20日 戊午.

50) 『備邊司謄錄』 63冊, 肅宗 37年 10月 26日.

51) 『肅宗實錄』 卷50, 37年 11月 26日 辛亥.

52) 이화자, 『17-18세기 월경문제를 둘러싼 조청교섭』, 서울대학교 박사학위논문, 2003, 185~186쪽.

53) 박선영, 「한중 국경획정의 과거와 현재: 유조변, 간도협약, 북중비밀국경조약 분석을 중심으로」 『북방사논총』 4, 2005.4, 16쪽.

청조는 동북지역에서 몽고를 평정하면서도 몽고가 한족과 접촉할 것에 대한 두려움이 있었다.[54] "몽고 사람들은 구름과 같다. 구름이 합해지면 비를 내리듯이 몽고의 군사들이 합해지면 강력한 군사가 되지만, 그들이 흩어지면 구름이 걷우어져 비가 그치는 것과 같다. 그들이 흩어질 때를 기다렸다가 나는 신속하게 이들을 취할 것이다"[55] 몽고의 힘이 합쳐서 강력한 군사가 되기 전에 청조는 몽고에 대한 관리가 필요하였으므로 대몽고 유화정책을 펴기도 하였고 또 강경정책을 펴서 몽고 팔기를 편성하여 관리하기도 하였다.[56]

청조는 몽고에 대해 "이미 경계를 정했는데 경계를 넘는 자는 침범죄를 받을 것이고 왕래하고 머물면서 목축하거나 모여서 가지런히 이동하는 일에 조금도 어그러짐이 없도록 하라",[57] "위에서 제한한 머물며 목축하는 땅을 넘으면 법률에 따라 마땅히 주살하리라"[58] 하였다. 몽고의 봉건주와 고정된 목장, 예속민 상호간에 결합이 이미 법률적인 제약을 받도록 조치하여 몽고를 어느 정도 통제하였던 것이다.[59]

그런데 가끔 청인 스스로는 유조변을 넘을 뿐만 아니라 심지어 압록강을 넘어와 조선 경내까지 침범하는 사태도 있었다. 청인들은 조선 경내에 자주 침범하여 식량과 어염을 구하기 위해 조선인과 밀거래를 하였다.[60] 이에 대한 조선의 입장은 초기에는 강경하게 처벌을 요청하기보다 공문을 보내 철수를 요청하는 정도였다. 1640년 조선이 청 戶部에

54) 趙云田,「淸政府對蒙古,東北封禁政策的變化」『中國邊疆史地硏究』1994-3, 20쪽.
55) 『淸太祖實錄』 卷8, 天命 8年.
56) 조병학,『입관전 후금의 몽골 및 만주족 통합에 관한 연구』, 중앙대학교 박사학위 논문, 2002, 44~45·68~71쪽.
57) 『淸太宗實錄』 卷21, 天聰 8年 10月 乙巳.
58) 『淸太宗實錄』 卷19, 天聰 8年 6月 戊寅.
59) 조병학,「후금의 차하르 복속과정에 대하여」『제15회 한몽국제학술대회』, 2002, 218~219쪽.
60) 『肅宗實錄』 卷45, 33年 6月 20日, 辛丑.

공문을 보내 '월경'을 통제해 달라고 요청[61]하였으며, 1714년에는 청인이 무단월경을 했을 뿐만 아니라 같은 해 慶源府에서는 개간하는 일까지 있어 철수를 요청하기도 하였다.[62] 그러나 점차 범인을 적발하는 즉시 체포하여 처벌하고 청 예부에 직접 통고하여 강력한 단속을 요구하였다.[63]

양국은 '월경'을 둘러싸고 다양한 조치를 취하는 상황에서 청조는 백두산을 측량하려는 시도를 하였다. 1692년 청은 『一統志』를 만들기 위해 변경 조사를 요청하였다. 조선은 청조가 자꾸 백두산을 조사하려는 것이 특정한 의도가 있다고 보고 이에 대한 대책 강구의 목소리를 높였다. 1691년 병조판서 閔宗道가 북방 국경문제를 제기하면서 대책을 건의하였고,[64] 1697년 영중추부사인 南九萬이 백두산에 대한 대비책을 건의하였다.[65] 또한 1709년에는 의주부윤 윤관성이 청조가 서양인을 활용하여 봉성지방 형세를 살피고 지도를 제작한 사실을 보고하면서 백두산 관련 조사에 우려를 보이기도 하였다.[66]

결국 청조는 수차례의 백두산 지역 조사를 통해 정보를 축적한데다가, 1710년 평안도 위원인이 '월경'하여 청인을 살해하는 사건이 발생하자 이를 기회로 확실하게 변경조사 할 것을 천명하였다. 1711년 백두산 조사 문제가 본격적으로 불거지자 조선도 이를 저지하기 위해 최선을 다하였다. 청의 관리는 이미 황제의 밀지를 들고 백두산 조사를 강행하려 하였고, 조선은 최소한의 예의만을 갖추면서 청의 백두산 조사를 막으려고 하였다.[67] 그러나 1712년 청조는 咨文과 牌文을 보내 황제

---

61) 『通文館志』 卷9, 紀年 仁祖 18年 庚辰.

62) 『肅宗實錄』 卷55, 40年 9月 甲寅 ; 10月 丙申條 ; 12월 辛未.

63) 강석화, 앞의 책, 78~79쪽.

64) 『肅宗實錄』 卷23, 17年 2月 庚辰.

65) 『肅宗實錄』 卷31, 23年 5月 丁酉.

66) 『肅宗實錄』 卷47, 35年 8月 28日, 丙寅.

67) 『肅宗實錄』 卷50, 37年 3月에서 6月까지 양국이 백두산조사문제로 논쟁하

의 명을 받은 목극등이 백두산을 조사하는 것을 조선이 더 이상 막지 못하도록 조치함으로써 결국 백두산 답사가 이루어지게 되었다.

위의 과정을 보면, 1627년 강도회맹으로 각자의 영토를 지키자고 하였으나 청조는 상황에 따라 정책을 융통성 있게 활용하였고, 조선은 나름대로 엄격하게 집행하였다. 그러나 청조가 유조변을 자의적으로 이설하여 구체적인 통치 범주를 넓혀 나가는 부분에 있어서 조선은 이를 저지하거나 철수를 요청하기도 하고 '월경'하는 청인에 대해 강경하게 처벌을 요청하기도 하였다. 그러나 당시 조선과 청조의 국력관계나 지배질서체제 상황이 대등하지 못한 상태에서의 한계는 분명하였다. 변방사건 처리를 위해 조선에 왔던 청 사신이 황제의 칙서를 조선왕이 직접 읽도록 강요하거나, 죄인을 조사하는 자리에 국왕도 함께 참여할 것을 요구하는 등[68] 조선왕도 모욕하면서 청조의 일방적인 방침에 따르도록 하는 횡포를 보면 조선이 청조에게 무언가를 요구하기가 얼마나 어렵고 힘든 상황인지 짐작할 수 있다.

따라서 봉금지대에 포함되어 있는 백두산에 대한 청조의 끈질긴 조사 요구에 대해 조선이 끝내 막아내기 힘들었고, 다른 한편으로는 혹시 청조가 조선이 폐사군 한 이래 아직 제대로 정비되지 않은 조선의 북방지역 상황을 알고 오히려 압록강과 두만강 이하까지 요구할까 두려워 적어도 압록강 두만강 선을 지켜야겠다는 생각을 하였다. 이는 조선의 위축된 자세와 더불어 당시 봉금지대에 대한 명확한 인식이 없었고 청조에 대해 일련의 사태에 대한 상호 대등한 책임을 요구하지 못해서 나온 결과이다.

봉금정책이 실시되고 있는 와중에 시도된 백두산 탐사는 청조의 일방적인 요청에 의해 조선이 마지못해 응했지만 백두산 탐사 결과 백두

는 과정이 나와 있음.

68) 『肅宗實錄』 卷16, 11年 11月 21日, 丁丑 ; 『肅宗實錄』 卷16, 11年 11月 29日, 乙酉.

산정계비가 탄생하게 되었다. 그 의미를 어떻게 해석해야 할까?

청조의 발원지 및 만주족의 정체성을 지킬 수 있는 상징적인 '삼릉'과 '삼경'은 이미 유조변 안에 포함되어 보호되고 있었다. 그러나 러시아의 동방정책으로 변경에 관심을 가진 청조는 백두산에 대한 관심도 구체화하였다. 백두산이 만주족의 정체성과 발원지를 드러내주는 상징적인 존재라면 이는 반드시 청조의 영역으로 분명하게 구축할 필요가 있었을 것이다. 그런데 청조는 명확하게 양국의 국경을 결정하기 위해 백두산 탐사를 하겠다는 목적을 밝히지 않고 단지 변경 조사 차원으로 백두산 답사를 위해 조선의 협조를 구하면서 청조 영토화를 시도하였다.

명확하게 선으로서 국경선을 결정하는 근대와 달리 과거에는 면으로서의 변경지대가 있었기 때문에 가능한 일이었다. 즉 면에서 선으로 국경선이 변해가는 과정에서 면으로 존재하던 변경지대를 어느 국가의 영토로 만들어 가면서 결국 선으로서의 국경선으로 귀착하느냐의 문제인 것이다. 이것은 청조가 결과적으로 백두산을 탐사하기까지의 지난한 과정을 자세히 살펴보면 그 의미를 웅변해 준다고 하겠다. 또한 '월경'문제에 대한 상호 엄금문제나 청조의 유조변 확장 공사에 대해 조선의 항의를 청조가 수용한 것을 보면 청조가 당시 왜 이런 방법을 사용했는지 짐작할 수 있다.

3. 백두산정계비와 네르친스크 조약

1) 백두산정계비 설정과 갈등의 근원

1712년 마침내 청조의 목극등 일행과 조선의 접반사 박권 등이 백두산 조사에 나서게 되었다. 그러나 목극등은 접반사 박권과 함경감사 이선부를 백두산에 올라가지 못하도록 하고 통역관 등과 같이 백두산에 올라 천지 아래에 "서쪽으로 압록, 동쪽으로 토문"이라는 비를 세웠다. 목극등은 비를 세우는 것이 황제의 뜻이니 접반사도 비석에 이름을 새길 것을 요청하였다.[69] 그러나 접반사는 백두산을 제대로 살펴보지 못해서 이름을 새길 수 없다고 회답[70]하여 결국 접반사 등의 이름은 빠진 채로 비석을 세우게 되었다.

백두산에 비석을 세우는 것으로 문제는 정리되지 않았다. 목극등이 하산한 후 두만강 원류문제로 잠시 논쟁이 있었는데, 접반사 박권은 대홍단수가 두만강의 원류라고 주장했으나, 목극등은 안내인의 말도 동류하는 물은 단류 되었다가 백여 리 후에 용출한다고 하고 목극등이 본 수원도 이에 부합하니 이의를 제기하지 말라고 하였다.[71]

목극등은 두만강 수원의 단류처가 불분명하니 농한기를 이용하여 목책, 석퇴, 토퇴를 지형에 맞추어 설치하자고 합의하였다.[72] 목극등은 수원에서 나와 일정 거리를 흐르다가 단류하는 곳의 경계가 불분명하니 목책과 석퇴 등을 설치하여 경계를 구분하려고 하였던 것이다. 정계비를 세울 때도 수원의 불분명함이 문제였는데, 표지 설치 작업 또한 두만강 수원이 문제가 되었다.

北平事 洪致中은 공사를 시작하기 전에 다시 강의 근원을 검토해 본 결과 목극등이 지적한 수원이 두만강과 전혀 관계가 없음을 발견하였다. 그는 "잘못된 강원을 마음대로 변경할 수는 없고 하류가 어떻게 된 것도 논할 바가 못 되니 단류처 이상은 당장 표지를 설치하여 먼저 비석이 있는 곳으로부터 시작하여 위로부터 아래로 내려오되 나무가 없고 돌이 있는 곳에는 돌을 쌓고 나무고 있고 돌이 없을 때에는 목책을 설

69) 『肅宗實錄』 卷51, 38年 5月 乙巳.

70) 金指南, 『北征錄』, 5月 15日.

71) 『肅宗實錄』 卷51, 38年 6月 乙卯. 조선의 조정에서는 접반사 등이 복잡한 두만강 수원을 정하는 일인에도 백두산에 오르지 않았던 직무태만을 물어 파직을 요청하기도 하였다.『肅宗實錄』 卷51, 38年 6月 辛酉.

72) 『肅宗實錄』 卷51, 38年 7月 辛丑.

치하라"[73]고 하였다.

그러나 직접 목책 설치 공사를 했던 許樑과 朴道常은 홍치중의 말을 무시하고 정계비에서 목극등이 정한 수원보다 남쪽에 있는 물까지 목책과 토퇴를 쌓았다. 목극등이 지적한 소류가 제1파가 되고 표지를 세운 곳이 제2파가 되는데, 목극등이 지적한 수원이 잘못 본 것이라면 두 번째 갈래는 원류가 분명하니 의심할 필요가 없으며 이곳에 푯말을 세우는 것 외에 다른 도리가 없었다는 것이 그 이유였다. 또한 營門을 왕복할 때 반드시 순월(旬月; 열흘에서 한달－필자)을 허비하고 험난한 곳에서 마냥 기다리면서 지친 백성들이 4~5일의 길에 수차례 동원되어 공사하는 폐해를 대속할 수 없어 형편에 따라 먼저 푯말을 세웠다[74]는 것이다.

형조판서 박권은 수원의 최초 1파는 목극등이 정한 것이니까 물이 비록 북쪽으로 흘러 결국 그 물이 두만강으로 속하지 않는다고 하더라도 당초에 정한 것이 착오이니 이는 목극등의 책임이라고 하였다.[75] 목극등이 지시한 제1파가 북류하여 두만강의 원류가 아니었음을 안 조선

73) 『肅宗實錄』 卷51, 38年 12月 7日, 丙辰. 홍치중의 상소내용이 자세하게 나와 있음.

74) 『肅宗實錄』 卷52, 38年 12月 7日, 丙辰, "영문(營門)을 오가는 동안에 반드시 1순(旬) 또는 1달을 허비하게 되므로 사세로 보아 외딴 국경에서 마냥 기다릴 수도 없고, 지친 백성들이 4, 5일의 길에 여러 차례 역사에 동원되어 폐해가 적지 않았습니다. 한결같이 형편에 따라 우선 푯말을 세우고 시급히 영문에 달려가 자세하게 실상을 진달하는 것이 무방할 듯하였기에, 여러 차원(差員)들과 함께 의논한 다음 비(碑)를 세운 곳에서 아래로 25리까지는 혹은 목책을 세우고 혹은 돌을 쌓았고, 그 아래의 물이 나오는 곳 5리와 건천(乾川) 20여 리는 산이 높고 골짝이 깊으며 내(川)의 흔적이 분명하기 때문에 푯말을 세우지 않았습니다. 또 그 밑으로 물이 솟아나오는 곳까지의 40여 리는 모두 목책을 세우되, 그 중간의 5, 6리는 이미 나무나 돌도 없고 또한 토질이 강하기에 단지 흙으로 돈대만 쌓았습니다. 전후의 실상이 이러한 데 불과합니다".

75) 『肅宗實錄』 卷51, 38年 12月 丙辰.

인은 제1파와 數里 떨어진 제2파와 연결되도록 석퇴와 토퇴를 쌓았으나 이 두개의 원류는 모두 북류하여 송화강으로 연결되고 두만강으로 연결되지 않는 것이었다. 즉 두만강의 원류는 천지에서 수십km 떨어진 곳에 있으므로 이 당시 천지 아래에서 어떠한 수원을 정하여도 원래의 의도에 도달하기는 힘들었던 것이다.

조선은 이런 사실에 대해 목극등에 알렸으나 목극등은 이에 대해 다시 심사하지 않을 터이니 염려하지 말고 표지를 세우는 일도 농한기를 기다려 역사하고 백성을 괴롭게 하지 말라고 하였다.[76] 1713년 목극등이 흠차정사로 조선에 왔지만 백두산정계에 따른 수원 동류 문제에 대해서는 더 이상 언급하지 않았으므로[77] 백두산정계비의 논란은 대략 이렇게 정리되었다. 백두산정계비 설치와 그 뒷마무리인 설책사가 양국간 정확한 확인 없이 문제의 소지가 있음을 알면서도 미봉책으로 정리되었된 일차적인 책임은 목극등이 져야할 것이다. 이는 “나름대로 지형을 살피고 여러 물줄기의 이합을 추정하였음에도 불구하고 두만강과 무관한 물의 흐름을 두만강원으로 정하게 된 것은 지형에 대한 인식부족과 막연한 가정, 경로 선정상의 오류가 복합된 결과”[78]이다. 조선 측의 책임으로는 “지방관의 투철한 사명감 부족, 백두산 일대에 대한 부정확한 지식, 접반사 등의 안일한 근무자세”[79] 등이 지적될 수 있다. 이러한 미봉책은 백두산정계비 문제가 이후에도 계속 논란에 휩싸이는 근거를 만들어 놓게 되었다.

---

76) 『肅宗實錄』卷51, 39年 3月 壬辰. 북경 간 사신의 장계에서 목극등의 전언으로 알려짐.

77) 『肅宗實錄』卷53, 39年 6月 2日, 丁丑.

78) 강석화, 앞의 책, 60쪽.

79) 이상태, 앞의 논문, 119쪽.

2) 네르친스크 조약과 백두산정계비의 차이

여기에서 고려해 볼 것은 청조는 이미 러시아와의 관계에서 1689년에 네르친스크조약을 체결하여 근대적인 국경을 획정한 경험이 있음에도 불구하고 조선과는 왜 이러한 과정으로 백두산정계비를 세우게 되었을까? 1712년의 백두산정계비 설정 논란을 이해하기 위해 잠시 네르친스크 조약 체결 과정을 살펴보자.

러시아의 적극적인 원동지역 확장 정책이 확대되자 1680년대 청조는 아무르지방 정벌을 위한 계획을 모색하여 남진하는 러시아 세력을 소탕하는 작전을 전개하였다. 1685년부터 청조는 대대적인 아무르 정벌을 시작하여 알바진(雅克薩) 요새를 둘러싸고 전승을 올렸다. 그러나 1687년 8월 청조가 알바진을 함락시키지 못하자 포위망을 풀면서 2년 이상 지속된 양국 전쟁이 종료되었고, 1689년 8월 네르친스크에서 조약을 체결하게 되었다.[80)]

조약을 체결하기 전에 러시아의 목표는 알바진을 중심으로 한 중립지대의 설정이었는데, 경계를 불명확하게 설정하여 흑룡강 중하류 지역 진출에 장애가 되지 않게 하려는 의도가 깔려 있었다. 그에 비해 청조는 명확하게 경계선을 확정하는 데 목표를 두고 중립지대보다는 산맥과 하천을 기준으로 하는 경계를 설정하여 변경 분쟁을 줄이고 지배력을 강화하려는 의도가 있었다.[81)] 이 조약으로 청조는 자신이 제시한 분계안 대로 呼倫湖(庫稜湖)－額爾古納河－格爾必齊河－外興安嶺산맥 즉, 대략 外興安嶺(스타노보이)산맥 이남이 청조 영토로 인정되었다.

이렇게 국경을 결정하기 까지 청조는 치밀하게 준비하였다. 강희제는 조약체결 특사단에게 諭旨를 내려 담판의 원칙을 세세하게 지시하였

80) 『淸聖祖實錄』 卷135, 14~15쪽.

81) 박대인, 「17-18세기 청－러시아 조약체제와 변경의 재정립」, 연세대학교 대학원 석사학위논문, 2006, iv.

다.[82] 러시아 또한 짜르의 명령대로 구체적인 담판 방침을 정하고 세워진 전략에 입각하여 담판하였다.[83]

청조가 러시아와 체결한 네르친스크 조약은 양국이 공식적이고도 외교적인 방법으로 국경문제를 해결한 것이다. 네르친스크조약 체결 과정을 보면, 먼저 양국이 공식적인 전권대표를 파견하였다. 둘째, 조약내용을 구체적으로 적시하여 양국의 경계로 삼을 지역을 언급하였으며 그 지역 관할권이 어느 나라에 귀속되는지도 분명하게 명시하였다.[84] 셋째, 양국이 라틴어본을 상호 교환하는 정식문서로 삼고, 청조는 만주어와 라틴어본에 서명하고, 러시아는 러시아어와 라틴어본에 서명하는 절차를 따랐다.[85] 이것은 양국이 국경조약을 체결하는 가장 기본적인 사항이었다.

82) 네르친스크 조약과 관련된 구체적이고 자세한 기타 정보는 淸錢恂, 『中俄界約斠注』, 廣文書局, 1963, 中和, 19~30쪽 ; 淸施紹常, 『中俄國際約注』, 廣文書局, 中和, 1963, 17~18쪽 참조.

83) 박대인, 「17-18세기 청－러시아 조약체제와 변경의 재정립」, 연세대학교 대학원 석사학위논문, 2006, 41쪽 ; 劉民聲, 孟憲章, 步平 編, 『17世紀沙俄侵略黑龍江流域史資料』, 黑龍江教育出版社, 1998, 416~418쪽.

84) 네르친스크 조약과 관련된 구체적이고 자세한 기타 정보는 淸錢恂, 『中俄界約斠注』, 廣文書局, 1963, 中和, 19~30쪽 ; 淸施紹常, 『中俄國際約注』, 廣文書局, 中和, 1963, 17~18쪽 참조.

85) 復旦大學歷史系'沙俄侵華史'編寫組, 『沙俄侵華史』, 上海人民出版社, 1975, 57쪽. 그러나 최형원, 「네르친스크조약의 만주문 고찰」『알타이학보』 12, 2002, 81~82쪽에서는 청대 문헌연구자인 W. Fuchs의 말을 빌려 조약의 기본이 된 것은 만주문이고 공식적으로 날인된 것은 라틴문이라고 하였다. 상식적인 차원으로 생각해 보아도 당시 청조와 러시아 사이에 국제어로 사용되었던 라틴어가 조약문의 기본이 되어야 서로 합의할 수 있을 것이고 거기에다 청조는 만주어본, 러시아는 러시아어본을 사용하는 것이 합당할 것이다. 실제로도 조약체결 과정이 이를 증명하고 있다. 이는 단지 상식적인 차원의 추론에 그치지 않고 네르친스크조약 체결 당시 통역관으로 참석한 프랑스인 Gerbillon(중국명; 張誠)의 일기를 인용하여 연구한 중국 연구서 『沙俄侵華史』에도 명시되어 있는 것이다.

러시아와 국경조약 체결 경험이 있었던 청조는 조선과는 명확하게 국경조약을 체결하지 않고 단지 변경조사 차원으로 백두산에 비석을 세웠다. 그 비석마저도 제대로 수원을 확인하지 않고 정리하였기 때문에 향후 봉금지대 설정과 폐지 등의 논란과 더불어 국경, 영토 분쟁으로 확대되는 결과를 낳게 되었다. 청조가 공식적인 문서 및 조약에는 만주어를 쓰는 것은 기본이었는데, 백두산에 세웠던 비석에는 만주어나 조선어조차도 없었다.

양국의 대표자 신분도 차이가 있다. 목극등의 관직명인 오라총관은 吉林將軍의 구칭이 아니다.[86] 타생오라총관(打牲烏喇總管)의 처음 명칭은 特哈烏拉 혹은 護獵總管으로 內務府都虞司에 속하면서 인삼과 벌꿀을 따고[採蔘採蜜], 수렵하고 보석을 줍는[打獵撈珠] 자를 관리하여 여기에서 획득한 바를 시간에 맞게 內廷에 공납하는 일을 맡은 것으로 八旗가 주둔한 吉林烏喇將軍과는 완전히 다른 것이다.[87] 목극등은 1698년에 이 직무를 담당하게 되었는데 목극등이 명령을 받들어 변경을 조사하게 된 것은 그 업무가 삼림을 관장하고 백두산에 가깝기 때문이었다.[88] 조선의 대표자도 "한명은 접반사이고 또 한명은 관찰사이니 모두 국경을 조사하여 정할 권한을 가진 자들이 아니다".[89]

네르친스크 조약 체결 시 청조 대표단은 侍衛內大臣 索額圖, 都統公舅舅 佟國綱, 尙書 阿喇尼, 左都御使 馬齊, 護軍統領馬喇 및 통역관으로 예수회 선교사 프랑스인 제르비용(원명 Gerbillon, 중국명 張誠), 포루투

86) 『淸季中日韓關係史料』 册4, 中央硏究院近代史硏究所編刊, 臺北, 1970, 1931~1932쪽 ; 『淸季外交史料』 卷60, 王彦威等輯, 北京, 1932, 24쪽 ; 張存武, 앞의 책, 195쪽 참조.

87) 『吉林通志』 卷12, 沿革志3. 여기에서 타생오라는 印務, 捕務, 採務를 관리한다고 하였다.

88) 張存武, 앞의 책, 196쪽.

89) 吳祿貞, 『光緖丁未 延吉邊務報告』(1908年), 李澍田 主編, 『長白叢書』 初集, 吉林文史出版社, 1986, 71쪽.

칼인 페레이라(원명 Pereira, 중국명 徐日昇) 등이다.[90] 러시아의 대표단은 御前大臣이자 總督인 費要多羅・柯羅文이 제1대사, 네르친스크 행정장관 伊凡・弗拉索夫가 제2대사, 고급서기관 柯爾尼斯基가 제3대사이다.[91] 관직만 보아도 청조의 목극등과 조선의 접반사 박권과의 백두산정계비 사건과는 격이 차이가 있는 것을 확인할 수 있겠다.

네르친스크 조약은 라틴어, 만주어, 러시아어로 조약문을 체결하고, 만주어, 한어, 몽고어, 라틴어, 러시아어 석비를 건립한 반면, 백두산정계비는 한자로만 비석을 세웠다. 백두산에 세운 비석 또한 허술한 것이었다. 홍치중은 백두산정계비에 대해 "비석은 매우 길이가 짧고 폭이 좁았으며, 두께는 몇 치에 지나지 않았습니다. 쪼아서 갈아 놓은 것이 정밀하지 못했고 세운 것도 견고하지 않았습니다. 목차(穆差)가 귀(貴)한 행신(幸臣)으로서 명령을 만들어 정계(定界)하였는데, 허술함이 이 지경에 이르니, 그가 공력(功力)을 들이지 않았다는 것을 알 수가 있습니다"[92]라고 설명하였다.

네르친스크 조약으로 러시아는 화이관에 입각한 조공질서 체제가 아닌 외교적 평등권을 보장받고 교역을 확대해 나갈 수 있었고, 청조는 러시아의 남하를 저지하고 동북지역의 지배력을 확보하여 華 개념의 외연을 확대하는 방식으로 중화의 정통성을 확보함으로써 중화제국을 완성하는 단초로 활용하였다. 반면, 백두산정계비는 결과적으로 제대로 된 국경 획정이 되지 않음으로써 1885년과 1887년의 외교담판과 1909년 청조와 일본의 간도협약으로 간도가 중국에 귀속되는 등의 굴절을 겪으면서 분쟁의 여지를 남겨 놓았다.

네르친스크 조약과 백두산정계비의 차이를 효과적으로 살펴보기 위

---

90) 呂一燃 主編, 『近代邊界史』, 四川人民出版社, 2007, 103쪽 ; 復旦大學歷史系'沙俄侵華史'編寫組, 『沙俄侵華史』, 上海人民出版社, 1975, 50쪽.

91) 復旦大學歷史系'沙俄侵華史'編寫組, 앞의 책, 48쪽.

92) 『肅宗實錄』 卷53, 39年 1月 22日 更子.

해 표를 작성해 보면 다음과 같다.

〈표 1〉 네르친스크 조약과 백두산정계비의 차이

내용	네르친스크 조약		백두산정계비	
	러시아	청조	조선	청조
체결 국가	러시아―청조		조선―청조	
체결 시기	강희제, 1689년		강희제, 1712년	
체결 계기	청조의 요청: 변민 송환문제가 양국의 경계설정 문제로 확대		청조의 요청: 이만기의 청인 살인 계기로 변경조사	
체결 전략	중립지대 설정을 통해 세력 확대	명확한 경계 설정을 통해 변경 안정과 지배력 확대	청조의 세력 확대 주의	변경조사가 목적이라고 하나 국경 검토의 의미 내포
협상대표단 (변경조사단 및 안내단)	御前大臣이자 總督인 費要多羅·柯羅文이 제1대사, 네르친스크 행정장관 伊凡·弗拉索夫가 제2대사, 고급서기관 柯爾尼斯基가 제3대사	侍衛內大臣 索額圖, 都統公舅舅 佟國綱, 尙書 阿喇尼, 左都御使 馬齊, 護軍統領馬喇 및 외국인 통역관	접반사 박권, 함경감사 이선부 등	오라총관 목극등 등
협상 방침	짜르의 명령을 통해 구체적 담판 방침 확정	황제의 뜻에 따라 담판 원칙 확정	청조의 백두산 조사를 돕기 위한 수행 (최소한의 예의)	청조 방침에 따라 결정
조약문 (정계비문)	라틴어, 만주어, 러시아어		漢語	
정계비	만주어, 한어, 몽고어, 라틴어, 러시아어 석비 건립		漢語 석비 건립	
양국 관계	외교적 평등관계		화이질서	
결과	러시아―청조 국경 획정		양국의 국경 획정의 근거가 되면서 갈등 내재	
	양국의 외교적 평등권을 보장받고 청조 본격적 교역시작	양국 경계를 청조 안으로 확정지음으로 러시아의 남하를 저지하고 몽골로 진출할 기반 마련	1885년과 1887년 외교 담판 결렬. 1909년 간도협약으로 간도가 청조에 귀속	1909년 일본과의 간도협약 체결로 간도 영유권 확보

3) 화이 질서로 본 대외관계의 차이

러시아와 청조, 조선과 청조의 국경관련 업무를 외양적으로만 보면 이해하기 어려운 점이 있다. 1689년 대규모 국경협상 대표단을 파견하여 지난한 논의 끝에 근대적인 국경조약으로서 네르친스크 조약을 체결한 경험이 있었던 청조는 국경의 중요성에 대해 누구보다도 잘 알고 있었다. 그럼에도 불구하고 1712년 조선과의 국경을 확정하는 근거가 될지도 모르는 백두산정계비를 공식적인 국경 협정 방식과 형태를 취하지 않아 결과적으로 논란거기를 남기게 된 이유를 어떻게 설명할 수 있을까? 러시아와 체결한 네르친스크조약과 조선과 논의한 백두산정계비는 둘 다 국제적인 외교관계이면서 국경과 관련된 문제이며 강희제시기에 일어난 일이다. 그런데도 양국의 국경문제 처리가 유사하지 않은 이유는 무엇일까?

청조는 조공관계를 대외관계의 기본형식으로 고수하였고 어떠한 경우에도 청조 내부에서는 조공관계로 인식하려고 하였다. 1676년 러시아의 사절 밀레스쿠의 청조 방문을 계기로 당사국간 외교적 평등을 주장하는 러시아와 화이관에 입각하여 조공체제를 강조하려는 청조의 외교방식은 논란의 대상이 되었다. 신하의 예를 갖추도록 하는 외교 의례와 조공체제에 입각한 교역 방식은 물리적인 충돌까지도 야기하였다. 그러나 청조는 중원 통치의 일대 위기라고 할 수 있는 '삼번의 난'(1671~1681) 진압을 계기로 러시아의 남하를 적극적으로 저지하기 위해 명확한 경계 설정을 희망하였다. 이를 통해 변경의 안정과 동북지역에 대한 지배력을 확고히 하려는 목적이 있었다.

그러나 청조는 화이관에 입각한 외교 관계만을 고집한 것은 아니었다. 기본적으로는 화이관을 바탕으로 하는 조공체제를 강조하지만 현실적으로 어려움이 있을 때는 실리를 택하는 방식을 취하였으므로 대외관계에 따라 외교 방식에도 차이가 있었다.[93]

이는 송대의 경우도 마찬가지였는데, 遼나 金과 같이 송보다 상대적

93) 청조는 會盟과 같은 방식으로 대몽골 관계를 처리한 반면, 러시아와의 관계는 나름대로 외교적 평등 관계를 추구하였다. 그러나 대조선 관계는 여전히 화이관에 입각한 조공체제를 유지하고 있어서 층위에 따른 다원적인 외교관계를 구사했다고 볼 수 있다.

으로 강한 나라는 대등한 지위를 인정하거나 강대국으로 인식하였다. 반면 상대적으로 약한 西夏는 열등하고 저급하다고 보아 대등한 국가로서 인정하지 않았다. 결과적으로 상대국가의 세력에 따라 華夷觀을 탄력적으로 적용하였는데, 설사 송이 열등한 입장에서 화의를 맺고 공존을 인정한다 할지라도 관념상으로는 끝까지 화이의 분별을 포기하지 않았다.[94] 화이사상은 시대에 따라 국력이 이민족을 능가할 정도로 강할 때는 관용적인 방향으로, 그렇지 않은 경우는 배타적인 방향으로 작용하였다.

청조와 조선과의 관계는 어떠한가? 청조는 다른 이웃국가에 비해 조선을 달리 대했던 면모가 있었다. 청조가 칙사를 파견한 사례를 보면, "청조가 조선에 칙사를 파견할 때에는 1품에서 3품의 고급 관원, 그것도 한인 출신이 아닌 기인 출신을 선발하는 것이 '원칙'이었다. 반면 월남과 유구에는 5품에서 7품의 하급 관원 가운데서 칙사를 선발하였으며, 만-한을 구분하지 않는 것이 '원칙'이었다".[95] 청조는 왜 조선을 달리 취급했을까?

강희제시기에 발생한 양국의 국경관련 사건에 대해 처리하는 과정이나 결과에 차이가 있었던 이유를 본고에서는 화이질서 속의 청조와 주변관계 속에서 찾아보고자 한다.

중국의 화이질서는 기본적으로 사방을 동이, 남만, 서융, 북적으로 규정하고, 황제의 덕치에 따라 중화가 중앙에서부터 영향력을 발휘하여 지방, 이민족, 다른 지역으로 확대되는 방식을 취하였다. 이러한 구조가

---

94) 박지훈, 『송대 화이론 연구』, 이화여자대학교 박사학위논문, 1990, 40~90쪽.

95) 구범진, 「청인의 조선사행과 동아시아 국제질서」 『한국중국근현대사학회 2005년 제1차 정례 발표회』, 2005년 3월 26일 구두발표, 연세대학교. 본문에서 '원칙'이라는 표현을 사용한 것은 실제로 파견한 칙사들의 면면을 보면 인선 규정을 벗어난 사례가 발견되기 때문인데, 조선에 파견하는 칙사 인선에서 한인 출신을 배제하는 것은 1870년대까지 일관되게 지켰다고 한다.

중국으로부터 본다면 일원적이고 통일적인 질서 체계로 인식되겠지만 통치관계를 보다 기능적으로 본다면 화이질서 안에서 ① 소수민족의 지도자를 토사, 토관으로 지방관에 임명한 간접 통치, ② 理藩院에 따라 관할된 몽골의 예를 대표로 하는 이민족통치(번부), ③ 조공에 의한 통치, ④ 상호관계적인 색채가 강한 互市국, ⑤ 교화가 미치지 않는 化外 지역으로 구분할 수 있다.[96] 이를 도식화하면 다음과 같다.

〈그림 1〉 청조를 중심으로 한 청조와 주변 관계

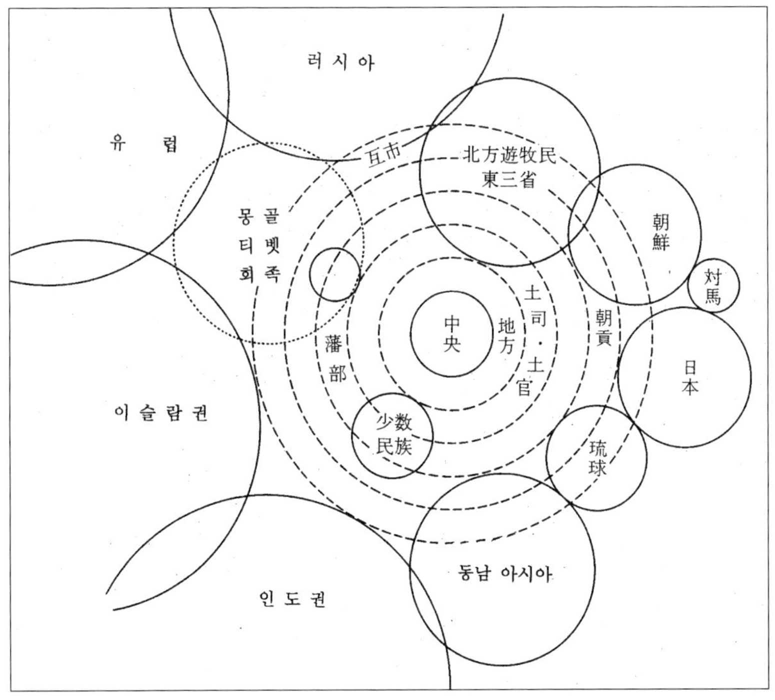

위의 그림은 청조 당시 청조와 주변국, 주변국과 주변국과의 관계가 어떻게 연결되었는지에 대해 도식화 한 것이다. 청조를 중심으로 하는

96) 浜下武志, 『朝貢システムと近代アジア』, 岩波書店, 1998, 9~10쪽.

화이질서를 통해 본다면, 러시아는 청조의 교화가 미치지 않는 화외지역으로 구분될 수 있는 것에 비해, 조선은 조공관계에 의한 화이질서의 통제 범주에 속하게 되므로 청조의 대외 관계도 대조선과 대러시아 관계가 달랐고 이것이 조약 체결 및 결과에도 차이를 보인 것이라 할 수 있겠다.

조선과 청조의 화이관계에 따른 정책의 변화를 보여주는 것으로 세종대에 백두산 제사가 사전에서 제외된 근본적인 이유는 조선의 각종 국가의례가 중국의 제후국 제도에 준하여 정비되었기 때문이다. "동교(東郊)에서 봄을 맞는 것은 본시 천자(天子)의 예(禮)입니다. 당나라와 송나라의 조하의(朝賀儀)에 모두 입춘 하례(立春賀禮)가 없으니 청컨대, 지금부터는 입춘 하례(立春賀禮)를 정지시키소서"[97]라고 예조에서 아뢰자 그 의견에 따라 입춘하례도 천자의 예라는 이유로 1432년에 폐지되었다. 또 제천이 천자의 예라는 이유로 조선에서 시행하는 것이 부당하다는 인식이 강화되어,[98] 원구제[99]는 제후국의 법도에 맞지 않는다는 이유로 폐지되었다.

이와 같은 제후국에 준하는 법도를 지켜야 한다는 논리는 조선에서 『주례』와 당, 송, 명 시기의 예를 따르려는 노력에서도 나오지만[100] 명

97) 『世宗實錄』 卷57, 14年 7月 25日 辛巳.

98) "천자(天子)가 천지(天地)에 제사지내고 제후(諸侯)가 산천(山川)에 제사지내는 것이 제도"라는 인식이 조선 초에 있었음. 『太宗實錄』 卷31, 16年 6月 1日 辛酉.

99) 교사(郊祀)는 임금이 교외(郊外; 서울에서 1백리 밖)에서 하늘과 땅에 지내던 제사. 동지(冬至) 때에는 남쪽 교외에서 하늘에 제사지내고(南郊祀), 하지(夏至) 때에는 북쪽 교외에서 땅에 제사지냈는데(北郊祀), 원구(圓丘)를 쌓기 때문에 원구제(圓丘祭)라고도 함.

100) 황희, 맹사성 등이 사직신의 위패, 칭호를 논하면서, 『주례』, 당나라 『개원례』, 송나라 순희(淳熙) 4년의 『사사직의주(祀社稷儀注)』, 명나라 『홍무예제(洪武禮制)』 등의 근거를 논하는 데에서도 살펴볼 수 있다. 『世宗實錄』 卷54, 13年 11月 5日 丙寅.

에서 요구된 것이기도 하다. 홍무제(고황제, 주원장)는 건국 직후 주변국과 관계를 재설정하고 각종 국가의례를 정비하면서 명과 고려와의 관계를 천자국과 외번국의 관계로 설정하면서 고려의 산천제와 성황제를 문제 삼았다. 조선에서는 스스로 외번국이라는 말을 사용하기도 하였다.[101] 홍무제는 건국 직후 고려, 안남 등 주변국의 산천 제사에 관심을 갖고 명의 예제 정비 성과를 주변국에게 전파하려고 노력하였지만 후에는 '의례는 본속(本俗; 고유의 풍습)을 따르고 법은 구장(舊章; 옛날 법도)을 지키도록 하였다'. 중국은 일이 있을 때마다 "의례는 본속을 따르고, 법은 구장을 지켜라"라는 예를 들면서 조선에게 내린 지침처럼 필요에 따라 자의적으로 활용하는 경우가 많았다.[102]

이러한 방침은 고려뿐만 아니라 조선에도 이어져 조선 초기 예제 정비를 위한 참고자료가 되었다. 즉 제후는 경내의 산천을 제사지낸다고 하는 인식으로 인해 변경지역의 백두산이 사전에서 제외되었지만 내지 방어주의적인 태도를 벗어나 북방지역에 대한 적극적인 개발 노력은 백두산 치제 복설 및 백두산정계비가 논란이 되는 배경으로 작용하였다. 다시 말하면 백두산정계비에 대한 근본적인 논란은 화이질서 체제의 속박에서 찾아볼 수 있을 것이다.

하늘에 제사를 지내야 한다고 태종에서 상소한 변계량 상소 내용을 주목해 보자. 그는 "우리 동방은 단군(檀君)이 시조인데, 대개 하늘에서

101) "외번국왕(外藩國王)의 이미 고인이 된 세자와 세자부에 대하여 전날에 추봉(追封)·사시(賜諡)한 규례가 없었으니" 『正祖實錄』 卷2, 즉위年 8月 18日 丁巳.

102) 천추절 계본을 잘못 쓴 3사람을 추가 압송하라고 하면서 명나라 예부 시랑(禮部侍郞) 장병(張炳)이 조선 국왕에게 요구하면서, "우리 황제께서는 거듭 유시(諭示)하기를, '예의는 본디 풍속대로 따라 하고, 법은 예전에 시행하던 전장(典章)을 지켜라'고 한 지가 지금 수십 년이나 되었는데, 처음부터 지금에 이르기까지 변방의 흔단(釁端)을 발생하지 말도록 간절히 경계하고" 등으로 활용하였다. 『太祖實錄』 卷14, 7年 5月 14日 庚申.

내려왔고 천자가 분봉(分封)한 나라"로서 1천여 년이 되도록 하늘에 제사 지낸 것을 고친 적이 없었다고 강조하였다. 그러나 후에 중국과 통하면서 신속의 질서 때문에 법도를 넘을 수가 없어서 '천자(天子)는 천지(天地)에 제사하고, 제후(諸侯)는 산천(山川)에 제사'하게 되었다. 그러나 하늘에 제사하는 예법은 심히 오래되어 변경할 수가 없으며, 조정에서 하늘에 제사하는 것은 1천여 년을 지나도록 기운이 하늘과 통함을 역설하였다. 그는 명의 주원장이 '의식은 본속(本俗)을 따르고 법은 구장(舊章)을 지키도록 허락'하였고, 태조(太祖)도 공근(恭謹)하였으니, 우리 동방에서 하늘에 제사하는 이치가 있어 폐지할 수 없다고 하였다.[103)]

조선은 중국과의 신속의 질서로 인해 수많은 예제 등이 속박을 받았고 이는 천지나 산천에 제사 지내는 의식에서도 분명하게 드러난다. 결국 백두산정계비 문제가 논란이 되는 이유도 봉금지대 설정, 유조변 확장 이설, 청조의 일방적인 요청에 의한 백두산 탐사와 백두산정계비 설정, 그 후의 외교담판까지 모두 화이체제의 속박 여부에서 자유로울 수가 없었던 것과 깊은 관계가 있다.

4. 결 론

본고에서는 조선과 청조의 국경, 영토 문제를 논하는데 논란의 중심에 서 있는 백두산정계비와 관련하여 논란의 근원이 어디에서 출발하는지를 검토하기 위해 1689년 러시아와 청조가 체결한 네르친스크 조약과 화이질서와의 관계에 주목하였다.

이를 규명하기 위해 조선과 청조의 백두산 인식과 치제, 청조의 유조변 밖과 조선의 압록강, 두만강 사이의 봉금지대에 대한 성격 규명, 봉금

103) 『太宗實錄』 卷31, 16年 6月 1日 辛酉.

지대에 있는 백두산을 청조의 일방적인 요청으로 탐사하여 백두산정계비를 수립하게 된 요인을 검토하였다. 또한 1712년 백두산정계비 설치 이후로 조선과 청조 사이에 논란이 되었던 국경 문제의 성격을 이해하기 위해 1689년에 체결된 네르친스크 조약 과정을 비교 검토하였다.

네르친스크 조약이래 러시아는 청조와 외교적 평등관계를 유지하면서 교역을 확대해 나간 반면, 백두산정계비 설정이래로 조선과 청조는 1885년과 1887년의 외교담판을 거치면서 정계의 내용과 의미를 재검토하여야 하였다. 게다가 1909년에는 일본과 청조가 간도협약을 체결하여 간도를 청조에 귀속시킴으로써 백두산정계비에 기록된 토문강의 규명 논란에서 이와 관련된 간도 영토 귀속권까지 연결되는 논쟁의 여지를 남겼다.

강희제시기에 발생한 러시아와 청조, 조선과 청조 사이의 국경 문제가 왜 서로 다른 결과를 가져오게 되었는지에 대해 본고에서는 화이질서 체제에서 보이는 중앙－이민족－다른 지역(국가)으로 확대되는 지배질서 구조에서 조선과 청조는 조공관계 범주에 속하고, 러시아와 청조는 소위 화외지역으로서 중국의 교화가 미치지 않는 지역으로 독자적 시스템이 있었던 것에 주목하였다.

따라서 백두산정계비 논란의 근원은 청조의 대표인 목극등의 실수나 조선 관찰사나 접반사의 무책임에서 찾기 보다는 결국 화이질서 체제의 관계 속에서 그 의미를 발견해야 할 것이다.

제4부

간 도

동북아 정세의 특징과 간도영유권문제 해결의 접근법 탐색

신주백
(서울대학교)

1. 머리말
2. 동북아 질서구도 속에서 한반도
3. 21세기 동북아 정세의 세 가지 특징
4. 동북아 평화정착과 한반도 통일과정에서 간도영유권문제
5. 맺음말

1. 머리말

한반도와 인접한 곳 가운데 아직 우리가 해결하지 못한 영토문제는 독도문제, 간도문제, 녹둔도문제 등을 들 수 있다. 정부차원의 입장차이로 따지자면, 이들 문제 가운데 간도문제가 가장 오랜 갈등의 역사를 가지고 있다. 1712년부터 지금까지 지속되고 있으니 294년간 한반도의 주인과 만주의 주인 사이에 영유권을 둘러싸고 의견차이가 있어 왔던 것이다.

오늘날 우리에게 간도문제는 영토문제로만 한정되지 않는다. 영토문제 역시 주권문제이기에 아주 중요한 사안인 것만은 분명하지만, 간도

문제는 미래의 남북통일과도 깊은 연관이 있는 문제이고, 우리의 주권이 미치지 못함에도 중국 조선족의 삶과 아주 밀접한 관련이 있는 문제이다. 정치영역의 문제이자 일상적 삶의 문제이기도 한 것이다. 따라서 간도문제는 영유권문제 이외의 다양한 차원을 더욱 고려해야 한다는 점에서 독도문제, 녹둔도문제와 다른 접근이 필요하다고 볼 수 있다. 또한 두 문제와 달리, 간도문제는 몇 차례의 국경담판, 그리고 대한제국이 배재된 간도협약(1909), 국가 대 국가의 조약이란 복잡한 과정을 거쳐 왔기 때문에 역사적 연고권을 주장하는 것만으로 당위성을 내세울 수 없는 측면도 있다.

간도문제의 기본이자 핵심은 역사문제이자 영유권문제이다. 동시에 미래의 통일한국을 어떻게 이룩할 것인가, 더 나아가 동아시아의 안정과 평화를 어떻게 구축할 것인가와 밀접한 연관이 있다. 중국에서 진행하고 있는 동북공정을 계기로 간도문제에 관한 연구가 활발히 이루어지고 있는 최근의 경향과도 맞물려 있다. 1712년의 백두산정계비, 1909년 일청간의 간도협약, 1962·1964년 북중 간의 국경비밀조약, 그리고 통일문제의 연관성을 제기한 연구가 이루어지고 있는 것도 이 때문이다. 그 대표적인 논자로 박선영과 이성환을 들 수 있다.[1)]

두 사람은 다른 입장 곧, 박선영은 간도협약 무효론의 입장에서, 이성환은 간도협약의 유효론을 가정(假定)한 전제 위에서 접근하고 있다는 점에서 다르지만,[2)] 간도문제를 역사적으로 접근하면서 미래의 한반도통일과 어떤 연관이 있는지에 대해 언급하고 있다는 점에서 공통된다. 특히 이성환은 간도협약 제1조 이외의 조항은 여전히 현재적 의미

1) 박선영, 「한중 국경획정의 과거와 현재」『北方史論叢』 4, 2005.4 ; 이성환, 「간도문제 연구의 회고와 전망」『백산학회창립40주년 기념학술대회－韓民族 北方關係史의 回顧와 展望』, 2006.5.

2) 조중변계조약을 검토하지 않았지만, 노영돈도 간도협약 무효론의 입장에서 출발하여 통일문제를 언급하고 있다(盧泳暾, 「청·일 간도협약의 무효와 한국의 간도영유권」『間島學報』 1, 2004.12).

가 있다고 하면서 영토의 주권귀속문제와 현지에 살고 있는 조선족의 권리귀속문제를 분리해서 접근할 필요가 있다는 새로운 주장을 제기하였다. 필자는 다음 제4장에서 언급하겠지만, 이 주장은 주목할 필요가 있는 언급이라고 본다.

그럼에도 불구하고 두 논자는 통일문제와 간도협약의 유무효성을 연계시켜 본격적인 주장을 제기하지 않았다. 지극히 먼 미래의 일이기 때문에 지금 간도문제를 어떻게 해결해야 한다, 내지는 통일 이후 간도문제를 어떻게 해야 한다는 주장은 원칙론적인 언급 이상으로 명확한 해답을 제시하기 어려웠을 것이다. 더구나 한반도를 둘러싼 동북아 정세와 분단 한국의 불확실성으로부터 유래되는 분단문제도 마찬가지이지만, 간도문제 역시 지극히 역동적인 측면을 고려해야 하기 때문에 더더욱 명확한 논지를 전개하기 어려웠을 것이다. 이런 어려움은 간도문제에 관심 있는 모든 사람이 느끼고 있어 두 논자만의 제한성은 아니다.

이 글에서는 영유권문제를 기본 핵심으로 하는 간도문제의 결론을 '이것이다'라고 내세우지 않겠다. 필자가 그럴 수 있는 능력이 없기 때문이다. 대신에 박선영, 이성환의 접근방식과 달리, 동북아와 한반도의 안정 및 평화정착, 그리고 한반도의 분단을 극복하는 과정에서 동북아의 역사갈등, 좁게는 영토문제를 어떻게 풀어가야 하는가라는 전략적 접근 방안을 제시하면서 간도문제를 해결하기 위한 방향성을 제시해 보겠다.

필자가 이렇게 접근하려는 이유는, 현재의 역사갈등은 동북아를 분쟁지역화 할 우려가 있기 때문이다. 또 분쟁지역화하는 와중에서 한반도의 분단을 극복하려는 우리의 통일노력이 주변 국가들을 더 불안하게 하는 측면 즉, 지금 현재의 상태가 뒤흔들리면서 혹시 자신들에게 불리한 상황이 조성될 수도 있다는 우려로 인해 주변 국가들로 하여금 한반도의 통일과정을 쉽게 받아들이지 못하도록 할 수도 있기 때문이다. 더구나 한반도의 평화를 정착시키고 분단의 격차를 좁혀 나가며 통일로

가는 과정에서 동아시아의 역사문제, 좁게는 영토문제는 어떤 형태로든 반드시 제기될 것이다. 그러므로 한일 간의 독도문제도 마찬가지지만 간도문제 역시 한중관계 곧, 두 나라의 관계를 넘어서는 차원에서도 논의 될 수밖에 없다는 관점과 시야를 가질 필요가 있다.[3)]

그래서 제2장에서는 먼저 동북아에서 한반도는 어떤 위상을 갖고 있는가를 역사적인 측면과 더불어 현재의 미중관계 속에서 검토해 보겠다. 이어 제3장에서는 현재의 동북아정세의 핵심적인 특징이 무엇인가를 검토하여 동북아 국가간의 협력의 수준을 짚어보겠다. 이를 통해 향후 우리의 선택점이 무엇이어야 하는가를 찾아보겠다.[4)] 마지막으로 제4장에서는 영토문제이지만 역사문제인 간도문제를 풀어가기 위해서는 우리가 무엇을 어떻게 해야 하는지를 검토하겠다.[5)]

2. 동북아 질서구도 속에서 한반도

1) 동북아 국제관계사의 특징과 한반도

흔히 동아시아의 문화가 형성되기 시작한 시기를 1~4세기 사이로 본다. 중국에서 전파된 한자, 불교, 유교가 한반도와 일본으로 퍼져 나간 것을 염두에 둔 지적일 것이다.[6)] 이후 10~12세기까지만 해도 조공-

3) 이 글에서는 간도문제라는 개념에 오늘날 연변조선족자치주 등의 간도영유권문제와 천지 등 백두산문제를 포함하고 있다.

4) 제2, 3장에서 정리・분석하려는 한반도를 둘러싼 현재의 정세는 국제정치학계에서 분석한 내용을 바탕으로 하였다. 하지만 이들 분석문들은 작금의 정세와 동북아 역사문제를 연관시켜 접근한 경우는 없다. 특히 제3장의 제2, 3절은 그동안 필자 나름대로 모아 온 자료를 정리한 내용이다.

5) 이 글에서는 동북아와 동남아를 구분하고 이를 통합한 개념으로 동아시아라는 개념을 사용하겠다. 그렇다고 지리적 경계를 명확히 한 상태에서 사용한 개념은 아니다.

책봉관계를 매개로 한 정부차원의 공식적인 교류를 중심으로 한국과 중국의 교류가 계속 이어졌다. 바다를 사이에 둔 일본과 대륙의 국가들 역시 견당사(遣唐使), 견신라사, 견발해사라는 말에서도 알 수 있듯이, 교류가 있기는 하였다. 이때까지만 해도 한・중・일의 교류는 사신 교류를 중심으로 전개되었지만, 그렇다고 민간교류가 크게 제약받는 상황도 아니었다. 그래서 한국과 일본에서는 12세기 이전에 각자의 독자적인 문화가 형성되었다고 본다. 그런데 대륙에서 元・明이 교체된 이후부터 세 지역간의 교류는 사신의 교류로 제한되었다. 특히 16세기 들어 세 나라는 모두 쇄금정책을 취하며 사신교류 등 제한적인 왕래만을 간헐적으로 하면서 민간교류를 금지하였다. 이로 인해 삼국의 사람들은 상대방에 대한 정보를 많이 갖지 못해 상호이해와 친밀감을 심화시키기 어려웠다.

간헐적인 교류 속에서 예외적인 경우가 있다면 전쟁 때였다. 전근대 동아시아에서의 전쟁은 대규모 교류를 가능케 하였다. 임진왜란 때 일본으로 잡혀간 사람들과 그 와중에 도자기 기술이 일본으로 전래된 일이 대표적인 경우일 것이다. 그런데 동북아에서 일어나는 전쟁 가운데 한반도 지역이 전장의 일부가 되면, 전쟁이 끝난 이후 한・중・일에서는 반드시 정치변동이 일어났다. 즉, 세 지역의 권력이 한반도에서 동시에 만나면 종전 후 세 나라에서는 권력관계에 큰 변화가 있었다.

동북아 3국은 전쟁의 과정에서 큰 정치적 변동과 더불어 사회적 변화도 있었지만, 유럽과 비교하면 게르만민족의 대이동처럼 민족간 혼합과정이 있지 않았다. 교황을 중심으로 하나의 종교 세계에서 모두가 함께 살았던 것과 같은 경험도 없다. 합스부르크왕가처럼 하나의 왕조에서 통치했던 영역이 오늘날 여러 국가의 영토에 해당되는 경우도 없다. 또 종교개혁, 문예부흥, 산업혁명처럼 비슷한 시기에 유럽의 주요 지역

---

6) 되도록 서술의 편의상 한국, 중국, 일본으로 표현하겠다.

을 휩쓸며 여러 민족과 국가 구성원들의 내면적 정서에 영향을 끼쳤던 역사적 경험이 동북아에는 없다.

오히려 불교와 유교가 한・중・일의 대중 사이에 내면적 공감대를 확보하고 의사소통의 매개가 될 정도로 발전하지도 않았다. 중국으로부터 삼국에 전래된 불교가 6세기 중반에서야 일본으로 전래되었을 정도로 시차가 있었다. 송나라의 주자학이 임진왜란을 계기로 일본에 전래되어 국학으로 연결되기까지 몇 백 년이 걸렸다.[7] 따라서 동아시아의 역사와 문화교류는 유럽에 비해 역내의 사람들 사이에 시간적 동시성을 갖고 내면적으로 소통했던 경험이 크게 부족했으며, 당연히 각 국가의 대중 사이에 동아시아적 정체성 내지는 유대감을 형성할 수 있는 역사적 기반이 취약할 수밖에 없었다고 볼 수 있다.

더 나아가 서구의 충격이 동아시아를 휩쓸 때까지도 역내(域內)의 사람들은 동아시아를 자각하지도 못했다. 동아시아라는 지역 개념을 동아시아인 스스로가 발견한 것이 아닐 정도로 동아시아인의 경계의식은 약하였다. 이러한 상황에서 서구의 충격이란 외적 자극은 동아시아에 새로운 전환점을 제공했지만, 삼국이 이 자극을 받아들여 소화하는 정도가 달랐다. 뿐만 아니라 이후 기본적인 질서구도가 일본의 침략전쟁과 지배, 그리고 여기에 대한 저항이라는 양태로 전개되었다. 한・중・일의 소원(疎遠)했던 관계는 근대적 전쟁을 계기로 대중적 차원에서 형성된 차별적 언행과 적대적 감정을 품은 구성원들에 의해 그대로 유지되었다. 아니, 전근대 시기의 부정적인 유산이 더욱 강화되었다고 보아야 할 것이다.

1945년, 비록 일본이 패전했지만, 미국과 소련이란 초강대국을 중심으로 한 냉전체제는 동북아에서 침략전쟁과 식민지 지배로 인해 더욱 심화된 대중의 부정적 정서를 치유하고 새로운 관계를 설정할 기회 자

---

7) 자세한 것은 高柄翊, 『동아시아사의 전통과 변용』(문학과 지성사, 1996) 참조.

체를 원천적으로 차단하였다. 냉전으로 인해 동북아 지역 내의 여러 갈등 요소가 드러나지 못하고 이데올로기적인 편 가름 속에 숨 막힌 채 유예되고 억눌려 왔기 때문이다. 한반도의 분단사가 정치적으로나 문화적으로 그것을 상징하는 대표적인 역사이다. 본 논문과 관련해서 보면, 오늘날까지 간도문제가 상대방에 대한 배려와 대화보다는 경쟁과 갈등의 양태로 전개되어 왔던 근본적인 이유 가운데 하나도 여기에 있다.

2) 냉전 해체 이후 미·중 관계 속에서 한반도

1990년 동서독이 통일되고, 1991년 사회주의조국 소련이 무너지면서 세계적인 차원에서 국제질서를 규정해 왔던 냉전은 끝났다. 냉전체제의 해체는 동아시아에서 미국과 소련이란 초강대국의 영향력을 감소시키고, 동아시아지역에서 역내 헤게모니를 다투는 중국과 일본이란 국가를 부상시켰다.

하지만 일본은 기본적으로 미국의 세계전략에서 벗어나지 못하고 있다. 그럴 의지가 있는지조차 의심스럽다. 오히려 미국의 세계전략에 편승해 동아시아 역내에서 주도권을 장악해 보려는 심산이 보인다. 역내 헤게모니를 추구한다는 점에서는 중국과 같으면서도 결정적으로 다른 점이 바로 이것이다. 따라서 현재와 미래의 동북아 질서는 미국과 중국의 관계 속에서 기본적으로 규정된다고 볼 수 있다.

오늘날 한반도문제는 중국이 역내 주도권을 장악하려 노력하는 과정에서 큰 발판으로 작용하고 있다. 주지하듯이, 북한의 미사일발사문제와 핵개발문제를 둘러싸고 전개되고 있는 일련의 국제적 협의과정에서 중국이 수행하고 있는 역할을 보면 이를 확인할 수 있다. 중국 스스로도 북핵문제를 어떻게 처리하느냐에 따라 동북아의 전략구도가 크게 바뀔 것으로 전망하고 있기 때문에[8] 자신들의 외교역량을 집중하고 있다. 그렇다고 중국이 북핵문제를 비롯하여 북한과의 관계를 이념적 동반자라는 측면에서 설정하고 있는 것도 아니다. 이제 중국은 북한의 가치를 국익의 증대라는 측면에서 전략적으로 접근하고 있다. 즉, 북한문제를 지렛대로 대미관계에 대응한다는 전략적 측면을 더 고려한다는 것이다. 동시에 국익 차원에서 북한문제를 접근하는 중국의 자세는 한국과의 정책공조, 내지는 협력을 강화하려고 시도할 때 예전과 달리 북한이란 존재를 의식하여 특별히 주저하는 일이 거의 없어졌다는 현실로도 나타나고 있다.

그런데 미국과 중국은 한반도문제를 한반도에 제한하여 보지 않고, 그 수준을 넘어서는 차원에서 이 문제를 사고하고 접근한다. 미국은 자신의 세계전략과 그 일부인 아시아전략 속에서 한반도문제를 바라본다. 중국 역시 소강국가(小康國家)를 건설하기 위해 주변 지역의 안정을 추구하면서 미국의 동북아정책을 견제하고 역이용하는 차원에서 한반도문제에 접근하고 있다.

앞서도 언급했듯이, 중국은 한반도에서 영향력을 확보하는 것이 자신들의 국제적 지위를 증대시키고 역내 지도국가로서의 지위를 유지·강화시키는 데 크게 기여할 것으로 보고 있다. 이때 핵심적인 관건은 북한에 대한 억제력을 확보하는 것이다. 중국은 북한과 국경을 맞대고 있다는 지리적인 이점으로 인해 국제사회로부터 고립되고 경제적으로 어려운 북한의 숨통을 트여주는 길목이 되고 있는 점을 활용하고 있다. 결국 중국은 한반도문제에 관한 한 미국보다 종합적인 우세를 누리고 있다.[9] 특히, 부시정권이 북한의 미사일발사문제와 핵문제를 놓고 북한을 강경하게 밀어붙일수록 더 그렇다. 달리 보면, 결과적으로 부시정권은 자신이 선택한 대북강경 일변도정책으로 인해 한반도문제에 직접 개

8) 이에 대한 시사는 徐緯地,「朝鮮半島核危機的和解與半島走出冷戰」『世界經濟與政治』277, 2003 참조.

9) 金材澈,「중국의 '등장', 균형정책, 그리고 한반도」『中蘇硏究』100, 2003/2004, 26쪽.

입할 수 있는 여지를 오히려 스스로 좁히고 있다.

중국이 한반도에서 영향력을 확대하는 방식의 하나는 국익 증대라는 전략적 측면에서 남북한 사이에 균형정책을 취하고 있다는 점이다. 1992년 수교 이후, 한중 간에는 경제관계가 두 나라의 관계를 견인했지만, 1990년대 중반 들어 중국은 정경분리의 구상을 버리고 남북한 사이에서 한국에 더 경사된 적도 있었다.[10] 그렇지만 중국은 1997년 4자회담에 참여하기로 결정한 시기를 즈음해서부터 21세기 들어서까지 남북한 사이의 균형정책 내지 등거리정책을 고수하고 있다. 따라서 한중관계가 아무리 발전하더라도 중국은 한반도정책이란 측면을 중요하게 고려하면서 우리와의 관계를 풀어갈 것이다. 더구나 앞서 언급한 북한의 전략적 가치 때문에라도, 한국이 미국으로부터 어느 정도 자율성을 확보할 수 있는가에 대해 중국 자신이 확신을 갖지 않는 한 중국 스스로 북한과의 관계를 포기하거나 악화시키지는 않을 것이다. 따라서 우리가 중국에 대해 북한을 배제한 동북아정책을 요구할 수 없듯이, 반대로 북한 역시 중국을 배제한 동북아정책을 추진할 수 없을 것이다.[11] 바로 이 지점이 지금 현재의 간도문제를 우리의 단독행동 내지는 북한과의 공조를 통해 적극적이고 지속적으로 풀어가기 어렵게 만드는 측면이다.

우리 입장에서 중미관계를 볼 때 또 하나 고려해야 할 사항은, 중국이 미국을 완전히 배제하고 동북아에서 독점적인 영향력을 장악하지 못할 것이라는 점이다. 중국이 그럴만한 힘이 없기 때문이다. 만약 중국이 동북아에서 미국을 배제하고 독점적인 영향력을 행사하려는 의도를 추진하려 한다면, 중국은 그 순간부터 미국과 적대적 대결구도를 형성한다는 전제 아래 모든 외교정책을 추진해야 한다. 중국으로서는 그럴만

10) 권병현, 「우리나라 대중국 외교의 성과」『外交』51, 1999.10

11) 梁信炫, 「21세기 한중관계의 기회요인과 제약요인 분석」『中蘇硏究』88, 2000/2001, 92쪽. 서진영(≪현대중국정치론≫)과 이희옥(<대중화경제권과 한중정치관계>)의 주장을 재인용하였다.

한 능력이 없는 가운데 위대한 문명을 바탕으로 부강하고 민주화된 중화민족으로 부흥하기 위해 미국과 협력하고 경쟁하는 대미협조노선을 유지하려 하고 있다.

결국 세계적인 차원의 헤게모니 질서 아래 동북아에서 안정자로서의 역할을 지속하려는 미국과, 동북아 지역에서의 국지적 주도권을 장악하려는 중국 사이에 협력과 갈등관계가 되풀이 되는 가운데 미래의 동북아 국제질서가 재편될 가능성이 높다.[12] 달리 보면, 미국과 중국은 동북아에서 연속되는 긴장관계를 조성하지는 않을 것이다. 따라서 우리는 중국의 동북공정이 북한을 접수하여 동북4성의 하나로 만들려 한다는 주장[13]과 같은 과장된 해석을 경계해야 한다. 또한 중국이 동북공정을 추진하는 의도에 대해 국내적 요인을 부각시키면서 한국과의 갈등을 야기하지 않으려는 이유 가운데 하나도 여기에 있음을 알아야 한다.[14]

3. 21세기 동북아 정세의 세 가지 특징

1) 單極構造 속에서 냉전적 질서구도의 강한 잔존

동아시아 역시 세계적인 차원에서 진행된 냉전의 해체라는 구조적인

12) 朴仁輝, 「중국과 동북아 국제관계 : 중국의 대외정책분석과 지정학적 특성」 『中蘇硏究』 89, 2001.5. 중국은 앞으로도 한반도의 긴장으로 인해 중국의 경제발전을 방해받는 환경적 요인이 조성되지 않도록 할 것이다.

13) 『朝鮮日報』, 2005.7.14

14) 유용태는 동북공정의 배경을 설명하면서, 중화민족론과 동북지정학의 논리만을 보고 21세기의 현실로 과도하게 연결시키는 것도 문제이지만, 개발도상국으로서의 중국만을 보고 역사적으로 형성된 팽창 '논리'로서의 중화민족론을 무시하는 것도 문제해결에 접근하기 어려운 태도라고 보았다(柳鏞泰, 「중화민족론과 동북지정학－'東北工程'의 논리근거」 『東洋史學硏究』 93, 2005.12).

변화로부터 큰 영향을 받았지만, 유럽처럼 많은 변화를 겪고 있지는 않다. 유럽과 비교할 때 미국의 지위는 동아시아 역내에서 여전히 확고부동한 가운데, 냉전의 구조적인 해체과정이 느린 속도로 진행되고 있다. 또한 유럽과 달리 동아시아에서는 냉전체제를 해체하는 과정에서 역사갈등이 표출되고 있어 역내 국가 사이에 역사적 결속력이 떨어지고 있는 양상이다. 이러한 특징이 도출되는 동아시아적인 규정요인 가운데 하나로 '사회주의 중국'이 몰락하지 않았다는 점과 남북 분단을 들 수 있다. 역사적으로 보면 동북아 국제관계사가 유럽에 비해 소원했기 때문에 '동아시아적 정체성'을 말하기 어려웠던 현실과도 근본적인 연관이 있을 것이다.

더딘 냉전적 질서의 해체, 달리 말하면 구자본주의권과 구사회주의권의 강한 잔존은 흔히 두 개의 삼각형으로 설명되어지고 있다. 한・미・일이란 남방삼각형 구도와 북・중・러라는 북방삼각형 구도가 바로 그것이다. 두 삼각형 구도에 의한 근본적인 제약은 예를 들어 한국과 러시아, 한국과 중국이 상호안전보장에 관한 국가 차원의 조약을 체결하지 않고 있다는 점에서 확인할 수 있다.

그렇다고 남방과 북방의 삼각형 구도 내부에서의 집단적 안전보장이 이루어지고 있는 것도 아니다. 1945년 이래 남방 삼각형 구도 속의 한・미・일조차 집단안전보장을 위한 상시적인 협의기구를 설치하고 있지 않을 정도이다. 즉, 1951년의 일・미 안전보장, 1953년의 한・미 상호방위조약만이 있을 뿐, 한일 간의 안전보장협정이 없으며 이 삼각형을 이끌어가는 축은 미국의 세계 및 동아시아전략이다.[15] 마찬가지로 북방삼각형 구도 속에서도 1961년의 북・중 우호협력 및 상호원조조약, 2000년의 북・러 친선 선린 및 협력조약, 2001년의 중・러 선린 우호

15) 미국은 1979년 대만과의 상호방위조약을 폐기한 직후 제정한 대만관계법을 통해 대만의 안전을 보장해 주고 있다.

협력조약만이 있을 뿐, 북・중・러 사이의 다자간 안전보장 협정도 없다. 요컨대 동북아에는 안전보장을 위한 다자간 협력체 대신에 쌍무적인 협력 관계만 존재하고 있는 것이다.

달리 보면, 군사전략 중심이었던 안보개념이 정치에서 환경까지 다양한 내용을 담아내면서 광역화하는 양상을 띠고 있는 오늘날의 현실을 염두에 둘 때, 동북아에서의 협력관계는 지극히 초보적인 안보협력조차 이루어지지 않은 수준인 것이다. 이는 동북아에서 국제협력의 수준을 나타내는 것이며, 국가 간 취약한 신뢰 기반을 의미한다. 또한 지금 당장 한국이 중국에 간도문제를 제기하여 평화적으로, 그리고 서로가 윈-윈 할 수 있는 방향으로조차 풀어가기 어렵다는 현실을 시사해 준다. 이처럼 엄정한 현실에도 불구하고 21세기 들어 쌍무적인 동북아 국제관계를 극복하고 동아시아에서 다자 간 협력관계를 만들어 보려는 움직임이 경제분야를 중심으로 본격적으로 나타나고 있는 것이 또 다른 현실이다.

2) 상시적 지역협력체 구상의 본격화

21세기 들어 동아시아 정세의 긍정적인 특징의 하나는 지역협력 시스템을 제도화하고 지역통합을 향한 논의가 더욱 활발해지고 있다는 점이다. 냉전체제가 해체되고, 유럽의 지역통합과 북미자유무역지역(NAFTA)의 움직임에 자극되었던 것이 본격적인 논의의 출발이었다고 한다면, 1997년 동아시아 통화위기가 또 하나의 중요한 계기였던 것만은 분명하다.

동아시아지역의 협력시스템은 기본적으로 1967년에 성립한 동남아시아국가연합(ASEAN)과 1989년에 결성한 아시아태평양경제협력체(APEC)를 중심으로 전개되어 왔다. ASEAN의 경우 1990년대 들어 베트남, 라오스, 미얀마, 캄보디아가 가맹하며 명실상부한 지역연합체로 변신한 이후, 1994년 아시아태평양지역의 공식적인 첫 다자안보협의체로 현재 20여 개 국가가 참여하는 ASEAN지역안보포럼(ARF)도 설립하였다.

그런데 1997년 동아시아 통화위기 때 APEC과 IMF가 거의 효과적으로 대응하지 못한 것을 계기로 미국이 아니라 아시아 자신이 주도하고 문제를 해결할 수 있는 능력을 높여야 한다는 공감대가 동아시아 여러 국가 사이에 형성되었다. 일본은 아시아통화기금을 만들자고 제기하였고, 1998년 12월에 열린 ASEAN10+한중일3의 대화기구가 만들어진 것도 이러한 상황판단과 깊은 연관이 있다. 우리의 경우 이 대화기구에 참가한 김대중대통령이 동아시아비지네스그룹(EAVG), 이듬해 회의에서 동아시아스터디그룹(EASG)을 각각 제안하였다. 2002년 11월 ASEAN10+한중일3회의에서는 동아시아자유무역권을 창설하기 위한 데스크를 설치하였다. 또한 2000년에 중국과 ASEAN은 자유무역협정(FTA)을 체결하기 위한 협의를 시작하면서 향후 10년 이내에 협정을 체결하기로 합의하였고, 일본 역시 ASEAN과 장차 FTA를 체결하기로 합의하였다.[16] 지역협력체를 세우기 위한 지금까지의 움직임은 2005년 12월 말레이시아에서 동아시아정상회의(EAS)가 처음 열린 것으로 이어졌다.[17] 제1차 EAS는 ASEAN10+한중일3회의와 달리 동북아 3국이 ASEAN 국가들과 동등한 자격으로 참여한 새로운 정상회의체로서 동아시아공동체(EAC)를 형성하기 위한 본격적인 가시적 조치가 처음으로 태동했음을 의미한다.

동아시아에서 상시적인 협력시스템을 만들어 가기 위한 일련의 움직임은, 미국이 주도하지 않고 동아시아 역내 국가들 스스로가 참여하여 주도적으로 이끌어 가고 있다는 점에서 냉전적인 국제관계가 지배했던 시기와 분명히 다르다. 이는 역내의 국가들이 처음으로 독립적인 안보

16) 배긍찬「동북아시대 구성과 ASEAN+3협력」『주요국제문제분석』, 2005.4.11, 2~4쪽.

17) 이에 대해 미국은 어떤 형태로든 앞으로 열릴 동아시아정상회의에 관여하려 하고 있다(『每日經濟新聞』, 2005.12.27).

의제를 갖게 되었음을 의미한다. 또한 통합논의의 주제와 추진기반이 경제 중심이라는 점도 특징이다. 한・중・일・동남아시아의 인구, 경제력, 문화수준에서 편차가 아주 심함에도 불구하고 통합논의가 진행되고 있는 이유 가운데 하나도 자본의 이해를 반영하고 있기 때문이다.

또 하나 빼놓을 수 없는 특징은, 1990년대 후반 들어 중국이 동아시아지역 협력시스템을 구축하려는 움직임에 적극적이라는 점이다. 중국은 2001년에 창설한 상하이협력기구(SOC)와 북핵을 둘러싼 6자회담을 정례화하는 데 적극적일 뿐만 아니라, ASEAN10+한중일3회의에도 적극 참여하고 있고 동남아시아조약기구(TAC)에도 가맹하였다. 일련의 연장선상에서 2002년 제16차 중국공산당대회에서는 '소강사회의 전면적 건설'을 내걸고 실용주의적으로 접근하되 세계와 지역을 적절히 결합하며 국제사회에 적극 참여한다는 방침을 결정하였다.[18] 중국이 이처럼 적극적인 이유의 하나는, 미국이 일본 등 동아시아의 동맹국가들 및 협력적인 국가들의 도움을 받아 중국을 견제하거나 포위하는 다자간 협력체를 만들 수 있다는 우려 때문이다. ASEAN10+한중일3회의와 EAS에 미국이 참여할 수 없는 조건도 중국을 더 적극적이게 하였을 것이다.

이와 다른 측면에서 동아시아 협력시스템에 관한 논의와 실천의 현주소도 명확히 확인해 둘 필요가 있다. 즉, 유럽연방을 추구하고 있는 유럽 지역의 국가들과 달리 아직은 논의 수준과 움직임의 정도가 국민국가와 국가주권의 틀을 전제로 하는 수준이고, 지역협력체의 전체적인 구조와 내용의 방향성이 아직 오리무중일 정도여서 EU를 세운 유럽과 비교할 수조차 없이 낮다는 점이다. 다만, 지역협력체를 만들어 가려는 움직임은 앞으로 더욱 속도를 낼 것이라는 점은 분명하다.

이제 동아시아의 어느 국가도 통합 논의와 흐름을 거부하고 스스로 고립을 자초하지는 않을 것이다. 문제는 어느 방향으로 가속도가 붙어

---

18) 『京鄕新聞』, 2002.11.20

어떤 형식과 내용으로 안착하느냐 이다. 이때 FTA와 북핵문제, 그리고 같은 공간의 다른 차원에서 진행될 역사문제를 동아시아 국가들이 어떻게 해결하고 어느 수준에서 합의하느냐가 일단 중요할 것이다.[19] 간도문제 등 동아시아 역사문제의 동아시아적 중요성을 여기에서도 찾을 수 있다. 즉 역사문제를 끊임없이 제기하여 분쟁지역화하기 어려운 국제정세가 조성되고 있으며, 2국 간 대화만이 아니라 다자간 역사대화를 할 수 있는 환경이 점차 만들어지고 있다. 더 나아가 역내의 갈등을 유발하고 있는 역사문제가 오히려 동아시아의 다자간 협력관계를 형성하는데 기여할 수 있는 '반전(反轉)의 요소(要素)'로 활용할 여지도 보인다는 점이다.

3) 독립 변수화한 역사문제

동아시아에서 역사문제로 인해 국가간의 갈등이 처음 표출된 것은 1982년 일본의 역사교과서 검정파동 때였다. 이후 소강상태에 있던 동아시아의 역사문제는 냉전체제가 해체된 이후 주로 일본정부를 상대로 소송을 제기하는 형식으로 표출되었다.[20] 1990년대 중반경까지만 해도 역사문제는 정부차원의 현안이 아니라 민간차원의 대답 없는 외침이었기 때문에 대중적인 관심을 크게 끌지는 못했지만, 전후보상소송은 대중이 나서서 역사문제를 해결하려는 본격적인 움직임이 시작되었음을 알리는 신호탄이었다. 이즈음부터 일본의 과거청산을 요구하는 목소리가 본격적으로 제기되면서 역사문제는 점차 정치외교의 영역으로까지

19) 특히 FTA와 북핵문제가 마무리되는 즈음에는 남북한, 중국・대만의 분단 극복문제가 동아시아 협력관계를 만들어가는 과정에서 또 다른 지평을 열어가는 중심 고리가 될 것이다.

20) 신주백, 「한국과 일본에서 대일과거청산운동의 역사－한국과 관련하여」 『역사문제연구』 14, 2005.6

확대되어 지고 각국에서 정책비중이 높아 갔다.

21세기 들어서도 일본의 역사교과서문제를 중심으로 동아시아의 역사갈등이 거의 연례행사처럼 표출되기 시작하였다. 하지만 이전과 분명히 다른 점이 있다.

일본의 역사교과서 서술로 인해 발생했던 한일간의 역사갈등이 독도라는 영토문제로까지 확대되었다는 점이다.[21] 최근에는 바다의 명칭문제, 야스쿠니신사문제 등으로까지 확대되고 있다. 그리하여 한일간에는 이전과 비교할 수 없을 정도로 역사갈등이 고조되고 있다. 예를 들어 2006년 4, 5월 한일 간에 있었던 독도를 둘러싼 갈등양상이 무력충돌의 우려까지 불러일으킬 정도로 고조된 적이 있었다.

또 하나는 21세기 들어 한일 간만이 아니라 한중 간에도 역사갈등이 일어나고 있다는 점이 이전과 다르다. 중국의 동북공정으로 인한 한중 간의 역사갈등은 2003년에 이어 2006년에도 재차 폭발하였다. 동북공정으로 인한 한중간의 역사갈등은 고대사 인식에 대한 의견차이일 뿐만 아니라 간도영유권문제에 대한 생각의 차이를 반영한 결과이다. 뿐만 아니라 일중간의 역사갈등도 조어도문제(釣魚島問題 또는 尖閣諸島問題)와 야스쿠니신사문제로 역사갈등이 더욱 고조되어 왔다.

이처럼 동아시아의 역사갈등은 단순히 교과서문제로 한정되고 있지 않다. 역사적 연고권까지 포함되는 영토문제로 인해 역내 국가간의 갈등이 첨예화되어 가고 있을 뿐만 아니라 바다의 명칭문제, 야스쿠니신사문제도 제기되고 있다. 강제동원문제는 여전히 해결될 기미가 없다. 이들 다섯 가지 역사문제가 거의 동시다발적으로 제기되면서 동북아 국제관계가 복잡한 갈등구조를 형성하기 이르렀다.[22] 더 나아가 역사갈등

21) 일본 교과서에서 독도에 관한 서술의 변화는 신주백, 「교과서와 독도문제」 『독도연구』 2, 2006.12 참조.

22) 본고에서는 다섯 가지 역사문제를 해결하기 위한 협력과 노력을 '역사대화'라 하고, 교과서문제를 해결하기 위한 노력을 '교과서대화'라 부르겠다.

의 양상도 정부 차원에만 한정되지 않고 국민(민족)감정을 동반하고 있어 반중, 반일, 반한감정이란 용어가 흔히 사용되고 있고 일부에서는 행동으로 표출할 정도로 국민감정의 간극이 벌어지고 있는 실정이다. 결국 역사인식을 둘러싼 동북아 국가들 간의 관계는 국민정서를 반영한 가운데 국가 간의 외교적인 마찰로까지 이어지고 있다. 그 상징적인 보기로 한때 한일 간에 정상회담이 열리지 않았고, 중국이 자국 내에서 일·중 정상회담을 열지 않았던 사실을 들 수 있다. 역사문제는 21세기 동북아 국제관계를 뒤틀어 놓을 정도로 폭발력을 내장하면서 정세변화를 추동할 수 있는 독립변수로까지 확대된 것이다.

점차 고조되어 가고 있는 동북아 역사문제는 그만큼 역내의 대화를 스스로 축적한 경험이 부재했음을 드러내고 있다. 실제 1982년에 한·중·일 간, 2004년에 한중 간 갈등 해결과정에서 세 나라는 주로 외교적 봉합으로 문제를 덮어버렸다. 즉, 1982년 일본은 국제사회에 교과서 검정기준의 하나로 '근린제국조항'을 신설하겠다고 약속하였고, 2004년 한·중 양국은 외교 담당자끼리 만나 5개항의 양해각서를 구도로 작성하였다.[23] 가장 낮은 단계의 역사대화인 교과서대화에서조차 정치적 타협으로 끝난 것이며, 그만큼 상호이해와 신뢰도가 낮을 수밖에 없는 이유가 동북아 내부에도 있었던 것이다. 결국 인식차이를 실제적으로 해결하기 위한 역사대화를 시도한 경험이 동북아에는 없었다고 볼 수 있

23) 한중 간 5개 양해사항의 요지는 『韓國經濟新聞』 2004년 8월 28일자를 참조하였다. ① 중국정부는 고구려사 문제가 양국 간 중대현안으로 대두된 데 유념한다. ② 중앙과 지방정부 차원에서의 고구려사 관련 기술에 대해 필요한 조치를 취해 나가고 역사문제로 두 나라 사이에 우호협력 관계가 손상되는 것을 방지하고 전면적 협력과 동반자관계로 발전하는데 노력한다. ③ 고구려사문제의 공정한 해결을 도모하고 필요한 조치를 취해 정치문제화하는 것을 방지 한다. ④ 중국 측은 중앙과 지방정부 차원에서의 고구려사 관련 기술에 대한 한국 측의 관심에 이해를 표명하고 필요한 조치를 취해나감으로써 문제가 복잡해지는 것을 방지한다. ⑤ 학술교류를 조속히 개최하여 양국 간 이를 해결한다.

다. 문제를 풀어가는 경험과 신뢰의 축적이 부재했던 것이다. 그 반대편에서는 자신의 주장만을 정당화하고 상대의 허점을 찾는 '논리의 장벽 쌓기'가 진행되어 왔다.

4. 동북아 평화정착과 한반도 통일과정에서의 간도문제

1) 동북공정과 간도문제

주지하듯이, 중국의 동북공정은 2002년 2월 28일부터 3월 1일 사이에 북경에서 열린 '동북변경역사와 현상계열 연구 공정'전가위원회('東北邊疆歷史与現狀系列硏究工程'專家委員會)의 제1차 전체회의 때부터 정식으로 시작되었다. 동북공정은 '연구계열'과 '문헌정리와 번역계열'로 구분되어 진행되었다. 연구계열은 중국변강이론연구, 동북지방사연구, 동북민족사연구, 중조관계사연구, 중국동북변강과 러시아원동지구 정치・경제관계사연구, 응용연구로 나뉘었다.[24)]

동북공정에서 우리의 관심을 끄는 것은 고구려사 등 한국고대사와 관련된 역사인식문제와 영토문제이기도 한 간도문제이다. 지금까지는 주로 전자와 관련된 문제를 중심으로 문제가 제기되어 왔지만, 앞으로 현실적 폭발력은 간도문제가 더 클 것이다.[25)] 전자는 고대사의 영역을 오늘날 국민국가 영역과 동일시할 수 없다는 초보적인 역사인식의 문제로서 고대사에 대한 각자의 역사적 연고권을 주장하면서도 상대방의 인식을 인정하고 독점적으로 소유하려는 의식을 버리는 차원에서 접근하

---

24) 「東北邊疆歷史与現狀系列硏究工程 課題指南(2003年3月20日修訂)」(http://chinaborderland.cass.cn/more_news_dbgc(n).asp).

25) 간도문제의 역사에 관해서는 이성환의 『간도는 누구의 땅인가』(살림, 2004)가 간명하고 쉽게 기술되어 있다.

면 되지만, 후자는 지금 현실의 영토문제이기 때문이다.[26)]

한국의 입장에서 간도문제는 크게 두 가지로 볼 수 있다. 하나는 주로 오늘날 연변조선족자치주 일대에 해당되는 곳의 영유권문제이고, 다른 하나는 한민족과 만주족 등에게는 민족의 영산인 백두산과 천지에 관한 영유권문제이다. 중국은 1962년과 64년 조중변계조약에 따라 압록강－천지(북한 55.5%, 중국 45.5%)－홍토수－두만강을 경계로 자국의 영토를 명확히 하고 있다.[27)] 동북공정은 이를 학술적으로, 문화적으로 뒷받침하기 위한 조치이기도 한 것이다.

중국의 최근 움직임은 동북공정의 조치를 연변 일대와 백두산 일대에서 구체화하고 있다는 점에서 우려할 만하다. 중국은 2006년 동계아시안게임의 성화를 백두산 천지에서 채화했고, 2018년 동계올림픽을 유치하겠다는 계획을 갖고 있다. 이렇게 되면 국제사회에서 고대사부터 현재까지 백두산은 사라지고 장백산만 남게 된다.[28)]

---

26) 그럼에도 불구하고 여기서 분명히 밝히고자 하는 점은, 중국의 학자들이 주장하는 것처럼 고구려가 '지방의 소수민족정권'은 아니라는 점이다. 이는 사실의 문제이지 평가의 문제가 아니다. 필자가 말하고자 하는 점은, 오늘날 중국의 동북지방에 사는 사람들로서는 자신이 거주하는 곳의 역사를 알 권리가 있다는 차원에서 고대사인식을 말하는 것이다. 동시에 한민족의 원류와도 관계가 깊다는 사실을 무시해서는 안 된다는 것이다.

27) 국경조약과 의정서의 번역문은 이종석, 『북한－중국관계 1945~2000』(중심, 2001), 321~343쪽에 수록되어 있다. 1962년 10월 3일 북한과 중국은 「국경문제에 관한 회담 기요」, 10월 12일 「국경조약」, 1964년 3월 20일 「국경에 관한 의정서」에 서명하였다.

28) 이러한 접근방식은 중국정부가 티벳문제에 대응하는 과정에서 이미 한 차례 써먹었던 정책이다. 주지하듯이, 1989년에도 독립운동이 일어났을 정도로 티벳은 반중국태도가 강한 곳이다. 티벳불교 자체가 반중국적인 요소가 있으며 그 정치적 상징인물이 달라이 라마다. 중국은 여기에 대응해 저항세력을 철저히 억누르며 한족을 대거 이주시키는 한편, 1990년 북경아시안게임 때 티벳에서 성화를 체화하여 국제사회에 중국이 티벳을 지배하고 있으며 자신들의 영토임을 과시하였다. 그리고 2006년 칭창철도를 완공하여 문화의 교류를 더욱 증대시키면서 티벳문화만의 고유성을 희석화시키고

이와 같은 대외적인 조치를 뒷받침해 주는 정책이 백두산 일대에서 적극 추진되고 있다. 즉 중국은 2005년 8월 백두산 관광과 개발에 대한 관할권을 연변조선족자치주로부터 길림성정부로 옮기고, 길림성장백산보호개발구관리위원회(吉林省長白山保護開發區管理委員會)를 성 직속으로 설치하였다. 위원회는 백두산에서, 그리고 간도문제에서 조선족을 배제하거나 왜소화시키면서 통일한국에 대비하여 연변조선족자치주의 위상이 높아지는 것을 견제하는 정치적 효과도 노리고 설치한 조직일 것이다. 위원회는 이도백하(二道白河)에서 연길(延吉)까지 철도를 설치하고 백두산에 국제공항을 건설하고 있으며, 스키장과 숙박시설을 확충하는 등 관광산업을 부흥시키기 위해 다양한 개발정책을 적극적으로 벌이고 있다.29)

백두산을 국제 관광지로 개발하려는 정책은 이와 같은 기본 인프라 구축과 더불어 정신적 요소의 중국화를 동반하고 있다. '장백산문화'와 '장백산정신'을 내세우고 있는 것이다. 새로운 문화정책은 백산시(白山市)에서 담당하고 있다. 중국공산당 길림성위원회 제8차 당대회에서 처음으로 제기된 장백산문화론은, 백두산과 관련된 역사성을 중시하고 있다.

장백산문화란 중화문화의 한 부분을 차지하고 있는데, "장백산 구역의 각 족 인민이 사회역사발전의 과정 중에 창조한 물질재부와 정신재부의 총화"를 가리킨다. 역사적으로 말하자면 "장백산문화는 농경문화, 어렵문화(漁獵文化), 유목문화 등과 서로 결합한 물질문화이고 또한 군정합일(軍政合一)의 정치문화이며, 동시에 독특한 특색을 구비한 민속문화"라고 정의하고 있다. 그러면서 장복유(張福有)는 장백산문화의 특징으로 중국의 동북지역에 있는 문화의 지역성, 중화전통문화의 중요한 발원지 가운데 하나인 원두성(源頭性), 각 민족의 부단한 투쟁・융합・

티벳인들의 정체성을 흔들려 하고 있다.

29) http://cbs.jl.gov.cn/ 참조.

창조의 역사가 내포된 포용성, 오랜 역사과정에서 풍파를 견디며 형성된 강의성(剛毅性)을 들고 있다.[30] 그런데 장백산문화는 이제 만들어진 개념이므로 우선 연구기구를 정비하고 설치하여 연구할 필요가 있는데, 이는 "장백산 생태경제를 발전시키는데 대한 의의와 작용을 아주 크게 할 것이며, 소강사회를 전면적으로 건설하는데 대한 사회적 의의 또한 아주 크다"고 결론짓고 있다.[31] 그래서 장백산문화는 중화민족정신을 드높이는데 중요한 가치가 있다는 것이다.[32]

이처럼 중국의 백두산 개발은 장백산문화를 연구하고 개발한다는 이름으로 중국화를 적극 추진하고 있는 프로젝트이다. 한국정부가 독도에 대해 조용하면서도 실효적 지배를 강화하고 있는 조치와 전혀 다르지 않는 정책이라고도 말할 수 있겠다. 오랜 시간이 흘러 백두산의 한 쪽에 장백산문화론이 정착된다면 백두산이란 땅과 더불어 역사와 문화가 중국만의 소유로 될 가능성이 높다. 중국의 장백산문화론에는 한반도와 관련된 역사가 없기 때문이다. 한국(인)과의 역사적 연관성이 배제되어 있기 때문이다. 고구려사를 독점하려는 중국의 역사인식이 근현대의 영토문제와 맞물리면서 백두산이란 구체적인 공간에서 지금 현재 적극적으로 가공되고 있는 인식이 장백산문화론인 것이다.

하지만 분단선의 남쪽에 있는 분단국가 한국이 계속해서 강력하게 문제를 제기하기에는 한계가 있다. 북핵문제 등 북한문제와 통일문제에서 중국의 협조가 필요하기 때문이다. 더구나 앞서 '제3장 1)절'에서 언

---

30) 張福有, 「已被閱讀過 825次 弘揚長白山文化和長白山精神 促進二次創業(摘要)」(http://www.cbsnt.com). 또 다른 글에서는 장백산문화의 특징으로 原創性, 민족성, 다원통일성, 지역성, 兼容性을 들고 있다[呂明, 「已被閱讀過 89次 長白山文化的經濟社會价值与開發」(http://www.cbsnt.com)].

31) 張福有, 「已被閱讀過 825次 弘揚長白山文化和長白山精神 促進二次創業(摘要)」(http://www.cbsnt.com).

32) 呂明, 「已被閱讀過 89次 長白山文化的經濟社會价值与開發」(http://www.cbsnt.com).

급한 정세 때문에 북한이 적극적으로 제기할 가능성도 없다. 그럼에도 불구하고 우리로서는 중국정부의 정책을 견제할 수 있는 근본적이고 장기지속적인 힘을 남북공조에서 찾아야 한다. 왜냐하면 백두산은 중국만이 독점하고 있는 산이 아니며, 연변에는 조선족이 거주하고 있기 때문이다. 그렇다고 해서 백두산이 우리의 산이라고만 주장하거나 조선족은 한국인이며 그들이 거주하는 땅은 역사적으로도 우리의 영토라는 생각을 가지자는 입장은 아니다. 한국(인)은 백두산이 한국과 중국의 '공동의 산'이자 인류가 함께 혜택을 누려야 할 문화유산이며, 조선족이 '한국·조선계 중국인'이라는 관점에서 접근해야 한다. 달리 말하면, 간도문제는 역사를 어느 한 쪽에서 독점하지 않고 공유한다는 원칙, 그리고 백두산은 공동으로 관리해야 한다는 원칙에 입각하여 한국의 대응기조가 수립되어 한다. 이 원칙하에서 이성환의 주장처럼 간도영유권도 주권의 귀속과 별개로 생활권의 귀속을 분리하는 방향에서 접근할 수도 있다.

2) 역사문제의 양자·다자 간 전략적 접근과 간도영유권문제

문제는 이러한 관점과 원칙을 어떻게, 어떤 과정을 거처 현실화할 수 있느냐이다. 더구나 조중변계조약이 이미 체결되어 있는데 한국으로서는 이를 무시하면서 대책을 세울 수는 없다. 무시한다면 북한을 더욱 부담스럽게 하는 것이며, 그것은 결국 남북공조를 어렵게 하는 조치일 가능성이 높기 때문이다. 우리로서는 상당히 치밀한 전략적 접근책과 논리를 마련해야할 이유 가운데 하나가 바로 여기에 있다.

치밀한 전략적 접근을 해야 하는 또 다른 이유는 동북아의 역사문제는 한·일, 한·중, 중·일이란 양자 간 대화만으로 해결될 수 있는 사안이 아니라는 데 있다. 동북아의 역사적 관계는 2국 관계만이 아니라 3국 이상이 얽혀 있기 때문이다. 또한 역사적 관계는 없더라도 동아시아 차원의 의견 일치를 위해서는 다자 간 협력이 필요한 경우도 있다. 예를 들어 동해와 동중국해의 명칭문제가 바로 하나의 보기일 수 있다. 베트남의 입장에서는 동아시아에 동해가 세 곳 있기 때문이고, 동중국해(한, 대만, 베트남)라는 곳은 동지나해(일), 동해(중)라고도 불리고 있기 때문이다. 더구나 현실의 외교적 해결과정에서는 동일한 사안에 대해 국가에 따라 다른 해결 원칙과 기준을 제시할 수 없기 때문이기도 하다. 예를 들어 한일 간에 독도문제를 놓고 합의한 원칙과 기준은 한중간의 간도문제, 일중 간의 조어도문제에 대해서도 마찬가지로 적용되어야 한다.

이처럼 동아시아의 역사문제는 그 원인과 해결과정이 다차원에 걸쳐 중첩되어 있다. 따라서 간도문제, 독도문제, 센카쿠열도(조어도)문제, 녹둔도문제, 북방영토문제 등은 각각의 고유한 특수성이 있기 때문에 당사국 간의 협의를 출발점으로 해야겠지만, 세 나라 이상이 모여 동시에 해결을 모색해야 문제가 궁극적으로 해소될 수 있을 것이며, 평화적인 접근 또한 가능할 것이다. 그러므로 동북아의 역사문제는 양국 간 역사대화와 더불어 하나의 역사문제를 놓고 역내의 다자 간 역사대화를 병행해야만 깊은 논의와 실제적인 합의점에 도달할 수 있을 것이다. 역사대화의 전개방식이 그만큼 복잡한 것이다.

치밀한 전략적 접근이 필요한 세 번째 이유는 동아시아의 역사문제가 정부차원의 역사대화만으로 해결될 수 없다는 데 있다. 역사대화의 주체라는 측면에서 보면, 정부가 독점할 영역보다 民官이 보조를 맞추며 협력해야 할 영역이 훨씬 많다. 특히 교과서문제와 강제동원문제, 야스쿠니문제가 그렇다. 민간차원의 협력과 노력이 동반되어야만 가능하다는 현실은, 지금 한・중・일 간 역사교과서 대화를 이끄는 주체와 민관 대화기구의 수준이 잘 보여주고 있다.

마지막으로 치밀한 전략적 접근이 필요한 이유로 통일문제를 들 수 있다. 우리의 통일문제는 주변국의 동의를 동반해야만 달성할 수 있다. 그리고 우리가 지향해야 할 통일은 분단극복과정에서 냉전적 잔존 질서를 동아시아에서 완전히 청산하고 지역통합과 안정의 결정적 기반을 마련하는 과정이어야 한다. 이때 역사문제는 한국이 동아시아의 안정과 평화를 위해 노력하는 과정에서 지역통합을 위해 기여했다는 신뢰감을 주변국에 줄 수 있는 중요한 사안이다. 또 북한과 함께 해도 동아시아의 지역안정과 평화를 해치지 않고 오히려 도움이 될 수 있다는 기대감을 주변국이 갖도록 할 수 있는 사안이다. 반대로 우리가 주변국과 역사갈등을 계속 일으켜 지역통합의 방해자로 낙인 찍힌다면 역사문제가 통일의 걸림돌로 작용할 뿐만 아니라 역내에서 한국이 소외되는 빌미로 될 수 있다.

전략적 접근이란 측면에서 볼 때 지금까지 언급한 여러 역사문제 가운데 야스쿠니신사문제와 교과서문제가 중요하다. 왜냐하면 전자는 일본인의 내면적 정서와 천황제에 직결된 사안이므로 역사문제의 근본적 해결 여부를 판단할 수 있는 사안이다. 후자는 동아시아의 역사문제를 제기하고 수렴할 수 있는 지적 공간이기 때문에 중요하다. 바다의 명칭문제와 영토문제, 그리고 강제동원문제는 이 사이에 위치한다고 볼 수 있다.

한국이 중국·일본 등과 역사갈등을 해소하고 역사문제를 풀어가는 과정 즉, 동북아 역사문제를 해결하는 프로세스는 양국 간, 또는 다자간 역사교과서 대화에서부터 출발해야 한다.[33] 왜냐하면 교과서 문제는 여러 역사문제를 한 눈에 볼 수 있는 사안일 뿐만 아니라 한·일, 중·일간의 역사문제는 침략국가였던 일본이 자신의 과거 행위를 교과서에서 편향되게 서술한 데서 출발했기 때문이다. 또한 지금까지 동아시아

33) 자세한 것은 신주백, 「동북아 역사대화의 역사와 모델 찾기」『동아시아 역사대화와 협력모델 찾기』, 아시아평화와 역사교육연대 국제심포지움(2006. 11.25) 참조.

역사문제를 해결하기 위한 역사대화 가운데 그나마 역사교과서 대화가 가장 성과 있는 분야였다. 즉 민간차원에서는 일본 역사교과서의 왜곡된 서술에 대응하여 한·일 또는 한·중·일 간의 공통 역사교재를 출판함으로써 미래지향적이고 대안적인 성과를 만들어냈다.[34] 정부차원에서도 한·일역사공동연구위원회가 있어 쌍무적인 대화가 지속될 수 있는 제도를 만들었다.[35]

동북아의 협력수준에서 이것이라도 가능했던 것은 교과서문제가 갖고 있는 특징 때문이었다. 첫째, 교과서문제는 역사적 사실에 입각한 기술의 문제이므로 상호배려 차원에서 논의의 의제를 조절할 수 있다. 둘째, 교과서문제는 각국 정부의 대외정책의 전환을 반드시 동반하지 않기 때문에 각국 정부로서도 다른 역사문제에 비해 운신의 폭이 넓다. 셋째, 교과서문제는 반드시 정부가 직접 나서지 않아도 되며, 대신에 진리를 추구하는 학자의 양식과 창조적 자발성, 학문적 성실성을 기본으로 하는 민간의 역할이 대단히 중요한 사안이므로 대화의 여지가 있다. 따라서 역사문제의 종합판인 교과서문제는 다른 사안을 풀어갈 수 있는 디딤돌 역할을 할 수 있다. 독일과 프랑스, 독일과 폴란드 등의 국제 교과서대화가 이를 증명해 준다.[36]

양국 간 또는 다자 간 국제 교과서대화는 동아시아 역사대화의 가능성을 현실화시켜 줄 것이고, 교과서대화를 하는 과정에서 쌓인 상호이해와 신뢰도를 바탕으로 다양한 역사대화를 할 수 있는 정치적·사회

34) 『미래를 여는 역사』(한겨레신문사, 2005) ; 『조선통신사』(한길사, 2005) ; 『마주보는 한일사』(사계절, 2006).

35) 이에 대한 설명은 신주백, 「동북아 역사대화의 역사와 모델 찾기」 참조.

36) 김유경, 「기억을 둘러싼 갈등과 화해－독일·프랑스 및 독일·폴란드의 역사교과서 협의」 『역사비평』 59, 2002.여름 ; 한운석, 「역사교과서 수정을 통한 독일－폴란드간의 화해노력」 『西洋史論』 75, 2002.12 ; 김승렬, 「숙적관계에서 협력관계로－독일 - 프랑스 역사교과서 협의」 『역사와 경계』 49, 2003.12 참조.

심리적 준비를 할 수 있게 할 것이다. 영토문제는 교과서대화 속에서 자연스럽게 제기될 수밖에 없으며, 문제해결을 위한 기본적인 관점도 이 과정에서 도출될 수 있다. 왜냐하면 자국의 영토 및 이와 관련 있는 역사성에 관한 언급은 어느 나라 교과서에서도 서술하고 있기 때문이다. 예를 들어 1965년의 한일협정과 1962년의 조중변계조약에 대해서도 한・중・일의 교과서대화가 진행되면 다룰 수밖에 없다. 그리고 영토문제에 관한 다자간 국제대화 속에서 간도문제는 마무리 될 수 있을 것이다. 그렇게 되면 한반도통일 이전에 간도문제를 둘러싼 한중간의 해결 방향이 기본적으로 확립될 수 있을 것이다. 또 양국간 대화만을 통한 합의과정보다 양자 대화와 이 과정에서 축적된 신뢰를 바탕으로 진행되는 다자 간 국제대화는 각 국민정서 간 내지는 사회구성원 내부의 갈등을 훨씬 줄어들게 할 것이다. 이러한 접근방식에서는 통일방식에 따라 조중변계조약의 계승문제가 좌우될 필요는 없으며, 외교교섭의 지렛대로서 간도문제를 상정할 수도 없게 된다. 그것은 중국에게도 마찬가지로 적용할 수 있다. 또 양자간, 더 나아가 다자간 접근방식은 한・중・일 간에 복잡하게 얽혀 있는 영토문제를 동시에 해결할 수 있는 지름길이다.

5. 맺음말

이상과 같이 통일문제와 간도문제의 관계를 동북아 정세에 대한 분석 속에서 살펴보았다. 결론에서는 다음과 몇 가지 사항만을 언급하면서 간도문제에 관한 본문의 내용을 정리하겠다.

통일문제는 한반도를 중립화한다는 방향에서만 보지 말아야 한다. 동아시아의 평화와 안정체제를 구축하는 마지막 단계이자 마무리라는 차원에서 접근해야 한다. 이때 우리는 한반도가 동아시아의 안정과 평화체제의 수렴공간으로 자리매김하기 위해 한국이 역내에서 일정한 지위와 영향력을 확보한다는 적극적인 방향에서 사고할 필요가 있다. 간도문제 등 역사문제를 풀어가는 기본방향은 이것이어야 한다.

우리는 기본방향을 구체화하는 과정에서 한미동맹의 안정과 동북아 다자 간 협력체제를 구축할 필요가 있다. 두 관계는 모순된 측면이 있어 우리로서는 대단히 어려운 문제이지만, 이렇게 하면 동북아에서 증대되고 있는 정치군사적 불확실성을 완화시키고 군사전략 위주의 안보개념에서 정치 외교 환경 경제를 포함하는 다차원적인 안보개념으로의 광역화에 적절히 대응할 수 있을 것이다. 또한 동북아에서 안정자로서의 미국의 역할이 제한적인 상황에서 동아시아의 새로운 지역질서를 구축하는데 기여할 수 있을 뿐만 아니라 한반도문제의 평화적 해결에도 기여하기 위해서이다.[37] 역사문제도 동아시아에서 다자간 상시적인 논의시스템을 다양한 경로와 수준에서 만들어내는 중요한 매개고리가 될 수 있다.

간도문제 역시 양자 간 대화를 출발점으로 해야겠지만 동아시아의 다자간 상시적인 협력시스템 속에서 마무리되어야 한다. 조중변계조약의 계승문제를 포함하여 간도문제는 통일한국의 모습에 따라 결정되기보다는 통일을 달성하려고 노력하는 과정에서 역내의 현안을 어떻게 전략적으로 접근하여 해결하느냐에 따라, 내지는 동북아 역사갈등을 해결하면서 지역통합시스템을 구축하는 과정에서 이미 해답을 찾을 수 있을 것이다. 선행연구와 달리 우리가 지금 주목해야 하는 지점은 바로 여기이다. 이 측면에서 치밀한 전략적 접근책을 수립할 필요가 있다.

이상의 논의를 전제로 간도문제를 해결하기 위한 접근법을 세 가지

---

37) 白珍鉉, 「東北亞 多者間 安保協力體制 摸索과 韓.中關係」 『中蘇硏究』 68, 1995, 217~218쪽.

측면으로 나눌 수 있다. 우선 오늘날의 국경개념을 내세우며 고대사문제를 독점적으로 소유하려는 역사의식과 역사교육을 극복해야 한다는 점이다. 이는 양국 간 교과서대화를 통해 얼마든지 가능하다. 다음으로 간도영유권문제와 백두산문제를 분리해야 한다는 관점에서 간도문제에 접근할 필요가 있다는 점이다. 그래서 전자는 현지에 거주하는 '한국·조선계 중국인'인 조선족의 입장에서 출발하는 문제의식을 가질 필요가 있다. 후자는 어느 나라에서도 백두산 자체를 배타적으로 소유할 수 없는 역사적, 지리적 특성을 반영하여 공동 관리를 통해 한국과 중국 사이에, 그리고 동아시아에서 화해와 협력의 상징공간으로 만들어야 한다는 전망 속에서 접근해야 한다.

복잡한 접근법 때문에 우리에게 당장 필요한 것은 전체적인 국가 전략 속에서 종합적으로 사고하고 각각의 사안을 배치하여 전략적으로 판단할 수 있는 방안을 마련하는 다양한 논의와 기구이다. 고구려연구재단을 흡수 통합한 동북아역사재단의 출현은 적절한 대응이었다. 하지만 재단 자체가 전략연구소 기능으로 한정되거나, 연구에 전략기획이 종속되어서는 안 된다. 재단 관조직으로 굳어져서는 더더욱 안 된다. 애초의 취지대로 반관반민 조직이어야 하며, 이를 실현하고 취지를 변질시키지 않기 위해 다양한 조직적 장치를 마련하고 구성원 간의 인식을 공유할 필요가 있다.

참고문헌

高柄翊, 『동아시아사의 전통과 변용』, 문학과 지성사, 1996.

권병현, 「우리나라 대중국 외교의 성과」 『外交』 51, 1999.10.

김승렬, 「숙적관계에서 협력관계로－독일 - 프랑스 역사교과서 협의」 『역사와 경계』 49, 2003.12.

김유경, 「기억을 둘러싼 갈등과 화해－독일・프랑스 및 독일・폴란드의 역사 교과서 협의」 『역사비평』 59, 2002.여름.

金材澈, 「중국의 '등장', 균형정책, 그리고 한반도」 『中蘇硏究』 100, 2003/2004.

盧泳暾, 「청・일 간도협약의 무효와 한국의 간도영유권」 『間島學報』 1, 2004.12.

박선영, 「한중 국경획정의 과거와 현재」 『北方史論叢』 4, 2005.4.

朴仁煇, 「중국과 동북아 국제관계 : 중국의 대외정책분석과 지정학적 특성」 『中蘇硏究』 89, 2001.5.

배긍찬, 「동북아시대 구성과 ASEAN+3협력」 『주요국제문제분석』, 2005.4.11.

白珍鉉, 「東北亞 多者間 安保協力體制 摸索과 韓.中關係」 『中蘇硏究』 68, 1995.

徐緯地, 「朝鮮半島核危機的和解與半島走出冷戰」 『世界經濟與政治』 277, 2003.

신주백, 「한국과 일본에서 대일과거청산운동의 역사－한국과 관련하여」 『역사문제연구』 14, 2005.6.

신주백, 「동북아 역사대화의 역사와 모델 찾기」 『동아시아 역사대화와 협력모델 찾기』, 아시아평화와 역사교육연대 국제심포지움(2006.11.25).

신주백, 「교과서와 독도문제」 『독도연구』 2, 2006.12.

梁佶炫, 「21세기 한중관계의 기회요인과 제약요인 분석」 『中蘇硏究』 88, 2000/2001.

呂　明, 「已被閱讀過 89次 長白山文化的經濟社會价値与開發」.

柳鏞泰, 「중화민족론과 동북지정학-'東北工程'의 논리근거」 『東洋史學硏究』 93, 2005.12.

이성환, 『간도는 누구의 땅인가』, 살림, 2004.

이성환, 「간도문제 연구의 회고와 전망」 『백산학회창립40주년 기념학술대회－

韓民族 北方關係史의 回顧와 展望』, 2006.5.
이종석, 『북한－중국관계 1945～2000』, 중심, 2001.
張福有, 「已被閱讀過 825次 弘揚長白山文化和長白山精神 促進二次創業(摘要)」
한운석, 「역사교과서 수정을 통한 독일－폴란드간의 화해노력」『西洋史論』75, 2002.12.

「東北邊疆歷史与現狀系列研究工程 課題指南(2003年3月20日修訂)」.
『京鄕新聞』；『韓國經濟新聞』；『朝鮮日報』.
『미래를 여는 역사』, 한겨레신문사, 2005.
『조선통신사』, 한길사, 2005.
『마주보는 한일사』, 사계절, 2006.

일본의 對 間島政策의 방침전환과 간도협약

-內藤湖南의 『間島問題調査書』를 중심으로-

나와 에쓰코名和 悅子
(오카야마岡山대학)

1. 머리말

러일전쟁 후의 일본에게 최대 문제 중의 하나는 奉天 이북의 대 만주정책이었다. 러시아가 이곳을 철수한 이후 어떤 정책을 추진하면 좋을까? 외국과의 관계를 고려해가면서 러시아로부터 물려받은 이권을 어디까지 신장시킬 수 있을 것인가? 이 문제를 어떻게 할 것인가가 향후 일본의 대외정책에 달려 있었다. 또 한편 한국을 보호하에 둔 일본에게 백두산(장백산) 동쪽의 淸韓 국경선이 아직 확정되지 않은 상황은 그 영향력을 어디까지 미칠 수 있을 것인가라는 점에서 대 만주정책과 연결되어 있었다. 이 두 가지 문제로부터 청한 국경문제 즉 간도문제가 주목을 받게 되었던 것이다.

본래 간도문제는 오랜 기간 청한 사이에 문제가 되어 있던 것으로, 康熙 51년(1712)에 설치된 백두산정계비의 문자 '東爲土門'의 토문이 어느 강을 가리키는지 양국은 아직 합의를 보지 못하고 있었다. 청국은 두만강, 한국은 송화강 또는 海蘭江을 주장하여 양국은 합의를 보지 못했다.

그런 상태에서 러일전쟁 후 일본이 중개하여 다시 勘界審査決定을 하기로 善後章程에 議定되어 있었다. 그때까지는 종래대로 図們江을 청한 사이의 경계로 삼아 출입 금지를 명했다. 러일전쟁이 끝나자 명치 40년(1907) 일본은 간도의 한인을 보호하기 위해 통감부 파출소를 설치하고 청국에 본격적으로 간도문제에 개입할 자세를 보였다. 이에 대해 청국이 강하게 반발했기 때문에 일본은 대 간도정책은 정체되었다. 그러한 상황에서 외무성은 만주와 간도문제에 정통한 몇 사람에게 '간도문제'에 대한 보고서를 제출하도록 요구했다. 그 가운데 한사람이 당시 오사카 아사히신문(大阪朝日新聞)의 대중국 전문기자였던 나이토 코난(內藤湖南)이다.

1909년 9월 간도협약과 滿洲五案件協約이 체결되어 종래 소속이 분명하지 않았던 간도 영유권은 청국의 것으로, 청한 국경선은 두만강으로 해결을 보기에 이르렀다. 그러나 이런 결정은 한국에게 '불리'한 것이었다. 그것은 고작 일본의 四國 정도에 불과한 토지였지만, 북한보다 비옥한 토지를 잃는 것이기 때문이었다. 그러면 그때까지 한국에 '유리'한 송화강과 해란강이 거론되고 있었음에도 불구하고 왜 '불리'한 두만강으로 결정되었을까?

이상과 같은 문제제기에 대해 -간도 영유권에 관한 연구도 포함해서- 다룬 선행연구는 어떻게 진행되었는가. 또 현재의 연구 상황은 어디까지 진행되었는가. 이에 대해 간단히 4단계로 나누어 정리하고, 본 논문의 연구사적 위치에 대해 설명한다.

제1기는 일본이 「간도 문제」에 개입하고 나서 간도 협약이 체결될 때까지의 시기로 대개 1904년부터 1910년까지로 한다. 이 시기에 보이는 경향으로서 미해결의 「간도 문제」에 대한 話題性과 사회적 영향을 겨냥한 동시대성이 강한 논고가 많다. 또 국경 문제를 논할 때 사회적 영향과 자국이익을 고려한 나머지, 자국에 유리한 사료를 추출해 나열하는 연구 방법 밖에 없었던 것이 이 시대의 특징이라고 할 수 있다. 일본에 있어서 이 문제에 대한 선구자로는 小藤文次郎이며,[1)] 이어서 幣原坦,[2)] 有賀長雄가[3)] 있다.

제2기는 21개조 요구로부터 중일 전쟁 전후까지로, 1915년부터 1940년까지로 한다. 이 시기 간도 협약 재검토론이 나타나기 시작했지만, 이것은 만주를 둘러싼 사회적 상황의 변동에서 나온 것으로 대표적인 연구자로는 통감부 파출소원이었던 篠田治策를 들 수 있다.[4)] 篠田治策의 연구 축적은 많지만 신중하게 평가해야 할 필요가 있다. 확실히 그는 간도는 한국의 것이며, 간도 협약을 재검토하지 않으면 안 된다고

1) 小藤文次郎, 「滿韓境界歷史」 『歷史地理』 第6卷 第12号 1904 ; 同 「滿韓境界私考」 『東洋學芸雜誌』 22卷 290·291号, 1905.

2) 幣原坦, 「間島に就いて(上)」 『歷史地理』 12卷 5号, 1908 ; 同, 「間島に就いて(下)」 『歷史地理』 12卷 6号, 1908 ; 同, 「間島國境問題」 『東洋協會調査部學術報告』 第1册, 1909.

3) 有賀長雄, 「日清新條約」 『外交時報』 142, 1908 ; 同, 「間島處分の一案」 『外交時報』 136, 1910.

4) 有賀長雄, 「間島問題の眞相」(篠田の間島問題に關する書簡を紹介したもの) 『外交時報』 122, 1908 ; 篠田治策, 「日露戰爭以前に於ける間島問題」 『國際法雜誌』 8卷 3·5·6号, 1909 ; 同, 「間島ノ狀態改善ニ關スル意見」 『寺內正毅關係文書(首相以前)』 所收, 1915 ; 同, 「間島問題の経緯」 『東亞小册』 第10 東亞経濟調査局, 1931 ; 同, 「「間島協約」締結の由來と其改訂の機運」 『外交時報』 656号, 1931 ; 同, 「統監府間島派出所の事業概要」 『稻葉博士還曆記念滿鮮史論叢』 1938 ; 同, 『白頭山定界碑』, 樂浪書店, 1938 ; 長野朗, 「滿洲問題の關鍵間島」 『滿洲問題叢書』 第3卷, 1931도 篠田와 같은 논조이다.

주장하지만, 협약 개정 후 간도 조선인의 치안을 일본의 권력하에 두지 않으면 안 된다고 하는 등 매우 정치적인 요구에 입각해 논한 것이라는 것을 알 수 있다. 즉 篠田治策의 연구의 본질은 일본의 지배권 재요구에 있으며, 그것을 정당화하기 위해「간도」에 대한 실지 회복을 매김하고 있다고 봐도 좋을 것이다.

제3기는 전후 역사학계의 중심을 이룬 일본 제국주의 비판의 흐름에 따랐던 시기로 1950년부터 1980년경까지이지만, 조선사나 중국사, 만주사에는 이 경향이 강했는데 대해, 유감스럽게도 간도 영유권에 관한 연구는 적다. 그것은 간도가 조선으로부터 만주로 들어가는 통과점이라고 하는 지리적 상황 때문에「간도 문제」는 조선 민족 운동사에 편입되어 독립된 연구 대상이 되기 어려운 한계가 있었기 때문일 것이다. 林正和,「간도 문제에 관한 일청교섭의 경위」(『駿台史學』 10, 1960), 井上學,「일본 제국주의와 간도 문제」(『朝鮮史硏究會論文集』 10, 1973) 등이 이 시기의 논문이다. 그런데 이 시기에 연구가 적었던 것은, 전쟁 전의 역사학자가 일본 제국주의에 가담하여 아시아를 침략하는 역사적 정당성을 부여했다고 하여 종래의 역사학의 축적이 부정되었기 때문에 제국주의 비판 이외의 연구가 위축되어 버렸던 것도 하나 이유였다. 예를 들면, 內藤湖南,『韓國東北疆界攷略』은 명치 40년(1907)에 쓰인 것으로 당시의 외교 정책을 좌우하는 중요한 저작이었지만, 이것이『內藤湖南全集』第6卷에 수록, 간행된 것은 1972년이었다. 그러나 이미 內藤湖南에게는 戰前을 대표하는 역사학자이면서 아시아에 대한 저작이 일본 제국주의에 가담하는 것으로서 낙인이 찍혀있었기 때문에[5] 아무도 그 가치에 주목하지 않았다. 오히려 제6권의「後記」에 기록된 일본의 외교 정책에 대한「공헌」이 주목을 받았으며, 그것이 일본의 만주 진출에 정당성을

5) 野原四郎,「內藤湖南『支那論』批判」『中國評論』 1-4, 1946 ; 增淵龍夫,「歷史意識と國際感覺－日本の近代史學における中國と日本(Ⅰ)－」『思想』 1963年 2月号, 岩波書店 ;「同(Ⅱ)」『思想』 1963年 6月号.

부여했다고 평가받기에 이른 것은, 內藤湖南과 정치와의 관계를 고찰하는데 있어서 매우 유감스런 것이었으며, 학문에 내재된 비판으로서는 지극히 불충분한 것이었음은 말할 필요도 없다.[6)]

간도 영유권문제 연구로 돌아와 1960년에 명치 40년대의 『일본 외교 문서』가 간행되고, 1971년에는 외무성 외교 사료관의 개관과 동시에 「간도 문제」에 관한 1차 자료가 공개되면서 한동안 새로운 연구가 싹트기 시작했다. 이 『일본 외교 문서』를 1차 자료로서 사용한 연구로서 野村乙二郞, 「명치말기 청한 국경 획정 교섭의 일 고찰－이른바 간도 문제에 관한 서론－」(『政治経濟史學』 85, 1973)이 있다. 그러나 이 논문이 1차 자료를 충분히 활용했다고 하기는 어렵다. 특히 외무성 외교 사료관의 1차 사료가 충분히 활용되는 것은 1980년대 이후이다.

제4기는 1980년대부터 현재까지의 연구이다. 이 시기 제3기로 보였던 일본 제국주의 비판은 약해지고, 1차 자료와 原史料를 구사한 실증 연구로 일본의 외교정책 분석에 초점을 맞춘 연구가 많다.[7)] 森山茂德, 『근대 일한 관계사 연구－조선 식민지화와 국제 관계－』(도쿄대학 출판회, 1987)는 한국 병합에 이르는 과정에서 「간도 문제」를 국제 관계 속에 자리매김하고 있으며, 실증 연구의 효시라고 할 수 있다. 森山茂德

6) 西重信, 「內藤湖南と間島協約－「間島問題私見」を見て－」 『書評』 73, 1985 ; 中見立夫, 「日本の東洋史學黎明期における史料の探求」 『清朝と東アジア 神田信夫先生古希記念論集』, 山川出版社, 1992.

7) 神戸輝夫・黒屋敬子, 「間島領有をめぐる日淸の角逐」 『大分大學教育學部硏究紀要』 13(2), 1991 ; 同, 「吳祿貞と間島問題」 『同紀要』 14(1), 1992 ; 同, 「初期間島問題における日淸間の紛爭事件」 『同紀要』 14(1), 1992 ; 崔長根, 「明治政府の朝鮮東海における領土政策」 『大學院硏究年報』, 法學硏究科篇 23号, 1993 ; 同, 「統監伊藤の「滿・韓領土政策」構想と「間島」」 『同年報』 第24号, 1994 ; 同, 「韓國統監府の間島侵入」 『同年報』 第25号, 1995 ; 同, 「韓國統監伊藤博文の間島領土政策(一)統監府派出所の設置決定の経緯」 『法學新報』 102(7.8), 1996 ; 同 「同 (二)完」 102(9), 1996 ; 同, 「日本の滿韓國政策における間島協約の一考察」 『中央大學社會科學硏究所年報』 3, 1998.

공적은 새로운 시점의 제시뿐만 아니라 그 후의 연구자들에게 방대한 자료와 참고 문헌을 제공했다는 점이다. 이어서 이성환,[8] 『근대 동아시아의 정치역학－간도를 둘러싼 일중조 관계의 사적 전개－』(錦正社, 1991)는 간도에서의 조선인 사회를 視點으로 하여, 일본, 조선, 중국, 러시아의 간도 정책을 망라하고, 복잡하게 얽힌 논점을 정리한 본격적인 전문 연구서이다. 또 「간도 문제」에 관한 방대한 자료와 문헌을 소개하고 있으며, 이 점에서도 후속 연구자에게 길을 연 공적은 매우 크다. 본 논문도 위의 두 저작의 참고 자료나 문헌에 많은 도움을 받았다.[9]

일본에서의 최근 연구의 특징은, 일본 외교사 연구뿐만 아니라,[10] 간도 조선족사 연구로서 자리 매김되고 있다는 것이다. 예를 들면 간도 조선인의 국적 문제를 논한 연구나[11] 재판권 문제를 분석한 연구이다.[12] 또 새로운 관점을 제시한 논문도 나오고 있으며,[13] 특히 高士華,

8) 李盛煥, 『日中朝關係における『間島問題』の政治的展開－民族の支配と共存の條件－』, 筑波大學學位論文, 1989.

9) 名和悦子, 「内藤湖南と「間島問題」(一)」 『岡山大學文化科學研究科紀要』 6, 1998 ; 同, 「内藤湖南と「間島問題」(二完)」 『同紀要』 7, 1999 ; 同, 「内藤湖南と「間島問題」に關する新聞論調」 『同紀要』 9, 2000 ; 同, 『内藤湖南の近代東アジアへの視角－20世紀初頭の「間島問題」との關わりを通して－』, 岡山大學學位論文, 2000.

10) 谷川雄一郎, 「「間島協約」締結と日本の對間島政策の轉換」 『文學研究論集(文學・史學・地理學)』 第14号, 2000 ; 于紅, 「間島日本總領事館の開設と日本の對間島政策の轉換」 『人間文化論叢』 6, お茶の水女子大學大學院人間文化研究科編, 2003.

11) 白榮勛, 「間島「商埠地」における日中交渉」 『東アジア研究』 29, 大阪経濟法科大學アジア研究所編, 2000 ; 同, 「「間島協約」と朝鮮人の「國籍」問題」 『同研究』 34, 2002 ; 同, 『「間島協約」と裁判管轄權』, 明治大學學位論文, 2003 ; 許春花, 「「滿洲事変」以前の間島における朝鮮人の國籍問題」 『朝鮮史研究會論集』 42, 2004 ; 孫春日(牛承彪譯), 「中國朝鮮族における國籍問題の歷史的経緯について」, 櫻井龍彦編, 『東北アジア朝鮮民族の多角的研究』 所收, ユニテ, 2004.

12) 白榮勛, 『東アジア政治・外交史研究－「間島協約」と裁判管轄權－』, 大阪経濟

「근대 중국에 있어서의 국경 의식의 형성과 일본－간도 문제를 둘러싼 宋教仁과 吳祿貞의 활동을 중심으로－」(도쿄대학 학위 논문, 2003)는, 중국의 국경 의식 속에서 「근대성」을 추출하려고 하고 있어 일독할 가치가 있다.

우리는 다행스럽게도 최근 외무성 외교사료관에 소장되어 있는 「간도 문제」 관한 원자료를 아시아역사자료센터(Japan Center for Asian Historical Records <JACAR>)의 홈페이지(http://www.jacar.go.jp/)에서 자유로이 이용할 수 있게 되었다. 여기에는 『일본 외교 문서』에는 수록되어 있지 않은 중요 사료가 포함되어 있으며, 또 영어・중국어・한국어 안내도 있으므로 原史料를 사용할 것을 권한다. 다만 이 문서는 초서로 된 것이 많기 때문에 고문서 해독의 기술 습득이 필수적이다.

앞으로 간도 영유권에 관한 연구는 어떠한 방향을 향하면 좋을까. 국적 문제나 재판권 문제, 일본 외교 정책사에 관한 사례 연구는 이미 이루어질 만큼 이루어 졌다는 느낌이다. 이들 연구에는 테마에 조금 편향이 있어, 간도의 전체상을 파악하기 위해서는 편향을 뛰어 넘는 연구가 필요하지 않을까. 간도의 촌락 레벨에서 사회, 경제, 역사적 분석을 실시하고, 일본도 포함해 다양한 민족이 어떻게 시대의 변용을 보고 있었는가라는 관점을 추구하는 것도 간도 「근대성」을 고찰하는 데 있어서 흥미로운 테마라고 생각한다.

이상이 일본의 연구 상황이지만, 이들 연구는 전체적으로 정치사적 어프로치로 분석하고, 한국 「유리」에서 「불리」에 이른 경위를 일본 외교의 「일대 후퇴」로 파악하고 있다. 그러나 과연 그렇게 단언할 수 있을까하는 문제이다. 그래서 필자는 이 문제를 內藤湖南의 『間島問題調

法科大學出版部, 2005 ; 小林玲子, 『「韓國併合」前後の間島問題－「間島協約(1909)」の適用をめぐって－』, 一橋大學學位論文, 2005.

13) 秋月望, 「朝露國境の成立と朝鮮の對応」 『國際學硏究』, 明治學院論叢 第8号, 1991.

査書』(이하 『조사서』로 약칭한다)를 기초로 역사학적 어프로치로 분석하여 새로운 시점을 제고하고자 한다. 본 논문에서는 이를 실증하기 위해 외무성 외교사료관에 소장되어 있는 「간도의 판도에 관한 청한 양국분의 일건(間島ノ版圖ニ關シ清韓兩國紛議一件)」(MT14133)에 포함되어 있는 일련의 문서를 분석한다.

2. 간도문제의 출발

러일전쟁 후인 1905년 12월, 일본은 '만주에 관한 일청조약'을 체결하자 奉天 이북의 이권에 주목하기 시작했다. 그 문제에 대해 외무성과 참모본부의 관계는 삐걱거리고 있었으며, 伊藤博文 통감은 골치를 앓고 있었다.[14] 외무성이 국제적 세력 균형 위에서 외교 교섭으로 만주시장을 획득하려고 한 데 비해, 참모본부는 만주시장 획득도 목표로 삼기는 했지만 러시아의 위협 때문에 자못 강경 기류였다.

간도문제에 대해서도 마찬가지였다. 1907년 8월 간도에 통감부 파출소를 개설한 이후, 齊藤季治郎 간도 파출소장은 土門江은 송화강 상류에 있다는 한국의 설을 지지하여 송화강 국경설을 강하게 주장하였다. 또 "간도는 한국의 영토임을 전제로 업무에 임할" 것임을 분명하게 했다.[15]

한편 韓國駐箚參謀部는, 만약 토문강이 송화강 상류에 있다고 하면, 한국의 구역은 광활해져서 지금의 러청 지역까지 모두 한국의 영토가

14) 外務省外交史料館外務省記錄, 『閣議決定書輯錄』 第3卷 「明治 39년 5월 22일 滿洲問題協議會閣議決定」 BZ1-3-0-01-003.

15) 「間嶋視察報告書」 統監府御用掛 齋藤季治郎 1907년 5월 MT14133-10958~11017 ; 「清韓國境問題沿革」 統監府派出所調 1907년 7월 MT14133-11018~11153.

되지만, "대체적인 지세를 보건데 분수령에서 동쪽으로 흐르는 강물이 哈爾巴峇 산맥을 넘어 송화강으로 흘러들어간다고는 믿기 어렵다"고 하면서 송화강설에 회의적이었으며, 이것을 한국의 '협상카드'로 치부하고 있었다.

또 통감부 囑託 中井喜太郎(錦城)는, 지금 간도를 실지 조사했는데, 백두산에서 동류하는 강은 두만강을 제외하면 해란강밖에 없다. 송화강에 흘러들어간다면 北流해야 한다. 만약 송화강이라고 한다면 寧古塔, 琿春, 블라디보스톡은 물론 러시아 연해주까지 한국의 영토가 되어 그 소유권을 다투어야 한다. "이와 같은 것은 이치에 맞지 않는다기보다 오히려 우스꽝스럽다고 해야 할 것이다"고 하면서 한국의 송화강설을 부정하고 거꾸로 청국의 두만강설을 인정하고 있다. 中井는 會寧 수비대의 간도 실지조사에 동행했는데, 1906년 4월 24일 京城을 출발, 5월 6일 두만강을 넘어 局子街와 東盛街를 조사하고 31일 경성으로 돌아왔다. 따라서 송화강을 실지조사한 것은 아니지만 간도를 실지조사한 사람으로서의 객관적인 판단이라고 할 수 있을 것이다. 주목되는 것은 양자 모두 齊藤과 마찬가지로 경계 문제보다 오히려 간도가 지닌 국방적 가치와 경제 시장적 위치에 가치를 두고 있다는 점이다.[16]

그런데 당시 간도문제 해결의 결정권을 쥐고 있었던 것은 주청국 林權助 공사, 林 薰외무대신, 伊藤 통감이었다. 이 라인 이외에 상기의 한국 주차참모부와 齊藤이 있었다. 林 공사는 그때까지 康熙定界에 대해 통감부파출소 조사서 「淸韓國境問題沿革」을 바탕으로 다음과 같은 견해를 갖고 있었다.[17]

16) 「間島ニ關スル調査槪要」 韓國駐箚參謀部調 1907년 3월 MT14133-107~123 ; 「間島問題參考書」 中井錦城 1906년 5월 MT14133 참고서 제2권, 「間島問題ノ沿革」 統監府 囑託 中井喜太郎 편찬 1907년 9월 MT14133-1521~1768.
17) 1907년 12월 31일 外務大臣 林薰 앞으로 보낸 기밀 제150호 MT14133-3044~3053.

청국 정부는 康熙定界碑에서 청한 양국 모두 압록강과 토문강 즉 두만강을 국경선으로 인정했으며, 지금은 그 상류인 紅土水와 石乙水 중에서 어느 것인지가 미정이라고 주장한다. 만약 당시 勘界에서 토문강의 水原으로 간주한 것이, 양국이 오인하여 송화강 상류였다고 한다면, 한국의 토문경계설은 근거가 없다고는 할 수 없다. 결국 이 문제는 정계비를 논거로 하여 양국에서 위원을 파견하여 해당하는 수원을 실지 조사할 수밖에 없다고 생각한다. 그 결과 두만강으로 결정이 나면 그 상류를 심사하면 된다. 또 北甑山 서쪽을 흐르는 토문강이라고 하면 그것으로 결정하면 된다. 한국이 주장하는 송화강이라면 북방에 경계선을 협정할 필요가 있지만, 이것은 "한국 측에게 커다란 약점임에 틀림없습니다" 어쨌든 협정의 부대조건으로 한인이 "자유로이 雜居할 수 있는 상태"를 보호하는 것이 필요하다.

이 견해가 보여주듯이, 당시 외무성은 국경선에 대해 결정을 하지 못하고 있었으며, 외무성의 외교정책을 결정할 수 있는 보고서는 없었다. 그래서 외무성 山座 정무국장은 당시 大阪朝日新聞에서 대청국 전문기자로 있던 內藤湖南에게 이 문제의 조사를 맡겼다.[18] 山座는 內藤이 1906년 2월 참모본부에 제출한 『調査書』를 읽고 그의 조사능력을 높이 평가했을 것이다. 그 후 內藤은 한국 內部의 문서와 봉천 崇謨閣図書를 조사하고, 1907년 8~10월에 『조사서』[19]를 외무성에 제출하였다. 山座 정무국장은 이 『조사서』의 내용에 크게 만족하여, 그 이후 內藤을 정식으로 외무성 촉탁으로 인정했다.[20]

內藤의 『조사서』 이외에 간도문제에 대한 조사서와 보고서가 모두 제출된 것은 1907년 말이었다. 12월 28일 林薰 외무대신은 그때까지 수

18) 『內藤湖南全集』 第14卷, 書簡128, 129에 의하면, 이 때 內藤은 參謀本部와 外務省으로부터 의뢰를 받았다는 것을 알 수 있다.

19) 「間島ノ版圖ニ關シ淸韓兩國紛議一件 付屬書 內藤虎次郎調査報告」 MT14133-1. 이 부속서에는 고난이 참모본부에 제출한 『間島問題調査書』와 외무성에 제출한 『間島問題調査書』, 『間島問題私見』 등이 들어가 있다.

20) 山座가 內藤虎次郎에게 보낸 전보 제2663호 1907년 9월 23일 MT14133-10293~10294 ; 「書簡 203 1907년 11월 12일 內藤郁子 앞」 『內藤湖南全集』 제14권, 437쪽.

집된 자료를 정리하여 총리대신, 육군대신, 해군대신, 참모총장, 군사령부장, 曾禰 부통감, 주영 대사, 駐安東 事務代理, 伊藤 통감, 山縣 공작, 駐清・美・佛・獨・伊・墺・露 公使, 在北滿 總領事, 在天津 總領事, 在南滿洲 總領事, 在漢口 領事 등에게 긴급 송부하여 해결을 위한 의견을 요청했다.[21] 송부된 자료는 ①「간도 소속 문제에 관한 연혁 상 한국측의 논거에 유리한 점들의 요령(間島所屬問題ニ關シ沿革上韓國側ノ論據ヲ助クベキ諸點ノ要領)」, ② 지도 11매, ③ 佛文[레지(Regis) 비망록의 一節], ④ 12월 10일 曾禰 부통감이 林 薰 외무대신에게 보낸 제224호 전보 사본,[22] ⑤ 동 18일 및 19일 曾禰 부통감이 伊藤 통감에게 보낸 제27·28호 전보 사본,[23] ⑥ 內藤虎次郎(湖南)이 외무성에 제출한 『조사서』 등이었다. 이하 순서대로 자료를 요약한다.

①「간도 소속 문제에 관한 연혁 상 한국 측에 유리한 점들의 요령(間島所屬問題ニ關シ沿革上韓國側ノ論據ヲ助クベキ諸點ノ要領)」

이 문서는 『조사서』에 기재된 한국에 '유리'한 부분과 그에 대한 외무성의 견해를 정리한 것이다.

청국은 세력이 강할 때 間島民을 '예속'시켜 '南征'한 적은 있지만, 간도는 중립지대로 존재하여 康熙定界 후에도 여전히 무인지대로 있었다. 그에 비해 한국의 이씨 왕조는 일찍부터 6진을 설치하여 간도지방을 지배하고 있었다. 대체로 청국은 "인적 주권을 설정"했지만 "地的 主權"을 "행사할 의사가 없었던"데 비해, 한국은 "인적 그리고 지적 주권"을 "保持"해 왔다. 한국 측에게 "가장 불리"한 것은 光緒 13년(1887) 李重夏의 勘界(필자: 청국이 주장하는 두만강을 인정한 것)이다. 이것은 "이중하가 독단으로 월권해서 만든 것"이 아닐까?

② 지도 11매

구체적으로 어느 지도가 송부되었는지 불명.

③ 佛文(레지 비망록의 一節)

---

21)「間島問題ニ關シ韓國側ノ利益トナルヘキ諸點通報並該問題ニ關シ參考書送付ノ件」 MT14133-2752~2765.

22) 1907년 12월 10일 제224호 MT14133-2303~2306.

23) 1907년 12월 18일 제27호 MT14133-2495~2501 ; 12월 19일 제28호 MT 14133-2571~2574.

이것에는 프랑스어 원문과 지도가 첨부되어 있다. 강희제의 고문이었던 제수이트 선교사 듀알드(Du halde)의 저서에 실린 페르 레지의 비망록에는 "長棚과 조선 국경 사이에 무인 지대를 설정한다"고 되어 있다.

④ 224호 사본

齊藤 간도 파출소장의 전보를 그대로 송부한 것. 한국 내부 서류인 이중하의 보고서에는 광서 13년 "토문강과 두만강은 동일한 강"라고 인정했지만, 상류를 紅土水와 石乙水 어느 쪽으로도 결정하지 않고 쌍방이 해산했다고 기재되어 있다. 그 勘界를 한국 정부는 인정하지 않고 있다. 왜냐하면 뒤에 李範允을 간도 관할관으로 임명하고 있는 데에서도 분명하다.

⑤ 제27·28호 전보 사본

광서 13년 이중하의 담판은 "그가 청국의 圖典을 맹신했고", "당시 청국 측은 압력과 협박으로 임했기 때문에 어쩔 수 없이 주장을 바꾼 것"으로 추정된다(27호 電文). 광서 14년 袁世凱가 한국의 조병식 외무대신에게 보낸 照會에는 한국이 광서 13년의 감계 담판, 즉 무산 이하 하류의 두만강을 경계로 했던 안을 인용하지 않았고, 또 청국 측도 그 "의견을 무시하지 않은" 상태였다(28호 전문).

이상 ②의 지도를 제외하고 ①~⑤는 한국 측 주장을 기초로 하여 어떻게 하든 '유리'하게 해결하려는 외무성의 의도를 엿볼 수 있으나, 아무래도 역사적 근거가 애매했다. 한편 內藤의 『調査書』는 어떠한 내용이었는가를 분석한다.

3. 內藤湖南 『調査書』(⑥)

內藤은 1905년, 1906년, 1908년의 세 차례에 걸쳐 간도문제를 조사했다. 첫 번째는 봉천 숭모각도서에서 淸朝史와 滿洲史, 蒙古史 자료 수집을, 두 번째는 경성에서 한국 내부 문서의 자료 수집과 봉천 숭모각도서의 재조사를, 세 번째는 간도를 실지 조사했다. 첫 번째 조사 후에 참모본부에 『조사서』를 제출했고, 두 번째 조사 후에 외무성에 『조사서』를 보냈으며, 세 번째 조사 후에도 마찬가지로 외무성에 『間島問題私見』을 제출했다. 이들 『조사서』는 조사한 시기와 수집한 자료의 차이 때문에 변화가 보인다. 특히 참모본부에 제출한 『조사서』의 「斷案」에서는 한국에 '유리'한 송화강설을 인정한 데 비해, 외무성에 제출한 『조사서』에서는 한국에 '불리'한 두만강설을 주장하고 있는 점은 정합성에 의문이 남지만, 두 번째 수집한 한국 내부 문서가 관건이 되었다고 생각한다. 본고에서는 두 개의 『조사서』에 대한 비교 검토는 할애한다. 이하 외무성에 제출한 『조사서』에 초점을 맞춰 각 권별로 상세하게 분석한다.

청조 이전인 신라와 발해의 경계는 "연대가 너무 멀어 정확성을 기할 수 없다". 고려와 여진의 경계에 대해 살펴보면, 간도지방은 "양국 사이를 오고 간 쟁탈지"로 양국의 교전은 "주로 두만강과 해란강 부근에서 벌어졌음은 의심할 여지가 없다". 고려와 여진의 충돌은 1103년부터 1109년까지 계속되었는데, 고려의 원수 윤관의 원정군은 "두만강을 지나 더욱 동북으로 가서, 지금의 哈爾巴嶺에서 老爺嶺에 걸친 산맥 및 綏芬河를 최북단 경계로 삼았다". 그러나 이곳을 개척한 것은 2년에 불과하여, 고려는 9성을 여진에 돌려주고 강화하였다. 1300년 초 조선의 이씨가 일어나 "한국의 두만강 경영은 6진 시대 때 최고조에 달했다". "당시 成桂의 경략은 멀리 두만강 밖까지 이르러, 윤관이 개척한 金 지방까지 거의 회복했던 것이다". 1410년 여진의 반란으로 한때 물러났지만 "강 밖의 야인 여진은 거의 모두 內附하였고, 강 안쪽에도 잡거를 허용하여 강의 안팎 다같이 琿春河에서 ○雅, 佈爾哈圖, 해란강 등의 강 유역에는 타국의 영주가 존재한 적이 없었다". 명조에서 보자면 이 지방은 너무나 멀어서 두만강 유역의 佟住江 주변에 한번 군대를 보냈을 뿐이다. 따라서 그 地誌도 조선의 동국여지승람이 상세하게 기록하고 있는 데 비해, 명의 一統志는 "막연"하게 기재하고 있다. 이를 봐도 "당시 두만강 밖의 땅이 명조와 조선 어디에 속한다고 해야 마땅한가 하면, 의심할 여지도 없이 조선이 그 권리를 주장할 수 있는 재료가 풍부하다"(『조사서』 제1권 「康熙定界以前ノ境界 上」).

청조의 선조인 태조가 만주와 장백산을 정복하자 "조선 6진의 藩胡에 일대 변화가 초래"되었다. 이것은 "청한 두 나라 사이의 국제관계의 연혁에 있어 극히 중요한" 것이다. 天聰 연간에 두만강 강변에 開市가 있어, 양국 간에 무역을 둘러싸고 충돌이 일어나게 된다. 崇德 연간에 들어 금은 청이라고 국호를 바꾸고 조선을 정벌했다. 조선국왕은 "힘이 다하여 항복을 청하고, 종래 형제의 나라라고 칭하던 것을 이에 이르러 완전히 군신의 예를 취하여 명조의 誥命을 거두어들이고 새로 청국의 책봉을 받게 되었으므로, 이

때부터 경계 협상 때마다 조선은 불리함을 면하지 못하였다. 조선이 처한 어려운 처지를 잘 알아서 살펴야 할 부분이다”(필자: 이 견해의 근거는 봉천 숭모각에서 발굴한 천총 원년부터 숭덕 연간에 이르는 양국 국서, 漢文舊◯였다).

당시의 경계를 표시한 지도는 없지만 1709년 강희제의 명령을 받고 국경을 조사한 레지의 비망록에는 두만강의 훨씬 북쪽에 선을 그은 것이 있다. 이것은 조선의 北界를 표시한 것일 것이다. 이 시대의 기록문서가 남아 있지 않기 때문에 명확한 판단은 어렵지만, 요컨대 청국은 이 지방의 인민을 다른 곳으로 “쫓아 수용”했지만, 한편 토지는 버린 것이기 때문에 “청국의 영토로 칭할” 수 없다(『조사서』 제2권 「康熙定界以前ノ境界 下 淸朝勃興期」).

강희 연간에 들면 청의 강희제는 장백산을 발상의 靈跡으로 간주하여 이 땅을 확실히 판도 안으로 편입시킬 의사를 가졌다. 강희제는 “월경 살인을 계기로 審界를 결행했다”. 강희 51년 청국의 穆克登은 강희제에게 상주하여 다음과 같이 勘界 보고를 하였다. “장백산에 올라 池水를 보니 서쪽은 압록이고 동쪽은 토문이다. 드디어 분수령에 돌을 세워서 표시로 삼았다. 북류하는 물이 어디로 흘러가는지 모른다. 이것을 烏龍江이라고 한다. 토문강을 따라 내려와 지금 관찰 임무를 완수하고 수도로 돌아왔다”. 또 정계에 관해서 조선국왕으로부터의 謝表도 있다. “관련한 大案은 이에 완전히 종결되었다”.

이상이 康熙定界碑에 관해 알 수 있는 사실의 전부이다. 추단하면 청국은 처음부터 장백산을 판도에 넣기 위해 감계를 감행했으며, 청국인과 조선인 모두 두만강과 압록강을 경계선으로 인정하였던 것이다. 숭덕 연간에 두만강 북쪽까지 조선의 경계선으로 삼았다는 사실 등은 “전혀 모르는 것 같다”. “조선인은 간도문제가 발생한 후, 穆克登이 지정한 경계를 分界江 혹은 송화강의 지류에 부회하려고 하지만, 金指南이 무산에서 경계를 넘은 한인을 위해 辨疏를 한 것을 보면 무산의 두만강을 경계로 인정한 것은 의심할 여지가 없다. 이는 실로 당시 韓官이 과거의 사실에 어두워, 단순히 두만강 이남의 땅을 잃을 것이 두려웠고, 또 청국 사신 접대의 번잡함을 꺼려 이를 회피하는 데만 급급하여 문제의 본원을 파악하지 않은 잘못이다”. 청인이 정계비를 보고 감계에 관계없다고 하는 것은 강변이다. “요체는 토문강이 두만강임을 입증하는 데 있을 뿐이다”(『조사서』 제3권 康熙定界事件).

청국은 간도 땅을 ‘空曠’으로 하여 청인, 한인의 유입을 금지했지만, 광서 초년 드디어 개방하여 개간을 허용했다. 광서 11년 감계사 이중하는 청국에서 파견된 德玉 등과 두만강을 거슬러 올라가 조사하고 국왕에게 두 개의 복명서를 올렸다. 하나는 토문강은 송화강으로 연결된다는 보고서로, “이중하는 별도로 의견서를 첨부하고 또 照會謄抄, 問答記 등을 함께 국왕에게 바쳤다. 또 비밀리에 글을 올렸는데 이미 조선의 주장이 극히 박약하다는 점을 진술하였다". '비밀리에 올린 글'에는 청한 양국 모두 두만강을 토문강으로 확인하고, 그 후 두만강 쪽으로 石土堆가 구축되었는데, 지금은 나무들 사이로 다 무너져가는 듯이 남아 있다고 되어 있다. 이중하가 정식 보고에 기록하지 않은 것은 "華人의 눈에 띄는 것을 우려해서"라고 한다. 이 단계에서 이미 두만강 상류의 감계 협상만이 남겨진 것이며 "간도문제는 이미 방기되었던" 것이다(『조사서』 제4권 「間島問題 上 日清戰爭以前」).

청일전쟁 후 조선은 국호를 大韓으로 바꾸고 청의 '속박'에서 벗어나자, 한국 지방관은 국경문제를 다시 거론하여 두만강과 토문강은 다른 강이라고 주장하기 시작했다. 1900년 의화단의 난이 일어나고 간도에 러시아가 들어오자 한국 정부는 李範允을 보내 한인을 보호하게 하였다. 이범윤의 행동은 "은근히 러시아의 원조를 기대한 것이 아닌가라는 의혹이 있다". 러일전쟁이 시작되자 "사태는 또 바뀌었다". 청국이 일본에 동정을 표하고, 한국이 일본의 세력범위 안에 들자 이범윤은 한국 정부에 인정을 받지 못하게 되었다. 청국이 한국에게 이범윤의 철수를 요구하자 한국 정부는 결국 이에 응하였다. 그 후 善後章程 12조를 議定하여, 감계 전에는 옛날대로 圖們江을 경계로 간주하고, 전후에 대국이 안정되면 위원을 파견하여 界址를 確勘하기로 했다. "십 수 년 전에 한국이 말할 여지조차 없을 정도로 거의 결정된 疆界 문제가 이에 이르러 부활하기에 이른 데에는 이범윤의 폭거가 실제로 큰 힘이 되었으니 실로 기이한 일이라고 하지 않을 수 없다"(『조사서』 제5권 「間島問題 下 日清戰爭以後」).

內藤은 한국 내부 자료를 조사하던 중에 누군가의 소개로 당시 掌禮院卿이었던 이중하를 만나 감계자료를 제공받았던 것 같다. 이중하로부터 다음과 같은 정보를 얻었다.

최근에 통감부 파출소 직원이 간도를 조사하고 두만강에서 嘎雅河 유역까지의 지방을 총칭하여 동간도라고 하고 송화강 상류지방을 서간도라고 한다고 하지만 이들은 아무런 근거가 없다. 또 일진회 등 한인이 정계비와 이른바 토문강의 하류를 증거로 삼아 "개간 구역을 寧古塔, 길림 지방까지 확장하는 것도 견강부회가 이만저만이 아니다"(『조사서』 제6권 「地志ノ考證」).

이중하가 왜 한국에 '불리'한 정보를 內藤에게 주었는지 알 수 없지만 이것은 한국 내부 문제와 관련이 있을지 모르겠다.

분석이 길어졌지만, 결국 內藤은 무슨 말을 하고 싶었던 것일까? 필자가 추측하건대, 요컨대 이 국경문제는 강국인 청국과 약소국인 한국의 국가 관계에 원인이 있어서 한국은 러시아와 일본의 힘에 의지할 수 있게 되었을 때 그 힘을 배경으로 국위를 발양시켜 국경문제를 다시 들고 나온 것이다. 그리고 현재 한국의 주장이 정당한지의 여부를 판단할 때, 나아가 통감부와 일진회의 견강부회를 음미할 때도, 이러한 관계와 경위에 주의해야 하며, 또 현혹되어서는 안 된다고 넌지시 충고한 것이라고 생각한다.

이상 ①~⑥의 자료를 분석했으나, ①~⑤에 비해 ⑥은 한국이 '불리'하면서 역사적 근거도 정확하며, 무엇보다 무엇이 문제의 본질인가를 명확하게 논증하고 있다는 것을 알 수 있다.

4. 일본의 대간도정책의 방침전환

일련의 송부 자료를 읽은 林權助 공사는 다음 해인 1908년 1월 15일 林薰 대신 앞으로 다음과 같은 전문을 보냈다.[24)]

> 송부받은 간도소속문제 참고서(필자: 고난의 『조사서』)를 열람했지만, "한국의 주장은 유감스럽게도 이유가 극히 부족하다고 인정하지 않을 수 없다. 이를 논거로 삼아 송화강에 흘러들어가는 수류를 경계로 주장하는 것은 도저히 지지하기 힘든 주장이라고 생각된다". 결국은 紅土水 부근이 문제가 될 것이다. 실제로는 무산으로 흐르지 않는 수류를 무산 방면으로 흘러간다고 생각한 것은 아닐까? 다만, 옛날에 간도지방은 이조의 발상지로 조종의 분묘도 있어서 한국이 먼저 "이해관계"를 가졌던 사실을 생각해도, 또 康熙

24) 하야시 공사가 하야시 외무대신에게 제8호 1908년 1월 15일 MT14133-3128~3138, 제9호 동일 MT14133-3105~3106.

> 定界 당시 "인정할 수 없다"고 주장할 수 있는 근거가 있었음에도 불구하고 양국 관계가 "항의를 제기할 수 없었던 것"은 유감스럽다. 그러나 강희 이후의 협상이 근본적으로 잘못 되었다고 하면서 무시하고, 그 이전의 사실관계를 논거로 하여 지금 새롭게 경계선 교섭을 하자고 주장하는 것은 곤란하다. 유감스럽지만 紅土水說 이상으로 성공할 수는 없다. 옛날의 사실관계를 주된 근거로 하고, 康熙定界 이후 청국이 간도에 아무런 "행정적 시설"을 두지 않은 데 비해 "한국 인민은 이를 자국의 영토라고 믿고 속속 이주 개간하여 사실상 한국 영토와 거의 다름이 없었다"는 것을 이유로 들어, 다시 간도의 소속을 다투지만 "결국은 어쩔 수 없이 양보할 각오"가 필요하다. 그 대신 "牽制的"으로 이를 이용하여 간도와 한국의 밀접한 관계는 계속 유지해야 한다는 것을 청국에 주장하여 국경무역조약을 체결할 필요가 있다(제8호).
>
> "견제적으로 간도 소속문제를 다투는 데는 조금이라도 우리에게 이익이 되는 점을 많이 제시하는 것이 득책이기 때문에 재료의 수집은 당연히 희망하는 바이다"(제9호).

이에 이르러 국경선은 두만강임을 인정할 수밖에 없다는 것이 전제가 되었고, 이후 목표는 한국에 '유리'하게 협상을 진행할 수 있는 재료를 수집하는 것이 되었다.

한편 2월에 齊藤은 內藤의 『조사서』와 中井의 『間島問題ノ沿革』[25] (中井는 內藤과 마찬가지로 이중하의 別單을 근거로 송화강은 국경이 아니라고 단언하고 있지만, 왜 한국이 송화강을 주장했는지에 대해서는 규명하고 있지 않다)에 대해 격렬하게 반론을 하고, 외무성에 그 반론 보고서를 제출하였다.[26] 보고서에서 齊藤은 內藤과 中井이 인용한 별단을 이중하가 '지어낸 것(造言)'으로 간주하고, "개인의 독단에서 나온" 것으로 아직 해결되지 않았다고 주장하였다.

이에 대해 포츠머스조약과 만주에 관한 日淸條約의 전권이었던 小村壽太郞는 같은 2월에 고난의 『조사서』를 근거로 다음과 같은 견해를 제

25) 『間島問題ノ沿革』 統監府 囑託 中井喜太郎 편찬 1907년 9월 MT14133-1521~1768.

26) 「中井囑託編纂「間島問題ノ沿革」ニ對スル卑見」 1908년 2월 MT14133-3584~3606 ; 「間島問題之顚末並意見書」 1908년 4월 MT14133-11154~11248.

시하였다.[27]

> 광서 11년의 勘界 때 이중하가 청국의 두만강 경계론에 반대한 것은 사실이다. 그러나 당시 한국이 이미 토문강설(필자: 송화강설)이 극히 "박약"함을 자각하고 있음은 "비밀리에 글을 올린 데에서도 분명하다(『間島問題調査書』 제4권, 28쪽 참조)". 또 다음해인 광서 12년 北洋大臣으로부터 온 咨文에 咨覆한 문서에는 "토문과 두만은 동일한 강의 轉音임을 인정하고, 쟁점은 단지 두만강의 江源을 감정하는 데로 축소된 점을 가지고 보면 문제는 이때부터 이미 완전히 형세가 뒤바뀐 것이라고 해야 할 것이다(『査書』 권4, 32쪽 참조)".

이 견해가 齊藤에게 송부되었는지의 여부는 알 수 없지만, 외무성으로부터 의견을 요청받고 위무성에 보낸 것으로 생각된다.

그런데 2월 21일 林權助 공사로부터 곧 협상을 개시할 것이므로 대체적인 방침이 결정되었으면 송부해 달라는 請訓[28]이 있어, 급히 방침을 결정할 필요가 생겼다. 그래서 외무성은 3월 4일 林權助 공사의 의견서와 청국 정부와의 왕복 공문의 사본을 曾禰 부통감, 齊藤 파출소장, 총리대신, 육군대신, 해군대신, 伊藤博文, 山縣有朋에게 송부하였다.[29] 1908년 4월 7일 林薰 외무대신은 林權助 공사에게 內訓[30]을 보냄과 동시에 야마구치에서 요양 중이던 伊藤博文에게 전보를 보내 "지난번 회합 때의 취지에 따라" 내훈을 송부했다고 보고했다.[31] 내훈을 요약하면 다음과 같다.

---

27) 「間島問題」 小村 2월 21일 稿 MT14133-3616~3627.

28) 하야시 공사가 하야시 외무대신에게 제48호 1908년 2월 21일 MT14133-3613.

29) 「間島問題ニ關スル謄寫物送付ノ件」 MT14133-3745~3746.

30) 하야시 대신이 북경의 하야시 공사에게 제85호 1908년 4월 7일 MT14133-3967~3971.

31) 하야시 대신이 山口 油田 松田屋의 이토 통감에게 1908년 4월 8일 MT14133-3972~3973.

간도문제에 대해서는 그 후에 충분히 조사했지만, 한국 측의 주장은 "근거"가 "박약"하며, 결국 두만강을 경계로 인정할 수밖에 없다. 향후 협상은 紅土水와 石乙水를 다투는 것이 된다. 또 청국 정부에 대해 日韓人의 잡거와 제국영사관의 설치를 허가하도록 하고, 한국인의 재판은 제국영사관이 하는 것을 인정하게 만들며, 간도의 이권획득을 일본에 승인하도록 할 필요가 있다. 대 간도정책은 영토와 권익을 교환할 것. 이 조건은 청국과 협상을 하기 위해서도, 그리고 또 아직 정식 각의를 거치지 않았기 때문에 절대로 비밀로 해야 한다. 따라서 이들 조건은 즉시 청국 정부에 제시할 것이 아니라 적당한 시기를 봐서 제출할 것. 그때까지는 종래의 방침인 간도의 소속은 아직 확정되지 않았다는 입장을 취하면서 간도의 통감부 파출소에 관제를 정식으로 시행하고 헌병을 증파하지만, 그런 한편으로 청국 정부의 공문을 반박하여 조약 협상을 유리하게 이끌어가는 것이 중요하다.

이 내훈은 이륜마차와 같이 본안과 복안을 가지고 협상을 밀어붙일 수 있는 데까지 밀어붙여 가장 유리하게 협상의 성과를 거두어야 한다는 외무성의 방침전환을 보여주고 있다. 당시 이 극비 사항을 알고 있었던 것은 극소수의 관계자에 불과했다. 외무대신은 이 방침을 확정하기 위해 齊藤을 북경의 林權助 공사에게 파견하여 협의하게 하였다.[32] 齊藤은 한국에 '불리'한 두만강설에 따라 역할을 마친 감이 있지만, 그러나 그의 재능은 이때부터 발휘되었다.

1908년 8월 內藤은 외무성으로부터 임무를 받고 간도에 들어갔다. 임무는 청국 정부로부터 보내온 공문에 반론하는 문서를 작성하기 위해 齊藤과 협의하는 것이었다. 공교롭게도 두만강설을 주장하는 內藤과 송화강설을 주장하는 齊藤이 만난 것이다. 서로의 흉중을 짐작할 수는 없지만, 우선 중요한 것은 임무였다. 두 사람은 간도로부터 각각 반론 문서를 외부성으로 송부했다.[33]

이 단계에서 齊藤은 송화강설을 버리고 두만강설에 굴복했지만, 그

32) 전게 제85호 참조.

33) 內藤湖南, 「淸國來文ニ對スル鄙見」 MT14133-10535~10558 ; 齋藤季治郎, 「淸國政府回答文ニ對スル卑見」.

러나 이와는 별도로 청국이 주장하는 土門江=豆滿江=図們江說을 강렬하게 논파하는 것은 한국에게 '유리'하게 협상을 진행한다는 점에서 이전과 다름없는 자세였으며, 齊藤 자신에게는 정합성이 있었다고 생각된다.

다음 달 9월 25일, 대청 협상 개시에 즈음하여 각의 결정이 있었는데, 간도문제는 내훈대로 진행시킨다는 것이었다. 각의 결정은 다음과 같다.[34)]

> 간도문제는 청한 양국 사이의 다년간의 현안이었지만, 이에 대한 한국의 주장은 "그 근거가 극히 박약"하다. 康熙定界 이래 청국이 한국보다 먼저 간도에 행정시설을 설치한 사실을 봐도 두만강이 국경선임은 의심의 여지가 없다. 향후에는 두만강의 원류가 紅土水인지 石乙水인지를 결정할 일만 남았다. 문제에 대한 청국의 태도는 매우 강경하며, 지방관헌은 시종 간도의 청국 영유권을 주장해 마지않는다. 간도의 일청 양국 지방관의 다툼은 그칠 줄 모른다. 이런 상태를 장기간 방치하면 國交에 영향을 미칠 우려가 있다. "제국이 청국과의 交情을 두터이 하고 또 만주에서 우리의 경영을 진척시키고자 하면, 이와 같이 주장의 근거가 박약하고 더욱이 양국 간의 교정에 위험을 미칠 수 있는 문제는 가능하면 빨리 해결해서 만일의 오해를 예방하는데 힘쓰는 것이 필요하다"

또 각의결정 세목의 '간도문제'에서는 지금까지의 논점을 정리한 『間島問題要領』[35)]이 참고자료로 배포되었다. 그리고 內藤의 『조사서』와 中井의 『間島問題의 沿革』을 인용하면서 향후 남겨진 국경문제는 紅土水인지 石乙水인지를 정하는 것만 남아 있지만, 일본으로서는 紅土水를 희망한다는 뜻이 전해졌다. 또 간도문제아 만주 5안건을 일괄하여 취급할 것도 결정했다.

34) 주 1) 자료 P.V.M 711~729.
35) 「間島ノ版圖ニ關シ淸韓兩國紛議一件 參考書」 MT14133-11400~11444.

5. 맺음말

內藤湖南이 외무성에 『조사서』를 제출하기 전, 즉 1907년 10월까지 간도문제의 본질을 꿰뚫어보는 원인을 규명한 보고서는 없었다. 있었다고는 해도 종래 인용되어온 한국에 '유리'한 자료의 나열, 혹은 한국에 '불리'하기는 하지만 간도가 지닌 군사적 가치나 경제적 가치에 주목하여 간도 영유를 진언하는 보고서였다.

그러나 1907년 10월 이후 외무성의 흐름은 크게 바뀌었다. 그것은 內藤湖南이 實證에 인용한 사료, 즉 봉천 숭모각의 漢文舊◯와 이중하가 비밀리에 올린 글을 근거로 한국에 '불리'한 두만강설과 한국의 부득이한 사정을 인정했기 때문이다. 이 부득이한 사정이 간도문제의 본질을 짚는 원인이며, 이에 대한 규명이야말로 참모본부와 齊藤을 납득시킨 것이었음은 말할 나위도 없다. 이후의 협상은 두만강설을 견제적으로 이용하여 최후에는 청국에게 양보함으로써 한국에 '유리' 즉 일본에 '유리'한 지위를 간도에 구축하는 데 초점이 맞춰졌다. 결국 일본정부는 얼마간 양보를 하면서도 '간도협약'으로 거의 초기의 목표를 달성했다.

그러나 內藤湖南이 지적한 간도문제의 본질을 파악한 원인은 그 후 공표되지 않고, 다만 한국이 주장하는 토문강설은 '근거가 박약'하다는 이유로 받아들여지지 않았다는 사실만이 후세에 전해졌다. 이 때문에 오늘날도 간도 문제는 미해결인 채로 남겨졌다고 생각하는 사람이 있는 것도 분명하다.

마지막으로 본 학회에서 한국 연구자로부터 나온 질문에 대해 답한다. 먼저 일본이 대 간도 정책의 방침을 전환한 것은 만주 5안건과 교환하기 위한 것이 아니었나 하는 질문이다. 앞에서 언급한 것처럼, 林權助 공사가 內藤湖南의 보고서를 토대로 한국에 「불리」한 두만강을 인정하지 않을 수 없다고 하는 의견서를 林薰 외무대신에게 보낸 것은 명치 41년(1908) 1월 15일이며, 이어서 林薰 외무대신으로부터 「간도 문제」에 대한 내훈이 林權助 공사에 전달된 것은 4월 7일이었다. 이 내훈의 범위는 아직 「간도 문제」에 한정되어 있었으며, 만주 5안건은 포함되지 않았다. 이들을 일괄해 취급하는 각의 결정은 9월 25일이었기 때문에, 최초의 방침 전환과 만주 5안건 일괄 취급과는 시기가 다른 것을 알 수 있다.

다음으로 內藤湖南은 외무성의 요망에 따라 한국에 '불리'한 보고서를 작성 한 것이 아닐까라고 하는 질문이다. 실은 內藤湖南이 보고서를 작성하고 있을 무렵, 명치 40년(1907) 8월 외무성 山座 정무국장은 보고서를 빨리 제출하도록 몇 번이나 편지를 보냈다. 山座에게는 거의 같은 시기에 설치되는 간도 통감부 파출소 개설에 맞추려는 생각이 있었을 것이다. 內藤湖南은 늦어지는 이유를 "연구하면 할수록 한국에 불리한 점이 많아 여러 가지 고심"을[36] 하고 있다고 답으로 보냈다. 편지의 내용으로 봐서 외무성으로부터 한국에게 '불리'한 보고서를 작성하도록 요청이 있었다고는 생각하기 어렵다. 만약 있었다고 하면, 어떤 내용이라도 좋으니 누구나가 납득할 수 있는 國境 史觀으로 정리를 해주기를 바라는 요망이 아니었을까?

---

36) 在京都內藤虎次郎發政務局長着 1907年 8月 23日 ; MT14133-10282~10292.

〈토론문〉

岡山대학 名和 悅子교수의 발표문 「日本의 對間島政策의 방침전환과 간도협약 －內藤湖南의 『間島問題調査書』를 중심으로－」 토론문

김우준
(연세대학교)

※ "內藤湖南이 지적한 간도문제의 본질을 파악한 원인은 그 후 공표되지 않고, 다만 한국이 주장하는 토문강설은 '근거가 박약'하다는 이유로 받아들여지지 않았다는 사실만이 후세에 전해졌기 때문에 오늘날도 이 간도 문제는 미해결인 채로 남겨졌다고 생각하는 사람이 있는 것도 분명하다"는 名和 悅子교수의 결론은 미흡하다고 여겨진다. 토론의 여지가 있다.

※ 日本의 對間島政策의 방침전환에 內藤湖南의 『間島問題調査書』가 주요 요인으로 작용했다는 발표자의 견해에 동의하기 어렵다. 당시의 주요 요인은 일본 제국주의의 정책 전환에 있었다.

※ 1909년의 間島協約은 법리적으로 무효라는 한국 외교부장관의 선언이 있었다. 또한 1962년의 조중변계조약은 제3자인 한국에 효력을 발생시키지 못한다.

※ 토론 참고사항: 간도가 한국 영역이라는 5가지 역사적 근거
첫 번째, 1718년 청 강희제 황여전람도의 유럽판 지도들에 남만주가

조선의 영토로 되어 있는데 이는 중국 및 제3자 유럽이 인정했음을 의미한다. 당빌의 '조선왕국지도', 1740년의 듀 알드, 1750년의 보공디, 1794년의 윌킨슨이 제작한 지도에는 압록강 이북의 봉황성 일대(서간도)에서 두만강 북쪽의 연길 일대(북간도)로 이어지는 지역으로 국경 표시가 되어있다. 현재의 압록강, 두만강 국경은 일제와 청이 1909년 불법적인 간도협약을 맺은 이후 비로소 정해진 것이다.

두 번째, 우리가 간도를 선점적으로 개간했다. 예를 들면 함경도 주민들이 북간도 지역으로 이주하기 시작하여 농민의 수는 급격히 증가했는데 이 지역 개간농경지와 거주 인구의 80% 이상이 조선인에 의하여 점유되어 북간도는 사실상의 조선영토 안에 들게 되었다.

세 번째, 조선 조정에서 1900년과 1903년에 서간도 및 동간도(북간도)를 행정적으로 평안북도 및 함경북도에 편입시켰다. 1902년 간도지역 호적부인 邊界戶籍案은 52책에 달했고 10여 만에 달하는 人戶의 호적이 작성되어 조선조정 內部에서 취합되었다. 서간도에 대한 우리의 행정조치의 한 예로는 1908년 조선조정 學部가 서간도의 廣韓학교 설립을 승인했다. 조선은 일찍이 1897년에 서상무를 서변계관리사로 임명하였고 1902년에 이범윤을 간도시찰사로 임명하여 간도지역의 한인 보호에 힘썼다.

네 번째, 간도 조선인 주민에게서 세금을 징수했다. 당시 세금징수분으로 행정과 군인 훈련비용을 충당하였다. 1903년 이범윤은 十戶를 一統, 十統을 一村으로 하여 통장, 촌장을 두어 지방자치행정단위를 이룩하고 세금징수분으로 행정과 군인훈련비용을 충당하였다.

다섯 번째, 조선 조정은 남만주인 간도지역에 대한 공권력 행사를 해왔다. 이 지역에 대한 치안 및 경비를 수행했고 조선 관병들이 중국의 유민 침투를 저지하기도 했다. 예를 들면 청대 檔案사료에서 水利史를 정리한 淸代遼河 松花江 黑龍江流域洪澇檔案史料에 당시 정황이 잘

나와 있다. 1839년(淸 道光 20) 청은 요동 봉황성의 동쪽 자국 영역 밖, 즉 간도지역을 몰래 정탐했다고 기록하고 있다. 만약 청의 영역 즉 행정 권력이 미치는 지역이었다면 '동쪽 경계 밖으로 몰래 파견했다[密派]'라는 표현을 사용치 않았을 것이다. 그 당시 봉금지대란 청이 만주를 보호하기 위한 조치라는 중국 측 학자의 주장은 타당성이 없는 것이다. 이 사료상에서도 요동의 봉황성 이북, 吉林에 청의 행정 권력이 미쳤고 추후에 寧古塔, 輝春에 이른다. 그러나 서북으로 요동 봉황성, 정북으로 길림 이남 송화강 유역, 동북으로는 영고탑 이남 해란강 유역으로 연결되는 남만주 間島지역은 淸의 영역 밖이었던 것이다.

간도 영유권 문제에 대한 국제법적 고찰*

이석우
(인하대학교 법과대학 법학부 조교수)

1. 문제의 제기

현재 한국의 간도 영유권 주장의 목적을 왜곡된 역사의 정립(正立)으로 이해하는 학자와 시민운동단체들이 있다. 그러나 이미 간도 관련 연

* 본 논문은 "한국의 간도 영유권 주장을 위해 극복해야 할 현대 국제법의 법리 연구", 2006.4, 백산학보, 제74호, 295~340쪽, 백산학회를 근간으로 작성되었다.

구논문[1]에서 본 연구자가 지적하였듯이, 간도 문제의 핵심은 '영토 분쟁'이며, 따라서, '간도의 영유권 분쟁'을 접근할 때 반드시 명심해야 하는 것은, 분쟁 지역에 대한 확립된 주권을 증명하기 위해서 분쟁 당사국들에 의해 제기되는 증거들에 대해 어떠한 법적인 의미나 증빙력(證憑力)이 있는지를 판별하는 작업이 본질적인 사항이라는 것이다. 이러한 판별 작업은 '영토 취득과 관련한 국제법의 일반원칙'에 비추어 제3자 중재기관이나 국제사법기관에 의해 결정되며, 따라서 제3자 중재기관이나 국제사법기관의 시각에서 사안에 접근하는 자세가 요구된다는 사실을 반복해서 강조한 바 있다.

1928년 팔마스섬 중재재판 이후, 국제사법재판소(이하, 'ICJ') 및 각종 국제사법기관을 통해 결정된 영토 분쟁에 관한 판례들을 통하여 정립된 '영토 취득과 관련한 국제법의 일반원칙'은, 국가가 분쟁 영토에 대한 영유권 내지는 주권을 행사했음을 입증하기 위해서는 다음과 같은 요소들을 만족시켜야 함을 보여주고 있다. 즉, 첫째, 특정 분쟁 지역에 대한 국가 권력의 행사가 실질적, 지속적, 평화적, 그리고 충분한 방식으로 전개되어야 한다; 둘째, 영토 주권은 분쟁의 대상인 영토의 특성에 따라 다른 형태로 전개된다; 셋째, 영토 주권은 일반적으로 주권의 발현을 의미하는 국가 및 정부 권한의 기능 행사에 관해 분쟁 당사국들이 제기하는 증거들을 평가함으로써, 그 상대적으로 근소한 우세(marginally relative merits)를 판정하는 과정을 거쳐 형성된다; 그리고, 넷째, 증거의 증빙력은 분쟁 영토의 점유와 직접적으로 관계가 있는 국가의 행위와 관련되어야만 한다. 이러한 제 원칙들은 전통적인 '영토 취득과 관련한 국제법의 일반원칙'을 형성하고 있다.[2]

---

1) 상기 언급된 논문들, 특히, 이석우, 2005.8, 「영토 취득과 관련한 국제법의 일반원칙과 한국의 간도 영유권 주장의 향후 연구방향에 대한 시론적 제언」 『백산학보』 72, 백산문화, 261~290쪽[이하, 이석우/2005] 참조.

2) '영토 취득 및 상실과 관련한 국제법의 일반원칙'에 대한 개괄적인 이해를

위해서는, Lee, S.W., "Continuing Relevance of Traditional Modes of Territorial Acquisition in International Law and a Modest Proposal", 16 *Connecticut J. Int'l L.* 1-22 (2000) 참조. 이에 대한 주요 저서로서는, Brownlie, I., *Principles of Public International Law* (1998), pp.125~167 ; Fenwick, C.G., *International Law* (1965), pp.404~435 ; Jennings, R.Y., *The Acquisition of Territory in International Law* (1963), pp.16~35 ; Jennings, R.Y. & Watts, A. (eds.), 1 *Oppenheim's International Law* (1992), pp.677~718 ; Lindley, M.F., *The Acquisition and Government of Backward Territory in International Law* (1926), pp.123~302 ; Malanczuk, P., *Akehurst's Modern Introduction to International Law* (1997), pp.147~160 ; O'Connell, D.P., 1 *International Law* (1970), pp.405~448 ; Sharma, S., *Territorial Acquisition, Disputes and International Law* (1997), pp.35~160 ; Shaw, M., *International Law* (1997), pp.338~354 ; Shaw, M., *Title to Territory in Africa* (1986), pp.17~26 ; Shearer, I.A., *Starke's International Law* (1994), pp.144~155 ; von Glahn, G., *Law Among Nations* (1992), pp.367~381. 연구논문으로는, Greig, D.W., "Sovereignty, Territory and the International Lawyer's Dilemma", 26 *Osgoode Hall L. J.* 140-63 (1988) ; Heydte, F.D., "Discovery, Symbolic Annexation and Virtual Effectiveness in International Law", 29 *Am. J. Int'l L.* 463 (1935) ; Jennings, R., "Acquisition and Loss of Territorial Sovereignty", pp.88~103, in *1 Collected Writings of Sir Robert Jennings* (Jennings, R.)(1998) ; Johnson, D.H.N., "Consolidation as a Root of Title in International Law", 1955 *Cam.* L. J. 215-25 (1955) ; Johnson, D.H.N., "Acquisitive Prescription in International Law", 27 *British Y. B. Int'l L.* 332-54 (1950) ; MacGibbon, I.C., "Some Observations on the Part of Protest in International Law," 30 *British Y. B. Int'l L.* 293-319 (1953) ; MacGibbon, I.C., "The Scope of Acquiescence in International Law," 31 *British Y. B. Int'l L.* 143-86 (1954) ; McHugo, J., "How to Prove Title to Territory: A Brief, Practical Introduction to the Law and Evidence", pp.2~10, *Boundary and Territory Briefing* (Vol.2, No.4; International Boundaries Research Unit, University of Durham [이하 'IBRU'])(1998) ; Menon, P.K., "Title to Territory: Traditional Modes of Acquisition by States", 72 *Revue de Droit International de Sciences Diplomatiques et Politiques* 1 (1994) ; Munkman, A.L.W., "Adjudication and Adjustment－International Judicial Decision and the Settlement of Territorial and Boundary Disputes", 46 *British Y. B. Int'l L.* 91-116 (1972) ; Post, H., "International Law Between Dominium and Imperium; Some Reflections on the Foundations of the International Law on Territorial

그러나, 기존 해당 지역의 평화 공존 및 협력을 저해하는 주요 영토 분쟁들이 최근 국제사법기관을 통해 사법적, 평화적으로 해결되면서, 국제사법기관은 기존의 전통적인 '영토 취득과 관련한 국제법의 일반원칙'과는 다른 법리를 보여주고 있다. 특히, 최근의 판례 등을 통해, ICJ가 도출한 가장 대표적인 법리 가운데 하나는, 영유권 분쟁을 해결함에 있어 당시 분쟁 지역을 지배하고, 실질적인 영토 처분의 권한을 행사했던 제국주의 국가의 결정이나, 그러한 결정이 반영된 조약의 해석 및 적용에 대해 절대적인 증거 능력을 가지고 있는 것으로 평가함으로써, 논란의 여지가 많은 역사적인 사료에 대한 증빙력을 계속해서 부정하는 입장을 견지해 오고 있다는 사실이다.[3)]

이러한 최근 기능주의적인 판결에서 보여준 법리를 기준으로 간도 영유권 문제를 분석하였을 때, 일견(一見), 간도 문제를 영토 분쟁화 함으로써 한국의 영유권 주장을 제기하고 공고화해야 하는 한국으로서는 불리할 수밖에 없다는 결론에 도달하게 된다.[4)] 따라서, 결과적으로 한국의 간도 영유권 주장을 위해 극복해야 할 현대 국제법의 법리 연구라는 본 연구의 핵심은 다시 최근의 영토 취득 및 상실과 관련한 주요 사

Acquisition", pp.147~173, in *Reflections on Principles and Practice of International Law* (Gill, T.D. & Heere, W.P. eds.)(2000) ; Schwarzenberger, G., "Title to Territory: Response to a Challenge", 51 *Am. J. Int'l L.* 308-24 (1957) ; Shaw, M., "Territory in International Law", 13 *Netherlands Y'b Int'l L.* 79-88 (1982) ; Svarlien, O., "The Eastern Greenland Case in Historical Perspective", *University of Florida Monographs* (Social Sciences, No.21, Winter 1964), pp.49~74 등 참조. 관련 국내문헌으로는 일반적으로 이석우, 2003, 『일본의 영토분쟁과 샌프란시스코 평화조약』, 인하대학교 출판부[이하, 이석우/2003] ; 이석우, 2004, 『영토분쟁과 국제법: 최근 주요 판례의 분석』, 학영사[이하, 이석우/2004] 등 참조.

3) 최근 국제사법기관의 영토 분쟁 사례의 분석에 대해서는 일반적으로, 이석우/2004, *id.* 참조.

4) 일반적으로 본 연구논문의 2.1), 2.2), 2.4) 등 참조.

례들에 대한 결정 및 판결을 내리는 데 있어, 국제사법기관이 어떠한 법리를 적용했는지를 재분석하는 작업과 직결된다고 본다.

단언하건데, 한국의 간도 영유권 주장은 반드시 영토 분쟁에 관한 '국제법'의 시각에서 접근할 때 그 정당성을 유지할 수 있다고 본다. 따라서, 기본적으로 본 연구는 한국이 간도의 영유권 주장을 함에 있어서 극복해야 할 현대 국제법의 법리에 근거한 문제점 / 쟁점들에 대해 개괄적인 의견을 시론(試論)적으로 제시함을 그 핵심으로 한다. 다시 말해, 현재 한국에서 주로 접근하고 있는 전통적인 입장에서의 간도 영유권 주장을 현대 국제법의 관점에서 재조명함으로써, 향후 간도의 영유권 주장을 보다 효율적으로 하기 위해 수행되어야 할 연구 주제 및 방향에 대한 제안을 그 목적으로 한다.

2. 한국의 간도 영유권 주장을 위해 극복해야 할 현대 국제법의 법리 연구

백두산정계비, 1909년 청-일 간도협약, 그리고 1962년 조-중 변계조약 등 국내 학계에서 전개되고 있는 간도에 대한 영유권 주장의 개관에 대해서는 이미 많은 선행연구를 통해 소개되고 있다.[5] 이러한 기존의

5) 일반적으로 이석우/2005, *supra*, note 1, 267~272쪽 참조. 현재 국내의 학계에서 전개되고 있는 간도에 대한 영유권 주장과 관련하여 제기되는 국제법적 근거는 일반적으로 간도학회의 구성원들을 중심으로 전개되고 있다. 여기에서는 간도 영유권 주장과 관련된 국내문헌 가운데 최근의 연구논문인, 노영돈, "청－일 간도협약의 무효와 한국의 간도영유권: 중국의 소위 '동북공정'의 숨은 의도"[이하, 노영돈/2004] ; 이일걸, "동북공정과 간도영유권 분쟁" 등 2004.9.23, 인하대학교에서 개최된 2004년 인하대학교 법과대학 제2차 국제법주간 행사 2 [한국의 간도영유권 주장의 국제법적 재고찰]에서 발표된 논문들을 중심으로 논의하기로 한다. 그 외 대표적인 참고문헌으

국내 학계에서 전개되고 있는 간도에 대한 영유권 주장과 관련해서 이미 본 연구자는 한국의 간도 영유권 주장에 있어서 극복해야 할 현대 국제법의 법리 및 향후 연구 주제들에 대한 제언으로 다음의 9개의 주제들을 선정하여 문제제기를 공식적으로 한 바 있다.[6)]

그 해당 주제들은 다음과 같다: ① 영토 취득과 관련한 국제법의 일반원칙과 한국의 간도 영유권 주장에 있어서의 선결과제; ② 국제사법재판소의 최근 기능주의적인 판결 동향의 극복과 식민주의에 대한 이해; ③ 중국의 영토 분쟁 사례를 통해 본 중국의 영토 취득에 대한 관행 분석; ④ 1962년 조-중 변계조약과 한반도 통일 이후 uti possidetis 원칙의 적용 여부; ⑤ 한국이 간도지역에 대한 공식적인 영유권 주장을 제기하지 않은 것이 권원의 포기, 또는, 묵인으로 해석될 수 있는지의 여부; ⑥ 간도협약의 무효와 관련된 현재 한국의 주장이 현행 국제법의 인식과 양립할 수 있는지의 여부; ⑦ 간도의 정확한 지리적 범위의 확정 및 정확한 지리적인 획정(劃定)없이 영유권 주장이 가능한지의 여부; ⑧ 현재 간도지역에 설치된 소위 연변조선족 자치주에 거주하고 있는 조선족들에 대한 민족자결권 이론의 적용가능성 여부; ⑨ 한국의 간도에 대한 영유권 주장이 현재 한국의 독도에 대한 실효적 점유에 대해

로는 일반적으로 백산학회(편), 2000, 『間島 領有權問題 論攷』, 백산자료원 등을 들 수 있다. 한편, 이일걸 박사는 "간도문제의 연구동향과 문제점"이라는 논문을 2005.5.12, [간도 영유권 문제의 향후 연구방향], 2005년 인하대학교 법과대학 제3차 국제법주간 4 / 2005년 인하대학교 법학연구소 제9차 학술포럼 (간도학회, 백산학회 공동주최) [이하, 이일걸/2005]를 발표하였다. 동 논문은 그 서론에서 중국이 2002년 동북공정을 공식적으로 선언하기 이전까지 간도문제에 대한 국내의 연구 성과는 한국 근현대사의 다른 분야에 비해 매우 취약하다는 진단을 하고 있다. 이일걸/2005, 1쪽. 한편, 간도 영유권 문제에 대한 개괄적인 이해를 위해서는 백산학회 (편), 2006, 『韓·中 領土의 관한 論攷－간도를 중심으로－』, 백산자료원 ; 이성환, 2004, 『간도는 누구의 땅인가』, 살림 등 참조.

6) 이석우/2005, *id.*, 273~286쪽 참조.

미치는 영향 등이 그것이다.

본 연구에서는 이들 9개 개별 주제 가운데 상호 중첩되는 부분과 간도 영유권 주장과 직접적으로 해당되지 않은 주제들을 정리하여, 5개 주제를 선별하였다. 즉, ① 한국의 간도 영유권 주장에 있어서의 선결과제; ② 국제사법재판소의 최근 기능주의적인 판결 동향의 극복과 식민주의에 대한 이해; ③ 중국의 영토 분쟁 사례를 통해 본 중국의 영토 취득에 대한 관행 분석; ④ 1962년 조-중 변계조약의 효력과 한반도 통일 이후 통일 한국과 중국의 국경선 획정 문제; ⑤ 현재 간도지역에 설치된 소위 연변조선족 자치주에 거주하고 있는 조선족들에 대한 자결권 이론의 적용가능성 여부 등이 그것이다. 한국의 간도에 대한 영유권 주장이 현재 한국의 독도에 대한 실효적 점유에 대해 미치는 영향에 대해서는 결론 부분에서 간략히 언급한다.

5개 주제 각각의 쟁점 사안과 본 연구자의 사안별 입장 / 이해를 정리하면 다음과 같다.

1) 한국의 간도 영유권 주장에 있어서의 선결과제

한국의 간도 영유권 주장에 있어서의 선결과제로는 다음의 세 가지 쟁점들을 거론할 수 있다. 즉, 첫째, 간도의 정확한 지리적 범위의 확정 및 정확한 지리적인 획정(劃定)없이 영유권 주장이 가능한지의 여부; 둘째, 한국이 간도지역에 대한 공식적인 영유권 주장을 제기하지 않은 것이 권원의 포기, 또는, 묵인으로 해석될 수 있는지의 여부; 그리고 셋째, 간도협약의 무효와 관련된 현재 한국의 주장이 현행 국제법의 인식과 양립할 수 있는지의 여부 등이 그것이다.

(1) 간도의 정확한 지리적 범위의 확정 및 정확한 지리적인 획정(劃定)없이 영유권 주장이 가능한지의 여부

간도의 정확한 지리적 범위의 확정은 학계에서도 오랜 논란의 대상이 되고 있으며, 이에 대한 학계의 일반적인 이해는 이미 연구된 논문을 통해 언급된 바 있다.[7] 영토의 범위에 대한 이견이 있는 경우, 소송절차를 진행하는 과정에서 제3자 국제사법기관이 이를 확정하는 경우를 상정할 수 있겠으나, 이러한 경우에도 분쟁 당사국이 자국이 주장하는 영토의 범위에 대해 다양한 경우의 수를 제시하면서 해당 분쟁 영토의 범위를 확정할 수 없음을 주장하는 경우는 사실상 무리라고 판단된다.

일각에서 주장되고 있는 간도의 범위는 서간도, 동간도, 북간도, 심요(瀋遼)지역을 포함해 연해주, 북방고토(北方故土)지역(만주)까지를 영유권 주장의 대상인 간도의 범위에 포함시키고 있어,[8] 사실상 영토 팽창주의, 실지(失地) 회복주의(irredentism)의 발현이라는 우려를 자아내게 한다. 그러나 매우 유감스럽게도, 간도를 주요 연구주제로 하고 있는 간도학회의 일련의 연구독회를 통해서도 한국이 영유권을 주장하고 있는 대상인 간도의 정확한 지리적 범위를 확정하는데 실패하고 있다. 이와 관련, 개개 연구자들의 간도에 대한 이해 또는 인식이 동일할 수 없다는 사실에 문제가 있는 것이 아니라, 최근 사실관계의 정확한 인식의 실패 및 원전(原典)이 아닌 2차 자료의 답습을 통한 오류의 반복 / 재생

---

7) *Id.*, 273~275쪽 참조. 예를 들어, 노계현, 2001, 『조선의 영토』, 한국방송통신대학교출판부, 2쪽("간도의 범위는 막연하다") ; 노영돈/2004, *supra*, note 5, 9쪽 ; 신각수, 1991, 「國境紛爭의 國際法的 解決에 관한 硏究」(서울대학교 법학박사학위논문), 272~273쪽("간도의 범위에 관한 명확한 인식의 결여는 공식화된 국경의 부재로 인한 국경분쟁인 간도분쟁의 성격상 당연한 것", 273쪽) ; 양태진, 1992, 『韓國國境史硏究』, 법경출판사, 233쪽("간도의 범위는 일정하다고 볼 수 없다") 등 참조.

8) 간도되찾기운동본부, "간도위치"(http://www.gando.or.kr/technote/read.cgi?board=c2_locate) (방문일: 2006-01-25).

산에 대한 비판적인 문제점들이 제기되고 있다.[9)]

영유권 주장에 있어 주장하고자 하는 대상을 확정하지 않은 상태에서, 분쟁의 일방 당사국의 입장 등 추후 논의를 통해 분쟁지역을 확정할 수 있다는 논거를 가지고 간도 영유권 주장에 임한다는 것은 사실상 무리가 아닌가 한다. 결과적으로 한국의 간도 영유권 주장에 있어서 가장 시급한 선결과제 가운데 하나는 영유권 주장의 대상인 간도의 정확한 지리적 범위의 확정이라고 판단된다. 과거에 존재했던 역사상의 논거에만 근거해 영유권 주장을 한다면 현재 전 세계 지도상에 그려진 거의 모든 국경선이 변경되어야만 할 것이라는 국제법 학계의 인식을 감안하면 더욱 그 중요성이 가중된다고 본다.[10)]

(2) 한국이 간도지역에 대한 공식적인 영유권 주장을 제기하지 않은 것이 권원의 포기, 또는, 묵인으로 해석될 수 있는지의 여부

상기 언급한 바와 같이, 간도 문제의 핵심은 '영토 분쟁'이며, 따라서, '간도의 영유권 분쟁'을 접근할 때 국제사법기관의 시각에서 사안에 접근하는 자세가 요구된다고 본다. '영토 취득과 관련한 국제법의 일반 원칙'에 비추어 볼 때, 결과적으로, 간도의 영유권 주장을 위해서 가장 절대적으로 요구되는 사안은 한국 정부의 간도 문제에 대한 공식적인 입

9) 이성환, 2006, 「간도연구의 문제점」(미발간 진행중인 연구노트 / 본 연구자 보관) [이하, 이성환/2006]. 동 연구노트는 완성된 형태의 논문으로 2006년 5월 예정된 백산학회 40주년 기념 학술세미나에서 발표될 예정이다.

10) 이러한 점에서 동아시아 도서분쟁에 대한 Charney 교수의 논평은 시사하는 바가 크다. "But, how far back into history do we consider that argument? If this approach applies retroactively, I do not think that there is a piece of territory on the face of this earth that would not be open to dispute." Charney, J.I., "Probable Future Outcomes of Some Island Disputes around Japan: Comments", p.161, in *Maritime Boundary Issues and Islands Disputes in the East Asian Region: Proceedings of the 1st Annual Conference* (Pusan, Korea, August 4, 1997)(Kim, Y.K. ed.) (1998)

장 표명이라고 할 수 있다. 최근의 언론 보도에서 보듯이, 이에 대한 정부의 소극적인 태도가 지속될 경우에는 권원의 포기 내지는 중국의 간도 영유권에 대한 묵인으로 해석될 수 있어, 사실상 한국의 간도에 대한 영유권 주장 자체가 국제법적으로 무의미해질 수 있다고 본다. 현재 간도 지역에 대한 중국 정부의 실효적인 주권 행사는 영토 취득과 관련한 국제법의 일반원칙에 비추어 볼 때, 일견(一見), 동 지역에 대한 중국의 영유권을 인정하는데 있어 어떠한 문제가 있다고 판단되지 않는다.

국제사회에서 아직 분쟁 지역으로 인정되어 있지 않고, 간도 영유권 문제에 대한 한국 정부의 공식적인 입장 표명도 없는 상태에서[11] 현재

---

11) 현재 외교통상부의 홈페이지(http://www.mofat.go.kr) (방문일: 2006-02-10)의 검색 결과, "간도"와 관련 49건의 결과가 검색된다. 이 가운데, 간도와 직접적으로 관련이 있는 문건은 [언론/홍보] 10건 가운데, "반기문 장관, 관훈클럽 조찬토론회 (2004.2.5(목) 07:30-09:30), 주제: 우리외교의 당면과제"(http://www.mofat.go.kr/mofat/mk_a006/mk_b038/mk_c067/mk_d163/1157424_1472.html); "장관, 내외신 정례 기자회견 (2004.8.11(수) 10:30-11:15)"(http://www.mofat.go.kr/mofat/mk_a006/mk_b038/mk_c066/1162409_636.html) ("[질문] … 간도조약에 대해서는 한국정부는 어떤 입장입니까? … [장관] 간도문제는 북한을 포함한 여러 나라가 관련되어 있는 복잡하고 민감한 문제로서 앞으로 좀더 정확한 역사적 자료를 수집하고 고증을 거치고 전문가들의 연구결과를 바탕으로 신중히 다뤄야 할 문제라고 생각합니다. … [질문] 간도문제와 관련해서 장관님 말씀은 향후에 기존의 우리국경선의 토대가 되고 있는데 그 문제에 대해서 우리가 연구검토를 거쳐서 어떤 이의를 제기 할 수도 있다고 … 해석을 해도 되는 것입니까? [장관] 너무 확대 해석하지 마시기 바랍니다") ; "장관, 내외신 정례 브리핑 (2004.9.8(수) 10:30-10:55)" (http://www.mofat.go.kr/mofat/mk_a006/mk_b038/mk_c066/1163145_636.html) ; "장관, 내외신 정례 기자회견 (2004.10.14(목) 10:30-11:00)" (http://www.mofat.go.kr/mofat/mk_a006/mk_b038/mk_c066/1164478_636.html) ("간도문제에 대해서는 여러 나라가 관련되어 있는 복잡하고 민감한 문제이기 때문에 앞으로 좀더 정확한 고증을 위한 역사적인 자료를 수집하고 전문가들의 연구 결과를 바탕으로 신중히 다뤄나갈 문제라고 생각합니다") ; "(인터뷰) 이혁 아태국장: 평화방송 '열린세상 오늘 장성민입니다'" (2005-08-23) (http://www.mofat.go.kr/mofat/mk_a006/mk_b038/mk_c068/1189071_

640.html) ("[질문] 오늘 아침 일부 신문에 간도 문제가 거론됐는데 한일 수교회담 문서에도 들었는데 우리 정부가 불필요하게 외교현안으로 부각될 것을 우려해 공개를 꺼리고 있다는 보도가 있었는데? … [국장] 간도문제는 아주 여러 나라가 관련돼 있는 상당히 복잡한 문제다. 정부로선 좀 더 정확한 고증을 위해서 역사적 자료를 수집하고 전문가들이 보다 많은 연구를 축적해 나가야 한다고 생각한다. 현재로선 상당히 민감한 문제니까 신중하게 다뤄나가는 것이 좋겠다고 생각한다") 등 5건, [외교통상부 국문 관련 게시판] 28건 가운데, "독도와 간도에 대한 질문, 게시일: 2005/03/17, 답변, 게시일: 2005/03/29" (http://www.mofat.go.kr/PocompDetlFkS.laf?board_id=FK05&seq=11998&num=0&numb=0); "고구려사 왜곡은 어떻게 되가는 겁니까?, 게시일: 2005/03/16, 답변, 게시일: 2005/03/29" (http://www.mofat.go.kr/PocompDetlFkS.laf?board_id=FK05&seq=11984&num=0&numb=0) ("간도문제와 관련, … 이 문제는 여러 나라가 관계되어 있어, 매우 복잡하고, 민감한 사안인 만큼, 정부로서는 좀 더 정확한 고증을 위한 역사적 자료수집과 전문가들의 연구결과를 바탕으로 신중하게 다루어 나가야 한다는 입장을 갖고 있습니다") ; "만주지역 조선영토입증지도 대량발견, 게시일: 2005/02/19, 답변, 게시일: 2005/02/22" (http://www.mofat.go.kr/PocompDetlFkS.laf?board_id=FK05&seq=11749&num=0&numb=0); "간도협약에 대하여 …, 게시일: 2003/10/02, 답변, 게시일: 2003/10/24" (http://www.mofat.go.kr/PocompDetlFkS.laf?board_id=FK05&seq=7603&num=0&numb=0) ("간도지역의 귀속문제에 대해서는 19세기 말 이래 한중 간 이견이 존재해 왔습니다. 즉 조선 및 청국 간 국경획정을 위해 1712년 설립된 정계비의 비문상의 '토문(土門)'에 대해 우리 측은 송화강의 상류라고 주장하는 반면, 중국 측은 두만강의 이칭(異稱)이라고 주장하여 왔습니다. 조선정부는 간도의 영유권 문제를 분명히 하기 위해 청국과 1885년과 1887년 두 차례에 걸쳐 영유권 교섭을 행한 바 있었으나, 이렇다 할 합의점을 찾지 못한 채 동 문제는 미해결의 영토분쟁사건으로 남게 되었습니다. 그러던 중 1909년 일·청 간 「간도협약」이 체결돼 일본은 남만주 철도부설권 등 여러 이권을 청국으로부터 보장받는 조건으로 간도의 청국 영유권을 인정하였습니다. 우리나라는 1905년 우리의 외교권을 박탈한 을사조약이 강박에 의해 체결된 무효조약인 만큼, 이의 연장선상에서 일본이 우리의 의사와 무관하게 청과 체결한 「간도협약」은 무효라는 입장을 견지하고 있습니다. 그러나 단순히 「간도협약」의 무효 주장만으로 간도의 영유권이 우리에게 자연스럽게 귀속되는 것은 아니라는 점을 간과해서는 안 될 것입니다. 따라서 정부로서는 간도 영유권에 관한 우리의 주장을 객관적으로 입증할 수 있는 역사적 사실

국내 학계, 시민단체에서 전개되고 있는 간도의 영유권 주장은 해당 사안에 대해 다음과 같은 입장을 공식적으로 표명한 외교통상부 반기문 장관의 국회 답변도 종국에는 극복해야만 할 것이다. 즉, 외교통상부 반기문 장관은 2004년도 국회 통일외교통상위원회에서 "간도협약에 관해서는 법리적으로는 무효라고 생각을 할 수 있습니다. … 그러나 간도협약이 무효라고 해서 간도 문제가 해결되는 것은 아니라고 봅니다. … 간도협약 문제와 간도영유권 문제는 분리해서 접근하는 것이 좋을 것이라는 것이 정부의 판단입니다. …"[12]라고 답변을 하였다.

관계를 사료에 기반하여 충실히 조사하는 작업이 무엇보다 중요하다고 판단하고, 관련 자료를 지속적으로 수집, 분석하는 작업을 진행해 나가고 있습니다") 등 4건, 그리고 [문서파일] 11건 가운데, 외교안보연구원 2004년 정책연구자료, 고광현 (구주·아프리카연구부), "중국 정치권력의 미란다와 크레덴다: 역사 조작과 중화사상을 중심으로" (http://www.ifans.go.kr/ICSFiles/afieldfile/2005/02/24/cik_c011_417.pdf) ; 외교안보연구원 주요국제문제분석, "한중일 3국 협력의 도전과 과제: 최근 역사논쟁과 민족주의 문제를 중심으로" (http://www.ifans.go.kr/ICSFiles/afieldfile/2004/04/02/cik_c007_178.hwp) ("동북아 3국 간에는 한일 간 독도문제, 중일 간 조어도 문제 등 아직도 완전히 해결되지 않은 영토분쟁이 존재하고 있음. 또한 한반도 통일 이후 간도문제도 한중간 영토분쟁으로 비화될 소지를 안고 있음. 이와 같은 영토문제는 3국 간 정치적 신뢰구축과 역내협력을 저해하는 걸림돌이 되어왔음") ; 외교안보연구원 정책연구시리즈, "21세기 주변 4강의 전략적 이해와 우리의 대응" (http://www.ifans.go.kr/ICSFiles/afieldfile/2000/09/04/cik_c006_89.hwp) ("역사적으로 중국은 한반도에 대한 종주권을 행사하려 해 왔으며, 지정학적으로 중국과 국경을 맞대고 있는 주변국이 적대적 군사강국이 되는 것을 억제하려는 정책을 취해왔다. 또한 통일된 한국의 존재가 동북 3성의 조선족문제 등 중국 내 소수민족 문제를 촉발할 가능성을 우려하고 있기 때문에, 전략적 완충지대로서 북한의 가치를 중시하고 있으며, 이 밖에도 중국은 잠재적으로 한국과 영토문제(간도문제)를 안고 있다") 등 3건이 등재되어 있다.

12) 국회 통일외교통상위원회, "2004년도 국정감사 통일외교통상위원회 회의록: 2004년도 국감－통일외교통상1, 일시: 2004년 10월 22일(금)" (http://www.mofat.go.kr/mofat/ICSFiles/afieldfile/2005/01/29/cmk_c055_9448.pdf), 40쪽, 76쪽.

법리적으로 한국의 간도 영유권 주장을 제기하기 위한 여러 가지 논거 가운데 하나인 간도협약의 무효 주장과 그 입증이 바로 한국의 간도 영유권 확보를 의미하지는 않는다는 한국 정부의 공식적인 입장은, 한국이 간도지역에 대한 공식적인 영유권 주장을 제기하지 않은 현재의 상황이 권원의 포기, 또는, 묵인으로 해석될 수 있는 개연성을 보다 강화하고 있다고 판단된다.

(3) 간도협약의 무효와 관련된 현재 한국의 주장이 현행 국제법의 인식과 양립할 수 있는지의 여부

간도 영유권과 관련, 1909년 청－일 간도협약에 대한 국내 학계의 전통적인 이해는, 최근 한국의 반기문 외교통상부장관도 간도협약에 관해 법리적으로 무효라고 의견을 명시한 것[13]과 마찬가지로, 동 협약이 무효라는데 의견을 같이 하고 있는 것으로 판단된다.[14] 간도의 영유권

13) *Id.*

14) 예를 들어, 노영돈/2004, *supra*, note 5, 5~8쪽("일본이 국가이익과 관련된 정책(과거사 배상 불가)으로 특수한 해석을 하고 있으나 우리나라는 물론 국제사회에서도 소위 을사조약사건 당시나 과거에 이미 그것이 절대적(원천적) 무효로 보아 왔다는 점에 기초할 때 일제가 소위 '을사조약'을 명분으로 대한제국을 대신(대리)하여 체결한 간도협약으로 간도를 처분한 것은 권한 또는 적격 없이 처리된 것이어서 간도협약도 원천적으로 무효임", 7쪽) ; 노영돈, 1990, 「白頭山地域에 있어서 北韓과 中國의 國境紛爭과 國際法」, 국제법학회논총 제35권 제2호, 대한국제법학회, 177쪽("일본이 간도협약을 통하여 간도영유권을 처분한 행위는 무효이다") ; 신각수, *supra*, note 7, 195~200쪽("일본정부가 간도협약의 체결을 통하여 한국의 간도에 대한 정당한 영유권주장을 포기한 행위는 보호관계에 내재하는 한계를 일탈한 월권행위로서 한국에 대하여 아무런 효력이 없다고 보아야 한다. … 특히, 중요한 점은 일본정부가 간도협약을 체결함에 있어서 한국의 영유권을 자국의 남만주(南滿洲)에서의 이익과 교환하였다는 사실이다. 따라서 한국의 간도영유권에 대한 일본정부의 처분행위는 한국의 보호국으로서 한 행위가 아니라, 자국의 이익을 위하여 제삼국(第三國)의 이익을 무단히 침해한 행위이며, 국제법상 불법, 무효인 것이다", 200쪽) ; 양태진/1992, *supra*,

문제와 관련한 핵심적인 쟁점 가운데 하나인 청-일 간도협약의 유무효성 검토에 있어, 학계는 일반적으로 동 협약의 체결과 1905년 11월 체결된 소위 '을사보호조약'의 체결을 연계하여, 을사보호조약 자체의 불성립 또는 무효의 연장선상에서 사안에 접근하고 있다.[15] 또한, 청－일 간도협약의 법적 효력에 대해 국제법상 '조약의 제3국에 대한 효력'의 문제와 관련하여 논리를 전개하고 있다.[16]

그러나, 아래에서 언급하는 최근 국제사법기관의 기능주의적인 판결에서 형성된 법리[17]를 기준으로 상기 언급한 간도 영유권 문제를 분석하였을 때, 일견(一見), 간도 문제를 영토 분쟁화 함으로써 한국의 영유권 주장을 제기하고 공고화해야 하는 한국으로서는 불리할 수밖에 없다

note 7, 114~129쪽 ; 양태진, 1999, 『近世韓國境域論考』, 경인문화사, 92~99쪽 ; 이일걸, 1992, 대한국제법학회, 「間島協約에 관한 國際法的 고찰」, 국제법학회논총 제37권 제2호, 대한국제법학회, 195쪽("간도협약은 국제법상 무효로 판명된 을사보호조약에 근거하여 체결된 조약이므로 당연히 법적 효력이 상실") ; 이한기, 1969, 『韓國의 領土』, 서울대학교출판부, 347~348쪽("일본은 간도문제해결을 위한 조약체결능력이 없고, 간도는 일・청간에 논의될 대상이 아니며, 이러한 조약은 한・청간의 기존조약을 개폐시킬 수 없는 것이므로 최소한 한국에 대한 효력은 무효임을 선언할 수 있다", 348쪽) 등 참조.

15) 그러나, 최근 을사보호조약을 주(主)된 조약으로 간도협약을 종(從)된 조약으로 설정하여, 을사보호조약의 무효와 간도협약의 무효를 연계시키는 논의에 대해 문제를 제기하고, 국제사법재판소(ICJ)의 2002.10.10 판결인 '카메룬과 나이지리아 간의 영토 및 경계획정 분쟁 사건 (*Land and Maritime Boundary between Cameroon and Nigeria* (Cameroon v. Nigeria: Equatorial Guinea intervening))(2002), http://www.icj-cij.org/icjwww/idocket/icn/icnframe.htm (방문일: 2006-02-10)에서 논의된 보호령(保護領)과 피보호국(被保護國)에 대한 해석을 중심으로, 국제법의 일반원칙상 일본의 간도협약 체결 행위에 하자(瑕疵)가 존재하는지에 대해 분석한 연구가 있다. 황명준, 2005, 「간도 영유권 문제의 국제법적 분석」(서울대학교 대학원 법학석사학위논문), 22~24쪽 참조.

16) 일반적으로 각주14에 인용된 참고문헌들을 참조.

17) 일반적으로 본 연구논문의 2.2) 및 이석우/2004, *supra*, note 2 등 참조.

는 결론에 도달하게 된다. 즉, 다시 말해, 최근의 영토 분쟁과 관련한 국제사법기관의 법리는 을사보호조약과의 관계에서 간도협약이 무효라는, 간도 영유권 주장을 위해 국내에서 견지해 오고 있는 입장과 상충되는 점이 있다. 즉, 간도협약의 무효를 위해 주장되는 논거인, 첫째, 강박에 의한 조약으로서의 을사보호조약의 무효로 인한 간도협약의 무효와, 둘째, 보호조약상 보호권의 범위를 일탈한 것으로서의 간도협약의 무효라는 기본적인 도식이 상기 언급한 최근 국제사법기관의 법리와는 부합되지 않는다는 것이다.

시제법(時際法)의 법적 효용성 강화, 기능 / 편의주의적인 uti possidetis 원칙[18]의 보편적 적용 가능성 증가 등 법적 안정성이라는 법의 이념에 충실한 현대의 국제법이 제국주의 시대의 국제법을 계수하고 있는 현실에서 간도협약의 무효론 주장의 타당성은 재검토되어야 된다고 판단된다. 이러한 차원에서 최근 간도협약을 단순한 국경조약으로만 취급하고 있는 한국의 학계의 일반적인 경향에 대해 비판하고, 간도협약은 국경조약이면서 동시에 간도에 거주하는 한인(韓人)의 생활을 규정하는 조약이라는 측면을 강조하면서, 간도협약을 유효론의 견지에서 재검토할 필요가 있다는 주장을 제기하는 학자가 있어 주목된다.[19] 즉, 간도 문제

18) 이와 관련, *uti possidetis* 원칙의 개념, 형성과정, 그리고 적용 문제에 대해서도 연구할 필요가 있다. *uti possidetis* 원칙은 스페인 통치 지역이었던 남미지역의 경우, 스페인 식민지 지역의 국가가 독립을 성취하였을 때, 식민지 시대의 내부 행정 구획이 신생 독립 국가들 간의 국경선으로 획정된다는 원칙으로, 이 후 아시아, 아프리카 지역 및 최근의 구 유고사태에서도 적용되었다. *uti possidetis* 원칙에 대한 보다 자세한 내용은, Brownlie, *supra*, note 2, pp.132~133 ; Jennings & Watts, *supra*, note 2, pp.669~670 ; Lalonde, S.N., *Determining Boundaries in a Conflicted World: The Role of Uti Possidetis* (2002) ; Ratner, S.R., "Drawing a Better Line: Uti Possidetis and the Borders of New States", 90 *Am. J. Int'l L.* 590 (1996) ; Sharma, *supra*, note 2, pp.119~129 등 참조.

19) 이성환/2006, *supra*, note 9. 이성환 교수는 이러한 주장을 간도학회가 주관

를 사람[人]의 문제로 보고 연구하는 경향이 강한 일본의 연구동향을 고찰하고, 간도 문제를 단순한 땅[地]의 문제, 즉, 영유권 문제로만 국한하여 다루고 있는 현상에 새로운 대안을 제시하고 있다. 이러한 주장은 아래에서 구체적으로 언급하는 간도지역에 거주하고 있는 조선족의 법적 지위 문제에도 많은 시사점을 제공하고 있다.

(4) 소 결

결국 영유권 주장을 정당화하기 위해 분쟁지역으로 인식되고 있지 않은 지역을 분쟁지역화 해야 하는 선결과제를 한국은 부담하고, 이를 현실화 해야만 한다. 간도를 분쟁지역화 해야 하는 역할 수행은 결국 동아시아 지역에 있어 비평화주의적이며 현상파괴적인 국가로서의 한국에 대한 국가 인식을 제고하게 할 것이다. 또한, 평화체제의 유지에 대한 현대 국가의 규범적 의무 및 현상유지 선호에 대한 본질적인 속성을 내포하고 있는 현대 국제법 체계와 한국의 간도 영유권 주장과의 불일치에서 발생하는 이해관계의 형량은 분명 현재 한국의 간도 영유권 주장론자들이 고려해야 할 과제이다. 이와 관련, 일본과 전개되고 있는 독도 영유권 분쟁에 대한 시사점에 대해서는 결론부분에서 약술한다.

또한, 한국의 간도에 대한 영유권 주장이라는 명제와 주변국가와의 평화적인 외교관계의 지속 및 한반도 평화 유지, 그리고 통일한국의 달성/형성이라는 명제와의 상관관계 및 이익형량에 대한 조망도 시급히

한 학회 내부 연구독회(2005.6.5./강화도; 2005.9.3./안동)를 통해서 발전적으로 제안하였다. 민감한 주장에 대한 공개적인 인용에 대해 허락하신 이성환 교수께 감사드리며, 현재 1909년 청-일 간도협약에 대한 국내 학계의 전통적인 이해가 가지고 있는 문제점에 대한 인식의 공유라는 차원에서 높이 평가되어야만 한다고 판단된다. 또한, 손춘일, 2005, 「"간도"문제에 대한 중국의 입장」, [동아시아 영토문제 연구] 국제학술대회 자료집 (한국간도학회 제5회 학술대회 / 2005년 인하대학교 법과대학 제4차 국제법주간 행사), 16~18쪽 참조.

공론화되어야 하는 과제이다.[20] 결과적으로 한국의 간도에 대한 영유권 주장을 통일한국의 기회비용으로 접근하는 인식이 보다 합리적이라고 판단된다.

이와 관련, 상기 언급한 외교통상부 반기문 장관이 2004년도 국회 통일외교통상위원회에서 답변한 "국제정치의 현실은 우리가 [간도영유권 문제]를 외교적으로 제기하는 데 여러 가지 어려움이 있는 것이 사실임을 좀 고려할 필요가 있고 또한 [간도영유권 문제]는 앞으로 통일이라는 우리의 민족적 과제를 어떻게 달성할 수 있는지, 동북아지역의 평화, 번영도 종합적으로 고려해서 접근해 나갈 필요가 있다. …"[21]는 입장표명은 현실적인 접근방안이라고 판단된다.

2) 국제사법재판소의 최근 기능주의적인 판결 동향의 극복과 식민주의에 대한 이해

영토 분쟁에 관한 최근의 판례들을 통해 보여준 국제사법기관의 '영

20) 한국의 간도 영유권 주장과 통일한국의 형성과의 상관관계 및 이익형량에 대한 문제제기는 2005년 10월 28~29일 양일간 간도학회, 백산학회, 인하대학교 법학연구소 국제법센터가 공동으로 주최 / 주관한 [동아시아 영토문제 연구] 국제학술대회 (한국간도학회 제5회 학술대회 / 2005년 인하대학교 법과대학 제4차 국제법주간 행사)의 {제2부: 서양의 동아시아 영토에 대한 인식}에서 주제 발표한 독일 함부르크(Hamburg)대학교 한국학과 교수인 베르너 사쎄(Werner Sasse): "유럽의 동아시아 영토에 대한 인식" ; 국제위기감시기구 동북아사무소 수석연구원(Senior Analyst, International Crisis Group, Northeast Asia Office) 티모시 사배지(Timothy L. Savage): "동북아시아 영토긴장의 완화(Rocks and hard places: lessening territorial tensions in North East Asia)" 등의 발표 및 토론에 의해 공식적으로 제기되어 공론화되었다. 한국에게 보다 더 시급한 국가적, 민족적 과제가 간도 영유권 확보에 대한 주장보다는 한반도 평화와 남북한 통일이라는 주장은 29일 비공개로 진행된 종합토론에서 다시 한번 확인되었다. 동 행사의 자료집 [동아시아 영토문제] 참조.

21) *Supra*, note 12.

토 분쟁과 식민지 문제'에 대한 이해는, 결과적으로, 한국이 적극적으로 영유권 주장을 제기해야 하는 입장에 있는 간도 문제를 위한 향후 논리 개발을 위해 전력해야 하는 법적 쟁점 가운데 하나라고 할 수 있다.[22] 다시 말해, 한국이 간도 영유권 주장을 성공적으로 제기하기 위해서는 제국주의 국가의 결정 등을 포함하여 가장 확실시되는 증거에 전적으로 의존하는 법리를 계속해서 보여주는 국제사법기관의 법리를 극복해야만 한다.

이와 관련, 간도 협약 체결 당시 한국의 국제법상 지위 및 간도에 대한 국가권한의 행사 여부와 관련하여, 보호령의 국제법적 지위에 대한 구체적인 연구가 행해질 필요가 있다. 즉, 보호국과 피보호국의 법적 관계, 국제법상 피보호국의 법적 지위, 국제법상 보호국의 법적 지위 및 보호국의 권한을 넘는 행위의 법적 효력에 대한 검토가 행해져야만 한다.[23] 또한, 한국에서의 식민지 문제에 대한 이해 이외에 일본, 중국 등 동아시아 중요 국가들의 식민지/제국주의 문제에 대한 이해가 분석되어야 한다.[24]

---

22) 아프리카 지역에서의 식민지 문제와 관련한 영토 분쟁의 국제법적 이해에 대해서는 일반적으로, 이석우, 2004, 「아프리카의 식민지 문제와 영토 분쟁에 관한 국제법적 고찰」, 국제법학회논총 제49권 제2호, 대한국제법학회, 79~101쪽 참조.

23) 이와 관련한 일련의 연구에 대해서는 일반적으로, 이석우, 2005, 「국제법상 식민지 문제와 영토분쟁: "屬國"과 "領土"」, 백산학보 제71호, 백산학회, 399~436쪽 참조.

24) 이러한 식민지 문제에 대한 연구는 근현대 한일관계사에 있어서도 그 핵심적인 위치를 차지하고 있다. 한일역사공동연구위원회가 2005년 발간한 한일역사공동연구보고서 전6권 가운데 제3분과 근·현대사편인 제4·5·6권은 일제 식민주의의 본질적인 분석을 시도한 다양한 연구주제들이 한국 측 연구위원 및 연구협력자들에 의해 채택, 수록되었다. 대표적인 연구논문으로는 「을사조약·한국병합조약의 유무효론과 역사인식 (정창렬)」; 「1900년대 초 한일간 조약들의 불성립 재론 (이상찬)」; 「20세기초 일본의 대륙정책과 한국문제 (조명철)」 등이 있다. 이들 논문들은 http://www.mofat.go.kr/

영토 분쟁 및 해결에 대한 유럽 중심주의적인 현대 국제법의 인식과 관련한 문제제기는 제3세계 국제법 학자들을 중심으로 전개되어 왔다.[25] 이러한 제3세계 학자들의 국제법 발전에 대한 담론은 영토 분쟁과 관련하여 과거 제국주의 국가들의 무차별적인 영토 확장을 위한 전횡을 무비판적으로 수용하고 있는 현 국제사법기관의 법리에 대한 비판으로 이어지고 있다.

간도에 대한 영유권 주장과 관련, 한국은 현 국제사법기관의 법리를 잔혹했던 식민지 시대의 부활이라는 차원에서 적극적으로 대응해야만 한다. 또한, 동아시아에서의 일본 제국주의의 식민지 확장/팽창 과정 및 정책이 유럽 제국주의 국가들의 아프리카, 라틴 아메리카 등지에서의 식민지 확장/팽창 과정 및 정책과 비교하여 가지고 있는 특수성에 대해서도 검증하는 작업이 요구된다고 본다. 이러한 비교를 위해 대만의 사례에 대한 연구가 적극적으로 원용될 수 있다고 본다.[26]

---

ek/kor_paper.html(방문일: 2006-01-16)에도 등재되어 있다. 한편, 한일역사공동연구위원회의 103개 분야 세부 연구결과가 한일관계사연구논집 편찬위원회 편, 한일관계사연구논집(전10권, 경인문화사)으로 별도로 출간되었는데, 제7권 (일본의 한국침략과 주권 침탈), 제8권 (일본 식민지지배의 구조와 성격), 제9권 (일제 강점기 한국인의 삶과 민족운동), 제10권 (해방 후 한일관계의 쟁점과 전망)에 관련 연구논문들이 수록되어 있다. 이와 관련, 역사학계 위주로 이루어지고 있는 식민지/제국주의 관련 연구모임이 학제간 연구로 변환되고 있는 추세는 식민지/제국주의의 본질에 대한 정확한 이해를 위해서도 바람직하다고 판단된다.

25) 유럽 중심주의적인 현대 국제법에 대한 문제제기와 관련한 대표적인 연구들은 Anghie, A., *Imperialism, Sovereignty and the Making of International Law* (2004) ; Anghie, A., et al. (ed.), *The Third World and International Order: Law, Politics and Globalization* (2003) ; Anghie, A., "Finding the Peripheries: Sovereignty and Colonialism in Nineteenth-Century International Law", 40 *Harv. Int'L L. J.* 1 (1999) ; Elias, T.O., *New Horizons in International Law* (2nd rev. edn., 1992) 등 참조.

26) 대만의 근현대사 및 동아시아 지역에 있어서의 정치적, 국제법적 역학관계에 대한 연구는 일본이 중국/대만과 현재 영유권 분쟁 중에 있는 센카쿠섬

3) 중국의 영토 분쟁 사례를 통해 본 중국의 영토 취득에 대한 관행 분석

영토 분쟁에 있어 분쟁의 상대국 및 이해 당사국들이 해당 분쟁영토에 대해 어떠한 입장을 견지하고 있으며, 그에 대한 법적 논거가 무엇인지를 파악하는 것은 절대적으로 요구된다고 본다. 결과적으로 간도문제의 핵심이 '영토 분쟁'이라면, 분쟁 상대국인 중국의 영토 취득에 대한 관행을 분석하는 것은 절대적으로 요구되는 과제 가운데 하나이다. 이러한 중국의 영토 취득에 대한 일반적인 관행을 분석하기 위해서는 중국이 현재 분쟁의 당사국으로 있는 영토 분쟁 사례의 개별 분석을 통해 접근하는 것이 바람직하다고 본다.

각각의 사실적인 배경을 달리하고 있는 이들 영토 및 경계획정 분쟁에 대한 연구는, 중국의 영토 취득의 관행이 국제법상 영토 취득 및 상실과 관련한 일반 원칙의 시각에서 접근하였을 때 가질 수 있는 일반성과 특수성을 파악하기 위해서 선행되어야 할 과제이다. 즉, 중국의 영토분쟁 사례를 통해 본 중국의 영토 취득에 대한 관행 분석이란 연구는 궁극적으로 과연 중국이 주변 영토를 취득해 나가는 관행이 유럽중심주의적인 국제법상의 영토 취득 및 상실에 관한 일반 이론과 차별화 될 수 있는 것인지를 파악하게 한다.

분쟁의 독도 분쟁과의 상호 연관성을 강조하는 본 연구자의 연구 결과물을 통해 그 중요성이 언급된 바 있다. 즉, 그 각각의 개별 영토 분쟁으로서 가지고 있는 양자간, 혹은 센카쿠섬의 경우 삼자 간의 대립상황이라는, 일차적인 분쟁의 성격 이외에, 동아시아의 공통된 역사적, 지정학적 요소를 공유한 영토 분쟁으로서 가질 수밖에 없는 다자적인 성격의 상호 연관성을 대변해 주고 있다(일반적으로, 이석우/2003, *supra*, note 2 참조). 일본 제국주의의 식민지 확장 / 팽창 과정 및 정책의 분석을 위해서도 대만의 경우에 대한 연구는 매우 중요하다. 이와 관련, 창룽치, 2004, 「식민주의 · 근대성과 대만 근대사 연구」, 역사문제연구 제12호, 역사문제연구소 / 역사비평사, 101~133쪽 참조.

광대한 영토를 가지고 있는 중국은 거의 모든 주변 국가들과 영토 및 경계획정 분쟁에 놓여 있는데, 러시아와는 아무르(Amur)와 우수리(Ussuri)강의 합류점 상에 위치한 충적 도서(alluvial islands)와 아군(Argun)의 소도를 둘러싼 분쟁 해결을 위한 상호우호친선협력조약(Treaty of Good Neighbourliness, Friendship, and Cooperation)이 2001년 양국 간에 체결되었고, 베트남과는 1999년 12월 30일 국경에 관한 협약, 2000년 12월 25일 통킹만(Gulf of Tonkin)에서의 해양 경계획정 협정 등이 체결되는 등 주변 국가들과의 해당 분쟁을 평화적으로 해결하여, 현재 중국이 영유권, 국경선 등 분쟁 대상국으로 있는 해당 영역은 일본, 대만과 센카쿠섬(조어도) 분쟁; 인도와 국경선 분쟁; 타지키스탄과 국경선 분쟁; 카자흐스탄과 국경선 분쟁; 베트남, 말레이시아, 필리핀, 대만, 브루나이 등과 남사군도(Spratly Islands) 분쟁; 베트남, 대만과 서사군도(Paracel Islands) 분쟁 등이 있다.[27)]

상기 언급한 현재 진행 중인 중국의 영토 분쟁 사례 가운데 센카쿠섬(조어도) 분쟁; 베트남, 말레이시아, 필리핀, 대만, 브루나이 등과 남사군도(Spratly Islands) 분쟁; 베트남, 대만과 서사군도(Paracel Islands) 분쟁 등 주요 도서 분쟁에 있어서 중국의 영유권 또는 경계획정에 대한 주장을 개설하면 다음과 같다.

(1) 센카쿠섬(조어도) 분쟁

1971년 2월 23일, 대만의 외무장관이 최초로 대만이 센카쿠섬에 대한 주권을 향유한다고 이 문제에 대한 공식적인 입장을 표명하였다.[28)]

---

27) 일반적으로 미국 CIA, *The World Factbook*(Field Listing－Disputes－international) (http://www.odci.gov/cia/publications/factbook/fields/2070.html) (방문일: 2006-02-10) 등 참조.

28) U.S. Department of State[이하, USDOS], “Telegram: ROC Claims Senkakus”, 1971/2/26, [USNARA/Doc. No.: Pol 32-6 Senkaku Is; Taipei 883]. 대만보다

한편, 중국 또한 1970년 12월 29일 인민일보의 사설을 통해 센카쿠섬에 대한 그 동안의 침묵을 깨고, 동 도서에 대한 주권을 주장하기 시작했다. 동 사설에서 중국은 미국과 일본이 대만과 센카쿠섬을 포함한 그 주변 수역에서의 석유 개발사업을 중단할 것을 경고했다.[29] 이러한 석유 개발사업이 중국의 주권에 대한 침범임을 강조하면서, 인민일보는 모택동의 말을 빌려, 중국은 외국 정부로부터의 중국 주권에 대한 침범을 허용하지 않을 것임을 천명하였다.[30]

미국과 일본 간에 체결된 오키나와 반환 조약은 센카쿠섬 분쟁에 대한 중국의 입장을 다시 한번 재확인하는 계기가 되었다. 1971년 12월 30일자 중국 외교부의 선언과, 동 선언이 함께 실린 당시 신화사 통신사에 의해 발표된 센카쿠섬과 관련한 중국 정부의 공식적인 입장은, 센카쿠섬에 대한 1556년 명(明)대의 군사적인 조치; 명, 청(淸)대의 중국과 일본간에 왕래된 외교 문서들; 그리고 오키나와 제도가 센카쿠섬을 제

는 센카쿠섬에 대한 영유권 주장에 있어서 후발주자인 중국은 일반적으로 대만의 입장에 동조하고 있다. 즉, 대만을 중국의 한 지역으로 간주하는 시각에서, 센카쿠섬은 중국의 영역 가운데 하나인 대만의 속도라는 것이 일반적인 중국의 입장이다. 다시 말해, 중국과 대만은 서로 대립하고 있는 현실적인 상황에도 불구하고, 중국 영토의 역사적인 범위에 관한 한 매우 유사한 견해를 표명하고 있다. Choy, K., "Overview of Taiwan's Legal and Jurisdictional Considerations in the Diaoyu/Senkaku Dispute", p.8, in Chiu, K.H.C. (ed.), *International Law Conference on the Dispute over Diaoyu/Senkaku Island* (1997) ; USDOS, "Telegram: Senkakus－PRC Claim", 1970/12/4, [USNARA/ Doc. No.: Pol 32-6 Senkaku Is; XR Pol 19 Ryu Is; Tokyo 9802 /F750008-1486]. 본 논문에서 원용되고 있는 미국 국립문서보관소(USNARA) 소장 자료는 일반적으로, 이석우/2003, *supra*, note 2 참조.

29) USDOS, "Intelligence Brief from George C. Denney, Jr. (Director, Bureau of Intelligence and Research (INR)) to The Secretary: Communist China; Peking Warns against Seabed Encroachment", 1970/12/29, [USNARA/Doc. No.: Pol 32-6 Senkaku Is; XR Pol 33-8; Pol 33 China Sea; INRB-226].

30) *Id.*

외한 36개의 도서들로 구성되었다고 중국과 일본간에 합의가 이루어졌음이 주장되는 1879년의 교섭 등에 의해 입증된다고 강조했다.[31]

중국의 관점에서 보게 되면, 중국은 센카쿠섬을 1372년에 발견했으며, 그 이후, 중국인들은 문제의 도서와 긴밀한 관계를 이어오고 있었다. 도서의 사용면에 있어서도, 센카쿠섬은 중국인들에게 항해의 표식이 되었으며, 1534년 이후, 반복적으로 중국의 영토임이 기록되어왔다.[32] 명과 청대의 항해 기록일지를 보게 되면, 당시 류구(오키나와)로 사신이 가는 경우, 센카쿠섬의 구성 도서들인 조어대(釣魚臺; Tiaoyutai), 황미서(黃尾嶼; Huangweiyu), 그리고, 적미서(赤尾嶼; Chihweiyu)들을 거쳐 항해했다는 기록들이 나와 있다. 이들 항해 기록들은 적미서를 류구와의 경계를 획정하는 도서로서 기록하고 있으며, 따라서, 이는 이들 도서들이 류구에 귀속된 도서들이 아니라는 점을 반증하고 있다.[33] 1372년 이후, 항해 표식으로서의 센카쿠섬에 대한 중국 사신의 활용 및 그 기록과 관계된 증거 이외에도, 중국과 대만은 다음과 같은 역사적인 사실들을 증거로서 제시하고 있다. 즉, 중국 어민들의 피난처 내지는 어업기지로서의 활용; 중국 약재업자들에 의한 약초의 수집[34]; 16세기 센카쿠섬을 중국의 해안방위 체제 내에 편입한 사실[35]; 그리고, 한 중국인 약초 채집자에게 약초의 수집을 위해 센카쿠섬의 일부를 중국 황후가 수여한 사실[36] 등이 그 대표적인 것 들이다.

---

31) USDOS, "Telegram: PRC Statement on Senkakus", 1972/1/3[USNARA/Doc. No.: Pol 32-6 Senkaku Is; Hong Kong 17].

32) Suganuma, U., *Sovereign Rights and Territorial Space in Sino-Japanese Relations: Irredentism and the Diaoyu/Senkaku Islands* (2000), pp.45~58, pp.68~84.

33) *Id*.

34) Cheng, T., "The Sino-Japanese Dispute over the Tiao-yu-tai (Senkaku) Islands and the Law of Territorial Acquisition", 14 *Virg. J. Int'l L.* 221 (1973-74), pp.257~258.

35) Suganuma, *supra*, note 32, pp.61~68.

36) *Id*., pp.86~87, pp.104~106.

1895년 센카쿠섬에 대한 일본의 권원 주장에 대하여, 중국과 대만은 다음과 같이 반박하고 있다. 즉, 첫째, 1884년 이전의 그 어떠한 일본의 역사 문헌이나 정부 문헌에서도 이들 도서들에 대한 기록이 나와 있지 않으며, 일본이 일본인에 의해 최초로 문제의 도서를 발견했다고 주장하는 1884년 이전에 이미 무수한 중국인들에 의해 센카쿠섬이 발견되어져 왔다[37]; 둘째, 일본 정부는 1894년 이전 오키나와현에 센카쿠섬을 포함시키지 않았으며, 그러한 편입은 중일전쟁에서의 일본의 승리 이후, 시모노세키 조약에 의해 중국이 대만과 팽호도를 일본에 할양할 당시 비로서 이루어졌다[38]; 셋째, 오키나와현 지사가 1884년 센카쿠섬의 '발견'에 대해 알게 된 이후, 그는 이듬해 일본 정부에 대해 이들 도서들에 대한 권리 행사의 허가를 신청하게 되며, 이에 대해 일본 정부는 해당 문제에 대한 결정을 연기한 끝에, 1895년 중일전쟁에서 일본의 승리가 확실시되자, 일본 정부의 각의에서 그 신청을 마침내 받아들이게 된다[39]; 그리고 넷째, 중일전쟁 이후, 오키나와 제도를 둘러싼 중국과의 협상 과정에서, 미국 그랜트 전(前) 대통령이 제시한 분리안에 센카쿠섬은 전혀 언급되어 있지 않다.[40]

중국과 대만은 이외에도 다음과 같은 주장들을 첨부하고 있다. 즉, 1939년 일본의 지리학회에서 발간된『지도와 일본 영토의 지명에 관한 사전(*Atlas and Dictionary of Place Names in Japanese Territory*)』에는 센카쿠섬에 대한 내용이 전혀 나오지 않는다[41]; 다른 국가에서 발간된 지도에

37) *Id.*, pp.96~100, pp.106~108.

38) Taiwanese Embassy in DC, "A Note to U.S. Secretary of State from Chow Shu-kai (Taiwanese Ambassador in U.S.)", 1971/3/15, [USNARA/Doc. No.: Pol 32-6 Senkaku Is].

39) *Id.* ; Suganuma, *supra*, note 32, pp.96~99.

40) Braibanti, R., "The Ryukyu Islands: Pawn of the Pacific," 48 *American Political Science Review* 981 (1954) ; Treat, P.J., 2 *Diplomatic Relations between the United States and Japan* (1932), pp.101~103.

도 해당 도서들의 중국식 명칭, 즉, 조어대(Tiao-yu-tai)만이 제2차 세계대전이 종료된 그 시점까지, 즉, 일본식 명칭인 센카쿠섬이 등장할 때까지 지속적으로 사용되고 있다[42]; 그리고, 일본인 고가 가족에 의한 1896년의 임대나 그 이후 1930년의 구입행위 등은 일본 정부와의 관계에서 이루어진 단순한 국내법상의 조치일 뿐, 그러한 행위가 센카쿠섬에 대한 국제법상의 지위에 어떠한 변화를 가져오는 것은 아니다[43]고 주장한다.

또한 중국과 대만은 센카쿠섬의 지리학적 구조가 다음과 같은 사실관계로부터 오키나와 제도와는 구분되는 특성이 있음을 강조한다. 즉, 첫째, 센카쿠섬은 오키나와 열도의 한 부분을 구성하는 것이 아니며, 중국 대륙으로부터 이어지는 대륙붕의 최외측 한계를 설정하고 있다. 둘째, 센카쿠섬은 야에야마－미야코(八重山－宮古; Yaeyama-Miyako) 열도로부터 161 킬로미터 밖, 오키나와 군도로부터는 386 킬로미터 밖에 위치하고 있으며, 다른 도서들과는 2,000 미터 이상의 해구에 의해 분리되어 있다. 셋째, 이 지역의 해류의 흐름 또한 북동쪽 방향이어서, 대만의 어부들이 이 해류를 타고 센카쿠섬에 이르는 것이 오키나와의 어부들이 이 해류를 거슬러 센카쿠섬에 이르는 것보다 훨씬 용이하며, 그 결과, 센카쿠섬 주변의 해역은 대만인 어부들에 의해 수세기 동안 독점적으로 이용되어 왔다. 그리고 넷째, 센카쿠섬의 지질학적 구조가 대만에 부속되어 있는 다른 도서들의 구조와 매우 유사하다는 점 등이 대표적으로 제기된다.[44]

---

41) Suganuma, *supra*, note 32, p.129, pp.127～129.

42) 예를 들어, *The Andreeshandatlas*(4th ed, Germany)(1900), p.140 ; 24 *The Encyclopaedia Brittanica* (1940), p.69 등 참조.

43) USDOS, "Telegram: Senkaku Islands", 1970/9/15, [USNARA/Doc. No.: Pol 32-6 Senkaku Is; XR Pol 19 Ryukyu Is; Taipei 4000].

44) Taiwanese Embassy in DC, *supra*, note 38.

(2) 남사군도(Spratly Islands) 및 서사군도(Paracel Islands) 분쟁[45)]

남사군도(南沙群島; Spratly Islands)는 이 지역 일대의 해양 및 매장 지하자원에 대한 관심이 높아지고, 1982년 유엔해양법협약의 발효로 200해리 배타적 경제수역이 인정되면서, 주변국가의 정치적, 군사적, 경제적 이해관계가 상승작용을 유발하여 현재까지 영유권 분쟁이 지속되고 있다. 현재 중국, 대만, 베트남, 말레이시아, 필리핀, 브루나이 등 6개국이 영유권 분쟁의 당사국으로 군도 전체, 일부에 대해 영유권을 주장하고 있다. 중국은 역사적인 논거를 기준으로 하여 남사군도에 대한 영유권을 주장하고 있다. 중국은 남사군도를 한(漢) 때 자국 어부들이 발견했으며, 이미 남북조(南北朝)시대(3~5세기)부터 이 지역에서 중국 어부들이 어업활동을 했다는 역사적인 기록이 있음을 강조하고 있다. 또한, 명과 청대에는 해남도(海南島)를 중심으로 근처 해역에 대한 실효적 점유를 행사했다고 주장하고 있다. 특히 당(唐) 이후의 중국 지도에서는 남사군도와 서사군도 지역이 자국 행정도에 표시되어 있었으며, 20세기 초기에 이르러서도 중국 정부가 이 지역에 대한 주권을 행사하고 있었다고 중국은 주장하고 있다.[46)]

---

45) 남사군도 및 서사군도 분쟁에 대해서는 일반적으로, Allcock, J., et al. (eds.), *Border and Territorial Disputes* (1992), pp.469~471, pp.542~545 ; Austin, G., *China's Ocean Frontier: International Law, Military Force and National Development* (1998), pp.98~161 ; Chemillier-Gendreau, M., *Sovereignty over the Paracel and Spratly Islands* (2000) ; Joyner, C.C., "The Spratly Islands Dispute: What Role for Normalizing Relations between China and Taiwan", 32 *New England L. Rev.* 819 (1998) ; Liu, C., "Chinese Sovereignty and Joint Development: A Pragmatic Solution to the Spratly Islands Dispute", 18 *Loyola of Los Angeles Int'l & Comp. L. J.* 865 (1996) ; Mito, L.A., "The Timor Gap Treaty as a Model for Joint Development in the Spratly Islands", 13 *American U. Int'l L. Rev.* 727 (1998) ; Sharma, *supra*, note 2, pp.282~290 ; Shen, J., "International Law Rules and Historical Evidences Supporting China's Title to the South China Sea Islands", 21 *Hastings Int'l & Comp. L. Rev.* 1 (1997) 등 참조.

특히, 중국은 2차 세계대전 당시 1943년 카이로 선언과 1945년 포츠담 선언에서 중국, 미국, 영국이 공동으로 일본이 점령하고 있던 "만주, 대만, 팽호(澎湖)제도"가 반환되어야 한다고 했는데, 이 중 남사군도 지역은 당시 행정구역상 대만지역에 속했기 때문에 일본으로부터 남사군도를 합법적으로 이양 받았다는 점을 강조하고 있다.[47] 특히 중국은 2차 세계대전 이후 남사군도의 몇 개 도서지역에 비행장 등 군사시설을 소위 '어업시설(fisheries facility)'라는 명목으로 설치하였고, 공식적인 지도에는 남사군도 지역을 광동성(廣東省)의 일부로 표기하고 있다. 1994년에 중국은 영해와 접속수역에 관한 법률을 통해 남사군도가 자국의 영역에 속한다고 밝히고 있다.[48]

중국과 베트남간의 서사군도(西沙群島; Paracel Islands) 분쟁은 특히 중국이 1946년 동부 서사군도를 점령한 후 다시 1974년 서부 서사군도를 무력으로 점령하여 서사군도 전체에 대해 지금까지 단독 점유를 하고 있으며, 이에 대해 베트남은 자국의 영토 주권을 주장하며 중국의 무력점령에 항의하고 있다.[49]

서사군도에 관한 중국의 역사적 자료는 한(漢) 초기(B.C 2세기)까지

46) Ministry of Foreign Affairs of the People's Republic of China (중화인민공화국 외교부), "Historical Evidence To Support China's Sovereignty over Nansha Islands" (http://www.fmprc.gov.cn/eng/topics/3754/t19231.htm) (방문일: 2006-02-11). 또한, 1921년과 1932년 사이에 광동성 지방정부가 동 지역의 자원 개발을 위한 면허를 5건 발급하였다는 기록도 존재한다고 주장한다.

47) *Id.*

48) Valencia, M.J., *China and the South China Sea Disputes* (International Institute for Strategic Studies: Adelphi Papers No.298)(1995), p.9. 한편, 대만은 중국과 동일한 이유로 남사군도에 대한 영유권 주장을 하면서 남사군도에서 가장 큰 섬인 Itu Aba(대만 명칭으로 Taiping Dao)섬을 점유하고 있다. *Id.*, p.39. 동시에 대만은 1991년에 대만 영해 및 접속수역법과 배타적 경제수역 및 대륙붕에 관한 법률을 제정해서 남사군도에 대한 영유권을 공고히 하고 있다. *Id.*, p.9.

49) 동 서사군도 분쟁의 사실적 배경에 대해서는 일반적으로, *supra*, note 45 참조.

거슬러 올라간다. 그 자료들을 토대로 중국은 당시 중국 사람들이 남중국해를 항해하였고, 그러한 과정에서 서사군도를 발견했음을 주장한다. 그 이후 중국의 오랜 역사동안 서사군도에 중국 사람들이 거주하였으며, 서사군도의 자원을 경제적으로 이용하였다고 강조한다. 또한 중국은 송(宋, 920~1279)대에 서사군도가 처음으로 중국의 해상 방위의 범위 안에 포함되었으며, 1225년과 1245년의 지도를 영유권 주장에 대한 근거로 제시하고 있다. 이 외에도, 중국은 송대에 행해진 지속적인 해당 지역에 대한 순찰, 원(元, 1276~1368)대에 시행된 서사군도에 대한 천문학적인 조사, 그리고 청(淸)대까지 서사군도에 대한 평화적이고 지속적인 주권행사가 이루어졌음을 역사적인 증거로서 주장하고 있다.[50]

(3) 소 결

중국의 영토 및 주권에 대한 일반적인 인식을 대변하는 시각은, 모든 사물 및 원칙을 흑백논리로 평가하는 서구의 관행이 중국의 전통적인 시각에서 본다면 항상 중요한 것은 아니다고 평가한다.[51] 센카쿠섬에 대한 연구업적을 출판한 수가누마 박사가 언급했듯이, 중국의 주권에 대한 시각은, 그들 자신과 주변 국가들과 특정한 조공관계를 형성함으로써, 중국식의 영향력을 행사하는 방식으로 중화세계질서를 형성해 왔다고 보는 것이 타당하다는 것이다.[52] 이는 중국의 행정지리의 오랜 역사에 근거해 볼 때, 중국은 동지나해에서 그들 자신의 방법으로 합법적인 정치영역과 해양영역을 경계 획정해 왔다는 것으로서도 알 수 있다.[53] 중국인들에게는 역사, 지리, 그리고 당시의 실질적인 주변 환경이

50) *Id.*

51) 전통적인 중국식 외교 방식과 서양의 외교 및 국제관계 사이에 존재하고 있는 차이점의 또 다른 예시를 위해서는, Braibanti, *supra*, note 40, pp.975~981 참조.

52) Suganuma, *supra*, note 32, p.17.

특정 도서에 대한 영유권을 현실화하는데 복합적으로 작용했으며, 이와 마찬가지로, 수세기 동안 중국인 어부들이 다른 어느 국가에 의해 간섭을 받거나 제지를 받지 않은 상태에서 특정 도서들을 이용해 왔다는 것도 중국의 해당 도서에 대한 주권을 주장할 수 있게 하는 요소로 작용하고 있다는 것이 많은 문헌 자료들을 통해 입증되고 있다.[54]

그러나, 관련 주제에 대한 보다 자세한 연구결과를 조건으로, 현실적으로 현대 중국의 영유권 분쟁을 해결하는데 있어 중국이 어떠한 방식으로 이러한 주장을 영토 취득과 관련한 국제법의 일반원칙과 차별화하여 적용할 수 있는지는 의문이다. 개인적으로는 중국의 영토 분쟁 사례를 통해 본 중국의 영토 취득에 대한 관행이 최소한 영유권 주장을 제기하는 중국의 입장에서 보면, 일견(一見), 영토의 취득과 상실에 관한 국제법상의 일반 원칙과 중국의 법률적 개념 내지는 이해 사이에 본질적인 차이점은 존재하지 않는다고 판단된다.[55]

상기 언급한 센카쿠섬, 남사군도, 서사군도 분쟁의 경우에 있어 중국이 해당 분쟁지역에 대한 영유권을 주장함에 있어 원용하고 있는 증거들은 영토 취득과 관련한 국제법의 일반원칙에 부합하는 양식으로 제기되고 있다고 보인다. 또한, 마찬가지로, 이들 증거들에 대한 법적 평가도 동 일반원칙에 의해 이루어진다는 것을 전제로 하고 있다고 판단된다.

---

53) *Id.*

54) 중국의 '주권'에 대한 관행의 역사적인 배경을 이해하기 위해서는 일반적으로, Fairbank, J. (ed.), *The Chinese World Order* (1968) ; FitzGerald, C.P., *The Southern Expansion of the Chinese People: "Southern Fields and Southern Ocean"* (1972) ; Jagchid, S. & Symons, V.J., *Peace, War, and Trade along the Great Wall: Nomadic-Chinese Interaction through Two Millennia* (1989) ; Lattimore, O., *Inner Asian Frontiers of China* (1940) ; Lee, R.H.G., *The Manchurian Frontier in Ch'ing History* (1970) ; Yen, S.S., *Taiwan in China's Foreign Relations 1836-1874* (1965) 등 참조.

55) Austin, *supra*, note 45, pp.355~362 ; Tung, L., *China and Some Phases of International Law* (1940), p.13.

미국 컬럼비아 법과대학의 중국법 전문가인 랑델 에드워드 교수도 중국의 외교 정책에 대한 연구는 중국이 항상 전통적인 조공관계의 형식으로 주변 국가들과의 관계를 설정해 온 곳은 아니다는 사실을 증명해 주고 있다고 밝혔다. 그는 더 나아가 중국의 외교 문서 및 기록들은 중국과 주변 국가들과의 관계가 조공관계의 유형을 포함하여, 일종의 잠정적인 타협 등 복잡한 규율과 관행의 복합체로서 규정되어져 왔음을 입증하고 있다고 밝혔으며, 그러한 복합적인 규율과 관행은 정당성, 평등성, 상호성, 그리고 영토 주권에 대한 상호 존중의 결합된 개념들에 근거하고 있다고 분석하였다. 그의 분석에 의하면, 적어도 청조와 그 주변 국가들인 한국, 베트남, 시암(태국), 그리고 버마(미안마)의 경우, 청조의 국경 통제 체제의 전반적인 특성은 실질적인 평등과 상호성, 그리고 형식적인 측면에서의 중화사상에 기본을 둔 위계 등으로 정리될 수 있다고 정의했다.[56] 물론, 상기 언급한 에드워드 교수의 중국의 영토 및 주권에 대한 이러한 시각이 이 문제에 대한 전체적인 인식을 대변하고 있는 것은 아니다.

즉, 여전히 중국의 영토 분쟁, 마찬가지로 동아시아의 영토 분쟁을 해결하기 위해서 논의되어야 할 과제가 있기 때문이다. 그 대표적인 것이, 고대, 중근대 동아시아의 특정한 국가 행위에 근거를 둔 주권의 주장이 유럽으로 대변되는 서구에서 발달한 주권 개념 및 영토 취득과 관련한 국제법의 일반원칙에 의해 제대로 평가를 받을 수 있는지는 여전히 논란의 대상이 된다. 이러한 논란은 영토 분쟁에 대한 국제법상의 제 원칙들이, 그 수세기 이후, 20세기 초부터 국제사법기관 및 중재기관에 의해 결정된 몇몇 중요한 사례들에 의해 형성되어 왔다는 사실에도 기인하는 바가 크다. 따라서, 중국의 센카쿠섬, 남사군도, 서사군도 등

56) Edwards, R.R., "Imperial China's Border Control Law", 1 *The Journal of Asian Law* 33-4 (1987).

에 대한 발견 및 선점에 근거한 영유권의 주장은, 중국이 실질적으로 국가 행위 및 기능을 행사했던 그 기간에, 영토 취득에 관한 법적 개념 내지는 법률 체계가 존재하고 있었는지의 여부, 그리고 그러한 법적 개념 내지는 법률 체계가 현 시점에서의 해당 분쟁 도서인 센카쿠섬, 남사군도, 서사군도 분쟁의 해결에 어떠한 법적 의미를 가지고 있는지의 판단 여부에 달려 있다고 볼 수 있다.

결과적으로 중국의 영토 분쟁 사례를 통해 본 중국의 영토 취득에 대한 관행 분석이란 연구를 통해 중국의 해당 경우가 유럽중심주의적인 국제법상의 영토 취득 및 상실에 관한 일반 이론과 차별화 될 수 있는 실체를 형성하고 있다는 것을 입증하지 못한다면, 법적 안정성이란 이념 하에 현재까지도 유지, 적용되고 있는 유럽 중심의 제국주의 시대의 국제법과, 이러한 결과가 반영된 국제사법기관의 판결 원칙에 의해서 중국의 영토 분쟁 사례가 판단될 수밖에 없다는 것을 강조한다.

4) 1962년 조-중 변계조약의 효력과 한반도 통일 이후 통일 한국과 중국의 국경선 획정 문제

1962년 조－중 변계조약의 법적 효력문제에 대한 간도 영유권 주장론자들의 입장, 즉, 통일 한국이 북한과 중국 간에 체결된 동 국경조약을 당연히 승계하여야 한다는 국제법 규칙은 존재하지 않는다는 단정적인 견해에 대한 문제제기는 이미 본 연구자에 의해 이루어진바 있다.57) 즉, 최근 한국이 북한을 국가승계(國家承繼)하여 통일을 이룩하게 될 경우, 확립된 국제관습법상의 국경조약의 수용의무에 근거해 국경조약으로서의 조-중 변계조약의 법적 유효성을 인정하는 것이 국제법의 인식에 보다 부합한다고 판단된다. 다시 말해, "분단국(分斷國)의 일방이 맺

57) 일반적으로 이석우/2005, *supra*, note 1, 283~285쪽 참조.

은 국경조약과 그 결과물인 국경은 통일에 의한 국가승계가 이루어지는 경우에는 자동적으로 승계된다는 것이 국제관습법상 확립된 원칙"임을 강조하고 있다.[58]

1962년 조-중 변계조약의 법적 효력과 관련하여, 한국의 간도 영유권 주장론자들은 일반적으로 "독일통일 시 폴란드와의 국경문제를 통독 직후 통일독일과 폴란드가 국경조약을 새로 체결하여 기존의 국경이었던 '오데르－[나이세]'선을 유지하였음"[59]과 "조약의 국가승계에 관한 조약은 현재 15개국의 발효요건을 못 채워 미발효이며, 더욱이 분단국의 통일의 경우는 규정이 없음"을 근거로 제시하고 있다.[60] 그러나, 오데르－나이세 선(Oder-Neisse Line)의 경우 독일 통일 이전, 독일과 폴란드와의 동 경계선 획정에 대한 당시 서독의 불분명한 입장과는 달리, 통일 여부를 둘러싼 당시의 정치적인 역학관계가 결과적으로 동 경계선을 독일과 폴란드와의 국경선으로 공식적으로 확정하게 하였다는 사실은 현재의 간도의 지위를 감안할 때, 통일 한국과 관련하여 그 시사하는 바가 크다고 본다.[61]

한편, '조약에 있어서의 국가승계에 관한 비엔나협약'[62]도 동 협약의 제49조 1항[63]에 따라 1996년 11월 6일 발효하였으며, 2006년 1월 21일 현재 19개 국가가 서명했고, 19개 국가가 동 협약의 체약국인 상태이다.[64] 동 협약의 제11조는 조약에 의해 설정된 국경선이 국가승계

58) 황명준, *supra*, note 15, pp.61～68, pp.90～92 참조.

59) 노영돈/2004, *supra*, note 5, p.10.

60) *Id*.

61) 이에 대한 보다 자세한 논의는 황명준, *supra*, note 15, pp.72～88 참조.

62) Vienna Convention on Succession of States in Respect of Treaties (23 Aug. 1978), U.N. Doc. A/CONF. 80/31 (1978), 1946 U.N.T.S. 3, *reprinted* in 17 I.L.M. 1488.

63) 원문의 내용은 다음과 같다. "1. The present Convention shall enter into force on the thirtieth day following the date of deposit of the fifteenth instrument of ratification or accession", *Id*.

로 인하여 영향을 받지 않음을 명시하고 있는데,[65] 이 또한 통일 한국과 관련하여 시사하는 바가 크다고 판단된다.

결과적으로 1962년 조-중 변계조약의 법적 효력은 국제법상 유효하다고 판단되며, 통일 한국의 동 조약의 승계의무 또한 인정되는 것으로 해석하는 것이 타당하다고 본다. 소위 1962년 조-중 변계조약의 효력 여부는 한반도 통일 문제가 본격화될 시점에서 통일 한국의 중국과의 국경선을 확정하는 과정에서 논의될 가능성이 크며, 그 효력 자체를 부인한다는 주장이 가지고 있는 국제법적, 정치적 의미 및 실익에 대해서는 면밀한 판단이 있어야 된다고 본다. 상기 언급한 바와 같이, 한국의 간도에 대한 영유권 주장이라는 명제와 주변국가와의 평화적인 외교관계의 지속 및 한반도 평화 유지, 그리고 통일 한국의 달성 / 형성이라는 명제와의 상관관계 및 이익형량에 대한 조망이 시급히 논의되어야 하는 과제임을 다시 한번 강조하고자 한다.

흥미롭게도 한국의 간도 영유권 주장론자들이 중국과의 간도 영유권 문제의 해결 방안으로 제시하고 있는 내용을 보면, 간도 전체를 중국에 귀속시키고 그 대가로 중국으로부터 다른 큰 이익을 확보하는 방안까지도 제시하고 있는데, 이러한 방안이 제시된 배경에는 분쟁 상대국인 중국을 대상으로 간도 지역에 대한 영유권을 확보한다는 작업이 가지고 있는 현실적인 어려움과 문제점이 반영된 것으로 보인다.[66]

64) United Nations Treaty Collection, http://untreaty.un.org/ENGLISH/bible/englishinternetbible/ partI/chapterXXIII/treaty2.asp (방문일: 2006-01-21) 참조.

65) 제11조 (Boundary regimes)의 본문 내용은 다음과 같다. "A succession of States does not as such affect: (a) a boundary established by a treaty; or (b) obligations and rights established by a treaty and relating to the regime of a boundary", *Supra*, note 62.

66) 노영돈/2004, *supra*, note 5, 11쪽. 동 발표문에서 중국과의 간도 영유권 문제의 해결 방안으로 제시된 내용들은 다음과 같다. 즉, "간도를 대한민국의 영토로 되찾아 오는 방안; 간도를 대한민국과 중국이 분할하는 방안; 간도

5) 현재 간도지역에 설치된 소위 연변조선족 자치주에 거주하고 있는 조선족들에 대한 자결권 이론의 적용가능성 여부

(1) 국제법상 자결권의 법적 지위

영토 분쟁의 해결에 있어서 역사는 불행하게도 해당 지역에 거주하고 있는 거주민들의 이해관계보다는 다른 요소들에 의해 결정되어 온 사례들을 보여주고 있다. 1945년 국제연합(United Nations)의 창설 이후, 국제법은 획기적인 발전을 거듭하고 있으며, 그 가운데 인권 분야에서의 발전은 주목할 만한 것이다. 그러나, 식민주의와 관련한 일정한 예외를 제외하면,[67] 현대 국제법이 분쟁상태에 있는 해당 지역에 거주하는

를 대한민국과 중국의 공동관리지역으로 하는 방안; 그리고, 간도 전체를 중국에 귀속시키고 그 대가로 중국으로부터 다른 큰 이익을 확보하는 방안" 등이 그 예시이다. *Id*., 노영돈 교수의 이러한 입장은 다른 연구발표에서도 주장되고 있다. 노영돈, 1998, 「간도문제와 국제법」『韓國의 北方領土』(백산학회 편), 백산자료원 [이하, 백산/1998], 157~196쪽 참조("… 우리나라에서는 남북통일을 대비하여 … 주변4강에 대한 통일비용문제를 자처하여 운운하여 왔는데, … 북방영토에 대한 무게 있는 문제제기는 최소한도 유효한 교섭대상으로 작용할 수 있을 것"(160쪽) ; "… 간도 및 연해주의 영유권 문제는 통일정책 및 북방정책의 차원에서 추진하여야 한다는 것이다. … 통일정책 및 북방정책에 있어서 이 문제는 중국과 러시아와의 관계에서 아주 유효한 교섭대상으로 작용할 수 있[다]"(193쪽) ; "한국은 남북통일을 대비하여 가능한 빠른 시기에 북방영토문제를 제기하여야 한다. 이에 있어서는 먼저 중국에 대하여 간도영유권 문제를 포괄적으로 제기하되, 그리한 영유권주장이 연해주영유권 문제를 포괄하는 것임을 러시아로 하여금 감지토록 하여야 한다"(194쪽) ; "중국이 순순히 한국의 간도영유권을 인정하지 않을 것이기 때문에 차선의 방법으로 간도영유권 문제를 통일과정에서의 유용한 교섭대상으로 활용하는 것을 생각해 보아야 할 것이다. 국제사회에서의 분쟁해결은 흔히 'give and take'의 원리에 의하여 이루어지는 것이다. 따라서, 우리가 간도영유권 문제에서 영유권 자체를 양보하고 중국으로부터 다른 이익을 획득할 수 있는 것이다"(195쪽)).

67) '식민지 및 그 인민에 대한 독립부여 선언'에 의하면, 식민주의(colonialism)는 "인민의 외부 정복, 지배, 그리고 착취에의 종속(subjection of peoples to

주민들의 국민투표(plebiscite)나 또 다른 신뢰할만한 방식으로 분쟁 지역의 영유권을 결정하도록 요구하고 있지는 않다. 따라서, 매우 불행하게도, 거주민들이 거주하고 있는 영토가 분쟁의 상태에 있고, 그 지역에 지하자원의 매장 등 경제적 이해관계가 얽혀 있는 경우, 그 해당 지역의 거주민들이나 그들의 직접적인 이해관계와는 상관없이 분쟁 당사국가들에 의해 영유권 분쟁이 전적으로 해결되는 경우가 일반적이다.

자결권(self-determination)[68]은 UN헌장(U.N. Charter),[69] 시민적 및 정치적 권리에 관한 국제규약(International Covenant on Civil and Political Rights(ICCPR)),[70] 경제적, 사회적 및 문화적 권리에 관한 국제규약

---

alien subjugation, domination and exploitation)"을 의미한다. *Declaration on the Granting of Independence to Colonial Countries and Peoples*, G.A. res. 1514 (XV), 15 U.N. GAOR Supp. (No. 16) at 66, U.N. Doc. A/4684 (1961)

68) 자결권에 대해서는 일반적으로, Cassese, A., *International Law in a Divided World* (1986), pp.131～137 ; Cassese, A., *Self-Determination of Peoples: A Legal Reappraisal* (1995) ; Crawford, J. (ed.), *The Rights of Peoples* (1988); Hannum, H., *Autonomy, Sovereignty, and Self-Determination: The Accommodation of Conflicting Rights* (1996) ; Tomuschat, C. (ed.), *Modern Law of Self-Determination* (1993) ; Crawford, J., "The Criteria for Statehood in International Law", 48 *British Y. B. Int'l L.* 149-64 (1978) ; Fox, G.H., "Self-Determination in the Post-Cold War Era: A New Internal Focus?", 16 *Mich. J. Int'l L.* 733 (1995) ; Hannum, H., "Rethinking Self- Determination", 34 *Virg. J. Int'l L.* 1 (1993) ; Kaikobad, K.H., "Self Determination, Territorial Disputes and International Law: An Analysis of UN and State Practice," 1 *Geopolitics and International Boundaries* 15-54 (Summer 1996) ; Koskenniemi, M., "National Self-Determination Today: Problems of Legal Theory and Practice", 43 *Int'l & Comp. L. Q.* 241 (1994) ; Kirgis, Jr., F.L., "The Degrees of Self-Determination in the United Nations Era", 88 *Am. J. Int'l L.* 304-10 (1994) ; Sharma, S.P., "Self-Determination and Current Territorial Disputes－Law and Policy", 17 *J. Malaysian & Com. L.* 109 (1990).

69) Article 1, para.2, 59 Stat. 1031, T.S. 993.

70) Article 1, para.1, G.A. res. 2200A (XXI), 21 U.N. GAOR Supp. (No. 16) at 52, U.N. Doc. A/6316 (1966), 999 U.N.T.S. 171.

(International Covenant on Economic, Social and Cultural Rights(ICESCR)),[71] 식민지 및 그 인민에 대한 독립부여 선언(Declaration on the Granting of Independence to Colonial Countries and Peoples),[72] 천연자원에 대한 영구주권선언(Declaration on Permanent Sovereignty over Natural Resources),[73] 그리고 UN헌장에 의한 국가 간의 우호적인 관계와 협력을 위한 국제법 원칙에 대한 선언(Declaration on Principles of International Law concerning Friendly Relations and Cooperation among States in accordance with the Charter of the United Nations)[74] 등 다수의 국제조약과 결의를 통해 발전해 왔다.

ICJ의 판결 또한 자결권 원칙을 발전시켰는데, 1971년 6월 21일 나미비아 사건에 대한 권고 의견(Advisory Opinion of 21 June 1971 on the Legal Consequences for States of the Continued Presence of South Africa in Namibia (South West Africa) notwithstanding Security Council Resolution 276(1970))에서, ICJ는 "UN헌장에 규정된 비자치지역에 관한 국제법의 추후 발전이 자결권 원칙을 모든 국가에 적용될 수 있도록 하였다(the subsequent development of international law in regard to non-self-governing territories, as enshrined in the Charter of the United Nations, made the principle of self-determination applicable to all [nations])"[75]고 판시했다.

탈식민주의(脫植民主義 / decolonization) 과정과 관련, 자결권의 이론적 형성 / 발전에 이정표를 세운 사례는 서부 사하라 권고의견(Advisory

---

71) Article 1, para.1, G.A. res. 2200A (XXI), 21 U.N. GAOR Supp. (No. 16) at 49, U.N. Doc. A/6316 (1966), 993 U.N.T.S. 3.

72) *Supra*, note 67.

73) G.A. res. 1803 (XVII), 17 U.N. GAOR Supp. (No. 17) at 15, U.N. Doc. A/5217 (1962).

74) G.A. res. 2625, 25 U.N. GAOR Supp. (No. 28) at 123, U.N. Doc. A/802 (1970).

75) 1971 I.C.J. 16, 31 (Jun. 21).

Opinion on the Status of Western Sahara)[76]이다. 즉, ICJ는 동 서부 사하라 권고의견에서 식민주의의 청산과 관련, 식민지에서 신생 독립한 국가들의 국민들과 그들의 영토에 대한 법적 관계 및 그들이 향유해야 하는 국제법적 권리에 대해 판결을 내렸다.[77] 동 사건과 관련해서, UN총회는 ICJ에게 첫째, 서부 사하라가 스페인에 의해 식민지가 되었을 당시에 무주지(無主地)였는지의 여부와, 둘째, 만약 무주지가 아닌 상황이었다면, 서부 사하라와 모로코, 그리고 모리타니아 간에는 어떠한 법적 관계가 존재하는지에 대한 권고의견을 요청했다.[78]

이에 대해, ICJ는 서부 사하라는 비록 유목민이지만, 사회적, 정치적으로 조직화된 하나의 부족의 형식을 유지하고 있었으며, 그들을 대표할 수 있는 권한을 가진 부족장이 있는 원주민들에 의해 거주되고 있었다고 밝혔다.[79] 스페인이 지역 부족장들과 조약을 체결했다는 사실은 스페인이 그들의 영토를 무주지로 여기지 않았다는 사실을 입증한다고 판시했다.[80] 또한, ICJ는 인구가 거주하지 않거나, 아주 드물게 거주하는 지역에서는 매우 경미한 주권의 행사라도 권원을 확립할 수 있다고 밝혔다.[81] 따라서, ICJ는 서부 사하라는 무주지가 아니며,[82] 서부 사하

76) 1975 I.C.J. 12 (Oct. 16)[이하, 서부 사하라 권고의견]. 서부 사하라 권고의견에 대한 보다 자세한 내용은 일반적으로, Castellino, J., "Territory and Identity in International Law: The Struggle for Self-Determination in the Western Sahara," 28 *Millennium: Journal of International Studies* 523 (1999) ; Franck, T.M., "The Stealing of the Sahara", 70 *Am. J. Int'l L.* 694 (1976) ; Shaw, M., "The Western Sahara Case", 49 *British Y. B. Int'l L.* 119-54 (1978) 등 참조.

77) 1974 U.N.Y.B. 805-6, G.A. res. 3292, 29 U.N. GAOR, U.N. Doc. A/RES/3292 (1974).

78) 서부 사하라 권고의견, *supra*, note 76, p.14.

79) *Id.*, p.39.

80) *Id.*

81) *Id.*, p.43.

82) *Id.*, pp.37~40.

라가 스페인의 식민지가 된 시점에 모로코나 모리타니아는 그 해당 지역에 영토 주권을 행사하지 않았다고 판시했다.[83] 결과적으로 ICJ는 모로코나 모리타니아의 영유권 주장과 상관없이, 서부 사하라에 거주하는 현재의 거주민들이 그들의 미래를 결정할 권한을 향유한다고 판시했다.[84]

미국 뉴욕대 법과대학의 토마스 프랭크 교수는 역사적 사실에 근거한 주장보다 자결권의 우월적 지위에 대해 언급하면서, "일반적으로 이웃 국가들은 역사적 권리에 근거하여 인접 영토를 취득하는 것이 허용되지 않았다; 국경 재조정은 해당 재조정에 귀속되는 거주민들의 민주적으로 명시된 의사에 의해서만 행해져야 한다(Generally, neighboring states have not been allowed to help themselves to adjacent territories on the basis of historical claims; boundary readjustments must come as an expression of the democratically expressed will of those subject to the readjustment)"[85]고 주장하였다. 만약에 그렇지 않는 경우에는, "끊임없는 분쟁을 야기할 것이며, 현상유지 이전으로, 역(逆)으로 총체적인 전도(轉倒) 행진에 참가해야만 하는 압박을 느끼게 될 것이다"("would lead to endless conflicts, as modern states [find] themselves under pressure to join a general reversionary march backward to a status quo ante …"[86]라고 주장하였다.

비록 프랭크 교수의 주장은 탈(脫)식민주의의 구도에서 제기된 것임에도 불구하고, 거주민이 있는 영토에 대한 주권의 포기는 탈(脫)식민주의와 매우 유사한 구도를 가진다고 볼 수 있다. 그러나, 자결권이 식민지 시대에 적용된다는 것에는 이론의 여지가 많지 않지만, 비(非)식민지

83) *Id.*, p.67.
84) *Id.*, pp.31~35.
85) Franck, *supra*, note 76, pp.697~698.
86) *Id.*, p.698.

구도(non-colonial context)에도 적용될 수 있는지의 여부에 대해서는 여전히 많은 논란이 있으며, 전혀 이론적 합의가 이루어지지 않고 있다.

더구나, 비(非)식민지 구도에서 국제법이 영유권 분쟁의 대상이 된 해당 지역의 거주민들을 대상으로 국민투표의 실시를 의무화해야 한다는 주장은 강하게 제기되지 않고 있다. 때문에, 거주민이 거주하는 지역/영토의 할양의 경우 거주민의 자결권 행사의 전반적인 문제에 대해, 예닝스와 와트는 "해당 영토에 잔존해 구(舊)시민권을 상실하고, 그들의 선호에 상관없이 새로운 주권 하에 이양(移讓)되면서 거주민들이 겪게 되는 고통은, 그 할양에 대해 거주민들이 국민투표에 의해 동의를 표시할 때까지 해당 할양은 유효하지 않아야 한다는 주장을 설득력 있게 하였다. … 그러나, 국제법이 모든 할양은 국민투표에 의해 승인되어야만 한다는 조건을 부과했다고 말할 수는 없다"[87]고 설파했다.

이러한 상황에서, 국제법상의 관련 규범을 규명하고, 분쟁 영토에 거주하고 있는 거주민들의 참상을 조망할 수 있는 새로운 규범을 발전시켜야 하는 것은 매우 시급한 과제이다. 만약 거주민들이 거주하는 영토가 영유권 분쟁의 대상이 되거나 주권 국가들 간의 처분의 대상이 되는 경우, 국제법은 해당 지역에서의 국민투표의 실시를 의무화 할 수 있어야 한다. 그러한 국민투표의 결과가 해당 분쟁의 해결/처리에 있어 결정적인지의 여부는 반대로 그 해당 분쟁 영토의 거주민이 이주 정착민(implanted settlers)인지의 여부와 같은 요인들에 의해 좌우될 수 있다. 해당 상황에서 국민투표를 실시한다는 것은 보다 논란의 여지가 많은

87) Jennings & Watts, *supra*, note 2, p.684(원문은 다음과 같다. "The hardship involved for the inhabitants of the territory who remain and lose their old citizenship and are handed over to a new sovereign whether they like it or not, created a movement in favour of the claim that no cession should be valid until the inhabitants had by a plebiscite given their consent to the cession … But it cannot be said that international law makes it a condition of every cession that it should be ratified by a plebiscite").

문제, 즉, 예를 들면, 자결권이 비(非)식민지 구도에서 모든 인종 또는 종교 집단에게 별개의 국가성을 부여하고 있는지의 여부와 같은 문제와는 상당히 다른 의미이다. 자결권이 식민 이후 국가들의 지도상 재배치를 식민 이전 인종학적인 배열에 부합되게 한다는 의미를 수반하고 있는지의 여부 또한 마찬가지로 논란의 여지가 많은 문제이다. 그러나, 최소한, 영유권 분쟁의 대상이 되고 있는 영토의 거주민들은 국적 또는 이중국적을 선택할 수 있는 권리를 부여 받아야만 한다고 판단된다.

상기 언급한 모든 상황을 감안하면, 적어도 원칙적으로 분쟁 지역/영토에 거주하고 있는 모든 거주민들의 의사 및 이해관계를 적절한 방법으로 반영함이 없이 해당 영토의 영유권 문제를 결정하는 것은 그 해당 거주민들에게 엄청난 고난을 야기할 수 있다는 사실만은 분명하다고 본다.

아주 오랜 세월 동안, 분쟁 영토의 영유권 문제는 매우 추상적이고, 때때로 기계적인 형식으로 취급되고 해결되었다. 비록 탈(脫)식민주의의 구도에서 언급된 것이지만, 서부 사하라 권고의견에서 ICJ의 딜라드 판사(Judge Dillard)가 "인민이 영토의 운명을 결정하는 것이며, 영토가 인민의 운명을 결정하는 것은 아니다(It is for the people to determine the destiny of [a] territory and not [a] territory the destiny of the people)"[88]라고 설파한 것은 자결권의 현대적 의미와 함께 현재의 간도 영유권 분쟁에 있어서도 시사하는 바가 크다고 본다.

(2) 간도 영유권, 조선족, 그리고 자결권

상기 언급한 한국의 간도 영유권 주장에 있어서 극복해야 할 현대 국제법의 법리를 분석한 결과, 결과적으로 간도 영유권의 본질적인 핵심은 현재 간도지역에 설치된 소위 연변조선족 자치주에 거주하고 있는

88) 서부 사하라 권고의견, *supra*, note 76, p.122(Dillard, J., sep. op.).

조선족들에 대한 자결권 이론의 적용가능성 여부에 귀착하게 된다.[89)]

---

89) 조선족 문제와 관련된 연구 및 일반 문헌은 다양한 분야에서 주로 2000년 이후 국내에서 출간되고 있다. 시중에서 쉽게 구입할 수 있는 대표적인 조선족 관련 문헌 및 그 주요 내용은 다음과 같다. 강위원, 2002, 『조선족의 오늘』, 도서출판 신유(사진으로 보는 조선족의 생활양식 일반서) ; 김상철·장재혁, 2003, 『연변과 조선족－역사와 현황』, 백산서당(연변조선족자치주 개황, 연변의 역사와 민족분포, 중국의 소수민족 정책, 조선족의 생활 및 한국과의 관계 등 연변조선족의 역사와 중국의 소수민족 정책을 집중적으로 조명하여 조선족의 위상을 파악함으로써 한국정부의 조선족에 대한 현실인식과 재외동포 정책의 시정을 촉구) ; 백산학회, 1996, 『한민족의 대륙관계사』(백산학회 창립 30주년 기념) ; 백산학회 (편), 2000, 『中國內 朝鮮人의 生活像 論攷』, 백산자료원(홍종필, "「재만(在滿)」조선인 이민의 분포상황과 생업－1910~1930년을 중심으로－" ; 오세창, "재만(在滿) 한인(韓人)의 사회적 실태(1910~1930)－중국의 대(對)한인(韓人) 정책을 중심으로－" ; 고승제, "간도 이민사의 사회경제학적 분석" 등 백산학보에 게재된 논문들을 재편집, 수록) ; 설용수, 2004, 『재중동포 조선족 이야기』, 미래문화사(재중동포 조선족의 연원과 이민과정 및 현재의 실상을 소개) ; 이광규, 2002, 『격동기의 중국조선족』, 백산서당(중국 내의 중국 조선족, 한국에 온 중국 조선족, 그리고 중국 조선족 사기피해 사건을 포함 중국에 간 한국인 등 중국 조선족 관련 문제를 연구) ; 이재달, 2004, 『조선족 사회와의 만남』, 도서출판 모시는 사람들(소수민족으로서 조선족 사회를 형성해 살아가고 있는 조선족에 대한 이해를 도모하는 일반서) ; 임계순, 2003, 『우리에게 다가온 조선족은 누구인가』, 현암사(중국 동북 지역 조선인 이주의 역사, 중국 동북 지역 조선인의 항일 운동, 중화인민공화국 건설과 조선족, 그리고 개혁 개방과 한중 수교 등에 대한 연구를 통해, 한반도 세계화의 동반자로서 조선족을 장기적, 포괄적으로 지원해야 한다고 주장) ; 정근재, 2005, 『그 많던 조선족은 어디로 갔을까?』, 북인(길림성, 요녕성, 흑룡강성, 내몽골 등의 경상도 출신 조선족집중거주지 기행서) ; 정신철, 2000, 『중국 조선족, 그들의 미래는 …』, 신인간사(중국 조선족의 형성과정과 개혁개방의 물결, 도시화로 야기된 조선족 민족문화의 변천, 그리고 조선족의 교육과 발전방향 제안) ; 정신철, 2004, 『한반도와 중국 그리고 조선족』, 도서출판 모시는 사람들(1992년 중한(中韓) 수교 이후 야기된 조선족 사회의 폐단 및 한국 정부의 불확실한 해외 동포 정책 비판 분석) ; 조룡호·박문일(편), 1999, 『21세기 중국 조선족 발전과 전략(상·중·하)』, 백산자료원('21세기 중국 조선족의 역사와 문화(상)', '21세기 중국 조선족 발전과 전략(중)', '21

한국의 간도 영유권 주장론자들도 간도 영유권 문제가 조기에 해결될 전망이 보이지 않는 경우에는 간도지역에 설치된 연변조선족 자치주에 거주하고 있는 재중동포들이 상당한 역할을 수행할 수 있도록 이들에 대한 장기적인 차원에서 적극적으로 지원하는 전략이 필요함을 강조하고 있는 바,[90] 현대 국제법에서 차지하고 있는 자결권의 위상을 감안할 때 바람직한 접근 방법이라고 판단된다.

중국 연변대 손춘일 교수는 중국 조선족 문제와 관련해 향후 진행되어야 할 연구주제와 관련해서 다음과 같은 분야에 대한 연구가 필요로 된다고 지적한다. 즉, 그는 먼저 대주제를 역사관계와 조선족 사회관계로 구분하였다. 먼저 역사관계에 있어서는 ① 재만(在滿) 조선인에 대한

세기 중국 조선족의 회고와 전망(하)' 등 3권으로 구성되어 있으며, 1997년 중국 료녕민족출판사에서 출간된 "21세기로 매진하는 중국조선족 발전방략연구"의 '력사편', '방략편', '배경편'을 재출간) ; 최순호, 2004, 『조선족 이야기』, 민음사(조선족의 삶과 역사를 개개인의 삶을 통해 엮어간 일반서) ; 최우길, 2005, 『중국 조선족 연구』, 선문대학교 중한번역문헌연구소(중국 조선족 사회와 교육 및 정체성의 변화, 중국의 소수민족과 민족정책, 한중관계와 조선족 문제, 동북아 경제중심 실현을 위한 재외동포 활용방안, 북한 핵문제와 중국의 동북아 전략, '동북아공동체'를 위한 제언 등에 대한 연구) ; 한상복 · 권태복, 1993, 『중국 연변의 조선족: 사회의 구조와 변화』, 서울대학교 출판부(중국 조선족의 개척이민사와 각종 생활경험을 인구학적 자료와 생존자들의 체험담을 근거로 분석) 등 참조. 중국에서 출간된 문헌으로는, 국제고려학회아세아분회, 2000, 『중국조선족공동체연구』, 연변교육출판사 ; 김강일 · 허명철(편), 2001, 『중국 조선족 사회의 문화우세와 발전전략』, 연변인민출판사 ; 박민자, 2000, 『중국조선족 현상태 분석 및 전망연구』, 연변대학출판사 ; 현동일 · 심의섭 · 왕동양 · 김화림(편), 2000, 『중국의 개혁개방과 동북아경제연구』, 연변대학출판사 등 참조.

90) 노영돈/2004, *supra*, note 5, 11쪽. 이와 관련, 국내에서 제기되고 있는 '조선족문제연구학회'의 창립과 관련한 논의는 바람직하다고 판단된다. 또한, 개인적으로는 별도의 학회 창립과 함께, 북방영토 관련 연구에 집중하고 있는 백산학회에 간도연구분과와 함께 조선족연구분과가 구성되어, 북방영토/대륙관계의 거시적인 구도 내에서 현안문제에 접근하는 것도 바람직하다고 판단한다.

일제의 통치 수단; ② 만주국에 있어서의 재만(在滿) 조선인들의 사회상; 그리고 ③ 만주, 조선, 대만에 대한 일제의 식민지 지배 비교 연구를 연구주제로 선정, 제시하였다. 그리고 조선족 사회관계에 있어서는 ① 중국 조선족 사회의 발전 방향; ② 중국 조선족여성과 한국남성과의 국제결혼 연구; ③ 중국 조선족과 한국인의 갈등 원인 그리고 해소 방법; ④ 중국 조선족 이중문화와 그 이용 방법; ⑤ 중국 조선족 경제와 문화발전에 대한 한국의 지원 방법; ⑥ 중국 조선족과 한국인의 정체성 연구; 그리고 ⑦ 남북통일에서 중국 조선족 사회의 역할을 선정, 제시하였다.91)

상기 언급한 국제법상의 자결권이 조선족들에 대해 적용될 가능성이 있느냐의 여부 및 이들 조선족들에 대한 장기적인 지원 전략이 과연 어떤 것인가에 대해서는 많은 논란과 함께, 추후 세밀한 연구가 요구된다고 본다. 다만, 국제법상의 자결권이 가지고 있는 상기 논의된 내재적 한계를 감안할 때, 그 어떠한 경우에 있어서도 중국 조선족 문제를 한국의 시각에서 접근해서는 안 된다는 것을 거듭 강조하고자 한다. 이와 마찬가지로, 간도에 대한 관심의 고조로 인해 최근 일부 중국동포 지원단체에서 제기된 '조선족 한국국적취득운동'이나 '고구려 고토(故土)회복운동' 등의 감상적 민족주의 운동은 논의의 본질을 인식하지 못한 행동 및 접근방법으로서 그 문제점을 지적하고자 한다.

자결권의 적용 여부를 최대한으로 확대해서 해석하는 경우에 있어서도, 현상유지 및 영토의 안정성, 일체성을 중시하는 국제법의 시각에서 접근할 때, 현단계 중국 정부의 조선족 정책92)이 과연 조선족으로 하여

91) 손춘일, 토론문(본 연구자 보관). 동 토론문은 2005.11.30., 간도학회 11월 학술세미나 발표문, 김미선(외국인이주노동자대책협의회 / 외노협 공동대표), "중국동포들의 한국사회경험과 조선족 사회에 미친 영향, 조선족 공동체 회복을 위한 대안찾기"(본 연구자 보관)에 대한 토론 내용으로 구성되어 있다.

금 일정한 영토적 지위를 요구하게 하는 자결권의 행사를 정당화할 수 있을 정도로 비민주적, 탄압적인지는 의문이다. 이러한 경우에 대해서 긍정적인 평가를 상정한다 하더라도, 간도 영유권의 본질적인 향방(向方)은 결국 현재 간도지역에 거주하고 있는 조선족들의 자의(自意)적, 민주주의적인 의사를 반영한 조선족 자신의 이해관계와 결정에 의해서, 즉, 다시 말해 조선족의 자결권 행사에 전적으로 좌우된다고 할 수 있다. 조선족의 미래는 조선족이 스스로 결정할 사안이며, 이 경우 간도의 영유권도 결국은 조선족의 의사에 의해 결정된다는 것이다.

3. 결론에 대신하여

상기 논의한 5개의 쟁점 사안들에 대한 본 연구자 자신의 인식과 시각에서, 향후 한국의 간도 영유권 주장 및 대응방안에 대해 종합적인 의견을 제시하고자 한다. 이러한 의견은 결과적으로 영토 취득과 관련한 국제법의 일반원칙과 한국의 간도 영유권 주장과의 합일(合一)에 있다고 할 수 있다.

첫째, 상기 분석된 5개의 쟁점 사안들은 그 각각의 주제가 가지고 있는 의미 이외에도 주제 간 상호연관성이 매우 강하기 때문에, 간도 영유권을 연구하는 한국 학계로서는 관련 주제들을 포괄하는 구도를 상정할 수 있는 능력/노력이 절실히 요구된다고 본다.

둘째, 중국이 적극적으로 추진하고 있는 소위 "동북공정(東北工程)"은 간도와 함께, 녹둔도, 연해주 등 우리 민족과 역사적 연관이 있는 지역의 회복운동을 주장하게 하는 촉매역할을 하고 있다. '영토분쟁'이 내포하고 있는 '분쟁'으로서의 본질을 감안한다면, 상기 언급된 지역을 분

92) 현단계 중국 정부의 조선족 정책은 일반적으로, *supra*, note 89 참조.

쟁지역화 하여 고토를 회복하자는 움직임은 사실상 현대 국제법에서 법리적으로 수용하기 어려운 주장이라고 할 수 있다. 특히, 간도 지역과 관련, 이러한 분쟁이 가져올 수 있는 해당 지역에 거주하고 있는 조선족을 비롯한 거주민들의 안위(安危)를 고려한다면, 한국의 간도 영유권 주장론자들은 현재의 영유권 주장 논리가 야기할 수 있는 심각한 폐해에 대해 다시 한번 심사숙고해야 한다고 본다.[93] 이와 마찬가지로, 한국의 간도 영유권 주장론자들이 그 분쟁 지역의 범위를 설정함에 있어 지나친 민족주의적 사고에 근거하는 것 또한 경계해야만 한다. 다시 말해, 최대한 범위의 영토확장 내지는 고토(故土) 회복이라는 주장도 영토 취득과 관련한 국제법의 일반원칙을 도외시해서는 안 되며, 상기 강조한 국제법의 구도 안에서 제기되어야 한다고 본다.

셋째, 한국의 간도에 대한 영유권 주장이 현재 한국의 독도에 대한 실효적 점유에 대해 미치는 영향 등이 반드시 연구, 검증되어야 할 과제라고 본다. 간도의 영유권 주장이 독도 영유권 문제와 병존함으로써 한국은 단지 한일간의 독도를 둘러싼 일차원적인 영유권 분쟁만을 대비해야 하는 국가가 아니라, 다차원적인 분쟁을 대비해야 하는 국가가 되었다. 최근까지 국내에서 이루어진 한국의 영토 분쟁과 관계된 거의 모든 연구 결과물이 개별적인 영유권 분쟁만을 취급하고 있으며, 이 두 분쟁간의 상관관계에 대한 연구는 거의 전무하다는 차원에서 조속한 연구, 검증이 필요한 분야라고 판단된다.[94]

---

93) 이와 관련, 조광, 「조선후기 영토의식의 전개와 그 이상(理想)」, 백산/1998, *supra*, note 66, pp.1~11, pp.237~239(종합토론) 참조.

94) 일본이 현재 영토분쟁의 당사국으로 있는 독도, 쿠릴섬, 센카쿠섬 등의 동북아시아 도서분쟁의 경우에 있어 해당 영토분쟁을 "항구적 해결의 차원이 아닌 효율적 관리의 차원에서 접근할 외교사안"이라고 결론을 내린 미국 윌리암스 대학(Williams College) 국제정치학자 봉영식 박사의 동아시아 영토분쟁에 대한 인식은 간도 영유권 분쟁에 있어서도 원용할 가치가 크다고 본다. 봉영식, 2006, 「동북아시아 도서분쟁의 상관관계와 평화적 해결」(미

그리고, 마지막으로, 넷째, 한국의 간도에 대한 영유권 주장과 국내에 체류하고 있는 조선족을 포함한 외국인노동자 문제와의 상관관계를 인식하여, 그들의 권익향상 및 인권보호에 많은 노력이 경주되어야만 한다고 본다. 국내에 체류하다 중국으로 귀환한 조선족의 대다수가 한국 및 한국인에 대해 혐한(嫌韓) 감정을 가지게 된다는 사실을 감안하면,[95] 국내에 거주하고 있는 조선족에 대한 전향적인 접근은 결국 자결권 이론의 적용가능성 여부와 관련하여 '한민족 공동체 형성'의 큰 구도 내에서 반드시 포용, 실현되어야 할 과제라고 본다.

발간 연구논문/본 연구자 보관).

95) 일반적으로, *supra*, note 89 참조.

간도문제의 경제, 사회적 분석*

−간도의 농업경영구조를 중심으로−

이성환
(계명대학교)

1. 머리말−문제제기

간도에는 그곳에 거주하고 있는 조선인을 중심으로 전개된 민족문제, 영토문제, 경제(구조)문제, 사상문제, 사회적 관계 등 다기에 걸친 문제가 복잡하게 얽혀 하나의 복합체(complex)가 구성되어 있다. 이를 일반적으로 이를 총체적으로 '간도문제'라 한다. 이러한 의미를 포함해

* 이 논문은 李盛煥, 『近代東アジアの政治力學』, 錦正社, 1991을 근간으로 하여 새로운 자료를 보충하고, 그 후의 연구 성과를 가미하여 가필한 것이다.

서, 중국에서는 간도를 지명(地名)으로서가 아니라 조선과 중국, 또는 조선, 중국, 일본 사이에 전개된 정치, 역사, 지리적 현안을 가리키는 대명사로 사용하는 경향이 강하다.1)

간도문제에 대한 연구는 크게 두 가지로 나누어서 생각해볼 수 있다. 하나는 간도 영유권 문제에 관련된 것이고, 또 하나는 지역연구(area studies)의 입장에서 간도에서의 경제, 사회, 민족 문제 등을 중심으로 한 간도 지역 그 자체에 대한 연구이다. 그런데 한국에서의 간도 문제 연구는 영유권 문제에 관련한 것이 주를 이루고 있으며, 많은 연구 축적도 있다.2) 간도 문제 연구가 영유권 문제를 중심으로 이루어지고 있기 때문에 연구 대상의 시기도 1909년 간도협약 체결 이전에 집중되어 있으며, 그 이후의 간도에 관한 연구는 주로 독립운동사의 관점에서 이루어지고 있을 뿐이다. 이러한 연구 경향은 간도 지역 그 자체에 대한 연구를 매우 소홀하게 만들고, 간도에 대한 균형있는 연구를 어렵게 했다고 볼 수 있다.

간도문제가 단순히 땅의 소유를 둘러싼 영유권 귀속의 문제에 그치지 않고, 그 지역에 살고 있는 사람의 문제까지도 포함하는 것이라는

1) 高士華, 「近代中國における國境意識の形成と日本ー間島問題をめぐる宋教仁と呉祿貞の活動を中心として」, 東京大學博士論文, 2003.

2) 간도문제의 연구 경향 및 연구사 정리는 국사편찬위원회・한국사학회, 『한중관계사 연구의 성과와 과제』(2003)에 집중적으로 정리되어 있다. 이 책에는 한국 측 연구 성과에 대해서는 고성훈, 「조선후기 조・청 국경문제에 대한 연구사 검토」와 한철호, 「근대 한중 국경조약과 국경문제의 연구 현황과 과제」가 있으며, 중국 측 연구에 대해서는 김춘선, 「조선인의 동북 이주와 중조(한) 국경문제 연구동향－중국학계의 연구 성과를 중심으로－」가 실려 있다. 그리고 김기훈, 「근대 중국 동북(만주)사 연구의 동향」 『백산학보』 제47호, 1996 ; 배성준, 「중국의 간도문제 연구동향」, 고구려연구재단 편, 『중국의 민족・변강문제 연구동향』, 고구려연구재단, 2005 ; 김춘선, 「압록・두만강 국경문제에 관한 한・중 양국의 연구동향」 『한국사학보』 제12호, 2002 등 참조.

점을 고려하면 간도의 사회, 경제적 문제에 대한 연구는 매우 중요한 의미를 가진다. 즉 간도 문제에 대한 연구를 땅의 문제(영유권 귀속의 문제)에만 한정하지 말고, 그곳에 살고 있는 사람에 관한 문제도 동시에 추구하는 폭넓은 연구 시각이 필요하다는 점을 강조하고 싶다. 간도문제 발생의 기원이 무주지(無主地)였던 간도에 조선인들의 이주가 시작되면서 그곳에 살고 있는 사람들의 거주와 토지소유를 중심으로 한 생활권(生活權)을 둘러싼 조선과 중국의 대립에서 출발한 것이라는 점을 고려하면 이러한 관점은 더욱 중요한 의미를 가진다.[3] 또, 영유권 귀속문제, 간도에서 전개된 민족 독립 운동도 간도 조선인 사회를 기초로 전개된 것이라는 사실을[4] 고려하면, 간도 조선인사회에 대한 사회, 경제적 분석은 간도문제 연구의 토대라 할 수 있다.

위와 같은 종래의 연구 경향을 기초로 새로운 연구 관점의 필요성을 인식하면서, 본고에서는 주로 조선인과 중국인으로 구성된 간도의 사회, 경제적 관계를 분석하기로 한다. 구체적으로 본고에서는 조선과 중국 양국인의 간도 이주가 가지는 각각의 특징을 고찰하고, 두 나라의 상이한 이주 유형이 초래한 간도의 사적 토지소유권의 형성과정을 검토한다. 또 이를 기초로 하여 형성된 간도의 농업경영 상태를 중심으로 간도에서의 양국인의 경제적, 사회적 관계를 분석한다. 이러한 분석을 통해 근대 이후 최대의 조선인 이주 지역인 간도에 있어서의 조선인의 삶의 존재 양태를 밝히고, 간도문제 연구에 대한 새로운 지평을 제공하고자 한다.

본고는 주로 한중 토지를 둘러싼 한중 간의 민족관계를 다룬다. 그러나 1910년 한일합방 이후 일본의 간도 조선인 정책이 정치적으로 한

3) 간도문제는 1882년 중국이 조선 정부에 대해 간도 조선인의 쇄환(刷還)을 요구하자 간도 조선인과 조선 정부가 이를 거부하면서 시작되었다는 점을 상기할 필요가 있다.

4) 이에 대해서는 李盛煥, 『近代東アジアの政治力學』, 錦正社, 1991 참조.

중간의 민족관계를 더욱 증폭시키고, 악화시킨 측면은 결코 무시할 수 없다.[5] 그러나 본고에서 언급하듯이, 일본의 간도 개입이전에 이미 토지를 둘러싼 한중간의 기본적인 대립은 존재해왔으며,[6] 그러한 대립구도가 그 이후 간도의 사회 경제적 관계를 규정하는 기본적인 요인이었다는 것을 부각시키고자 하는 것이지 결코 일본의 간도정책을 간과하는 것은 아니라는 점을 밝혀두고 싶다.[7]

2. 조선인과 중국인의 간도 이주의 특징

간도는 조선과 중국의 오랫동안의 봉금 정책으로 일반인의 이주 및 거주가 금지되어 왔다. 그렇기 때문에 이 지역에 대한 조선인 및 중국인의 이주 시기 등에 관해서는 명확하지 않으나, 일반적으로는 조선 말기(중국의 청조 말기)부터 양국인의 진출이 활발해졌다고 한다.

조선인이 간도에 이주한 직접적인 원인은 경제적 이유에서였다. 현종 11년(1670) 전국에 걸친 흉작으로 대량의 유민이 발생하고, 평안도를 중심으로 한 북부의 주민들은 미개척지이면서 무인지대로 남아있는 서간도로 이주를 시작했다. 그리고 1869년과 1870년에 걸친 함경남북도의 미증유의 흉작으로 두만강 연안의 무산(茂山), 회령(會寧), 종성(鍾城), 경원(慶源), 온성(穩城) 등의 농민들이 집단적으로 간도에 이주하기에 이르렀다. 이주민의 규모 등에 대해서는 자세히 알 수 없으나, 종래

5) 황민호, 『재만 한인사회와 민족운동』, 국학자료원, 1998 참조.

6) 이에 대해서는 鶴嶋雪嶺, 「韓國統監府臨時間島派出所の報告書を通してみた間島の朝鮮人農民」, 甲南大學経濟學會, 『甲南経濟學論集(山崎武雄先生退職記念号)』 Vol.19, No.4, 1979.03, 290~309쪽에서 자세히 밝혀놓고 있다.

7) 특히 일본의 금융정책을 통한 토지 수탈 및 한중민족간의 갈등 조장 등에 대해서는 김주용, 『일제의 간도 금융정책과 한인의 저항운동 연구－1910-1920년대를 중심으로－』, 동국대 박사학위논문, 2000 참조.

에 간헐적으로 진출하여 춘경추귀(春耕秋歸)의 형태로 농업에 종사하고 있던 조선인이 이때부터 본격적으로 정착을 하게 된 것으로 추측된다.[8)]

1881년 중국의 혼춘초간국(琿春招墾局)의 이금용(李金鏞)이 간도지방의 조사보고에서 이미 수천 명의 조선인이 약 2,000상(晑)의 토지를 개간하고 있고, 함경도관찰사는 그들에게 정식으로 지권(地券)을 발행하고 있다고 기록한 것은 당시 조선인의 간도 진출 상황을 잘 보여주고 있다.[9)] 이처럼 이미 간도에는 광범위하게 조선인의 이주가 이루어지고 있었던 것이다.[10)] 1882년 중국이 조선정부에 간도 조선인의 쇄환을 요구하면서 한중 간에 국경문제가 제기되고 있던 상황에서 이 지방을 시찰한 서북경략사 어윤중은 정부에 조선인의 간도이주를 장려해야 한다고 건의했다.[11)] 이는 다수의 조선인을 이주시킴으로서 간도에 대한 중국과의 국경회담에서의 교섭력을 높이려는 전략상의 의도가 있는 것으로 판단되나, 보다 중요한 것은 더 이상 조선인의 간도 이주를 저지하는 것은 불가능하다는 현실 인식이 작용했을 것이다. 정부가 간도 이주를 금지하는 것은 오히려 조선북부 농민들의 생계를 억압하고 농촌경제의 붕괴를 촉진하는 것이 되는 것이다. 이러한 의미에서 조선 북부지방 농민들의 간도 이주는 생활 유지를 위한 생존 공간의 확장이라는 의미가 강했다. 그 결과 1884년 조선정부가 정식으로 봉금령을 철폐함으로

---

8) 崔宗範(최강현 역주), 『간도개척비사: 江北日記』, 신성출판사, 2004 및 尹政熙, 『간도개척사』(인하대학교 한국학연구소, 『한국학연구』 별집3, 1991에 수록) 참조.

9) 朱壽朋纂, 『光緒朝 東華錄』 2卷, 光緒 7年10月 辛巳條, 『銘安等奏』, 上海大東書局 印本, 1198쪽에는 "現查已熟之地不下二千晑 該國窮民數千人賴以糊口有朝鮮咸鏡刺史 發給執照"라 길고되어 있다(김춘선, 『간도지역 한인 사회의 형성 연구』, 국민대 박사학위논문, 1998 재인용).

10) 이러한 상황은 그 후 간도파출소의 실지 조사에서도 밝혀지고 있다. 統監府臨時間島派出所殘務整理所, 『間島產業調查書』 明治 43年, 31쪽.

11) 拓務大臣官房文書課(拓務調查資料 弟3編), 『滿洲 朝鮮人』 昭和 8年, 97쪽에서 재인용.

써 조선인들의 간도 이주도 촉진되었다.

중국인의 간도 이주에 관하여서도 불확실한 점이 많으나, 간도가 만주에서 중국인의 이주가 가장 늦은 지역의 하나인 것은 분명하다. 중국인의 진출이 늦은 이유는 다음과 같다.

첫째, 간도를 둘러싼 지리적, 지형적 조건이다. 간도는 동남부는 두만강을 사이에 두고 함경북도와 접하고 있을 뿐 그 외 삼면은 울창한 대산맥의 삼림에 둘러싸여 있어 만주의 다른 지역과의 교류가 쉽지 않았다. 즉, 간도 주위는 두만강 방향을 제외하고 서남 방면은 백두산의 지맥인 노령산맥, 북쪽은 노야령산맥, 동쪽은 흑산산맥으로 둘러싸여 있다. 따라서 서남방면으로 뻗어있는 노령산맥은 서간도와의 교류를 어렵게 하고, 북의 노야령산맥과 동의 흑산산맥은 길림 방면과의 교류를 곤란하게 했다. 이러한 지형적 조건은 중국인들의 간도 진출을 어렵게 하고, 조선인의 진출을 용이하게 했다.[12] 일본 정부의 의뢰를 받아 간도에 대한 지리, 역사적 연구에 종사한 나이토 코난(內藤湖南)이, 간도는 조선 땅이어야 한다고 강조한 것도 이러한 간도의 지형적 특성을 고려한 것이었다.[13]

둘째, 중국으로서는 이 지역에 대한 적극적인 개발의 필요성이 적었기 때문에 길림성내에서도 중국인의 간도 진출은 매우 늦게 시작되었다. 18세기 후반 러시아의 흑룡강 연안으로의 진출에 대항하기 위해 중국은 1758년 길림에 길림장군을 설치하고, 길림성 서북부의 개발을 추진했으며, 이와 함께 이 지역에 대한 중국인의 이주도 활발하게 진행되

12) 이러한 지형적인 이유 때문에 중국인이 간도에 본격적으로 진출하기 시작한 것은 1901년 장춘 하얼빈 간의 중동철도가 개통되고, 이 철도를 이용해 러시아의 블라디보스톡에 도착한 후 다시 두만강을 건너 가도로 이주하는 루트를 밟았다. 우영란, 『일제의 경제침략과 간도의 대일무역』, 경북대 박사학위논문, 2001, 150쪽.

13) 內藤湖南, 「韓國東北疆界攷略」, 內藤乾吉編, 『內藤湖南全集』 第6卷, 筑摩書房, 1972.

었다. 그러나 길림성 동남부의 간도 지방은 무인지대로서 개발의 필요성이 없었을 뿐만 아니라, 장백산(백두산) 일대의 지역을 청조(淸朝) 발상의 땅으로 간주하고 있던 중국 정부는 이 지역의 개발을 강력하게 억제했다. 이러한 이유로 이 지방은 장기간에 걸친 봉금정책이 계속 유지될 수 있었다.[14)]

그 후 1860년 북경조약의 체결로 러시아의 연해주와 혼춘(琿春)이 직접 국경을 접하게 되면서부터 중국은 러시아의 남하에 대비하기 위한 군사적 측면에서 혼춘 지역을 중심으로 간도 지방을 중시하게 되었다.[15)] 중국 정부는 1880년 오대징(吳大澂)을 길림변무독판(吉林邊務 督辦)으로 임명하였으며, 1881년 길림장군 명안(銘安)은 정부에 올린 「滿洲對策」에서 "간도 지방은 군사 및 농업상의 요지이므로 하루빨리 개척해야 한다" 강조했다.[16)] 그 결과 중국 정부는 혼춘의 변방군을 증강하는 등 간도지방의 개발과 이주에 본격적으로 착수했다. 또 산동성의 유랑민을 중심으로 사금 및 인삼의 채취, 그리고 수렵을 목적으로 간도에 들어온 사람들도 있다고 하나, 이들은 정착민은 아니었다.

이처럼 군사적 측면에서의 간도 개발과 병행하여 이루어진 일부 민간인의 간도 유입은 중국이 간도를 개발하는 계기가 되었다. 그 일환으로 중국 정부는 1880년에는 혼춘 외에 흑정자, 남강(南崗, 현재의 延吉) 등에 정변군(靖辺軍)을 주둔시키고, 그 다음 해에는 혼춘에 초간총국(招墾總局)을 설치하여 간도 개발을 시작했다. 1883년에는 국자가(局子街)에 무민겸리사부(撫民兼理社府, 일반적으로 延吉廳이라 함)를 설치하여 이 지역에 대한 행정적 지배권 확립에 착수했다. 동시에 이주 장려 정책을 실시하면서 중국인의 이주가 촉진되었다.

14) 김춘선, 『북간도지역 한인 사회의 형성 연구』, 국민대 박사학위논문, 1998, 46쪽.
15) 김춘선, 앞의 논문, 59~61쪽.
16) 吳祿貞, 『延吉邊務報告』, 6~7쪽.

이상과 같은 전개과정에서 알 수 있듯이, 조선인과 중국인의 이주형태에는 각각 다음과 같은 특징이 있다. ① 조선인의 간도이주는 전적으로 경제, 사회적 이유에 의한 자연발생적인 것이었으나, ② 중국인의 간도이주는 정부주도의 개발정책에 따라 의도적으로 계획된 것이다. 그렇다면 지금까지 기술한 양국인의 이주형태의 차이점은 그 후 간도에 있어서 양국인의 존재형태에 어떠한 영향을 끼쳤는가를 토지 소유관계를 중심으로 살펴보자. 농업을 기본으로 하는 간도에서의 토지소유 관계는 조선인과 중국인의 사회, 경제적 관계에도 결정적 영향을 미쳤기 때문이다.

3. 간도에서의 토지소유권의 확립과정

개척 초기 간도에서의 농업경영상태 및 토지소유권 형성은, 앞에서 서술한 조중 양국인의 이주형태에서 알 수 있듯이, 양국의 간도정책의 전개와 밀접하게 관련되어 있다고 생각된다. 이하에서는 개척초기의 양국인 사이에 성립된 토지소유관계를 규명하고 그에 기초하여 토지 소유권을 축으로 형성된 조선인과 중국인의 사회, 경제적 관계를 고찰하기로 한다.

간도는 조선과 중국 사이에 일종의 중립지대로서 봉금정책이 유지되고 있었기 때문에 조선과 중국 어느 쪽에 의해서도 토지소유권이 확립될 수가 없었다. 그러나 실제로는 조선인과 중국인의 이주와 개간이 시작되면서 실질적 소유권(점유권)이 점진적으로 개간자에게 넘어가게 되었다. 다시 말해 무주선점권의 논리에 의해 개간을 통해 자연스럽게 토지에 대한 점유권이 인정되면서 농업을 영위할 수가 있게 되었다고 봐야할 것이다. 앞에서 지적한 대로 함경도 관찰사가 조선 이주민들에게 지권을 발행하고 있었던 것은 이와 같은 사실을 뒷받침하고 있다. 이러한 관점에서 판단하면, 봉금정책이 해제되기 이전의 간도의 토지는 중국인 보다 앞서 진출이 이루어지고 이주자수도 훨씬 많은 조선인들에 의해 점유되었다고 봐야 할 것이다.

그러나 이러한 상황은 간도 개방과 함께 크게 변화하게 된다. 앞에서 지적한 것처럼, 중국은 주로 군사적 측면에서 간도 개발을 시작했으나, 그것을 보완하는 측면에서 민간인의 이주도 적극 장려했다. 이른바 이민실변(移民實邊)정책이다.

이주 장려에 대한 중국 정부의 기본 정책은 토지 정책이었다. 1881년 중국은 혼춘에 초간국을 설치함과 동시에 간도 일대에 대한 토지 장량(丈量)에 착수했다. 이는 혼춘 지방을 중심으로 진행되고 있던 중국인의 토지 개간을 법적으로 추인하고, 동시에 미개간지를 조사하기 위한 것이었다. 개간지에 대한 기득권 인정은 이주자에게 개간을 한층 더 장려하는 의미가 있으며, 미개간지 조사는 미개간지의 불하를 통해 새로운 이주민을 적극 수용하려는 정책적 의도가 있었다. 그 결과 중국은 혼춘 지방의 5,620상(晌, 1상은 약 0.72정보), 오도구(五道溝) 지방의 3,037상의 땅을 불하하는 등의 방법으로 중국인들에게 집조(執照, 地劵)를 주었다.[17]

한편 토지장량 과정에서 중국은 간도에는 이미 다수의 조선인이 거주하고, 함경도관찰사가 그들에게 지권을 발급하고 있는 사실을 발견하게 되었다. 이에 대해 중국정부는 중국 정부의 허가 없이 조선인이 개간, 거주하는 것은 불법이라는 이유로 조선 정부에 조선인의 쇄환을 요구했다. 조선 북부지방의 연장지로서 생활공간의 확대라는 측면에서 개간, 정착을 한 간도 조선인들은 이에 저항했다. 조선정부는 이들 농민의 주장을 뒷받침하는 형태로 백두산 정계비를 근거로 간도 영유권을 주장

17) 滿鐵總務部調査課,『間島に於ける農業機構概要』昭和 11年, 15쪽.

함으로써 조선과 중국 사이에 영유권 논쟁이 시작되었다. 조선정부의 간도 영유권 주장은 실질적으로는 농지 소유권 확보의 문제였다고 볼 수 있으며, 조선과 중국 사이에 전개된 간도 영유권 분쟁은 조선의 '지권(地券)'과 중국의 '집조(執照租)'의 충돌인 것이다. 이러한 의미에서 본다면 간도 문제는 국경선의 문제라기보다는 조선인과 중국인의 간도에서의 생활권 확보의 문제였다고 할 수 있다.

중국의 조치는 간도에서 조선인들이 확보한 토지 소유권을 부정하는 것이었다. 간도에 대한 실질적 지배권을 확보하고 있지 않은 조선정부는 중국 측의 조치에 대해 적절한 대항을 하지 못했다. 이것이 직접적인 원인으로 작용하여 한때 조선인의 간도이주는 현저하게 줄어들었을 뿐만 아니라, 두만강 이남으로 귀환하는 사람도 상당수 있었다고 전해진다. 반면에 이 후 중국인의 간도이주는 본격적으로 이루어지게 되었다. 토지장량은 1889년, 1892년, 1898년에도 실시되었으며, 이를 통해 간도의 토지는 점진적으로 중국인에 의해 사유화되어 갔다.

이처럼 중국정부의 소유권 인정 과정과 불하 대상에서 조선인은 배제됨으로써 중국인의 토지 소유권 확보 과정은 조선인의 토지 소유권 박탈 과정이기도 했다.[18] 구체적으로 "미개간지의 개간은 중국 관청 소유의 산림의 불하제도에 의해 시행되었으며, 출원자는 일정한 수수료를 납입하고 일정기간 내의 개간의무를 조건으로 개간을 허가받았다. 기간 내에 개간을 끝내고 비로서 지계(地契, 地券)를 교부 받아 권리를 향유하나, 이는 중국인과 귀화조선인에게만 한정된 것으로 일반 비귀화 조선인에게는 허용되지 않았다". 또 더 심한 경우는 "청인은 관리와 결탁하여(옛날부터 조선인이 점유하고 있던 땅을; 필자) 자기의 소유지라 하여 땅을 빼앗아(조선인을) 소작인으로 전락시킨 예도 각지에서 적지"않게 발생했다.[19]

18) 위의 책, 50쪽.

중국정부는 간도 조선인의 퇴거 요구와 소유지를 박탈하는 한편 그들에게 귀화를 강요하는 등 동화정책을 실시했다.[20] 1890년 3월 중국정부는 조선인 약 20,000명을 중국 국적으로 편입시키고, 그 들이 이전부터 경작해 오던 약 15,000상(晌)의 토지에 대해 소유권을 인정, 과세하는 구체적인 조치를 취한 것도 그 일환이었다.[21] 중국이 이러한 조치를 취한 배경에는 다음과 같은 이유가 작용했다. 첫째, 간도는 조선인이 "오래전부터 개간을 했을 뿐만 아니라 숫자도 많기" 때문에 현실적으로 그들을 전부 구축(驅逐)하는 것은 불가능하며, 둘째, 아직 중국인의 진출이 아직 활발하지 않은 상황에서 간도 개발을 위해서는 조선인이 필요하다는 중국정부의 현실 인식이다. 간도 조선인을 추방하기 보다는 그들을 동화시켜 간도 지역의 개발에 이용하는 것이 정책적으로 유효하다는 판단인 것이다. 중국인 지주들에게 있어서도 사정은 마찬가지였다. 광대한 면적에 비해 인구가 적었기 때문에 중국인 지주들은 "토지개발에 조선인의 힘을 빌리는 경우가 많았"다. 그들은 "조선인의 이주 계절에는 그들이 통과하는 길목에서 기다리고 있다가 유혹의 손길을 뻗쳐 자기의 미개간지를 소작하게 하는" 상황이 전개되었다고 한다.[22]

이와 같은 중국의 조치로 조선인은 귀화를 하거나 중국의 지배권이 미치지 않는 오지(奧地)로 이주를 강요받게 되었다. 간도협약이 체결되기 이전부터 간도에 귀화 조선인이 다수 발생하고 있었으며, 조선인의 거주지역이 오지에 집중되어 있는 것도 토지 소유권을 둘러싼 중국의 조치 때문이었다.

이러한 상황은 조선정부가 1902년 이범윤을 간도관리사로 파견하면

19) 위의 책, 28쪽.

20) 앞의 책, 朱壽朋纂, 『光緒朝 東華錄』 2卷, 1198쪽 ; 앞의 논문, 「북간도지역 한인 사회의 형성 연구」, 66~68쪽.

21) 앞의 책, 『間島に於ける農業機構概要』, 49쪽.

22) 앞의 책, 『間島產業調査書』, 61쪽.

서 변화하게 되었다. 이 시기는 의화단 사건을 계기로 러시아가 만주를 군사적으로 점령하고 있었기 때문에 간도에서의 중국 세력이 상대적으로 약화되어 있었다. 이러한 국제정세를 배경으로 이범윤의 파견을 통해 전개한 조선정부의 적극적인 간도정책으로 간도에서의 양국의 정치적 역학관계는 완전히 역전되어 조선우위의 체제가 확립되었다. 이범윤은 도착하자마자 조선인의 호구와 재산조사에 착수했다. 이 조사에 의하면 당시 간도 거주 조선인은 약 1만 호, 그들이 소유하고 있는 부동산은 364만 7496원(圓) 이었다고 한다.[23] 이를 근거로 당시 조선인이 소유하고 있는 토지면적을 계산하면 (부동산의 대부분은 토지로 추정되므로 여기서는 편의상 부동산을 전부토지로 가정한다) 약 3만 6천 475정보(町步)가 된다(1908년의 함경북도의 밭 1단보의 평균가 10원을 기준으로 환산한 것이기 때문에 정확한 것은 아니나 토지소유 상태의 변화를 파악하는 데에는 지장이 없을 것이다). 이 면적은 앞서 지적한 1890년 중국 정부가 조선인에게 허가한 1만 5천 상(약 1만 8백 정보)의 약 4배에 달하는 규모이다. 불과 12년 만에 조선인의 토지소유면적이 4배가 증가한 것이다. 이 같은 급격한 토지소유 상황의 변화는 조선정부와 이범윤의 적극적인 활동과 밀접한 관계가 있다. 조선 우위의 체제를 배경으로 과거 중국의 일방적 조치로 상실한 토지에 대한 권리를 조선인이 되찾은 결과였다고 볼 수 있다.

그러나 러일전쟁이 끝나고 러시아군과 함께 이범윤이 간도에서 철수하고, 중국이 간도에 대한 지배력을 회복함으로써 조선인의 토지소유 상황은 다시 변화하게 된다. 중국 정부는 1906년 간도일대에 대한 토지 장량을 실시했다. 토지 장량의 목적은 명확하지 않지만, 이를 통해 이범윤의 활동을 통해 조선인이 확보한 토지의 상당부분이 다시 중국인의 수중으로 넘어가게 되었다고 한다. 1906년 11월말, 박제순 참정대신이

23) 신기석, 「간도 영유권에 관한 연구」, 탐구당, 1979, 75쪽.

간도 조선인이 중국관헌으로부터 압박을 받고 있다며 통감부에 보호를 요청한 것도 이러한 사정을 배경으로 한 것이다.[24] 통감부간도파출소가 실시한 조사에 따르면 1908년 즉 중국의 집조갱신이 실시된 2년 후 조선인과 중국인의 토지소유면적은 각각 1만 7천 870정보와 3만 4천 320정보로 중국인이 조선인의 약 2배 가까운 면적을 소유하고 있는 것으로 나타났다.[25] 조선인의 소유면적은 1902년의 절반으로 줄어든 셈이다. 이상의 전개과정을 보면, 조선인과 중국인의 토지소유 상황은 간도 지역에서의 양국의 정치 역학에 따라 좌우 되며, 정치적 우위가 경제적 우위로 직결되어 있다는 것을 알 수 있다.

이상을 종합하면 중국의 간도개발정책의 실시는 중국인들의 토지소유권의 확립에 따른 지주화 과정이었으며, 중국에 귀화한 일부를 제외한 대부분의 조선인에 있어서는 토지소유권 상실의 과정이었다. 그 결과 중국인은 비교적 적은 인구로 광대한 토지를 소유하여 안정적인 농업기반을 확립하게 되었으나,[26] 조선인은 합법적인 토지소유가 불가능하게 되어 중국인 지주의 소작인으로 전락하게 되었다.

이상과 같은 과정을 거쳐 간도에는 토지를 매개로 중국인=지주, 조선인=소작인이라는 형태로 민족을 단위로 계급분화가 이루어져 간도의 기본적인 농업경영구조를 형성하게 되었다. 토지를 중심으로 한 계급분화가 민족을 단위로 형성됨으로써 양민족 간에는 지주 대 소작인이라고 하는 경제적 대립구조가 형성되었다. 또 이는 정치, 사회적으로는 민족문제와 직접 연결되어 양민족의 사회적 대립을 초래하는 원인으로도 작용하게 된다.

마지막으로 지적하고 싶은 것은, 종래의 연구에서는 간도 및 만주의

24) 박제순의 간도한인 보호요청 과정에 대해서는 이성환,「이토히로부미와 간도문제」, 동아시아일본학회,『일본문화연구』 제16집, 2005 참조.

25) 앞의 책,『間島産業調査書』, 61쪽.

26) 앞의 논문, 우영란,「일제의 경제침략과 간도의 대일무역」, 150쪽 참조.

조선인 농민과 중국인 농민간의 대립은 주로 1910년의 한일합방 이후 일본이 만주의 조선인 문제에 개입하면서부터 형성된 것이라고 여겨져 왔으나, 지금까지 고찰한 바와 같이 양자간의 대립 구도는 그 이전부터 형성된 것이라 할 수 있다. 그러나 일본의 개입으로 그것이 더욱 증폭되었다(특히 정치적 측면에서)는 사실은 부정할 수 없다.

4. 간도의 인구 구성 및 변화 추세[27)]

간도의 경제, 사회적 문제를 분석하는 데 있어서 인구 구성 및 변화 추세는 매우 중요한 의미를 가진다. <표 1>을 가지고 간도의 인구 구성 및 변화 추이에서 나타나는 몇 가지의 특징을 살펴보자.

첫째, 인구의 민족별 구성에 대해서이다. <표 1>에 나와 있듯이 간도의 인구는 주로 조선과 중국의 두 민족으로 구성되어 있다. 1926년 당시 일본인은 1950명, 그 외 다른 외국인은 356명이 있으나, 이들은 간도의 전체 인구에서 차지하는 비율은 각각 0.5%와 0.09%에 지나지 않기 때문에 큰 의미는 없다. 1907년의 간도 총인구 9만 6500명 가운데 조선인이 76%, 중국인이 24%를 차지하고 있으며, 1930년의 간도 총인구의 50만 5,768명 중 조선인과 중국인이 차지하는 비율은 거의 변화를 보이지 않고 있다. 대체적으로 조선인은 중국인의 약 4배에 달하고 있으며, 민족별 인구 구성에서 보면 조선인은 압도적으로 우세한 입장에 있다. 간도 조선인의 인구는 1930년의 경우 전체 재외조선인의 약 절반이며, 조선 국내 인구의 약 2%에 상당한다.

둘째, 간도 조선인이 만주의 전체 조선인에서 차지하는 비율에 대해

27) 이 부분에 관한 기술은 주로 李盛煥, 『近代東アジアの政治力學』, 錦正社, 1991, 389~401쪽에 의거한 것이다.

서이다. 1921년을 기준으로 보면, 간도 조선인은 30만 7,806명, 재만(在滿) 조선인은 약 43만 1,198명으로 재만조선인 가운데 간도 조선인은 약69%를 차지한다. 그리고 1930년과 1938년에는 각각 약 64%와 49%이다. 재만 조선인들 중 간도조선인이 차지하는 비율은 점차 줄어드는 경향을 보이고 있으나, 약 절반 이상은 유지하고 있다.

조선인의 만주 이주가 간도지방에 집중되어 있는 것은 다음과 같은 이유에서이다. 우선 그것은 중국인의 만주진출과 밀접하게 관련되어 있다. 산동성 등의 중국 동북부에서 시작된 중국인의 만주이주는 지리적으로 인접한 봉천성(지금의 요녕성과 길림성 동남부)을 중심으로 정착했다. 지리적, 지형적인 이유로 간도지방으로의 진출은 매우 곤란했던 것이다. 한편 조선인은 중국인의 진출밀도가 낮은 간도지방으로 집중되었다. 이를 간도와 서간도를 대비해보면 다음과 같다. 즉 1925년 현재 간도는 조선인이 총 인구의 약 80%를 차지하고 있으나, 서간도에는 총 인구 가운데 조선인이 차지하는 비율은 약 17%에 지나지 않는다. 간도와 서간도는 다 같이 조선인의 이주역사가 오래되었고 지리적으로도 압록강과 두만강을 사이에 두고 조선과는 일의대수의 관계있음에도 불구하고, 간도와 서간도는 민족별 인구 구성면에서 정 반대의 분포상황을 보이고 있다. 간도에는 조선인, 서간도에는 중국인의 이주가 거의 동시에 병행하여 집중적으로 행해진 결과였다. 이는 간도와 서간도에 대한 조선인의 인식을 반영한 것으로 해석할 수 있다.

조선인이 서간도가 아닌 간도에 집중적으로 이주를 하게 되는 보다 중요한 이유는, 간도는 원래 주인이 없는 땅이었으며, 이곳을 그들 스스로 개척했다고 하는 간도에 대한 연고(緣故) 의식과 역사 인식이 크게 작용했을 것으로 생각된다. 조선인은 간도를 조선의 연장 즉 조선의 일부로 간주하고 있었던 것이다. 이러한 역사인식에 더하여, 간도협약으로 간도가 중국의 영토가 되었음에도 불구하고 조선인의 간도 이주가 끊이지 않은 것은 간도협약에 의해 조선인의 권리(자유 왕래권, 토지소유권 등)가 보장되어 있기 때문이다.

네 번째로, 인구밀도에 관해서이다. 1926년을 기준으로 보면, 간도 전체의 인구밀도는 1평방리(15.42347㎢)당 268명이며, 각 현별로는 연길현 403명, 화룡현 335명, 왕청현 97명, 혼춘현 271명이다.[28] 이는 인접지역인 무송현의 26명, 안도현의29명, 돈화현의 115명과 비교하면 간도의 인구밀도는 매우 높다. 이러한 현상은 이 일대 지역의 인구집중이 간도를 중심으로 이루어지고 있음을 보여준다.

또한 간도의 인구밀도는 조선의 1264명과 일본의 2425명과 비교하면 각각 4/1과 8/1에 지나지 않는다. 간도의 인구밀도가 상대적으로 낮기 때문에 만주사변 후 조선총독부와 척무성(拓務省)은 조선인의 간도 이주 정책을 강력히 추진하게 된다. 이를 근거로 그들은 향후 간도에는 약 100만 명 이상의 이주가 가능하다고 주장했다.

간도의 인구증가는 자연증가보다 이주에 의한 것이라 가정할 수 있다. 우선 아래 표에서 조선인과 중국인의 간도이주의 전반적인 추이를 살펴보면 다음과 같다.

〈표 1〉 간도의 조선인과 중국인 증가 지수표

구분 / 연도	총 인 구(명)		지 수		일본인(명)
	조선인	중국인	조선인	중국인	일본인
1907	73,000	23,500	100	100	120
1910	109,500	33,500	150	143	320
1912	163,000	49,000	223	209	320
1916	203,422	60,896	279	259	660
1921	307,806	73,748	421	314	1320(1922년)
1926	356,016	86,347	488	367	1950
1930	388,266	117,402	532	500	2256

28) 金正柱, 『조선통치사료』 제10권, 한국사료연구소, 1970, 347쪽 참조.

<표 1>에서 간도지방의 조선인과 중국인의 증가지수는 서로 다른 경향을 보이고 있다. 1907년에 조선인은 약 7만 3,000명으로 중국인의 약 3배에 달하고 있다. 1910년에는 약 11만 명, 1921년에는 약 31만 명, 1926년에는 약 36만 명으로 늘어나, 1930년에는 약 40만 명에 육박한다. 이는 20년간 매년 평균 1만 5,000명 이상 증가한 셈으로, 특히 1912년부터 1926년까지는 매년 평균 2만 명 이상이 증가하고 있다.

이러한 증가현상을 좀 더 상세히 분석해 보면 증가율이 가장 높았던 시기는 1916년부터 1921년에 걸친 5년간이다. 이 사이에 약 10만 명이 증가했으며, 지수로는 142에 달한다. 그 후 1921년부터 1926년까지는 약 5만 명, 또 1926년부터 1930년까지는 약 3만 2000명의 증가에 그치고 있다. 지수상으로도 67과 44에 지나지 않는다. 이는 1916년부터 1921년 사이에 조선인의 이주가 집중적으로 이루어졌음을 의미한다. 이에 대해 중국인은 비교적 안정적인 증가를 보이고 있으며, 1930년에는 조선인 증가율과 거의 같은 수준에 달하고 있다. 여기서 특징적인 것은 1926년부터 1930년에 걸쳐 중국인의 증가율이 최대치에 달하고 있다는 점이다. 즉 1926년부터 1930년에 걸친 조선인과 중국인의 증가지수는 각각 44와 123으로 중국인의 증가율이 조선인 증가율의 약 3배에 달하고 있다.

조선인과 중국인의 전반적 증가율을 비교해보면 1907년부터 1926년까지는 양국인의 증가비율은 거의 같은 수준이다. 조선인의 증가율은 1916년부터 1921년 사이가 가장 높고(증가 지수 142), 중국인의 증가율은 1926년부터 1930년 사이가 가장 높다(증가 지수 186). 즉 조선인과 중국인의 간도이주는 각각 1910년대 후반과 1920년대 후반에 활성화되었다는 것을 알 수 있다. 그러나 간도의 인구 증가를 지탱해 온 것은 전인구의 약 80%를 차지하는 조선인이었다는 사실에는 변함이 없다.

<표 1>에서 알 수 있듯이, 1907년부터 1910년까지 조선인의 증가

지수는 50에 지나지 않으나, 그 후의 증가 지수는 73, 56, 142, 66으로, 1910년 이전의 증가 지수를 상회하고 있다. 이 현상은 다음의 두 가지를 의미한다. 첫째, 간도협약에 의해 간도가 중국의 영토가 되었으나, 그것이 조선인의 간도 이주에 아무런 영향을 미치지 못했다는 점이다. 이는 간도협약이 간도에서의 조선인의 거주 및 토지소유권, 그리고 자유 왕래권까지도 보장하고 있기 때문이나, 보다 중요한 것은 간도협약으로 간도가 중국의 영토가 되었음에도 불구하고 조선인의 간도인식에는 아무런 변화가 없었다는 것을 의미한다. 조선인의 간도 진출로 야기된 영유권 분쟁은 간도협약으로 형식적으로는 일단락되었으나, 조선인의 이주라는 측면에서는 실질적으로 아무런 의미가 없었다고 할 수 있다.

둘째, 한일합방 후 조선인의 간도이주가 급증한 데에는 조선식민지 지배와 직접적인 관련성이 있다는 것을 의미한다. 다시 말하면 일본의 조선식민지 지배가 조선인의 해외 유출을 증가시켰다는 점이다. 식민지 지배와 조선인의 해외 유출의 관련성은 1910~1912년, 1916~1921년 사이에 조선인의 간도 이주가 가장 많았다는 점에서도 어느 정도 추론할 수 있다. 1910~1912년 사이 간도로 이주한 조선인은 5만 3500명이며(연평균 2만 6750명), 1916~1921년 사이는 10만 4384명(연평균 2만 8768명)이 간도로 이주했다. 다른 기간 보다 약 2배의 증가율을 보이고 있다. 이 시기는 한일합방과 3·1운동, 토지조사사업 등 조선식민지 지배에 있어서 정치, 경제, 사회적 변화가 가장 심했던 때이다.

한일합방 이후 조선인의 간도 및 만주 이주의 증가는 주로 일본의 식민지 지배에 대한 불만이라는 정치적 이유와 농촌 경제의 피폐라고 하는 경제적, 사회적 요인에 의한 것이다. 일본 척무성의 조사에서는 "만주 조선인 이주자의 이주 동기 및 이유"를 7%가 정치적 이유, 약 90%가 경제적 이유, 그 외가 3%라고 되어 있다.[29] 그러나 조선인 이주

29) 이 시기 이러한 조사 결과는 다수 보인다. 그러나 이러한 수치가 당시 조선

자의 이주 동기를 명확히 분류하기는 현실적으로 힘들다. 예를 들면 토지를 상실한 농민의 직접적인 이주 동기는 경제적 이유에 의한 것이지만, 그들이 토지를 상실하게 된 데에는 식민지정책의 일환으로 실시된 토지조사사업과 같은 식민지 경영이라는 정치적 배경이 있는 것이다. 따라서 이 두 가지 동기는 서로 관련이 있으며, 그들의 이주도 서로 관련성을 가지고 결합된 형태로 나타나게 된다.[30] 그 결과 어떠한 형태로든 간도이주 조선인은 강한 반일적 성향을 가지게 되며, 그들이 반일 운동의 모체가 된 것도 이러한 이유 때문일 것이다. 조선인이 가장 밀집된 간도가 한일합방 후 최대의 항일 근거지가 되는 것도 이러한 경제적, 사회적 배경이 작용한 것으로 파악할 수 있다. 다시 말하면, 간도는 일본의 조선식민지 지배의 부정적 결과의 배출지였으며, 그것은 다시 간도 조선인 사회를 반일 운동의 근거지화하는 기능을 했다고 볼 수 있다.

5. 간도의 농업과 사회관계

1) 조선인의 토지 소유권

영유권이 미확정인 상태의 간도에서의 토지 소유 관계는 간도에 형성된 조선과 중국의 정치적 역학관계에 좌우되는 유동성이 강한 것이었다는 점은 이미 지적한 대로 이다. 영유권이 미확정인 상태에서의 조선인의 토지 소유권은 그만큼 불안정한 것이었다는 것을 의미한다. 그러나 간도협약으로 영유권이 확정됨으로써 양국의 유동적인 정치역학 관계가 해소됨으로써 이러한 상황은 일단락되는 듯 했다. "한민(韓民, 조

인의 해외 이주를 충분히 설명하기에는 부족하다. 이훈구, 『만주와 조선인』, 평양숭실전문학교경제학연구실, 1931, 102~103쪽 참조.

30) 矢內原忠雄, 『植民及植民政策』, 有斐閣, 1926, 379쪽 참조.

선인) 소유의 토지, 가옥은 청국 정부로부터 청국인민의 재산과 같이 완전히 보호 받는다"는 간도협약 제5조에 의해 조선인은 중국인과 마찬가지로 토지를 소유할 수 있게 되었다. 그러나 한일합방으로 조선인의 국제법상의 지위가 애매하게 되고,[31] 그에 따라 중국 측은 간도협약의 조선인의 토지소유권을 인정하지 않음으로써 조선인의 토지 소유권은 종래와 마찬가지로 매우 불안정하게 되었다.

한일합방 후 중국은 원칙으로 "귀화조선인 가운데 신용있는 자에 한해서 토지를 소유할 수 있는 권리를 주고" 일반 조선인에 대해서는 이를 인정하지 않았다. 때문에 조선인은 중국에 귀화하지 않는 한 사실상 토지 소유가 불가능하게 되었다. 그 결과 간도 조선인의 토지 소유는 한일합방 이전에 토지 소유권을 갖고 있던 자와 귀화 조선인으로 한정되었다.[32] 이와 같은 중국의 조치는 조선인의 토지 소유를 제약할 뿐만 아니라, 조선인이 중국인 지주에 소작인으로 편입되는 가장 큰 요인으로 작용했다.

이처럼 중국은 기본적으로 조선인의 토지 취득을 인정하지 않지만, 실질적으로는 이를 인정하고 있는 측면도 있었다. 이에 대해 스에마쓰(末松吉次警視, 간도주재 경찰)는 『조선인의 간도 혼춘 지방 및 동 접양지방 이주에 관한 조사(대정11년[1926] 3월 조사)』[33]라는 보고서에서 다음과 같이 기록하고 있다.

31) 즉, 간도협약에서 규정하고 있는 한민(간도협약 이전의 조선인), 조선인(한일합방 후에도 일본인과 구별되는 조선인), 일본인(한일합방에 의해 국제법상 일본 신민으로 의제된 조선인), 귀화 조선인(일본은 귀화를 인저하지 않음) 등에 대한 구분이 편의적으로 애매하게 해석・처리됨.

32) 依田憙家, 「滿州における朝鮮人移民」, 滿州移民史硏究會編, 『日本帝國主義下の滿州移民』, 龍溪書店, 1976, 523쪽.

33) 일본외무성기록 마이크로필름 SP156, 「朝鮮人ノ間島春及同接壤地方移住ニ關スル調査」.

① 중국에 귀화 입적(북경정부 허가를 받아 완전히 귀화하지 않고 그냥 지방관에 귀화 원서를 제출하는 것으로도 좋음) 한 자는 대체로 자유로이 토지 소유권을 획득한다.
② 귀화하지 않은 자는 여러 사람이 합자하여 한 지역을 매입해서 그 소유 대표자 즉 지방주인(중국에 귀화해서 중국 관청에 신용있는 자)이라고 하는 명의인을 정해 중국 관헌에 등록 절차를 거치고, 매입 토지는 출자액에 따라 분할 점유한다. 중국 측에서는 이것을 가난한 전민(佃民)이라고 해서 공공연하게 그의 권리를 인정하고, 중국 법정에서도 분명히 이를 인정하고 있다.

스에마쓰의 보고는 중국의 압박에도 불구하고 조선인이 간도에서 소유 면적을 확대해 갈 수 있었던 이유를 설명하고 있다. 그러나 위의 스에마쓰의 보고에서도 알 수 있듯이, 중국이 조선인의 토지 소유권을 묵인한다고 해도 그것이 조선인의 자유로운 토지 소유를 인정하는 것은 아니며, 토지에 관한 많은 권한이 지방 관헌에게 주어진 상태에 있었다. 예를 들면 조선인이 토지 취득을 위해 가장 많이 이용하고 있는 위의 ①, ②에 대한 권한은 지방 관헌의 자유재량에 속하는 것이다. 그러므로 조선인의 토지 소유는 중국의 정책 여하에 따라 좌우될 여지가 크고,[34] 간도 정세의 변화에 따른 중국 관헌의 조선인에 대한 인식에 크게 의존하고 있다고 할 수 있다.

중국이 조선인의 토지 소유에 대해 여러 가지 제한을 가한 직접적인 이유는 일본이 「남만주 및 동부 내몽고에 관한조약」에 규정한 토지상조권을 이용해 조선인을 통해 토지를 매수하는 것을 방지하기 위한 것이다.[35] 보다 중요하게는 전체인구의 약 80%를 차지하고 있는 조선인의 과도한 토지소유는 간도를 실질적인 조선인의 영토로 만들어 버리는 결과를 초래할 수 있다는 데 대한 우려도 크게 작용했을 것이다. 또, 이러한 상황은 토지를 매개로 조선인의 정치적 종속을 야기할 가능성을

34) 滿鐵總務部調査課(調査資料第二輯), 『間島事情』 大正 6年, 34쪽.
35) 東亞勸業, 『南滿洲に於ける土地商租問題』, 1926, 48~50쪽.

내포한 것이다. 실제로 중국의 토지 정책의 기저에는 조선인의 중국에 대한 경제적 의존을 높임으로써 그들의 정치적 종속을 강화하려는 의도가 있었다고 봐야 할 것이다.

2) 조선인과 중국인의 토지소유상황

간도에서의 조선인과 중국인의 민족별 토지소유 상황 및 추이는 아래 표와 같다.

〈표 2〉 조선인과 중국인의 토지 소유면적

연도 구분	1909①	1918②	1926③	1931④
조 선 인	17,870	38,838	920,831	1,415,169
중 국 인	34,320	50,620	1,045,661	1,004,925
비 율	34 : 66	43 : 57	46 : 54	58 : 42
인구비율	75 : 25	78 : 22	81 : 19	77 : 23
단 위	정보(町步)		단보(段步)	

※ 조선인의 소유면적 중에는 약 3분의 1은 商租地를 포함.

① 統監府臨時間島派出場所殘務整理所, 『間島産業調査書』(1909年).

② 朝鮮總督府特別調査, 「東部間島及咸鏡南北兩道報告書(Ⅱ)」(1918年 11月) 『白山學報』 제24호, 1978년 6월.

③ 南滿洲鐵道株式會社東亞經濟調査局, 『経濟資料第14巻第2号ㅡ東部吉林省経濟事情ㅡ』(1928年).

④ 李學文, 「間琿地方農況」 『滿鐵調査月報』, 1933年 1月, 등을 이용해 작성.

<표 2>에 의하면 전체면적 중에 조선인이 소유하는 면적은 점진적으로 증가하고, 1920년대 중반부터는 전체의 약 50%가 된다. 또 1인당 소유면적에서는 중국인은 조선인의 약 4배 이상이나 된다. 그러나 간도 전체인구 중 약 80%를 조선인이 차지하고 있다는 점을 고려하면, 민족별 토지분포는 매우 편향되어 있다. 다시 말해서 간도의 민족별 인구구

성과 토지소유면적의 비율은 정 반대의 경향을 보여주고 있다. 그런데 이것이 자연적으로 형성된 것이 아니고, 중국의 의도적인 토지정책 때문이라는 점을 고려하면, 조선인의 중국에 대한 반감을 쉽게 추측할 수 있다.

그리고 간도 전체를 보면, 조선인의 소유면적이 1928년 이후 급증하면서 중국인의 소유 면적을 상회하고 있다. 그 이유는 분명하지 않지만 당시 간도의 정치 정세와 깊은 관련이 있을 것으로 추정된다. 1928년 장작림의 폭살 사건을 계기로 장학량이 국민당정부를 지지하는 '역치(易幟)'를 단행하면서 반일 정책을 강화하고 그 일환으로 일본의 '주구(走狗)'로 인식되고 있던 조선인에 대한 통제를 한층 강화했다. 그 결과 조선인의 중국 귀화가 증가했으며, 그것이 조선인의 토지소유면적의 증가로 연결된 것으로 생각된다. 예를 들면, 귀화를 통해 '전민'으로 존재하고 있던 조선인이 실제 소유자가 됨으로써 숫자상 조선인의 토지소유면적이 증가한 것이다. 1927년에 중국인의 토지소유가 감소한 것도 같은 이유로 설명할 수 있다.

6. 간도의 농업경영구조

1) 농업경영의 규모

1931년 현재 간도의 토지면적의 58%는 조선인이 소유하고 있다. 그러나 간도의 전체인구 중 조선인이 차지하는 비율을 고려하면 조선인과 중국인의 민족별 토지분포상황은 매우 편향되어 있다는 점은 여러 차례 지적한 대로이다. 이러한 토지 소유의 편재(偏在)는 농업경영상태에 결정적인 영향을 미친다. 이것은 농업을 기반으로 하고 있는 간도의 경제구조뿐만 아니라, 사회구조를 규정하는 데에 있어서도 중요한 의미를 가진다. 이하에서는 <표 3>에 기초하여 간도의 농업경영상태를 간단히 분석한다.

〈표 3〉 간도의 토지소유 및 소작상황(1933년)

민족별 / 구별	전소유면적 (段步)	토지 소유자(戶)		소 작(戶)	
		지주	자작농	소작	자소작
조선인	1,415,169	4,305	21,638	18,675	15,187
중국인	1,004,925	4,503	3,381	1,421	1,044
조선인	58.5%	7.2	36.2	31.2	25.4
중국인	41.5%	43.7	32.6	13.7	10.0

※ 李學文,「間琿地方農況」『滿鐵調査月報』第十三卷一号, 1933年 1月을 기초로 작성.

첫째 농가 호수를 중심으로 한 간도의 농업경영상태에 대해서이다. <표 3>에서 토지를 전혀 소유하고 있지 않거나 혹은 부족함을 느끼고 있는 농가(自小作, 이것은 소작과 정도의 차이만 있고, 타인의 토지를 빌린다는 측면에서는 일종의 소작인이다)는 조선인이 57%, 중국인이 24%이다. 그리고 중국인과 조선인의 소작 및 자소작 농가는 합계 3만 6,327호로서 간도 전체 농가의 약 52%에 해당한다. 다시 소작과 자소작 가운데 조선인 농가는 3만 3,862호로서, 전체 자소작과 소작농의 약 93%를 차지하고 있다. 간도 농민의 약 반 이상이 어떤 형태로든 소작을 하고 있으며, 또 소작의 거의 대부분이 조선인으로 구성되어 있다. 이러한 상황은 간도의 농업경영이 조선인 소작에 의해 유지되고 있다는 것을 여실히 보여주고 있다.

둘째, 토지면적을 중심으로 한 간도의 농업경영상태에 대해서이다. <표 3>에서 한 가구당(조선인과 중국인을 전부 일괄하여) 평균 소유면적은 약 34.5단보(段步, 反)이다(<표 3>에 나타나 있는 소유면적을 실제의 경작면적으로 보고, 43.5단보를 간도 농민 한 가구가 평균적인 농업생활을 영위하기 위해 필요한 면적으로 간주한다). 조선인 한 가구당 소유면적은 23.7단보이고 중국인의 소유면적은 97.1단보이다. 조선인 한 가구당 소유면적은 중국인의 4분의 1에 지나지 않는다. 이것은 조선인의 농업경영이 중국인에 비해 소규모 영세농업인 것을 보여준다.

앞에서 지적했듯이, 조선인 한 가구당 소유면적은 간도 전체농가의 평균소유면적에 훨씬 못 미친다. 따라서 그들이 평균적 규모의 농업을 운영하기 위해서는 다른 사람으로부터 땅을 빌리지 않으면 안 된다. 구체적으로는 조선인 전체농가의 경작에 필요한 면적은(5만 9,805×34.5=) 약 206만 3,272단보이고, 조선인 소유면적에서 64만 8,103단보가 부족하다. 그 결과 조선인은 부족분만큼 중국인으로부터 토지를 빌려야 한다. 그 면적은 조선인의 전체 경작면적의 약 3분의 1 이상, 조선인 소유면적의 약 2분의 1에 해당한다. 이것은 조선인의 농업이 전체적으로 중국인 소유의 토지에 크게 의존하고 있으며, 반대로 중국인은 전체적으로 소유면적의 약 50% 이상을 조선인에게 빌려주고 있다는 것을 뜻한다.

셋째, 중국인과 조선인 지주의 토지소유 상황을 분석한다. 지주가 소유하고 있는 면적은 전체의 소유면적에서 자작농과 자소작농이 소유하고 있는 면적을 뺀 부분이다(자소작은 평균소유면적의 50%를 소유하고 있다고 가정한다). 즉 자작농이 소유하고 있는 면적은(8,808×34.5=) 86만 3,156단보이고 자작농의 소유면적은(1만5,187+1,044÷2×34.5=) 28만 796단보로, 합계 114만 3,952단보이다. 그렇다면 조선·중국 양국 지주의 소유면적은 127만 6,142단보가 되며, 이것은 간도 전체경지 면적의 약 53%를 8,808호(전체 호수의 약12%)의 지주가 독점하고 있다는 것이 된다.

같은 계산 방법으로 조선인과 중국인 지주에 대한 각각의 소유면적을 계산하여, 간도의 농업에서 지주가 차지하는 위치를 밝혀보자. 먼저 조선인의 자작농과 자소작의 소유면적의 합계는 100만 9,246단보이다.

전체 조선인의 소유 면적에서 이것을 뺀 것이 조선인 지주의 소유면적이 되며, 40만 5,923단보이다. 중국인 지주의 소유면적은 87만 271단보이다. 중국인 지주가 간도의 전체소유면적의 36%를 차지하고, 조선인 지주는 17%를 차지하고 있다. 한 가구당 소유면적은 조선인 지주가 94단보, 중국인 지주가 193단보이다. 조선인 지주의 소유면적은 중국인 지주의 약 50%에 지나지 않고, 조선인과 중국인의 지주는 간도 농민 한 가구당 평균면적의 약 2.7배와 5.6배를 각각 소유하고 있다. 이것은 조선인 지주보다는 중국인 지주가 대규모 농업을 운영하고 있다는 것을 나타냄과 동시에 전반적으로 간도의 농업경영구조가 중국인 지주 중심으로 구성되어 있다는 것을 의미한다. 또 지주가 한 가구당 평균면적을 직접 경작하고 있다고 가정하면, 조선인과 중국인 지주가 소작으로 내놓는 면적은 각각 약 25만 7,400단보와 71만 4,917단보가 된다.

이러한 토지소유의 불균등은 북만주(3% 미만의 대토지소유자가 경지의 51%를 소유하고, 땅이 없는 농민이 전체 농가의 63%나 존재한다) 및 남만주(4.2%의 대토지소유자가 경지의 40.4%를 소유하며 토지가 없는 농가가 전체의 3분의 1을 차지한다)에 비하면 지주가 차지하는 토지의 비율은 적다. 간도의 소작 농가호수가 차지하는 비율(32%)은 남만주와 거의 같으나, 간도의 토지 소유 분포상황이 과도하게 민족별로 치우쳐 있다는 점이 중요한 의미를 가진다.

넷째, 이상의 계산을 기초로 하여 조선인과 중국인이 빌리고 있는 토지의 면적과 성격을 분석한다. 조선인 소작 및 자소작농이 간도에서 평균적 농업을 운영하기 위해서는 약 90만 6,263단보를 지주로부터 빌려야 한다. 또 중국인의 소작과 자소작이 필요로 하는 면적은 6만 7,034단보이다. 기본적으로 중국인 지주는 중국인에게 조선인 지주는 조선인에게 토지를 빌려준다고 가정하면, 중국인 소작인은 소작에 필요한 면적의 전부를 중국인 지주로부터 빌릴 수 있다. 그러나 조선인의 경우는 조선인 지주가 소유하고 있는 면적만으로는 부족하고, 중국인 지주로부터도 경작에 필요한 토지를 빌리지 않으면 안 된다. 조선인 소작인이 중국인 지주에게 빌리는 면적은(90만 6,263-25만 7,400=) 약 64만 8,863 단보이고, 이것은 조선인 소작지의 약 71%에 해당한다. 바꾸어 말하면 조선인 소작인은 경지의 71%를 중국인 지주에게 의존하고 있고, 나머지 29%는 조선인 지주에게 의존하고 있다.

이것을 단순화하면, 간도에서 조선인을 둘러싼 지주-소작관계는 다음과 같다. 중국인=지주, 조선인=소작인이라는 이민족 간의 관계가 약 71%, 조선인 내부에서 같은 민족으로 형성되는 지주-소작 관계가 29%로 구성되어 있다고 할 수 있다. 이것을 정치, 사회적 관계로 연결시켜 생각하면, 조선인 소작의 약 71%는 중국인 지주가, 나머지 29%는 조선인 지주가 지배하고 있다고 볼 수 있다. 그렇기 때문에 간도의 농업경영구조는 대체로 조선인=소작인, 중국인=지주라는 민족을 단위로 하여 형성되어 있다는 것을 알 수 있다. 위의 내용을 정리하면 다음 표와 같다.

구 분	소작 가운데 양국인이 차지하는 비율	농가 전호수에서 소작인이 차지하는 비율	전소유지 가운데 양국의 지주의 소유면적이 차지하는 비율	양국지주가 조선인 소작인에게 제공하는 면적(지배율)	한 가구당 면적(단보)
조선인	93%	48.0%	17%	71%	23.7
중국인	7%	3.5%	36%	29%	97.1

이상을 종합하면, 간도의 농업 경영에는 다음과 같은 특징이 있다. 간도의 농업경영은 주로 중국인 지주 중심으로 형성되어 있으며, 이러한 지주 중심의 농업을 지탱하고 있는 소작은 대부분 조선인으로 이루어져 있다. 그렇기 때문에 대부분의 조선인 소작농은 토지를 통해 중국인 지주에 종속되어 있다고 볼 수 있으며, 이러한 농업경영구조를 통해

간도에는 조선인과 중국인 사이에는 민족을 단위로 하는 기본적 갈등구조가 형성되어 있다고 추정할 수 있다.

2) 조선인 소작인의 존재양태

간도에 있어서 소작인의 대부분은 조선인이다. 조선인을 중심으로 하는 지주와 소작인의 관계는 조선인 지주－조선인 소작인, 중국인 지주－조선인 소작인의 두 형태로 이루어진다. 이 두 형태의 지주-소작인 관계에는 각각 다음과 같은 차이가 있다. 이 차이에 기초를 두고 일반적으로 간도지방의 지주-소작인의 관계를 조선인=소작인, 중국인=지주라는 민족별 단위로 파악하고, 두 민족의 정치적・사회적 대립의 심각성을 지적하는 경향이 있다.

앞에서 지적한 두 형태의 소작관계에 대해 조선총독부내무국사회과, 『만주 및 시베리아 지방의 조선인 사정』은 다음과 같이 기술하고 있다.[36] 즉 조선인을 지주로 하는 경우는 "양자(지주와 소작인)의 권리 및 의무는 지극히 불완전하여 거의 대부분은 이행되지" 않고, 따라서 "그 지방의 주요 작물을 가리키는 곡물의 절반만을 지주에게 납부하는 것이 보통이며, 추수 때에는 소작인 중 수확을 지주에게 알리는 자도 있지만 대부분이 그렇지 못하며, 동시에 소작료로서 납부하는 곡물류는 대부분 실제 수확량의 3분의 1을 넘지 않았다". 이에 대해 "중국인 지주와 조선인 소작인 사이에는 항상 지주 측이 소작인인 조선인에게 자기의 권리이행을 강요"하고 있으며, 소작인은 "소작 계약의 모든 의무를 이행할 뿐만 아니라 때로는 소작료 이외에도 지주의 요구에 의해 연료 채취 또는 농한기에 지주가 곡물류를 시장에 반출하는 등의 경우 자기 집의 농사용 소를 무상으로 취역에 종사하도록 하는 등"의 상황이 전개되고

36) 朝鮮總督府內務局社會課, 『滿州及西比利亞地方に於ける朝鮮人事情』, 昭和 2年, 121~122쪽.

있다고 기록하고 있다.

위의 내용을 요약하면, 중국인 지주－조선인 소작인의 형태보다는 조선인 지주－조선인 소작인의 경우가 소작조건이 유리하다는 것이다. 중국인 지주의 경우는 계약 의무의 엄격한 이행을 요구하는 데 반해 조선인 지주의 경우는 그것이 상당히 완화된 형태로 운영되고 있다. 이러한 운영 형태는 가장 기본적 요소인 소작료에서도 차이가 난다. 중국인을 지주로 하는 경우는 소작료가 수확물의 절반정도이지만, 조선인 지주의 경우는 "실제 수확의 약 3분의 1을 넘지 않았다"고 한다. 더욱이 중국인을 지주로 하는 경우 조선인 소작인은 소작료 이외에도 여러 가지 잡역을 부담하는 등 봉건적－반농노적 신분 지배관계의 양상을 보이는 경우가 많았다.[37]

이처럼 두 형태의 지주-소작인 관계가 차이를 보이는 이유를 일반적으로 다음과 같이 설명한다. 동양척식사회사, 『최신간도사정』은 "조선인을 지주로 하는 소작농은 앞에서 언급한 (중국인을 지주로 하는 경우-필자) 상태와 그 취지가 완전히 다르다". 구체적으로 "그들 중국인은 조선인을 약소국민으로 간주하고 자신들을 대국인(大國人)으로 여겨 (조선인 소작인에 대해-필자) 모멸적이고 난폭한" 태도를 취하고 있으며, 조선인 지주의 경우는 "동족(同族)이라는 관념에서 (지주는 소작인에게-필자) 여러 편의를 봐주어, 소, 가축, 농기구의 무료 대여 등의 좋은 습관이 있고 지주 대 소작인의 관계는 모두 원만하다"고 적고 있다.[38] 민족적 동류의식이 지주-소작인의 관계를 규정하고 있다는 것이다. 또 재외조선인사정연구회편, 『만주 및 간도·혼춘 조선인 사정(하)』은 조선인 사이의 지주－소작인 관계가 원만하게 운영되고 있는 이유를 "필경 해당 지방은 경지면적이 광대하나 주민이 매우 희박하기 때문에 소작지

---

37) 東洋拓植株式會社, 『最近間島事情』 大正 7年, 309~310쪽.
38) 東洋拓植株式會社, 『最近間島事情』 大正 7年, 309쪽.

는 도처에 있으나 지주가 소작인을 쉽게 구할 수 없기 때문이다"고 설명한다.[39] 즉 인구와 경지 면적간의 불균형이 조선인 상호간의 지주-소작인 관계를 규정한다는 것이다.

그러나 앞에서 지적한 두 가지 설명은 민족이라는 정서적인 요소에 의존하고 있기 때문에 간도에서의 지주와 소작인의 관계를 설명하는 데에는 한계가 있다. 동족의식이 지주와 소작인의 잠재적인 대립을 정서적으로 어느 정도 환화하고 있다는 사실은 부정하기 어렵다.[40] 그러나 그것이 양자 간의 경제적 이해 등을 완전히 해소하는가에 대해서는 의문이 남는다. 또 경작지와 인구밀도의 불균형이라는 측면에서 본다면, 중국인 지주가 오히려 불리한 입장에 있기 때문에 중국인 지주－조선인 소작인의 관계가 더 원활할 수 있다. 말하자면 조선인 지주보다는 중국인 지주의 쪽이 농업경영규모가 크기 때문에 조선인 소작인에 대한 필요성이 더 큰 것이다.

그러면 중국인을 지주로 하는 경우와 조선을 지주로 하는 경우가 각각 다르게 나타나는 이유는 무엇일까. 다시 말해서 중국인 지주의 경우가 보다 종속적이고 봉건적인 형태를 보이는 배경은 무엇인가. 앞의 설명에 더하여, 소작인의 이동성과 농업경영 형태의 차이라는 측면을 생각할 수 있다.

첫째, 소작인의 이동성에 대해서이다. 이것은 토지 소유의 지역적 분포상황과 관련성이 있다. 일반적으로 조선인 지주와 중국인 지주의 토지소유 지역은 차이가 있다. 중국인은 비옥하고 교통 및 치안이 잘 유지된 평야 지역의 경지를 소유하고 있으며, 조선인의 경우는 경사지 혹은 비교적 척박한 지역에 토지를 소유하고 있다. 이러한 지역적 분포의 차이는 수확고 및 소작관계에 직접 영향을 미친다. 중국인 소유의 토지

39) 在外朝鮮人事情硏究會編, 『滿洲及間島・琿春朝鮮人事情(下)』 大正 12年, 167쪽.
40) 鄭雅英, 『中國朝鮮族の民族關係』, アジア政経學會, 平成 12年, 51~52쪽.

가 수확고가 높고, 따라서 소작인은 수확고가 높은 중국인의 토지에서의 소작을 선호한다. 그렇기 때문에 소작인의 이동성도 적을 것이다. 소작인이 소작을 계속 유지하기 위해서는 소작료 이외의 잡역도 수용하지 않을 수 없으며, 반대로 중국인 지주는 조선인 소작인에게 소작료 이외의 것을 무리하게 강요하게 되는 상황을 상정할 수 있다.

조선인 소작인의 이동을 곤란하게 하는 또 다른 요인은, 조선인의 간도 이주형태에서 유래한다. 경제적 이유로 인해 조선에서 이주를 강요받은 이주민은 이주 초기부터 토지를 매입하여 자작농이 되는 것은 거의 불가능하다. 그 결과 그들은 소작인으로 편입되며, 조선인 지주보다는 토지 소유율이 높은 중국인 지주 쪽에 편입되는 경우가 많다. 또 그들은 소작을 하는데 있어서 가옥, 농기구 등의 생산수단을 지주에게 의존하게 되고, 수확기까지 생활 유지를 위한 생활비까지도 빌리는 것이 보통이다.[41] 이러한 상황에서 소작인이 소작지를 반환할 경우에는 가옥 등 생활수단 전체를 지주에게 반환하지 않으면 안 된다. 따라서 그들이 소작을 포기하고 이동을 하는 것은 사실상 곤란하다. 간도에 경작지가 많이 남아 있음에도 불구하고 소작인의 이동을 억제하는 주요한 요인이다. 지주의 입장에서 보면, 이러한 상황은 소작인의 신분을 구속 또는 지배하는 조건으로 작용한다. 이와 같은 지주와 소작인의 관계는 소작인의 지주에 대한 종속성을 높이게 되고, 열악한 소작조건에 따른 고율의 소작료는 소작인의 자립을 곤란하게 하는 등의 악순환을 반복하게 된다.[42]

조선인 지주의 경우는 토지가 대부분 경사지 등 비교적 조건이 나쁜 지역에 위치하고 있기 때문에, 상대적으로 수확고도 낮다. 이러한 상황은 소작인으로 하여금 수확고가 높은 지역으로의 이동을 촉진하게 되어

41) 南滿洲鐵道株式會社, 『滿鐵調査月報』 1936年 8月號, 115쪽.
42) 朝鮮總督府, 「國境地方視察復命書」 『백산학보』 제11호, 1970, 202쪽.

소작인의 이동률을 높이게 된다. 따라서 “곳곳에 소작지가 산재해 있는” 간도에서는 조선인 지주가 소작인의 이동을 방지하고 안정적인 농업을 경영하기 위해서는 그들에게 비교적 유리한 조건을 제공하게 되는 것이다.

둘째, 조선인 지주와 중국인 지주가 소작조건의 차이를 초래하는 것은 각각 서로 다른 농업경영형태를 띠고 있기 때문이다. 중국인의 농업경영형태는 주로 밭농사 중심이고, 조선인의 경우는 논농사가 꽤 널리 보급되어 있었다. 간도에서 논농사 면적은 1929년에 1만 1,167정보, 1930년에 1만 2,686정보였다. 이는 간도의 전체 경지면적의 약 5%, 조선인 소유면적의 약 9%정도이며, 조선인 지주가 소작으로 내놓는 전체면적의 약 50%에 해당한다. 예를 들어 논농사의 거의 대부분을 조선인이 담당을 하고 있다고 하면 조선인 상호간의 지주-소작인 관계의 상당한 부분(약 50% 이상)이 논농사를 매개로 하는 지주-소작인 관계로 성립되어 있다는 것이 된다. 그 이유는 논농사는 당시까지는 조선인만의 특별한 기술이었기 때문이다. 또한 논농사에서 얻는 수익은 밭농사보다 약 4, 5배 정도 높다

이러한 조건에서는 조선인 지주와 소작인은 다 같이 논농사를 지향할 것이며, 특히 지주가 소작인에게 논농사를 장려하기 위해서는 전체적으로 유리한 소작조건을 제공할 필요가 있다. 조선인 지주의 경우에도 “논농사를 하려는 소작인에게는 종자의 무상공여, 파종전의 경운(耕耘)은 물론 소작료인 납곡료(納穀料) 역시 유리한 계약을 한다”는 등의 관행이 성립하고 있었던 것은 앞에서 말한 논농사의 경제적 우위성 때문이다. 실제로 논농사는 밭농사에 비해 수익이 4, 5배 정도였던 것으로 알려져 있다.[43]

---

43) 박경수, 『연변농업경제사』, 연변인민출판사, 1987, 57쪽 ; 앞의 책, 『中國朝鮮族の民族關係』, 291쪽 참조.

이상의 사항들을 토대로 하여 간도의 소작제도 특히 민족별 관계를 기초로 한 소작관계를 정리하면 다음과 같다. 종래의 연구 및 당시의 보고 등을 보면, 간도에는 앞에서 말한 두 가지 형태의 지주-소작인 관계가 병존하고 있음에도 불구하고, 간도에서의 지주-소작인 관계를 주로 중국인 지주, 조선인 소작인 관계만을 부각시키는 경향이 있다. 즉 지주와 소작인이라는 계급 간 대립이 조선인 대 중국인이라는 민족을 단위로 한 정치・사회적 대립을 초래하고 있다는 것이다. 그 이유는 간도 전체를 봤을 때, 조선인 상호간의 지주－소작인 관계보다는 중국인 지주－조선인 소작인 관계가 보편적이기 때문일 것이다.

일반적으로 간도의 지주-소작인 관계에서 후자만이 강조되는 것은 앞에서 말한 바와 같이 각각의 소작경영상태가 크게 다르기 때문이다. 중국인을 지주로 하는 경우는 조선인 소작인의 이동이 구조적으로 억제될 뿐만 아니라 지주에 대한 경제적, 사회적 종속성도 강화된다. 이는 나아가서 신분적 지배, 피지배 관계라는 사회적 대립을 초래하기도 하며, 그것이 민족을 단위로 지주-소작인의 관계를 형성하고 있다는 점에서는 정치적 대립과 함께 민족적 대립으로 발전하게 되는 것이다.[44] 물론 간도에서의 농업경영상태가 조선인 소작과 중국인 지주의 갈등 관계로만 형성되어 있는 것은 아니고, 조선인 사이의 지주－소작의 갈등 관계 등 다양한 형태를 띠고 있었다는 점도 염두에 둘 필요가 있다. 특히 1920년대 이후 주선의 토지 소유면적이 늘어나면서 조선인 사이의 지주-소작 갈등관계도 당야하게 나타난다.[45]

조선인이 지주인 경우는 조선인 소작인에게 상대적으로 유리한 소작조건을 제공하지만, 이것은 논농사의 경제성과 토지 소유의 지리적 분포에 유래하는 경제적 열악성 때문이다. 따라서 조선인 상호간의 지주-

44) 滿鐵東亞經濟調査局, 『東部吉林省經濟事情』, 1928, 27쪽 및 앞의 책, 『中國朝鮮族の民族關係』, 46쪽.

45) 앞의 책, 『中國朝鮮族の民族關係』, 58쪽 참조.

소작인 관계는 중국인 지주-조선인 소작인의 관계보다는 지주와 소작인이 가지는 잠재적 갈등을 어느 정도 환화시키는 측면이 있다. 바꾸어 말하면 간도에서의 조선인 지주 대 조선인 소작인의 관계가 상당히 넓게 존재했음에도 불구하고, 주로 논농사를 매개로 하고 있는 조선인 상호간의 지주－소작인 관계는 중국인을 지주로 하고 있는 경우보다는 대립의 요소가 적다.

7. 맺음말

개척 초기 조선인의 간도이주는 조선북부 지방의 자연재해 등에 큰 영향을 받았다. 그러나 일시적인 흉작 등의 요인이 해소되었음에도 불구하고, 그 후에도 조선인의 간도 이주는 계속되었다. 간도에는 아직 농업을 위한 충분한 개척의 여지가 있고, 조선 내에서 보다는 간도에서의 경제활동이 보다 나은 생활을 보장했기 때문이다. 이러한 의미에서 간도 영유권이 확정되지 않은 상태에서 이루어진 조선인의 이주는 조선북부지방의 연장지(延長地)로서 생활공간의 확대라는 성격이 강했다. 조선인의 간도에 대한 이러한 인식은 간도협약의 결과 간도가 중국 땅이 되었음에도 불구하고 변하지 않았으며, 조선인의 간도이주는 오히려 증가하는 경향을 보이고 있는 것에서도 이를 알 수 있다.

조선인의 간도이주는 한일합방으로 그 성격이 크게 변화했다. 주로 경제적 이유를 배경으로 생활권(生活圈)의 확장이라는 측면에서 자연발생적으로 이루어졌던 농업이주 외에 일본의 조선식민지 지배의 결과로 다음의 두 가지 이주 요인이 새롭게 작용했다. 하나는 일본의 조선 식민지 지배에 대한 불만과 같은 정치적 동기에 이주이고, 또 하나는 일본의 식민지 지배의 결과 농촌 경제가 붕괴함으로써 나타난 경제적 요인에 의한 이주였다.

이 두 종류의 이주 요인은 일본의 식민지 통치의 결과에 따라 작위적으로 조성되었다는 측면에서 종래의 자연발생적으로 행해졌던 이주와는 전혀 그 성격을 달리하는 것이다. 즉 간도 협약으로 중국의 영토가 되어버린 간도로의 이주는 생활권의 확대와 더불어 항일을 위한 새로운 정치 공간을 마련하기 위한 것이었다. 어떻든 이들 두 종류의 이주 요인이 직접・간접적으로 일본의 조선침략의 결과물이라는 점에서는 공통적으로 정치적 배경이 작용한 것이라 할 수 있다. 따라서 1910년 이후의 조선인 이주자는 '반일'이라는 강한 정치의식을 내포하고 있다.

이처럼 정치적 성격을 내포한 조선인의 간도 이주는 간도 조선인 사회에 항일 민족주의운동을 광범위하게 확산시키는 요인으로 작용했다. 한일합방에 의한 정치적 이주의 증가는 필연적으로 간도 조선인을 반일화(反日化)하는 객관적 조건을 제공하고, 동시에 이주민의 증가는 반일의 민족적 기반을 형성하기에 충분했던 것이다. 간도 조선인 사회가 일찍부터 독립운동의 근거지가 되고, 그들을 기반으로 지속적인 항일운동이 가능했던 것은 이와 같은 조선인의 이주 성격에서 찾을 수 있을 것이다.

다음은 간도의 농업경영상태와 조선인의 존재양태와의 관련성에 대해서이다. 간도의 농업 경영의 가장 큰 특징은 중국정부의 주도하에 진행된 토지에 대한 사적소유권의 확립과정에서 조선인의 토지소유권이 배제되었다는 점이다. 다시 말해서 중국인의 토지소유권의 확립을 통한 조선인의 기득권 부정은, 과장되게 이야기하면, 중국이 간도에 대한 조선의 무주 선점권을 부정한 간도협약과 같은 맥락에서 이해할 수 있다. 그 결과 간도에서는 민족을 단위로 한 특이한 농업경영구조가 생겨나고, 동시에 조선인과 중국인 사이에 경제적・사회적 대립구도가 형성되었다.

위와 같은 과정을 거쳐 중국인은 토지 소유를 거의 독점하고, 조선인은 그들의 소작인으로 편입되었다. 토지의 소유관계에서만 본다면, 어떤 의미에서, 중국(인)은 조선인에 대한 제국주의적 침략자임과 동시에 계급적 지배자였다. 게다가 계급적 구성이 조선인과 중국인이라는 민족을 단위해서 구성되어 있는 점에서 이는 더욱 증폭될 수 있다. 이와 같은 측면에서 본다면, 간도에서 조선인 소작인과 중국인 지주 사이에서 경제적·사회적 대립이 형성되는 것은 불가피한 측면이 있다고 할 수 있다. 토지를 매개로한 이러한 갈등 구조는 1920년대 들어 간도 조선인사회가 급격하게 공산주의 운동으로 경사해 가는 요인으로도 작용한다.[46]

이상으로 농업을 중심으로 조선인과 중국인을 중심으로 형성된 경제, 사회적 관계를 살펴보았다. 그러나 이러한 갈등과 대립의 관계가 당시 간도에서의 양 민족의 관계를 절대적으로 규정하는 것은 아니다.[47] 본고에서는 언급하지 않았지만, 일본이 간도에 대해 세력을 확대함에 따라 조선인과 중국인 사이에는 반일(反日)이라는 측면에서는 상호 협력과 제휴가 성립되는 측면도 결코 무시할 수 없다. 또 조선인과 중국인 사이의 갈등을 이용한 일본의 세력 확대는 조선, 중국, 일본 세 민족 간의 관계를 더욱 복잡하게 만들었다. 이를 상징하는 것이 1931년에 조선과 중국 농민 사이에 발생한 만보산(萬寶山) 사건이다.

지금까지의 논의를 종합하면, 일본과 조선인 간에 형성되었던 정치적 대립 관계에 더하여, 지주와 소작인이라는 조선인과 중국인간의 경

---

46) 앞의 논문, 「일제의 경제침략과 간도의 대일무역」, 178~179쪽 ; 滿洲國軍政部軍事調査部編, 『滿洲共產匪の硏究』 第1輯, 1937 참조.

47) 중국조선족청년학회수집·정리, 『중국조선족이민기실』, 연변인민출판사, 1992(舘·野晳·武村みやこ·中西晴代·蜂須賀光彦譯, 『聞き書き中國朝鮮族生活誌』, 社會評論社, 1998)에는 이민족 간 또는 동족 간의 관계에 대한 다양한 증언들이 실려 있다.

제적·사회적 갈등 관계는 민족을 단위로 하여 간도를 보다 복잡한 중층적 구조를 가진 기형적인 사회로 만들었다고 볼 수 있다. 즉 서로 다른 복수의 민족이 하나의 지역 공동체로서 존재하고 있지만, 그것은 민족을 단위로 하여 정치적, 사회적으로 갈등과 분열구조를 내포한 것이었다. 영토적 주권, 통치권(지배권), 공동체의 구성원(국민)이라고 하는 근대국가 구성의 3요소가, 조선, 일본, 중국에 각각 별개로 귀속되어 있는 간도라는 특수한 정치, 사회 구조에서나 볼 수 있는 민족간 대립과 협조의 착종(錯綜) 현상이라 할 수 있다. 이러한 측면에서 간도의 정치, 사회관계는 당시 동북아시아의 국제관계를 응축해 놓은 것이라 해도 과언이 아니다.

〈토론문〉

간도문제의 경제, 사회적 분석에 관한 토론문

황민호
(숭실대학교)

우선 이성환 교수님의 논문을 읽고 통감부시기부터 만주사변 이전까지의 간도지역을 둘러싼 중국인 지주와 조선인 소작농을 중심으로 한 농업구조와 사회관계에 대해 많은 공부를 하였습니다. 그런데 저는 본래 만주지역 항일독립운동사를 공부하고 있기 때문에 농업관계에 대해서는 아는 바가 없습니다만, 논리적으로 선생님의 견해에 동의하면서 다만 제가 보았을 때 선생님의 논문에서 몇 가지 보충했으면 하는 문제들을 간단하게 말씀드림으로서 토론에 대신할까 합니다.

첫째, 우선 논문의 제목이 '간도문제의 경제, 사회적 분석'입니다. 그런데 이 경우 한일합방 이후 1920년대까지 간도지역 중국인과 조선인 사이에서 야기되었던 사회・경제적 갈등의 중심에는 거의 대부분 일본제국주의의 침략정책이 존재하고 있었는데 선생님의 논문에서는 간도지역에서의 토지문제와 관련해 한 일제의 침략적 행위와 이로 인해 중국인과 조선인사에 발생했던 다양한 문제들에 대해서는 거의 언급이 없습니다.

실제로 일제는 간도지역에 1911년에 간도구제회를 설치한 이래 1918년에는 동양척식회사 간도출장소, 1919년에는 간도흥업주식회사와 조선은행 간도출장소를 설치하여 그 영향력을 확대해 갔으며, 1926년에서 1931년까지 약 530만원의 거금을 투자하여 연변지역에서만 12만畝의 토지를 약탈하였습니다. 그리고 이러한 상황에서 1929년 8월 중국의 동북정무위원회에서는 '國土盜賣督辦條例'를 제정하여 중국의 토지를 일본인과 조선인에게 매매하는 것을 매국행위 혹은 일본의 만주침략을 돕는 행위로 간주하여 사실상 일본인과 조선인에 대한 전면적인 탄압을 가하였습니다.

따라서 간도지역에서의 토지문제에 대한 중국인 지주와 조선인 소작인간의 갈등은 중국인이 지주이고 조선인이 소작인인 상황에서 중국인 지주가 조선인 소작인에게 부당한 대우를 해서만이 발생한 것이 아니라, 일제가 만주침략을 노골화하면서 일제의 간도침략에 조선인을 이용하고 있다는 인식이 중국인들 사이에 확산되고 있었기 때문이라는 측면이 있었던 것으로 생각됩니다.

그런데 선생님의 논문에서는 이 부분에 대한 언급이 거의 없이 중국인 지주가 조선인 소작인에 대해 가했던 종속적이고 봉건적인 경향만을 강조하고 계셔서 논문의 논의구조가 약간 단선적이라는 느낌을 받았습니다. 일제의 간도에 대한 토지약탈과 중국인의 반응에 대한 언급이 있어야 할 것으로 생각됩니다.

둘째, 교수님께서는 간도협약 이후 지속적으로 추진되었던 중국당국의 토지소유권 강화정책이 중국인 지주와 조선인 소작인으로 대별되는 간도지역 농업경영구조를 만들었으며, 이것이 조선인과 중국인사이에는 민족을 단위로 하는 기본적인 갈등구조가 형성되었다고 추정할 수 있다고 하셨습니다. 그런데 이 경우 문제는 이러한 갈등구조의 전개양상에 대해서는 시기별로 다른 시각에서 볼 필요가 있을 것으로 생각됩니다.

왜냐하면 1923년 국내에서 발행되던 신문이나 잡지에서는 북간도지역을 '조선 민족이 植民하고 移住할 만한 福地'라고 하거나 만주로의 이주를 권장하는 분위였고 1930년대까지도 만주지역에서 생산된 1,300만 석의 벼 수확량 가운데 91%를 한인농민들이 담당하고 있었습니다. 따라서 수전농업에서 독보적인 역량을 갖고 있었던 조선인농민의 농업 경영상의 지위는 제1차 세계대전을 전후하여 세계 곡물시장에서 쌀 수요가 증가하던 시기에는 좋은 가격 조건하에서 안정적으로 이루어질 수 있었다는 것으로 알려져 있는 사실입니다.

그런데 1927년 4월 일제가 山東出兵을 단행하고 6월 24일에 동경에서 개최된 東方會議에서 田中내각이 '滿蒙 특히 東三省지방은 일본의 국방과 국민의 생명에 중요한 이해관계가 있음을 책임을 느낀다'라는 내용을 골자로 한 對中國政策綱領을 발표하여 만주에 대한 침략을 노골화하자 중국당국이 '韓人驅逐政策'을 본격화하게 되었고 여기에 세계적으로 쌀의 수요가 안정되는 상황에서, 그리고 중국인인 소작농들이 점차적으로 수전농업을 배워가는 상황에서 한인농민들의 사회·경제적 지위가 약화되었던 것으로 보입니다. 따라서 한인농민의 사회적 지위는 1920년대 중반을 전후하여 시기적으로 다른 상황에 놓여있었다고 할 수 있으며, 중국인지주의 조선인소작인에 대한 태도 역시 시기적으로 다른 양상이 존재했을 것으로 생각됩니다.

그런데 본 논문에서 이러한 내용에 대한 보완 설명 없이 단지 중국인과 조선인의 지주소작관계가 민족을 단위로 하는 기본적인 대립구도를 만들고 있었다고 설명하시고 이러한 양상을 만주사변 이전까지 일관된 틀에서 적용하고 계시는 듯 한 인상을 받았습니다. 따라서 이럴 경우 한일합방 이후 1920년대 초까지 국내의 언론들이 조선인농민의 만주이주와 이주 농민의 경제적 삶을 긍정적으로 평가한 이유가 명확하게 설명되지 않을 수 있습니다. 따라서 제 생각으로는 벼농사에 관한 한 중국인 지주와 조선인소작인과의 지주소작관계는 시기적으로 분리해서 설명하시는 것이 보다 바람직한 서술방식인 것으로 생각됩니다.

셋째, 선생님께서는 간도지역 전체로 보면 1928년 이후 조선인의 토지소유면적이 급증하여 중국인의 소유면적을 상회하고 있다고 하시면서 정확한 이유는 모르겠지만, 이는 조선인의 귀화와 관련이 있을 것이라고 설명하고 계십니다. 즉 '田民'으로 존재하고 있던 조선인이 중국으로 귀화하면 그것이 조선인의 토지소유면적이 수자상 증가한 것으로 나타난 것 아니가 라고 하고 계십니다. 그런데 이 경우 조선인이 중국으로 귀화하면 그 조선인은 법률상 중국당국의 통제를 받는 중국인이 되는 것이며, 따라서 중국인의 토지소유가 늘어나야 하는 것 아닌지요?

넷째, 자료에 관한 문제로 교수님께서는 일제하 간도지역의 중국인과 조선인의 지주소작관계를 설명하면서 주로 일본 측 자료를 사용하고 계십니다. 그런데 일제시대에 간도지역 농업문제와 관련하여 일제가 작성한 자료의 대부분은 간도지역에서의 중국인 혹은 중국당국과 조선인 농민과의 갈등을 부각시키거나 이 문제에 대해 세밀하게 현지 조사를 한 자료들이 상당수 있는 것으로 알고 있습니다. 따라서 일제하 간도지역의 지주소작관계를 이해하는데 있어서는 당시 일제가 작성한 자료뿐만 아니라, 국내의 신문이나 잡지에 나타나는 간도 농민문제에 대한 인식이나 중국당국이 파악하고 있던 조선인 농민들의 동향에 대한 문건들을 종합적으로 비교 검토하는 것이 바람직할 것으로 생각됩니다. 따라서 교수님의 논문에서도 약간의 자료보완이 이었으면 좋겠다는 생각입니다. 이상의 토론이 교수님의 연구에 도움이 되었으면 합니다. 감사합니다.

19~20세기의 간도영유권 문제

-'만국공법'의 수용과 영유관념의 변천-

아키즈키 노조무秋月 望
(메이지가쿠인明治學院대학)

1. 머리말

19세기 후반부터 20세기 초는 전근대의 전통적인 지역질서 즉 華夷秩序 아래에 있었던 동아시아가 국제법적 질서의 수용－전면적이건 부분적이건－을 요구받던 시기였다. 화이질서 하에서 통치가 미치는 범위의 경계선은 국제법하에서 주권이 미치는 범위로서의 '국경'으로 재설정을 강요받았다. 그러나 서로 다른 질서체계가 병립, 혼재하는 가운데 전근대의 '통치의 경계선'이 그대로 '국제법에서의 국경선으로 순조롭게 연속하여 이행된 것은 아니었다. 이러한 현상은 동아시아의 화이시스템뿐만이 아니라 지구상의 비서구질서의 세계 또는 서구세계 내부에서도 보인다.

통치의 대상인 인간의 이동이 생기고 화이질서하에서 봉인되어 있던 역사적인 영유의 기억이 표출되기 시작하고, '敎化'를 기준으로 하는 영역 관념이 더해져 차츰 국제법적 '주권'이 의식되게 되었다. 그 과정에서 조선과 청이 인접지역에서는 그 지역을 '자기의 것'으로 간주하는 중복된 영유의식을 낳게 되었다. 명확한 線으로 고정적으로 구분하는 "국제법 질서하의 국경" 설정은 단순히 전근대에 있어서의 경계선을 대체하거나 그대로 적용하는 것으로 끝나는 것은 아니었다.

본고에서는 화이질서관에 입각한 '영유의식'과 국제법적 세계질서에서의 '영토', '국경'의 불연속성에 유의하면서 국제법(만국공법) 질서의 수용과 그 질서 체계의 조선과 청국관계에의 도입에 초점을 맞추어서 조선과 청구간의 영토문제를 검증하고, 그 과도기에 있어서의 특징과 변화에 대해서 고찰한다.

2. 朝中貿易章程 교섭과 경계문제의 단서

『만국공법』이라는 책이 조선에 들어온 것은 1977년으로 확인되고 있으나, 만국공법의 개념 그 자체는 이미 그 이전에 전래되고 있었다는 추론도 있다. 조선에서 만국공법의 수용, 특히 대청관계에의 적용이라는 점에서 주목해야 할 인물은 어윤중과 김윤식이다. 어윤중은 두만강을 둘러싼 경계문제가 시작되는 부분에 깊이 관여한 인물이다. 그 이전에 그는 신사유람단의 일원으로 일본을 방문했다. 그 후 그는 천진으로 건너가 黎庶昌과 회담을 했으며, 회담에서 그는 "通萬國而後富强可論, 不然徒虛言而已"라[1] 언급하여, 외국과의 국제법적인 관계 수립에 전향적인 태도를 보이고 있었다.

동시에 '화이적인 자주'의 논리를 부연하여 조선과 청국의 관계의 일부를 만국공법적인 국가간의 관계로 개편하는 것을 구상하고 있었다. 그런 구상의 구체적인 표현이 '朝中商民水陸貿易章程' 교섭 과정에서 어윤중이 청에 제안한 '派使駐京'이며, '開海禁·邊境開市改編'이었다. 예부가 아니라 北洋大臣衙門을 교섭 창구로 할 것을 고집한 것에도 그것이 나타나 있지만, 북양대신 이홍장이 이에 동의하지 않아 결국 '朝中商民水陸貿易章程'은 화이적인 宗屬關係를 조약으로 명문화하는 형태가 될 수밖에 없었다.[2)]

1880년대에 조청 간에 '勘界'가 현안으로 부상한 것은 조청 사이에 설정되어 있던 무인지대가 19세기 중엽에 시작되는 조선·청국 쌍방으로부터 사람들이 유입되면서 유인지대화한 데 기인한다. 양국의 현안으로 된 직접적인 계기는 1883년에 어윤중이 '朝中商民水陸貿易章程'의 후속 협정인 '吉林朝鮮商民隨時貿易章程'에 대해 敦化知縣 彭光譽와 상의하기 위해 두만강 연안지대에 들어갔을 때 마침 조선인을 두만강 이남으로 쇄환한다고 포고한 돈화현의 조치에 대해 鍾城府使가 이의를 제기한 것에서 비롯된다.

이와 관련하여 1884년 6월 副護軍 池見龍의 상소에는 세계정세에 대해 "四瀛交涉 無大無小之日"[3)]이라는 구절이 있는데, 그때까지의 '大小之分'이라는 중화적 질서의식을 뒤집어엎는 질서의식의 변화가 나타나 있다. 그러나 다른 한편으로는 연해주의 할양을 청의 러시아에 대한 '은혜'로 간주하거나, 청과의 종속관계의 친밀도를 척도로 하여 조선이 러시아보다도 우대받아야 한다는 입장을 강조하는 등 중화적 질서의식

1) 『淸季中日韓關係史料』 三八七, 光緒七年十二月初八日.
2) 秋月 望, 「魚允中における<自主>と<獨立>」 『年報 朝鮮學』 창간호, 1990, 九大朝鮮史硏究會.
3) 『承政院日記』 高宗 21년 6월 17일조.

과 국제법적 질서의식의 혼재가 엿보인다.

이런 가운데 1885년과 1887년 조선과 청국 사이의 경계문제로 현지에서 '勘界'가 이루어졌다. 처음에 조선 정부는 경계 협상의 청측 창구를 '예부'가 아니라 '북양대신 이홍장'으로 할 것을 요구했다. 1882년 이후 조청관계에서 商務에 한정해서는 북양대신아문이 관장하는 것으로 되어 있었다. 상무가 아닌 경계문제도 북양대신아문을 창구로 하려는 조선에 대해 청국은 "踏勘疆界一事非關商務"라고 하면서 어디까지나 화이적 宗屬關係를 관장하는 예부에서 협상을 맡았다. 다시 말하자면 1885년 첫 번째의 교섭은 예부 주도하에 화이적인 통치영역의 한계선의 문제로 다루어졌던 것이다.

3. 영유문제, 경작권·거주권, 주민에 대한 관리 관할권

1886년, 두 번째의 감계 회담을 앞두고 북양대신 이홍장은 外務督辦 김윤식에게 ① 감계 협상의 청 측 청구를 駐箚朝鮮交涉通商時宜 원세개로 하고, ② 土門 감계는 吉林將軍이 조사한 후에 한다는 두 가지 사항을 통고하였다. 관할이 예부에서 북양대신아문으로 바뀌었다고는 하지만, 이홍장과 원세개가 조청 간에 국제법 질서를 도입할 명확한 의향을 갖고 있었던 것은 아니었다.[4)]

새로 창구가 된 원세개는 김윤식에게 다음과 같은 제안을 하였다고 이홍장에게 그 내용을 보고했다.

> … 白頭山勘界在卽, 應預商借地安民之法, 韓廷意欲越墾居民征租由韓官代征, 解交華官, 而詞訟事件及一切政令, 仍由韓官操縱, 不過地界由華劃去管轄…[5)]

---

4) 秋月 望, 「朝中勘界交渉の發端と展開－朝鮮側の理念と論理－」『朝鮮學報』 132, 1989.7, 朝鮮學會.

즉 김윤식과의 사이에 '借地安民' 즉 조선이 경계에서 양보하는 대신에 청은 자국 영내에 거주하는 조선인에게 경작권을 인정할 뿐 아니라 조선 측의 收稅 대행권, 소송·통치권 행사를 인정하는 것을 시사하는 내용의 협의를 한 것으로 추측된다. 여기에서 ① 토지의 귀속문제, ② 그곳에서의 경작권·거주권 문제, ③ 거주민에 대한 관리 관할권 문제(篇籍·收稅 문제 등)가 상호 관련성을 가지면서도 분리시키는 안이 제기되었던 것이다.

토지의 영유 문제와 경작권·거주권을 분리하는 형태의 '借地'에 대해서는 두 번째의 감계회담에서의 논의 여부는 확인할 수 없지만 실제로는 실현되지 않고 끝났다. 그러나 光緒 17년(1891) 원세개가 閔種默에게 보낸 照會에 인용되어 있는 함경북도 변민 李龍이 청국 지방관에게 낸 訴狀에

> 大國小國兩國之北間有空地大國先春嶺以南小國豆滿江以西甲申年分天津橋李司馬大人特別許此地養小國之民[6]

라 적혀있는 바와 같이, 越江 조선인 사이에 '李司馬大人' 즉 이홍장이 "조선인의 월강 경작을 인정했다"는 설이 유포되어 있었다는 것을 알 수 있다. 이러한 점에서 추론을 하면 '借地安民'에 대해 조선과 청 사이에 상당히 깊이 있는 협의가 있었던 것으로 생각된다.

1887년 두 번째의 경계교섭에서도 최종적인 합의에 도달하지는 못하고, 청은 일방적으로 두만강 상류 부분을 남기고는 조선과 청의 경계가 확정된 것으로 간주했다. 조선 측에서 중시하고 있었던 월강 조선인의 경작권·거주권 문제, 그리고 거주민에 대한 관리·관할권 문제에서

5) 『李鴻章全集』 電稿一, 光緒十三年(1887) 二月十三日.

6) 『旧韓國外交文書』 第九卷, 淸案二 1372, 「間島地方朝鮮人의 對淸号訴文通報」 (袁世凱로부터閔種默에게).

조선 측이 기대했던 성과는 아무 것도 없었다. 오히려 1889년 가을부터는 청 지방관의 월강 조선인에 대한 '호적 편입'과 '薙髮易服' 압력이 강화된다.

이 시기 조선 정부의 대응은 압록강 대안·두만강 대안·시베리아 방면으로부터의 월강민의 招還에 힘쓰는 것이었는데, 그에 대해 현지의 월강 조선인은 자신들의 거주권·경작권을 "上國의 一視同恤의 恩惠", 다시 말하자면 화이 질서와 논리에 의거하여 청의 지방관에게 청원하는 움직임을 보였다. 그리고 1891년 전후부터 압록강·두만강 대안으로부터 '清匪', '匪賊'의 습격이 증가하기 시작하자 조선 정부는 '屯田', '設府', '置兵'으로 두만강·압록강 남쪽에서 변경방어를 강화하는 시책으로 전환하였다.

4. 월강민으로부터의 요구

청일전쟁이 끝나자 조선과 청의 경계지대에서의 청의 위상이 변화하여, 조청관계 자체도 재편되기에 이르렀다. 그런 한편 일본은 삼국간섭, 민비살해, 아관파천 등으로 일본의 조선반도에 대한 영향력이 위축되고 러시아 세력이 새로 부각되었다.

이 무렵에는 한국 지방관과 한국 정부가 월강 조선인에 대해 관리·관할권을 행사하고 있던 사례가 보인다. 또 월강 한국인 측에서도 자신들의 경작권·거주권을 확보하기 위해 한국 정부가 현지 거주민에 대해 국제법·국제관례에 의거하여 관리·관할권을 행사할 것을 요구하기 시작했다. 1899년 12월의 『皇城新聞』에는

近年以來로江北對岸流寓民人이幾乎萬余戶인딕各其附近六邑地方官으로戶籍을收ᄒᆞ며詞訟을聽ᄒᆞ더니今年爲始ᄒᆞ야政府에셔派送ᄒᆞᆫ江北大員이

> 渭原에來留ᄒᆞ야水上水下에存ᄒᆞᆫ流民을管轄ᄒᆞ야戶布를捧ᄒᆞ며民訴을裁ᄒᆞ논딕[7)]

라는 내용의 기사가 게재되었으며, 시대가 다르지만 1927년에 일본인이 저술한 책에는

> 광무 2년 조선정부는 徐想懋을 西邊界管理使에 임명하여 清地 일대의 한인을 보호하도록 하였다. 卽ち 通化縣을 八道面 외 11면으로, 懷仁縣을 水上面 외 3면으로, 興京府를 汪淸面 외 1면으로 분할하여 이들 지방의 이주민의 행정사무를 관장하게 하였다. 그 당시의 이주민은 대략 총 8,722호, 37,000명을 헤아렸다고 한다.[8)]

고 기록되어 있다. 이 시기에 압록강 연안의 碧潼, 楚川, 渭原, 江界, 慈城, 厚昌에서는 한국의 지방관이 대안에 거주하는 한국인의 호적을 작성하여 세금을 징수하고 주민의 소송도 관할하고 있었다고 여겨진다. 또 중앙정부에서도 관원을 파견하기까지에 이르렀다는 기록이 남아있다.

한편 월강 주민 측에서도 한국 측 공권력의 관리관할권 행사를 적극적으로 요구하는 움직임이 보였다. 『皇城新聞』에는 1898년 블라디보스톡 거주 한국인 趙致龍을 비롯한 14명이 한국 정부에 대해 다음과 같은 요구를 했다는 기사가 있다.

> 本國人民이居留ᄒᆞ면領事를派送ᄒᆞ야保護홈은萬國의通行ᄒᆞᄂᆞᆫ規例라만일本國政府에셔本國人民을本國法律로保護치아니ᄒᆞ면其人民이誰를依恃ᄒᆞ리오[9)]

즉 "만국에 通行하는 規例"에 입각하여 월강 거주 지구에 영사를 파견해 줄 것을 요구한 사례이다. 나아가 다음 해 시베리아 재주 金楨이

7) 『皇城新聞』 광무 3년(1899) 12월 19일 雜報.
8) 牛丸潤亮・田村懋麿 편, 『最近間島事情』, 朝鮮及朝鮮人社, 昭和 2年(1927).
9) 『皇城新聞』 광무 3년(1899) 8월 22일 雜報.

外部에 대해 '외교관'을 파견하여 보호를 요구한 사례로 황성신문에는 다음과 같이 보도되었다.

> 三十餘年來로我國人民이流離入居者ㅣ四五千戶가되는딕俄國에入籍홈은不肯ᄒᆞ는지라日淸兩國의流民은各其國으로官員을另派ᄒᆞ야極盡히保護ᄒᆞ되惟獨我國人은保護가無ᄒᆞ야 (中略) 政府에提議ᄒᆞ고外交官一員을特派ᄒᆞ야境外我民을保護ᄒᆞ야달라…[10)]

이 시기에는 영토의 귀속문제도 재연되고 있었다. 1898년에는 함경북도 종성에 거주하는 前五衛將 吳三甲 등이 상소를 올려 한국정부가 관원을 현지에 파견할 것을 요구하고, 동시에 주청 공사의 파견을 계기로 한국과 청 양국간의 국경에 대해 '約條章程'을 교환할 것을 요구했다. 내부대신 李乾夏는 오삼갑의 상소를 받아 함경북도 관찰사 李鍾觀에게 훈령을 내려 백두산정계비를 중심으로 한 관련지역의 지형과 하천에 대한 답사를 명했다. 경북도 관찰부 주사 金應龍 등은 백두산정계비 부근을 조사했다. 그 결과는 토문강과 두만강은 서로 다른 강이라고 하면서도 한국 측이 토문강이라고 여겨온 하천은 송화=흑룡강의 상류이며, 오삼갑 등이 말하는 分界江은 그 토문강과는 다른 물줄기라는 것이었다.[11)] 여기에서 그때까지 변경 開市 때의 경위 등으로부터 海蘭江 즉

---

10) 『皇城新聞』 광무 3년(1899) 8월 22일 雜報.

11) 『北輿要選』 下, 査界公文攷.
1898년에는 함경북도 경성에 거주하는 前五衛將 吳三甲 등이 상소를 올려 조선정부가 관원을 현지에 파견할 것을 요구하고, 동시에 駐淸 公使의 파견을 계기로 조선과 청 양국의 경계에 대해 「約條章程」을 교환할 것을 요구했다. 內部大臣 李乾夏는 이 오삼갑 등의 상소에 따라 함경북도 관찰사 李鍾觀에게 훈령을 내려 백두산정계비를 중심으로 한 관계 지역의 지형과 하천 등에 대한 조사를 명했다. 함경북도 관찰부 주사 金應龍 등은 백두산정계비 부근을 조사했지만, 그 결과는 토문강과 두만강은 다른 강이라고 하면서도, 조선 측이 토문강으로 여겨온 하천은 송화=흑룡강의 상류이며, 오삼갑 등이 말하는 分界江은 그 토문강과는 다른 물줄기라는 내용이었다.

분계강이 한국과 청의 경계이며, 그 源流部가 청의 穆克登이 1712년에 세운 백두산정계비로 이어지고 있다는 현지 주민의 주장과의 모순이 밝혀졌다고 할 수 있다. 이러한 사실과는 관계없이 이 시기 한국의 대응 초점은 영토의 귀속문제보다도 오히려 한국인 거주자에 대한 한국 정부의 관리·관할권 행사를 실현시키는데 중점이 놓여 있었다고 할 수 있다. 또 주민들의 요구는 국제법 질서 아래에서의 '영사권'이나 '외교' 등 새로운 국제사회의 관행에 입각한 요구이며, 그러한 새로운 인식은 정부나 지방의 통치자보다 오히려 월강 거류민 측에 보다 긍정적으로 수용하려는 경향이 보였다. 바꾸어 말하면, 월강 거류민이 통치자보다도 먼저 만국공법을 수용한 측면이 있었다는 점을 보여주는 것이라 할 수 있을 것이다.

1900년에 의화단사건이 발발하자 러시아는 琿春, 吉林, 瀋陽 등지에 군대를 파견했다. 이 지역에서 청의 공권력은 크게 후퇴하고, 그와 함께 조직으로서 기능하지 못하게 된 청군의 일부는 '匪賊'화하여 두만강 연안에 할거하여 한청국경 일대의 치안은 극도로 악화되었다. 이런 가운데 1901년 1월 『皇城新聞』에 다음과 같이 한국정부 內部에 '領官'파견을 요청하는 보도를 했다.

鏡城會寧接界間島居李圭哲等이內部에電請ᄒᆞ기를當此俄國이滿洲를占領ᄒᆞ야兵入此地ᄒᆞ기로淸匪橫暴ᄒᆞ야傷人奪財ᄒᆞ니民不支保라伏乞置官保護케ᄒᆞ라ᄒᆞ얏거ᄂᆞᆯ該部에셔答電ᄒᆞ되俄國占領이邊外邊內에至於何境인지詳細回電ᄒᆞ고遭亂民情이極爲矜悶ᄒᆞ니奏達天階ᄒᆞ야另圖極濟라ᄒᆞ얏더라[12)]

昨日內部에會寧間島民李圭哲의答電을據ᄒᆞᆫ則俄兵이駐屯琿春ᄒᆞ고開戰吉林에敗余淸兵이蚓結匪党ᄒᆞ야聞俄兵來則退散ᄒᆞ고俄兵去則聚于土門江東辺ᄒᆞ야寓民이方在塗炭ᄒᆞ오니連派領官急救ᄒᆞ라ᄒᆞ얏더라[13)]

12) 『皇城新聞』 광무 5년(1901) 1월 13일. ◎ 間島電請.
13) 『皇城新聞』 광무 5년(1901) 1월 14일. ◎請派領官.

그 후에도 '외부' 및 '元帥府'에 경계지대의 주민들로부터 군대 파견 요청이 계속되었다.[14] 이러한 것들은 모두 안정적인 경작권・거주권 확보를 요구하며 한국 정부가 관리관할권을 행사하기를 요구하는 것이었다.

한국 정부는 평안북도와 함경남북도에 鎭衛大隊를 설치하는 등의 조치를 취하고, 또 1902년 3월 두만강 연안의 회령, 무산, 종성에 警務署(本署・分署)를 설치했다.[15] 경무서 자체는 두만강 右岸에 두어졌지만 실제로는 두만강을 건너 左岸 일대에서 위생, 행정, 사법 등의 분야에서 활동하였다.[16]

두만강 쪽과 마찬가지의 혼란이 일어나고 있었던 압록강 쪽에서도 1901년에는 江界 대안의 주민 金敎明 등 90여 명이 연서하여 '내부'와 '외부'에 대해 압록강 너머에 관원을 파견 주재시킬 것을 요구했다.

> 竊伏聞各國通商之例에本國民이流在他界者면自本國으로設領事事務等官ᄒᆞ와極力保護가公法所在也라矣等이雖遐土無知나化育?物也나施以愛恤之惠ᄒᆞ사?達天陛ᄒᆞ고特設事務官于江北ᄒᆞ와固圉息警ᄒᆞ고克軫保護之方케ᄒᆞ라ᄒᆞ얏더라[17]

여기서도 '각국 通商의 예'를 인용하여 '流在他界者'의 보호를 위해 '設領事事務等官'하는 것은 '公法所在也'라고 강조하고 있다. 여기서 '타계'라는 인식이 나타나 있는 것은 영토의 영유를 분리시키고 관리・관

14) 『皇城新聞』 광무 5년(1901) 3월 1일 雜報.

15) 『日省錄』 광무 4년 12월 28일(음력)조.

16) 한국국회도서관 편, 『간도 영유권관계 발췌 문서』(1975).
「日本統監府間島派出所에서 日本政府에 提出한 間島問題의 參考書類」 가운데 「邊界警務所의 記錄拔萃」. 篠田治策의 입장은 한국정부가 이 지역(간도)에서 행정권과 사법권을 행사하고 있었음을 제시하여, (간도를) 한국 영유의 근거로 삼으려는 의도하에 작성한 것이었다.

17) 『皇城新聞』 광무 5(1901)년 9월 14일 雜報.

할권을 우선하고 있었음을 보여주는 것으로서 주목된다. 이에 대응코자 議政府 議政 尹容善은 다음과 같은 상소를 올려 관원 파견을 진언했다.

> 臣又聞西北兩界之民越辺居留者不知幾萬戶苟原其故皆由於長吏之貪暴使民離散至此處也然彼皆我先王五百年恩澤中物也雖越在邊外亦皆懷思故國冀得朝廷之撫顧至於江北民則以設官保護之意再訴政府其意可嘉亦可哀也幸依具願設置官員于兩北以管理其民使之編籍鎭撫伏乞矜念焉[18]

윤용선의 상소에서는 '皆我先王五百年恩澤中物'인 월강 주민을 '朝廷之撫顧'로 '管理其民使之編籍鎭撫'한다는 화이적인 인덕주의에 입각한 논리를 전개하고 있다. 이에 따라 압록강 쪽에는 辺界探察官 徐相懋가 월강 파견되었다.

한편 두만강 쪽에는 1902년 5월 李範允이 北間島視察員에 임명되어 월강 파견되었다. 그 사령서에는 다음과 같이 '巡察撫諭', '人口를 昭詳調査'하는 것을 임무로 하고, '朝家綏遠之意'를 보여주기 위한 것으로 되어 있다.

> 本員으로吉林西步土們豆滿以北奇寓人民을巡察撫諭ᄒᆞ고戶數人口를昭詳調査ᄒᆞ여就中年八十以上可合應資人을亦爲懸錄ᄒᆞ야以示朝家綏遠之意ᄒᆞ기기茲以專派委送ᄒᆞ노니前往該地ᄒᆞ야口布皇靈ᄒᆞ고面論告示ᄒᆞ며風土險夷와閭里疾苦를一切周察ᄒᆞ야以示朝家眷々之意ᄒᆞ미爲事宜[19]

"巡察撫諭", "人口를 昭詳調査"하는 것을 그 임무로 하는데, "朝家綏遠之意"를 보여주는 것으로 여겨졌다. 이범윤의 파견의 건에 관해 외부

---

18) 『日省錄』 광무 5년 8월 28일(음력).

19) 韓國史料硏究所 편, 『朝鮮統治史料』 제1권 駐韓日本公使館記錄 : 1906·1907년, 間島關係書類, 「明治三十九年十二月十二日, 伊藤統監から外務大臣へ, 在間島韓民保護ノ爲我官憲ノ同地ニ派遣セシムル件ニ關スル照會付屬文書」, 522쪽.

대신 서리 崔榮夏는 駐韓淸國公使 許台身에게 월강한 한국인 按撫를 위해 '간도'에 들어간 것이라고 설명하면서 증명서의 발급을 요청하였다.[20] 이에 대해 許台身은 이윤범의 월강은 통상적인 邊界官의 왕래와 다른 것이며, '개항지'가 아닌 지역에서의 한국 관원의 활동은 인정할 수 없다고 반박했다.[21]

이상을 살펴보면 한국 정부 내부에는 경작권 · 거주권 보호 문제를 다룰 때에는 '화이적 질서의식', '유교이데올로기'가 전면에 드러나 있고, 다른 한편 거주민에 대한 관리관할권을 둘러싼 대청 통고 과정에서는 국제법과 국제사회의 관례에 의거한다고 하는 두 개의 다른 논리가 동시에 병행적으로 이용되고 있었던 것이다.

5. 주민에 대한 관리 · 관할권으로부터 영토 귀속문제로

거주민에 대한 한국 측의 적극적인 관할권 행사에 대항하여 청의 지방관은 월강 한국인에 대한 '호적 편입'과 '薙髮易服'을 강요하는 압력을 강화했다. 이에 대해 외부대신 서리 兪箕煥은 주한공사 許台身에게 항의했다.[22] 여기에서는 국제법에 입각하여 새롭게 체결된 한청조약 第12款의 "有兩國陸路交界處所邊民向來互市此次應於定約後重證陸路通商章程稅則邊民已經越墾資聽其安業俾保生命財產"이라는 조항에 위반되는 것이라고 하고 있다. 동시에 유기환은 러시아 공사 파브로프에게 이 문

20) 『舊韓國外交文書』 제9권, 淸案 2 2296 「視察官李範允에 對한 淸官의 阻戲禁止 및 吉琿各衙門에 보낼 咨文의 擲下要請의 件」.

21) 『舊韓國外交文書』 제9권, 淸案2 2297 「同右回答 및 咨文一對具送의 件」.

22) 『旧韓國外交文書』 第九卷, 淸案2 2267 「越墾韓民에 對한 一律薙髮令撤銷要請의 件」.
『皇城新聞』 光武六年六月十七日, 七月八日雜報.

제의 중재를 의뢰하고 있다.[23)]

이와 같이 1900년대 초부터 화이적인 발상에서 주민보호정책을 수행하는 한편, 주민 보호를 위해 주민에 대한 관리관할권을 청이 인정하게 하고, 양국 간의 문제를 국제법적인 틀 속에서 유리하게 해결하게 할 수 있는 틀로서 국제법 질서의 규범과 논리를 활용하려는 양면성이 보인다. 바꿔 말하면 근대와 전근대라는 두개의 세계관의 공존과 혼재가 엿보인다. 이처럼 한국 측이 관리권의 越江 행사를 실행에 옮겨가는 과정에서 또 다시 영토귀속문제가 급부상하였다.

1903년 여름 內部 地方局長 代弁 禹用鼎은 「北道邊界墾島寓民等의 보호에 관한 의견서」를 內部大臣 署理 金奎弘에게 제출하였다. 김규홍의 상소에는 "定界碑以下土門江以南區域固當確定我國界限執結定稅而數百年空曠之地"고 적혀있다.[24)] 여기서 말하는 '토문강'은 두만강이나 송화강이 아니라 해란강을 가리킨다고 생각된다. 『皇城新聞』은 같은 시기에 「寄信任墾島管理書」, 「告墾島民人」이란 제목의 논설을 게재하여 이윤범 파견에 대한 지지와 기대를 표명하고, '간도'가 현 왕조의 조종의 발상지와 밀접한 관련이 있는 땅이며, 穆克登의 정계비 설립과 그 후의 경위, 무진년(1866) 이래 조선인의 개간 실적과 청국 관헌의 포학함을 강조하면서 '간도'에 군현을 설치해야 한다는 등의 주장을 다음과 같이 전개하였다.

> 戶口繁殖이면朝廷이將不日而妥決界案ᄒᆞ야次第建置郡縣ᄒᆞ며派兵駐紮ᄒᆞ야使聖祖發祥之地로復尊城邑ᄒᆞ고立碑定界之域으로收完版圖ᄒᆞ고必不無故而棄千餘里疆土와數千萬赤子於他人之掌轄矣리니[25)]

---

23) 『舊韓國外交文書』 제18권, 俄案2 1882 「在滿韓民의 被壓迫에 對한 露調停要請에 관한照覆」.

24) 『日省錄』 광무 7년 6월 19일조 ; 『皇城新聞』 광무 7년 8월 19일 別報.

25) 『皇城新聞』 광무 7년 8월 20일 論說.

또 9월에는 「弁淸館覆照墾島事件」이라는 제목의 논설을 게재하여 '간도'가 고구려·발해의 옛 땅이며, 윤관의 先春嶺 立碑, 조선 왕조의 발상지라는 등의 역사적 배경을 열거하면서 백두산정계비에 기록된 '토문강'이 두만강이 아니라 해란강으로 흘러들었다가 두만강에 합류하는 分界江 혹은 分東江이라고 칭하는 하천이라고 주장했다. 나아가 "近三數十年以來로韓淸邊民이移住起墾ᄒᆞ야遂名館墾嶋나然이니究其疆土則明係大韓界內而今称韓民이越墾我國邊地라ᄒᆞ고又曰一切爲我轄地云者ㅣ是何臆說也오"[26]라고 한국인이 개간한 실적을 강조하면서 '간도'가 한국의 영토에 속하는 것임을 강조하였다. 여기서는 한청조약 제12조도 언급하고 있다.

그 후 이윤범은 北間島管理에 임명되어 본격적으로 두만강 대안에 주재하면서 활동하게 되었는데, 이 사실은 外部에서 許台身에게 통고되었다. 그 때 한국 측은 한청조약 12조를 들어 이범윤 파견의 정통성을 설명하고 있다.[27] 국제법에 입각한 양국간 조약을 근거로 들고 있지만, 그 조문에는 "邊民 중에서 이미 越墾한 자는"으로 되어 있는데, '「越」墾'이라는 사실을 인정한 것과 '월간'한 땅이 자국 영토라는 주장은 서로 모순된다. 이런 모순이 생긴 최대 원인은 한국 측의 본래 발상이 거주민의 경작권·거주권의 확보에 있었고, 그 때문에 거주민에 대한 관리관할권 행사에 주안점이 있었기 때문이며, 그것이 후일 영토의 귀속문제로 초점이 넘어갔을 때 모순으로 노정되는 결과를 초래한 것으로 생각된다.

26) 『皇城新聞』 광무 7년 9월 14일 論說.
27) 『朝鮮統治史料』 제1권, 524쪽. 「光武七年八月二十一日付照會」.

6. 맺음말

1904년 2월 러일전쟁의 시작으로 현지의 상황이 다시 긴박하게 돌아가자, 청은 徐相懋와 李範允의 퇴거를 거듭 요구하는 동시에 관원을 파견하여 국경선을 확정할 것을 제안했다.[28] 청은 백두산의 水源 이하의 미확정지를 확정하여, 이미 확정되었다고 보는 두만강의 국경선을 재확인함으로써 두만강 좌안의 한국 공권력의 배제를 노린 것으로 생각된다. 이에 대해 한국 측에서는 일찍부터 국내적으로 거듭 주장되어온 해란강 경계 주장을 새로운 국제법의 논리를 구사하여 전개하는 절호의 찬스로 파악했다. 慶興監理 黃祐永은 外部大臣 李道宰에게 의견서를 제출하여 勘界使를 파견함과 동시에 '局外外國人'을 '顧問官'으로 동행시킬 것을 다음과 같이 진언했다.

> 此時異於前日勘界亟應照明淸使特派通明幹局人爲勘界使另擇局外外國人爲顧問官帶同前往同地一切踏勘而授照公法考驗碑界申明舊限公眼繪圖則彼必不能强項而亦自退聽矣[29]

또 '內部', '外部'의 두 대신이 연명으로 경계를 확정한 후 청국과 협정을 맺고 영토를 회복하는 것이 급무라는 의견서를 상신했다.[30] 이와 같이 한국 내에서 영토귀속문제가 급부상한 배경에는 『皇城新聞』의 논조에서 보이는 역사적 기억에 의거한 영토관념의 고양과 동시에, 국제

---

28) 『舊韓國外交文書』 제9권, 淸案2 2488 「李範允召還强調 및 韓淸國境紛糾에 各派員會勘의 件」.

29) 『間島領有權關係拔萃文書』, 1쪽. 메이지 36년 11월 20일 외무대신 小村壽太郎에게 보낸 「慶興監理黃祐永が間島問題に關して外部大臣李道宰に內呈した意見書」.

30) 『皇城新聞』 5월 18일자.

법의 논리에 의거하면 한국의 영유권을 강력하게 주장할 수 있을 것이라는 기대가 생겨났다는 일면도 있다. 즉 한국 측의 영토권의 주장은 국제법 수용의 진보와 보조를 맞추면서 강화되어 갔다고 볼 수 있을 것이다. 그러나 다른 한편으로는 간도문제를 국제법상의 현안 사항으로 만듦으로써 외국, 특히 일본이 이 문제에 개입할 틈새를 만들게 되었다고도 할 수 있다.

러일전쟁하에서 잠정적인 타협을 위해 한국과 청 사이에는 「中韓邊界善後章程十二條」가 체결되었지만, 그 후 일본공사 林權助가 러일전쟁이 종결된 후에 일본의 중개로 해결할 것을 한국 황제에게 권고하여,[31] 한청경계문제는 일본의 침략정책 속에 편입되어 갔다.

일본은 통감부를 설치한 후, 러일전쟁 때 국제법 고문을 맡았던 篠田治策를 통감부 간도임시파출소의 책임자로 보내 한국인 거주자의 '권리확보', '보호'를 구실로 거론하면서 반일운동을 탄압하는 한편, 토지의 귀속문제·영유권 문제에 대해서는 국제법의 관점에서 한국 측의 영유를 청에게 강력하게 주장하여 일본의 대 중국침략정책에 이용하는 정책을 취하게 되었다.

---

31) 『高宗時代史』 6, 광무 8년 5월 21일.

〈토론문〉

秋月 望의 「19~20세기에 걸친 간도 영유권 문제」에 대한 토론문

배성준
(동북아역사재단)

한국의 간도문제 연구는 통감부간도파출소의 논리, 특히 시노다 지사쿠(篠田治策)의 논리에 기반을 두고 있다. 이러한 한국의 간도문제 연구를 비판적으로 바라볼 수 있는 지점을 제공해 준 것이 발표자인 아키즈키 노조미의 연구이다. 그는 ① 간도파출소가 일본의 만주침략의 일환으로 당초부터 간도의 방기를 고려하여 설치되었다는 점, ② 華夷秩序에 기반한 영토 관념에서 국제법('萬國公法')에 기반을 둔 영토 관념으로의 이행·중첩, ③ 제1차 회담 직후 '借地安民'에 기반을 둔 金允植과 위안 스카이(袁世凱)의 교섭 등을 규명함으로써 시노다의 논리를 넘어 조선(대한제국)정부의 영토문제 인식과 일본의 간도문제 개입을 살펴볼 수 있는 기반을 마련해 주었다.

본고에서 발표자는 1887년 2월 김윤식과 위안 스카이의 교섭에서 김윤식이 거론한 '借地安民'에 대한 구체적인 제안(조선 측이 境界를 양보하는 대신 收稅代行權, 訴訟·統治權을 행사)에서 토지의 귀속문제, 越江民의 경작권·거주권, 월강민에 대한 管理·管轄權의 분리라는 측면에 착안하여 조선정부에 대한 월강민의 관리관할권 행사 요구, 1900년 이후 월강민에 대한 조선정부의 관리관할권 행사 등을 통하여 화이질서와의 연속·불연속 속에서 국제법이 수용되는 복합적 양상을 규명하고 있다. 이러한 연구는 '土門'의 해석에 치중된 협소한 영토문제 연구에서 벗어나 전근대적 영토 관념에서 근대적 영토 관념으로의 변화라는 맥락에서 영토문제를 다루고 있다는 점에서 영토문제 연구의 폭과 깊이를 더해 주고 있다.

1. 발표자는 토지의 귀속문제, 월강민의 경작권, 거주권, 월강민에 대한 관리관할권을 분리하고, "영토의 영유와 분리된 관리관할권", "국제법·국제관례에 의거한 관리관할권"의 행사에 주목하여 화이질서에 기반한 주민보호정책의 수행(경작권·거주권 문제)과 국제법에 기반한 월강민에 대한 관리관할권의 행사라는 2개의 논리가 병용되고 있다고 서술하고 있다. 이러한 논리는 화이질서와 국제법질서의 중첩을 드러낸다는 점에서 의미있는 논리구성이지만, 김윤식의 제안에서 보이는 토지의 귀속문제와 월강민에 대한 관리관할권의 분리와 월강민의 관리관할권 행사 요구 및 1900년 이후 대한제국정부가 제기하는 월강민에 대한 관리관할권은 각각의 논리와 맥락이 상이하다고 생각한다. 김윤식의 제안이 국제법에 기반하여 두만강 대안지역의 토지영유권과 거주민에 대한 관리관할권의 교환을 제시한 것이라면, 1900년 이후 대한제국정부의 월강민에 대한 관리관할권 행사는 근본적으로는 전근대적 영토 관념에 입각해 있다. 즉 '邊疆'으로 표현되는 경계는 모호하고 유동적이며 '疆域'은 주민에 대한 통치를 기반으로 한다. 당시 강역의 경계가 모호하거나 강역 밖에 있는 땅이더라도 군대를 보내어 점령한 후 관리를 파견하여 주민을 통치하고(편적, 수세, 소송 등) 군현에 편입하면 강역이 되는 것이다. 따라서 1900년 이후 대한제국정부가 제기하는 관리관할권에는 두만강 대안지역이 과거 조선의 강역이라는 혹은 조선의 강역이 될 수 있다는 영토문제의 맥락이 내포되어 있다. 이러한 맥락에서 「한청조약」 제12조("변

민이 이미 월간을 하여 살고 있는 자는 그 생업에 안심하고 종사하도록 생명과 재산을 보호한다")는 조선인은 조선관리에 의하여 보호를 받아야 한다고 해석된다. 문제는 이러한 관리관할권 행사가 출현하는 정세이다.

2. 토지의 귀속과 주민에 대한 통치는 논리상 분리될 수 있지만 실질적으로는 통합되어 '영토주권'을 구성한다. 19세기 말~20세기 초 토지의 귀속과 주민에 대한 통치가 분리된 사례는 대부분 '租借地'에서 발견된다. 가령 홍콩, 다롄 같은 중국의 조차지는 제국주의 열강의 중국 침략이라는 압도적인 힘의 불균형 아래 만들어진 것으로 영토할양과 다를 바 없었다. 1900년 이후 제기되는 압록강, 두만강 대안 지역의 월강민에 대한 조선정부의 관리관할권 주장도 조선, 청, 러시아 사이의 세력관계와 밀접하게 연관되어 제기되었다는 점에서 이와 유사한 측면을 지니고 있다. 1900년 이전에는 월강민이 거주권·경작권을 요청했지만 조선정부는 월강민의 소환에 주력하였다. 그러나 1900년 러시아의 만주 점령으로 청의 세력이 크게 위축되고 청비가 발호하는 상황에서 월강민 보호를 위하여 관리관할권이 제기되고 관원의 파견이 이루어졌다. 이러한 변화는 조선정부에 의한 관리관할권 행사가 러시아의 지원 아래 가능한 것이었음을 보여주는 것으로, 이때 조선정부의 관리관할권 문제는 화이질서 그리고/혹은 국제법에 의거하지만 근본적으로 세력관계에 따라 행사된다. 여기에 두만강에서 토문강에 이르는 間島가 조선의 영토라는 점이 부가된다면 조선정부의 관리관할권 행사는 정당성을 부여받게 되지만 간도가 조선의 영토가 아니라고 하더라도 월강민의 보호를 빌미로 한 관리관할권의 행사는 영토 귀속을 위한 교두보가 된다. 이러한 점에서 볼 때 국제법의 수용이 이루어지는 맥락에 대한 고찰도 중요하지만 더욱 중요한 것은 침략의 논리가 국제법에 의하여 어떻게 분식되어지는가 라

는 점이다.

3. 국제법의 수용과 관련하여 주목되는 것은 2차례에 걸친 조·청 국경회담('乙酉勘界'·'丁亥勘界')이다. 발표자는 "1885년의 제1차 교섭은 禮部의 주도 아래 화이적인 통치영역의 경계선 문제로 취급되었다"라고 언급하고 있지만, 발표자의 이전 글(「朝中 勘界交涉의 발단과 전개」)에서 조선 측의 문제제기로 열린 최초의 국경회담이라는 점, 地帶로서의 경계가 線으로 변화하고 화이질서 내부에서의 경계 및 경계의 결정수속이 변화하고 있다는 점을 지적하고 있으며, 또한 자료에 기반을 둔 사실 입증이라는 방식으로 회담이 진행되었다는 점 등에서 국제법적인 영토 관념의 적극적인 수용을 짐작할 수 있다. 따라서 토문의 해석을 둘러싼 양국의 논리에 얽매이지 않고 두 차례에 걸친 국경회담의 담론과 담론에서 보이는 영토 관념에 대한 연구가 이루어진다면 전근대 영토 관념에서 근대적 영토 관념으로의 이행·중첩에 대한 구체적이고 풍부한 기반을 구축할 수 있을 것이다.

편집후기

2007년 5월 둘째주 토요일, 제96회의 월례연구발표회가 열린 날이었다. 연민수회장의 제의로 5명의 임원이 모였다, 그 해 11월이면 제100회 월례발표회가 열리는데, 100회 기념 국제학술회의를 개최하자는 논의를 했다. 그 자리에서 작금 한반도를 둘러싸고 일어나고 있는 <동아시의 역사분쟁>에 대응하기 위한 대안으로 <동아시아의 영토와 민족문제>를 대주제로 결정했다. 그리고 독도・대마도・요동・간도의 4세션을 나누어 기획을 해서, 각 분야별로 좌장(손승철, 한문종, 유재춘, 이성환)을 정해 소주제선정과 발표자를 섭외하도록 했다.

기획 단계부터 6개월의 짧은 기간이었지만, 모두 열심히 협력하여 <동북아역사재단>의 후원을 받아 성공적인 국제심포지엄을 개최했다. 역사학계를 비롯하여, 많은 단체와 언론에서도 높은 관심을 나타냈다. 영토와 민족에 초점을 맞춘 문제시각은 주변국과 일고 있는 역사분쟁에 대한 새로운 시각과 접근 방법을 제시했다는 평가를 받았다. 이러한 평가에 힘입어 당시 발표된 글을 한데 묶어 단행본으로 발간하게 되었다. 총 18명의 발표자 논문과 15개의 토론문을 한데 모으는 일이 그리 쉽지는 않았다. 발표문과 토론문을 재 정리해준 발표자・토론자 선생님들께 이 자리를 빌려 감사드린다.

이 책의 발간으로 한일관계사학회에서는 11번째의 단행본을 출간하게 되었다. 『한일관계사논저목록』(현음사, 1993)을 비롯하여, 『독도와 대마도』(지성의 샘, 1996), 『한일양국의 상호인식』(국학자료원, 1998), 『한국과 일본』-왜곡과 콤플랙스역사-(자작나무, 1998), 『교린제성』(국학자료원, 2001), 『조선시대 표류민연구』(국학자료원, 2001), 『한일관계사연구의 회고와 전망』(국학자료원, 2001), 『『조선왕조실록』 속의 한국과 일본』(경인문화사, 2003), 『한일도자문화의 교류양상』(경인문화사, 2004), 『동아시아 속의 고구려와 왜』(경인문화사, 2007)의 뒤를 이은 것이다. 2005년에 『한일관계 2천년』(3권)을 제외하고 모두 국제심포지엄의 결과물이다.

앞으로도 우리 <한일관계사학회>에서는 매년 국제심포지엄을 지속적으로 개최할 것이며, 그 결과물을 <경인 한일관계총서>로 발간해 갈 것이다. 한일관계사연구에 관심과 기대를 가진 모든 분들로부터 지도와 편달을 기원한다.

2008. 1.

손승철

논 문

손승철(강원대학교) 호사카유지(세종대학교) 정갑용(영산대학교)
손용택(한국학중앙연구원) 정효운(동의대학교) 한문종(전북대학교)
이상태(국제문화대학원대학교) 하우봉(전북대학교) 關周一(筑波國際大)
남의현(강원대학교) 유재춘(강원대학교)
한성주(한국방송통신대학교) 박선영(포항공과대학교) 신주백(서울대학교)
名和悅子(岡山大學) 이석우(인하대학교) 이성환(계명대학교)
秋月望(明治學院大)

토론문

오바타 미치히로(평택대학교) 강대덕(독립기념관) 홍성근(동북아역사재단)
김종식(아주대학교) 송완범(고려대학교)
장순순(친일반민족행위진상규명위원회) 이 훈(동북아역사재단)
신동규(강원대학교) 민덕기(청주대학교) 이경룡(세종대학교)
장득진(국사편찬위원회) 최호균(상지영서대학교) 김우준(연세대학교)
황민호(숭실대학교) 배성준(동북아역사재단)

東아시아의 領土와 民族問題 값 28,000원

2008년 1월 19일 초판 인쇄
2008년 1월 30일 초판 발행

편 자 : 한일관계사학회
발 행 인 : 한 정 희
발 행 처 : 경인문화사
편 집 : 장 호 희
서울특별시 마포구 마포동 324-3
전화 : 718-4831~2 | 팩스 : 703-9711
http://www.kyunginp.co.kr | 한국학서적.kr
E-mail : kyunginp@chol.com
등록번호 : 제10-18호(1973. 11. 8)

ISBN : 978-89-499-0543-3 93910